Friebel/Jauch/Schoor

Fallsammlung
Einkommensteuer

Zusätzliche digitale Inhalte für Sie!

Zu diesem Buch stehen Ihnen kostenlos folgende digitale Inhalte zur Verfügung:

@ Online-Version ✓	📱 App
🎓 Online-Training	📄 Digitale Lernkarten
🔄 Aktualisierung im Internet	☑ WissensCheck
⬇ Zusatz-Downloads	

Schalten Sie sich das Buch inklusive Mehrwert direkt frei.

Scannen Sie den QR-Code **oder** rufen Sie die Seite **www.nwb.de** auf. Geben Sie den Freischaltcode ein und folgen Sie dem Anmeldedialog. Fertig!

Ihr Freischaltcode

HSPM-LBKM-PBNT-QTYQ-OOOG-Z

www.nwb.de

Steuerfachkurs · Training

Fallsammlung Einkommensteuer

Von
Diplom-Finanzwirtin Melita Friebel
Diplom-Finanzwirt David Jauch
Steuerberater Hans Walter Schoor

24., aktualisierte Auflage

▶ **nwb** AUSBILDUNG

Bearbeitervermerk

Friebel:
Kapitel 10 (Fälle 161–178, 242–246, 256–267), 12, 13

Jauch:
Kapitel 5–7, 11

Schoor:
Kapitel 1–4, 8–10 (Fälle 179–241, 247–255, 268–301)

ISBN 978-3-482-**67344**-3

24., aktualisierte Auflage 2021

© NWB Verlag GmbH & Co. KG, Herne 1978
www.nwb.de

Satz: PMGi Agentur für intelligente Medien GmbH, Hamm
Druck: Druckerei Hachenburg PMS GmbH, Hachenburg

VORWORT

In diesem Übungsbuch wird die Anwendung des Einkommensteuerrechts anhand von insgesamt über 350 praxisnahen Fällen dargestellt und systematisch erläutert. Das Bilanzsteuerrecht ist zwar ein wichtiger Bestandteil des EStG, dennoch wurde auf seine Darstellung verzichtet, da dem Bilanzsteuerrecht aufgrund seines großen Umfangs eine eigene Fallsammlung gewidmet ist.

Bereits seit 23 Vorauflagen in der gehobenen steuerlichen Ausbildung erprobt, haben die Fälle zur Einkommensteuer große Zustimmung gefunden. Dennoch sind Autoren und Verlag stets um Verbesserung bemüht. Sie als angehender Steuerberater oder Steuerinspektor/Diplom-Finanzwirt finden alle wichtigen Fragen praxisnah behandelt und didaktisch gut aufbereitet. Das Werk soll Ihnen eine optimale Unterstützung beim Vertiefen und Trainieren des prüfungsrelevanten Stoffs bieten.

Die 24. Auflage wurde gründlich überarbeitet und um aktuelle Fälle erweitert. Neue Rechtsprechung, zahlreiche Verwaltungsanweisungen und Gesetzesänderungen bis einschließlich Mai 2021 wurden eingearbeitet – Rechtsstand ist somit der 1.5.2021. Gleichwohl wurde, wo es Autoren und Verlag opportun erschien, in einigen Fällen, in denen sie noch prüfungsrelevant ist, auch die frühere Rechtslage zugrunde gelegt.

Hinweis: Mitunter wurde auf konkrete Jahresangaben verzichtet. In diesen Fällen bezeichnen „01", „02" usw. fiktive Jahre. Hier ist, sofern in der Fragestellung nichts anderes gefordert wird, der aktuelle Rechtsstand anzuwenden.

Wir wünschen allen Benutzern gute Lernerfolge.

Neustadt,   *Melita Friebel,*
Maikammer, Kemmenau,   *David Jauch, Hans Walter Schoor*

im August 2021

INHALTSVERZEICHNIS

Kapitel 1:   Steuerpflicht

Kapitel 2:   Einkommensteuerliche Grundbegriffe

**Kapitel 6:   Familienleistungsausgleich, Entlastungsbetrag für Alleinerziehende
(§§ 24b, 31, 32, 62–78 EStG)**

Kapitel 7: Außergewöhnliche Belastungen

Kapitel 8: Gewinnermittlung

Kapitel 9: Absetzung für Abnutzung

Kapitel 10: Die Einkunftsarten

LITERATURHINWEISE

Lehrbücher

Bilke/Heining/Mann, Lehrbuch Buchführung und Bilanzsteuerrecht, 13. Auflage, Herne 2021

Maier/Gunsenheimer/Kremer, Lehrbuch Einkommensteuer, 27. Auflage, Herne 2021

Wilke/Weber, Lehrbuch Internationales Steuerrecht, 15. Auflage, Herne 2020

Fallsammlungen

Koltermann, Fallsammlung Bilanzsteuerrecht, 19. Auflage, Herne 2019

Wilke (Hrsg.)/Karl/Niklaus/Weber, Fallsammlung Internationales Steuerrecht, 14. Auflage, Herne 2021

Kommentare

Blümich, Einkommensteuergesetz, Loseblatt, München

Frotscher/Geurts, Kommentar zum Einkommensteuergesetz, Loseblatt, Freiburg i. Br.

Herrmann/Heuer/Raupach, Einkommensteuergesetz und Körperschaftsteuergesetz, Loseblatt, Köln

Kanzler (Hrsg.)/Kraft/Bäuml/Marx/Hechtner/Geserich, Einkommensteuergesetz Kommentar, 6. Auflage, Herne 2021

Kirchhof/Söhn/Mellinghoff, Einkommensteuergesetz Kommentar, Loseblatt, Köln

Korn, Einkommensteuergesetz, Loseblatt, Bonn

Lademann, Kommentar zum Einkommensteuergesetz, Loseblatt, Stuttgart

Schmidt, Einkommensteuergesetz, 40. Auflage, München 2021

Textausgaben

Wichtige Steuerrichtlinien, 38. Auflage, Herne 2021

ABKÜRZUNGSVERZEICHNIS

A

a. A.	anderer Ansicht
a. a. O.	am angegebenen Ort
a. o.	außerordentlich(er)
Abs.	Absatz
Abschn.	Abschnitt
a. E.	am Ende
a. F.	alte(r) Fassung
AfA	Absetzungen für Abnutzung
AfS	Absetzungen für Substanzverringerung
AG	Aktiengesellschaft
AIG	Auslandsinvestitionsgesetz
AK	Anschaffungskosten
AktG	Aktiengesetz
AN	Arbeitnehmer
AO	Abgabenordnung
Art.	Artikel
AStG	Außensteuergesetz

B

BA	Betriebsausgabe
BayLfSt	Bayerisches Landesamt für Steuern
BewG	Bewertungsgesetz
Bf	Buchführung
BFH	Bundesfinanzhof
BFH/NV	Sammlung amtlich nicht veröffentlichter Entscheidungen des BFH
BGB	Bürgerliches Gesetzbuch
BGBl	Bundesgesetzblatt
BGH	Bundesgerichtshof
BiRiLiG	Bilanzrichtlinien-Gesetz
BKGG	Bundeskindergeldgesetz
BMF	Bundesminister(ium) der Finanzen
BMG	Bemessungsgrundlage
BStBl	Bundessteuerblatt
Buchst.	Buchstabe
BV	Betriebsvermögensvergleich
BVerfG	Bundesverfassungsgericht
BW	Buchwert
bzgl.	bezüglich

D

DA-KG	Dienstanweisung zum Kindergeld
DBA	Doppelbesteuerungsabkommen
dgl.	dergleichen
d. h.	das heißt

E

EFG	Entscheidungen der Finanzgerichte (Zeitschrift)
EFH	Einfamilienhaus
einschl.	einschließlich
ESt	Einkommensteuer
EStDV	Einkommensteuer-Durchführungsverordnung
EStG	Einkommensteuergesetz
EStH	Einkommensteuer-Hinweise
EStR	Einkommensteuer-Richtlinien
EW	Einheitswert

F

f., ff.	folgend(e)
FA	Finanzamt
FG	Finanzgericht
FinVerw	Finanzverwaltung
FR	Finanzrundschau (Zeitschrift)

G

GdE	Gesamtbetrag der Einkünfte
gem.	gemäß
GG	Grundgesetz
ggf.	gegebenenfalls
GmbH	Gesellschaft mit beschränkter Haftung
grds.	grundsätzlich
GrS	Großer Senat

H

H	Hinweis
HB	Handelsbilanz
HFR	Höchstrichterliche Finanzrechtsprechung (Zeitschrift)
HGB	Handelsgesetzbuch
HK	Herstellungskosten

I

i. d. F.	in der Fassung
i. d. R.	in der Regel
i. S.	im Sinne
i. V. m.	in Verbindung mit

K

KapESt	Kapitalertragsteuer
KapGes	Kapitalgesellschaft
Kfz	Kraftfahrzeug
KG	Kommanditgesellschaft
KiSt	Kirchensteuer
Kj.	Kalenderjahr
KÖSDI	Kölner Steuerdialog (Fachzeitschrift)
KSt	Körperschaftsteuer
KStDV	Körperschaftsteuer-Durchführungsverordnung
KStG	Körperschaftsteuergesetz

L

LfSt	Landesamt für Steuern Rheinland-Pfalz
LSt	Lohnsteuer
LStDV	Lohnsteuer-Durchführungsverordnung
LStH	Lohnsteuer-Hinweise
LStR	Lohnsteuer-Richtlinien
LuF	Land- und Forstwirtschaft

M

m. E.	meines Erachtens
m. w. N.	mit weiteren Nachweisen
Mio.	Million
mtl.	monatlich
MU	Mitunternehmer

N

NBE	Nießbraucherlass
ND	Nutzungsdauer
Nr.	Nummer
n. v.	nicht veröffentlicht
NWB	Neue Wirtschafts-Briefe (Zeitschrift)
NZB	Nichtzulassungsbeschwerde

O

OFD	Oberfinanzdirektion

P

p. a.	per annum (jährlich)
PB	Pauschbetrag
PersGes	Personengesellschaft
p. r. t.	pro rata temporis (zeitanteilig)

R

R	Richtlinie (Zitierweise der EStR ab 1993)
Rdn.	Randnummer(n)
Rn.	Randnummer(n)
rkr.	rechtskräftig

S

S.	Seite
SA	Sonderausgaben
SBV	Sonderbetriebsvermögen
sog.	so genannte(r)
SolZG	Solidaritätszuschlaggesetz
StÄndG	Steueränderungsgesetz
StB	Steuerbilanz
StEK	Steuererlasse in Karteiform (Zeitschrift)
StEntlG	Steuerentlastungsgesetz
SteuerStud	Steuer und Studium (Zeitschrift)
StMBG	Missbrauchsbekämpfungs- und Steuerbereinigungsgesetz
Stpfl.	Steuerpflichtige(r)
StPO	Strafprozessordnung
StSenkG	Steuersenkungsgesetz

T

TW	Teilwert
Tz.	Textziffer

U

u. E.	unseres Erachtens
UmwStG	Umwandlungssteuergesetz
u. U.	unter Umständen

V

vGA	verdeckte Gewinnausschüttung
vgl.	vergleiche
v. H.	vom Hundert
VO	Verordnung
VuV	Vermietung und Verpachtung
VZ	Veranlagungszeitraum

W

WEG	Wohnungseigentumsgesetz
WG	Wirtschaftsgut bzw. -güter
Wj.	Wirtschaftsjahr
WK	Werbungskosten

Z

z. B.	zum Beispiel
zzgl.	zuzüglich
zzt.	zurzeit

Kapitel 1: Steuerpflicht

Vorbemerkungen

Die Einkommensteuer ist eine Personensteuer. Das EStG unterscheidet zwischen persönlicher und sachlicher Steuerpflicht. Die persönliche Steuerpflicht betrifft die Frage, welcher Personenkreis unter das EStG fällt, also der deutschen Einkommensbesteuerung als Steuerschuldner unterliegt. Die sachliche Steuerpflicht betrifft die Frage, ob ein Tatbestand verwirklicht ist, der eine Einkommensteuerschuld entstehen lässt.

Der persönlichen Steuerpflicht unterliegen nur natürliche Personen (§ 1 BGB), unabhängig von Staatsangehörigkeit, Alter und ähnlichen Merkmalen. § 1 EStG enthält also die Aussage, wer Einkommensteuersubjekt sein kann. Dadurch, dass positiv nur natürliche Personen als Einkommensteuersubjekte genannt werden, wird gleichzeitig negativ geregelt, dass alle anderen Personen (juristische Personen) und insbesondere Personengesellschaften, nicht Einkommensteuersubjekt sein können. Letztere unterliegen nicht selbständig der Einkommensteuer. § 1 EStG unterscheidet zwischen der unbeschränkten und der beschränkten Einkommensteuerpflicht. Ohne Bedeutung für die Steuerpflicht ist grundsätzlich die bürgerlich-rechtliche Geschäftsfähigkeit oder Volljährigkeit.

§ 1 EStG differenziert wie folgt (K/K/B, Blusz, § 1 EStG, Rn. 2):

► Unbeschränkte Steuerpflicht von natürlichen Personen mit Wohnsitz und gewöhnlichem Aufenthalt im Inland (Abs. 1);

► erweiterte unbeschränkte Steuerpflicht von deutschen Staatsangehörigen in besonderen Fällen (Abs. 2);

► fiktive unbeschränkte Steuerpflicht auf Antrag (Abs. 3);

► beschränkte Steuerpflicht von natürlichen Personen ohne Wohnsitz und gewöhnlichen Aufenthalt im Inland bei Erzielung von inländischen Einkünften (Abs. 4).

Die unbeschränkte Einkommensteuerpflicht nach § 1 Abs. 1 Satz 1 EStG setzt einen Wohnsitz i. S. v. § 8 AO oder einen gewöhnlichen Aufenthalt i. S. v. § 9 AO im Inland voraus. Die Tatsache, dass ein Stpfl. neben einem inländischen Wohnsitz auch einen solchen im Ausland hat, schließt die unbeschränkte Steuerpflicht auch dann nicht aus, wenn der ausländische Wohnsitz den Lebensmittelpunkt des Stpfl. begründet (BFH I R 74/16, BFH/NV 2019, 388). Ist eine natürliche Person unbeschränkt einkommensteuerpflichtig, erstreckt sich die Steuerpflicht im Prinzip auf sämtliche Einkünfte i. S. d. § 2 Abs. 1 EStG, die im Inland und Ausland erzielt werden (sog. Welteinkommen), soweit nicht für bestimmte Einkünfte abweichende Regelungen bestehen, z. B. in Doppelbesteuerungsabkommen.

Die unbeschränkte Steuerpflicht erfährt durch § 1 Abs. 2 EStG eine personelle Erweiterung. Danach erstreckt sich die unbeschränkte Einkommensteuerpflicht unter bestimmten Voraussetzungen auch auf deutsche Staatsangehörige, die zwar keinen Wohnsitz oder gewöhnlichen Aufenthalt im Inland haben, die jedoch zu einer inländischen juristischen Person des öffentlichen Rechts in einem Dienstverhältnis stehen und dafür Arbeitslohn aus einer inländischen öffentlichen Kasse beziehen, z. B. deutsche Diplomaten im Ausland (BFH I R 38/91, BStBl 1992 II 548).

Nach § 1 Abs. 3 EStG werden auf Antrag natürliche Personen als unbeschränkt einkommensteuerpflichtig behandelt, die im Inland weder einen Wohnsitz noch ihren gewöhnlichen Aufenthalt haben, soweit sie inländische Einkünfte i. S. d. § 49 haben. Dies gilt nur, wenn ihre Einkünfte im Kalenderjahr entweder mindestens zu 90 % der deutschen Einkommensteuer unterliegen oder die nicht der deutschen Einkommensteuer unterliegenden Einkünfte gering sind (BFH I R 18/14, BStBl 2016 II 201, Rn. 14).

Nach § 1 Abs. 4 EStG sind natürliche Personen, die im Inland weder einen Wohnsitz noch ihren gewöhnlichen Aufenthalt haben, vorbehaltlich des § 1 Abs. 2 und 3 EStG und des § 1a EStG beschränkt einkommensteuerpflichtig, wenn sie inländische Einkünfte i. S. d. § 49 haben. Voraussetzung ist des Weiteren, dass das Besteuerungsrecht für die inländischen Einkünfte i. S. d. § 49 EStG der Bundesrepublik Deutschland zusteht (BFH I R 219/82, BStBl 1990 II 701). Die beschränkte Steuerpflicht erstreckt sich nur auf die inländischen Einkünfte i. S. d. § 49 EStG. Beschränkt Steuerpflichtige, also Personen, die keinen Wohnsitz oder gewöhnlichen Aufenthalt im Inland haben, aber inländische Einkünfte i. S. d. § 49 EStG beziehen, können allerdings unter den Voraussetzungen des § 1 Abs. 3 EStG die Behandlung als unbeschränkt Steuerpflichtiger beantragen.

Die beschränkte Steuerpflicht erfährt durch § 2 Abs. 1 Satz 1 AStG eine sachliche Erweiterung. Danach unterliegt eine natürliche Person, die unbeschränkt einkommensteuerpflichtig war und in ein Niedrigsteuerland – eine „Steueroase" – verzogen ist, unter bestimmten Voraussetzungen der sog. erweiterten beschränkten Steuerpflicht.

FALL 1

Beibehaltung des Hauptwohnsitzes im Ausland

Sachverhalt:

A ist in Aachen als selbständiger Zahnarzt tätig. Er bewohnt dort in gehobener Wohnlage ein ihm gehörendes Einfamilienhaus. Anlässlich eines Urlaubs lernt er die in den Niederlanden wohnende und dort ebenfalls eine Zahnarztpraxis betreibende B kennen. A und B beschließen zu heiraten. Die Heirat findet am 1.9.01 in Aachen statt. Ab diesem Zeitpunkt wohnen die Eheleute zusammen in dem A gehörenden Einfamilienhaus. B behält ihren Hauptwohnsitz in den Niederlanden zunächst bei. In der Wohnung in Aachen hält sie sich regelmäßig an den Wochenenden, zuweilen auch während der Woche auf.

AUFGABE

Ab welchem Zeitpunkt ist B unbeschränkt einkommensteuerpflichtig?

LÖSUNG

Natürliche Personen sind unbeschränkt einkommensteuerpflichtig, wenn sie im Inland ihren Wohnsitz oder gewöhnlichen Aufenthalt haben (§ 1 Abs. 1 Satz 1 EStG). Was „Wohnsitz" i. S. dieser Regelung ist, bestimmt sich nach § 8 AO (BFH I R 15/01, BFH/NV 2002, 1411). Hiernach hat jemand einen Wohnsitz dort, wo er eine Wohnung unter Umständen innehat, die darauf schließen lassen, dass er die Wohnung beibehalten und benutzen wird (§ 8 AO). Neben dem Innehaben einer Wohnung, also der Möglichkeit, über sie tatsächlich verfügen zu können, ist also zusätzlich erforderlich, dass sie dadurch als Bleibe dient, dass sie ständig oder doch mit einer gewissen Regelmäßigkeit und Gewohnheit genutzt wird (BFH VI R 89/00, BFH/NV 2001, 1018).

Ehegatten, die nicht dauernd getrennt leben, können verschiedene Wohnungen und damit verschiedene Wohnsitze haben. Die Eheschließung allein führt also nicht ohne Weiteres dazu, dass die Wohnung des einen Ehegatten auch dem anderen Ehegatten als Wohnung zuzurechnen ist. Im vorliegenden Fall haben A und B jedoch eine gemeinsame Familienwohnung begründet; diese befindet sich in Aachen. B hat somit ab 1.9.01 „eine" Wohnung im Inland inne.

Dem Wortlaut des § 1 EStG ist nicht zu entnehmen, dass nur derjenige Wohnsitz zur unbeschränkten Steuerpflicht führt, der zugleich den Mittelpunkt der Lebensinteressen der Person darstellt. Im Gegenteil geht die Vorschrift, indem sie ohne weitere Unterscheidung nur das Vorliegen „eines" Wohnsitzes verlangt, erkennbar von der Gleichwertigkeit aller Wohnsitze einer bestimmten Person aus. Insbesondere enthält sie keinen Anknüpfungspunkt für eine Differenzierung zwischen „Hauptwohnsitz" und „Nebenwohnsitz". Dasselbe gilt im Hinblick auf § 8 AO, der keine Unterscheidung zwischen Haupt- und Nebenwohnsitz (Erst- und Zweitwohnsitz) vorsieht; alle Einrichtungen, die die einschlägigen Voraussetzungen erfüllen, sind daher gleichwertige Wohnsitze.

Vor diesem Hintergrund verbietet sich die Annahme, dass nur ein – in welcher Weise auch immer – „qualifizierter" Wohnsitz zur unbeschränkten Einkommensteuerpflicht führt. In welchem zeitlichen Umfang B die Wohnung in Aachen im Jahr 01 genutzt hat, ist unerheblich. Durch die Rechtsprechung ist geklärt, dass auch unregelmäßige Aufenthalte in einer Wohnung zur Aufrechterhaltung des dortigen Wohnsitzes führen können (BFH I B 83/98, BFH/NV 2000, 673).

B ist daher ab 1.9.01 unbeschränkt einkommensteuerpflichtig. Dass sie ihre bisherige Wohnung in den Niederlanden beibehält, ist für diese Beurteilung ohne Bedeutung. Ein inländischer Wohnsitz führt auch dann zur unbeschränkten Einkommensteuerpflicht, wenn der Mittelpunkt der Lebensinteressen sich im Ausland befindet. § 1 EStG setzt für die unbeschränkte Steuerpflicht das Bestehen „eines" Wohnsitzes im Inland voraus. Hieraus folgt, dass es ausreicht, wenn eine natürliche Person mehrere Wohnsitze hat und sich nur ein einziger von ihnen im Inland befindet (BFH I R 56/02, BFH/NV 2004, 917; BFH I R 58/16, BFH/NV 2019, 104, Rn. 20). Ein Wohnsitz i. S. d. § 8 AO setzt nicht voraus, dass der Stpfl. sich während einer Mindestzahl von Tagen oder Wochen im Jahr tatsächlich in der Wohnung aufhält. Auch unregelmäßige Aufenthalte in einer Wohnung können zur Aufrechterhaltung eines dortigen Wohnsitzes führen (BFH I R 58/16, BFH/NV 2019, 104, Rn. 19).

FALL 2

Wohnsitz eines Kindes während des Auslandsstudiums

Sachverhalt:

Die Eheleute A betreiben in München eine ärztliche Gemeinschaftspraxis. Ihr lediger (volljähriger) Sohn B ist am Wohnsitz seiner Eltern – in München – bei der zuständigen Meldebehörde gemeldet. B steht im Haus der Eltern ein Zimmer zur Verfügung. Er studiert an der Universität Innsbruck in Österreich Medizin. Dort bewohnt er ein möbliertes Zimmer. B hat die Universitätsstadt als Zweitwohnsitz gemeldet. Die Wochenenden verbringt er – soweit möglich – ebenso wie die Semesterferien in München, im Jahr ca. fünf Monate. Die Studienkosten bestreitet B zum einen aus regelmäßigen monatlichen Barzuwendungen seiner Eltern, zum anderen aus Einnahmen aus Aushilfstätigkeiten, die er in den Semesterferien im Inland ausübt.

AUFGABE

Ist B unbeschränkt einkommensteuerpflichtig?

LÖSUNG

Ein (minderjähriges) Kind teilt nicht automatisch den Wohnsitz seiner Eltern (BFH v. 7.4.2011, III R77/09, NWB DokID: LAAAD-86467, BFH/NV 2011, 1351; BFH v. 23.5.2012, III B 209/11, NWB DokID: XAAAE-12963, BFH/NV 2012, 1477). Begibt sich ein Kind zum Zwecke des Studiums für mehrere Jahre ins Ausland, behält es seinen Wohnsitz in der Wohnung der Eltern im Inland nur dann bei, wenn es diese Wohnung zumindest überwiegend (nicht „weit überwiegend") in den ausbildungsfreien Zeiten zum zwischenzeitlichen Wohnen nutzt (BFH III B 5/13, BFH/NV 2013, 1386; BFH III R 10/14, BStBl 2015 II 655; BFH III R 38/14, BStBl 2016 II 102; BFH III B 92/16, BFH/NV 2017, 1179, Rn. 2).

Für die Frage, ob das Kind seinen Wohnsitz im Inland beibehalten hat, kommt es maßgeblich auf die Dauer des Auslandsaufenthalts sowie bei lang andauernden Auslandsaufenthalten darauf an, für welche Zeiträume sich die Kinder jeweils im Jahr im Inland aufhalten. Ein Inlandsbesuch bei den Eltern darf nicht lediglich Besuchscharakter haben. Auch bei lang andauernden Auslandsaufenthalten kann ein Wohnsitz des Kindes im Inland weiter bestehen, wenn sich das Kind – wie vorliegend B – ca. fünf Monate bei den Eltern im Inland aufhält; wobei anzumerken ist, dass ein Aufenthalt von fünf Monaten im Jahr in der Wohnung der Eltern nicht stets erforderlich ist (BFH VI R 165/99, BStBl 2001 II 279; BFH VI R 107/99, BStBl 2001 II 294; BFH III R 52/09, BStBl 2010 II 1013; BFH III B 157/16, BFH/NV 2017, 1318). B ist danach unbeschränkt einkommensteuerpflichtig.

Hinzuweisen ist darauf, dass für den Wohnsitz des Kindes im Inland z. B. die Eltern die Feststellungslast tragen, wenn sie für das Kind Kindergeld oder den Kinderfreibetrag erhalten wollen (vgl. die Urteilsanmerkung von Pust, HFR 2001, 464).

FALL 3

Gewöhnlicher Aufenthalt im Inland

Sachverhalt:

Anlässlich eines Besuchs einer in Freiburg wohnenden Freundin hat die Französin Nicole Roussel (R) den Bankkaufmann Anton Aumann (A) kennengelernt. Nach mehreren gegenseitigen Besuchen beschließen R und A zu heiraten. Die Heirat findet am 12.10.01 in Freiburg statt.

Bis Anfang Oktober 01 hat R in Paris gewohnt und dort als Sekretärin gearbeitet. Seit dem 5.10.01 befindet sie sich in Deutschland. Nach ihrer Hochzeit arbeitet sie als Schreibkraft im elterlichen Betrieb ihrer Freundin, bei der sie auch übernachtet, weil die Wohnung ihres Ehemannes bzw. ihrer Schwiegereltern wegen der geringen Größe die Unterbringung einer weiteren Person nicht zulässt.

A und R beginnen noch im Oktober 01 mit dem Bau eines Einfamilienhauses, das Anfang April 02 fertiggestellt wird. Die Eheleute ziehen am 10.4.02 in ihr neues Haus ein und begründen dort eine gemeinsame Familienwohnung. R überrascht ihren Ehemann beim Einzug mit einem Perserteppich, den sie von ihren Eltern geschenkt erhielt, als sie diese zu Weihnachten besucht hat, und zwar in der Zeit vom 20. bis 30.12.01.

AUFGABE

Ist R im Veranlagungszeitraum 01 unbeschränkt einkommensteuerpflichtig?

LÖSUNG

R unterliegt vom 1.1. bis 4.10.01 nicht der deutschen Einkommensbesteuerung. Sie hat während dieser Zeit weder ihren Wohnsitz oder gewöhnlichen Aufenthalt im Inland noch bezieht sie inländische Einkünfte i. S. d. § 49 EStG.

Ab dem 5.10.01 ist sie unbeschränkt einkommensteuerpflichtig, so dass sie für das Jahr 01 mit ihrem Ehemann zusammen veranlagt werden kann (§ 26 Abs. 1 EStG). R begründet im Jahr 01 im Inland zwar keinen Wohnsitz; denn die Übernachtungsmöglichkeit bei ihrer Freundin stellt keine Wohnung i. S. d. § 8 AO dar. Es liegt jedoch ein die unbeschränkte Steuerpflicht begründender gewöhnlicher Aufenthalt i. S. d. § 9 AO vor. Den gewöhnlichen Aufenthalt hat jemand dort, wo er sich unter Umständen aufhält, die erkennen lassen, dass er an diesem Ort bzw. in diesem Gebiet nicht nur vorübergehend verweilt (§ 9 Satz 1 AO). Ein zeitlich zusammenhängender Aufenthalt im Inland von mehr als sechs Monaten ist unwiderlegbar als gewöhnlicher Aufenthalt anzusehen (§ 9 Satz 2 AO), wenn es sich nicht um einen Aufenthalt für private Zwecke handelt (§ 9 Satz 3 AO).

Die Frist ist unabhängig vom Veranlagungszeitraum zu berechnen; es ist also nicht Voraussetzung, dass sie in einem Veranlagungszeitraum vorgelegen hat (BFH I R 51/78, BStBl 1982 II 452; BFH I R 26/10, BFH/NV 2011, 2001). Entscheidend ist der zusammenhängende Zeitraum von mehr als sechs Monaten. Die Sechsmonatsfrist beginnt nach dem Tag der Einreise in das Inland, hier also am 6.10.01 (§ 187 Abs. 1 BGB i. V. m. § 108 AO). Kurzfristige Unterbrechungen bleiben unberücksichtigt (§ 9 Satz 2 Halbsatz 2 AO), d. h., sie werden bei Berechnung der Frist mitgerechnet (BFH I R 26/10, BFH/NV 2011, 2001). Durch den vorübergehenden Auslandsaufenthalt der R zu Weihnachten 01 wird also die Sechsmonatsfrist nicht gehemmt. Die Frist endet mit dem Ablauf des Tages des sechsten Monats, der durch seine Zahl dem Tag der Aufenthaltsbegründung entspricht (§ 188 Abs. 2 BGB).

Beträgt der gewöhnliche Aufenthalt – wie hier – mehr als sechs Monate, erstreckt sich die Steuerpflicht auch auf die ersten sechs Monate. R ist daher bereits seit Begründung des gewöhnlichen Aufenthalts im Jahr 01 unbeschränkt einkommensteuerpflichtig.

Soweit in tatsächlicher Hinsicht Zweifel am Vorliegen bestimmter, einen gewöhnlichen Aufenthalt begründender Umstände bestehen, trifft die objektive Feststellungslast denjenigen, der sich auf das Vorhandensein eines gewöhnlichen Aufenthalts beruft (Buciek in: Beermann/Gosch, AO/FGO, § 9 AO Rn. 8, m.w.N.).

FALL 4

Ende der persönlichen Steuerpflicht im Todesfall

Sachverhalt:

S ist Alleinerbe seines am 30.9.02 verstorbenen Vaters V. Der Vater hat in Mainz ein Reisebüro betrieben, das S, der ebenfalls in Mainz wohnt, ab dem Todestag fortführt.

Der Gewinn wird nach einem abweichenden Wirtschaftsjahr ermittelt, das jeweils vom 1.3. bis 28. bzw. 29.2. des folgenden Jahres läuft. Der Gewinn

► für das Wirtschaftsjahr vom 1.3.01 bis 28.2.02 beläuft sich auf 90.000 € und

► der des Wirtschaftsjahres vom 1.3.02 bis 28.2.03 auf 120.000 €.

Eine Zwischenbilanz ist zum Todestag nicht erstellt worden. S hat im Jahr 02 keine (weiteren) Einkünfte bezogen.

AUFGABEN

1. Wann endet die persönliche Steuerpflicht des Erblassers V?

2. In welcher Höhe ist der Gewinn bei der Veranlagung 02 dem Erblasser V zuzurechnen?

3. Ist S im Veranlagungszeitraum 02 unbeschränkt steuerpflichtig?

LÖSUNG

Zu 1.:

Der unbeschränkten Einkommensteuerpflicht unterliegen nur natürliche Personen (§ 1 Abs. 1 Satz 1 EStG). Die Rechtsfähigkeit natürlicher Personen und damit deren persönliche Steuerpflicht beginnt mit Vollendung der Geburt und endet mit dem Tod. Erblasser V ist folglich bis zu seinem Todestag unbeschränkt einkommensteuerpflichtig, mit seinem Tode endet die persönliche Steuerpflicht (BFH I R 100/71, BStBl 1973 II 544).

Zu 2.:

Da die persönliche Steuerpflicht des V am 30.9.02 endet, muss er mit den bis zum Todeszeitpunkt angefallenen Einkünften aus Gewerbebetrieb zur Einkommensteuer veranlagt werden (BFH I R 100/71, BStBl 1973 II 544). Hat die Steuerpflicht nicht während des vollen Veranlagungszeitraums bestanden, wird nur das während der Steuerpflicht bezogene Einkommen zugrunde gelegt (abgekürzter Ermittlungszeitraum). Der Erblasser V hat demnach im Veranlagungszeitraum 02 außer dem Gewinn des Wirtschaftsjahres 01/02 von 90.000 € auch den vom Beginn des Wirtschaftsjahres 02/03 (1.3.02) bis zum 30.9.02 angefallenen Gewinn zu versteuern.

Da zum Todestag keine Zwischenbilanz aufgestellt worden ist, muss der Gewinn des Wirtschaftsjahres 02/03 im Schätzungswege auf V und S aufgeteilt werden. Eine zeitanteilige Aufteilung ist zulässig und in der Praxis üblich. Auf V entfällt danach ein Gewinn von (7/12 von 120.000 € =) 70.000 €. Bei der Einkommensteuerveranlagung des V für das Jahr 02 sind daher die Einkünfte aus Gewerbebetrieb mit (90.000 € + 70.000 € =) 160.000 € anzusetzen. Eine Umrechnung dieser während der persönlichen Steuerpflicht bezogenen Einkünfte auf einen Jahresbetrag findet nicht statt.

HINWEIS

Tritt aufgrund des Todes eines Steuerpflichtigen Gesamtrechtsnachfolge ein, gehen nach § 45 Abs. 1 Satz 1 AO die Forderungen und Schulden aus dem Steuerschuldverhältnis auf den Rechtsnachfolger (Erben) über. S schuldet als Erbe die angefallene Einkommensteuer (§ 1967 BGB, § 45 AO). Mehrere Erben haben gemäß § 45 Abs. 2 Satz 1 AO für die in der Person des Erblassers entstandene Steuerschuld wie für Nachlassverbindlichkeiten nach bürgerlichem Recht, d.h. als Gesamtschuldner (§§ 1967, 2058 BGB), einzustehen. Jeder Erbe schuldet die ganze Leistung; dem Finanzamt steht es im Rahmen pflichtgemäßen Ermessens frei, an welche Gesamtschuldner es sich halten will (BFH VIII R 32/15, BStBl 2018 II 223, Rn. 23).

Zu 3.:

Da S seinen Wohnsitz in Mainz, also im Inland, hat, ist er im Veranlagungszeitraum 02 unbeschränkt einkommensteuerpflichtig (§ 1 Abs. 1 Satz 1 EStG). Er hat zwar im Veranlagungszeitraum 02 keine Einkünfte erzielt; denn der auf ihn entfallende Gewinn des Wirtschaftsjahres 02/03 von 5/12 von 120.000 € = 50.000 € (zeitanteiliger Gewinn vom 1.10.02 bis 28.2.03) gilt erst in dem Kalenderjahr als bezogen, in dem das Wirtschaftsjahr endet, also im Jahr 03 (§ 4a Abs. 2 Nr. 2 EStG). Dass S im Jahr 02 keine Einkünfte bezogen hat, spielt für die Frage, ob er unbeschränkt einkommensteuerpflichtig ist, keine Rolle. Denn die unbeschränkte Einkommensteuerpflicht setzt nicht das Vorliegen von Einkünften voraus. Dies ist bereits eine Frage der sachlichen Steuerpflicht.

Kapitel 2: Einkommensteuerliche Grundbegriffe

Einkünfte und Gesamtbetrag der Einkünfte

Sachverhalt:

Die Eheleute Max Moritz (MM) und Rita, geb. May, (RM) sind seit vielen Jahren verheiratet. Sie wohnen im eigenen Einfamilienhaus in Bremen. Beide sind nichtselbständig tätig: MM als städtischer Beamter, RM als Lehrerin. MM hat im Jahr 2020 einen Bruttoarbeitslohn von 35.000 €, RM von 30.000 € bezogen.

Aus den ihrem Steuerberater anlässlich der Erstellung der Einkommensteuererklärung 2020 gemachten Angaben ergibt sich Folgendes:

1. MM hat Anfang Januar 2020 von seiner Mutter ein Mietwohngrundstück geerbt, das einen Verkehrswert von 350.000 € hat. Die Mieteinnahmen belaufen sich auf 24.000 €; die mit dem Grundstück zusammenhängenden Kosten (einschl. AfA) betragen 14.000 €.

2. MM hat 2020 auf einer Privatfahrt mit seinem Pkw einen Unfall verursacht. Der Kraftwagen wurde total beschädigt. Die Vollkaskoversicherung hat eine Entschädigung von 30.000 € geleistet.

3. MM sind im Jahr 2020 Dividenden aus Aktienanlagen von 2.800 € zugeflossen.

4. MM hat im April 2020 einen vor elf Jahren für 40.000 € erworbenen Bauplatz für 60.000 € verkauft.

5. MM ist Briefmarkensammler. Im Jahr 2020 hat er Briefmarken für 800 € gekauft und für 300 € verkauft.

6. RM hat im Juni 2020 250.000 € im Lotto gewonnen. Von dem Gewinn hat sie einen Teilbetrag von 200.000 € auf ein Festgeldkonto eingezahlt. Die Bank hat ihr dafür am Jahresende 2020 Zinsen i. H. v. 120 € gutgeschrieben.

7. Weitere 30.000 € ihres Lottogewinns hat RM 2020 in Aktienkäufe investiert. Der Kurswert der im März 2020 erworbenen Aktien ist bis zum 31.12.2020 auf 35.000 € gestiegen.

8. Den Restbetrag ihres Lottogewinns von 20.000 € hat RM ihrem Bruder am 1.7.2020 als Darlehen gewährt. Im Hinblick auf das Verwandtschaftsverhältnis verzichtete RM auf Zinsen. Bei einer Bank hätte der Bruder 4 % Zinsen zahlen müssen.

Wie hoch sind die Einkünfte und der Gesamtbetrag der Einkünfte für das Jahr 2020?

LÖSUNG

Der Einkommensteuer unterliegen nur die in § 2 Abs. 1 Nr. 1 – 7 EStG EStG aufgeführten Einkünfte aus den sieben Einkunftsarten. Diese Aufzählung ist abschließend. Die Zuordnung von Einkünften zu einer der sieben Einkunftsarten begründet die Steuerbarkeit dieser Einkünfte. Einkünfte, die sich keiner der aufgezählten Einkunftsarten zuordnen lassen, sind nicht steuerbar. Ergebnisse aus einkommensteuerlich unbeachtlichen Tätigkeiten (fehlende Einkünfteerzielungsabsicht bzw. Liebhaberei) bleiben unberücksichtigt. Die positiven und negativen Ergebnisse der einzelnen Einkunftsarten des § 2 Abs. 1 EStG werden nach den Grundsätzen des § 2 Abs. 2 EStG der Höhe nach ermittelt.

Die Summe der Einkünfte i. S. d. § 2 Abs. 3 EStG ist die Summe der steuerbaren Einkünfte des betreffenden Kalenderjahres. Der Gesamtbetrag der Einkünfte i. S. d. § 2 Abs. 3 und 4 EStG ist die Summe der steuerbaren Einkünfte, vermindert um den Altersentlastungsbetrag (§ 24a EStG), den Entlastungsbetrag für Alleinerziehende (§ 24b EStG) und den Freibetrag für Land- und Forstwirte (§ 13 Abs. 3 EStG). Beide Tatbestände, d. h. die Summe der Einkünfte und der Gesamtbetrag der Einkünfte, sind Entstehungselemente des zu versteuernden Einkommens.

Prüfung der Steuerbarkeit

1. Die Vermögensmehrung von 350.000 € infolge des Erbfalls stellt keine Einnahme aus einer der sieben Einkunftsarten dar.

   Die Einkünfte des MM aus der Vermietung des Mietwohngrundstücks fallen unter die Einkunftsart „Vermietung und Verpachtung" (§ 21 EStG); die Nutzung des eigenen Einfamilienhauses hingegen nicht.

2. Der Ersatz für den durch den Unfall eingetretenen Vermögensschaden steht in keinem Zusammenhang mit einkommensteuerrechtlich relevanten Einkünften und unterliegt daher nicht der Einkommensteuer.

3. Die Dividenden aus den Aktienanlagen von 2.800 € (MM) gehören zu den Einnahmen aus Kapitalvermögen (§ 20 EStG).

4. Die Veräußerung des zum Privatvermögen gehörenden Grundstücks unterliegt nicht der Einkommensteuer. Es liegt kein privates Veräußerungsgeschäft i. S. d. § 22 Nr. 2 i. V. m. § 23 Abs. 1 Nr. 1 EStG vor, da der Zeitraum zwischen Anschaffung und Veräußerung mehr als zehn Jahre beträgt.

5. Die Tätigkeit des MM als Briefmarkensammler ist als sog. Liebhabereitätigkeit anzusehen, d. h., sie ist steuerlich ohne Bedeutung.

6. Der Lottogewinn der RM fällt unter keine Einkunftsart. Die gutgeschriebenen Zinsen von 120 € gehören dagegen zu den Einnahmen aus Kapitalvermögen (§ 20 EStG).

7. Der nicht realisierte Kursgewinn ist nicht steuerbar.

8. Das dem Bruder der RM gewährte Darlehen ist unverzinslich. Der Zinsverzicht ist privat veranlasst; einkommensteuerrechtlich kann er nicht als fiktive Einnahme besteuert werden. Anmerkung: Unverzinsliche Darlehensgewährungen können jedoch bei Fehlen einer sonstigen Gegenleistung in Höhe des Zinsverzichts Schenkungen (freigebige Zuwendungen i. S. d. § 7

Abs. 1 Nr. 1 ErbStG) sein (BFH II B 7/10, BFH/NV 2010, 2280; BFH II R 25/12, BFH/NV 2014, 537; BFH II R 19/13, BFH/NV 2015, 993). Gegenstand der Zuwendung bei einer zinslosen Darlehensgewährung ist der kapitalisierte Nutzungsvorteil.

Ermittlung der Summe und des Gesamtbetrags der Einkünfte

	MM	RM	
Einkünfte aus nichtselbständiger Arbeit:			
Bruttoarbeitslohn	35.000 €	30.000 €	
./. Arbeitnehmer-Pauschbetrag (§ 9a Satz 1 Nr. 1 Buchst. a EStG)	1.000 €	1.000 €	
	34.000 €	29.000 €	63.000 €
Einkünfte aus Kapitalvermögen:			
Einnahmen	2.800 €	120 €	

Mit der Einführung der Abgeltungsteuer ab 2009 gibt es den früheren Vorrang des Veranlagungsverfahrens vor dem Abzugsverfahren nicht mehr. Der Steueranspruch bei den Einkünften aus Kapitalvermögen wird jetzt grundsätzlich durch Erhebung der Abgeltungsteuer „abgegolten". Für Einkünfte aus Kapitalvermögen wurde ein gesonderter Steuertarif von 25 % eingeführt (§ 32d Abs. 1 Satz 1 EStG). Die so versteuerten Kapitalerträge werden prinzipiell nicht mehr in der jährlichen Einkommensteuererklärung erfasst. Die Steuerpflichtigen können aber die Einbeziehung ihrer gesamten Kapitalerträge in die Einkommensteuerveranlagung beantragen (Günstigerprüfung nach § 32d Abs. 6 EStG). Dies kann z. B. einen Sinn haben, wenn der Steuersatz für die übrigen Einkünfte unter 25 % liegt.

Einkünfte aus Vermietung und Verpachtung:		
Einnahmen	24.000 €	
./. Werbungskosten	14.000 €	10.000 €
Summe der Einkünfte = Gesamtbetrag der Einkünfte		73.000 €

FALL 6

Verlustausgleich bei Ermittlung des Gesamtbetrags der Einkünfte

Sachverhalt:

Der ledige Steuerpflichtige A erzielte im Jahr 2020 folgende Einkünfte:

Einkünfte aus Gewerbebetrieb	./. 150.000 €
Einkünfte aus selbständiger Arbeit	200.000 €
Einkünfte aus Vermietung und Verpachtung	./. 20.000 €
Verlust aus einem privaten Veräußerungsgeschäft (Verkauf eines Grundstücks)	./. 5.000 €

AUFGABE

Wie hoch ist der Gesamtbetrag der Einkünfte für 2020?

LÖSUNG

Gesamtbetrag der Einkünfte ist die Summe der Einkünfte, vermindert um den Altersentlastungsbetrag, den Entlastungsbetrag für Alleinerziehende und den Abzug nach § 13 Abs. 3 EStG (§ 2 Abs. 3 Satz 1 EStG). Verluste aus privaten Veräußerungsgeschäften dürfen nur bis zur Höhe des Gewinns, den der Steuerpflichtige im gleichen Kalenderjahr aus privaten Veräußerungsgeschäften erzielt hat, ausgeglichen werden (§ 23 Abs. 3 Satz 7 EStG). Der Gesamtbetrag der Einkünfte des A für 2020 beträgt somit (./. 150.000 € + 200.000 € ./. 20.000 € =) 30.000 €.

FALL 7

Ermittlung des zu versteuernden Einkommens und der festzusetzenden Einkommensteuer, des Solidaritätszuschlags und der Kirchensteuer

Sachverhalt:

Der freiberuflich tätige Rechtsanwalt Dr. Heinz Recht (HR), geb. am 25.4.1964, und seine Ehefrau Lisa Recht (LR), geb. am 20.9.1964, wohnen seit Jahren in Koblenz. Die Eheleute sind seit 1997 verheiratet, sie wählen für das Jahr 2020 die Zusammenveranlagung (§ 26 Abs. 2 Satz 2 i. V. m. § 26b EStG). Sie sind beide kirchensteuerpflichtig (katholisch).

Die Eheleute haben dem Finanzamt im Rahmen ihrer Einkommensteuererklärung 2020 folgende Angaben gemacht:

► Anlage G: Einkünfte aus Gewerbebetrieb

– Gewinnanteil LR an der X-OHG		105.000 €
Anteiliger Gewerbesteuer-Messbetrag	1.000 €	
Tatsächlich zu zahlende Gewerbesteuer, die auf diesen Messbetrag entfällt	4.000 €	
– Verlustanteil LR an der Y-KG		./. 20.000 €

► Anlage S: Einkünfte aus selbständiger Arbeit

Gewinn HR aus freiberuflicher Tätigkeit	120.000 €

► Anlage V: Einkünfte aus Vermietung und Verpachtung

    Überschuss aus der Vermietung einer Eigentumswohnung LR   7.000 €

    Verlust aus der Vermietung einer Eigentumswohnung LR   ./. 6.000 €

► Anlage Vorsorgeaufwand

    Vorsorgeaufwendungen: freiwillige Basiskran-
    kenversicherungsbeiträge und Pflegeversiche-
    rungsbeiträge:

–   Ehemann 3.500 € + Ehefrau 3.500 €   7.000 €

    Unfall-, Haftpflicht- und Risikolebensversiche-
–   rungen Ehemann   1.000 €

    Sonderausgaben, die nicht
–   Vorsorgeaufwendungen sind:

    Kirchensteuer (beide Eheleute)   2.000 €

    Spenden an DRK (Ehemann)   1.200 €

AUFGABE

Wie hoch ist das zu versteuernde Einkommen der Eheleute HR und LR für 2020 sowie die festzusetzende Einkommensteuer, der Solidaritätszuschlag und die Kirchensteuer?

LÖSUNG

Gesamtbetrag der Einkünfte ist die Summe der Einkünfte, vermindert um den Altersentlastungsbetrag, den Entlastungsbetrag für Alleinerziehende und den Abzug nach § 13 Abs. 3 EStG (§ 2 Abs. 3 Satz 1 EStG). Bei Ehegatten, die nach §§ 26 und 26b EStG zusammen veranlagt werden, werden die Einkünfte der einzelnen Einkunftsarten jeweils getrennt ermittelt und dann zusammengerechnet.

Es ist wie folgt zu rechnen:

	Ehemann €	Ehefrau €	insgesamt €
Einkünfte aus Gewerbebetrieb: Gewinnanteil X-OHG 105.000 € ./. Verlustanteil Y-KG 20.000 €		85.000,00	85.000,00
Einkünfte aus selbständiger Arbeit	120.000,00		120.000,00
Einkünfte aus Vermietung und Verpachtung: 7.000 € ./. 6.000 €		1.000,00	1.000,00
Summe der Einkünfte = Gesamtbetrag der Einkünfte			206.000,00

./. abziehbare Sonderausgaben (Versicherungsbeiträge)

Private Basiskranken- und Pflegeversicherungen 7.000 €	7.000,00	
davon entfallen auf den Ehemann 3.500 €		
davon entfallen auf die Ehefrau 3.500 €		
+ Unfall-, Haftpflicht- und Risikolebensversicherungs-beiträge HR	1.000,00	
Gesamte sonstige Vorsorgeaufwendungen	8.000,00	
Begrenzung der Aufwendungen auf den Höchstbetrag von 5.600 €	5.600,00	
mindestens abzugsfähig: Basiskrankenversicherung und Pflegeversicherung 7.000 €		./. 7.000,00

./. unbeschränkt abziehbare Sonderausgaben:

gezahlte Kirchensteuer	2.000,00	
Spenden DRK	1.200,00	./. 3.200,00
Einkommen = zu versteuerndes Einkommen (§ 2 Abs. 4 und 5 EStG)		195.800,00
festzusetzende ESt nach dem Splitting-Verfahren (§ 32a Abs. 1 und 5 EStG)		64.308,00
./. Steuerermäßigung nach § 35 EStG: 4-fache des festgesetzten anteiligen GewSt-Messbetrags		./. 4.000,00
festzusetzende Einkommensteuer		60.308,00
festzusetzender SolZ: 5,5 % von 60.874,00 €		3.316,94

festzusetzende KiSt
(KiSt-Satz Rheinland-Pfalz 9 %):

BMG ist die festzusetzende ESt ohne Steuer-ermäßigung nach § 35 EStG von 4.000 €	64.308,00	
hiervon 9 %		5.787,72

Vereinnahmung und Verausgabung (§ 11 EStG)

Zufluss- und Abflusszeitpunkt

Sachverhalt:

Dr. Wächter (W) ist als Facharzt für Allgemeinmedizin in Wiesbaden selbständig tätig. Er ermittelt seinen Gewinn durch Einnahmenüberschussrechnung (§ 4 Abs. 3 EStG).

1. W ist einer privatärztlichen Verrechnungsstelle angeschlossen, die die Privatliquidation für ihn vornimmt. Mitte Januar 02 erhält W von der privatärztlichen Verrechnungsstelle einen Kontoauszug, aus dem sein Guthaben zum 31.12.01, d. h. die bis zu diesem Zeitpunkt bei der Verrechnungsstelle eingegangenen, aber noch nicht an ihn überwiesenen Honorare, ersichtlich sind. Die privatärztliche Verrechnungsstelle zahlt das Guthaben von 5.000 € Ende Januar 02 an W aus.

2. W hat im Jahr 01 ein Ultraschallgerät für 20.000 € angeschafft, das er mit einem Kredit seiner Hausbank finanziert hat. Die für das Jahr 01 angefallenen Zinsen von 1.200 € sind laut Kontoauszug vom 2.2.02 dem laufenden Konto des W (mit Wertstellung zum 30.12.01) belastet worden. Vor dieser Belastung wies das laufende Konto des W ein Guthaben von 500 € auf, die Bank hat W auf dem Kontokorrentkonto einen Kreditrahmen von 40.000 € eingeräumt.

1. Welchem Jahr sind die Zahlungen der privatärztlichen Verrechnungsstelle zuzurechnen?

2. Welchem Jahr ist die Zinszahlung von 1.200 € zuzuordnen?

Die Einkommensteuer ist eine Jahressteuer. Ihre Bemessungsgrundlagen müssen für diesen Zeitraum ermittelt und gegenüber anderen Jahren abgegrenzt werden. Das EStG enthält daher Regelungen über die zeitliche Zuordnung der Besteuerungsgrundlagen. § 11 EStG, der unter der Überschrift „Vereinnahmung und Verausgabung" steht, sieht vor, dass sich die zeitliche Zuordnung der Besteuerungsgrundlagen nach dem tatsächlichen Zufluss oder Abfluss richtet. Die Vorschrift gilt in erster Linie

▶ für die Gewinneinkünfte nach § 2 Abs. 2 Nr. 1 EStG, wenn der Gewinn durch Einnahmenüberschussrechnung ermittelt wird,

▶ für die Überschusseinkünfte nach § 2 Abs. 2 Nr. 2 EStG,

▶ für die Sonderausgaben nach §§ 10 und 10b EStG und

▶ für die außergewöhnlichen Belastungen.

Zu 1.:

Privatärztliche Verrechnungsstellen werden als Einziehungsbevollmächtigte der Ärzte tätig. Sie nehmen die Honorarzahlungen der Privatpatienten im Auftrag der Ärzte in Empfang. Werden von einem Dritten als Bevollmächtigten des Stpfl. Zahlungen entgegengenommen, tritt damit grds. ein Zufluss beim Vollmachtgeber ein (BFH VIII R 15/83, BStBl 1986 II 342 f.). W muss daher das Guthaben von 5.000 €, das ihm Ende Januar 02 von der privatärztlichen Verrechnungsstelle überwiesen worden ist, bereits im Jahr 01 als Betriebseinnahme erfassen.

Zu 2.:

Der Begriff der Leistung in § 11 Abs. 2 EStG korrespondiert mit dem des Zufließens in § 11 Abs. 1 EStG. Entscheidend dafür, in welchem Veranlagungszeitraum Ausgaben abzusetzen sind, ist demnach der Verlust der wirtschaftlichen Verfügungsmacht über ein Wirtschaftsgut. Im Zusammenhang mit Überweisungen vom laufenden Konto des Stpfl. wird die Leistung spätestens mit der Lastschrift erbracht. Weist das Konto die nötige Deckung auf, genügt sogar die Erteilung des Überweisungsauftrags. Als Deckung gilt nicht nur ein ausreichendes Guthaben, sondern auch ein entsprechender Kreditrahmen. Ein am 30.12.01 von der Bank dem Konto des Stpfl. belasteter, wirtschaftlich zum Jahr 01 gehörender Zinsbetrag für ein Darlehen ist im Jahr 01 gezahlt (BFH IV R 47/95, BStBl 1997 II 509). W kann daher die Zinsen von 1 200 € im Jahr 01 als Betriebsausgaben absetzen.

FALL 9

Zufluss bei Annahme eines Wechsels

Sachverhalt:

Architekt A ermittelt seinen Gewinn durch Einnahmenüberschussrechnung (§ 4 Abs. 3 EStG). Zu seinem Betriebsvermögen gehört ein voll abgeschriebener Pkw VW Golf. A verkauft den Pkw im November 01 an B. Als Kaufpreis wird ein Betrag von 10.000 € vereinbart. B stellt über diesen Betrag einen Wechsel aus, der im Februar 02 fällig wird. A übergibt den Wechsel im November 01 seiner Bank zur Diskontierung. B löst den Wechsel bei Fälligkeit ein.

AUFGABE

Wann muss A den Verkaufserlös von 10.000 € als Betriebseinnahmen erfassen?

LÖSUNG

Wird ein Wechsel zahlungshalber – was die Regel ist – hingegeben und angenommen, so ist die Wechselsumme dem Empfänger zugeflossen, wenn er den Wechsel selbst am Fälligkeitstag vorlegt und die Zahlung erhält oder wenn er sich den Betrag durch Diskontierung des Wechsels beschafft (BFH I R 166/69, BStBl 1971 III 624, unter 3.).

Der von A angenommene Wechsel ist zwar erst im Jahr 02 fällig. Die Fälligkeit des Wechsels ist aber unbeachtlich, wenn dieser diskontiert wird. Denn im Falle der Wechseldiskontierung führt die Zahlung der diskontierenden Bank zu einem Zufluss der Leistung aus dem Grundgeschäft. A muss daher den Verkaufserlös von 10.000 € bereits im Jahr 01 als Betriebseinnahme erfassen.

FALL 10

Zufluss von Forderungen eines beherrschenden Gesellschafters einer GmbH

Sachverhalt:

Klaus Kiefer (K) ist Alleingesellschafter der X-GmbH, die in Karlsruhe ein zahntechnisches Labor betreibt. K hat der X-GmbH ein Darlehen von 100.000 € gewährt, das nach dem zugrunde liegenden Darlehensvertrag mit 4 % jährlich zu verzinsen ist. Die X-GmbH schreibt die am 31.12.01 fälligen Darlehenszinsen für das Jahr 01 i. H.v. 4.000 € am Fälligkeitstag dem Verrechnungskonto des K gut (Buchungssatz: Schuldzinsen an Verrechnungskonto K 4.000 €). Die Auszahlung der Zinsen erfolgt im Februar 02.

AUFGABE

Wann sind die Zinsen K zugeflossen?

LÖSUNG

Nach § 11 Abs. 1 Satz 1 EStG gelten Einnahmen als zugeflossen, wenn der Empfänger über die ihm zustehenden Beträge wirtschaftlich verfügen kann. Zufluss liegt demnach z. B. vor, wenn der Auszahlungsbetrag auf einem Bankkonto des Stpfl. gutgeschrieben wird. Auch in der Gutschrift durch den Zahlungsschuldner kann im Einzelfall ein Zufluss gesehen werden. Ob die Schuld fällig ist, spielt für die Frage des Zuflusses im Allgemeinen keine Rolle. Dennoch ist die Fälligkeit der Schuld als Beweisanzeichen für den Übergang der wirtschaftlichen Verfügungsmacht von Bedeutung. Dem beherrschenden Gesellschafter oder Alleingesellschafter einer Kapitalgesellschaft fließen Beträge, die ihm die Gesellschaft schuldet, i. d. R. bereits im Zeitpunkt der Fälligkeit zu (BFH VIII R 221/80, BStBl 1984 II 480; XI B 78/06, BFH/NV 2007, 1305; BFH VIII R 2/12, BStBl 2015 II 333). Denn beherrschende Gesellschafter oder Alleingesellschafter haben es in der Hand, sich die Beträge von der Gesellschaft auszahlen oder in deren Betrieb stehen zu lassen.

K ist Alleingesellschafter der X-GmbH. Wendet man die vorstehenden Grundsätze hier an, ist davon auszugehen, dass die Zinsen von 4.000 € dem K mit der Gutschrift, d. h. am 31.12.01, zugeflossen sind. Der gesonderte Steuertarif findet für diese Einkünfte aus Kapitalvermögen keine Anwendung (§ 32d Abs. 2 Nr. 1 Buchst. b EStG).

FALL 11

Zufluss bei Abtretung von Forderungen

Sachverhalt:

Darlehensgeber A hat

1. gegen Darlehensnehmer B eine private Zinsforderung i. H. v. 2.000 €, die am 1.12.01 fällig ist. Da sich B vorübergehend in einer angespannten finanziellen Lage befindet, tritt er zahlungshalber seine Forderung an X i. H. v. 2.000 € an A ab. Die Forderung des B gegenüber ist erst am 1.2.02 fällig; der Betrag von 2.000 € wird am 4.2.02 dem Konto des A gutgeschrieben;

2. gegen Darlehensnehmer C eine private Zinsforderung i. H. v. 3.000 €, die am 1.12.01 fällig ist. Da C zahlungsunfähig ist, tritt er seine Forderung i. H. v. 3.000 €, die er gegenüber Y hat, an A ab, und zwar an Zahlungs statt. Die Forderung des C an Y wird erst am 1.2.02 fällig; der Betrag von 3.000 € geht am 4.2.02 auf dem Konto des A ein.

AUFGABE

Wann sind die Darlehenszinsen von 2.000 € bzw. 3.000 € dem A zugeflossen?

LÖSUNG

Bei der Abtretung von Forderungen ist zu unterscheiden zwischen der Leistung erfüllungshalber und an Erfüllungs statt.

Zu 1.:

In der Regel werden Forderungen – wie hier – nicht an Zahlungs statt, sondern nur zahlungshalber abgetreten. Dann empfängt der Abtretungsempfänger Zahlungen, die ihm aufgrund der abgetretenen Forderung zufließen, für Rechnung des Abtretenden. Ein Zufluss i. S. d. § 11 Abs. 1 EStG liegt beim Abtretungsempfänger nicht bereits im Zeitpunkt der Forderungsabtretung vor, sondern erst dann, wenn die Einnahme aus der neuen Forderung tatsächlich bei ihm eingeht (BFH IV R 97/78, BStBl 1981 II 305 f.). Da hier die Abtretung zahlungshalber erfolgt und das Geld dem A erst am 4.2.02 zugeflossen ist, ist dieser Zeitpunkt auch steuerrechtlich maßgebend. A muss daher die Darlehenszinsen von 2.000 € erst im Jahr 02 bei seinen Einnahmen aus Kapitalvermögen erfassen.

Zu 2.:

Bei der Abtretung einer Forderung an Zahlungs statt übernimmt der Abtretungsempfänger das Gläubigerrisiko und gibt seine Ansprüche gegen den Abtretenden auf. Eine derartige Abtretung kommt daher nur ausnahmsweise in Betracht, z. B. wenn der Schuldner – wie hier – zahlungsunfähig ist. Bei der Abtretung der Forderung schuldet C die 3.000 € dem A nicht mehr; er hat die Schuld durch Hingabe seiner Forderung an Y getilgt. Damit ist das Geld dem A bereits zu diesem Zeitpunkt (1.12.01) zugeflossen (BFH VI 137/65, BStBl 1966 III 394). A hat die 3.000 € bereits im Jahr 01 bei seinen Einnahmen aus Kapitalvermögen zu erfassen.

FALL 12

Zufluss bei Erlass einer Schuld

Sachverhalt:

Steuerberater A, der seinen Gewinn durch Einnahmenüberschussrechnung (§ 4 Abs. 3 EStG) ermittelt, hat

1. dem langjährigen Mieter einer ihm gehörenden Eigentumswohnung die Miete für den Monat Dezember 01 von 800 € erlassen. In einem Schreiben an den Mieter begründet A seinen Mietverzicht damit, dass der Mieter seit 10 Jahren die Wohnung bewohne und es während dieser langen Zeit keinen Anlass zu Beanstandungen gegeben habe;

2. seiner Schwester und deren Ehemann für die Erstellung der Einkommensteuererklärung 01 am 15.5.02 nach der Steuerberatervergütungsverordnung 714 € einschließlich 114 € Umsatzsteuer berechnet. Der Schwager des A wird im Juni 02 überraschend arbeitslos. A verzichtet daraufhin im Hinblick auf die familiären Beziehungen auf die Geltendmachung seines Honoraranspruchs;

3. einer angestellten Mitarbeiterin am 30.7.01 einen gebrauchten – voll abgeschriebenen – PC für 357 € einschließlich 57 € Umsatzsteuer verkauft. Um die Angestellte an seinen Betrieb zu binden, verzichtet A nachträglich auf die Geltendmachung der Kaufpreisforderung.

AUFGABE

Stellt der Verzicht auf die Geltendmachung der Forderungen einen Zuflusstatbestand dar?

LÖSUNG

Zu 1.:

Verzichtet ein Gläubiger auf die Geltendmachung einer Forderung, die mit dem Tatbestand der Einkünfteerzielung zusammenhängt, dann stellt der Verzicht keinen Einnahmetatbestand dar; denn niemand ist verpflichtet, seine Einnahmemöglichkeiten voll auszuschöpfen. Der freiwillige Verzicht des A auf die Mietforderung führt daher nicht zu einem Zufluss, so dass A die Miete für den Monat Dezember von 800 € nicht zu versteuern braucht.

Zu 2.:

Hier gilt etwas anderes. A erlässt aus privaten Gründen die Honorarforderung von 714 €. Erlässt ein Stpfl., der seinen Gewinn nach § 4 Abs. 3 EStG ermittelt, einem Schuldner aus privaten Gründen eine Honorarforderung, sind dem Stpfl. zwar keine Betriebseinnahmen zugeflossen. Gleichwohl ist der Gewinn des Stpfl. um den Wert der aus privaten Gründen erlassenen Honorarforderung zu erhöhen, weil der Vorgang als Entnahme der Forderung anzusehen ist und bei der Gewinnermittlung durch Einnahmenüberschussrechnung Entnahmen – jedenfalls soweit diese nicht in Geld bestehen – hinzuzurechnen sind (BFH IV R 180/71, BStBl 1975 II 526). Die mit der erlassenen Forderung zusammenhängende Umsatzsteuer i. H. v. 114 € ist im Zeitpunkt ihrer Bezahlung als Betriebsausgabe abzugsfähig. Im Ergebnis erhöht sich also der Gewinn des A um 600 €.

Zu 3.:

A verzichtet aus betrieblichen Gründen auf die Geltendmachung seiner Kaufpreisforderung. Bei einem Erlass aus betrieblichen Gründen sind dem Stpfl. ebenso wie bei einem Erlass aus privaten Gründen keine Betriebseinnahmen zugeflossen. Eine Gewinnerhöhung kommt bei einem Erlass aus betrieblichen Gründen allerdings nicht in Betracht. Da A die angefallene Umsatzsteuer von (19 % von 300 € =) 57 € im Zeitpunkt ihrer Bezahlung als Betriebsausgaben abziehen kann, ergibt sich eine Gewinnminderung von 57 €. Auf der Seite der Arbeitnehmerin stellt der Erlass der gegen sie gerichteten Kaufpreisforderung einen Zuflusstatbestand dar. Denn in dem Verzicht des A auf die Geltendmachung der Geldforderung aus dem Kaufvertrag liegt ein geldwerter Vorteil, der der Lohnbesteuerung unterliegt (BFH VI R 173/80, BStBl 1985 II 437). Die Angestellte des A muss den erlassenen Betrag i. H. v. 357 € als Arbeitslohn versteuern, und zwar in dem Zeitpunkt, in dem A die Forderung erlassen hat.

FALL 13

Zufluss bei Novation

Sachverhalt:

A ist am Stammkapital der X-GmbH i. H. v. 60.000 € zu einem Drittel beteiligt. Sein Stimmrecht entspricht seiner Kapitalbeteiligung. A hat der X-GmbH Anfang 01 ein zu seinem Privatvermögen gehörendes Darlehen i. H. v. 100.000 € gewährt, das mit 4 % jährlich verzinst wird.

A erklärt sich gegenüber der X-GmbH bereit, dieser den geschuldeten und am 31.12.01 fälligen Zinsbetrag i. H. v. 4.000 € als verzinsliches Darlehen zur Verfügung zu stellen. Die GmbH schreibt daher die Zinsen von 4.000 € dem Darlehen von 100.000 € zu, so dass das Darlehen am Bilanzstichtag (31.12.01) einen Betrag i. H. v. 104.000 € ausweist.

Die Schuldumwandlung erfolgt im Interesse des A, weil dieser eine Anlage im Betrieb sucht, um mehr Einfluss auf das Unternehmen zu gewinnen. Aufgrund ihrer guten wirtschaftlichen Verhältnisse wäre die GmbH ohne Weiteres in der Lage gewesen, die Zinsen am Fälligkeitstag auszuzahlen.

AUFGABE

Sind die Zinsen i. H. v. 4.000 € dem A im Jahr 01 zugeflossen?

Die dem Darlehen zugeschriebenen Zinsen sind dem A im Jahr 01 zugeflossen. Sie wurden ihm zwar nicht ausgezahlt. Ein Zufluss ist aber bei den Überschusseinkünften i. S. d. § 2 Abs. 2 Nr. 2 EStG gegeben, wenn der Stpfl. in der Weise über eine Forderung auf eine Leistung verfügt, dass sie erlischt und eine andere Forderung an ihre Stelle tritt (Schuldumwandlung = Novation), sofern die Novation in seinem Interesse und nicht in dem des Schuldners vereinbart wird (BFH VIII R 211/82, BFH/NV 1988, 224; VIII R 15/01, BStBl 2002 II 138). In dieser Schuldumwandlung kann eine Verfügung des Gläubigers liegen, die einkommensteuerlich so zu werten ist, als ob der Schuldner die Altschuld durch tatsächliche Zahlung beglichen hätte (= Zufluss beim Gläubiger) und der Gläubiger den vereinnahmten Betrag infolge des neu geschaffenen Verpflichtungsgrundes dem Schuldner sofort wieder zur Verfügung gestellt hätte (Wiederabfluss des Geldbetrags beim Gläubiger). Der beschriebene lange Leistungsweg wird durch die Novationsvereinbarung lediglich verkürzt, indem auf den überflüssigen Umweg der Aus- und Rückzahlung des Geldbetrags verzichtet wird.

Im vorliegenden Fall erfolgt die Zuschreibung und Wiederanlage der Zinsen ausschließlich im Interesse des A. Anhaltspunkte dafür, dass A das Geld im Interesse der GmbH stehen ließ, etwa, weil diese nicht in der Lage gewesen wäre, es ihm auszuzahlen, liegen nicht vor. Liegt die Novation im alleinigen oder überwiegenden Interesse des Gläubigers, indiziert dies dessen Verfügungsmacht über den Gegenstand der Altforderung (BFH VIII R 57/95, BStBl 1997 II 755; VIII R 15/01, BStBl 2002 II 138, 141). Bei der Verfügung des A über die Zinsforderung handelt es sich um einen der Zahlung vergleichbaren Vorgang; sie muss daher als Zufluss gewertet werden. A muss die Zinsen i. H. v. 4.000 € noch im Jahr 01 bei seinen Einnahmen aus Kapitalvermögen erfassen.

Zufluss von Arbeitslohn

Sachverhalt:

A ist Minderheitsgesellschafter und zugleich Geschäftsführer der X-GmbH, die ein Straßenbauunternehmen betreibt. Nach dem Arbeitsvertrag hat A Anspruch auf monatliche Gehaltszahlung. Der Arbeitslohn für den Monat Dezember 01 i. H. v. 6.000 € wird aufgrund einer Erkrankung des Lohnbuchhalters erst am 7.1.02 von der GmbH auf das Bankkonto des A überwiesen; dort geht er am 12.1.02 ein.

Über sein monatliches Bruttogehalt hinaus steht A eine gewinnabhängige Tantieme zu. Die Tantieme für das Jahr 01 i. H. v. 20.000 € wird A im März 02 ausgezahlt.

Wann sind A das Gehalt für den Monat Dezember 01 und die Tantieme für das Jahr 01 steuerlich zugeflossen?

LÖSUNG

Für Zwecke des Lohnsteuerabzugs vom Arbeitslohn bestimmt § 38a Abs. 1 Satz 2 i.V. m. § 11 Abs. 1 Satz 4 EStG, dass laufender Arbeitslohn in dem Kalenderjahr als bezogen gilt, in dem der Lohnzahlungszeitraum endet (R 38.2 Abs. 2 LStR 2015). Laufender Arbeitslohn ist der Arbeitslohn, der dem Arbeitnehmer regelmäßig zufließt, wie z. B. Monatsgehalt, Wochen- oder Tagelohn (R 39b.2 Abs. 1 LStR 2015).

Um ein Auseinanderfallen der Zuflussbesteuerung aus der Sicht des Arbeitgebers für Zwecke des Lohnsteuerabzugs und beim Arbeitnehmer für Zwecke der Einkommensbesteuerung zu verhindern, nimmt § 11 Abs. 1 Satz 4 EStG auf diese Regelung Bezug, d. h., die Zuflussfiktion des § 38a Abs. 1 Satz 2 EStG gilt auch für den Zufluss beim Arbeitnehmer. Das bedeutet, dass der Arbeitslohn für den Monat Dezember 01, der am 12.1.02 auf dem Bankkonto des A eingegangen ist, noch im Jahr 01 als bezogen gilt und demgemäß in diesem Jahr zu versteuern ist. Eine andere Beurteilung ergibt sich für sonstige Bezüge (= Arbeitslohn, der nicht als laufender Arbeitslohn gezahlt wird). Sonstige Bezüge – dazu rechnen auch Tantiemen, die nicht fortlaufend gezahlt werden (R 39b.2 Abs. 2 LStR 2015) – werden in dem Kalenderjahr bezogen, in dem sie dem Arbeitnehmer zufließen (§ 38a Abs. 1 Satz 3, § 11 Abs. 1 Satz 4 EStG). Die Tantieme i. H. v. 20.000 € ist von A daher erst im Jahr 02 zu versteuern.

FALL 15

Größerer Erhaltungsaufwand bei Wohngebäuden

Sachverhalt:

Die Eheleute A und B sind Eigentümer eines vermieteten Wohnhauses. 2019 wurden sie zusammen zur Einkommensteuer veranlagt. Ihr zu versteuerndes Einkommen 2019 beträgt 2.000 €, die Steuerschuld 0 €. In der Anlage V 2019 haben sie die gesamten Aufwendungen für die Dachreparatur des vermieteten Wohnhauses von 30.000 € als Werbungskosten bei ihren Einkünften aus Vermietung und Verpachtung geltend gemacht. Eine Verteilung der Aufwendungen auf zwei bis fünf Jahre nach § 82b Abs. 1 EStDV wurde nicht beantragt. Der Einkommensteuerbescheid 2019 ist bestandskräftig.

Für die Erstellung der Einkommensteuererklärung 2020 beauftragen die Eheleute einen Steuerberater. Dieser stellt fest, dass eine Verteilung der Dachreparaturkosten auf zwei Jahre steuerlich günstiger gewesen wäre. Wenn die Eheleute eine Verteilung der Erhaltungsaufwendungen auf zwei Jahre vorgenommen hätten, hätte die Steuerschuld 2019 dennoch nur 0 € betragen. Von den Erhaltungsaufwendungen hätten dann noch 15.000 € im Jahr 2020 als Werbungskosten abgesetzt werden können. Der Steuerberater beantragt, die Hälfte des Erhaltungsaufwands von 15.000 € im Jahr 2020 als Werbungskosten abzuziehen.

1. Kann die Hälfte der im Jahr 2019 entstandenen Werbungskosten von 30.000 € im Jahr 2020 als Werbungskosten bei den Einkünften aus Vermietung und Verpachtung abgezogen werden?

2. Können A und B die 2019 entstandenen Erhaltungsaufwendungen nachträglich auf die Folgejahre 2020 bis 2023 verteilen, wenn sie die Aufwendungen in ihrer Einkommensteuererklärung 2019 versehentlich oder rechtsirrtümlich nicht als Werbungskosten geltend gemacht haben?

Zu 1.:

Erhaltungsaufwendungen für vermietete Immobilien sind prinzipiell im Jahr der Zahlung als Werbungskosten bei den Einkünften aus Vermietung und Verpachtung abziehbar (§ 11 Abs. 2 Satz 1 EStG). Oft ist eine Verteilung des Erhaltungsaufwands auf mehrere Jahre steuerlich günstiger als die vollständige Absetzung im Jahr der Bezahlung (§ 11 Abs. 2 Satz 1 EStG), weil die Steuererstattungen der einzelnen Jahre insgesamt höher sind als die einmalige Erstattung für den Gesamtbetrag. Daher gibt es eine spezielle steuergesetzliche Regelung, die eine Verteilung ermöglicht. Nach § 82b EStDV ist bei Häusern, die zum Privatvermögen gehören und überwiegend zu Wohnzwecken vermietet werden, eine gleichmäßige Verteilung von größerem Erhaltungsaufwand auf zwei bis fünf Jahre zulässig.

Hat der Steuerpflichtige die Erhaltungsaufwendungen im Jahr des Entstehens der Aufwendungen in vollem Umfang geltend gemacht und den betreffenden Steuerbescheid bestandskräftig werden lassen, hat er sein Wahlrecht ausgeübt. Das Wahlrecht kann nicht mehr ausgeübt werden, wenn die Erhaltungsaufwendungen im Jahr ihrer Entstehung bestandskräftig und in vollem Umfang nach der Grundregel des § 11 Abs. 2 Satz 1 EStG abgezogen worden sind (BFH v. 7.12.2006, IX B 50/06, BFH/NV 2007, 1135). Da die Eheleute A und B sich für einen Vollabzug der Aufwendungen in 2019 entschieden haben und die Steuerfestsetzung für 2019 bestandskräftig geworden ist, kommt eine Verteilung der 2019 angefallenen Erhaltungsaufwendungen nicht mehr in Betracht.

Zu 2.:

Anders ist die Rechtslage nach der Rechtsprechung des BFH, wenn der Steuerpflichtige größere Erhaltungsaufwendungen im Jahr ihrer Entstehung nicht als Werbungskosten abgezogen und auch keine anderweitige Verteilung nach § 82b EStDV gewählt hat, den betreffenden Einkommensteuerbescheid aber bestandskräftig hat werden lassen (BFH IX R 152/80, BStBl 1993 II 589; BFH v. 27.10.1992, IX R 66/91, BStBl 1993 II 591; BFH v. 24.11.1992, IX R 99/89, BStBl 1993 II 593). In diesem Fall kann der Steuerpflichtige die Aufwendungen – unter Ausschluss des auf das Entstehungsjahr entfallenden Anteils – anteilig gleichmäßig auf die folgenden Jahre des Verteilungszeitraums verteilen. A kann daher von dem 2019 entstandenen Erhaltungsaufwand von 30.000 € einen Teilbetrag i. H. v. 24.000 € gleichmäßig auf die Jahre 2020 bis einschließlich 2023 verteilen. In den Jahren 2020 bis 2023 sind dann jährlich 24.000 € : 4 = 6.000 € Erhaltungsaufwand als Werbungskosten bei den Einkünften aus Vermietung und Verpachtung abziehbar. Der auf 2019 entfallende Teilbetrag von 6.000 € ist steuerlich verloren.

FALL 16

Abfluss und Zufluss bei Zahlung durch Banküberweisung

Sachverhalt:

1. Am 30.12.01 – kurz vor Schalterschluss – geht bei der Deutschen Bank AG auf dem banküblichen Formular der Auftrag des A vom selben Tag ein, 5.000 € an den Handwerksmeister B zu überweisen, der am vermieteten Wohnhaus des A eine Reparatur durchgeführt hat. Als Zahlungsweg wurde das Konto des Handwerksmeisters bei der Commerzbank AG angegeben. Die Reparaturrechnung datiert vom 15.12.01.

   Die Deutsche Bank AG hat A ein Kreditlimit i. H. v. 15.000 € eingeräumt. A hat sein Konto am 30.12.01 mit 8.000 € überzogen. Laut Kontoauszug der Bank vom 3.1.02 wurde das Konto des A am 2.1.02 mit den 5.000 € belastet.

2. Am 31.12.01 überweist A mittels Online-Banking von seinem Konto bei der Sparkasse X einen Betrag von 200 € für die Reparatur seiner privaten Waschmaschine an den Handwerker C. Es handelt sich um reine Arbeitskosten. Die Rechnung datiert vom 27.12.01.

   Der Betrag wird am 2.1.02 dem Konto des A belastet (Wertstellung also: 2.1.02).

AUFGABEN

1. Wann ist der Rechnungsbetrag bei A abgeflossen und bei B zugeflossen?
2. In welchem Jahr kann A die Rechnung für die Reparatur der Waschmaschine nach § 35a EStG steuerlich geltend machen?

LÖSUNG

Zu 1.:

Eine Ausgabe, die mittels Überweisungsauftrages von einem Bankkonto geleistet wird, ist bei dem Kontoinhaber in dem Zeitpunkt abgeflossen, in dem der Überweisungsauftrag der Bank zugegangen ist (BFH IX R 28/02, BFH/NV 2005, 49) und der Stpfl. im Übrigen alles in seiner Macht Stehende getan hat, um eine unverzügliche Ausführung zu gewährleisten. Hierzu gehört insbesondere, dass der Stpfl. im Zeitpunkt der Erteilung des Überweisungsauftrages für eine genügende Deckung auf seinem Girokonto gesorgt hat (BFH IX R 163/83, BStBl 1997 II 509; BFH IX R 51/80, BStBl 1986 II 453). Dabei kann die Deckung darin bestehen, dass der Kontoinhaber bei der Überweisungsbank ein Guthaben unterhält oder dass ihm ein entsprechender Kreditrahmen zur Verfügung steht.

Da der Überweisungsauftrag des A noch im Jahr 01 bei der Bank eingegangen ist und A im Zeitpunkt der Erteilung des Überweisungsauftrages für eine genügende Deckung auf seinem Girokonto gesorgt hat, ist die Reparaturrechnung vom 15.12.01 bereits im Jahr 01 und nicht erst im Zeitpunkt der Belastungsbuchung durch die Bank am 2.1.02 i. S. d. § 11 Abs. 2 Satz 1 EStG geleistet worden. A kann den bezahlten Betrag im Jahr 01 als Werbungskosten bei seinen Einkünften aus Vermietung und Verpachtung abziehen. Zugeflossen ist der Betrag bei B allerdings erst im Jahr 02 mit Gutschrift auf seinem Konto (BFH IX R 28/02, BFH/NV 2005, 49).

Zu 2.:

Nach § 35a Abs. 3 EStG ermäßigt sich die tarifliche Einkommensteuer, vermindert um die sonstigen Steuerermäßigungen, für die Inanspruchnahme von Handwerkerleistungen für Renovierungs-, Erhaltungs- und Modernisierungsmaßnahmen auf Antrag um 20 %, höchstens 1.200 €, der Aufwendungen des Steuerpflichtigen. Die begünstigten Kosten betragen daher maximal 6.000 €. Steuerbegünstigt sind nur die Arbeitskosten einschließlich der Mehrwertsteuer, nicht die Materialkosten (§ 35a Abs. 5 Satz 2 EStG). Weitere Voraussetzung für die Inanspruchnahme der Steuerermäßigung ist, dass der Steuerpflichtige für die Aufwendungen eine Rechnung erhalten hat und die Zahlung auf das Konto des Erbringers der Leistung erfolgt ist (§ 35a Abs. 5 Satz 3 EStG). Barzahlungen werden nicht anerkannt.

Die Steuerermäßigung kann im Veranlagungszeitraum der Zahlung (§ 11 Abs. 2 EStG) in Anspruch genommen werden (BMF, BStBl 2016 I 1213, Rn. 44). Beträge, die im Wege des Online-Bankings überwiesen wurden (wie hier die Rechnung vom 27.12.01), können in Verbindung mit dem Kontoauszug, der die Abbuchung ausweist, anerkannt werden (BMF, BStBl 2016 I 1213, Rn. 50). Bei einem Überweisungsauftrag, der am 31.12.01 per Online-Banking erteilt wurde, ist m. E. Abflusszeitpunkt der 31.12.01, auch wenn die Belastung des Kontos erst mit Wertstellung 2.1.02 vorgenommen wird (so auch Schiffers in Korn, EStG, 1. Aufl. 2000, 127. Lieferung, § 11 Rn. 47). Voraussetzung ist, dass das Konto genügend Deckung hatte und die Überweisung auch tatsächlich durchgeführt wurde. A kann die Steuerermäßigung nach § 35a Abs. 3 EStG von 20 % von 400 € = 40 € bereits im Jahr 01 geltend machen.

HINWEISE

Bei einer Zahlung mittels Kreditkarte soll bereits die Unterschrift auf dem Belastungsbeleg zu einem Abfluss i. S. d. § 11 Abs. 2 EStG führen (FG Rheinland-Pfalz v. 18.3.2013, 5 K 1875/10, EFG 2013, 1029).

Nach einer Entscheidung des Thüringer FG ist eine Steuerermäßigung nach § 35a Abs. 3 EStG nicht zu gewähren, wenn die Handwerkerrechnung durch Buchung auf dem Gesellschafterverrechnungskonto bei der leistungserbringenden GmbH beglichen wird. Die Zahlung ist dann nicht i. S. d. § 35a Abs. 5 Satz 3 EStG auf das Konto des Erbringers der Leistung erfolgt (Urteil v. 22.10.2019, 3 K 452/19, EFG 2020, 281, Rev. eingelegt, Az. des BFH: VI R 23/20)

FALL 17

Zahlung durch Scheckhingabe

Sachverhalt:

A bezieht als Vermieter eines Einfamilienhauses Einkünfte aus Vermietung und Verpachtung. Im November und Dezember 01 lässt er die Fassade seines Hauses durch den Maler M anstreichen. Der Rechnungsbetrag beläuft sich auf 9.000 €. A stellt einen Verrechnungsscheck über 9.000 € aus und gibt diesen am 31.12.01 per Einschreiben zur Post. Der Scheck geht am 2.1.02 bei dem M ein, der ihn am selben Tag seiner Bank zur Gutschrift vorlegt. Das Konto des A wird am 5.1.02 mit den 9.000 € belastet.

AUFGABE

In welchem Jahr kann A die Instandhaltungsaufwendungen von 9.000 € bei seinen Einkünften aus Vermietung und Verpachtung als Werbungskosten abziehen?

LÖSUNG

Für den Zeitpunkt der Leistung bei Zahlung mittels eines Schecks kommt es in Übereinstimmung mit den zum bürgerlichen Recht entwickelten Grundsätzen zur Frage der Rechtzeitigkeit der Leistung auf die Leistungshandlung an. Dementsprechend ist mit der Hingabe eines Schecks die Leistung erbracht, vorausgesetzt, der Scheck wird später eingelöst und nicht mangels ausreichender Deckung von der Bank zurückgewiesen (BFH X R 97/97, BStBl 2001 II 482).

Wird der Scheck – wie hier – übermittelt, so ist die Leistungshandlung dann bewirkt, wenn sich der Übermittelnde seiner uneingeschränkten Verfügungsgewalt über die Scheckurkunde begeben hat. Das ist im vorliegenden Fall durch die Übergabe der Urkunde an die Postanstalt zur Übermittlung an den Gläubiger geschehen (BFH IX R 2/80, BStBl 1986 II 284 f.). A kann daher die Instandhaltungsaufwendungen i. H. v. 9.000 € bereits im Jahr 01 als Werbungskosten bei seinen Einkünften aus Vermietung und Verpachtung abziehen.

HINWEIS

§ 224 Abs. 2 Nr. 1 AO sieht vor, dass bei Hingabe/Übersendung von Schecks an das Finanzamt die Zahlung erst drei Tage nach Eingang als entrichtet gilt. Wird dem Finanzamt z. B. für eine am 10.1.02 fällige Umsatzsteuer-Vorauszahlung am 8.1.02 ein Scheck übergeben, der auf dem Konto des Finanzamts am 10.1.02 – also am Fälligkeitstag gutgeschrieben wird –, soll dennoch ein Säumniszuschlag erhoben werden können (BFH v. 28.8.2012, VII R 71/11, NWB DokID: MAAAE-22652, BStBl 2013 II 103). Begründung des BFH: Eine durch Scheckeinreichung bewirkte Zahlung gelte erst am dritten Tag nach der Einreichung als entrichtet, und zwar auch, wenn die tatsächliche Buchung früher erfolgt sei. Ein merkwürdiges und unbefriedigendes Ergebnis.

FALL 18

Vorauszahlung von Sonderausgaben und Werbungskosten

Sachverhalt:

A ist als Rechtsanwalt tätig. Neben seinen Einkünften aus selbständiger Arbeit bezieht er aufgrund der Vermietung von mehreren Mietwohngrundstücken Einkünfte aus Vermietung und Verpachtung.

A leistet am 18.12.01 folgende Zahlungen:

1. Kirchensteuervorauszahlungen für das Jahr 02 i. H. v. 5.000 €, obwohl das Finanzamt keine Vorauszahlungen festgesetzt hat. Die für das Jahr 02 zu entrichtende Kirchensteuer beläuft sich bei vernünftiger Schätzung auf 2.000 €. Im Rahmen der Veranlagung für das Jahr 02 wird die Kirchensteuer auf 1.800 € festgesetzt.

2. Vorauszahlung an den Dachdeckermeister D von 3.000 € für im Januar 02 an einem vermieteten Wohnhaus durchgeführte Dachrenovierungsarbeiten.

AUFGABE

Kann A die beiden Zahlungen im Jahr 01 als Sonderausgaben bzw. Werbungskosten abziehen?

LÖSUNG

Durch die Zuordnung von Ausgaben zum Kalenderjahr der Leistung in § 11 Abs. 2 Satz 1 EStG sind Ausgaben grds. im Zeitpunkt des Abflusses als Sonderausgaben bzw. Werbungskosten abziehbar, auch wenn sie wirtschaftlich ein anderes Kalenderjahr betreffen (BFH IX R 2/80, BStBl 1986 II 284 f.; VI R 108/85, BFH/NV 1988, 499 f.). Durch diese Regelung hat der Stpfl. es oftmals in der Hand, Sonderausgaben oder Werbungskosten je nach dem Zeitpunkt, in dem er sie leistet, in das Jahr zu verlagern, das für ihn steuerlich günstiger ist. Die Gestaltungsfreiheit des Stpfl. bei der Wahl der Verausgabung findet aber ihre Grenze in § 42 AO. Danach kann das Steuergesetz nicht durch Missbrauch von Gestaltungsmöglichkeiten umgangen werden.

Zu 1.:

Grundsätzlich ist für den Sonderausgabenabzug von Kirchensteuerzahlungen gem. § 11 Abs. 2 Satz 1 EStG nur die Tatsache der Zahlung im Veranlagungszeitraum maßgebend. Etwas anderes soll jedoch für den Fall gelten, dass es sich um willkürliche, die voraussichtliche Steuerschuld weit übersteigende Zahlungen handelt. Derartige, ohne rechtliche Verpflichtung und ohne vernünftigen Grund geleistete Zahlungen sind vom Sonderausgabenabzug ausgeschlossen (BFH VI 69/61 U, BStBl 1963 III, 141; XI R 24/01, BStBl 2002 II 351). Soweit die Kirchensteuervorauszahlung des A das voraussichtliche Kirchensteuersoll 02 übersteigt, kommt daher ein Sonderausgabenabzug nicht in Betracht. A kann im Jahr 01 von der Kirchensteuervorauszahlung i. H. v. 5.000 € nur 2.000 € als Sonderausgaben geltend machen.

Zu 2.:

In welcher Steuererklärung Werbungskosten bei den Einkünften aus Vermietung und Verpachtung abgesetzt werden dürfen, wird bestimmt durch den Zeitpunkt, in dem der Stpfl. sie bezahlt. Wann die Werbungskosten entstanden sind, welchen Zeitraum sie betreffen oder wann der Stpfl. die Rechnung erhält, spielt keine Rolle. Allein der Zahlungszeitpunkt zählt. Die Vorauszahlung von 3.000 € zählt daher zu den Werbungskosten des Jahres 01.

FALL 19

Zahlung eines Disagios

Sachverhalt:

Die Eheleute A und B errichteten im Jahr 2021 ein zur Vermietung bestimmtes Mehrfamilienhaus. Die Herstellungskosten wurden u. a. mit einem Darlehen von 200.000 € mit 10 Jahren Zinsfestschreibung finanziert. Es wurde ein Disagio von 5 % vereinbart. Das Disagio von 10.000 € wurde am 30.12.2020 belastet. Das Darlehen wurde

► Ende Januar 2021 ausgezahlt (Fall 1),

► im Juni 2021 ausgezahlt (Fall 2).

AUFGABE

In welchem Veranlagungszeitraum ist das Disagio als Werbungskosten bei den Einkünften aus Vermietung und Verpachtung abziehbar?

LÖSUNG

Wer bei einer Bank, Sparkasse, Bausparkasse oder Versicherungsgesellschaft ein Darlehen aufnimmt, z. B. für den Bau oder Kauf einer Immobilie, erhält die Darlehenssumme oft nicht zu 100 %, sondern z. B. nur zu 95 % ausgezahlt. Ein Teil des Darlehens wird von der Bank von vornherein einbehalten; der Darlehensnehmer kann nur über den verringerten Betrag verfügen. Im Gegenzug werden Schuldzinsen vereinbart, die hinter den marktüblichen Zinsen zurückbleiben. Einen solchen Abzugsbetrag bezeichnet man als Damnum oder Disagio (Abgeld). Er gehört zu den Finanzierungskosten. Je höher das Disagio ist, desto niedriger ist der Nominalzins und umgekehrt. Die Voraussetzungen, unter denen ein Disagio als Werbungskosten abgezogen werden darf, hat die Finanzverwaltung im „Bauherrenerlass" für Darlehensverträge, die ab 1.1.2004 geschlossen wurden, geregelt (BMF, BStBl 2003 I 546). Danach gilt Folgendes:

► Das Disagio ist im Jahr der Darlehensauszahlung als Werbungskosten abziehbar, wenn es marktüblich ist. Der über die marktüblichen Beträge hinausgehende Teil ist auf den Zinsfestschreibungszeitraum oder bei dessen Fehlen auf die Laufzeit des Darlehens zu verteilen. Als marktüblich gelten 5 % der Darlehenssumme, wenn der Zinssatz für mindestens fünf Jahre festgeschrieben ist.

▶ Wird das Darlehen erst im nächsten Jahr für eine vermietete Immobilie eingesetzt, kann das im Voraus gezahlte Disagio nur als Werbungskosten abgezogen werden, wenn innerhalb von drei Monaten, nachdem das Disagio entrichtet worden ist, mindestens 30 % des Darlehens ausgezahlt werden. In den 30 % ist das Disagio enthalten. Das bedeutet, dass es bei einem Disagio von 5 % für den Werbungskostenabzug ausreicht, wenn 25 % der Darlehenssumme ausgezahlt werden.

▶ Vorauszahlungen für einen Nutzungszeitraum von mehr als fünf Jahren sind über den gesamten Zeitraum gleichmäßig zu verteilen, für den sie geleistet werden (§ 11 Abs. 2 Satz 3 EStG). § 11 Abs. 2 Satz 3 EStG ist jedoch auf ein Damnum oder Disagio nicht anzuwenden, soweit dieses marktüblich ist (§ 11 Abs. 2 Satz 4 EStG).

Zu Fall 1: Da das Darlehen bereits Ende Januar 2021 ausgezahlt worden ist, kann das marktübliche Disagio im Jahr 2020 in voller Höhe als Werbungskosten bei den Einkünften aus Vermietung und Verpachtung abgesetzt werden.

Zu Fall 2: Bei der Zahlung eines Disagios vor der Auszahlung des Darlehenskapitals liegt nach Auffassung der Finanzverwaltung eine rechtsmissbräuchliche Gestaltung i. S. d. § 42 AO bereits dann vor, wenn die Auszahlung des Darlehens später als drei Monate nach Zahlung (= Belastung auf dem Konto des Stpfl.) des Disagios erfolgt und für die Bezahlung des Disagios lange vor der Darlehensauszahlung oder einer ins Gewicht fallenden Teilauszahlung des Darlehens (mindestens 30 % der Darlehensvaluta einschließlich Disagio) keine wirtschaftlich vernünftigen Gründe vorliegen (BMF v. 20.10.2008, BStBl 2003 I 546, 548 unter Hinweis auf BFH X R 85/85, BStBl 1987 II 492).

Diese Beurteilung hat hier zur Folge, dass es hinsichtlich des im Jahr 2020 ohne wirtschaftlich vernünftigen Grund vorausgezahlten Disagios im Zahlungszeitpunkt steuerrechtlich an einem Abfluss des Betrages i. S. d. § 11 Abs. 2 Satz 1 EStG fehlt. A kann daher die 10.000 € im Jahr 2020 nicht als Werbungskosten abziehen.

Das bedeutet aber nicht, dass die Zahlung steuerlich unberücksichtigt bleibt. Sie ist vielmehr im Jahr 2021, d. h. im Jahre der Darlehensauszahlung, abzugsfähig. Denn der Gestaltungsmissbrauch nimmt den Aufwendungen nicht den Werbungskostencharakter (vgl. Drenseck, FR 1987, 119).

HINWEIS

Ein Disagio ist nur dann nicht sofort als Werbungskosten abziehbar, wenn es sich nicht im Rahmen des am aktuellen Kreditmarkt Üblichen hält. Wann dies der Fall ist, ist eine Frage der tatrichterlichen Würdigung. Wird eine Disagiovereinbarung mit einer Geschäftsbank wie unter fremden Dritten geschlossen, indiziert dies nach neuerer Rechtsprechung des BFH die Marktüblichkeit (IX R 38/14, BStBl 2016 II 646). Eine fremdübliche Disagiovereinbarung mit einer Geschäftsbank ist regelmäßig marktüblich, es sei denn, besondere Umstände des Einzelfalls widerlegen dies. Nach dieser Rechtsprechung können in Zukunft Disagios, die im normalen Geschäftsverkehr vorkommen, grundsätzlich in voller Höhe sofort abgezogen werden. Das gilt sicher für ein Disagio von bis zu 10 % der Darlehenssumme, aber grundsätzlich auch für Disagios, die darüber hinausgehen, sofern sie marktüblich sind (so jedenfalls Ratschow, BFH/PR 2016, 270).

Zahlung von Beiträgen zur Instandhaltungsrücklage

Sachverhalt:

A ist Eigentümer einer von ihm vermieteten Eigentumswohnung. Er entrichtet im Jahr 01 im Rahmen seiner Wohngeldzahlung an den Verwalter des gemeinschaftlichen Eigentums einen nach seinem Anteil bemessenen Betrag i. H. v. 2.000 € für die Ansammlung einer angemessenen Instandhaltungsrücklage. Der Verwalter verausgabt die Zahlung des A sowie der übrigen der Wohnungseigentümergemeinschaft angehörenden Personen im Jahr 02 für eine Dachreparatur.

Führt die Zahlung an den Verwalter im Jahr 01 zu einer Ausgabe i. S. d. § 11 Abs. 2 EStG mit der Folge, dass bereits im Jahr 01 ein Werbungskostenabzug in Betracht kommt?

Die Zahlung an den Verwalter bewirkt lediglich, dass das Alleineigentum des A an dem überwiesenen Geldbetrag sich in einen Miteigentumsanteil an dem durch die Überweisung entstandenen Verwaltungsvermögen umwandelt. Dieser Anteil ist ein Wirtschaftsgut, das A genauso zugerechnet werden muss wie zuvor das Bargeld. Im Jahr 01 fehlt es daher an einer Ausgabe i. S. d. § 11 Abs. 2 EStG. Der Abfluss tritt erst im Jahr 02 ein, in dem der Verwalter das Verwaltungsvermögen für die Dachreparatur verwendet. A kann die Zahlung der 2.000 € daher erst im Jahr 02 als Werbungskosten bei seinen Einkünften aus Vermietung und Verpachtung abziehen (BFH IX R 119/83, BStBl 1988 II 577; IX B 124/08, BFH/NV 2009, 571; IX B 131/12, BFH/NV 2013, 32; ablehnend Sauren, DStR 2006, 2161).

Anzumerken ist, dass das WEG geändert worden ist. Die Neufassung ist ab 1.12.2020 gültig. Die bisher in § 21 Abs. 5 Nr. 4 WEG a. F. erwähnte Instandhaltungsrückstellung (in der Praxis meist als Instandhaltungsrücklage bezeichnet) ist jetzt in § 19 Abs. 2 Nr. 4 WEG n. F. geregelt. Die Bezeichnung wurde geändert. Die „Instandhaltungsrückstellung" heißt neuerdings „Erhaltungsrücklage".

Die Veruntreuung von Instandhaltungsrücklagen durch den Hausverwalter stellen in dem Jahr Werbungskosten bei den Einkünften aus Vermietung und Verpachtung dar, in dem der Wohnungseigentümer erstmals von der Entreicherung Kenntnis erlangt (FG Rheinland-Pfalz, 6 K 1973/10, EFG 2013, 609).

FALL 21

Abflusszeitpunkt von kreditfinanzierten außergewöhnlichen Belastungen

Sachverhalt:

A und seine Ehefrau B sind in der gesetzlichen Krankenversicherung versichert. Anlässlich eines längeren Krankenhausaufenthalts ist B in einem Einbettzimmer untergebracht. Der Zuschlag für das Einbettzimmer beträgt 6.000 €. A nimmt zur Bezahlung des Zuschlags bei seiner Bank im Oktober 01 ein Darlehen i. H. v. 6.000 € auf und bezahlt damit die Zuzahlung für das Krankenhaus. Das Darlehen wird von A ab Januar 02 in zwölf monatlichen Raten zu je 500 € + anteilige Zinsen von monatlich 15 € zurückzahlt.

AUFGABE

Kann A die Zuzahlung für das Krankenhaus i. H. v. 6.000 € im Jahr 01 oder im Jahr 02 als außergewöhnliche Belastung abziehen?

LÖSUNG

Die Vorschrift des § 11 Abs. 2 EStG gilt auch für die Bestimmung des Abflusszeitpunkts von außergewöhnlichen Belastungen, und zwar unabhängig davon, ob sie aus eigenen oder fremden Mitteln geleistet worden sind. Das bedeutet, dass für die steuerliche Berücksichtigung von kreditfinanzierten Aufwendungen auf den Zeitpunkt abzustellen ist, in dem die Aufwendungen durch Verwendung der Darlehensmittel tatsächlich geleistet worden sind (BFH III R 248/83, BStBl 1988 II 814; BFH VI R 41/05, BFH/NV 2008, 1136, BFH VI R 36/15, BStBl II 2017, 979, Rn. 20). A kann daher die Krankenhauskosten bereits im Jahr ihrer Verausgabung (d. h. im Jahr 01) und nicht erst im Zeitpunkt der Schuldentilgung im Jahr 02 als außergewöhnliche Belastung abziehen.

HINWEIS

Die Schuldzinsen für ein Darlehen, das ein Steuerpflichtiger zur Bestreitung außergewöhnlicher Belastungen i. S. v. § 33 EStG aufgenommen hat, sind nach dieser Vorschrift steuerermäßigend zu berücksichtigen, wenn bzw. soweit die Darlehensaufnahme selbst zwangsläufig erfolgt ist. (BFH III R 60/88, BStBl 1990 II 958, Rn. 20). Die 02 bezahlten Schuldzinsen sind daher als außergewöhnliche Belastung in diesem Jahr berücksichtigungsfähig. Ob sie sich im Jahr 02 – ggf. zusammen mit anderen außergewöhnlichen Belastungen – steuerlich auswirken, ist eine andere Frage.

FALL 22

Regelmäßig wiederkehrende Einnahmen

Sachverhalt:

Dr. Klaus Meier (M) betreibt in Düsseldorf als Chirurg eine eigene Praxis. Er ermittelt seinen Gewinn durch Einnahmenüberschussrechnung (§ 4 Abs. 3 EStG). Auf seinem Bankkonto gehen folgende Zahlungen ein:

1. Am 8.1.02 die Abschlagszahlung der Kassenärztlichen Vereinigung für den Monat Dezember 01 i. H. v. 15.000 €. Die monatlichen Abschlagszahlungen der Kassenärztlichen Vereinigung sind nach dem Honorarverteilungsmaßstab in den ersten zehn Tagen nach Ablauf des jeweiligen Monats zahlbar.

2. Am 15.1.02 das Honorar i. H. v. 500 € für den Dezember-Beitrag in einer ärztlichen Fachzeitschrift. M erhält für seine regelmäßig wiederkehrenden Beiträge in der Monatszeitschrift sein Honorar regelmäßig am 15. des darauffolgenden Monats.

3. Am 28.12.01 ein Honorarvorschuss i. H. v. 3.000 € für einen Vortrag, den M am 10.1.02 anlässlich eines Ärztekongresses hält.

AUFGABE

Welchem Jahr sind die Einnahmen zuzurechnen?

LÖSUNG

Für regelmäßig wiederkehrende Einnahmen enthält § 11 Abs. 1 Satz 2 EStG eine Spezialvorschrift für eine periodengerechte Berücksichtigung. Danach gelten regelmäßig wiederkehrende Einnahmen, die dem Stpfl. kurze Zeit vor oder kurze Zeit nach Beendigung des Kalenderjahres zugeflossen sind, als in dem Kalenderjahr bezogen, zu dem sie wirtschaftlich gehören. Als „kurze Zeit" i. S. d. § 11 Abs. 1 Satz 2 EStG ist nach ständiger Rechtsprechung ein Zeitraum von bis zu zehn Tagen anzusehen (BFH VIII R 15/83, BStBl 1986 II 342; BFH VIII R 34/12, BStBl 2015 II 285). Der in § 11 Abs. 1 Satz 2 EStG verwendete Begriff „kurze Zeit" ist in der Variante „vor Beginn des Kalenderjahres" ebenso auszulegen wie in der Variante „nach Beendigung des Kalenderjahres" (BFH X B 30/02, BFH/NV 2003, 169).

Der Zeitpunkt der Fälligkeit spielt keine Rolle (BFH IV R 1/99, BStBl 2000 II 121; offengelassen BFH X R 44/16, BStBl 2018 II 781, Rn. 12; nach Ansicht des FG Düsseldorf ist der Fälligkeitszeitpunkt einer regelmäßig wiederkehrenden Ausgabe für deren zeitliche Zuordnung i. S. d. § 11 Abs. 2 Satz 2 EStG unerheblich, Urteil v. 9.12.2020, 3 K 2040/18 E, EFG 2020, 271, Rev. eingelegt, Az. des BFH: VIII R 1/20; strittig: a. A. OFD NRW, Kurzinformation ESt 9/2014, BeckVerw 283468, wonach innerhalb des Zehn-Tage-Zeitraums die Zahlungen fällig **und** geleistet worden sein müssen; beide Voraussetzungen (Fälligkeit und Abfluss) müssen danach kumulativ vorliegen). Die Entscheidung des BFH im anhängigen Revisionsverfahren bleibt abzuwarten.

Der BFH hat entschieden, dass eine Verlängerung des Zehn-Tage-Zeitraums auch bei Vorliegen besonderer Verhältnisse im Einzelfall nicht in Betracht kommt und die Vorschrift des § 193 BGB, wonach sich bei einem Fristende an einem Sonntag, Feiertag oder Sonnabend die Frist auf den nächsten Werktag verlängert, nicht für § 11 Abs. 1 Satz 2 und Abs. 2 Satz 2 EStG gilt (BFH VIII R 34/12, BStBl 2015 II 285). Eine Umsatzsteuervorauszahlung, die innerhalb von zehn Tagen nach Ablauf des Kalenderjahres gezahlt wird, ist aber auch dann im Jahr ihrer wirtschaftlichen Zugehörigkeit abziehbar, wenn der 10. Januar des Folgejahres auf einen Sonnabend, Sonntag oder gesetzlichen Feiertag fällt (BFH X R 44/16, BStBl 2018 II 781). Der Entscheidung ist zuzustimmen, denn es wäre nicht verständlich, wenn § 11 Abs. 2 Satz 2 i.V.m. Abs. 1 Satz 2 EStG trotz rechtzeitiger Zahlung innerhalb des 10-Tage-Zeitraums allein deswegen nicht angewendet werden könnte, weil das Fristende des § 18 Abs. 1 Satz 4 UStG nicht auf einen Werktag, sondern auf einen Sonnabend oder Sonntag fällt.

1. Die monatlichen Abschlagszahlungen der Kassenärztlichen Vereinigung sind – ebenso wie die vierteljährlichen Quartalsabschlusszahlungen – regelmäßig wiederkehrende Betriebseinnahmen, weil es sich um in bestimmten Zeitabständen zahlbare Leistungen handelt. Da die Zahlung für den Monat Dezember 01 innerhalb kurzer Zeit nach dem Jahreswechsel fällig und zugeflossen ist, muss sie gem. § 11 Abs. 1 Satz 2 EStG als Betriebseinnahme des Jahres 01 behandelt werden (BFH IV R 309/84, BStBl 1987 II 16; IV R 72/94, BStBl 1996 II 266).

2. Die monatlichen Honorarzahlungen sind zwar ebenfalls regelmäßig wiederkehrende Einnahmen. Das Honorar für den Dezember-Beitrag fällt jedoch nicht unter die Regelung des § 11 Abs. 1 Satz 2 EStG, da es nicht innerhalb kurzer Zeit nach dem Jahreswechsel zugeflossen ist. Die Zahlung ist daher im Jahr des tatsächlichen Zuflusses, also im Jahr 02, zu berücksichtigen.

3. Regelmäßig wiederkehrende Einnahmen sind nur solche Zahlungen, die aufgrund des ihnen zugrunde liegenden Rechtsverhältnisses wiederkehren, d.h. nach bestimmten Zeitabschnitten und in bestimmten Zeitabständen zu zahlen sind. Bei dem Honorarvorschuss handelt es sich um eine einmalige Zahlung und damit um keine regelmäßig wiederkehrende Einnahme. Der Betrag i.H.v. 3.000 € ist im Jahr 01 zu erfassen.

Regelmäßig wiederkehrende Ausgaben

Sachverhalt:

A betreibt als selbständiger Versicherungsvermittler eine Versicherungsagentur. Seinen Gewinn ermittelt er nach § 4 Abs. 3 EStG. A zahlt

1. seine Büromiete für den Monat Dezember 01, die am 1.12.01 fällig ist,

   a) am 5.1.02,

   b) am 15.1.02;

2. die am 1.1.02 fällige Kfz-Versicherung für das Jahr 02 am 22.12.01;

3. seinen am 1.1.02 fälligen Krankenversicherungsbeitrag für den Monat Januar 02

    a) am 28.12.01,

    b) am 20.12.01;

4. am 8.1.02 die Lohnsteuer, den Solidaritätszuschlag und die Kirchensteuer seiner Arbeitnehmer für den Monat Dezember 01.

5. Die am 10.1.02 (Freitag) fällige Umsatzsteuer-Vorauszahlung für den Monat Dezember 01 wird aufgrund der Erteilung einer Einzugsermächtigung am 14.1.02 vom Konto des A abgebucht.

AUFGABE

Welchem Jahr sind die Ausgaben zuzuordnen?

LÖSUNG

Für regelmäßig wiederkehrende Ausgaben gilt § 11 Abs. 1 Satz 2 EStG entsprechend (§ 11 Abs. 2 Satz 2 EStG). Das bedeutet, dass regelmäßig wiederkehrende Ausgaben, die dem Stpfl. kurze Zeit (zehn Tage) vor Beginn oder kurze Zeit (zehn Tage) nach Beendigung des Kalenderjahres, zu dem sie wirtschaftlich gehören, abgeflossen sind, diesem Kalenderjahr zugerechnet werden müssen.

Zu 1.:

Im Fall a) ist die Miete nicht dem tatsächlichen Zahlungsjahr, sondern dem Kalenderjahr der wirtschaftlichen Zugehörigkeit, also dem Jahr 01, zuzurechnen (strittig – siehe nachstehenden Hinweis).

HINWEIS

Bei der Gewinnermittlung nach § 4 Abs. 3 EStG sind laufend wiederkehrende, kurz vor Beginn oder nach Ende des Jahres abfließende Ausgaben nach § 11 Abs. 2 Satz 2 EStG unabhängig von der Fälligkeit dem Jahr zuzurechnen, zu dem sie wirtschaftlich gehören (BFH v. 23.9.1999, IV R 1/99, BStBl 2000 II 121; offengelassen BFH X R 44/16, BStBl 2018 II 781, Rn. 12; nach Ansicht des FG Düsseldorf ist der Fälligkeitszeitpunkt einer regelmäßig wiederkehrenden Ausgabe für deren zeitliche Zuordnung i. S. d. § 11 Abs. 2 Satz 2 EStG unerheblich, Urteil v. 9.12.2019, 3 K 2040/18 E, EFG 2020, 271, Rev. eingelegt, Az. des BFH: VIII R 1/20).

Bei der Miete handelt es zweifelsfrei um eine regelmäßig wiederkehrende Ausgabe i. S. d. § 11 Abs. 2 Satz 2 EStG. Da diese innerhalb des 10-Tage-Zeitraums entrichtet worden ist und auf die Frage der Fälligkeit wohl nicht mehr abgestellt wird (vgl. auch FG Münster v. 17.8.2010, 1 K 1821/07 E, EFG 2010, 2080), ist die Miete m. E. im Jahr der wirtschaftlichen Zugehörigkeit, d. h. im Jahr 01, als Betriebsausgabe zu erfassen (so auch Oho in ERNST & YOUNG KStG, § 20 EStG

Rn. 42: „die Fälligkeit der Zahlungen ist unerheblich" und wohl auch Ramb, SteuerStud 2000, 417, 418 in einer Anmerkung zu dem genannten Urteil).

Trotz allem erscheint die Rechtslage nicht eindeutig. Die Frage, ob die Zahlungen zum Jahreswechsel bzw. kurz vorher oder danach fällig sein müssen (10-Tage-Zeitraum), wird im Fachschrifttum kontrovers diskutiert. Verwaltungsseitig wird die Auffassung vertreten, dass innerhalb dieses Zeitraums die Zahlungen fällig und geleistet worden sein müssen (H 11 „Allgemeines" EStH 2019); beide Voraussetzungen (Fälligkeit und Abfluss) müssen danach kumulativ vorliegen (OFD NRW, Kurzinformation ESt 9/2014, BeckVerw 283468). Eine Klärung wird die Entscheidung des BFH im anhängigen Revisionsverfahren VIII R 1/20 bringen.

Im Fall b) ist die Zahlung nicht kurze Zeit (zehn Tage) nach Ende des Kalenderjahres 01 erfolgt. Die Ausnahmeregelung des § 11 Abs. 2 Satz 2 EStG ist daher nicht anwendbar. Die Mietzahlung ist eine Betriebsausgabe des Jahres 02.

Zu 2.:

Hier liegt eine Ausgabe des Jahres 02 vor, da die Ausgabe wirtschaftlich zum Jahr 02 gehört und die Zahlung weniger als zehn Tage vor Beginn des Jahres 02 erfolgte.

Zu 3.:

Im Fall a) ist die Zahlung des Versicherungsbeitrags für Januar 02 dem Jahr ihrer wirtschaftlichen Zugehörigkeit, also dem Jahr 02, zuzuordnen.

Im Fall b) ist die Zahlung des Versicherungsbeitrags für Januar 02 außerhalb des 10-Tage-Zeitraums erfolgt, so dass sie im Jahr der tatsächlichen Zahlung, also im Jahr 01, berücksichtigt werden muss.

Zu 4.:

Der BFH hat entschieden, dass eine für das vorangegangene Kalenderjahr geschuldete und zu Beginn des Folgejahres entrichtete Umsatzsteuer-Vorauszahlung als regelmäßig wiederkehrende Ausgabe i. S. d. § 11 Abs. 2 Satz 2 EStG im vorangegangenen Veranlagungszeitraum abziehbar ist (BFH XI R 48/05, BStBl 2008 II 282).

Entsprechendes muss für die Lohnsteuervorauszahlungen usw. gelten (BayLfSt v. 10.3.2017, S 2226.2.1-5/11 St32, BeckVerw 345370, Tz. 7.). Auch sie sind in dem Kalenderjahr als Betriebsausgaben zu erfassen, in dem sie entstanden sind, sofern sie innerhalb von zehn Tagen nach Beendigung des betreffenden Kalenderjahrs geleistet werden. Die am 8.1.02 geleisteten Vorauszahlungen für Dezember 01 sind daher im Jahr 01 als Betriebsausgabe zu erfassen.

Zu 5.:

Ist vom Stpfl. eine Lastschrifteinzugsermächtigung erteilt und wird die Umsatzsteuervoranmeldung fristgerecht eingereicht, gilt die Zahlung als bereits am Fälligkeitstag abgeflossen i. S. d. § 11 Abs. 2 Satz 1 bzw. 2 EStG. Voraussetzung ist jedoch, dass das Konto eine entsprechende Deckung aufweist. Eine tatsächlich spätere Abbuchung vom Konto ist ebenso unbeachtlich wie die Möglichkeit des Stpfl, den Lastschrifteinzug zu widerrufen (BFH VIII B 58/15, BFH/NV 2016 1008; FG Köln v. 9.11.2017, 11 K 188/17, EFG 2018, 547).

HINWEIS

Ist eine Umsatzsteuervorauszahlung an einem Samstag, Sonntag oder Feiertag fällig, verschiebt sich die Fälligkeit nach § 108 Abs. 3 AO auf den nächsten Werktag. Wird in einem solchen Fall die Zahlung erst am Fälligkeitstag (also außerhalb des 10-Tage-Zeitraums) geleistet, kann sie erst im VZ der tatsächlichen Zahlung als Betriebsausgabe erfasst werden, da sie ja nicht mehr innerhalb des Zehn-Tage-Zeitraums erfolgt ist. Eine Verlängerung des Zehn-Tage-Zeitraums kommt im Hinblick auf die nach § 108 Abs. 3 AO hinausgeschobene Fälligkeit von Umsatzsteuervorauszahlungen nicht in Betracht (BFH VIII R 34/12, BStBl 2015 II 285). Im Erstattungsfall kommt es dennoch erst im Zeitpunkt der Gutschrift beim Stpfl. zu einem Zufluss, da er erst zu diesem Zeitpunkt wirtschaftlich über den Geldbetrag verfügen kann (BayLfSt v. 10.3.2017, S 2226.2.1-5/11 St32, BeckVerw 345370, Tz. 3). Eine Umsatzsteuervorauszahlung, die innerhalb von zehn Tagen nach Ablauf des Kalenderjahres gezahlt wird, ist aber auch dann im Jahr ihrer wirtschaftlichen Zugehörigkeit abziehbar, wenn der 10. Januar des Folgejahres auf einen Sonnabend, Sonntag oder gesetzlichen Feiertag fällt (BFH X R 44/16, BStBl 2019 II 781).

FALL 23A

Umsatzsteuervorauszahlung als regelmäßig wiederkehrende Ausgabe

Sachverhalt:

Frau S ist als Steuerberaterin freiberuflich tätig. Sie ermittelt ihren Gewinn 04 durch Einnahmenüberschussrechnung (§ 4 Abs. 3 EStG). Für die Übermittlung der Umsatzsteuervoranmeldungen sowie für die Entrichtung der Vorauszahlungen ist ihr vom Finanzamt eine Fristverlängerung gemäß § 46 UStDV um einen Monat eingeräumt worden. Die Umsatzsteuervoranmeldung für November 04 reichte sie am 6.1.05 ein. Den sich daraus ergebenden Betrag von 6.000 € hat die Stpfl. am 9.1.05 zur Zahlung angewiesen. Der 10.1.05 fällt auf einen Samstag.

AUFGABE

In welchem Jahr ist die Umsatzsteuervorauszahlung November 04 als Betriebsausgabe zu berücksichtigen?

LÖSUNG

Bei der Gewinnermittlung durch Einnahmenüberschussrechnung nach § 4 Abs. 3 EStG sind vereinnahmte und verausgabte Umsatzsteuerbeträge keine durchlaufenden Posten i. S. des § 4 Abs. 3 Satz 2 EStG, sondern in die Gewinnermittlung einzubeziehende Betriebseinnahmen und Betriebsausgaben sind (BFH I R 154/73, BStBl 1975 II 441, Rn. 8; IV S 6/06 (PKH), BFH/NV 2006, 1827, Rn. 15; 29.10.2020 VIII B 54/20, DStZ 2021, 154). Umsatzsteuervorauszahlungen sind darüber hinaus regelmäßig wiederkehrende Ausgaben i. S. des § 11 Abs. 2 Satz 2 EStG (BFH VIII R 34/12, BStBl 2015 II 285; X R 44/16, BStBl 2018 II 781). Regelmäßig wiederkehrende Ausgaben, die dem Stpfl. kurze Zeit vor Beginn oder kurze Zeit nach Beendigung des Kalenderjahres, zu dem sie wirtschaftlich gehören, abgeflossen sind, müssen diesem Kalenderjahr zugerechnet werden. Als „kurze Zeit" i. S. der Regelung gilt ein Zeitraum von bis zu zehn Tagen (so z. B. BFH VIII R 34/12, BStBl 2015 II 285; BFH X R 44/16, BStBl 2018 II 781).

Frau B hat die Umsatzsteuervorauszahlung für November 04 am 9.1.05 zur Zahlung angewiesen und damit innerhalb kurzer Zeit nach Beendigung des Kalenderjahres i. S. des § 11 Abs. 2 Satz 2 i.V. m. Abs. 1 Satz 2 EStG gezahlt. Unbare Zahlungen, die im Wege der Überweisung von einem Bankkonto bewirkt werden, sind grundsätzlich im Zeitpunkt des Überweisungsauftrages abgeflossen (BFH IX R 163/83, BStBl 1989 II 702). Diese Zahlung gilt gem. § 11 Abs. 2 Satz 2 i.V. m. Abs. 1 Satz 2 EStG als im Jahr 04 abgeflossen, auch wenn der gesetzliche Fälligkeitstermin der Umsatzsteuervorauszahlung für November 04 nach § 18 Abs. 1 Satz 1 UStG, § 46 Abs. 1 Satz 1 UStDV auf den 10.1.05 und damit auf einen Samstag fiel. Eine Umsatzsteuervorauszahlung, die innerhalb von zehn Tagen nach Ablauf des Kalenderjahres gezahlt wird, kann auch dann im Jahr ihrer wirtschaftlichen Zugehörigkeit als Betriebsausgabe abgezogen werden, wenn der 10.1. auf einen Sonnabend, Sonntag oder gesetzlichen Feiertag fällt (BFH X R 44/16, BStBl 2018 II 781; VIII R 23/17, BFH/NV 2020, 613).

FALL 24

Abzug von Vorauszahlungen bei langfristiger Nutzungsüberlassung

Sachverhalt:

Rechtsanwalt R ermittelt seinen Gewinn durch eine Einnahmenüberschussrechnung (§ 4 Abs. 3 EStG). Er hat seine Praxisräume ab 1.1.2020 für die Dauer von zehn Jahren von V gemietet, der aus der Vermietung des Grundstücks Einkünfte aus Vermietung und Verpachtung erzielt. Der Mietzins beträgt monatlich 750 € = jährlich 9.000 €, der Mietzins für die gesamte Mietdauer also 10 x 9.000 € = 90.000 €. Der Mietzins entspricht der ortsüblichen Miete für vergleichbare Räume. R und V vereinbaren, dass R die Miete für den gesamten Zeitraum von 90.000 € im Voraus entrichtet. Er erhält dafür einen Mietnachlass von 20 % = 18.000 €. R hat Anfang 2020 an V einen Betrag von 72.000 € überwiesen.

AUFGABEN

1. Kann R die Miete von 72.000 € im Jahr 2020 in voller Höhe als Betriebsausgaben abziehen?

2. Muss V die Miete von 72.000 € im Jahr 2020 als Einnahmen bei seinen Einkünften aus Vermietung und Verpachtung versteuern?

LÖSUNG

Zu 1.:

Der Gesetzgeber hat in § 11 EStG für Einnahmen-Überschussrechner prinzipiell das Zu- und Abflussprinzip normiert. Durch die Zuordnung von Ausgaben zum Kalenderjahr der Leistung in § 11 Abs. 2 Satz 1 EStG sind Ausgaben grundsätzlich im Zeitpunkt des Abflusses als Betriebsausgaben abziehbar, auch wenn sie wirtschaftlich ein anderes Kalenderjahr betreffen (BFH IX R 2/80, BStBl 1986 II 284). Diese Abweichung gegenüber der Behandlung von Betriebsausgaben bei bilanzierenden Gewerbetreibenden ist durch die Systematik des EStG begründet. Dementsprechend hat der BFH entschieden, dass Erbbauzinsen auch dann als Werbungskosten bei den Einkünften aus Vermietung und Verpachtung im Kalenderjahr ihrer Leistung sofort abziehbar sind, wenn sie in einem Einmalbetrag vorausgezahlt werden (BFH IX R 65/02, BStBl 2005 II 159).

Das zuletzt genannte Urteil hat der Gesetzgeber zum Anlass genommen, § 11 EStG zu ändern. Durch das Richtlinien-Umsetzungsgesetz sind in § 11 Abs. 2 EStG u. a. folgende Sätze 3 und 5 eingefügt worden: „Werden Ausgaben für eine Nutzungsüberlassung von mehr als fünf Jahren im Voraus geleistet, sind sie insgesamt auf den Zeitraum gleichmäßig zu verteilen, für den die Vorauszahlung geleistet wird. § 42 der Abgabenordnung bleibt unberührt." Diese Vorschrift bedeutet für den vorliegenden Fall, dass R seine Mietvorauszahlung für zehn Jahre von 72.000 € nicht im Jahr 2020 in voller Höhe als Betriebsausgaben abziehen kann, sondern nur i. H. v. 1/10 von 72.000 € = 7.200 €. Ebenso kann er in den Jahren 2021 bis einschließlich 2029 je 7.200 € als Betriebsausgaben abziehen. R wird also hinsichtlich seiner Mietvorauszahlung steuerlich behandelt wie ein Bilanzierender, der dafür einen aktiven Rechnungsabgrenzungsposten bilden müsste.

Nach der Gesetzesbegründung sind von der dieser Regelung aus Vereinfachungsgründen Nutzungsüberlassungen bis zu fünf Jahren nicht betroffen, wenn wirtschaftlich vernünftige Gründe für eine Vorausleistung/Einmalzahlung sprechen (§ 42 AO). Ein Mietnachlass von 20 % ist zwar ein wirtschaftlich vernünftiger Grund, hier beträgt die Laufzeit des Mietvertrages aber mehr als fünf Jahre.

Zu 2.:

Vorauszahlungen sind prinzipiell in voller Höhe im Jahr des Zuflusses zu versteuern (§ 11 Abs. 1 Satz 1 EStG; BFH III R 30/85; III R 31/85, BStBl 1990 II 287; FG München, EFG 1992, 344). § 11 Abs. 1 Satz 3 EStG sieht jedoch Folgendes vor: „Der Steuerpflichtige kann Einnahmen, die auf einer Nutzungsüberlassung i. S. d. Abs. 2 Satz 3 beruhen, insgesamt auf den Zeitraum gleichmäßig verteilen, für den die Vorauszahlung geleistet wird."

Überlässt ein Stpfl. – wie hier V – ein Grundstücke gegen ein vorausgezahltes Entgelt zur Nutzung, „kann" er das Entgelt nach § 11 Abs. 1 Satz 3 i. V. m. Abs. 2 Satz 3 EStG auf den Vorauszahlungszeitraum verteilen, wenn der Nutzungsüberlassungs- und der Vorauszahlungszeitraum mehr als fünf Jahre betragen (BFH VI R 34/17, BStBl 2021 II 5). V wird mit der genannten Vorschrift ein Wahlrecht eingeräumt, die entsprechenden Einnahmen von 72.000 € sofort bei Zufluss oder gleichmäßig verteilt auf den Zeitraum, für den die Vorauszahlung vereinbart ist, zu versteuern. Er muss also die vereinnahmte Miete von 72.000 € im Jahr 2020 nicht in voller Höhe als Einnahmen aus Vermietung und Verpachtung versteuern, sondern nur i. H. v. 7.200 €.

HINWEIS

Erforderlich, aber auch ausreichend ist, dass der Vorauszahlungszeitraum anhand objektiver Umstände – und sei es auch im Wege sachgerechter Schätzung – feststellbar (bestimmbar) ist und einen Nutzungsüberlassungszeitraum von mehr als fünf Jahren entgilt (BFH VI R 34/17, BStBl 2021 II 5). Daher können z. B. auch Einmalzahlungen für auf Lebenszeit abgeschlossene

Verträge auf den Vorauszahlungszeitraum verteilt werden, sofern sie für einen Zeitraum von mehr als fünf Jahren geleistet werden und die mutmaßliche Lebenserwartung nach der jeweils aktuellen Sterbetafel des Statistischen Bundesamts fünf Jahre übersteigt (Geserich, BFH/PR 2019, 283).

Kapitel 3: Allgemeine Fragen der Veranlagung

FALL 25

Form und Inhalt der Einkommensteuererklärung

Sachverhalt:

Zahnarzt A hat einen achtjährigen Sohn, der von seinem am 20.1.01 verstorbenen Großvater ein Mietwohnhaus geerbt hat. Das für die Einkommensbesteuerung des Kindes zuständige Wohnsitzfinanzamt hat aufgrund einer Kontrollmitteilung der Erbschaftsteuerstelle von der Erbschaft erfahren und im Jahr 02 zur Abgabe einer Einkommensteuererklärung für das Jahr 01 aufgefordert.

A teilt dem zuständigen Sachbearbeiter des Finanzamts zunächst fernmündlich, anschließend in einem Schreiben, mit, sein Sohn habe im Jahr 01 einen Überschuss der Mieteinnahmen über die Werbungskosten i. H. v. 7.000 € erzielt.

AUFGABE

Stellt die fernmündliche Mitteilung eine Erfüllung der Steuererklärungspflicht dar?

LÖSUNG

Die Steuererklärung ist eine formalisierte, innerhalb einer bestimmten Frist abzugebende Auskunft des Stpfl. oder seines Vertreters, die dem Finanzamt die Festsetzung der Steuer oder die Feststellung von Besteuerungsgrundlagen ermöglichen soll und i. d. R. zum Erlass eines Steuerbescheides führt (BFH I R 70/83, BFH/NV 1987, 704). Welche Anforderungen an Form und Inhalt einer Einkommensteuererklärung zu stellen sind, ist gesetzlich geregelt. § 150 Abs. 1 Satz 1 und 2 AO regelt, in welcher Form und auf welchem Weg Steuererklärungen abzugeben sind oder abgegeben werden können. Eine Steuererklärung ist nach amtlich vorgeschriebenem Vordruck abzugeben, wenn

1. keine elektronische Steuererklärung vorgeschrieben ist,

2. nicht freiwillig eine gesetzlich oder amtlich zugelassene elektronische Steuererklärung abgegeben wird,

3. keine mündliche oder konkludente Steuererklärung zugelassen ist und

4. eine Aufnahme der Steuererklärung an Amtsstelle nach § 151 nicht in Betracht kommt.

Der amtlich vorgeschriebene Vordruck als Papierform der Steuererklärung in § 150 Abs. 1 Satz 1 AO hat nur noch eine Auffangfunktion. Dies verdeutlicht die Absicht des Gesetzgebers, möglichst umfassend durch elektronische Datenfernübertragung zu einer automationsgestützten Steuerveranlagung zu kommen. Die Einkommensteuererklärung ist ab VZ 2011 prinzipiell nach amtlich vorgeschriebenem Datensatz durch Datenfernübertragung zu übermitteln, wenn Einkünfte nach § 2 Abs. 1 Satz 1 Nr. 1 bis 3 EStG erzielt werden und es sich nicht um Veranlagungsfälle gem. § 46 Abs. 2 Nr. 2 bis 8 EStG handelt (§ 25 Abs. 4 Satz 1 EStG, § 52 Abs. 39 EStG).

Darüber hinaus muss die Steuererklärung von der steuerpflichtigen Person eigenhändig unterschrieben werden (§ 25 Abs. 3 Satz 1 EStG). Für minderjährige Kinder und andere nicht geschäftsfähige Personen handeln bei Abgabe der Erklärung ihre gesetzlichen Vertreter, d. h., der oder die gesetzlichen Vertreter haben die Steuererklärung eigenhändig zu unterschreiben. Eine gemeinsame Steuererklärung ist von beiden Ehegatten eigenhändig zu unterschreiben (§ 25 Abs. 3 Satz 2 EStG).

Telefonische Angaben sind keine „Steuererklärung" i. S. d. §§ 149–152 AO, obwohl sie im Übrigen durchaus rechtliche Bedeutung haben können (so Schick, StuW 1988, 301, 317). Die fernmündliche Mitteilung seitens des A stellt also – mangels Einhaltung der gesetzlich vorgeschriebenen Form – keine Erfüllung der Steuererklärungspflicht dar (BFH V B 64/94, BFH/NV 1995, 651). Ebenso wenig kann das beim Finanzamt eingegangene Schreiben des A als wirksame Einkommensteuererklärung angesehen werden; nicht amtliche Schriftstücke werden nämlich – auch wenn sie alle für die Besteuerung erforderlichen Angaben enthalten – nur als Steuererklärung anerkannt, wenn sie dem amtlichen Muster bzw. Datensatz in allen Einzelheiten entsprechen, was hier aber nicht der Fall ist (FG Nürnberg, EFG 1990, 339; BFH IV R 18/98, BStBl 1999 II 286).

HINWEIS

Steuererklärungen, die schriftlich abzugeben sind, können bei der zuständigen Finanzbehörde zur Niederschrift erklärt werden, wenn die Schriftform dem Stpfl. nach seinen persönlichen Verhältnissen nicht zugemutet werden kann, insbesondere, wenn er nicht in der Lage ist, eine gesetzlich vorgeschriebene Selbstberechnung der Steuer vorzunehmen oder durch einen Dritten vornehmen zu lassen (§ 151 AO).

Ab VZ 2011 sind Steuererklärungen und Gewinnermittlungen, wenn Gewinneinkünfte erzielt werden, prinzipiell durch Datenfernübertragung zu übermitteln (§ 25 Abs. 4, § 5b EStG, § 60 EStDV i. V. m. § 150 Abs. 7 AO). Dazu kann das kostenlose ELSTER-Steuerprogramm der Finanzverwaltung, oder aber jedes andere Software-Produkt verwendet werden, in das die ELSTER-Software integriert ist.

FALL 26

Abgabe einer Einkommensteuererklärung per Telefax

Sachverhalt:

A erzielt Einkünfte aus nichtselbständiger Arbeit. Zur Anrechnung von Lohnsteuer gibt er für das Jahr 2016 eine Einkommensteuererklärung ab (Antragsveranlagung nach § 46 Abs. 2 Nr. 8 EStG). Die Erklärung wurde dem Finanzamt am 30.12.2020 elektronisch mittels eines Softwareprodukts ohne Zertifizierung übermittelt. Am selben Tag hat A dem Finanzamt die sog. komprimierte Steuererklärung per Telefax übersandt. Das Finanzamt teilt A mit, dass eine Veranlagung zur Einkommensteuer für 2016 nicht mehr erfolgen könne. Die Festsetzungsfrist sei am 31.12.2020 abgelaufen. Zwar sei der Antrag auf Durchführung der Veranlagung in Gestalt der komprimierten Steuererklärung am 30.12.2020 beim Finanzamt eingegangen. Der Antrag trage jedoch nicht die erforderliche eigenhändige Unterschrift des A, die telekopierte Unterschrift sei nicht ausreichend.

AUFGABE

Ist die Einkommensteuererklärung 2016 fristgerecht abgegeben worden, sodass eine Antragsveranlagung durchgeführt werden kann?

LÖSUNG

Viele Stpfl. sind verpflichtet, eine Einkommensteuererklärung abzugeben. Es kommt dann zu einer „Pflicht- oder Amtsveranlagung". Andere Stpfl. müssen keine Einkommensteuererklärung abgeben, dürfen das aber freiwillig tun (sog. „Antragsveranlagung"), z. B. Arbeitnehmer mit Einkünften aus nichtselbständiger Arbeit zur Anrechnung der Lohnsteuer auf die Einkommensteuer. Der Antrag ist nach § 46 Abs. 2 Nr. 8 EStG durch Abgabe einer Einkommensteuererklärung zu stellen. Der Antrag auf Durchführung der Veranlagung ist nur dann wirksam gestellt, wenn eine wirksame Steuererklärung vorliegt. Die Frist für die Antragsveranlagung beträgt vier Jahre. Das entspricht der Festsetzungsfrist für die Einkommensteuer, die nach § 169 Abs. 2 Nr. 2 AO vier Jahre beträgt. Sie beginnt mit Ablauf des Kalenderjahrs, in dem die Steuer entstanden ist (§ 170 Abs. 1 AO).

Der durch Abgabe einer Einkommensteuererklärung zu stellende Veranlagungsantrag muss den für die Einkommensteuererklärung maßgeblichen Formvorschriften des § 150 AO und des § 25 Abs. 3 EStG genügen; ansonsten ist der Antrag nicht wirksam gestellt. Verwaltungsseitig wurde früher die Auffassung vertreten, dass beispielsweise Einkommensteuererklärungen nicht per Telefax übermittelt werden können (BMF, Schreiben v. 20.1.2003, BStBl 2003 I 74).

Der BFH hat entschieden, dass sowohl die Steuererklärung als auch die Unterschrift des Stpfl. per Fax an das Finanzamt übermittelt oder in Faxkopie beim Finanzamt vorgelegt werden können (BFH VI R 82/13, BStBl 2015 II 359). Darüber hinaus sei nicht erforderlich, dass der Stpfl. den Inhalt der Einkommensteuererklärung tatsächlich in vollem Umfang zur Kenntnis genommen habe. Nach § 25 Abs. 3 EStG habe der Stpfl. die Einkommensteuererklärung zwar eigenhändig zu unterschreiben. Das sei aber hier der Fall. Es liege eine Unterschrift „von der Hand" der A vor. Dem stehe nicht entgegen, dass das unterschriebene Deckblatt der Erklärung, auf dem sich die Unterschrift befindet, beim Finanzamt als Faxkopie eingereicht wurde. Es sei bereits höchstrichterlich entschieden, dass die Übermittlung fristwahrender Schriftsätze per Telefax in allen Gerichtszweigen uneingeschränkt zulässig ist. Durch § 25 Abs. 3 EStG soll sichergestellt werden, dass Person und Inhalt der Erklärung eindeutig festgestellt werden können. Dieser Zweck werde aber auch dann erfüllt, wenn der Stpfl. die Einkommensteuererklärung unterschreibt und sie per Telefax an das Finanzamt sendet. Nach alledem ist die Frist für die Antragsveranlagung 2016 gewahrt. Die dem entgegenstehende Verwaltungsanweisung wurde aufgehoben (BMF, Schreiben v. 16.4.2015, BStBl 2015 I 438). Alle Steuererklärungen, für die das Gesetz die eigenhändige Unterschrift vorsieht, können durch Telefax wirksam an das FA übermittelt werden (LfSt Rheinland-Pfalz v. 24.9.2015, AO-Kartei RP § 150 AO Karte 1).

Für den Zugang des Antrags nach § 46 Abs. 2 Nr. 8 Satz 2 EStG gelten die bürgerlich-rechtlichen Regelungen (§ 130 Abs. 1 Satz 1 und Abs. 3 BGB) über den Zugang empfangsbedürftiger Willenserklärungen entsprechend. Erforderlich ist danach, dass der Antrag in den Machtbereich des zuständigen Finanzamts gelangt. Für den Zugang ist ausreichend, dass der Antrag – hier die Steuererklärung – am letzten Tag der Frist bis 24:00 Uhr in den dafür vorgesehenen Briefkasten des zuständigen Finanzamts gelangt (BFH v. 13.2.2020, VI R 37/17, DStR 2020, 1434, Rn. 17).

FALL 27

Steuererklärungspflicht und abgekürzter Ermittlungszeitraum im Todesfall

Sachverhalt:

Der verwitwete V war Inhaber eines Gewerbebetriebs, den er am 30.6.2020 aus Krankheitsgründen verkauft hat. V ist am 15.9.2020 verstorben. Er war zuletzt wohnhaft in Mainz. Alleinerbe ist sein Sohn S, der in Koblenz wohnt.

AUFGABEN

1. Muss S für V eine Einkommensteuererklärung für 2020 abgeben?

2. Für welchen Zeitraum müssen die von V erzielten Einkünfte bei der Veranlagung erfasst werden?

3. Welches Finanzamt ist für die Einkommensteuerveranlagung des Erblassers V zuständig?

LÖSUNG

Zu 1.:

Bei Gesamtrechtsnachfolge gehen die Forderungen und Schulden aus dem Steuerschuldverhältnis auf den Rechtsnachfolger (Erben) über (§ 45 Abs. 1 Satz 1 AO). Der Gesamtrechtsnachfolger wird durch den Übergang von Forderungen und Schulden des Rechtsvorgängers selbst Stpfl. i. S. d. § 33 AO. Ihn treffen deshalb ohne Weiteres (originär) die aus dieser Stellung resultierenden Erklärungs- und Mitwirkungspflichten. Stirbt ein Stpfl., sind also die Erben für dessen steuerliche Pflichten verantwortlich, auch für die Abgabe einer Steuererklärung für den Verstorbenen. S muss für V eine Einkommensteuererklärung für 2020 abgeben.

Zu 2.:

Die Einkommensteuer ist eine Jahressteuer (EStG), die nach § 36 Abs. 1 EStG mit Ablauf des Veranlagungszeitraums entsteht. Sie wird nach Ablauf des Kalenderjahres (Veranlagungszeitraum) nach dem Einkommen veranlagt, dass der Steuerpflichtige in diesem Veranlagungszeitraum bezogen hat, soweit nicht nach § 43 Abs. 5 EStG und § 46 EStG eine Veranlagung unterbleibt (§ 25 Abs. 1 EStG).

Die persönliche Steuerpflicht erstreckt sich auf die Lebenszeit einer Person; sie endet mit ihrem Tod. In diesem Fall ist die Veranlagung auf das bis zum Tod erzielte Einkommen zu beschränken. Erblasser und Erbe sind verschiedene Rechtssubjekte, die jeweils für sich zur Einkommensteuer herangezogen werden und deren Einkünfte getrennt ermittelt und dem jeweiligen Einkommensteuerrechtssubjekt zugerechnet werden (BFH v. 17.12.2007, GrS 2/04, BStBl 2008 II 608, Rn. 65).

Stirbt also der Stpfl. – wie hier V – vor Ablauf des Kalenderjahres und endet damit seine persönliche Steuerpflicht, ist für die Zeit bis zum Eintritt der Rechtsnachfolge eine eigenständige Veranlagung für V durchzuführen, in der nur die von ihm als Erblasser verwirklichten Besteuerungsmerkmale berücksichtigt werden. Die Veranlagung ist auf das bis zum Tod des V erzielte Einkommen zu beschränken. Der Veranlagung für das Todesjahr (Kalenderjahr) wird somit ein abgekürzter Ermittlungszeitraum zugrunde gelegt. Der Veranlagung 2020 des V ist das von ihm in der Zeit vom 1.1.2020 bis zum Todestag 15.9.2020 erzielte Einkommen zugrunde zu legen.

Adressat des Einkommensteuerbescheids ist allerdings S als Erbe des V. S ist auch Steuerschuldner der auf ihn nach § 45 AO übergegangenen Steuerschulden des Erblassers V (BFH IV R 204-205/82, BStBl 1984 II 784).

HINWEIS

Unter Änderung seiner bisherigen Rechtsprechung hat der BFH entschieden, dass vom Erblasser herrührende Steuerschulden für das Todesjahr bei der Erbschaftsteuer beim Erben als Nachlassverbindlichkeiten abziehbar sind (BFH II R 15/11, BStBl 2012 II 790; BFH II R 46/13, BStBl 2016 II 477; BFH II R 36/16, BStBl 2020 II 391).

Zu 3.:

§ 19 AO bestimmt die Zuständigkeit für die Einkommensbesteuerung natürlicher Personen. Grundsätzlich ist für unbeschränkt Stpfl. nach § 19 Abs. 1 Satz 1 das sog. Wohnsitzfinanzamt zuständig, d. h. das Finanzamt, in dessen Bezirk der Stpfl. seinen Wohnsitz hat. Maßgebend sind prinzipiell die Verhältnisse im Zeitpunkt der Veranlagung, nicht der Veranlagungszeitraum.

Geht die örtliche Zuständigkeit durch eine Veränderung der sie begründenden Umstände von einer Finanzbehörde auf eine andere Finanzbehörde über, so tritt der Wechsel der Zuständigkeit in dem Zeitpunkt ein, in dem eine der beiden Finanzbehörden hiervon erfährt (§ 26 Satz 1 AO). Durch den Tod des Erblassers V tritt mangels einer Veränderung der die örtliche Zuständigkeit begründenden Umstände kein Zuständigkeitswechsel ein. Aktenabgabe- und Übernahmeverfahren mit dem Finanzamt des Gesamtrechtsnachfolgers S sind daher nicht durchzuführen (BayLfSt v. 21.5.2013, S 0127.1.1-13/2 St42, BeckVerw 272154). Für die Einkommensteuerveranlagung 2020 des V ist das Finanzamt Mainz zuständig, obwohl der Erbe S vom Finanzamt Koblenz veranlagt wird.

FALL 28

Veranlagung bei Bezug von Einkünften aus nichtselbständiger Arbeit

Sachverhalt:

B bezieht als Beamter Einkünfte aus nichtselbständiger Tätigkeit (§ 19 EStG). Außerdem bezieht er Einkünfte aus der Vermietung eines Geschäftshauses (§ 21 EStG). Im Jahr 2020 hat er außerdem einen Verlust aus einem privaten Veräußerungsgeschäft aufgrund des Verkaufs einer Eigentumswohnung erlitten (§ 22 Nr. 2, § 23 EStG). In seiner Einkommensteuererklärung 2020 hat er u. a. folgende Angaben gemacht:

Einkünfte aus nichtselbständiger Arbeit	
Bruttoarbeitslohn	50.000 €
Einkünfte aus Vermietung und Verpachtung	1.000 €
Sonstige Einkünfte	
Einkünfte aus privaten Veräußerungsgeschäften	- 3.000 €

Der Steuerbescheid 2020 führt zu einer Steuernachzahlung. Innerhalb der Einspruchsfrist legt B Einspruch ein mit der Begründung, er nehme seinen nach § 46 Abs. 2 Nr. 8 EStG gestellten Antrag auf Veranlagung zurück.

AUFGABE

Muss das Finanzamt für 2020 eine sog. Amtsveranlagung durchführen, oder führt der Einspruch des B zum Erfolg?

LÖSUNG

Besteht das Einkommen ganz oder teilweise aus Einkünften aus nichtselbständiger Arbeit, von denen ein Steuerabzug vorgenommen worden ist, wird eine Veranlagung nur unter den in § 46 Abs. 2 Nr. 1 bis 8 EStG genannten Voraussetzungen durchgeführt. Die Veranlagungen nach § 46 Abs. 2 Nr. 1 bis 7 EStG sind von Amts wegen durchzuführen. Eine Veranlagung nach § 46 Abs. 2 Nr. 8 EStG, die insbesondere zur Anrechnung der Lohnsteuer auf die Einkommensteuer durchgeführt wird, wird dagegen nur auf Antrag durchgeführt.

In der Praxis kommt es vor, dass ein Stpfl. nach § 46 Abs. 2 Nr. 8 EStG eine Veranlagung durch freiwillige Abgabe einer Einkommensteuererklärung beantragt hat. Ergibt sich wider Erwarten eine Steuernachzahlung, kann der Stpfl. gegen den entsprechenden Steuerbescheid innerhalb eines Monats Einspruch einlegen und seine freiwillige Erklärung wieder zurücknehmen. Die Veranlagung gilt dann als nicht beantragt und das Finanzamt kann prinzipiell keine Steuernachzahlung verlangen. Eine Ausnahme gilt, wenn der Arbeitgeber zu wenig Lohnsteuer abgezogen hat (§ 39 Abs. 5 EStG).

Besteht das Einkommen ganz oder teilweise aus Einkünften aus nichtselbständiger Arbeit, von denen ein Steuerabzug vorgenommen worden ist, wird nach § 46 Abs. 2 Nr. 1 EStG eine Veranlagung nur durchgeführt, wenn die positive Summe der einkommensteuerpflichtigen Einkünfte, die nicht dem Steuerabzug vom Arbeitslohn zu unterwerfen waren, mehr als 410 € beträgt. Hierbei handelt es sich um eine Freigrenze, nicht um einen Freibetrag. Voraussetzung für diese Amtsveranlagung ist, dass es sich um „Nebeneinkünfte" handelt, von denen steuerrechtlich kein Lohnsteuerabzug vorzunehmen war.

Werden neben dem Arbeitslohn ausschließlich negative Einkünfte erzielt, kommt prinzipiell keine Amtsveranlagung, sondern nur eine Antragsveranlagung nach § 46 Abs. 2 Nr. 8 EStG in Betracht. Ergibt sich teils ein Verlust und teils ein Gewinn oder Überschuss, ist eine Saldierung von positiven und negativen Einkünften vorzunehmen. Beträgt der positive Saldo mehr als 410 €, ist eine Amtsveranlagung zwingend.

Ob bei der Saldierung der positiven und negativen Einkünfte auch ein Verlust aus einem privaten Veräußerungsgeschäft i. S. d. § 22 Nr. 2 i. V. m. § 23 EStG einzubeziehen ist, war nicht eindeutig. Der BFH hat klargestellt, dass für die Ermittlung der 410 €-Grenze prinzipiell die Einkünfte i. S. d. § 2 Abs. 1 EStG zu berücksichtigen sind, die nicht dem Lohnsteuerabzug zu unterwerfen waren (BFH v. 16.4.2013, VI R 26/11, BStBl 2013 II 631). Dazu zählen auch Einkünfte aus privaten Veräußerungsgeschäften i. S. d. § 23 EStG (§ 2 Abs. 1 Nr. 7 i. V. m. § 22 Nr. 2 EStG).

Für Gewinne und Verluste aus privaten Veräußerungsgeschäften ist jedoch die steuergesetzliche Spezialregelung des § 23 Abs. 3 Satz 7 EStG zu beachten. Danach sind Gewinne und Verluste aus allen privaten Veräußerungsgeschäften i. S. d. § 23 Abs. 1 Nr. 1 und 2 EStG untereinander auszugleichen. Ein Verlustausgleich mit anderen sonstigen Einkünften sowie mit den anderen Einkunftsarten i. S. d. § 2 Abs. 1 Nr. 1 bis 6 EStG findet nicht statt. Ein Veräußerungsverlust kann daher auch nicht in die Berechnung der Summe der Einkünfte einbezogen werden.

Unter der „Summe der Einkünfte" i. S. d. § 46 Abs. 2 Nr. 1 EStG und des § 2 Abs. 3 EStG ist derjenige Saldo zu verstehen, der nach horizontaler und vertikaler Verrechnung der Einkünfte verbleibt. Der rechtstechnische Begriff der Summe der Einkünfte i. S. d. § 46 Abs. 2 Nr. 1 EStG ist also wie der in § 2 Abs. 3 EStG auszulegen. Versagt das Gesetz – wie hier in § 23 Abs. 3 Satz 7 EStG – die Verrechnung eines Verlustes aus einer Einkunftsart mit Gewinnen bzw. Überschüssen aus anderen Einkunftsarten, fließt nach Meinung des BFH dieser Verlust nicht in die „Summe der Einkünfte" ein. Dies geschieht erst, wenn und soweit in folgenden Veranlagungszeiträumen eine Verrechnung mit positiven Einkünften zulässig ist. Das bedeutet: Das Finanzamt muss für 2020 eine Amtsveranlagung durchführen, weil die 410 €-Grenze überschritten ist. Der Einspruch des B bleibt erfolglos.

HINWEIS

Bei der Prüfung der Voraussetzungen für eine Pflichtveranlagung gemäß § 46 Abs. 2 Nr. 1 EStG sind die positiven Einkünfte aus privaten Veräußerungsgeschäften des Streitjahres auf Einkunftsebene um die auf den 31. 12. des Vorjahres festgestellten negativen Einkünfte aus dieser Einkunftsart zu mindern (FG Köln, 12 K 1964/12, EFG 2015, 1373).

Kapitel 4: Nicht abzugsfähige Ausgaben (§ 12 EStG)

FALL 29

Kosten der Lebensführung

Sachverhalt:

Bei der Außenprüfung des Rechtsanwalts und Fachanwalts für Steuerrecht A stellt der Außenprüfer fest, dass folgende Aufwendungen als Betriebsausgaben abgesetzt worden sind:

1. Aufwendungen für die Ablegung der Jägerprüfung. A begründet den Abzug damit, dass die Jägerprüfung seine Kenntnisse im Jagdrecht erweitert habe;

2. Bezugskosten für die „Frankfurter Allgemeine Zeitung" (FAZ). A erklärt hierzu, diese überregionale Zeitung verbleibe in den Praxisräumen, sie werde auch vom Personal und gelegentlich von Mandanten gelesen; zu Hause halte er sich eine regionale Tageszeitung;

3. Bezugskosten der Wirtschaftszeitung „Handelsblatt". A gibt hierzu an, seine Tätigkeit umfasse auch die steuerliche und wirtschaftliche Beratung von Mandanten;

4. Kosten für die Bewirtung von Anwaltskollegen und deren Ehefrauen in seinem Hause anlässlich seines Geburtstages. A macht hierzu geltend, die Bewirtung sei ausschließlich durch betriebliche Gründe veranlasst; ein privater Anlass, die Berufskollegen zu bewirten, habe nicht bestanden;

5. Kosten für die Anschaffung von drei dunklen Anzügen. A behauptet, er trage die Anzüge ausschließlich bei beruflichen Anlässen; im Übrigen unterliege seine Kleidung – bedingt durch die Art der Tätigkeit – einer erhöhten Abnutzung;

6. Mitgliedsbeiträge für den Tennisklub. A weist dem Betriebsprüfer nach, dass durch die Mitgliedschaft im Tennisklub seine beruflichen Interessen gefördert werden.

AUFGABE

Sind die genannten Aufwendungen als Betriebsausgaben abzugsfähig?

LÖSUNG

§ 12 Nr. 1 Satz 2 EStG enthält ein Abzugsverbot. Danach dürfen Aufwendungen für die Lebensführung, die die wirtschaftliche oder gesellschaftliche Stellung des Stpfl. mit sich bringt, auch dann nicht abgezogen werden, wenn sie zur Förderung des Berufs oder der Tätigkeit des Stpfl. erfolgen.

Dieses Verbot des Abzugs gemischter Aufwendungen ist durch die Rechtsprechung für zwei Fälle eingeschränkt worden (vgl. BFH IV R 205/85, BStBl 1988 II 771). Gemischte Aufwendungen sind zum einen dann in vollem Umfang als Betriebsausgaben abziehbar, wenn der private Anlass unbedeutend ist und nicht ins Gewicht fällt. Zum anderen soll eine Aufteilung der gemischten Aufwendungen möglich sein, wenn zwar der private Anlass nicht unbedeutend ist, die Aufteilung sich aber leicht und einwandfrei nach einem objektiv nachprüfbaren Maßstab durchführen lässt.

Der Große Senat des BFH hat mit Beschluss vom 21.9.2009 (GrS 1/06, BStBl 2010 II 672) seine jahrzehntelange Rechtsprechung über das angeblich aus § 12 Nr. 1 Satz 2 EStG herzuleitende allgemeine Aufteilungs- und Abzugsverbot aufgegeben. Die Finanzverwaltung hat sich zur Anwendung der neuen Rechtsprechung in einem BMF-Schreiben (BStBl 2010 I 674) geäußert. Gemischte Aufwendungen eines Steuerpflichtigen können danach grundsätzlich in als Betriebsausgaben oder Werbungskosten abziehbare sowie in privat veranlasste und damit nicht abziehbare Teile aufgeteilt werden, soweit nicht gesetzlich etwas anderes geregelt ist oder es sich um Aufwandspositionen handelt, die durch das steuerliche Existenzminimum abgegolten oder als Sonderausgaben oder als außergewöhnliche Belastungen abziehbar sind.

Wendet man diese Auslegungsgrundsätze hier an, so ergibt sich Folgendes:

Zu 1.:

Aufwendungen im Zusammenhang mit dem Erwerb von Kenntnissen und Fähigkeiten können nur dann zu Betriebsausgaben führen, wenn sie dazu dienen, eine Erwerbsgrundlage zu schaffen bzw. zu erhalten. Dienen Aufwendungen nicht dazu, später Erwerbseinnahmen zu erzielen, wird vielmehr – wie vorliegend – primär ein privater Zweck, beispielsweise die Ausübung eines Hobbys, damit verfolgt, so kommt ein Abzug nicht in Betracht. Vorliegend ist davon auszugehen, dass A mit der Ablegung der Jägerprüfung nicht auf die Schaffung einer stetigen Erwerbsquelle, sondern auf die Befriedigung privater Interessen abgezielt hat. Bei den Kosten der Jägerprüfung handelt es sich nicht um Betriebsausgaben, sondern um nicht abziehbare Aufwendungen für die Lebensführung (BFH v. 10.1.2012, VI B 92/11, BFH/NV 2012, 783; FG Münster v. 20.12.2019, 5 K 2031/18 E 2019, EFG 2019, 338). Dienen Aufwendungen – wie hier – nicht dazu, später Erwerbseinnahmen zu erzielen, sondern wird vielmehr ein privater Zweck – beispielsweise die Ausübung eines Hobbys – damit verfolgt, kommt ein Betriebsausgaben- oder Werbungskostenabzug nicht in Betracht.

Zu 2.:

Die Haltung einer großen Tageszeitung wie der FAZ, die einen politischen, wirtschaftlichen und kulturellen Teil enthält, gehört schon wegen ihres gemischten Inhalts nach § 12 Nr. 1 Satz 2 EStG zur Lebenshaltung; ihre Kosten können daher keine Betriebsausgaben sein (BFH IV R 2/81, BStBl 1983 II 715; VI R 193/86, BFH/NV 1990, 701; FG Düsseldorf 10 K 3253/17 E, StE 2021, 158, Rn. 37; BMF, BStBl 2010 I 674 Rn. 4).

Zu 3.:

Das „Handelsblatt" soll nach der Rechtsprechung inhaltlich mit einer typischen Tageszeitung nicht vergleichbar sein, weil es sich ganz überwiegend mit Wirtschaftsfragen befasst. Der BFH hat diese Zeitung grds. eher wie eine Fachzeitschrift beurteilt und die Bezugskosten zum Betriebsausgabenabzug zugelassen (BFH VI R 193/79, DB 1983, 372). Die neuere Rechtsprechung der FG geht jedoch von der zutreffenden Auffassung aus, dass das „Handelsblatt" aufgrund seines Inhalts nicht als Fachzeitschrift, sondern als allgemeine Tageszeitung zu behandeln ist (so z. B. FG Berlin-Brandenburg, DStRE 2008, 1371). Konsequenz: Die Bezugskosten sind nach § 12 Nr. 1 Satz 2 EStG nicht als Betriebsausgaben abzugsfähig (BMF, BStBl 2010 I 674 Rn. 4).

Zu 4.:

Die Aufwendungen für die Bewirtung der Berufskollegen anlässlich des Geburtstages sind keine Betriebsausgaben, unabhängig davon, ob der unmittelbare Anlass für die Aufwendungen in der beruflichen oder der privaten Sphäre liegt (BFH IV R 58/98, BStBl 1992 II 524; V B 25/98, BFH/NV 1999, 1254; BMF, BStBl 2010 I 674 Rn. 5: Geburtstagsfeier ist ein bedeutendes Indiz für die Annahme nicht abziehbarer Repräsentationsaufwendungen).

HINWEIS

Der BFH hat in seiner jüngeren Rechtsprechung die Auffassung vertreten, dass die Aufwendungen eines Steuerpflichtigen für eine Feier anlässlich eines runden Geburtstags und der Bestellung zum Steuerberater teilweise als Werbungskosten bei den Einkünften aus nichtselbständiger Arbeit abziehbar sein können (BFH VI R 46/14, BStBl 2015 II 1013). Im Anschluss daran hat der BFH entschieden, dass Aufwendungen für eine Feier anlässlich eines Geburtstags i. d. R. auch durch die gesellschaftliche Stellung des Arbeitnehmers veranlasst und im Allgemeinen nicht als Werbungskosten anzuerkennen sind. Allerdings kann nach Auffassung des BFH sich trotz des herausgehobenen persönlichen Ereignisses aus den übrigen Umständen des einzelnen Falls ergeben, dass die Kosten für eine solche Feier ausnahmsweise ganz oder teilweise beruflich veranlasst sind (BFH VI R 7/16, BStBl 2017 II 409). Dies ist insbesondere möglich, wenn die Feier nicht in erster Linie der Ehrung des Jubilars und damit nicht der repräsentativen Erfüllung gesellschaftlicher Konventionen, sondern dem kollegialen Miteinander und daher der Pflege des Betriebsklimas dient, der Jubilar mit seiner Einladung der Belegschaft (den Kolleginnen und Kollegen) Dank und Anerkennung zollt oder gefestigten betrieblichen Gepflogenheiten Rechnung trägt. Die Abzugsbeschränkung gem. § 9 Abs. 5 i.V. m. § 4 Abs. 5 Satz 1 Nr. 2 Satz 1 EStG kommt nicht zur Anwendung, wenn ein Arbeitnehmer allein aus beruflichem Anlass Aufwendungen für die Bewirtung von Arbeitskollegen trägt.

Zu 5.:

Aufwendungen für Bekleidung sind i. d. R. typische unter § 12 Nr. 1 EStG zu subsumierende Lebensführungskosten. Das gilt auch dann, wenn die Kleidung nahezu ausschließlich im Beruf getragen wird. Eine Ausnahme gilt lediglich für die sog. Berufskleidung. Da es sich bei den Anzügen um keine ihrer Beschaffenheit nach objektiv nahezu ausschließlich für die berufliche Verwendung bestimmter Berufskleidung, sondern um sog. bürgerliche Kleidung handelt, ist ein Betriebsausgabenabzug ausgeschlossen (BFH V R 13/90, BStBl 1991 II 751; I B 5/94, BFH/NV 1995, 207; BMF, BStBl 2010 I 674 Rn. 4). Anzumerken ist, dass streitig ist, ob der schwarze Anzug eines Trauerredners als Aufwendungen für sog. "bürgerliche Kleidung" nicht abzugsfähig ist (so FG Berlin-Brandenburg 3 K 3278/15, EFG 2018, 1940, Rev. anhängig unter BFH-Az.: VIII R 33/18).

Zu 6.:

Beiträge an Sportvereine unterliegen regelmäßig dem Aufteilungs- und Abzugsverbot des § 12 Nr. 1 Satz 2 EStG. Die Vermutung der privaten Mitveranlassung kann auch nicht durch den Nachweis widerlegt werden, dass die Mitgliedschaft die beruflichen Interessen fördert. A kann daher den Mitgliedsbeitrag an den Tennisklub nicht als Betriebsausgaben abziehen (FG München VI 155/99, EFG 1997, 1105; FG Hamburg VI 155/99, EFG 2002, 708 für Golfclubbeiträge).

FALL 30

Studienreise ins Ausland

Sachverhalt:

Gesellschafter der X-OHG, die einen Großhandel mit Tabakwaren betreibt, sind die Eheleute A und B. Im Jahr 01 nahmen die Gesellschafter an einer Reise nach Brasilien teil. Die Reiseteilnehmer waren ausschließlich Tabakwarenhändler. Organisiert wurde die Reise von einer Zigarrenfabrik. Die X-OHG ist deren Kundin.

Das Reiseprogramm sah zwar einige Fachbesichtigungen (Fabrikation etc.) vor, die von ihrem zeitlichen Umfang nachweislich rund 20 % der gesamten Besichtigungen ausmachten. Die Reise war im Übrigen durch Stadtrundfahrten, Ausflüge, Flussschifffahrten, Strandbesuche, Folkloreveranstaltungen und andere touristische Attraktionen geprägt.

Die Aufwendungen für die Hin- und Rückreise der beiden Gesellschafter betrugen insgesamt 4.000 € und wurden von der X-OHG als Betriebsausgaben geltend gemacht.

AUFGABE

Sind die von der OHG getragenen Reisekosten der Gesellschafter – ggf. in welcher Höhe – als Betriebsausgaben abzugsfähig?

LÖSUNG

Bei der Brasilienreise der Eheleute A und B handelt es sich um eine sog. Studienreise. Die Frage der betrieblichen Veranlassung von Studienreisen muss nach objektiven Kriterien, also nach Zweck und Gestaltung der Reise, geprüft werden. Studienreisen, mit denen auch ein allgemeintouristisches Interesse befriedigt wird, sind nach ständiger Rechtsprechung nicht als betrieblich veranlasst anzusehen, soweit sich nicht ein durch den Betrieb veranlasster Teil nach objektiven Maßstäben sicher und leicht abgrenzen lässt (BFH GrS 8/77, BStBl 1979 II 213; IV R 106/87, BStBl 1989 II 641; I R 86/04, BStBl 2005 II 666).

In einer neueren Entscheidung vertritt der GrS des BFH jedoch die Ansicht, dass die Aufwendungen für die Hin- und Rückreise einer teils beruflich und teils privat veranlassten Reise in abziehbare Werbungskosten oder Betriebsausgaben und in nicht abziehbare private Kosten nach Maßgabe der beruflichen und privaten Zeitanteile der Reise aufgeteilt werden können. Voraussetzung ist, dass die beruflich veranlassten Zeitanteile feststehen und nicht von untergeordneter Bedeutung sind (BFH GrS 1/06, BStBl 2010 II 672). Der BFH weist darauf hin, dass „§ 12 Nr. 1 Satz 2 EStG kein allgemeines Aufteilungs- und Abzugsverbot normiert" (Rechtsprechungsänderung). Fehlen objektivierbare Kriterien für eine Trennung der beruflichen und privaten Veranlassungsbeiträge, dann scheidet – wie nach bisheriger Rechtsprechung – ein Abzug der Aufwendungen insgesamt aus.

Wendet man die neuen Grundsätze hier an, sind die Reisekosten i.H.v. 20 % von 4.000 € = 800 € Betriebsausgaben und i.H.d. Restbetrages von 3.200 € nicht abziehbare Kosten der Lebenshaltung (§ 12 Nr. 1 EStG).

FALL 31

Ermittlung des Kfz-Privatnutzungsanteils bei Führung eines Fahrtenbuches

Sachverhalt:

A bezieht als Handelsvertreter gewerbliche Einkünfte. Zu seinem Betriebsvermögen gehört ein Pkw Daimler-Benz, der Anfang 2020 angeschafft worden ist. Die Anschaffungskosten des Pkw betragen 36.000 €. A führt ein ordnungsgemäßes Fahrtenbuch: Danach benutzte er den Pkw zu 90 % für betriebliche und zu 10 % für private Zwecke. Die Kfz-Kosten des Wirtschaftsjahres 2020 betrugen:

Laufende Kfz-Kosten	5.800 €
Kfz-Steuer	250 €
Kfz-Versicherung	750 €
Lineare Afa nach § 7 Abs. 1 EStG: 36.000 € : 6 =	6.000 €
Sonderabschreibung nach § 7g Abs. 5 EStG: 20 % von 36.000 €	7.200 €
	20.000 €

AUFGABE

In welcher Höhe ist der Kfz-Privatnutzungsanteil für das Jahr 2020 anzusetzen?

LÖSUNG

Kfz-Kosten für einen zum Betriebsvermögen gehörenden Pkw, der sowohl für betriebliche als auch private Zwecke genutzt wird, können im Verhältnis der betrieblichen zur privaten Nutzung aufgeteilt werden, wenn der Stpfl. die für das Kraftfahrzeug insgesamt entstehenden Aufwendungen durch Belege und das Verhältnis der privaten zu den übrigen Fahrten durch ein ordnungsgemäßes Fahrtenbuch nachweist (§ 6 Abs. 1 Nr. 4 Satz 4 EStG). In die Aufteilung sind sowohl die laufenden Kosten (Benzin, Öl, Reparaturen) als auch die sog. festen Kosten (Steuer, Versicherung, AfA) mit einzubeziehen. Sonderabschreibungen bleiben jedoch für die Ermittlung des Privatanteils außer Betracht (BFH IV R 19/55 U, BStBl 1955 III 205; III R 96/85, BStBl 1988 II 655; BMF, BStBl 2009 I 1326, Rn. 32). Der Privatanteil ist also nur auf der Grundlage der Normalabschreibung nach § 7 EStG zu ermitteln, d. h., der privatanteilige AfA-Betrag ist so zu berechnen, als ob die Sonderabschreibung nicht vorgenommen worden wäre.

Die privatanteiligen Kfz-Kosten des Wirtschaftsjahres 2020 errechnen sich demnach wie folgt:

Kfz-Kosten insgesamt	20.000 €
./. Sonderabschreibung nach § 7g Abs. 5 EStG	./. 7.200 €
maßgebliche Kfz-Kosten	12.800 €
hiervon 10 %	1.280 €

FALL 32

Ermittlung des Kfz-Privatnutzungsanteils nach der 1 %-Regelung

Sachverhalt:

Zum notwendigen Betriebsvermögen des vorsteuerabzugsberechtigten Handwerksmeisters A gehört ein im Januar 2020 angeschaffter Pkw mit Anschaffungskosten i. H. v. 48.000 €. Der Listenpreis des Pkw betrug im Zeitpunkt der Erstzulassung (Januar 2020) 50.000 €. A sind im Jahr 2020 folgende Kfz-Kosten entstanden:

Laufende Kfz-Kosten	4.800 €
Kfz-Steuer	250 €
Kfz-Versicherung	550 €
Lineare AfA nach § 7 Abs. 1 EStG: 48.000 € : 6 =	8.000 €
	13.600 €

A hat für das Jahr 2020 kein Fahrtenbuch geführt.

AUFGABE

Wie hoch ist der für das Jahr 2020 anzusetzende Kfz-Privatnutzungsanteil?

LÖSUNG

Da A kein Fahrtenbuch geführt hat, muss der Kfz-Privatnutzungsanteil nach der sog. 1 %-Regelung ermittelt werden (§ 6 Abs. 1 Nr. 4 Satz 2 EStG). Danach ist der Kfz-Privatnutzungsanteil für jeden Kalendermonat mit 1 % des inländischen Listenpreises im Zeitpunkt der Erstzulassung zuzüglich der Kosten für Sonderausstattung einschließlich der Umsatzsteuer anzusetzen. Der Listenpreis ist auf volle 100 € abzurunden (BMF, BStBl 2009 I 1326 Rn. 10). Es ist wie folgt zu rechnen:

Kfz-Privatnutzungsanteil 2020: 1 % von 50.000 € = 500 €; 500 € x 12 = 6.000 €.

Ermittlung des Kfz-Privatnutzungsanteils nach der 1 %-Regelung und Fahrten zwischen Wohnung und Betriebsstätte

Sachverhalt:

Zum Betriebsvermögen des Handelsvertreters A gehörte ein Pkw, den A sowohl für betriebliche als auch private Fahrten nutzt. A fuhr mit diesem Betriebs-Pkw (Listenpreis: 60.000 €) im Jahr 2020 an 115 Tagen von seiner Wohnung in das 20 km entfernte Büro 1 und an 115 Tagen in das 10 km entfernte Büro 2. Ein Fahrtenbuch führte A nicht.

AUFGABEN

1. Kann A den Privatanteil nach der 1 %-Regelung ermitteln?

2. Wie hoch sind die Aufwendungen, die A für seine Fahrten zwischen Wohnung und Betrieb im Jahr 2020 als Betriebsausgaben absetzen darf?

LÖSUNG

1. Der Pkw-Privatanteil kann nur nach der Pauschalregelung mit monatlich 1 % des Bruttolistenpreises einschließlich Sonderausstattung ermittelt werden, wenn der Pkw zu mehr als 50 % betrieblich oder beruflich genutzt wird (§ 6 Abs. 1 Nr. 4 Satz 2 EStG), also zum notwendigen Betriebsvermögen gehört. Damit fallen Kfz des sog. gewillkürten Betriebsvermögens (betriebliche Nutzung mindestens 10–50 %) aus dem Anwendungsbereich der 1 %-Regelung heraus. Der Nachweis der überwiegend betrieblichen oder beruflichen Nutzung muss nicht über ein ordnungsgemäßes Fahrtenbuch geführt werden (BMF, BStBl 2006 I 446). Es genügen u. U. formlose Aufzeichnungen über die betrieblichen Fahrten für einen zusammenhängenden repräsentativen Zeitraum von drei Monaten.

   Für Berufsgruppen mit typischer Reisetätigkeit, z. B. Taxiunternehmer, Handelsvertreter, Handwerker der Bau- und Baunebengewerbe, Landtierärzte, kann nach Meinung des BMF auf einen besonderen Nachweis verzichtet werden, wenn nach Art und Umfang der Tätigkeit eine Überschreitung der 50 %-Grenze offenkundig ist.

   Selbständige Handelsvertreter mit hoher Fahrtätigkeit fallen also unter den Personenkreis, der von der lästigen Glaubhaftmachung i. d. R. befreit ist. A kann daher seinen Pkw-Privatnutzungsanteil für 2020 nach der 1 %-Regelung ermitteln: Privatanteil 12 % von 60.000 € = 7.200 €.

2. Da ein Unternehmer nicht bessergestellt werden soll als ein Arbeitnehmer bei den Fahrten zwischen Wohnung und Arbeitsstätte, darf er für seine Fahrten zwischen Wohnung und Betrieb nur die steuerlich abziehbare Entfernungspauschale als Betriebsausgabe geltend machen (§ 4 Abs. 5 Satz 1 Nr. 6 EStG). Bei der 1 %-Methode macht der Stpfl. i. d. R. keine Auf-

zeichnungen über gefahrene Kilometer, deshalb sind die tatsächlichen Kosten, die auf die Fahrten zwischen Wohnung und Betrieb entfallen, nicht bekannt. Der Fiskus schätzt daher die monatlichen Kosten, indem er 0,03 % des Listenpreises mit den Entfernungskilometern multipliziert.

Bei der Nutzung eines Pkw sind die nicht als Betriebsausgaben abziehbaren Aufwendungen für Fahrten zwischen Wohnung und Betriebsstätte mit 0,03 % des inländischen Listenpreises des Pkw im Zeitpunkt der Erstzulassung je Kalendermonat für jeden Entfernungskilometer zu ermitteln (§ 4 Abs. 5 Satz 1 Nr. 6 EStG). Ab dem ersten Entfernungskilometer wird für jeden Arbeitstag eine Entfernungspauschale von 0,30 € für jeden vollen Entfernungskilometer abgezogen. Zur Ermittlung des Gewinnzuschlags für das Jahr 2020 ist wie folgt zu rechnen:

Geschätzte tatsächliche Kosten (Jahreswert):

Listenpreis x 0,03 % x Entfernungskilometer

60.000 € x 0,03 % x 20 km x 6 Monate	2.160 €
60.000 € x 0,03 % x 10 km x 6 Monate	1.080 €
	3.240 €
Wie Betriebsausgaben abziehbar:	
0,30 € x 20 km x 115 Tage	./. 690 €
0,30 € x 10 km x 115 Tage	./. 345 €
dem Gewinn hinzuzurechnen	2.205 €

FALL 34

Kostendeckelung

Sachverhalt:

Zum notwendigen Betriebsvermögen des Rechtsanwalts A gehört ein vor sechs Jahren angeschaffter und bereits abgeschriebener Pkw (Listenpreis: 50.000 €), den A auch privat nutzt. Da A in dem Gebäude, in dem er seine Praxis hat, auch wohnt, fallen keine Fahrten zwischen Wohnung und Betrieb an. Die nachgewiesenen tatsächlichen Gesamtkosten für das Fahrzeug im Jahr 2020 belaufen sich auf 5.000 €. A führt kein Fahrtenbuch.

AUFGABE

Gibt es eine Obergrenze für den Privatanteil?

LÖSUNG

Die 1 %-Methode ist ein pauschales Verfahren. Deshalb ist es im Einzelfall möglich, dass der pauschal ermittelte Nutzungswert für die private Nutzung des Betriebs-Pkw höher ist als die tatsächlichen Gesamtkosten des Pkw. Mit diesem Ergebnis muss man vor allem rechnen, wenn es sich um einen bereits abgeschriebenen Pkw mit einem hohen Listenpreis handelt. In diesem Fall kommt es zur Anwendung der sog. „Kostendeckelung" der Finanzverwaltung, die eine Höchstgrenze für den Privatanteil festlegt (BMF, BStBl 2009 I 1326, Rn. 18 ff.).

Die Kostendeckelung sieht vor, dass zur Vermeidung bzw. Verminderung einer Überbesteuerung aus Billigkeitsgründen der private Nutzungsanteil höchstens mit dem Betrag der Gesamtkosten des Kraftfahrzeugs anzusetzen ist. Der Privatanteil wird dann auf die tatsächlich angefallenen Gesamtkosten begrenzt. Der Stpfl. hat einen Rechtsanspruch auf die Anwendung der Deckelungsregelung (BFH XI R 59/04, BFH/NV 2007, 1383).

Die Kostendeckelung führt dazu, dass evtl. 100 % der durch den Betriebs-Pkw verursachten Kosten als privater Nutzungsanteil behandelt werden. Im Ergebnis werden also überhaupt keine Kfz-Kosten als Betriebsausgaben berücksichtigt.

Vorliegend ist für die Besteuerung der privaten Nutzung zwingend die 1 %-Methode anzuwenden. A müsste danach eigentlich einen Privatanteil von 6.000 € (12 % von 50.000 €) versteuern. Wenn er die Kostendeckelung geltend macht, versteuert er „nur" einen Betrag von 5.000 € (tatsächliche Kosten als Höchstgrenze für den Privatanteil).

HINWEIS

Zum Teil wird in der Literatur die Kostendeckelung mit einem Privatanteil von faktisch 100 % als nicht akzeptabel und als Verstoß gegen das Verbot der Übermaßbesteuerung angesehen (Urban, FR 2010, 510). Bei einem zum notwendigen Betriebsvermögen gehörenden Pkw wird bei Anwendung der 1 %-Methode eine Kostendeckelung auf 50 % (statt 100 %) für angebracht gehalten. Denn höher als 50 % kann die private Nutzung bei einem zum notwendigen Betriebsvermögen gehörenden Pkw ja nicht sein, sonst wäre der Pkw kein notwendiges Betriebsvermögen. Der BFH hat demgegenüber entschieden, dass es verfassungsrechtlich nicht geboten ist, die nach der 1 %-Regelung ermittelte Nutzungsentnahme auf 50 % der Gesamtaufwendungen für das Kfz zu begrenzen, auch wenn die Anwendung der 1 %-Regelung voraussetzt, dass das Kfz zu mehr als 50 % betrieblich genutzt wird (BFH X R 28/15, BStBl 2018 II 712).

Kritik im Schrifttum: Mit Recht wird diese Rechtsauffassung im Fachschrifttum kritisiert und abgelehnt. Die Begründung des X. Senats wird für angreifbar und verfassungswidrig gehalten (Knaus/Reisch, DStRE 2019, 1222 in einer Anmerkung). Wenn ein Kfz zu mehr als 50 % betrieblich genutzt wird (Voraussetzung für die Anwendung der 1 %-Regelung), betrage denklogisch der maximal mögliche private Nutzungsvorteil 50 % des gesamten Kfz-Aufwandes abzgl. 1 Cent.

Verfassungsbeschwerde anhängig: Gegen das Urteil ist mittlerweile Verfassungsbeschwerde erhoben worden, die unter dem Az. 2 BvR 2129/18 anhängig ist. Die anhängige Verfassungsbeschwerde lässt ein Offenhalten betroffener Streitfälle ratsam erscheinen.

Kostendeckelung bei Leasingsonderzahlung und Einnahmenüberschussrechnung

Sachverhalt:

A ist als Steuerberater freiberuflich tätig. Anfang 2019 leaste er für den Leasingzeitraum 1.1.2019 bis 31.12.2021 im Rahmen seines freiberuflichen Einzelunternehmens einen Pkw mit einem Bruttolistenpreis von 60.000 € mit einer Vertragslaufzeit von 36 Monaten. Neben einer im Jahr 2019 geleisteten Leasingsonderzahlung i. H. v. 13.500 € netto zuzüglich Umsatzsteuer sind monatliche Leasingraten i. H. v. 250 € zuzüglich Umsatzsteuer zu erbringen.

A machte in seiner Einnahmenüberschussrechnung nach § 4 Abs. 3 EStG für das Jahr 2019 Pkw-Kosten von 21.500 € als Betriebsausgaben geltend, in denen Leasingkosten i. H. v. 16.500 € (Leasingraten 3.000 € netto + Leasingsonderzahlung 13.500 €) enthalten waren. Das Finanzamt hat den Kfz-Privatnutzungsanteil für 2019 mit 7.200 € (12 % von 60.000 €) angesetzt. Ein Fahrtenbuch führt A für den Pkw nicht.

In seiner Einnahmenüberschussrechnung 2020 hat A Kfz-Kosten von 5.000 € als Betriebsausgaben geltend gemacht (Leasing-Raten 3.000 €, Kfz-Versicherung und -Steuer 600 €, laufende Pkw-Betriebskosten 1.400 €). Den Pkw-Privatnutzungsanteil setzt er im Wege der sog. Kostendeckelung mit den im Jahr 2020 verausgabten Pkw-Kosten von 5.000 € an. Das Finanzamt erhöht i. R. der Veranlagung 2020 den Kfz-Privatnutzungsanteil auf 7.200 € (12 % von 60.000 €). Begründung: Bei der Berechnung, ob der Ansatz der Entnahme nach der 1%-Methode die tatsächlichen Aufwendungen der Kfz-Nutzung übersteige, sei eine fiktive Verteilung der im Jahr 2019 geleisteten Leasing-Sonderzahlung von 13.500 € mit je 4.500 € jährlich auf den gesamten Leasingzeitraum vorzunehmen. Die maßgeblichen Gesamtaufwendungen für den Pkw würden sich im Jahr 2020 auf 9.500 € belaufen (bezahlte Pkw-Kosten 5.000 € + fiktive auf das Jahr 2020 entfallende Leasing-Rate von 4.500 €).

Ist der Kfz-Privatnutzungsanteil 2020 mit 5.000 € oder 7.200 € anzusetzen?

Für die private Nutzung eines betrieblichen Kraftfahrzeugs, das zu mehr als 50 % betrieblich genutzt wird, erfolgt die Entnahmebesteuerung des privaten Kfz-Nutzungsanteils nach der sog. Listenpreisregelung des § 6 Abs. 1 Nr. 4 Satz 2 EStG, wenn kein ordnungsgemäßes Fahrtenbuch geführt wird. § 6 Abs. 1 Nr. 4 Satz 2 EStG ist eine spezialgesetzliche Bewertungsregel, die nach § 6 Abs. 7 Nr. 2 EStG auch bei Einnahmenüberschussrechnung anzuwenden ist.

Für die Sachbezugsbewertung für die private Autonutzung eines Arbeitnehmers nach der Fahrtenbuchmethode sind nach der Rechtsprechung des BFH Leasingsonderzahlungen des Arbeitgebers jedenfalls dann periodengerecht zu verteilen, wenn der bilanzierende Arbeitgeber bei seiner Gewinnermittlung den Aufwand durch einen aktiven Rechnungsabgrenzungsposten verteilen muss (BFH VI R 27/14, BStBl 2016 II S. 174).

Nach Auffassung der Finanzverwaltung sind auch bei der Gewinnermittlung nach § 4 Abs. 3 EStG für die Anwendung der Kostendeckelungsregelung alle Gesamtkosten eines Kfz für einen Nutzungszeitraum zu ermitteln. Aufwendungen, die für mehrere Jahre im Voraus geleistet wurden, sind dabei zu berücksichtigen, indem sie periodengerecht auf die jeweiligen Nutzungszeiträume verteilt werden. Hierzu soll auch die für mehrere Jahre im Voraus geleistete Leasingsonderzahlung gehören. Dem Steuersparmodell, durch eine hohe einmalige Zahlung im Erstjahr den Privatentnahmewert der Folgejahre zu senken, werde so entgegengewirkt (FinBeh Hamburg, Fachinformation v. 8.11.2018, DStR 2019 S. 1407 nach Abstimmung auf Bund-Länder-Ebene).

Nach Ansicht des FG Rheinland-Pfalz ist nicht zu beanstanden, wenn das Finanzamt mangels Fahrtenbuch den Entnahmewert für die private Nutzung eines betrieblichen Pkw nach der sog. 1%-Methode ermittelt und dabei keine Begrenzung auf die mit dem Pkw zusammenhängenden, tatsächlich im Veranlagungszeitraum abgeflossenen Betriebsausgaben vornimmt. Eine im Vorjahr geleistete Leasingsonderzahlung ist auch bei Einnahmenüberschussrechnern zeitanteilig in die Gesamtkosten einzubeziehen (FG Rheinland-Pfalz, Urteil v. 10.12.2019, 3 K 1681/19, EFG 2020, 519, Rev. anhängig unter BFH-Az.: VIII R 11/20). Dies hat zur Folge, dass sich hier für 2020 für Zwecke der Kostendeckelung ein zusätzlicher gedachter Aufwand von 4.500 € (1/3 von 13.500 €) ergibt, sodass der Kfz-Privatnutzungsanteil auch für dieses Jahr mit 7.200 € anzusetzen ist. Dieser Betrag ist nicht höher als die Gesamtkosten einschließlich verteilter Leasingsonderzahlung von 9.500 € (bezahlte Pkw-Kosten 5.000 € + fiktive auf das Jahr 2020 entfallende Leasing-Rate von 4.500 €). Eine Kostendeckelung auf 5.000 € kommt nach diesem Urteil für 2020 nicht in Betracht.

Anmerkung: Die Auffassung der Finanzverwaltung und des FG Rheinland-Pfalz wird von anderen FG geteilt (Niedersächsisches FG 8 K 98/19, EFG 2020, 1597, nach Nichtzulassungsbeschwerde Rev. anhängig unter BFH-Az.: VIII R 21/20; Schleswig-Holsteinisches FG 5 K 194/18, EFG 2021, 10, Rev. anhängig unter BFH-Az.: VIII R 26/20). Der BFH muss sich nun mit der Frage befassen, ob eine Leasingsonderzahlung für die Ermittlung des Kfz-Privatnutzungsanteils auch bei nichtbilanzierenden Steuerpflichtigen, die ihren Gewinn nach § 4 Abs. 3 EStG ermitteln, periodengerecht zu verteilen ist. Betroffenen Steuerpflichtigen ist anzuraten, Einspruch gegen entsprechende Steuerbescheide einzulegen.

FALL 35

Unfallkosten bei Anwendung der 1%-Regelung

Sachverhalt:

A ist gewerblicher Einzelunternehmer. Zu seinem notwendigen Betriebsvermögen gehörte im Jahr 2020 ein Anfang 2017 angeschaffter Pkw. Diesen Pkw nutzte A im Oktober 2020 auf einer Privatfahrt. Dabei wurde der Pkw durch einen Unfall erheblich beschädigt. Die Reparaturkosten belaufen sich auf 15.000 € netto zuzüglich 19 % Umsatzsteuer. Eine Vollkaskoversicherung hat

A nicht abgeschlossen. Der Bruttolistenpreis des Pkw im Zeitpunkt der Erstzulassung betrug 60.000 €.

Der für 2020 nach der 1 %-Regelung anzusetzende Kfz-Privatnutzungsanteil beträgt 12 % von 60.000 € = 7.200 €.

AUFGABE

Wie sind die Unfallkosten einkommensteuerlich zu behandeln?

LÖSUNG

Ermittelt der Unternehmer den privaten Kfz-Nutzungsanteil nach der 1 %-Regelung, ist nicht eindeutig, ob durch den pauschalen Nutzungswert auch privat verursachte Kfz-Kosten, z. B. Unfallkosten im Zusammenhang mit einer Privatfahrt oder einem durch private Gründe verursachten Unfall, abgegolten sind. Solche Unfallkosten sind nach der bis 1995 geltenden Rechtslage neben dem „normalen" Kfz-Privatnutzungsanteil als Kosten der Lebensführung zu behandeln (BFH I R 213/85, BStBl 1990 II 8). Zum Teil wird die Meinung vertreten, dass durch die Anwendung der 1 %-Regelung auch außergewöhnliche Kosten, wie z. B. Unfallkosten, abgegolten sind (Dötsch, LSW 2001, Gruppe 5, 528; ders., HFR 2001, 662). Ob dem gefolgt werden kann, hat der BFH in seinem Vorlagebeschluss offen gelassen (BFH VIII R 48/98, BStBl 2001 II 395).

Verwaltungsseitig wird die Auffassung vertreten, dass außergewöhnliche Kraftfahrzeugkosten vorab der beruflichen oder privaten Nutzung zuzurechnen sind. Aufwendungen, die ausschließlich der privaten Nutzung zuzurechnen sind, sind vorab als Entnahme zu behandeln (BMF, BStBl 2009 I 1326, Rn. 32). Danach wäre ein Unfall auf einer Privatfahrt überhaupt nicht als Betriebsausgabe abziehbar, ein Unfall auf einer betrieblichen Fahrt dagegen in voller Höhe. Für den geldwerten Vorteil des Arbeitnehmers nach § 8 Abs. 2 i. V. mit § 6 Abs. 1 Nr. 4 Satz 2 EStG hat der BFH entschieden, dass der Verzicht auf Schadensersatz gegenüber dem Arbeitnehmer, dessen Dienstwagen auf einer Dienstfahrt in alkoholisiertem Zustand des Fahrers zu Schaden kam, nicht durch die 1 %-Regelung abgegolten sind (BFH VI R 73/05, BStBl 2007 II 766). Zu den durch die 1 %-Regelung abgegoltenen Kosten zählen danach nur solche Kosten, die unmittelbar mit dem Halten und dem Betrieb des Fahrzeugs im Zusammenhang stehen und im Rahmen seiner Nutzung typischerweise anfallen. Folgt man der Verwaltungsauffassung, sind die Unfallkosten von 15.000 € nicht mit der 1 %-Regelung abgegolten. Sie sind zusätzlich als Entnahme zu behandeln.

FALL 36

Freiwillige Zuwendungen – Zuwendungen aufgrund einer freiwillig begründeten Rechtspflicht – Zuwendungen an unterhaltsberechtigte Personen

Sachverhalt:

B ist die Tochter des verstorbenen Fabrikanten A. Sie bezieht als testamentarische Alleinerbin des A aus der Weiterführung des Fabrikationsbetriebs und aus Unternehmensbeteiligungen gewerbliche Einkünfte.

Im Rahmen der Erstellung ihrer Einkommensteuererklärung stellt der Steuerberater fest, dass B im Jahr 01 folgende Zahlungen geleistet hat:

1. Freiwillige Zahlung an ihren Neffen i. H. v. monatlich 500 €. B hat sich entschlossen, ihn bis zum Abschluss seines Studiums mit monatlich 500 € zu unterstützen. Der Neffe hat im Jahr 01 während der Semesterferien einen Bruttoarbeitslohn i. H. v. 7.000 € und darüber hinaus Vermietungseinkünfte i. H. v. 8.000 € erzielt.

2. Zahlungen an ihre Nichte i. H. v. monatlich 500 €. Den Zahlungen liegt ein notarieller Vertrag zugrunde, in dem sich B verpflichtet hat, die Zahlungen für die Dauer des Studiums der Nichte, längstens aber für die Dauer von zehn Jahren zu erbringen. Die Nichte bezieht aus der Vermietung eines Mietwohngrundstücks Einkünfte aus Vermietung und Verpachtung i. H. v. jährlich rund 25.000 €.

3. Zahlungen an ihre Schwiegertochter i. H. v. monatlich 2.000 €. Die monatlichen Zahlungen werden aufgrund eines notariellen Vertrages für die Dauer von zehn Jahren erbracht. Die Schwiegertochter hat hierfür keine Gegenleistung zu erbringen. Ihr Ehemann – der Sohn der B – bezieht als Geschäftsführer Einkünfte aus nichtselbständiger Arbeit i. H. v. 100.000 € jährlich.

AUFGABE

Wie sind die vorstehenden Zahlungen steuerlich zu behandeln?

LÖSUNG

Zu 1.:

Die Zahlungen von B an ihren Neffen erfolgen freiwillig, weil sie geleistet werden, ohne dass eine Rechtspflicht besteht. Freiwillige Zuwendungen sind vom Abzug ausgeschlossen, es sei denn, dass in § 10 Abs. 1 Nr. 1, 2–5, 7 und 9, § 10a, § 10b oder den §§ 33-33b EStG etwas anderes bestimmt ist (§ 12 Nr. 2 EStG). Da diese Voraussetzungen hier aber nicht vorliegen, bleiben die Zahlungen von B steuerlich unberücksichtigt.

Zu 2.:

Bei den Zahlungen an die Nichte handelt es sich um Zuwendungen, die auf einer freiwillig eingegangenen Verpflichtung beruhen. Derartige – auf einer freiwillig begründeten Rechtspflicht beruhende – Zuwendungen fallen ebenfalls unter das Abzugsverbot des § 12 Nr. 2 EStG.

Zu 3.:

§ 12 Nr. 2 EStG schließt einen Abzug von Zuwendungen auch dann aus, wenn diese an gesetzlich unterhaltsberechtigte Personen oder deren Ehegatten geleistet werden, selbst dann, wenn sie auf einer besonderen Vereinbarung (z. B. einem notariellen Vertrag) beruhen. Ein Abzug der an die Schwiegertochter geleisteten Zahlungen kommt daher nicht in Betracht.

FALL 37

Abzug von Steuern und Nebenleistungen

Sachverhalt:

Freiberufler A, der seinen Gewinn durch Einnahmenüberschussrechnung ermittelt, erbrachte im Jahr 2020 folgende Steuerzahlungen und Nebenleistungen:

1. Einkommensteuernachforderung 2018 und Einkommensteuervorauszahlungen 2020 von insgesamt 100.000 €.

2. Schenkungsteuer i. H. v. 2.000 €.

3. Hundesteuer i. H. v. 100 € für den Hund seiner Tochter.

4. Kirchensteuernachforderung 2018 und Kirchensteuervorauszahlungen 2020 von insgesamt 5.000 €.

5. Grundsteuer i. H. v.
   - 400 € für das eigen genutzte Einfamilienhaus,
   - 800 € für ein fremd vermietetes Zweifamilienhaus

6. Umsatzsteuer 2020 i. H. v. 15.000 €.

7. Kfz-Steuer i. H. v. 300 € für den zum Betriebsvermögen gehörenden Kraftwagen, der lt. Fahrtenbuch zu 70 % für betriebliche und zu 30 % für private Zwecke benutzt wird.

8. Säumniszuschläge (§ 240 AO) i. H. v. 200 € wegen verspäteter Zahlung von Einkommensteuer; Verspätungszuschlag (§ 152 AO) i. H. v. 300 € wegen verspäteter Abgabe der Einkommensteuererklärung 2016; Zwangsgeld (§ 329 AO) i. H. v. 50 € wegen Nichtabgabe der Einkommensteuererklärung 2017.

9. Stundungszinsen (§ 234 AO) i. H. v. 350 € im Zusammenhang mit der Stundung der Einkommensteuer 2017.

10. Aussetzungszinsen (§ 237 AO) i. H. v. 60 € im Zusammenhang mit einem Rechtsbehelf wegen der Erhebung von Schenkungsteuer.

11. Hinterziehungszinsen (§ 235 AO) im Zusammenhang mit der Hinterziehung von Einkommen- und Umsatzsteuer 2013.

12. Zinsen i. H. v. 1.500 € für die Aufnahme eines Kredits zur Bezahlung der Einkommensteuernachforderung 2018.

AUFGABE

Wie sind die von A erbrachten Steuerzahlungen und Nebenleistungen einkommensteuerrechtlich zu behandeln?

LÖSUNG

Zu 1.:

Die Einkommensteuer ist als Personensteuer nicht abzugsfähig (§ 12 Nr. 3 EStG).

Zu 2.:

Die Schenkungsteuer ist eine sonstige Personensteuer i. S. d. § 12 Nr. 3 EStG und daher nicht abzugsfähig (BFH X R 42/97, BFH/NV 2001, 307; FG Baden-Württemberg 1 K 1147/13, EFG 2014, 751).

Zu 3.:

Die Hundesteuer ist eine sog. örtliche Aufwandsteuer i. S. d. Art. 105 Abs. 2a GG, weil das Halten eines Hundes über die Befriedigung des allgemeinen Lebensbedarfs hinausgeht und einen – wenn auch unter Umständen nicht sehr erheblichen – zusätzlichen Vermögensaufwand erfordert; Aufwandsteuern beziehen sich nicht notwendigerweise auf „Luxusgegenstände" (BVerwG, ZKF 1998, 179). Die Hundesteuer zählt als Steuer des persönlichen Aufwands zu den sonstigen Personensteuern; ein Abzug kommt daher nach § 12 Nr. 3 EStG nicht in Betracht.

In seltenen Ausnahmefällen kann etwas anderes gelten, z. B. wenn ein Jagdhund bei einem Revierförster zu den Arbeitsmitteln i. S. d. § 9 Abs. 1 Satz 3 Nr. 6 EStG zu rechnen ist – in diesem Fall kann ein Werbungskostenabzug in Betracht kommen (BFH VI R 9/59 U, BStBl 1960 III 163; VI R 101/86, BFH/NV 1991, 234). Ebenso sind die Aufwendungen eines Diensthundeführers für den ihm anvertrauten Diensthund keine nicht abziehbaren Aufwendungen der privaten Lebensführung, sondern in vollem Umfang Werbungskosten (BFH VI R 45/09, BStBl 2011 II 45). Aufwendungen für einen sog. Schulhund können bis zu 50 % als Werbungskosten bei den Einkünften einer Lehrerin aus nichtselbständiger Arbeit abgezogen werden (BFH VI R 15/19, DStR 2021, 714).

Zu 4.:

Obgleich die Kirchensteuer eine Personensteuer ist, hat sie der Gesetzgeber in vollem Umfang zum Abzug als Sonderausgaben zugelassen (§ 10 Abs. 1 Nr. 4 EStG). Abzugsfähig im Jahr 2020 sind 5.000 €.

Zu 5.:

Die Grundsteuer für das selbst genutzte Einfamilienhaus bleibt steuerlich unberücksichtigt, da sie mit einem privaten, steuerlich nicht relevanten Wirtschaftsgut, nämlich der eigenen Wohnung, zusammenhängt.

Die Grundsteuer für das Zweifamilienhaus ist als Werbungskosten bei den Einkünften aus Vermietung und Verpachtung abzugsfähig.

Zu 6.:

Die Umsatzsteuer ist bei der Einnahmenüberschussrechnung, soweit sie Betriebsausgabencharakter hat, prinzipiell als Betriebsausgabe abzugsfähig (BFH VIII B 54/20, BFH/NV 2021, 310). Die Umsatzsteuer die der Unternehmer auf Umsätze zu zahlen hat, die Entnahmen sind, sowie die Vorsteuer für Aufwendungen, die unter das Abzugsverbot des § 12 Nr. 1 EStG oder § 4 Abs. 5 Satz 1 Nr. 1–5 und 7 oder Abs. 7 EStG fallen, sind nach § 12 Nr. 3 EStG ausdrücklich nicht abzugsfähig.

Zu 7.:

Die Kfz-Steuer ist i. H. v. (70 % von 300 € =) 210 € als Betriebsausgabe abzugsfähig; im Übrigen ist ein Abzug nicht möglich.

Zu 8.:

Säumniszuschläge, Verspätungszuschläge und Zwangsgelder teilen das rechtliche Schicksal der Steuer, zu der sie gehören (H 12.4 „Nebenleistungen" EStH 2020). Da sie im vorliegenden Fall auf eine Personensteuer entfallen, sind sie ebenso wenig abziehbar wie die genannte Steuer selbst (§ 12 Nr. 3 Halbsatz 2 EStG).

Zu 9.:

Stundungszinsen auf Personensteuern teilen das rechtliche Schicksal der Personensteuern (§ 12 Nr. 3 EStG), d. h., sie sind nicht abzugsfähig.

Zu 10.:

Auch Aussetzungszinsen auf Personensteuern teilen das rechtliche Schicksal der Personensteuern (§ 12 Nr. 3 EStG), d. h., sie sind ebenfalls nicht abzugsfähig.

Zu 11.:

Hinterziehungszinsen i. S. v. § 235 AO auf Betriebs- und Personensteuern dürfen nicht abgezogen werden (§ 4 Abs. 5 Satz 1 Nr. 8a, § 12 Nr. 3 EStG).

Zu 12.:

Das Abzugsverbot des § 12 Nr. 3 EStG gilt auch für Aufwendungen, die mit den in dieser Vorschrift für nicht abzugsfähig erklärten Steuern in Zusammenhang stehen. Die Zinsen, die für die Aufnahme des Kredits zum Zwecke der Bezahlung der Einkommensteuer 2017 angefallen sind, sind daher nicht abzugsfähig (FG Hessen I 333/76, EFG 1981, 624).

Abzug von Geldstrafen, Geldbußen, Anwalts- und Gerichtskosten

Sachverhalt:

A ist Gewerbetreibender.

1. Im Jahr 01 wird er wegen Vorenthaltung von für die AOK bestimmten Sozialversicherungs-beiträgen in einem Strafverfahren zu einer Geldstrafe i. H. v. 5.000 € verurteilt. Die Aufwendungen für den Strafverteidiger belaufen sich auf 1.500 €, die Gerichtskosten des Strafverfahrens auf 1.000 €.

2. Ebenfalls im Jahr 01 wird A auf einer Fahrt von seiner Wohnung zu seinem Büro in einen Verkehrsunfall verwickelt. Da A den Unfall verschuldet hat, wird gegen ihn eine Geldbuße i. H. v. 1.000 € festgesetzt. Die Rechtsanwaltskosten und die Kosten des Verfahrens betragen 400 €.

Wie sind die vorgenannten Aufwendungen einkommensteuerrechtlich zu behandeln?

Zu 1.:

Nach § 12 Nr. 4 EStG dürfen in einem Strafverfahren festgesetzte Geldstrafen weder bei den einzelnen Einkunftsarten noch vom Gesamtbetrag der Einkünfte abgezogen werden (BFH VIII R 89/86, BStBl 1992 II 85). A kann daher die Geldstrafe i. H. v. 5.000 € nicht abziehen.

Die Kosten des Strafverfahrens, d. h. die Anwalts- und Gerichtskosten, sind in das Abzugsverbot des § 12 Nr. 4 EStG nicht einbezogen worden. Aufwendungen für die Strafverteidigung und Kosten des Strafverfahrens sind als Betriebsausgaben abzugsfähig, wenn die dem Strafverfahren zugrunde liegende Tat – wie hier – in Ausübung der betrieblichen Tätigkeit begangen worden ist (BFH VIII R 93/85, BStBl 1986 II 845; VIII B 265/03, BFH/NV 2004, 1639; H 12.3 „Kosten des Strafverfahrens/der Strafverteidigung" EStH 2020). A kann daher die Aufwendungen für den Strafverteidiger und die Gerichtskosten von insgesamt 2.500 € als Betriebsausgaben abziehen.

Zu 2.:

Die Geldbuße ist zwar betrieblich veranlasst, weil der Unfall auf einer betrieblichen Fahrt geschah. Ein Abzug kommt jedoch nicht in Betracht, weil das Abzugsverbot des § 4 Abs. 5 Satz 1 Nr. 8 EStG eingreift. Danach sind betrieblich veranlasste Geldbußen nicht abzugsfähig.

Die Anwalts- und Verfahrenskosten fallen aber nicht unter das Abzugsverbot. Diese sind – wie im Fall eines betrieblich veranlassten Strafverfahrens – als Betriebsausgaben abzugsfähig (BFH VI R 31/78, BStBl 1982 II 467; H 4.13 „Verfahrenskosten" EStH 2020).

FALL 39

Erstattung von Strafprozesskosten an einen Arbeitnehmer

Sachverhalt:

A betreibt ein Hoch- und Tiefbauunternehmen. Seine Arbeitnehmer befördert er mit eigenen Kraftwagen zu den jeweiligen Baustellen. Auf einer solchen Fahrt verschuldete der den Kraftwagen führende Arbeitnehmer B einen Verkehrsunfall, bei dem ein Radfahrer verletzt wurde. Gegen B wurde ein Strafverfahren eingeleitet. A ersetzte dem B die gegen diesen festgesetzte Geldstrafe i. H. v. 2.000 € sowie die Kosten des Strafverfahrens (Anwalts- und Gerichtskosten) i. H. v. 1.000 €.

AUFGABEN

1. Ist A berechtigt, die Geldstrafe und die Strafprozesskosten i. H. v. insgesamt 3.000 € als Betriebsausgaben abzuziehen?

2. Sind die Geldstrafe und die Strafprozesskosten bei B steuerlich berücksichtigungsfähig?

LÖSUNG

Zu 1.:

Für die Abzugsfähigkeit der Kosten eines Strafprozesses, die ein Unternehmer seinem Arbeitnehmer erstattet, gelten andere Grundsätze als für den Abzug von Strafprozesskosten, die bei dem Unternehmer selbst als Angeklagten anfallen. Die vom Arbeitgeber dem Arbeitnehmer erstatteten Strafprozesskosten usw. sind grds. steuerpflichtiger Arbeitslohn des Arbeitnehmers, weil sie durch das Arbeitsverhältnis veranlasst sind, ungeachtet der Tatsache, dass der Arbeitnehmer die Tat in Ausübung seiner Tätigkeit für seinen Arbeitgeber begangen hat (BFH VI R 47/06, BStBl 2009 II 151). Die Behandlung als Arbeitslohn beim Arbeitnehmer führt zwangsläufig zur Abzugsfähigkeit beim Arbeitgeber als Betriebsausgabe (BFH IV 199/62, HFR 1965, 161). A ist daher berechtigt, die seinem Arbeitnehmer B erstatteten Aufwendungen i. H. v. 3.000 € als Betriebsausgaben abzusetzen.

Zu 2.:

Bei B gehören die erstatteten Beträge zum Arbeitslohn. Er kann zwar die Anwalts- und Gerichtskosten, aber nicht die Geldstrafe als Werbungskosten bei seinen Einkünften aus nichtselbständiger Arbeit abziehen (BFH VIII B, BFH/NV 2004, 1639); der Abzug der Geldstrafe ist durch § 12 Nr. 4 EStG ausgeschlossen.

Übernahme von Bußgeldern für Arbeitnehmer

Sachverhalt:

Die X-KG betreibt eine Spedition. Sie hat Bußgelder von 1.000 €, die gegen ihren Fahrer F wegen Überschreitung von Lenkzeiten und der Nichteinhaltung von Ruhezeiten festgesetzt worden waren, für F bezahlt, ohne dafür Lohnsteuer einzubehalten.

AUFGABEN

1. Ist die KG berechtigt, die Geldbußen von 1.000 € als Betriebsausgaben abzuziehen?

2. Sind die vom Arbeitgeber übernommenen Geldbußen bei F steuerlich als Arbeitslohn i. S. d. § 19 Abs. 1 Satz 1 Nr. 1 EStG zu erfassen?

LÖSUNG

Zu 1.:

Bei den von der KG bezahlten Geldbußen handelt es sich um Betriebsausgaben i. S. d. § 4 Abs. 4 EStG. Die KG kann daher die Zahlungen gewinnmindernd berücksichtigen.

Zu 2.:

In einer älteren – umstrittenen – Entscheidung hat der BFH folgende Auffassung vertreten: Übernimmt der Arbeitgeber, der einen Paketzustelldienst betreibt, aus ganz überwiegend eigenbetrieblichem Interesse die Zahlung von Verwarnungsgeldern, die gegen die bei ihm angestellten Fahrer wegen Verletzung des Halteverbots verhängt worden sind, so handelt es sich hierbei nicht um Arbeitslohn (BFH VI R 29/00, BStBl 2005 II 367). Diese Auffassung hat der BFH später revidiert. Er hat entschieden, dass die Übernahme von Bußgeldzahlungen durch den Arbeitgeber nicht in dessen ganz überwiegend eigenbetrieblichem Interesse liegt und daher zu einer Lohnzuwendung beim Arbeitnehmer führt (BFH VI R 36/12, BStBl 2014 II 278). An seiner älteren Entscheidung hält der BFH nicht mehr fest. Die Geldbußen unterliegen bei F dem Abzugsverbot des § 4 Abs. 5 Satz 1 Nr. 8 i. V. m. § 9 Abs. 5 EStG (BFH v. 22.7.2008, VI R 47/06, BStBl 2009 II 151).

HINWEIS

Der BFH hat sich jüngst mit der Frage befasst, ob die Übernahme von Verwarnungsgeldern durch den Arbeitgeber zugunsten des Arbeitnehmers als Arbeitslohn zu erfassen ist (BFH VI R 1/17, BStBl 2021 II 103). Im Urteilsfall sind die Verwarnungsgelder – anders als in den bislang vom BFH entschiedenen Fällen – nicht gegen die Arbeitnehmer, sondern gegenüber dem Arbeitgeber festgesetzt worden. Der BFH hat entschieden, dass der Arbeitgeber in diesem Fall als Halter eines Kfz die Zahlung des Verwarnungsgeldes wegen einer ihm gem. § 56 Abs. 1 Satz 1

OWiG erteilten Verwarnung auf eine eigene Schuld leistet. Die Zahlung führt daher danach nicht zu Arbeitslohn des die Ordnungswidrigkeit begehenden Arbeitnehmers. Der BFH macht aber eine Einschränkung: Auch der Erlass einer Forderung (§ 397 Abs. 1 BGB), die dem Arbeitgeber gegen den Arbeitnehmer zusteht, kann Arbeitslohn i. S. d. § 19 Abs. 1 Satz 1 EStG darstellen. Als mögliche Anspruchsgrundlage weist der BFH auf einen Anspruch aus Geschäftsführung ohne Auftrag (§§ 683 Satz 1, 670 BGB) hin. Diese Hinweise sind nach der in der Literatur vertretenen Auffassung so deutlich, dass der BFH wohl vom Bestehen eines solchen Anspruchs ausgeht und im Ergebnis daher der Verzicht auf den Regressanspruch als Arbeitslohn zu erfassen sein wird (Weber-Grellet, jurisPR-ArbR 49/2020 Anm. 1). Der BFH hat die Sache an das FG zurückverwiesen. Das FG muss im zweiten Rechtsgang prüfen, ob und wenn ja in welcher Höhe der Arbeitgeber wegen der von ihren Fahrern unstreitig begangenen Parkverstöße ein (vertraglicher oder gesetzlicher) Regressanspruch gegen den jeweiligen Verursacher zusteht. Dass Geldbußen, Ordnungsgelder und Verwarnungsgelder gem. § 4 Abs. 5 Satz 1 Nr. 8 EStG als Betriebsausgaben nicht den Gewinn mindern dürfen, was nach § 9 Abs. 5 EStG sinngemäß auch für Werbungskosten gilt, hat im Übrigen keine Bedeutung für die Beurteilung, ob entsprechende Zahlungen Arbeitslohn darstellen, da § 4 Abs. 5 Satz 1 Nr. 8 EStG dazu keine Aussage enthält (BFH VI R 29/00, BStBl 2005 II 367, Rn. 20 ff.).

Kapitel 5: Sonderausgaben

Unterhaltsleistungen an den geschiedenen Ehegatten

Sachverhalt:

A ist schon seit Jahren von seiner Ehefrau B geschieden; beide sind unbeschränkt einkommensteuerpflichtig. A hat sich im Jahr 03 verpflichtet,

a) 9.600 € Unterhalt jährlich zu zahlen,

b) 18.000 € Unterhalt jährlich zu zahlen. B hat in beiden Fällen ihre Zustimmung zum Sonderausgabenabzug beim Geber erteilt.

c) wie a), B beschränkt ihre Zustimmung im Einvernehmen mit A jedoch auf einen Betrag von 7.200 €.

d) wie a), B gibt ihre Zustimmung nicht. Der Bruttoarbeitslohn von B beträgt 4.000 €.

e) wie a), B hat ihre Zustimmung im Jahr 01 gegeben.

f) wie e) mit dem Unterschied, dass A in seiner Steuererklärung 03 nur 7.000 € Unterhaltsleistungen als Sonderausgaben geltend macht, obwohl er 9.600 € tatsächlich bezahlt hatte.

g) wie b), allerdings zahlt A an die geschiedene Ehefrau zusätzlich zu den Unterhaltsleistungen als Versicherungsnehmer auch die Basiskranken- und Pflegeversicherungsleistungen für B i. H. v. 200 € monatlich.

h) wie g), B gibt ihre Zustimmung zum Realsplitting nicht.

Wie sind die gezahlten Unterhaltsleistungen jeweils zu behandeln?

Nach § 10 Abs. 1a Nr. 1 Satz 7 EStG ist Voraussetzung für den Abzug der Aufwendungen die Angabe der erteilten Identifikationsnummer (§ 139b AO) der unterhaltenen Person in der Steuererklärung des Unterhaltsleistenden, wenn die unterhaltene Person der unbeschränkten oder beschränkten Steuerpflicht unterliegt. Die unterhaltene Person ist für diese Zwecke verpflichtet, dem Unterhaltsleistenden ihre erteilte Identifikationsnummer mitzuteilen. Kommt die unterhaltene Person dieser Verpflichtung nicht nach, ist der Unterhaltsleistende berechtigt, bei der für ihn zuständigen Finanzbehörde die Identifikationsnummer der unterhaltenen Person zu erfragen. Diese durch das Steueränderungsgesetz 2015 v. 2.11.2015 (BGBl 2015 I 1834) eingeführte Regelung ist ab dem Veranlagungszeitraum 2016 anzuwenden.

LÖSUNG

Zu a):

Der Sonderausgabenabzug beim Leistenden hängt zwingend von der Zustimmung des Empfängers ab.

A kann gem. § 10 Abs. 1a Nr. 1 EStG auf Antrag die gezahlten 9.600 € Unterhaltsleistungen als Sonderausgaben geltend machen. B hat Einkünfte nach § 22 Nr. 1a EStG i. H. v. 9.498 € zu versteuern (nach Abzug des Pauschbetrags gem. § 9a Nr. 3 EStG).

Zu b):

A kann einen Betrag i. H. v. 13.805 € geltend machen. B hat in dieser Höhe (abzüglich 102 € Werbungskosten) Einkünfte gem. § 22 Nr. 1a EStG zu versteuern. Der über den Betrag i. H. v. 13.805 € hinausgehende Betrag von 4.195 € kann nicht als außergewöhnliche Belastung abgezogen werden (BFH III R 23/98, BStBl 2001 II 338; BMF v. 7.6.2010, BStBl 2010 I 588, Tz. 2, H 33a.1 „Geschiedene oder dauernd getrennt lebende Ehegatten" EStH sowie H 10.2 „Allgemeines" EStH).

Zu c):

Die Zustimmung kann auf einen Teilbetrag beschränkt werden. Dabei werden aber die gesamten Unterhaltsleistungen zu Sonderausgaben umqualifiziert. Zu beachten ist, dass die Zustimmung des Unterhaltsempfängers zwar dem Grunde nach auf Dauer bindet, Änderungen der Höhe nach sind aber jährlich ohne Widerruf möglich. Der BFH hat mit Urteil v. 14.4.2005 (XI R 33/03, BStBl 2005 II 825) entschieden, dass eine bis zu einem bestimmten Betrag erteilte Zustimmung nicht eine für Folgejahre der Höhe nach unbeschränkte Zustimmung beinhaltet. Sie gilt auch für die Zukunft nur in der beschränkten Höhe, es sei denn, Unterhaltsleistender und Unterhaltsempfänger einigen sich einvernehmlich auf einen anderen Wert.

A kann also 7.200 € als Sonderausgaben abziehen. B hat wegen des Korrespondenzprinzips auch nur diesen Betrag zu versteuern. Der übersteigende Betrag von 2.400 € kann bei A nicht nach § 33a Abs. 1 EStG berücksichtigt werden.

Zu d):

Da die Zustimmungserklärung von B nicht vorliegt, können die Unterhaltszahlungen nicht als Sonderausgaben berücksichtigt werden. Eine Steuerermäßigung kann nur nach § 33a Abs. 1 EStG erreicht werden. Der abziehbare Betrag wird wie folgt ermittelt:

Höchstbetrag 2021		**9.744 €**
Eigene Einkünfte (4.000 € ./. 1.000 €)	3.000 €	
./. unschädlicher Betrag	./. 624 €	
= schädliche Einkünfte	2.376 €	2.376 €
		7.368 €

Die geleisteten Aufwendungen i. H. v. 9.600 € sind daher mit max. 7.368 € abziehbar. Allerdings ist der Empfänger zivilrechtlich verpflichtet (§ 242 BGB), die Zustimmung zu erteilen, sofern er keinen finanziellen Nachteil hat. Der leistende Ehegatte ist daher u.U. darauf angewiesen, die Zustimmung auf zivilprozessualem Wege einzuklagen.

Zu e):

Die Zustimmung des Empfängers bindet dem Grunde nach auf Dauer. Sie kann jedoch **vor Beginn des Kalenderjahres**, für das sie erstmals nicht gelten soll, gegenüber dem Finanzamt widerrufen werden. A kann also die im Jahr 03 geleisteten Unterhaltsleistungen i.H.v. 9.600 € gem. § 10 Abs. 1a Nr. 1 EStG abziehen. B hat Einkünfte mit 9.498 € zu versteuern.

Zu f):

Der Unterhaltsgeber kann für jedes Kalenderjahr entscheiden, ob er die Unterhaltszahlungen als Sonderausgabe abziehen möchte und wenn ja, in welcher Höhe er dies tun möchte. Ein derartiger Antrag bewirkt die korrespondierende Steuerpflicht der Unterhaltsleistungen beim Empfänger (OFD Koblenz v. 30.7.2007, DB 2007, 1949).

Entsprechend zum Sonderausgabenabzug bei A mit 7.000 €, hat B Einkünfte nach § 22 Nr. 1a EStG in der gleichen Höhe zu versteuern. Der BFH hat mit Urteil v. 9.12.2009 (X R 49/07, BFH/NV 2010, 1790) entschieden, dass die Unterhaltsleistungen bei B selbst dann zu versteuern sind, wenn sie sich bei A überhaupt nicht steuermindernd auswirken. Der Geber hat in diesen Fällen zu beachten, dass er keinen oder lediglich einen reduzierten Antrag zum Sonderausgabenabzug stellen darf.

Zu g):

Ab 2010 wurde der Höchstbetrag für den Abzug von Unterhaltsleistungen um den Betrag angehoben, der vom Unterhaltsverpflichteten für eine Basisabsicherung des geschiedenen Ehegatten in der Krankenversicherung und der gesetzlichen Pflegeversicherung aufgewendet wird. Die Zustimmung zum Abzug von Unterhaltsleistungen als Sonderausgaben dem Grunde nach wirkt auch für die Erhöhung des Höchstbetrags nach § 10 Abs. 1a Nr. 1 Satz 2 EStG; R 10.2. Abs. 2 Satz 2 EStR). Insgesamt können damit im Rahmen des Realsplitting 16.205 € berücksichtigt werden.

Die als Sonderausgaben berücksichtigten Unterhaltsleistungen unterliegen bei B als sonstige Einkünfte nach § 22 Nr. 1a EStG der Besteuerung. Dies gilt auch für den Erhöhungsbetrag. Anderseits können die Beiträge zur Basisabsicherung bei den Vorsorgeaufwendungen als eigene Beiträge des Unterhaltsempfängers angesetzt werden (§ 10 Abs. 1 Nr. 3 Satz 3 EStG).

Zu h):

Die Vorschrift des § 10 Abs. 1 Nr. 3 Satz 3 EStG gilt nur für Fälle des Realsplitting. Bei den Versicherungsbeiträgen handelt es sich um eigene Beiträge des A, die er als Sonderausgaben nach § 10 Abs. 1 Nr. 3 EStG abziehen kann, nicht aber Ehefrau B (Schmidt/Heinicke, EStG, § 10 Rn. 99).

Die Unterhaltszahlungen sind dem Grunde nach als außergewöhnliche Belastung nach § 33a Abs. 1 EStG zu berücksichtigen. Auch dort erhöht sich der Höchstbetrag um für den Ehegatten aufgewendete Basiskranken- und Pflegeversicherungsbeiträge. Die Erhöhung tritt aber nach § 33a Abs. 1 Satz 2 EStG nicht ein, wenn die Beiträge bereits nach § 10 Abs. 1 Nr. 3 EStG beim Steuerpflichtigen selbst anzusetzen sind.

Erweiterung des Antrags nach Bestandskraft

Sachverhalt:

Der Steuerpflichtige A leistete im Jahr 02 an seine geschiedene Ehefrau B erstmals Unterhaltsleistungen i. H. v. 13.805 €.

a) A hatte in seiner Steuererklärung 02 keinen Antrag gestellt. Nach Bestandskraft des Bescheides 02 reicht er eine von B unterschriebene Anlage U ein und beantragt, die Unterhaltsleistungen als Sonderausgaben zu berücksichtigen.

b) B hatte ab dem Jahr 01 eine Zustimmungserklärung i. H. v. 8.000 € erteilt. A beantragte daher in der Erklärung 02, einen Teilbetrag der Unterhaltsleistungen von 8.000 € als Sonderausgaben anzusetzen. Nach Bestandskraft des Bescheides 02 reicht A eine geänderte, von B unterschriebene Anlage U mit 13.805 € ein und beantragt, den Sonderausgabenabzug auf diesen Betrag zu erhöhen.

Kann den Anträgen jeweils stattgegeben werden?

Zu a):

Nach der Rechtsprechung des BFH v. 12.7.1989 (X R 8/84, BStBl 1989 II 957) ist ein erstmaliger Antrag nebst Zustimmungserklärung nach Bestandskraft des Steuerbescheids als rückwirkendes Ereignis zu qualifizieren, so dass der Bescheid nach § 175 Abs. 1 Satz 1 Nr. 2 AO zu ändern ist.

Bei A können also nachträglich noch 13.805 € Sonderausgaben berücksichtigt werden. Ein erst nach Bestandskraft des Steuerbescheids gestellter Antrag auf Abzug von Unterhaltsleistungen im Wege des Realsplittings ist kein rückwirkendes Ereignis, wenn die Zustimmungserklärung des Unterhaltsempfängers dem Geber bereits vor Eintritt der Bestandskraft vorlag (BFH v. 20.8.2014, X R 33/12, BStBl 2015 II 138; Abgrenzung zu BFH X R 8/84).

Zu b):

Während die nachträgliche Einschränkung eines bereits vorliegenden Antrags zum Realsplitting nicht möglich ist, ist nach der Rechtsprechung des BFH v. 28.6.2006 (XI R 32/05, BStBl 2007 II 5) die betragsmäßige Erweiterung des Realsplittings zulässig. Der BFH hat entschieden, dass zwar bereits durch den ersten Antrag die gesamten Unterhaltszahlungen zu Sonderausgaben umqualifiziert werden, durch die Beschränkung des Antrags sind sie allerdings nur teilweise abzugsfähig und beim Empfänger nur teilweise steuerpflichtig. Auch ein Antrag auf Erweiterung des Betrages kann wie ein erstmaliger Antrag noch nach Bestandskraft des Steuerbescheides gestellt werden und ist als rückwirkendes Ereignis zu werten.

Der bereits bestandskräftige Bescheid ist zu ändern mit der Folge, dass bei A ein Sonderausgabenabzug i. H. v. 13.805 € zu berücksichtigen ist.

Zeitliche Bindung an die Zustimmung

Sachverhalt:

Der Steuerpflichtige A reicht im Mai 03 seine Einkommensteuererklärung für 01 ein mit der im April 03 erstmals von seiner geschiedenen Ehefrau B erteilten Zustimmung.

Für welchen VZ kann die Zustimmung frühestens widerrufen werden?

Die Bindungswirkung tritt ein mit Eingang der Zustimmungserklärung beim Finanzamt. Die Zustimmung gilt für die VZ 01, 02 und 03. Der Unterhaltsempfänger ist an seine Zustimmung insoweit gebunden, weil ein Widerruf für die VZ 02 und 03 nicht möglich ist. B kann gem. § 10 Abs. 1a Nr. 1 Satz 5 EStG die Zustimmung erst mit Wirkung für den VZ 04 gegenüber dem Wohnsitz-FA des Unterhaltsleistenden oder des Unterhaltsempfängers widerrufen.

Unterhaltsleistungen bei beschränkter Steuerpflicht

Sachverhalt:

a) Rechtsanwalt A zahlt seiner geschiedenen Ehefrau B monatlich 500 € Unterhalt. Am 30.6. wandert A nach Monaco aus. Er hat anschließend keine inländischen Einkünfte mehr. Die Ehefrau hat dem Sonderausgabenabzug zugestimmt.

b) Wie a), aber nicht A, sondern B wandert am 31.3. in die Schweiz aus.

c) Wie b), aber B wandert nach Wien aus.

d) A zahlt an seine geschiedene Ehefrau B monatlich 500 € Unterhalt. B hat ihre Zustimmung zum Realsplitting erteilt; sie wohnt in der Türkei.

Wie sind die geleisteten Unterhaltszahlungen bei A steuerlich zu behandeln?

LÖSUNG

Zu a):

A kann nur die während seiner unbeschränkten Steuerpflicht geleisteten 3.000 € als Sonderausgaben gem. § 10 Abs. 1a Nr. 1 EStG geltend machen. Die nach dem Eintritt der beschränkten Steuerpflicht erbrachten Leistungen werden weder als Sonderausgaben noch als außergewöhnliche Belastung berücksichtigt (§ 50 Abs. 1 Satz 3 EStG). Bei B sind die Unterhaltszahlungen ab 1.7. nicht steuerbar (BFH v. 31.3.2004, X R 18/03, BStBl 2004 II 1047, H 22.1 „wiederkehrende Bezüge sind nicht" EStH).

Zu b):

Die Unterhaltsleistungen sind grundsätzlich nur während des Bestehens der unbeschränkten Steuerpflicht der Ehefrau als Sonderausgaben abzugsfähig. In einer Verständigungsvereinbarung mit der Schweiz v. 5.11.1998 (BStBl 1998 I 1392) ist jedoch geregelt, dass dieselben steuerlichen Abzüge zu gewähren sind, die der Leistende erhielte, wenn der Empfänger in Deutschland ansässig wäre. Unter der Voraussetzung, dass B mit den Zahlungen in der Schweiz der Besteuerung unterliegt und dies durch eine Bescheinigung der kantonalen Steuerbehörde nachweist, kann A den Betrag von 6.000 € abziehen. Nach H 10.2 „Nicht unbeschränkt steuerpflichtiger Empfänger" EStH kann ein Abzug von Unterhaltsleistungen an einen nicht unbeschränkt steuerpflichtigen Empfänger auch bei Vorliegen der Voraussetzungen des § 1a Abs. 1 Nr. 1 EStG oder aufgrund eines DBA in Betracht kommen (z. B. DBA mit Dänemark, Kanada, den USA und der Schweiz). Als Folge auf das EuGH-Urteil v. 28.2.2013 in der Rechtssache C-425/11 „Ettwein" (BStBl 2013 II 896) hat die Finanzverwaltung mit BMF-Schreiben v. 16.9.2013 (BStBl 2013 I 1325) darüber hinaus nun klargestellt, dass § 1a Abs. 1 EStG auch anwendbar ist, wenn der Empfänger der Leistungen seinen Wohnsitz oder gewöhnlichen Aufenthalt in der Schweiz hat.

Zu c):

Nach § 1a Abs. 1 Nr. 1 EStG ist der Sonderausgabenabzug gegeben, wenn der Empfänger seinen Wohnsitz in einem EU-/EWR-Mitgliedstaat hat und die Besteuerung der Leistungen beim Empfänger durch eine Bescheinigung der zuständigen ausländischen Behörde nachgewiesen wird (§ 1a Abs. 1 Nr. 1 Buchst. a und b EStG). Da das österreichische Einkommensteuerrecht die Besteuerung von Unterhaltszahlungen jedoch nicht vorsieht, scheidet der Sonderausgabenabzug ab 1.4. aus. Dies hat der BFH mit Urteil v. 13.12.2005 bestätigt (XI R 5/02, BFH/NV 2006, 1069).

A kann also lediglich 1.500 € als Sonderausgaben abziehen. Für den Zeitraum ab 1.4. kommt höchstens ein Abzug nach § 33a Abs. 1 EStG in Betracht.

Zu d):

Die Voraussetzungen des § 1a Abs. 1 Nr. 1 Buchst. a EStG liegen nicht vor, da B nicht in einem Mitgliedstaat der Europäischen Union wohnt. In solchen Fällen kann der Sonderausgabenabzug nur dann in Betracht kommen, wenn das jeweilige DBA das Besteuerungsrecht der erhaltenen Unterhaltszahlungen dem Wohnsitzstaat des Empfängers zuweist. Sofern diesbezüglich keine Regelung im DBA getroffen ist, kann der Sonderausgabenabzug nicht gewährt werden. Unter den weiteren Voraussetzungen ist allenfalls ein Abzug als außergewöhnliche Belastungen möglich.

FALL 45

Erfüllung von Unterhaltsverpflichtungen durch Überlassung einer Wohnung

Sachverhalt:

Der geschiedene, unterhaltsverpflichtete Ehemann A erfüllt seine Unterhaltspflicht, indem er das in seinem Alleineigentum stehende Einfamilienhaus der Ehefrau zur alleinigen Nutzung überlässt. Der Nutzungswert beträgt 800 € monatlich.

AUFGABE

Kann der Nutzungswert als Sonderausgaben abgesetzt werden?

LÖSUNG

Unterhaltsleistungen an den geschiedenen oder dauernd getrennt lebenden Ehegatten können auch in der Überlassung einer Wohnung bestehen. A erzielt dann mangels Mietvertrag keine Einkünfte nach § 21 Abs. 1 EStG. Die Überlassung der Wohnung stellt eine Naturalunterhaltsleistung dar, die mit dem üblichen Mittelpreis des Verbrauchsorts anzusetzen ist.

Der Überlassende A kann den Mietwert i.H.v. 12 × 800 € = 9.600 € als Sonderausgaben abziehen (BFH XI R 127/96, BStBl 2002 II 130, H 10.2 „Wohnungsüberlassung" EStH). Die Ehefrau hat den Wert der Sachleistung als sonstige Einkünfte zu versteuern.

Als Alternative zur unentgeltlichen Überlassung könnte auch eine Vermietung erfolgen. Die Verrechnung der Miete mit dem geschuldeten Barunterhalt stellt keinen Missbrauch von Gestaltungsmöglichkeiten dar (BFH IX R 13/92, BStBl 1996 II 214, H 21.4 „Vermietung an Unterhaltsberechtigte" EStH).

FALL 46

Unterhaltsleistungen an den geschiedenen Ehegatten des Erblassers

Sachverhalt:

A ist die Alleinerbin ihres im Jahre 01 verstorbenen Ehemannes B. Dessen Verpflichtung zur Unterhaltszahlung von monatlich 1.000 € an seine frühere Ehefrau C war nach dem Tod auf A übergegangen. A macht mit Zustimmung von C den im Jahr 02 geleisteten Betrag i.H.v. 12.000 € gem. § 10 Abs. 1a Nr. 1 EStG als Sonderausgabe geltend.

AUFGABE

Kann der Sonderausgabenabzug anerkannt werden?

LÖSUNG

Mit Urteil v. 12.11.1997 (X R 83/94, BStBl 1998 II 148) hat der BFH entschieden, dass die zivilrechtlich übergegangene Unterhaltsverpflichtung keine Auswirkung auf das Einkommensteuerrecht hat. Da der Sonderausgabenabzug des § 10 Abs. 1a Nr. 1 EStG personenbezogen ist, kommt ein Abzug beim Erben nicht in Betracht. Da A die Unterhaltsleistungen nicht abziehen kann, sind sie bei C keine steuerbaren Einnahmen (H 10.2 „Erbe" EStH).

Vorbemerkungen zur Vermögensübergabe gegen Versorgungsleistungen

Durch das Jahressteuergesetz 2008 hat der Gesetzgeber den Anwendungsbereich des Sondersteuerrechts bei der Vermögensübertragung gegen Versorgungsleistungen erheblich eingeschränkt. Vermögensübertragungen gegen lebenslange und wiederkehrende Versorgungsleistungen, die nicht mit Einkünften im Zusammenhang stehen, die bei der Veranlagung außer Betracht bleiben, können nur noch dann als Sonderausgaben abgezogen werden, wenn diese gezahlt werden im Zusammenhang mit der Übertragung

- ► eines Anteils an einer Mitunternehmerschaft, die eine Tätigkeit i. S. d. §§ 13, 15 Abs. 1 Satz 1 Nr. 1, 18 Abs. 1 EStG ausübt,
- ► eines Betriebs oder Teilbetriebs sowie
- ► eines mindestens 50 % betragenden Anteils an einer GmbH, wenn der Übergeber als Geschäftsführer tätig war und der Übernehmer diese Tätigkeit nach der Übertragung übernimmt.

Der Sonderausgabenabzug nach der Übertragung wird davon abhängig gemacht, dass der Empfänger unbeschränkt einkommensteuerpflichtig ist (§ 10 Abs. 1a Nr. 2 Satz 1 EStG). Gleichzeitig sind durch das JStG 2008 sowie durch das Gesetz zur Anpassung der Abgabenordnung an den Zollkodex der Union und zur Änderung weiterer steuerlicher Vorschriften v. 22.12.2014 (BGBl 2014 I 2417) in § 22 Nr. 1a EStG die Einkünfte aus Versorgungsleistungen als eigener Tatbestand normiert worden.

FALL 47

Vermögensübertragung unter Vorbehaltsnießbrauch gegen dauernde Last

Sachverhalt:

Tochter A erhielt 2008 von ihrer Mutter eine an Dritte vermietete Eigentumswohnung unter Vorbehalt des lebenslänglichen Nießbrauchs übertragen. Da die Mutter keine ausreichende Altersversorgung hatte, verpflichtete sich A im Übergabevertrag, monatlich 600 € zu bezahlen. Die Zahlungsverpflichtung sollte nach § 323 ZPO abänderbar sein. Der Wert der Eigentumswohnung betrug 300.000 €, der Barwert der Rente 103.000 €.

AUFGABE

Sind die monatlichen Zahlungen als Sonderausgaben gem. § 10 Abs. 1a Nr. 2 EStG abziehbar?

LÖSUNG

Die Abziehbarkeit der dauernden Last setzt voraus, dass der Übernehmer des Vermögens Erträge erwirtschaftet und an den Übergeber weiterleitet. Hier ist eine Erzielung von Erträgen durch den Vermögensübernehmer von vornherein unmöglich, weil sich der Übergeber den gesamten Ertrag des Vermögens vorbehalten hat und ihm ohnehin die Einkünfte aus der Nutzung dieses Vermögens zugerechnet werden. Die wiederkehrenden Zahlungen des Übernehmers lassen sich deshalb nicht als vorbehaltene Vermögenserträge, sondern nur als Unterhaltsleistungen qualifizieren. Die monatlichen Zahlungen sind somit nicht als Sonderausgaben abzugsfähig (BMF v. 11.3.2010, BStBl 2010 I 227, Tz. 21).

FALL 48

Übertragung eines Mietwohngrundstücks im Wege der vorweggenommenen Erbfolge

Sachverhalt:

a) A übertrug am 1.7.2007 im Wege der vorweggenommenen Erbfolge sein lastenfreies Mietwohngrundstück auf seinen Sohn B. Der gemeine Wert des Grundstücks hatte in diesem Zeitpunkt 250.000 € betragen (jährlicher Ertrag 24.000 €). In dem Übergabevertrag wurde der Sohn verpflichtet, v. 1.7.2007 an monatlich im Voraus auf Lebenszeit des A eine Rente i. H. v. 1.000 € zu zahlen. A hat am 1.5.2007 das 65. Lebensjahr vollendet und bezieht nur eine geringe Altersrente. Der Kapitalwert der Leibrente beträgt rund 108.000 €. Die Beteiligten hatten vereinbart, dass die Zahlungen jederzeit an veränderte wirtschaftliche Verhältnisse des Berechtigten oder des Verpflichteten angepasst werden können.

b) Wie a), aber in den Übergabevertrag wurde ausdrücklich aufgenommen, dass die monatliche Rente i. H. v. 1.000 € nicht nach den wirtschaftlichen Verhältnissen der Beteiligten abgeändert werden kann.

c) Wie a), jedoch beträgt die monatlich zu zahlende Rente 2.500 €.

AUFGABE

Wie sind die von B gezahlten Beträge steuerlich zu behandeln?

LÖSUNG

Zu a):

Für wiederkehrende Leistungen im Zusammenhang mit einer Vermögensübertragung, die auf einem vor dem 1.1.2008 geschlossenen Übertragungsvertrag beruhen, bleiben grundsätzlich § 10 Abs. 1 Nr. 1a EStG in der vor dem 1.1.2008 geltenden Fassung und das BMF-Schreiben v. 16.9.2004 (BStBl 2004 I 922) weiter anwendbar (BMF v. 11.3.2010, BStBl 2010 I 227, Tz. 81).

Es handelte sich bei der Übertragung im Jahre 2007 um eine existenzsichernde und ausreichend Ertrag bringende Wirtschaftseinheit. Die Versorgungsleistungen sind in vollem Umfang als Sonderausgaben abziehbare dauernde Lasten (BMF v. 16.9.2004, BStBl 2004 I 922, Tz. 47), da die Vertragsparteien die Abänderbarkeit nicht ausdrücklich ausgeschlossen haben. B kann also den gezahlten Jahresbetrag i. H. v. 12.000 € als Sonderausgaben gem. § 10 Abs. 1 Nr. 1a EStG abziehen. Von A ist die dauernde Last als Einnahme nach § 22 Nr. 1b EStG in voller Höhe zu versteuern.

Zu b):

Sofern die Abänderbarkeit der Rentenzahlungen ausdrücklich ausgeschlossen war, handelt es sich um eine nur mit dem Ertragsanteil steuerpflichtige und als Sonderausgabe abziehbare Leibrente (BMF 16.9.2004, BStBl 2004 I 922, Tz. 48). B kann daher lediglich 18 % von 12.000 € = 2.160 € als Sonderausgabe abziehen. Das Korrespondenzprinzip hat zur Folge, dass die Leibrente bei A auch nur mit dem Ertragsanteil gem. § 22 Nr. 1b EStG zu versteuern ist.

Zu c):

Eine Vermögensübergabe gegen Versorgungsleistungen ist nur gegeben, wenn eine existenzsichernde und Ertrag bringende Wirtschaftseinheit übertragen wird, deren Erträge ausreichen, um die wiederkehrenden Leistungen zu erbringen (BMF v. 16.9.2004, BStBl 2004 I 922 Tz. 7, BStBl 2010 I 227, Tz 26).

Falls die laufenden Nettoerträge des übergebenen Vermögens die vereinbarten wiederkehrenden Leistungen nicht abdecken, gelten die Grundsätze über die einkommensteuerrechtliche Behandlung wiederkehrender Leistungen im Austausch mit einer Gegenleistung.

Der Kapitalwert der dauernden Last war wie folgt zu ermitteln:

Jahreswert 30.000 € × Vervielfältiger 9,019 = 270.570 €

(Vervielfältiger nach dem Lebensalter des A, vgl. BMF v. 17.3.2009, BStBl 2009 I, Tz. 474 für Stichtage ab 1.1.2007).

Anschaffungskosten liegen i. H. d. angemessenen Kaufpreises mit 250.000 € vor, die übersteigenden 20.570 € sind als Zuwendung i. S. d. § 12 Nr. 2 EStG zu behandeln.

Die von B zu erbringende Verpflichtung ist lediglich i. H. v. 92,4 % angemessen (250.000 € : 270.570 € × 100). B kann den Zinsanteil der Zahlungen als Werbungskosten bei den Einkünften aus Vermietung und Verpachtung ansetzen (BMF v. 11.3.2010, BStBl 2010 I 227, Tz. 71, 72):

Ertragsanteil 18 % × angemessene Rente (92,4 % von 30.000 €) = 4.990 €.

A hat den Zinsanteil der angemessenen Verpflichtung als Einkünfte aus Kapitalvermögen nach § 20 Abs. 1 Nr. 7 EStG zu versteuern. Dieser kann in entsprechender Anwendung der Ertragsanteilstabelle ermittelt werden (BMF v. 11.3.2010, BStBl 2010 I 227, Tz. 75). A hat also den Betrag von 4.990 € zu versteuern.

Bei A ist zusätzlich zu prüfen, ob der angemessene Tilgungsanteil als Gewinn aus einem privaten Veräußerungsgeschäft zu erfassen ist.

FALL 49

Betriebsübertragung gegen Versorgungsrente

Sachverhalt:

Der 65 Jahre alte V überträgt sein gewerbliches Einzelunternehmen mit einem Wert von 600.000 € auf seinen Sohn S gegen eine auf Lebenszeit des V zu erbringende monatliche Rente von 2.000 €. Das übertragene Unternehmen wirft ausreichend Erträge ab, aus denen die Versorgungsleistungen gezahlt werden können.

AUFGABE

Welche Auswirkungen ergeben sich bei S?

LÖSUNG

Insbesondere Betriebsübergaben gegen Versorgungsleistungen im Wege der vorweggenommenen Erbfolge sollen steuerlich privilegiert werden. Als in voller Höhe abzugsfähige Sonderausgaben sind u. a. lebenslange und wiederkehrende Versorgungsleistungen im Zusammenhang mit der Übertragung eines Betriebs (§ 10 Abs. 1a Nr. 2 Satz 2 Buchst. b EStG). Bei einer Betriebsübertragung auf Angehörige spricht eine widerlegbare Vermutung dafür, dass die wiederkehrenden Leistungen unabhängig vom Wert des übertragenen Vermögens nach dem Versorgungsbedürfnis des Berechtigten und nach der wirtschaftlichen Leistungsfähigkeit des Verpflichteten bemessen worden sind (BMF v. 11.3.2010, BStBl 2010 I 227, Tz. 5).

Da die Betriebsübertragung als unentgeltlich i. S. v. § 6 Abs. 3 EStG zu qualifizieren ist, muss S die Buchwerte des V fortführen. Er kann die Rentenzahlungen i. H. v. 24.000 € in voller Höhe als Sonderausgaben abziehen.

Korrespondierend dazu hat V wiederkehrende Leistungen gem. § 22 Nr. 1a EStG mit 24.000 € (abzüglich Werbungskosten-Pauschbetrag 102 €) zu versteuern. Das hier geltende Korrespondenzprinzip ist vom BFH bestätigt worden (BFH X R 32/09, BStBl 2011 II 162).

FALL 50

Mitunternehmeranteil und Sonderbetriebsvermögen

Sachverhalt:

a) Der Vermögensübergeber A ist zu 50 % an der X-OHG beteiligt. Er überlässt der OHG ein lastenfreies Grundstück, das in seinem Alleineigentum steht, zur Nutzung (Sonderbetriebsvermögen). A beabsichtigt, seinem Sohn B einen Mitunternehmeranteil von 10 % an der OHG zu übertragen. Gleichzeitig erhält der Sohn auch einen Anteil von 20 % am Grundstück. B soll monatliche Versorgungsleistungen von 1.000 € an A bezahlen.

b) Wie a), allerdings beabsichtigt A seinen Mitunternehmeranteil jeweils zur Hälfte an seinen Sohn S und seine Tochter T gegen lebenslang zu erbringende wiederkehrende Leistungen zu übertragen. Das Grundstück soll im Zusammenhang damit jedoch allein auf S übertragen werden. Deshalb soll S dem A monatliche Versorgungsleistungen von 4.000 € zahlen, während T lediglich 2.500 € monatlich erbringen soll.

AUFGABE

Liegt eine begünstigte Vermögensübertragung i. S. d. § 10 Abs. 1a Nr. 2 EStG vor?

LÖSUNG

Zu a):

Der Gesetzeswortlaut spricht in § 10 Abs. 1a Nr. 2 Satz 2 Buchst. a EStG zwar nur vom Mitunternehmeranteil, nach Auffassung der Finanzverwaltung ist jedoch auch die Übertragung eines Teilmitunternehmeranteils begünstigt, sofern die wesentlichen Betriebsgrundlagen des Sonderbetriebsvermögens quotal mit übertragen werden (BMF v. 11.3.2010, BStBl 2010 I 227, Tz. 8). Damit liegt hier eine begünstigte Vermögensübertragung vor, so dass B die Versorgungsleistungen als Sonderausgaben abziehen kann; A hat sie als sonstige Einkünfte zu versteuern.

Zu b):

Beim Übergabevertrag mit S geht der Mitunternehmeranteil gem. § 6 Abs. 3 Satz 1 EStG zu Buchwerten von A auf S über; auch hinsichtlich des überschießenden Anteils am Grundstück erwirbt S unentgeltlich, so dass auch insoweit der Buchwert im Sonderbetriebsvermögen des S anzusetzen ist (§ 6 Abs. 5 Satz 3 Nr. 3 EStG). Damit liegt grundsätzlich eine begünstigte Vermögensübertragung vor (kritisch Geck, DStR 2011, 1303). Fraglich bleibt allerdings, ob bei einer überquotalen Übertragung des Sonderbetriebsvermögens sämtliche Versorgungsleistungen abziehbar sind oder nur der Teil, der auf die quotale Übertragung entfällt (vgl. Wissborn, FR 2010, 322; von Oertzen/Stein, DStR 2009, 1117).

Wird bei der Übertragung eines Teilanteils wesentliches Sonderbetriebsvermögen nicht oder lediglich unterquotal übertragen, führt dies unter den Voraussetzungen des § 6 Abs. 3 Satz 2 EStG ebenfalls zur Buchwertfortführung. Nicht begünstigt i. S. d. § 10 Abs. 1a Nr. 2 EStG ist nach Verwaltungsauffassung aber die Übertragung eines Teilmitunternehmeranteils gegen Versorgungsleistungen, wenn Sonderbetriebsvermögen zurückbehalten oder unterquotal übertragen wird (BMF v. 11.3.2010, BStBl 2010 I 227, Tz. 8). Damit liegt hinsichtlich des Übergabevertrages mit T keine begünstigte Vermögensübertragung vor, sondern ein gemischt entgeltliches Rechtsgeschäft (a. A. von Oertzen/Stein, DStR 2009, 1117; Seitz, DStR 2010, 629).

Übertragung von Kapitalgesellschaftsanteilen

Sachverhalt:

a) Vater V ist Geschäftsführer und hält eine 100 %-Beteiligung an der X-GmbH. Hiervon überträgt er im Jahr 01 40 % auf seine Tochter T und 50 % auf seinen Sohn S. Im Zusammenhang mit der Anteilsübertragung zahlt T dem V monatlich 800 €, S zahlt monatlich 1.000 € an V. Die wiederkehrenden Leistungen können von den ausschüttbaren Erträgen der GmbH erbracht werden. V gibt seine Geschäftsführertätigkeit auf, die T übernimmt.

b) Wie a), im Jahr 03 überträgt V die restlichen 10 % ebenfalls auf T.

c) Wie a), allerdings überträgt V im Jahr 01 auf T und S jeweils einen Anteil von 50 %. T zahlt monatlich ebenfalls einen Betrag von 1.000 € an V.

d) Wie a), allerdings überträgt V im Jahr 01 auf T und S jeweils nur einen Anteil von 20 %. T und S leisten jeweils 400 € monatlich an V. Im Jahr 03 überträgt V weitere 50 % auf T und behält einen Anteil von 10 % zurück. T zahlt ab 03 weitere 1.000 € monatlich, insgesamt von nun an also 1.400 € an V.

e) Wie a), allerdings überträgt V im Jahr 01 sowohl auf T als auch auf S einen Anteil von 50 %. T wird kaufmännische Geschäftsführerin, S wird technischer Geschäftsführer. T und S zahlen jeweils 1.000 € monatlich an V.

Liegt eine begünstigte Vermögensübertragung i. S. d. § 10 Abs. 1a Nr. 2 EStG vor?

Abzugsfähig sind nach § 10 Abs. 1a Nr. 2 Satz 2 Buchst. c EStG Versorgungsleistungen im Zusammenhang mit der Übertragung eines mindestens 50 % betragenden Anteils an einer Gesellschaft mit beschränkter Haftung, wenn der Übergeber als Geschäftsführer tätig war und der Übernehmer diese Tätigkeit nach der Übertragung übernimmt. Begünstigt ist also nur die Übertragung von Anteilen einer GmbH, nicht hingegen Anteile an anderen Kapitalgesellschaften (kritisch Schmidt/Heinicke, EStG § 10 Rz. 61). Begünstigt ist auch die Übertragung von Anteilen an einer der GmbH vergleichbaren Gesellschaftsform eines anderen Mitgliedstaats der Europäischen Union oder eines Staates, auf den das Abkommen über den Europäischen Wirtschaftsraum anwendbar ist (vgl. Tabellen zum BMF-Schreiben v. 24.12.1999, BStBl I 1076). Werden Anteile an anderen Körperschaften im Zusammenhang mit wiederkehrenden Leistungen übertragen, liegt keine begünstigte Vermögensübertragung nach § 10 Abs. 1 Nr. 1a EStG vor.

Zu a):

Weder T noch S können die monatlichen Zahlungen an V als Sonderausgaben geltend machen, da eine begünstigte Vermögensübertragung i. S. d. § 10 Abs. 1a Nr. 2 Satz 2 Buchst. c EStG nicht gegeben ist. V hat damit die Versorgungsleistungen auch nicht nach § 22 Nr. 1a EStG zu versteuern. Der Sonderausgabenabzug kommt bei T nicht in Betracht, weil der übertragene Anteil nicht mindestens 50 % beträgt. Für S sind die Voraussetzungen nicht erfüllt, weil er mit der Übertragung nicht Geschäftsführer der GmbH wird.

Zu b):

Da jede Teilübertragung isoliert zu betrachten ist, scheidet der Sonderausgabenabzug aus (BMF v. 11.3.2010, BStBl 2010 I 227, Tz. 16). Eine begünstigte Vermögensübergabe liegt nicht vor, da der übertragene Anteil im Jahr 03 nicht mindestens 50 % beträgt.

Zu c):

Überträgt der Vermögensübergeber seine GmbH-Beteiligung auf mehrere Vermögensübernehmer, liegt eine begünstigte Vermögensübertragung nur bezogen auf den Vermögensübernehmer vor, der mindestens einen Anteil von 50 % erhalten und die Geschäftsführertätigkeit übernommen hat (BMF v. 11.3.2010, BStBl 2010 I 227, Tz. 19). Daher liegt nur bei der Vermögensübertragung von V auf T eine begünstigte Übertragung vor.

T kann die an V geleisteten Zahlungen i. H. v. 1.000 € monatlich als Sonderausgaben geltend machen. V muss die Zahlungen als Versorgungsleistungen nach § 22 Nr. 1a EStG versteuern.

Zu d):

Die wiederkehrenden Leistungen, die im Zusammenhang mit der Teilübertragung 01 an V zu leisten sind, stellen keine Leistungen im Zusammenhang mit einer begünstigten Vermögensübertragung dar, da die übertragenen Anteile nicht mindestens 50 % betragen haben. Im Übrigen hat S die Geschäftsführertätigkeit nicht übertragen bekommen.

Dass T ab 03 einen Anteil von über 50 % hält, wirkt sich nicht begünstigend auf die erste Anteilsübertragung aus. T kann ab 03 monatlich 1.000 € als Sonderausgaben geltend machen. Es ist unschädlich, dass T bereits vor dieser Übertragung Geschäftsführer der Gesellschaft war. Voraussetzung ist vielmehr, dass T auch weiterhin Geschäftsführer bleibt. V muss von den monatlichen Leistungen i. H. v. insgesamt 1.800 € einen Betrag von 1.000 € nach (§ 22 Nr. 1a EStG versteuern.

Zu e):

Bei beiden Vermögensübertragungen liegt eine begünstigte Vermögensübertragung vor. Bei beiden Übertragungen liegt eine Übertragung von mindestens 50 % vor und beide Übernehmer werden Geschäftsführer (BMF v. 11.3.2010, BStBl 2010 I 227, Tz. 19). Sowohl T als auch S können die Zahlungen an V i. H. v. jeweils 1.000 € als Sonderausgaben geltend machen. V muss die Zahlungen i. H. v. 2.000 € nach § 22 Nr. 1a EStG versteuern.

FALL 52

Entgeltliche Vermögensübertragung von GmbH-Anteilen

Sachverhalt:

Vater V (70 Jahre) ist mit einer Quote von 10 % Anteilseigner an der X-GmbH. V überträgt mit Wirkung zum 1.7.2018 im Wege der vorweggenommenen Erbfolge seine Anteile, welche sich bisher im Privatvermögen befinden, auf seinen Sohn S. Der Verkehrswert der übertragenen Anteile beträgt 220.000 €, die Anschaffungskosten beliefen sich zum Zeitpunkt der Anschaffung im Jahr 2006 auf 100.000 €. S zahlt an V ab 1.7.2018 eine lebenslängliche monatliche Rente von 1.500 €. Die Notarkosten der Übertragung werden von S übernommen. Gleichzeitig mit der Übertragung übernimmt S die Geschäftsführung von V.

AUFGABE

Welche Auswirkungen ergeben sich durch diesen Sachverhalt?

LÖSUNG

Da die Voraussetzungen des § 10 Abs. 1a Nr. 2 Satz 2 Buchst. c EStG nicht vorliegen, handelt es sich nicht um eine Vermögensübertragung gegen Versorgungsleistungen. Es handelt sich um wiederkehrende Leistungen im Austausch mit einer Gegenleistung, so dass die Übertragung der Anteile als Veräußerung nach § 17 Abs. 1 Satz 1 EStG zu qualifizieren ist.

Auswirkung bei V

Der Barwert der Leistung bildet die Anschaffungskosten des S und den Veräußerungspreis des V. Der Vervielfältiger beträgt 9,915 (BMF v. 4.11.2016, BStBl 2016 I 1166; § 14 Abs. 1 Satz 2 BewG). Laut BMF v. 28.11.2017 (BStBl 2017 I 1526) gelten die Werte aus 2017 auch für 2018.

VV 9,915 × Jahreswert 18.000 €   178.470 €

Da sich der Verkehrswert der übertragenen Anteile auf 220.000 € beläuft, handelt es sich um einen teilentgeltlichen Erwerb (BMF v. 11.3.2010, BStBl 2010 I 227, Tz. 66) i. H. v. 81,12 %.

Bei einer teilentgeltlichen Übertragung von Privatvermögen ist der Vorgang in einen entgeltlichen und eine unentgeltlichen Teil aufzuteilen (BMF v. 13.1.1993, BStBl 1993 I 80, Tz. 14).

Veräußerungserlös	178.470 €
abzgl. Veräußerungskosten	0 €
abzgl. Anschaffungskosten: 81,12 % v. 100.000 €	81.120 €
Veräußerungsgewinn nach § 17 Abs. 2 EStG	97.350 €
Nach dem Teileinkünfteverfahren sind 60 % steuerpflichtig (§ 3 Nr. 40 Buchst. c, § 3c Abs. 2 EStG)	58.410 €

Der Freibetrag nach § 17 Abs. 3 EStG ist aufgrund der Höhe des Veräußerungsgewinns nicht zu gewähren.

Alternativ dazu kann V nach R 17 Abs. 7 Satz 2 EStR die Zuflussbesteuerung wählen. In diesem Fall ist der Tilgungsanteil in den wiederkehrenden Leistungen erst dann der Besteuerung zu unterwerfen, wenn er in der Summe erstmals die maßgeblichen Anschaffungskosten des V übersteigt. Ab diesem Zeitpunkt führt der Tilgungsanteil zu Einkünften aus Gewerbebetrieb, die nach § 3 Nr. 40c EStG i. H. v. 60 % der Besteuerung unterliegen.

	2018	ab 2019
Wiederkehrende Leistungen	9.000 €	18.000 €
Zinsanteil	1.350 €	2.700 €
Tilgungsanteil	7.650 €	15.300 €
Tilgungsanteil nach dem TEV	4.590 €	9.180 €

Der Zinsanteil ist nach der Ertragsanteilstabelle des § 22 Nr. 1 Satz 3 Buchst. a Doppelbuchst. bb EStG zu ermitteln und beträgt 15 % der geleisteten wiederkehrenden Leistungen.

Veranlagungszeitraum	Tilgungsanteil zu verrechnen	Einkünfte aus Gewerbebetrieb
2018	4.590 €	0 €
2019	9.180 €	0 €
2020	9.180 €	0 €
2021	9.180 €	0 €
2022	9.180 €	0 €
2023	7.362 €	1.818 €
ab 2024	0 €	9.180 €
	48.672 €	

Der Tilgungsanteil ist bis zur Höhe von 60 % der maßgeblichen Anschaffungskosten zu verrechnen (60 % von 81.120 € = 48.672 €).

In beiden Fällen ist der nach der Ertragsanteilstabelle errechnete Zinsanteil nach § 22 Nr. 1 Satz 3 Buchst. a Doppelbuchst. bb EStG zu versteuern. Als sonstige Einkünfte sind daher im Jahr 2018 1.350 € und ab 2019 2.700 €, jeweils abzüglich des Pauschbetrages nach § 9a Satz 1 Nr. 3 EStG i. H. v. 102 € zu versteuern.

Auswirkung bei S

Für S kommt ein Abzug der monatlichen Rentenzahlungen in Form eines Sonderausgabenabzuges, insbesondere nach § 10 Abs. 1a Nr. 2 Satz 2 Buchst. c EStG, nicht in Betracht, da nicht mindestens ein Anteil von 50 % übertragen wurde.

S kann allenfalls den Zinsanteil (2018 1.350 €, s. o.) als Werbungskosten bei den Einkünften aus Kapitalvermögen abziehen (§ 9 Abs. 1 Satz 3 Nr. 1 EStG). Voraussetzung dafür ist aber, dass er einen Antrag nach § 32d Abs. 2 Nr. 3 Buchst. b EStG stellt, an den er dann für insgesamt fünf

Jahre gebunden ist. Die Voraussetzungen hierfür sind gegeben, da S zu mindestens 1 % an der GmbH beteiligt und für diese in Gestalt der Geschäftsführertätigkeit auch beruflich tätig ist.

Die Dividendeneinnahmen sind in diesem Fall unter Anwendung des Teileinkünfteverfahrens dem persönlichen Steuersatz zu unterwerfen. Der Werbungskostenabzug ist damit ebenfalls nur anteilig i. H. v. 60 % möglich.

FALL 53

Übertragung von GmbH-Anteilen bei Betriebsaufspaltung

Sachverhalt:

Vater V verpachtet im Rahmen einer Betriebsaufspaltung das ihm gehörende Betriebsgebäude an eine GmbH, an der er zu 100 % beteiligt ist. Geschäftsführer der GmbH sind bisher V für den technischen und sein Sohn S für den kaufmännischen Bereich. Im Mai 01 überträgt V 70 % seines GmbH-Anteils auf S gegen auf Lebenszeit zu erbringende monatliche Leistungen von 3.000 €. Die Leistungen können von den ausschüttbaren Erträgen des GmbH-Anteils erbracht werden. Gleichzeitig zieht sich V aus der Geschäftstätigkeit vollständig zurück.

AUFGABE

Welche steuerlichen Konsequenzen ergeben sich aus diesem Sachverhalt?

LÖSUNG

Die Übertragung des GmbH-Anteils ist eine begünstigte Vermögensübertragung nach § 10 Abs. 1a Nr. 2 Satz 2 Buchst. c EStG, da mindestens 50 % übertragen werden und es unschädlich ist, dass der Übernehmer bereits vor der Übertragung Geschäftsführer der GmbH war (BMF v. 11.3.2010, BStBl 2010 I 227, Tz. 18). Gleichzeitig ist aber auch Voraussetzung, dass der Übergeber seine Geschäftsführertätigkeit aufgibt. S kann die wiederkehrenden Leistungen als Sonderausgaben abziehen und V hat sie entsprechend zu versteuern.

Die Übertragung des GmbH-Anteils hat bei V jedoch neben der Entnahme der Beteiligung aus dem Betriebsvermögen eine weitere Konsequenz. Aufgrund der entfallenden personellen Verflechtung sind die Voraussetzungen einer Betriebsaufspaltung nicht mehr gegeben. V muss auch die im Verpachtungsunternehmen enthaltenen weiteren stillen Reserven versteuern. Er hat aus der Verpachtung fortan Vermietungseinkünfte i. S. v. § 21 EStG.

FALL 54

Ermittlung der Erträge anhand einer Prognose

Sachverhalt:

Im Jahr 2021 überträgt die verwitwete Mutter M ihr Einzelunternehmen sowie ein Mietwohngrundstück auf ihre Tochter T. Im Übergabevertrag verpflichtet sich T zu lebenslänglichen monatlichen Zahlungen an M i.H.v. 6.000 €, von denen 4.000 € für das Einzelunternehmen gezahlt werden. Die steuerpflichtigen Gewinne des Betriebs beliefen sich in den Jahren 2019 und 2020 jeweils auf 60.000 €, im Jahr 2021 hat sich ein Verlust i.H.v. 20.000 € ergeben. Das jeweilige Ergebnis haben jährliche Absetzungen für Abnutzung i.H.v. 10.000 € und im Jahr 2020 außerordentliche Aufwendungen, die als Betriebsausgaben abzugsfähig waren, i.H.v. 50.000 € belastet.

AUFGABE

Können die wiederkehrenden Leistungen für den Sonderausgabenabzug berücksichtigt werden?

LÖSUNG

Die Erträge müssen zur Deckung der Versorgungsleistungen ausreichen. Danach sollen nach überschlägiger Berechnung die wiederkehrenden Leistungen nicht höher sein als der langfristig erzielbare Ertrag des übergehenden Vermögens. Wird ein Betrieb oder Teilbetrieb übertragen, besteht eine nur in Ausnahmefällen widerlegbare Vermutung dafür, dass die Erträge ausreichen, um die wiederkehrenden Leistungen in der vereinbarten Höhe zu erbringen (BMF v. 11.3.2010, BStBl 2010 I 227, Tz. 29). Diese Beweiserleichterung greift jedoch nicht, wenn im Rahmen einer einheitlichen Vermögensübertragung neben begünstigtem Vermögen weiteres nicht begünstigtes Vermögen übertragen wird (BMF v. 11.3.2010, BStBl 2010 I 227, Tz. 30).

Der maßgebliche durchschnittliche Ertrag ist anhand einer Prognose aus der Sicht des Zeitpunkts der Vermögensübergabe zu ermitteln. Aus Vereinfachungsgründen ist es jedoch nicht zu beanstanden, wenn die Einkünfte des Jahres der Vermögensübergabe und der beiden vorangegangenen Jahre herangezogen werden (BMF v. 11.3.2010, BStBl 2010 I 227, Tz. 34).

Ermittlung des durchschnittlichen Ertrags (Absetzungen für Abnutzung, erhöhte Absetzungen und Sonderabschreibungen sowie außerordentliche Aufwendungen, z. B. größere Erhaltungsaufwendungen, die nicht jährlich üblicherweise anfielen, sind dabei den Erträgen hinzuzurechnen, BMF v. 11.3.2010, BStBl 2010 I 227, Tz. 32):

	Jahresergebnis	AfA	Aufwand	Ertrag
2019	60.000 €	10.000 €	–	70.000 €
2020	60.000 €	10.000 €	–	70.000 €
2021	-20.000 €	10.000 €	50.000 €	40.000 €
				180.000 €

Der durchschnittliche Ertrag aus dem Einzelunternehmen beläuft sich damit auf 60.000 €. Die Erträge reichen aus, um die auf die Übertragung des Einzelunternehmens entfallenden Versorgungsleistungen von jährlich 48.000 € zu erbringen.

Da es sich beim Mietwohngrundstück nicht um begünstigtes Vermögen handelt, können die weiteren gezahlten Versorgungsleistungen nicht berücksichtigt werden.

FALL 55

Umschichtung von ertraglosem Vermögen

Sachverhalt:

a) V übertrug seinem Sohn S am 1.7.2006 im Rahmen der vorweggenommenen Erbfolge einen Bauplatz mit einem Verkehrswert von 300.000 €. S verpflichtete sich im Übergabevertrag, das Grundstück zu veräußern, dafür eine Eigentumswohnung zu erwerben und ab diesem Erwerb aus den Erträgen der Wohnung an V lebenslänglich wiederkehrende Leistungen i. H. v. monatlich 500 € zu erbringen. S konnte das Grundstück bereits am 1.9.2006 veräußern. Am 1.2.2007 erwarb er eine Eigentumswohnung, aus der er Erträge i. H. v. monatlich 900 € erzielte. Ab Februar 2007 zahlte S die wiederkehrenden Leistungen an V.

b) Wie a), S gelang es jedoch erst am 1.10.2008, eine entsprechende Eigentumswohnung zu erwerben.

AUFGABE

Welche steuerlichen Auswirkungen ergeben sich für S?

LÖSUNG

Zu a):

Auch bei der Übertragung von ertraglosem Vermögen konnte früher eine Vermögensübergabe gegen Versorgungsleistungen vorliegen, wenn sich der Übernehmer im Übergabevertrag verpflichtete, dieses in eine ihrer Art nach bestimmte ausreichend Ertrag bringende Vermögensanlage umzuschichten.

Da S die vertragliche Verpflichtung erfüllt hat, das ertraglose unbebaute Grundstück in eine ausreichend Ertrag bringende Wohnung umzuschichten, lag damals eine begünstigte Vermögensübergabe vor. Damit gilt § 10 Abs. 1 Nr. 1a EStG in der vor dem 1.1.2008 geltenden Fassung weiter (analog BMF v. 11.3.2010, BStBl 2010 I 227, Tz. 87).

Die wiederkehrenden Leistungen sind bei S weiterhin in voller Höhe als Sonderausgaben abzugsfähig. V hat sie entsprechend als Einkünfte i. S. d. § 22 Nr. 1b EStG zu versteuern.

Zu b):

Hier gewährt die Finanzverwaltung keinen Vertrauensschutz. Wurde zwar vor dem 1.1.2008 ein Übergabevertrag abgeschlossen, der die Verpflichtung des Vermögensübernehmers vorsieht, ertragloses oder nicht ausreichend Ertrag bringendes Vermögen in eine ihrer Art nach bestimmte, ausreichend Ertrag bringende Vermögensanlage umzuschichten, erfolgte die Umschichtung aber erst nach dem 31.12.2007 ist die Umschichtung nur begünstigt, wenn in Vermögen i. S. d. § 10 Abs. 1a Nr. 2 Satz 2 EStG reinvestiert wird (BMF v. 11.3.2010, BStBl 2010 I 227, Tz. 87). S kann die wiederkehrenden Leistungen nicht als Sonderausgaben abziehen. Da kein begünstigtes Vermögen vorliegt, handelt es sich um eine entgeltliche Vermögensübertragung gegen wiederkehrende Leistungen.

FALL 56

Nachträgliche Umschichtung des übertragenen Vermögens

Sachverhalt:

a) V übertrug am 1.1.2004 ein von ihm 1985 erworbenes Mietwohngrundstück (Verkehrswert 480.000 €) auf seine Tochter T gegen lebenslang zu erbringende wiederkehrende Leistungen i. H. v. monatlich 2.000 €. Die monatlichen Mieterträge des Grundstücks betrugen 4.000 €. T veräußerte das Mietwohngrundstück am 1.7.2008 für 600.000 € und verwendete den Veräußerungserlös zum Erwerb eines Vierfamilienhauses. Die monatlichen Erträge aus der Vermietung dieses Hauses belaufen sich auf 5.000 €. Der Kapitalwert der von T weiterhin zu erbringenden Leibrente betrug noch 320.000 €.

b) Der 70-jährige Vater V übergab seinen bislang als Einzelunternehmen geführten Betrieb im Jahre 2008 gegen wiederkehrende Leistungen von monatlich 4.000 € an seinen Sohn S. Im Jahre 2028 überträgt S den Betrieb an seinen Sohn, den Enkel E des V. S erhält hierfür von dem weiteren Vermögensübernehmer E lebenslang monatlich 6.000 €. S bleibt weiterhin verpflichtet, an seinen Vater wiederkehrende Leistungen zu erbringen.

AUFGABE

Welche Auswirkungen ergeben sich durch die Umschichtung des übertragenen Vermögens auf die Versorgungsleistungen?

LÖSUNG

Zu a):

Überträgt der Vermögensübernehmer aus eigenem Entschluss das übergebene existenzsichernde Vermögen auf einen Dritten, so können von da an die vereinbarten wiederkehrenden Leistungen grundsätzlich nicht mehr als Sonderausgaben abgezogen werden. Die Umschichtung ist allerdings dann unschädlich, wenn mit dem Erlös zeitnah eine existenzsichernde und ausreichend Ertrag bringende Wirtschaftseinheit erworben oder hergestellt wird (BMF v. 16.9.2004, BStBl

2004 I 922, Tz. 31, bestätigt durch BFH X R 38/06, BStBl 2011 II 622). Sofern die ursprüngliche Übertragung des Vermögens vor dem 1.1.2008 stattgefunden hat und die Umschichtung nach Inkrafttreten des neuen Rechts erfolgt, folgt die von Anfang an begünstigte Vermögensübertragung weiterhin den Regelungen des alten Rechts (BMF v. 11.3.2010, BStBl 2010 I 227, Tz. 88).

Bei T liegen auch nach der Veräußerung des Mietwohngrundstücks als Sonderausgaben abzugsfähige Versorgungsleistungen vor. V muss die wiederkehrenden Leistungen weiterhin nach § 22 Nr. 1b EStG versteuern. Die Veräußerung des Mietwohngrundstücks durch T führt nicht zu einem privaten Veräußerungsgeschäft.

Damit kann also die Umschichtung von früher begünstigtem Vermögen in nicht mehr begünstigtes Vermögen bei Altverträgen auch nach dem 1.1.2008 noch möglich sein.

Allerdings darf die Umschichtung nicht zum Anlass genommen werden, die Versorgungsleistungen neu auszurichten (BFH X R 55/09, BStBl 2011 II 633).

Zu b):

Bei der Abzugsfähigkeit der Versorgungsleistungen als Sonderausgaben bleibt es, wenn der Vermögensübernehmer seinerseits das übernommene Vermögen im Rahmen der vorweggenommenen Erbfolge weitergibt und er seine Versorgungsverpflichtung aus ihm im Rahmen der weiteren Vermögensübertragung eingeräumten Versorgungsleistungen bewirken kann. (BMF v. 11.3.2010, BStBl 2010 I 227, Tz. 38). Die von S zu erbringenden Zahlungen an V bleiben auch im Jahr 2028 und in den folgenden Jahren Versorgungsleistungen und können von S als Sonderausgaben abgezogen werden. Korrespondierend muss V die von S erhaltenen wiederkehrenden Leistungen ebenso als sonstige Einkünfte versteuern, wie dies für S hinsichtlich der von E gezahlten Versorgungsleistungen der Fall ist.

FALL 57

Wegzug des Versorgungsberechtigten

Sachverhalt:

Vater V überträgt im Jahr 01 sein Einzelunternehmen auf seinen Sohn S. Im Übergabevertrag verpflichtet sich S zu lebenslänglichen monatlichen Zahlungen an V i. H. v. 6.000 €. Beim Einzelunternehmen handelt es sich um ausreichend Ertrag bringendes Vermögen. Im Jahr 03 gibt V seinen Wohnsitz in Deutschland auf und zieht dauerhaft

a) nach Florida;

b) nach Spanien;

c) V überträgt im Jahr 03 sein in Lindau gelegenes Einzelunternehmen auf seinen Sohn S, der in Österreich lebt und in Deutschland nicht unbeschränkt steuerpflichtig ist. S hat sich zu lebenslänglichen monatlichen Zahlungen i. H. v. 6.000 € verpflichtet.

AUFGABE

Wie sind die wiederkehrenden Leistungen ab 03 zu behandeln?

LÖSUNG

Zu a):

Nach § 10 Abs. 1a Nr. 2 EStG sind Versorgungsleistungen unter den genannten Voraussetzungen als Sonderausgaben abzugsfähig, wenn der Empfänger unbeschränkt einkommensteuerpflichtig ist. Der Wegzug des V nach Florida führt dazu, dass S die weiterhin zu leistenden Zahlungen ab 03 nicht mehr als Sonderausgaben abziehen kann, da sie als Unterhaltsleistungen i. S. d. § 12 Nr. 2 EStG zu qualifizieren sind. V hat die Versorgungsleistungen nicht zu versteuern.

Zu b):

Der Gesetzgeber hat in § 1a Abs. 1 Nr. 1 Buchst. a und b EStG den Sonderausgabenabzug trotz fehlender unbeschränkter Steuerpflicht zugelassen, wenn der Versorgungsempfänger seinen Wohnsitz innerhalb eines EU-/EWR-Mitgliedstaates hat und durch eine Bescheinigung der zuständigen ausländischen Steuerbehörde die Besteuerung der Versorgungsleistungen nachweist (BMF v. 11.3.2010, BStBl 2010 I 227, Tz. 53).

Bei Vorliegen des entsprechenden Nachweises kann S die wiederkehrenden Zahlungen weiter als Sonderausgaben abziehen.

Verzieht der Versorgungsberechtigte später in ein Drittland, liegen ab diesem Zeitpunkt nichtabziehbare Unterhaltsleistungen vor mit der Folge, dass sie der Verpflichtete nicht mehr abziehen kann.

Zu c):

Ist der Vermögensübernehmer in Deutschland nicht unbeschränkt steuerpflichtig, kann er die wiederkehrenden Leistungen nicht als Sonderausgaben nach § 10 Abs. 1a Nr. 2 EStG abziehen (§ 50 Abs. 1 Satz 3 EStG). In diesem Fall hat der Empfänger der Versorgungsleistungen die wiederkehrenden Leistungen nicht zu versteuern (BMF v. 11.3.2010, BStBl 2010 I 227, Tz. 55). Bereits mit Urteil v. 31.3.2011, C-450/09 (BFH/NV 2011, 1096) hat der EuGH zur Übertragung von Grundstücken gegen Gewährung von Versorgungsleistungen entschieden, dass es gegen die Kapitalverkehrsfreiheit nach Art. 63 AEUV verstößt, wenn private Versorgungsleistungen gebietsfremder Steuerpflichtiger nicht abzugsfähig sind, während entsprechende Zahlungen bei unbeschränkter Steuerpflicht des Zahlenden abzugsfähig sind. Allerdings wurde bezweifelt, ob damit die streitige Rechtsfrage abschließend beantwortet ist. Daher hat der BFH mit Beschluss v. 14.5.2013 (IR 49/12, BStBl 2014 II 22) dem EuGH erneut die Frage vorgelegt, ob das Abzugsverbot gem. § 50 Abs. 1 Satz 3 EStG gegen Art. 63 AEUV verstößt.

Nach dem EuGH-Urteil v. 24.2.2015 (C–559/13 »Josef Grünewald«, BStBl 2015 II 1071) verstößt die Regelung des § 50 Abs. 1 Satz 3 EStG gegen Europarecht, soweit sie einem gebietsfremden Stpfl. mit inländischen gewerblichen Einkünften verwehrt, von diesen Einkünfte die Versorgungsleistungen abzuziehen, die er als Gegenleistung für die Übertragung der entsprechenden Einnahmequelle gezahlt hat.

Unter Verweis auf das EuGH-Urteil v. 24.2.2015 (C–559/13, BStBl 2015 II 1071) und im Hinblick auf eine gesetzliche Neuregelung des § 50 Abs. 1 EStG für den Abzug von Versorgungsleistungen als Sonderausgaben bei beschränkt Steuerpflichtigen sowie für die Besteuerung der Versorgungsleistungen beim Empfänger, gilt nach dem BMF-Schreiben (koordinierter Ländererlass) v. 18.12.2015 (BStBl 2015 I 1088) Folgendes:

Der Sonderausgabenabzug für Versorgungsleistungen i. S. d. § 10 Abs. 1a Nr. 2 EStG ist im Vorgriff auf eine gesetzliche Regelung auch beschränkt Steuerpflichtigen zu gewähren (auch wenn diese in einem Drittstaat ansässig sind). Dies gilt in allen noch offenen Fällen, wenn die Voraussetzungen des § 10 Abs. 1a Nr. 2 EStG ansonsten erfüllt sind.

Die Versorgungsleistung ist beim unbeschränkt steuerpflichtigen Empfänger in den Fällen, in denen sich der Sonderausgabenabzug entgegen § 50 Abs. 1 EStG ausschließlich aufgrund dieses Schreibens ergibt, nicht steuerpflichtig.

HINWEIS

Durch das Gesetz zur Umsetzung der Änderungen der EU-Amtshilferichtlinie und von weiteren Maßnahmen gegen Gewinnkürzungen und -verlagerungen v. 20.12.2016 (BGBl 2016 I 3000) wurde § 50 Abs. 1 Satz 3 EStG ab 1.1.2017 an die EuGH-Rechtsprechung angepasst.

FALL 58

Schuldrechtlicher Versorgungsausgleich

Sachverhalt:

A erhält eine Leibrente i. H. v. 18.000 € jährlich, die gem. § 22 Nr. 1 Satz 3 Buchstabe a) Doppelbuchstabe bb) EStG mit einem Ertragsanteil von 20 % besteuert wird. A zahlt im Rahmen eines schuldrechtlichen Versorgungsausgleichs an seinen geschiedenen Ehegatten B eine Ausgleichsrente i. H. v. 50 % seiner Leibrente. A und B sind jeweils unbeschränkt steuerpflichtig.

Abwandlung 1: Bei den Altersbezügen des A handelt es sich um eine im Jahr 2015 gezahlte Betriebsrente (Versorgungsbeginn: 1.1.2014), die gem. § 19 EStG besteuert wird.

Abwandlung 2: A bezieht seit dem Jahr 2011 eine Leibrente aus der gesetzlichen Rentenversicherung. Laut Rentenbezugsmitteilung für das Jahr 2014 beträgt der Leistungsbetrag 18.000 € und der darin enthaltene Anpassungsbetrag 1.000 €,

Abwandlung 3: B hat ihren Wohnsitz in Frankreich.

AUFGABE

Wie wirkt sich die gezahlte Ausgleichsrente bei A aus?

LÖSUNG

Im Zuge der Scheidung von Ehegatten kommt es im Regelfall zur Durchführung eines Versorgungsausgleichs. Hierbei werden die in der Ehezeit erworbenen Anrechte geteilt (§ 1 Abs. 1 VersAusglG). Diese Anrechte werden grundsätzlich intern (also innerhalb des jeweiligen Versorgungssystems) oder ausnahmsweise extern geteilt (§§ 10–13 und §§ 14–19 VersAusglG). Anrechte, die am Ende der Ehezeit noch nicht ausgleichsreif sind (z. B. weil ein Anrecht i. S. des Betriebsrentengesetzes noch verfallbar ist oder weil das Anrecht bei einem ausländischen, zwischenstaatlichen oder überstaatlichen Versorgungsträger besteht, § 19 Abs. 2 VersAusglG), sind von der internen und externen Teilung ausgeschlossen. Insoweit kommen gemäß § 19 Abs. 4 VersAusglG Ausgleichsansprüche nach der Scheidung in Betracht. Entsprechendes gilt, wenn die Ehegatten gemäß § 6 Abs. 1 Nr. 3 VersAusglG den Versorgungsausgleich ganz oder teilweise Ausgleichsansprüchen nach der Scheidung vorbehalten haben (§§ 20–24 VersAusglG). Zu den Besonderheiten beim Versorgungsausgleich siehe die BMF-Schreiben v. 21.12.2017 (BStBl 2018 I 93, Rz. 308 ff.) sowie v. 19.8.2013 (BStBl 2013 I 1087, Rz. 270 ff.).

Ab VZ 2008 gibt es mit § 10 Abs. 1 Nr. 1b EStG einen eigenständigen Abzugstatbestand für den schuldrechtlichen Versorgungsausgleich nach den §§ 20–22 und § 26 VersAusglG. Diese Leistungen sind abzugsfähig, soweit die ihnen zugrunde liegenden Einnahmen beim Ausgleichsverpflichteten der Steuer unterliegen. In gleicher Höhe muss der Leistungsempfänger sonstige Einkünfte nach § 22 Nr. 1c EStG versteuern. Zur einkommensteuerrechtlichen Behandlung von Ausgleichszahlungen im Rahmen des Versorgungsausgleichs nach § 10 Abs. 1 Nr. 1b EStG und § 22 Nr. 1c EStG s. das BMF-Schreiben v. 9.4.2010 (BStBl 2010 I 323).

Durch das Gesetz zur Anpassung der Abgabenordnung an den Zollkodex der Union und zur Änderung weiterer steuerlicher Vorschriften v. 22.12.2014 (BGBl 2014 I 2417) wurde u. a. § 10 EStG neu gefasst. In § 10 Abs. 1a EStG werden die Sonderausgabentatbestände zusammengefasst, bei denen der Abzugstatbestand des Leistenden mit einer Besteuerung beim Leistungsempfänger korrespondiert. Die bisher in § 10 Abs. 1 Nr. 1b EStG enthaltene Regelung zur Berücksichtigung von Ausgleichszahlungen im Rahmen des Versorgungsausgleichs wird ab 1.1.2015 unverändert in § 10 Abs. 1a Nr. 4 EStG übernommen. Ferner wird mit § 10 Abs. 1a Nr. 3 EStG ein neuer Abzugstatbestand für Ausgleichszahlungen zur Vermeidung des Versorgungsausgleichs nach einer Ehescheidung bzw. der Auflösung einer Lebenspartnerschaft (§ 6 Abs. 1 Satz 2 Nr. 2 VersAusglG eingeführt. Damit wird in diesem Bereich ein bestehendes Regelungsdefizit beseitigt.

Die mit der Neuregelung in § 10 Abs. 1a Satz 1 Nr. 3 EStG geschaffene Abzugsmöglichkeit der Aufwendungen zur Vermeidung des Versorgungsausgleichs bezieht sich auf Zahlungen nach § 6 Abs. 1 Satz 2 Nr. 2 VersAusglG und § 1408 Abs. 2, § 1587 BGB. Nach dieser Regelung hat die ausgleichspflichtige Person die Möglichkeit, zur Vermeidung der Durchführung eines Versorgungsausgleichs, Ausgleichszahlungen an den Versorgungsberechtigten zu leisten bzw. zu vereinbaren. Die entsprechenden Zahlungen können nunmehr steuerlich als Sonderausgaben geltend gemacht werden. Die Berücksichtigung erfolgt auf Antrag des Ausgleichsverpflichteten mit Zustimmung des Ausgleichsberechtigten. Dies ermöglicht den Verfahrensbeteiligten genau zu bestimmen, in welchem Umfang ein Abzug und die damit einhergehende Besteuerung erfolgen soll. Eine steuerliche Berücksichtigung des nicht von der Zustimmung umfassten Teils der Ausgleichszahlungen in einem vom Leistungsjahr abweichenden Veranlagungszeitraum ist nicht möglich.

§ 22 Nr. 1a EStG regelt ab 1.1.2015 einheitlich die steuerliche Behandlung der in § 10 Abs. 1a EStG genannten Einkünftetransfers beim Empfänger.

Befindet sich das Anrecht bereits in der Leistungsphase und wird eine Ausgleichsrente an den Ausgleichsberechtigten gezahlt (§ 20 VersAusglG), kann der Ausgleichsverpflichtete die Zahlungen nach § 10 Abs. 1a Nr. 4 EStG abziehen, soweit die ihnen zugrunde liegenden Einnahmen bei ihm der Besteuerung unterliegen. Der Ausgleichsberechtigte hat die entsprechenden Leistungen nach § 22 Nr. 1a EStG zu versteuern (BMF v. 9.4.2010, BStBl 2010 I 323, Rz. 9).

A muss die Leibrente i. H. v. 18.000 € entsprechend dem Ertragsanteil von 20 % zunächst i. H. v. 3.600 € versteuern. Da er 50 % der Leibrente als Ausgleichsrente an B zahlt, kann er einen Betrag i. H. v. 1.800 € als Sonderausgaben nach § 10 Abs. 1a Nr. 4 EStG geltend machen. Korrespondierend hierzu muss B nach § 22 Nr. 1a EStG den Betrag von 1.800 € (abzüglich Werbungskosten-Pauschbetrag von 102 €) versteuern (BMF v. 9.4.2010, BStBl 2010 I 323, Rz. 13).

Abwandlung 1: Nach Abzug der Freibeträge für Versorgungsbezüge nach § 19 Abs. 2 EStG i. H. v. 2.496 € (1.920 € + 576 €) wird ein Betrag von 15.504 € bei A der Besteuerung zugrunde gelegt. A kann somit 7.752 € (50 % von 15.504 €) als Sonderausgaben geltend machen. B hat einen Betrag i. H. v. 7.650 € (7.752 € abzüglich 102 €) nach § 22 Nr. 1a EStG zu versteuern (BMF v. 9.4.2010, BStBl 2010 I 323, Rz. 12).

Abwandlung 2: Die Leibrente unterliegt bei A nach § 22 Nr. 1 Satz 3 Buchst. a Doppelbuchst. aa EStG i. H. v. 11.540 € der Besteuerung (62 % von 17.000 € = 10.540 € zzgl. Anpassungsbetrag von 1.000 €). Nach § 10 Abs. 1a Nr. 4 EStG kann A von den an B geleisteten 9.000 € einen Betrag i. H. v. 5.770 € (50 % von 11.540 €) als Sonderausgaben geltend machen. B muss korrespondierend hierzu 5.668 € (5.770 € abzüglich 102 €) nach § 22 Nr. 1a EStG versteuern (BMF v. 9.4.2010, BStBl 2010 I 323, Rz. 10 und 11).

Abwandlung 3: Nach § 1a Abs. 1 Nr. 1 Buchst. a und b EStG ist der Sonderausgabenabzug beim Ausgleichsverpflichteten auch möglich, wenn der Empfänger nicht unbeschränkt steuerpflichtig ist, seinen Wohnsitz oder gewöhnlichen Aufenthalt aber in einem EU-/EWR-Staat hat und er die Besteuerung der Ausgleichzahlungen durch eine Bescheinigung der zuständigen ausländischen Steuerbehörde nachweist.

Sofern B einen entsprechenden Nachweis vorlegt, kann A den Betrag von 1.800 € als Sonderausgaben ansetzen.

FALL 59

Grundsätze des Sonderausgabenabzugs

Sachverhalt:

Unternehmer A, verheiratet, zwei Kinder, hat folgende Versicherungen abgeschlossen. Ehefrau B ist nicht berufstätig.

1. Für die Kfz-Haftpflichtversicherung des dem Sohn gehörenden Pkw 400 €. Das Fahrzeug wird ausschließlich vom Sohn genutzt, der auch alle Unterhaltskosten bestreitet. Um einen Schadenfreiheitsrabatt auszunutzen, wurde es auf den Namen des Vaters versichert. Der Sohn überweist die Haftpflichtversicherungsbeiträge direkt an die Versicherung bzw. erstattet dem Vater die überwiesenen Beiträge.

2. Beiträge für eine 1997 abgeschlossene Kapitallebensversicherung gegen laufende Beitragsleistung mit Sparanteil (Laufzeit 24 Jahre) bei der Allianz Lebensversicherungs-AG i. H. v. 6.000 €. Der Mindesttodesfallschutz beträgt 60 %.

3. A hat eine Risikolebensversicherung abgeschlossen, die nur für den Todesfall eine Leistung vorsieht. Die Prämie beläuft sich auf 600 € im Jahr.

4. A ist privat krankenversichert. Für das Ehepaar A und B ist für die Kranken- und Pflegeversicherung ein Monatsbeitrag von 600 € fällig. Die Versicherung schlüsselt die Beträge wie folgt auf: Gesamtbeitrag Krankenversicherung 6.800 €, davon Basis-Beitrag nach § 10 Abs. 1 Nr. 3 EStG 6.000 €, Gesamtbeitrag und gleichzeitig Basis-Beitrag nach § 10 Abs. 1 Nr. 3 EStG zur Pflegeversicherung 400 €. Für die zwei kindergeldberechtigten Kinder sind Basis-Krankenversicherungsbeiträge mit 1.800 € und Pflegeversicherungsbeiträge mit 120 € pro Jahr zu bezahlen.

5. Haftpflichtversicherung:

a) Privathaftpflicht	120 €
b) Berufshaftpflicht	400 €
c) Hundehaftpflicht	180 €
d) Kfz-Haftpflicht für ein privates Kfz	350 €
e) Vollkasko Kfz	500 €

6. Kirchensteuer:

a) Vorauszahlung laufendes Jahr	2.000 €
b) Nachzahlung Vorjahr	500 €
c) Erstattung vorvergangenes Jahr	950 €

7. Ehefrau B hatte keine Berufsausbildung absolviert. Für ein erstmaliges Hochschulstudium muss sie gestundete Studiengebühren von 7.000 € nachzahlen.

8. Die 7-jährige Tochter besucht eine Freie Waldorfschule, wobei Kosten i. H. v. 5.000 € entstehen. Von dem insgesamt geleisteten Entgelt entfallen 3.000 € auf die Beherbergung, Betreuung und Verpflegung.

AUFGABE

Sind die Beträge grundsätzlich als Sonderausgabe abzugsfähig und welcher Betrag ist maximal zu berücksichtigen, wenn die Vergleichsberechnung gem. § 10 Abs. 4a EStG unberücksichtigt bleibt?

LÖSUNG

a) Allgemeine Hinweise

Zu 1.:

Die Versicherungsbeiträge können grundsätzlich bei der Veranlagung des wirtschaftlich belasteten Versicherungsnehmers (Beitragsschuldner) als Sonderausgaben berücksichtigt werden (s. a. BMF v. 24.5.2017, BStBl 2017 I 820, Rz. 81). Zu den Ausnahmen s. § 10 Abs. 1 Nr. 3 Satz 2 und 3 EStG. Bei Ehegatten, die nach § 26b EStG zusammen zur ESt veranlagt werden, ist es gleichgültig, wer von beiden die als Sonderausgaben abziehbaren Aufwendungen geleistet hat (R 10.1

EStR), denn zusammenveranlagte Ehegatten werden ab dem Gesamtbetrag der Einkünfte (§ 2 Abs. 4 EStG) gemeinsam als Stpfl. behandelt. Wählen Ehegatten dagegen die Einzelveranlagung nach § 26a EStG, werden nach § 26a Abs. 2 Satz 1 EStG Sonderausgaben demjenigen Ehegatten zugerechnet, der die Aufwendungen wirtschaftlich getragen hat. Auf übereinstimmenden Antrag der Ehegatten werden sie jeweils zur Hälfte abgezogen (§ 26a Abs. 2 Satz 2 EStG; s. a. BMF v. 24.5.2017, BStBl 2017 I 820, Rz. 131 ff. und dort die Beispiele 1 und 2).

Nach der bisherigen Verwaltungsauffassung (BMF v. 19.8.2013, BStBl 2013 I 1087, Rz. 68) konnten nur Aufwendungen abgezogen werden, die auf einer eigenen Verpflichtung des Stpfl. beruhen. Beiträge des Stpfl. für einen Dritten bzw. Beiträge von einem Dritten für den Stpfl. – Drittaufwand im Zusammenhang mit einem abgekürzten Zahlungs- und/oder Vertragsweg – waren somit grundsätzlich nicht als Sonderausgaben des Stpfl. zu berücksichtigen.

Die bis zum Veranlagungszeitraum 2009 vertretene Verwaltungsmeinung ist durch die Drittaufwand-Rechtsprechung des BFH obsolet. Mit Urteil v. 15.11.2005 (IX R 25/03, BStBl 2006 II 623) hat der BFH u. a. entschieden, dass die Mittelherkunft für den Ausgabenabzug nicht bedeutsam ist. »So kann der Stpfl. Aufwendungen selbst dann abziehen, wenn ein Dritter ihm den entsprechenden Betrag zuvor geschenkt hat, oder – statt ihm den Geldbetrag unmittelbar zu geben – in seinem Einvernehmen seine Schuld tilgt (vgl. § 267 Abs. 1 BGB)«.

Nach der BFH-Rechtsprechung sind die Aufwendungen aber nicht nur im Fall der Abkürzung des Zahlungswegs dem Stpfl. zurechenbar, sondern ebenso, wenn der Dritte im eigenen Namen für den Stpfl. einen Vertrag abschließt und aufgrund dessen auch selbst die geschuldete Zahlung leistet (abgekürzter Vertragsweg). Nach dem mittlerweile aufgehobenen BMF-Schreiben v. 9.8.2006 (BStBl 2006 I 492) waren die Grundsätze des BFH-Urteils v. 15.11.2005 nicht anzuwenden.

Mit Urteil v. 15.1.2008 (IX R 45/07, BStBl 2008 II 572) bestätigt der BFH seine Rechtsprechung. Nach dem BMF-Schreiben v. 7.7.2008 (BStBl 2008 I 717) wendet nun auch die Verwaltung die BFH-Rechtsprechung an und hebt den Nichtanwendungserlass v. 9.8.2006 auf. Einschränkend legt die Verwaltung fest, dass bei Dauerschuldverhältnissen eine Berücksichtigung der Zahlung unter dem Gesichtspunkt der Abkürzung des Vertragswegs weiterhin nicht in Betracht kommt. »Gleiches gilt für Aufwendungen, die Sonderausgaben oder außergewöhnliche Belastungen darstellen«. Ab dem Veranlagungszeitraum 2008 verweist die Verwaltung in H 10.1 „Abkürzung des Zahlungsweges“ EStH auf das BMF-Schreiben v. 7.7.2008 (BStBl 2008 I 717) und verneint – entgegen der Bedeutung des Verweisstichworts – lediglich beim abgekürzten Vertragsweg den Sonderausgabenabzug. Wie bereits oben erwähnt, verzichtet die Verwaltung ab dem Veranlagungszeitraum 2010 in H 10.1 EStH auf das Verweisstichwort „Abzugsberechtigte Person“, da das Abzugsverbot für den Drittaufwand im Rahmen eines abgekürzten Vertragswegs im BMF-Schreiben v. 7.7.2008 (BStBl 2008 I 717) und in H 10.1 „Abkürzung des Zahlungsweges“ EStH geregelt ist. Konkrete Aussagen zur Berücksichtigung bzw. Nichtberücksichtigung der Aufwendungen im Rahmen des abgekürzten Zahlungsweges trifft die Verwaltung in ihren Hinweisen nicht.

Die BFH-Rechtsprechung zum Drittaufwand ist zum Werbungskosten- bzw. Betriebsausgabenabzug ergangen und kann m. E. aber auch auf den Sonderausgabenabzug übertragen werden. Der BFH (Urteil v. 30.1.1995, GrS 4/92, BStBl 1995 II 281) definiert Drittaufwand als Aufwendungen eines Dritten, die durch die Einkünfteerzielung des Stpfl. veranlasst sind. Diesen Drittaufwand kann der Stpfl. dann als Werbungskosten (Sonderausgaben) ansetzen, wenn ihm die Aufwendungen als eigene zugerechnet werden können. Davon ist nach der Rechtsprechung des BFH dann auszugehen, wenn sich die Aufwendungen des Dritten als Abkürzung des Zahlungsweges darstellen.

Aufwendungen können vom Stpfl. demzufolge dann als Werbungskosten (Sonderausgaben) abgezogen werden, wenn ein Dritter ihm einen Geldbetrag zuwenden will und der Dritte zur Abkürzung des Zahlungsweges Verbindlichkeiten des Stpfl., die diesem aus aufwandsverursachenden Vorgängen entstanden sind, begleicht (BFH v. 12.12.2000, VIII R 22, BStBl 2001 II 385).

Der Sohn wendet dem Vater entweder

► unmittelbar einen Geldbetrag zu, damit dieser die Versicherungszahlung selbst vornehmen kann (s. a. Schmidt/Heinicke, EStG § 10 Rz. 22, 35. A. 2016) oder

► er tilgt im Einvernehmen mit dem Vater dessen Schuld (§ 267 Abs. 1 BGB).

Aus der Sicht des Vaters handelt es sich um einen „abgekürzten Zahlungsweg". Dem Vater sind die Kosten als eigener Aufwand zuzurechnen, die ein Dritter (der Sohn) in seinem Interesse (des Vaters) trägt. Die Aufwendungen sind als Sonderausgaben des Vaters zu berücksichtigen, weil der Vater als Beitragsschuldner der wirtschaftlich belastete Versicherungsnehmer ist (BMF v. 24.5.2017, BStBl 2017 I 820, Rz. 81).

Zu 2.:

Lebensversicherungen sind nach § 10 Abs. 1 Nr. 3a EStG begünstigt, wenn die Laufzeit dieser Versicherungen vor dem 1.1.2005 begonnen hat und mindestens ein Versicherungsbeitrag bis zum 31.12.2004 entrichtet wurde (BMF v. 24.5.2017, BStBl 2017 I 820, Rz. 122).

Beiträge zu Rentenversicherungen ohne Kapitalwahlrecht bzw. mit Kapitalwahlrecht gegen laufende Beitragsleistungen, wenn das Kapitalwahlrecht nicht vor Ablauf von zwölf Jahren seit Vertragsabschluss ausgeübt werden kann, die vor dem 1.1.2005 abgeschlossen worden sind, sind nur i. H. v. 88 % als Sonderausgaben anzusetzen. Damit können (88 % von 6.000 € =) 5.280 € berücksichtigt werden.

Für die Berücksichtigung von diesen Beiträgen gelten die bisherigen Regelungen des § 10 Abs. 1 Nr. 2 Satz 2 bis 6 und Abs. 2 Satz 2 EStG 2004.

Zu 3.:

Eine reine Risikolebensversicherung ist ohne weitere Voraussetzungen im Rahmen der Höchstbetragsberechnung nach § 10 Abs. 1 Nr. 3a EStG zu berücksichtigen (BMF v. 24.5.2017, BStBl 2017 I 820, Rz. 121).

Der BFH hat entschieden, dass Beiträge für Risikolebensversicherungen, welche der Absicherung von Darlehen dienen, die zur Finanzierung der Anschaffungskosten eines der Einkünfteerzielung dienenden Immobilienobjekts aufgenommen werden, auch dann nicht als Werbungskosten bei den Einkünften aus Vermietung und Verpachtung zu berücksichtigen sind, wenn der Versicherungsvertragsabschluss durch das finanzierende Kreditinstitut vorgegeben war (BFH, Urteil v. 13.10.2015, IX R 35/14, NWB DokID: KAAAF-48792).

Zu 4.:

Sofern Kranken- und Pflegeversicherungen eine existenznotwendige Grundversorgung abdecken, sind die Beiträge der Höhe nach unbegrenzt abziehbar (§ 10 Abs. 1 Nr. 3 i.V. m. Abs. 4 EStG). Darüber hinausgehende Beitragsteile sind im Rahmen der Höchstbeträge der § 10 Abs. 4 und § 10 Abs. 4a EStG abziehbar. Bei Kindern, für die Kindergeld bzw. der Kinderfreibetrag gewährt wird, sind Beiträge zur Basiskranken- bzw. Pflegeversicherung selbst dann abziehbar, wenn die Kinder Versicherungsnehmer sind und eigene Beiträge leisten (§ 10 Abs. 1 Nr. 3 Satz 2 EStG). Da diese Beiträge nicht doppelt berücksichtigt werden dürfen, wird in R 10.4 Satz 4 EStR geregelt, dass die Berücksichtigung alternativ bei den Eltern oder beim Kind erfolgen kann.

Voll abziehbar damit:

Krankenversicherung (§ 10 Abs. 1 Nr. 3 Buchst. a EStG)	7.800 €
Pflegeversicherung (§ 10 Abs. 1 Nr. 3 Buchst. b EStG)	520 €
	8.320 €

Nach § 10 Abs. 1 Nr. 3a EStG zu berücksichtigen:

Krankenversicherung	800 €

Zu 5.:

Die Beiträge zur Berufshaftpflichtversicherung sind Betriebsausgaben (§ 4 Abs. 4 EStG). Privat-, Kfz- und Tierhaftpflichtversicherungen können als Sonderausgaben anerkannt werden, nicht jedoch die Beiträge zu sog. Sachversicherungen (hier Kaskoversicherung). Daher sind 650 € nach § 10 Abs. 1 Nr. 3a EStG zu berücksichtigen.

Zu 6.:

Als Sonderausgabe ist die im jeweiligen VZ gezahlte Kirchensteuer zu berücksichtigen. Es kommt dabei nicht darauf an, für welches Jahr die Kirchensteuer geleistet wird. Etwaige Erstattungen kürzen die Zahlungen. Damit können 1.550 € nach § 10 Abs. 1 Nr. 4 EStG anerkannt werden.

Zu 7.:

Aufwendungen für die erstmalige Berufsausbildung können gem. § 10 Abs. 1 Nr. 7 EStG bis zu maximal 6.000 € im Kalenderjahr als Sonderausgaben abgezogen werden. Das gilt nach R 10.9 Abs. 2 EStR auch für gestundete Studiengebühren, die erst nach Abschluss des Studiums gezahlt werden.

Zu 8.:

Gemäß § 10 Abs. 1 Nr. 9 EStG sind 30 % des Entgelts für den Besuch einer Schule in freier Trägerschaft oder einer überwiegend privat finanzierten Schule als Sonderausgaben abzugsfähig. Nicht zu dem i. H. v. 30 % abzugsfähigen Entgelt gehört aber das Entgelt, das für die Beherbergung, Betreuung und Verpflegung zu entrichten ist. Anzusetzen sind somit 30 % von 2.000 € = 600 €.

b) Zusammenstellung mit Höchstbetragsberechnung

Sonderausgaben sind in unbeschränkt abzugsfähige und beschränkt abzugsfähige Sonderausgaben zu unterscheiden.

Unbeschränkt abzugsfähig sind:

Basiskrankenversicherung	7.800 €
Pflegeversicherung	520 €
Kirchensteuer	1.550 €
Berufsausbildungskosten	6.000 €
Schulgeld	600 €
	16.470 €

Beschränkt abzugsfähig sind:

Kapitalversicherung	5.280 €
Risikolebensversicherung	600 €
übrige Krankenversicherung	800 €
Haftpflichtversicherungen	650 €
	7.330 €

Die beschränkt abzugsfähigen Versicherungsbeiträge könnten zusammen mit den Basiskranken- und Pflegeversicherungsbeiträgen nach § 10 Abs. 4 Satz 1 und 3 EStG lediglich bis zum Höchstbetrag von (2 × 2.800 € =) 5.600 € abgezogen werden. Da bereits die Basisversicherungen i. H.v. 8.320 € diesen Betrag überschreiten, greift die Regelung des § 10 Abs. 4 Satz 4 EStG.

Damit können Sonderausgaben i. H.v. 16.470 € berücksichtigt werden. Die beschränkt abzugsfähigen Vorsorgeaufwendungen wirken sich steuerlich nicht mehr aus.

FALL 60

Abzug von Kranken- und Pflegeversicherungsbeiträgen

Sachverhalt:

a) Die ledige A ist selbständig und privat krankenversichert. Ihr Krankenversicherungsbeitrag beträgt 2.500 €, von dem 10 % der Finanzierung von Komfortleistungen dienen. Für eine Pflegepflichtversicherung hat sie 200 € gezahlt und andere sonstige Vorsorgeaufwendungen i. H.v. 100 € getätigt.

b) Wie a), Frau A zahlt 5.000 € für ihre Krankenversicherung.

c) Der ledige Arbeitnehmer B hat Beiträge zur gesetzlichen Krankenversicherung i. H.v. 3.000 € und zur gesetzlichen Pflegeversicherung i. H.v. 400 € geleistet. Aufgrund der Krankenversicherung besteht auch ein Anspruch auf Krankengeld. Weiter erbringt er Beiträge zur Arbeitslosenversicherung mit 800 €.

d) Arbeitnehmer C ist von der Versicherungspflicht in der GKV befreit. Der Gesamtbeitrag zu seiner privaten Krankenversicherung beläuft sich auf 6.000 €, der zu 10 % auf Komfortleistungen entfällt. Seine Pflegeversicherung beläuft sich auf 800 €. Der steuerfreie Arbeitgeberzuschuss beträgt jeweils 50 %.

e) D ist alleinerziehender Vater zweier Kinder. Er ist selbständiger Gewerbetreibender. Er hat sich und seine beiden Kinder in einer privaten Krankenversicherung abgesichert. Hierfür zahlt er einen Jahresbeitrag von 9.000 € (davon entfallen 4.800 € auf seine und jeweils 2.100 € auf die Krankenversicherung der beiden Kinder). In seiner Krankenversicherung sind Komfortleistungen von 10 %, bei seinen Kindern jeweils von 8 % abgesichert. Für eine private Pflegepflichtversicherung hat er 480 € gezahlt und außerdem weitere sonstige Vorsorgeaufwendungen i. H. v. 600 € geleistet.

f) Wie e), zusätzlich wendet D 10.000 € jährlich für eine begünstigte Rürup-Rentenversicherung auf.

AUFGABE

Welcher Betrag kann jeweils als Vorsorgeaufwendungen im VZ 2021 berücksichtigt werden?

LÖSUNG

Durch das Gesetz zur verbesserten steuerlichen Berücksichtigung von Vorsorgeaufwendungen v. 16.7.2009 (BGBl 2009 I 1959) ist sichergestellt, dass ab dem 1.1.2010 die für eine Basiskranken- und Pflegeversicherung gezahlten Beiträge voll abziehbar sind.

Durch das Gesetz zur Anpassung der Abgabenordnung an den Zollkodex der Union und zur Änderung weiterer steuerlicher Vorschriften v. 22.12.2014 (BGBl 2014 I 2417) wurde u. a. § 10 EStG neu gefasst. In § 10 Abs. 3 Satz 1 EStG wird das Abzugsvolumen für Beiträge zugunsten einer Basisvorsorge im Alter dynamisch an den Höchstbetrag zur knappschaftlichen Rentenversicherung (West) gekoppelt. Dieser ergibt sich aus der von der Bundesregierung zu erlassenen Verordnung über maßgebende Rechengrößen der Sozialversicherung

für 2016:	Sozialversicherungs-Rechengrößenverordnung 2016 v. 30.11.2015 (BGBl 2015 I 2137)	91.800 €
für 2017:	Sozialversicherungs-Rechengrößenverordnung 2017 v. 28.11.2016 (BGBl 2016 I 2665)	94.200 €
für 2018:	Sozialversicherungs-Rechengrößenverordnung 2018 v. 16.11.2017 (BGBl 2017 I 3778)	96.000 €
für 2019:	Sozialversicherungs-Rechengrößenverordnung 2019 v. 27.11.2018 (BGBl 2018 I 2024)	98.400 €
für 2020:	Sozialversicherungs-Rechengrößenverordnung 2020 v. 17.12.2019 (BGBl 2019 I 2848)	101.400 €
für 2021	Sozialversicherungs-Rechengrößenverordnung 2021 v. 30.11.2020 (BGBl 2020 I 2612)	104.400 €

und der Verordnung zur Bestimmung der Beitragssätze in der gesetzlichen Rentenversicherung

für 2016: Bekanntmachung der Beitragssätze in der allgemeinen Rentenversicherung und der knappschaftlichen Rentenversicherung für das Jahr 2016 v. 23.11.2015 (BGBl 2015 I 2110)   24,8 %

für 2017: Bekanntmachung der Beitragssätze in der allgemeinen Rentenversicherung und der knappschaftlichen Rentenversicherung für das Jahr 2017 v. 17.11.2016 (BGBl 2016 I 2639)   24,8 %

für 2018: Beitragssatzverordnung 2018 v. 18.12.2017 (BGBl 2017 I 3976)   24,7 %

für 2019: Nach § 287 Abs. 1 SGB VI i. d. F. des Gesetzes über Leistungsverbesserungen und Stabilisierung in der gesetzlichen Rentenversicherung (RV-Leistungsverbesserungs- und –Stabilisierungsgesetz) v. 28.11.2018 (BGBl 2018 I 2016) beträgt der Beitragssatz für das Jahr 2019 in der knappschaftlichen Rentenversicherung   24,7 %

für 2020:   24,7 %

für 2021   24,7 %

unter Anwendung des jeweiligen Beitragssatzes auf die Beitragsbemessungsgrenze der knappschaftlichen Rentenversicherung (West). Für das Jahr 2016 ergibt sich somit ein Wert i. H. v. 22.767 € (91.800 € × 24,8 %), für das Jahr 2017 ein Wert i. H. v. 23.362 € (94.200 € × 24,8 %), für das Jahr 2018 ein Wert i. H. v. 23.712 € (96.000 € × 24,7 %), für das Jahr 2019 ein Wert i. H. v. 24.305 € (98.400 € × 24,7 %), für das Jahr 2020 ein Wert i. H. v. 25.045 € (101.400 € × 24,7 %) und für das Jahr 2021 ein Wert i. H. v. 25.787 € (104.400 € × 24,7%).

Zu a):

Beiträge zur Kranken- und Pflegeversicherung können – auch soweit die Beiträge über eine Basisversicherung hinausgehen – zusammen mit anderen Vorsorgeaufwendungen bis zum Höchstbetrag von 2.800 € berücksichtigt werden (§ 10 Abs. 4 Satz 1 EStG).

Beiträge zur Krankenversicherung	2.500 €
Beiträge zur Pflegepflichtversicherung	200 €
sonstige Vorsorgeaufwendungen	100 €
	2.800 €
Höchstbetrag	2.800 €
mindestens jedoch:	
Basiskrankenversicherung	2.250 €
Pflegepflichtversicherung	200 €
	2.450 €
anzusetzen ist der höhere Betrag, somit	2.800 €

Zu b):

Beiträge zur Krankenversicherung	5.000 €
Beiträge zur Pflegepflichtversicherung	200 €
sonstige Vorsorgeaufwendungen	100 €
	5.300 €

Höchstbetrag		2.800 €
mindestens jedoch:		
Basiskrankenversicherung	4.500 €	
Pflegepflichtversicherung	200 €	
	4.700 €	
anzusetzen ist der höhere Betrag, somit		4.700 €

Zu c):

Versicherte in der gesetzlichen Krankenversicherung können ihre Beiträge mit Ausnahme der Beitragsanteile, die auf einen Krankengeldanspruch entfallen, in voller Höhe absetzen.

Die Eliminierung des Krankengeldanteils erfolgt bei der GKV nach § 10 Abs. 1 Nr. 3 Buchst. a Satz 4 EStG pauschal mit 4 %.

Beiträge zur Krankenversicherung		3.000 €
Beiträge zur Pflegepflichtversicherung		400 €
Beiträge zur Arbeitslosenversicherung		800 €
		4.200 €
Höchstbetrag nach § 10 Abs. 4 Satz 2 EStG		1.900 €
mindestens jedoch:		
Beiträge zur Krankenversicherung	3.000 €	
Kürzung um 4 %	120 €	
	2.880 €	
Beiträge zur Pflegepflichtversicherung	400 €	
	3.280 €	
anzusetzen ist der höhere Betrag, somit		3.280 €

Zu d):

Gesamtbeitrag PKV	6.000 €	
davon Komfortleistungen	600 €	
Basisabsicherung Krankenversicherung		5.400 €
abzgl. steuerfreier Arbeitgeberanteil		3.000 €
		2.400 €
Pflegepflichtversicherung AN-Anteil		400 €
anzusetzen als Sonderausgaben		2.800 €

Der Arbeitgeberzuschuss mindert in vollem Umfang den Beitrag zur Basisabsicherung (BMF v. 24.5.2017, BStBl 2017 I 820, Rz. 115).

Das FG Hamburg hat mit Urteil v. 21.9.2012 (3 K 144/11, EFG 2013, 26, rkr.) entschieden, dass die Verminderung des Sonderausgabenabzugs für die private Krankenversicherung der Basisversorgung um die Arbeitgeberzuschüsse auch insoweit verfassungsgemäß ist, als diese auf die Komfortversorgung entfallen (§ 10 Abs. 2 Satz 1 Nr. 1 Halbsatz 2 EStG). Auch das FG Nürnberg hielt mit Urteil v. 16.1.2013 (3 K 974/11, EFG 2013, 843, rkr.) die Berechnung des Sonderausgabenabzugs des § 10 Abs. 1 i. V. m. Abs. 2 Nr. 1 i. V. m. Abs. 4 EStG für nicht verfassungswidrig. Mit Urteil v. 2.9.2014 (IX R 43/13, BStBl 2015 II 257) bestätigt der BFH die Finanzgerichtsrechtsprechung, indem er feststellt, dass ein steuerfreier Zuschuss nach § 10 Abs. 2 Satz 1 Nr. 1 Halbsatz 2 EStG ausschließlich mit den Beiträgen für die Basisleistungen i. S. d. § 10 Abs. 1 Nr. 3 EStG zu verrechnen ist. Die steuerfreien Zuschüsse sind nicht auf die Beitragsanteile für Basisleistungen i. S. d. § 10 Abs. 1 Nr. 3 EStG und für Zusatzleistungen i. S. d. § 10 Abs. 1 Nr. 3a EStG aufzuteilen.

zu e):

Krankenversicherung	9.000 €	
Pflegepflichtversicherung	480 €	
sonstige Vorsorgeaufwendungen	600 €	
	10.080 €	
Höchstbetrag gem. § 10 Abs. 4 Satz 1 EStG		2.800 €
mindestens jedoch:		
Krankenversicherung für D	4.800 €	
Kürzung Komfortleistungen (10 %)	- 480 €	
Krankenversicherung für Kinder	4.200 €	
Kürzung Komfortleistungen (8 %)	- 336 €	
Pflegepflichtversicherung	480 €	
	8.664 €	
Abzugsbetrag gem. § 10 Abs. 4 Satz 4 EStG		8.664 €

Als Vorsorgeaufwendungen sind 8.664 € abzuziehen.

zu f):

Basisversorgung § 10 Abs. 1 Nr. 2 EStG	10.000 €	
Höchstbetrag (§ 10 Abs. 3 Satz 1 EStG) 2021	25.787 €	
92 % des geringeren Betrages (§ 10 Abs. 3 Satz 4 und 6 EStG)	9.200 €	
Abzugsbetrag gem. § 10 Abs. 3 EStG		9.200 €
Abzugsbetrag gem. § 10 Abs. 4 EStG wie unter e)		8.664 €
Summe Abzugsbetrag		17.864 €

Die Günstigerprüfung nach § 10 Abs. 4a EStG galt bis zum VZ 2019 und entfällt für Veranlagungszeiträume ab 2020. Damit ist ein Betrag von 17.864 € abzugsfähig.

FALL 61

Beitragsrückerstattungen bei privater Krankenversicherung

Sachverhalt:

Der alleinstehende A, privat krankenversichert, hat im Jahr 01 einen Gesamtbetrag der Einkünfte i. H. v. 80.000 € erzielt. Sein Grenzsteuersatz soll in den Jahren 01 und 02 40 % betragen. Im Jahr 01 sind bei ihm 1.000 € Arztkosten angefallen. Nach den Vertragsbedingungen seiner Krankenversicherung ergeben sich folgende Alternativen:

a) Bei Einreichung der Arztrechnungen werden die Aufwendungen zu 100 % erstattet. Eine Selbstbeteiligung hat A nicht vereinbart.

b) Falls A 01 keine Leistungen der Krankenkasse in Anspruch nimmt, wird ihm 02 eine Beitragsrückerstattung i. H. v. 1.200 € gezahlt, die sich in voller Höhe auf die Basisabsicherung bezieht.

AUFGABE

Welche Alternative ist für A günstiger?

LÖSUNG

Da sich Krankenversicherungsbeiträge in der Vergangenheit in der Regel nicht in voller Höhe steuermindernd ausgewirkt haben, wurden Beitragserstattungen keine allzu große Bedeutung beigemessen. Ab 2010 steigt die praktische Relevanz der Erstattungen jedoch erheblich an, da die Beiträge zu einer Basiskrankenversicherung unbegrenzt angesetzt werden können. Werden gezahlte Beiträge in einem späteren VZ erstattet, mindern diese die im Jahr der Erstattung anzusetzenden Beträge (§ 10 Abs. 4b Satz 2 und 3 EStG).

Während es im vorliegenden Fall bis 2009 grundsätzlich günstiger war, die Beitragsrückerstattung in Anspruch zu nehmen, ist ab 2010 zu berücksichtigen, dass im Erstattungsjahr die steuerwirksamen Sonderausgaben um 1.200 € zu reduzieren sind. Damit ergibt sich eine um 480 € höhere Steuerbelastung. Andererseits wirken sich wegen der zumutbaren Eigenbelastung aber die Arztkosten nicht steuermindernd aus.

a)	Entstandene Arztkosten		1.000 €
	Erstattung durch Krankenkasse		1.000 €
	Wirtschaftliche Belastung		**0 €**
b)	Entstandene Arztkosten		./. 1.000 €
	Beitragsrückerstattung	+ 1.200 €	
	Steuerbelastung hierauf	./. 480 €	
		+ 720 €	+ 720 €
	Wirtschaftliche Belastung		**280 €**

Eine Steuerentlastung durch die Berücksichtigung als außergewöhnliche Belastung ergibt sich nicht.

Es ist daher vorteilhafter, die Arztrechnungen bei der Krankenkasse einzureichen. Etwas anderes kann jedoch gelten, wenn die berücksichtigungsfähigen Kranken- und Pflegeversicherungsbeiträge nach Abzug der Beitragsrückerstattung die Höchstgrenzen der sonstigen Vorsorgeaufwendungen (1.900 € bzw. 2.800 €) unterschreiten; in diesem Fall ergibt sich ein größerer Spielraum für die Berücksichtigung von weiteren sonstigen Vorsorgeaufwendungen.

Bei einer Kontrollrechnung zur Prüfung der Inanspruchnahme von Beitragsrückerstattungen ist ferner zu beachten, dass die Finanzverwaltung Arztkosten auch bei Überschreiten der zumutbaren Belastung mangels Zwangsläufigkeit nicht als außergewöhnliche Belastungen nach § 33 Abs. 1 EStG anerkennen möchte, falls die Versicherungsmöglichkeit nicht wahrgenommen wird (R 33.2 EStR).

FALL 62

Höchstbetragsberechnung und Günstigerprüfung

Sachverhalt:

1. Lediger Arbeitnehmer, pflichtversichert

Der ledige, kinderlose Arbeitnehmer A erzielt einen Bruttoarbeitslohn i. H. v. 40.000 €. Seine jährlichen Beiträge zur gesetzlichen Rentenversicherung betragen 3.720 €, zur gesetzlichen Krankenversicherung (einschließlich Anspruch auf Krankengeldzahlung) betragen 3.320 € und zur gesetzlichen Pflegeversicherung 510 € (nicht kinderlos). Der Arbeitnehmeranteil für die Arbeitslosenversicherung beläuft sich auf 600 €. Für eine Haftpflichtversicherung sind 500 € angefallen.

2. Lediger Arbeitnehmer mit Basisrentenvertrag

Arbeitnehmer A in Beispiel 1 hat zusätzlich noch einen Basisrentenvertrag i. S. d. § 10 Abs. 1 Nr. 2 Buchst. b EStG abgeschlossen und dort Beiträge i. H. v. 4.000 € eingezahlt.

3. Lediger Beamter

Ein lediger Beamter zahlt 4.000 € in einen begünstigten Basisrentenvertrag i. S. d. § 10 Abs. 1 Nr. 2 Buchst. b EStG, um zusätzlich zu seinem Pensionsanspruch eine Altersversorgung zu erwerben. Seine Einnahmen aus dem Beamtenverhältnis betragen 52.910 €. Für eine Haftpflicht- und Unfallversicherung zahlt er insgesamt 800 €. Für die private Basiskranken- und Pflegeversicherung wendet der Ehemann laut Mitteilung der Versicherung insgesamt 3.000 € und für Zusatzleistungen insgesamt 600 € auf.

4. Arbeitnehmer, verheiratet, ein Kind, pflichtversichert

Die Eheleute B und C haben ein Kind. Herr B erzielt einen Bruttoarbeitslohn von 44.000 €. Er ist in der gesetzlichen Kranken- und Rentenversicherung pflichtversichert, seine Familie ist in der gesetzlichen Krankenversicherung beitragsfrei mitversichert. Der Tarif sieht auch eine Krankengeldzahlung vor. Die jährlichen Beiträge zur gesetzlichen Krankenversicherung betragen 3.652 € und zur gesetzlichen Pflegeversicherung 561 €. Die Eheleute haben außerdem weitere Vorsorgeaufwendungen (Arbeitslosen-, Haftpflicht- und Unfallversicherung) i. H. v. 1.200 € geleistet.

5. **Selbständiger, alleinerziehend, zwei Kinder**

   D ist alleinerziehender Vater zweier Kinder. Er ist selbständiger Gewerbetreibender. Er hat sich und seine beiden Kinder in einer privaten Krankenversicherung abgesichert. Hierfür zahlt er einen Jahresbeitrag von 9.000 € (davon entfallen 4.800 € auf seine und jeweils 2.100 € auf die Krankenversicherung der beiden Kinder). In seiner Krankenversicherung sind Komfortleistungen von 10 %, bei seinen Kindern jeweils von 8 % abgesichert. Für seine private Pflegepflichtversicherung hat er 480 € gezahlt und außerdem weitere sonstige Vorsorgeaufwendungen i. H. v. 600 € geleistet.

6. **Selbständiger, alleinstehend, Basisversorgung**

   E ist selbständiger Gewerbetreibender und erzielt hieraus einen Gewinn von 50.000 €. Er ist ledig und kinderlos. Weitere Einkünfte hat er nicht. E hat sich in einer privaten Krankenversicherung versichert, für die er einen Jahresbeitrag von 5.000 € zahlt. In seiner Krankenversicherung sind Komfortleistungen von 20 % abgesichert. Für die private Pflegepflichtversicherung hat er 520 € gezahlt. Außerdem hat er Beiträge für eine vor dem 1.1.2005 abgeschlossene Kapitallebensversicherung i. H. v. 4.800 € geleistet. Zusätzlich wendet er 6.000 € für eine begünstigte Rürup-Rentenversicherung auf.

AUFGABE

Welcher Betrag kann jeweils bei der Veranlagung 2021 als Vorsorgeaufwendungen berücksichtigt werden? Bei der Berechnung soll ein Beitragssatz zur allgemeinen Rentenversicherung i. H. v. 18,6 % herangezogen werden. Die Beitragsbemessungsgrenzen in der gesetzlichen Rentenversicherung betragen im Kalenderjahr 2021 85.200 € (West) und 80.400 € (Ost). Die Beitragsbemessungsgrenze in der knappschaftlichen Rentenversicherung beträgt 104.400 € und der Beitragssatz dafür 24,7 %.

LÖSUNG

Zu 1.: Lediger Arbeitnehmer, pflichtversichert

Basisversorgung

AN-Anteil RV (18,6 % von 40.000 € = 7.440 €, davon die Hälfte)	3.720 €	
AG-Anteil RV	3.720 €	
Vorsorgeaufwendungen	7.440 €	
davon 92 % (max. aus 25.787 €) nach § 10 Abs. 3 Satz 4 und 6 EStG	6.844 €	
abzüglich steuerfreier AG-Anteil (§ 10 Abs. 3 Satz 5 EStG)	3.720 €	
abzugsfähig nach § 10 Abs. 3 EStG	3.124 €	3.124 €

sonstige Vorsorgeaufwendungen

Krankenversicherung	3.320 €
Pflegeversicherung	510 €
Arbeitslosenversicherung	600 €
Haftpflichtversicherung	500 €
	4.930 €
Höchstbetrag nach § 10 Abs. 4 Satz 2 EStG	1.900 €
Mindestens jedoch:	
Krankenversicherung	3.320 €
abzüglich 4 % (Krankengeld)	./. 132 €
Pflegeversicherung	510 €
Summe Basisabsicherung	3.698 €

abzugsfähig nach § 10 Abs. 4 Satz 4 EStG		3.698 €
Summe Abzugsbetrag § 10 Abs. 3 und 4 EStG		6.822 €

A kann insgesamt also Vorsorgeaufwendungen i. H. v. 6.822 € geltend machen.

Zu 2.: Lediger Arbeitnehmer mit Basisrentenvertrag

Basisversorgung

AN-Anteil RV	3.720 €	
AG-Anteil RV	3.720 €	
Basisrentenvertrag	4.000 €	
Vorsorgeaufwendungen	11.440 €	
davon 92 % (max. aus 25.787 €)	10.524 €	
abzüglich steuerfreier AG-Anteil	3.720 €	
abzugsfähig nach § 10 Abs. 3 EStG	6.804 €	6.804 €

Zusammen mit dem steuerfreien Arbeitergeberbeitrag werden damit Altersvorsorgeaufwendungen i. H. v. 10.524 € von der Besteuerung freigestellt. Dies entspricht 92 % der insgesamt geleisteten Beiträge. Die Abzugsfähigkeit der sonstigen Vorsorgeaufwendungen errechnet sich wie in Beispiel 1.

A kann Vorsorgeaufwendungen i. H. v. 6.804 € geltend machen.

Zu 3.: Lediger Beamter

Basisrentenvertrag		4.000 €
Höchstbetrag	25.787 €	
Kürzung nach § 10a Abs. 3 Satz 3 EStG 18,6 % von 52.910 € *)	9.841 €	
gekürzter Höchstbetrag		15.946 €

92 % des geringeren Betrags		3.680 €
Basisvorsorgeaufwendungen lt. Versicherung	3.000 €	
sonstige Vorsorgeaufwendungen (Haftpflicht-, Unfallversicherung und Zusatzleistungen	1.400 €	
Höchstbetrag nach § 10 Abs. 4 Satz 2 EStG	1.900 €	
abzugsfähig nach § 10 Abs. 4 EStG		3.000 €

*) Die Kürzung des Höchstbetrags ist höchstens bis zum Betrag in der Beitragsbemessungsgrenze (Ost) in der allgemeinen Rentenversicherung vorzunehmen (BMF v. 24.5.2017, BStBl 2017 I 820, Rz. 61 bis 64).

Der Beamte kann daher insgesamt einen Betrag i. H. v. 6.680 € geltend machen.

Zu 4.: Arbeitnehmer, verheiratet, ein Kind, pflichtversichert

Basisversorgung		
AN-Anteil RV (18,6 % von 44.000 € = 8.184 € : 2)	4.092 €	
AG-Anteil RV	4.092 €	
	8.184 €	
davon 92 % (max. aus 51.574 €; § 10 Abs. 3 Satz 1 und 2 EStG)	7.530 €	
abzüglich steuerfreier AG-Anteil	4.092 €	
abzugsfähig nach § 10 Abs. 3 EStG		3.438 €
sonstige Vorsorgeaufwendungen		
Krankenversicherung	3.652 €	
Pflegeversicherung	561 €	
Arbeitslosenversicherung, Haftpflichtversicherung lt. Sachverhalt	1.200 €	
	5.413 €	
Höchstbetrag (1.900 € × 2) nach § 10 Abs. 4 Satz 2 EStG	3.800 €	
Mindestens jedoch:		
Krankenversicherung	3.652 €	
abzüglich 4 % (Krankengeld)	./. 146 €	
Pflegeversicherung	561 €	
Summe Basisabsicherung	4.067 €	
abzugsfähig nach § 10 Abs. 4 Satz 4 EStG		4.067 €
Summe Abzugsbetrag § 10 Abs. 3 und 4 EStG		7.505 €

Die Eheleute können Vorsorgeaufwendungen i. H. v. 7.505 € abziehen.

Zu 5.: Selbständiger, alleinerziehend, zwei Kinder

Krankenversicherung	9.000 €	
Pflegepflichtversicherung	480 €	
sonstige Vorsorgeaufwendungen	600 €	
	10.080 €	
Höchstbetrag nach § 10 Abs. 4 Satz 1 EStG		2.800 €

Mindestens jedoch:

Krankenversicherung für D	4.800 €	
Kürzung Komfortleistungen (10 %)	./. 480 €	4.320 €
Krankenversicherung für Kinder	4.200 €	
Kürzung Komfortleistungen (8 %)	./. 336 €	3.864 €
Pflegepflichtversicherung		480 €
		8.664 €
Abzugsbetrag gem. § 10 Abs. 4 Satz 4 EStG		8.664 €

Als Vorsorgeaufwendungen sind 8.664 € abzuziehen.

Zu 6.: Selbständiger, alleinstehend, Basisversorgung

Basisversorgung		
Basisrentenvertrag (§ 10 Abs. 1 Nr. 2 Buchst. b Doppelbuchst. aa EStG)	6.000 €	
Höchstbetrag 2021	25.787 €	
zu berücksichtigen sind 92 % des geringeren Betrages	5.520 €	
abzugsfähig nach § 10 Abs. 3 EStG		5.520 €
sonstige Vorsorgeaufwendungen		
Krankenversicherung	5.000 €	
Pflegepflichtversicherung	520 €	
Kapitallebensversicherung (88 %)	4.224 €	
Summe	9.744 €	
Höchstbetrag nach § 10 Abs. 4 Satz 1 EStG	2.800 €	

Mindestens jedoch:

Krankenversicherung	5.000 €	
Kürzung Komfortleistungen (20 %)	./. 1.000 €	
Pflegepflichtversicherung	520 €	
	4.520 €	
Abzugsbetrag nach § 10 Abs. 4 Satz 4 EStG		4.520 €
Summe Abzugsbetrag § 10 Abs. 3 und 4 EStG		10.040 €

Damit kann E Vorsorgeaufwendungen i. H. v. 10.040 € abziehen.

FALL 63

Vorauszahlungen von Basiskrankenversicherungsbeiträgen

Sachverhalt:

a) Der Basiskrankenversicherungsschutz des A beträgt jährlich 6.000 €. Im Jahr 01 zahlt A neben dem laufenden Jahresbeitrag nochmals 30.000 € an seine Versicherungsgesellschaft, um einen Versicherungsschutz für die nächsten fünf Jahre zu erhalten.

b) B bekommt von seiner Versicherungsgesellschaft ein Angebot, dass gegen Zahlung von 20.000 € die Krankenversicherung ab dem 65. Lebensjahr um monatlich 300 € gesenkt wird. B zahlt daher im Jahr 01 20.000 € in einem Betrag.

AUFGABE

Wie sind die Vorauszahlungen zu behandeln?

LÖSUNG

Zu a):

Beiträge sind grundsätzlich in dem VZ zu berücksichtigen, in dem sie geleistet werden. Nach der Sonderregelung des § 10 Abs. 1 Nr. 3 Satz 4 EStG sind die für zukünftige Beitragsjahre geleisteten Beiträge jedoch in dem VZ zu berücksichtigen, für den sie geleistet wurden, sofern sie das Zweieinhalbfache eines Jahresbeitrags überschreiten. Dabei ist das Vorauszahlungsvolumen jenen VZ zuzuordnen, die zeitlich am nächsten am Kalenderjahr der Zahlung liegen.

Das zulässige Vorauszahlungsvolumen ist mit 2,5 × 6.000 € = 15.000 € zu bemessen. Zur Ermittlung des zulässigen Vorauszahlungsvolumens s. das BMF-Schreiben v. 24.5.2017 (BStBl 2017 I 820, Tz. 134 ff.).

Zulässiges Vorauszahlungsvolumen 01

Zulässiges Vorauszahlungsvolumen 01:	Summe der geleisteten Beitragsvorauszahlungen:
Für den VZ vertraglich geschuldete Beiträge (nicht tatsächlich gezahlte Beiträge) jeweils gesondert für Basis-Kranken- und -Pflegeversicherung: 6.000 €	Sämtliche im VZ abgeflossenen Basiskranken- bzw. gesetzlichen Pflegeversicherungsbeiträge – jeweils gesondert – die für nach dem VZ beginnende Beitragsjahre geleistet werden. Nicht in die Summe der geleisteten Beitragsvorauszahlungen einzubeziehen sind jedoch jene im VZ abgeflossenen Beiträge, die wegen § 11 Abs. 2 Satz 2 EStG erst im folgenden VZ anzusetzen sind. Diese sind in keinem VZ Beitragsvorauszahlungen.
6.000 € × 2,5 = 15.000 € = Zulässiges Vorauszahlungsvolumen	30.000 €. Vergleich mit dem zulässigen Vorauszahlungsvolumen
Summe der geleisteten Vorauszahlungen 30.000 € > zulässiges Vorauszahlungsvolumen von 15.000 €:	
§ 10 Abs. 1 Nr. 3 Satz 4 EStG ist anzuwenden (BMF v. 24.5.2017, BStBl 2017 I 820, Rz. 134 ff.):	
Der das zulässige Vorauszahlungsvolumen nicht übersteigende Teil der Beitragsvorauszahlungen ist im VZ des Abflusses abziehbar (§ 11 Abs. 2 Satz 1 EStG); § 11 Abs. 2 Satz 2 EStG bleibt unberührt.	Der verbleibende, das zulässige Vorauszahlungsvolumen übersteigende Teil der Summe der im Veranlagungszeitraum geleisteten Beitragsvorauszahlungen ist den Zeiträumen, für die die Beitragsvorauszahlungen geleistet wurden, gemäß ihrer zeitlichen Abfolge zuzuordnen und in dem betreffenden VZ anzusetzen.

Kj. 01		Kj. 02	Kj. 03	Kj. 04	Kj. 05
Laufende Beiträge:	6.000 €				
Geleistete Vorauszahlungen:	30.000 €				
Zulässiges Vorauszahlungsvolumen: 15.000 €	15.000 €				
Der in 01 absetzbare Teil der Vorauszahlungen i. H. v. 15.000 € ist den Kj. 02, 03 und zur Hälfte 04 zuzuordnen.		6.000 €	6.000 €	3.000 €	
Im Kj. 01 zu berücksichtigen:	21.000 €				
Übersteigender Teil: 15.000 €					
Der verbleibende Betrag i. H. v. 15.000 € ist mit 3.000 € in 04 und mit jeweils 6.000 € in 05 und 06 anzusetzen.				3.000 €	6.000 €

Zu b):

Die Sonderregelung gilt nicht für Beiträge, soweit sie der unbefristeten Beitragsminderung nach Vollendung des 62. Lebensjahrs dienen. B kann die vollen 20.000 € als Sonderausgaben in 01 geltend machen (BMF v. 24.5.2017, BStBl 2017 I 820, Rz. 135).

FALL 64

Steuerersparnis durch Vorauszahlungen von Krankenversicherungsbeiträgen

Sachverhalt:

Die verheirateten Steuerpflichtigen A und B sind beide als Freiberufler tätig. Ihre jährlichen Aufwendungen zur Basiskranken- und Pflegeversicherung belaufen sich auf 5.400 €. Die Aufwendungen für weitere Versicherungen i.S.d. § 10 Abs. 1 Nr. 3a EStG betragen bei den Eheleuten 7.000 € im Jahr.

AUFGABE

Welche Steuerersparnis ergibt sich bei einem Steuersatz von 40 %, wenn im Jahr 2020 das maximale Vorauszahlungsvolumen geleistet wird?

LÖSUNG

Ohne Berücksichtigung von Vorauszahlungen betragen die abzugsfähigen sonstigen Vorsorgeaufwendungen nach § 10 Abs. 4 EStG (2 × 2.800 € =) 5.600 € jährlich. Das maximale Vorauszahlungsvolumen für die Basisversicherungen beläuft sich auf (5.400 € × 2,5 =) 13.500 €, so dass unter Berücksichtigung von Vorauszahlungen im Jahr 2020 ein Betrag von 18.900 € (Basisversicherung 2020 5.400 € zuzüglich Vorauszahlungen 13.500 €) berücksichtigt werden kann.

Die Besonderheit ist dadurch begründet, dass der Höchstbetrag des § 10 Abs. 4 EStG nun für die übrigen Versicherungen zur Verfügung steht.

Kalenderjahr	ohne Vorauszahlungen	mit Vorauszahlungen
2020	5.600 €	18.900 €
2021	5.600 €	5.600 €
2022	5.600 €	5.600 €
2023	5.600 €	5.600 €
Summe	22.400 €	35.700 €

Damit beträgt die Steuerersparnis 40 % des Unterschiedsbetrages i.H.v. 13.300 €, somit also 5.320 €.

Vorauszahlungen und regelmäßig wiederkehrende Zahlungen

Sachverhalt:

a) X leistet am 29.12.2017 die Beiträge zu seiner Basiskranken- und Pflegeversicherung für die Jahre 2018 bis 2021 in einer Summe. Der regelmäßig zum Jahresende des Vorjahres geleistete Jahresbeitrag i. H. v. 4.000 € ist für das Jahr 2018 am 1.1.2018 fällig.

b) X zahlt regelmäßig zum Monatsende den für den Folgemonat geschuldeten Beitrag i. H. v. 300 €. Der Beitrag ist jeweils am ersten Tag des Monats fällig. Am 29.12.2017 leistet er die Beiträge für die Jahre 2018 bis 2021 im Voraus.

In welchen Jahren können die geleisteten Beiträge jeweils angesetzt werden?

Zu a):

Bei der Planung möglicher Vorauszahlungen ist zu beachten, dass die Regelung des § 10 Abs. 1 Nr. 3 Satz 4 EStG keine Auswirkung auf die Anwendung des § 11 Abs. 2 Satz 2 i. V. m. Abs. 1 Satz 2 EStG hat (BMF v. 24.5.2017, BStBl 2017 I 820 Rz. 153 ff.). Die kurze Zeit vor Beginn des Kalenderjahres geleisteten Beiträge für 2018 sind keine Beitragsvorauszahlungen, da sie im VZ 2018 zu berücksichtigen sind. Die Summe der Beitragsvorauszahlungen ist vielmehr aus den Beiträgen für die Jahre 2019 bis 2021 zu bilden und beläuft sich auf 12.000 €. Ein Teilbetrag i. H. v. 10.000 € (2,5 × 4.000 €) ist im Jahr 2017 anzusetzen. Der das zulässige Vorauszahlungsvolumen überschreitende Betrag von 2.000 € ist im VZ 2021 zu berücksichtigen.

Zu b):

Der Beitrag für Januar 2018 ist nach der Regelung in § 11 Abs. 2 Satz 2 i. V. m. Abs. 1 Satz 2 EStG abweichend vom Zahlungsjahr 2017 im Jahr 2018 zu berücksichtigen. Die Summe der geleisteten Beitragsvorauszahlungen (Februar bis Dezember 2018: 3.300 € und 2019 bis 2021 jeweils 3.600 €) beträgt 14.100 € und überschreitet damit das zulässige Vorauszahlungsvolumen von 9.000 € um 5.100 €. Die Beiträge für Februar 2018 bis Juli 2020 können daher als Sonderausgaben im Jahr 2017 angesetzt werden. Der das Vorauszahlungsvolumen übersteigende Betrag ist mit 1.500 € im Jahr 2020 und mit 3.600 € im Jahr 2021 als Sonderausgaben zu berücksichtigen (s. a. das Beispiel 4 in Rz. 158 des BMF-Schreibens v. 24.5.2017, BStBl 2017 I 820).

Erstattung von Sonderausgaben ab VZ 2012

Sachverhalt:

a) Der Steuerpflichtige Z zahlt für eine Haftpflichtversicherung 300 € und erhält eine Erstattung von 400 €. Außerdem zahlt er für eine Unfallversicherung 200 €.

b) Der Steuerpflichtige Z zahlt für eine Haftpflichtversicherung 350 € und erhält eine Erstattung von 600 €. Außerdem zahlt er eine Unfallversicherung von 150 €.

c) Der Steuerpflichtige Z zahlt Krankenversicherungsbeiträge gem. § 10 Abs. 1 Nr. 3 Buchst. a EStG (1.000 €), Pflegeversicherungsbeiträge gem. § 10 Abs. 1 Nr. 3 Buchst. b EStG (400 €) und Kirchensteuer i. H. v. 2.000 €. Gleichzeitig erhält er Erstattungszahlungen für Aufwendungen des Vorjahres:

Krankenversicherung	800 €
Pflegeversicherung	600 €
Kirchensteuer	7.000 €

Wie sind die Erstattungsleistungen zu behandeln?

Mit Wirkung ab 2012 ist § 10 Abs. 4b EStG in das Gesetz eingefügt worden. Danach sind bei Sonderausgaben nach § 10 Abs. 1 Nr. 2 bis 3a EStG Erstattungen, die die im jeweiligen VZ geleisteten Aufwendungen übersteigen, mit anderen im Rahmen der jeweiligen Nummer anzusetzenden Aufwendungen zu verrechnen. Ein Erstattungsüberhang in den Fällen des § 10 Abs. 1 Nr. 3 und 4 EStG ist dem Gesamtbetrag der Einkünfte hinzuzurechnen.

Zu a):

Beide Versicherungen fallen unter § 10 Abs. 1 Nr. 3a EStG. Der Erstattungsüberhang bei der Haftpflichtversicherung mit 100 € ist daher mit den Aufwendungen für die Unfallversicherung zu verrechnen. Damit ergeben sich Sonderausgaben i. H. v. 100 €.

Zu b):

Beide Versicherungen fallen unter § 10 Abs. 1 Nr. 3a EStG. Der Erstattungsüberhang bei der Haftpflichtversicherung mit 250 € ist daher mit den Aufwendungen für die Unfallversicherung zu verrechnen. Damit ergibt sich insgesamt ein Erstattungsüberhang i. H. v. 100 €. Dieser ist mit den Aufwendungen in dem Jahr zu verrechnen, in dem die Aufwendungen ursprünglich geltend gemacht wurden (BMF v. 24.5.2017, BStBl 2017 I 820, Rz. 203 und 204).

Zu c):

Der Erstattungsbetrag der Krankenversicherung ist mit den geleisteten Krankenversicherungsbeiträgen zu verrechnen. Bei der Pflegeversicherung ergibt sich ein Erstattungsüberhang i. H. v. 200 €. Dieser ist mit Aufwendungen der gleichen Nummer zu verrechnen, so dass sich bei § 10 Abs. 1 Nr. 3 EStG ein Saldo von Null ergibt. Der Erstattungsüberhang bei der Kirchensteuer i. H. v. 5.000 € ist gem. § 10 Abs. 4b Satz 3 EStG dem Gesamtbetrag der Einkünfte des laufenden Veranlagungszeitraums hinzuzurechnen. Eine Änderung gem. § 175 Abs. 1 Satz 1 Nr. 2 AO mit dem Ziel, den Sonderausgabenabzug im Zahlungsjahr um den Erstattungsüberhang zu mindern, ist in diesen Fällen nicht mehr möglich (Beispiel in Rz. 204 des BMF-Schreibens v. 24.5.2017, BStBl 2017 I 820).

FALL 67

Erstattungsüberhang durch steuerfreie Zuschüsse

Sachverhalt:

Der privat krankenversicherte Arbeitnehmer A entrichtete im VZ 2018 Krankenversicherungsbeiträge für das Jahr 2018 i. H. v. 5.000 € sowie Beiträge zur Pflegeversicherung i. H. v. 500 €. Am 2.12.2018 zahlte A die gesamten Beiträge für das Jahr 2019 ebenfalls i. H. v. 5.500 € im Voraus. In den Jahresbeträgen zur Krankenversicherung ist jeweils ein Betrag von 600 € für Wahlleistungen enthalten. A erhielt in den Jahren 2018 und 2019 einen steuerfreien Arbeitgeberzuschuss zur Krankenversicherung i. H. v. jeweils 2.500 €.

AUFGABE

In welcher Höhe sind die Beiträge zur Basiskranken- und Pflegeversicherung in den Jahren 2018 und 2019 steuerlich zu berücksichtigen?

LÖSUNG

Neben den Beiträgen zur Basiskrankenversicherung 2018 i. H. v. 4.400 € und zur Pflegeversicherung 2018 i. H. v. 500 € kann A auch die Beitragsvorauszahlungen für das Jahr 2019 im Zahlungsjahr steuermindernd geltend machen. Allerdings sind die im VZ 2018 geleisteten Aufwendungen i. H. v. 8.800 € und 1.000 € um den steuerfreien Arbeitgeberzuschuss zur Krankenversicherung im Betrag von 2.500 € zu kürzen (BMF v. 24.5.2017, BStBl 2017 I 820, Rz. 115).

Der steuerfreie Arbeitgeberzuschuss im VZ 2019 führt mangels dort geleisteter Beiträge zur Basis- und Pflegeversicherung zu einem Erstattungsüberhang bei den Vorsorgeaufwendungen i. S. d. § 10 Abs. 1 Nr. 3 EStG i. H. v. 2.500 €. Dieser Erstattungsüberhang ist nach § 10 Abs. 4b Satz 3 EStG dem Gesamtbetrag der Einkünfte 2019 hinzuzurechnen.

Einzelveranlagung und Vorsorgeaufwendungen

Sachverhalt:

a) A und B sind miteinander verheiratet. Ehefrau B ist die leibliche Mutter des Kindes K. K ist selbst Versicherungsnehmer seiner Kranken- und Pflegeversicherung im Betrag von 800 €. Im Rahmen der Unterhaltspflicht werden die Beiträge von B i.H.v. 80 % und vom Kindsvater C zu 20 % wirtschaftlich getragen.

b) Ehemann A ist selbständig tätig und privat versichert. Er leistet für seine Basiskrankenversicherung einen Jahresbeitrag i.H.v. 4.000 €. Seine Ehefrau B ist Beamtin und ebenfalls privat versichert. Der von B zu leistende Jahresbeitrag zur Basiskrankenversicherung beträgt 1.200 €.

AUFGABE

Welche abzugsfähigen Beträge ergeben sich, wenn A und B jeweils die Einzelveranlagung beantragen, wobei § 26a Abs. 2 Satz 2 EStG Anwendung finden soll.

LÖSUNG

Zu a):

Nach der Vorschrift des § 10 Abs. 1 Nr. 3 Satz 2 EStG werden bei B 80 % und bei C 20 % der für K getragenen Beiträge wie eigene Beiträge behandelt. Nach der Verteilungsregelung des § 26a Abs. 2 Satz 2 EStG werden bei A und B sämtliche Sonderausgaben jeweils hälftig abgezogen. Dass bei A keine Unterhaltsverpflichtung gegenüber K besteht, ist für die Verteilung durch § 26a Abs. 2 Satz 2 EStG ohne Belang. Damit kann bei A und B jeweils ein Betrag i.H.v. 320 € angesetzt werden. C kann Aufwendungen im Betrag von 160 € geltend machen.

HINWEIS

Mit Urteil v. 13.3.2018 (X R 25/15, BFH/NV 2018, 1313) schränkt der BFH die bisher großzügige Verwaltungsregelung dahingehend ein, indem er festlegt, dass die alleinige Leistung von Naturalunterhalt für die Berücksichtigung der Versicherungsleistungen des Kindes bei den Eltern nicht ausreicht.

Sachverhalt:

Im Fall, mit dem sich der BFH auseinandersetzen musste, wohnte ein Auszubildender während seiner Ausbildung noch bei seinen Eltern. Im Rahmen seines Ausbildungsdienstverhältnisses behielt sein ArbG von der Ausbildungsvergütung die Krankenversicherungs- und Pflegeversicherungsbeiträge ein. Die Eltern verlangten die Berücksichtigung der Versicherungsbeiträge im Rahmen ihrer Einkommensteuererklärung als eigene Beiträge, mithin als Sonderausgaben.

Entscheidungsgründe:

Der BFH hat in seiner Entscheidung X R 25/15 die Übertragung der Kranken- und Pflegeversicherungsbeiträge des Kindes auf die Eltern konkretisiert. Nach der BFH-Rechtsprechung müssen für die Übertragung auf die Eltern folgende Voraussetzungen erfüllt sein:

1. Das Kind muss selbst kranken- und pflegeversichert sein (Rz. 14 des BFH-Urteils v. 13.3.2018, X R 25/15, BFH/NV 2018, 1313). Dies kann auf einer eigenen Mitgliedschaft in einer gesetzlichen Kranken- bzw. Pflegeversicherung oder auf einem entsprechenden eigenen Versicherungsvertrag mit einem Privatversicherer beruhen. Nicht erfasst von dieser Vorschrift sind dagegen die Fälle, bei denen der Stpfl. für sein unterhaltsberechtigtes Kind aufgrund einer eigenen vertraglichen Verpflichtung an eine (seine) private Krankenversicherung Beiträge zahlt.

2. Gegenüber dem Kind muss eine Unterhaltsverpflichtung bestehen. Ohne diese Unterhaltsverpflichtung scheidet eine Berücksichtigung dieser Beiträge des Kindes schon vom Wortlaut des § 10 Abs. 1 Nr. 3 Satz 2 EStG her aus (Rz. 15 und 16 des BFH-Urteils v. 13.3.2018).

   Nach § 1601 ff. BGB ist zu überprüfen, ob die Eltern zivilrechtlich zum Unterhalt verpflichtet sind. Der Unterhaltsanspruch gem. § 1610 Abs. 2 BGB i. V. m. § 1601 BGB umfasst den gesamten Lebensbedarf des Kindes, der sich in der Regel nach der Düsseldorfer Tabelle bestimmt; Hinzu kommen Aufwendungen für eine angemessene Kranken- wie eine Pflegeversicherung. Bei den Beiträgen zur Kranken- und Pflegeversicherung handelt es sich um einen gegenwärtigen Bedarf, da die Versicherungen ein jederzeit bestehendes Risiko absichern. Allerdings müssen die Versicherungsbeiträge tatsächlich auch angefallen sein. So führt etwa eine Familienmitversicherung nach § 10 SGB V nicht zu einem höheren Unterhaltsbedarf.

   Auf den Unterhaltsbedarf des Kindes sind dessen eigene Einkünfte – z. B. die Ausbildungsvergütung – bedarfsmindernd anzurechnen. Reichen die eigenen Einkünfte des Kindes aus, um den gesamten Lebensbedarf einschließlich der Versicherungsbeiträge abzudecken, sind die Eltern nicht unterhaltsverpflichtet, so dass § 10 Abs. 1 Nr. 3 Satz 2 EStG nicht in Betracht kommt (Rz. 20 und 21 des BFH-Urteils v. 13.3.2018).

3. Die Beiträge des Kindes i. S. d. § 10 Abs. 1 Nr. 3 Satz 2 EStG werden nur dann von den Eltern getragen, wenn sie von diesen für das Kind im Veranlagungszeitraum auch tatsächlich gezahlt oder dem Kind erstattet worden sind. Es reicht nicht aus, dass Naturalunterhalt geleistet wurde (Rz. 22 des BFH-Urteils v. 13.3.2018). Wenn nach § 10 Abs. 1 Nr. 3 Satz 2 EStG Sonderausgaben abziehbar sind, die der Stpfl. rechtlich nicht schuldet und damit ausnahmsweise Drittaufwand im Rahmen des Sonderausgabenabzugs berücksichtigt werden kann, muss sichergestellt sein, dass der Stpfl. hierdurch wirklich belastet ist.

Das BMF hat sein Schreiben zum Sonderausgabenabzug (BMF v. 24.5.2017, BStBl 2017 I 820) für im Rahmen einer Unterhaltsverpflichtung getragene Basiskranken- und Pflegeversicherungsbeiträge eines Kindes bei den Eltern nach § 10 Abs. 1 Nr. 3 Satz 2 EStG an das BFH-Urteil v. 13.3.2018 (X R 25/15, BFH/NV 2018, 1313) angepasst.

Mit Schreiben v. 3.4.2019 (BStBl 2019 I 254) führt das BMF u. a. aus, dass die Rz. 81 des BMF-Schreibens v. 24.5.2017 (BStBl 2017 I 820) sowie R 10.4 EStR von der BFH-Entscheidung v. 13.3.2018 (X R 25/15) unberührt bleiben.

Zu b):

Der Höchstbetrag für Vorsorgeaufwendungen beträgt nach § 10 Abs. 4 Satz 1 EStG für A 2.800 € und nach § 10 Abs. 4 Satz 2 EStG für B 1.900 €. Bei isolierter Betrachtung käme es bei A zum Mindestansatz seiner Krankenversicherungsbeiträge i. H. v. 4.000 €, während B noch weitere Versicherungsbeiträge i. S. d. § 10 Abs. 1 Nr. 3a EStG berücksichtigen könnte.

Bei Anwendung der Vorschrift des § 26a Abs. 2 Satz 2 EStG kommt man zu einem völlig anderen Ergebnis, da hier die Aufwendungen jeweils zur Hälfte abgezogen werden. Die Möglichkeit der freien steueroptimalen Zuordnung von Sonderausgaben ist ab VZ 2013 entfallen. Bei A und B sind demnach jeweils Beiträge i. H. v. 2.600 € zu berücksichtigen. Jetzt hätte A noch Potenzial für den Abzug weiterer sonstiger Vorsorgeaufwendungen i. H. v. 200 € (2.800 € abzüglich 2.600 €).

FALL 69

Kinderbetreuungskosten

Sachverhalt:

a) M und F sind verheiratet. M ist berufstätig, während sich F noch in Ausbildung befindet. Die Ehegatten haben einen 2-jährigen Sohn und eine 13-jährige Tochter. Der Kindergartenbeitrag für den Sohn beträgt jährlich 1.200 €. Zusätzlich fallen pro Kind jährlich 1.800 € an Betreuungskosten an.

b) M und F sind verheiratet und beide berufstätig. Die Ehegatten haben einen 3-jährigen Sohn. Der Kindergartenbeitrag beläuft sich jährlich auf 1.800 €. Zusätzlich fallen jährlich 1.440 € für einen Babysitter an, die bar bezahlt werden.

c) M und F sind verheiratet und sind Eltern einer Tochter T, die im Januar ihr 6. Lebensjahr vollendet. T besuchte bis August den Kindergarten und geht ab September in die Grundschule. Für den Kindergarten bezahlen die Eltern monatlich 120 €. Von den Eltern ist nur M berufstätig, während sich F um die Erziehung der Tochter kümmert.

d) Die Ehegatten M und F sind beide berufstätig. Das gemeinsame Kind vollendet am 10.9.2015 das 14. Lebensjahr. Die Ehegatten beschäftigen zur Betreuung des Kindes eine Hausangestellte, für die Kosten i. H. v. 600 € monatlich entstehen.

e) M ist nichtselbständig tätig und in der gesetzlichen Krankenversicherung versichert. Ehefrau F übt eine geringfügige Beschäftigung aus. Das Arbeitsentgelt beträgt 450 € monatlich. Zusätzlich erzielt F Einkünfte aus Gewerbebetrieb i. H. v. 2.000 €. Für das gemeinsame 5-jährige Kind fallen Kinderbetreuungskosten von 6.000 € jährlich an, die von M und F je hälftig getragen werden.

AUFGABE

Wie können die Aufwendungen berücksichtigt werden?

LÖSUNG

Die Abzugsfähigkeit von Kinderbetreuungskosten ist im Steuervereinfachungsgesetz 2011 mit Wirkung ab dem VZ 2012 einheitlich in § 10 Abs. 1 Nr. 5 EStG geregelt. Das Anwendungsschreiben des BMF v. 14.3.2012 (BStBl 2012 I 307) regelt die steuerliche Berücksichtigung von Kinderbetreuungskosten ab 2012.

Zusätzlich enthält § 2 Abs. 5a Satz 2 EStG die folgende Regelung: In Fällen, in denen außersteuerliche Rechtsnormen an die Begriffe Einkünfte, Summe der Einkünfte oder Gesamtbetrag der Einkünfte anknüpfen, mindern sich diese Beträge insoweit um die als Sonderausgaben berücksichtigungsfähigen Kinderbetreuungskosten.

Zu a):

Kinderbetreuungskosten für den Sohn:
$^2/_3$ von 3.000 €   2.000 €

Kinderbetreuungskosten für die Tochter:
$^2/_3$ von 1.800 €   1.200 €

Zu b):

Der Kindergartenbeitrag kann berücksichtigt werden. Die bar bezahlten Kosten sind gem. § 10 Abs. 1 Nr. 5 Satz 4 EStG mangels Rechnung und Kontonachweis nicht abzugsfähig.

$^2/_3$ von 1.800 €   1.200 €

Zu c):

Abzugsfähig sind $^2/_3$ von 960 €   640 €

Zu d):

Die Voraussetzungen für den Abzug von Kinderbetreuungskosten sind nur bis einschließlich September erfüllt.

9 × 600 € = 5.400 €, davon $^2/_3$ 3.600 €

Der Höchstbetrag i. H. v. 4.000 € ist ein Jahresbetrag, er ist nicht zeitanteilig zu kürzen.

In der Zeit von Oktober bis Dezember sind die Voraussetzungen des § 10 Abs. 1 Nr. 5 EStG nicht erfüllt. Die für diesen Zeitraum entstandenen Aufwendungen fallen vielmehr unter § 35a Abs. 2 EStG.

3 × 600 € = 1.800 €

Nach § 35a Abs. 2 EStG ermäßigt sich auf Antrag die Steuerschuld um 20 % der Aufwendungen, höchstens aber um 4.000 €. Der Ermäßigungsbetrag beläuft sich auf 360 €.

Zu e):

Abzugsfähige Betreuungskosten: 4.000 €
$^2/_3$ von 6.000 €

Zum Abzug von Kinderbetreuungskosten ist grundsätzlich der Elternteil berechtigt, der die Aufwendungen getragen hat (BMF v. 14.3.2012, BStBl 2012 I 307, Rz. 14). Für den Abzug von Kinderbetreuungskosten als Sonderausgaben kommt es bei verheirateten Eltern, die nach § 26b EStG zusammen zur Einkommensteuer veranlagt werden, nicht darauf an, welcher Elternteil die Aufwendungen geleistet hat oder ob sie von beiden betragen wurden (BMF v. 14.3.2012, BStBl 2012 I 307, Rz. 25).

Die Höhe des Gesamteinkommens der F ist maßgeblich für die Bestimmung, ob ein Krankenversicherungsmitglied familienversichert sein darf oder nicht. Die maßgebliche Grenze bestimmt § 18 SGB IV. Danach darf das Gesamteinkommen regelmäßig im Monat $^1/_7$ der monatlichen Bezugsgröße nach § 18 SGB IV nicht überschreiten, damit die Eingliederung in die Familienversicherung begründet bleibt. Im Jahr 2018 liegt diese Einkommensgrenze bei monatlich 435 € (jährlich 5.220 €; $^1/_7$ der Bezugsgröße von 36.540 €). Bei geringfügig Beschäftigten beträgt das zulässige Gesamteinkommen pauschal mtl. 450 € (jährlich 5.400 €; § 10 Abs. 1 Satz 1 Nr. 5 SGB V).

Das Arbeitsentgelt der F beträgt monatlich 450 € und liegt somit bei jährlich 5.400 €. Nebenbei erzielt sie Einkünfte aus Gewerbebetrieb i. H. v. 2.000 €; das Gesamteinkommen überschreitet mit 7.400 € die Einkommensgrenze der Familienversicherung. F wäre nicht mehr familienversichert.

Die abzugsfähigen anteiligen Kinderbetreuungskosten i. H. v. 2.000 € mindern gem. § 2 Abs. 5a Satz 2 EStG das Gesamteinkommen, so dass lediglich die monatlich 450 € (jährlich 5.400 €) aus geringfügiger Beschäftigung verbleiben. Die Ehefrau erfüllt somit die Voraussetzungen für die Familienversicherung.

FALL 70

Kinderbetreuungskosten bei Einzelveranlagung

Sachverhalt:

a) Die Ehegatten M und F zahlen für ihre drei Jahre alte Tochter im Jahr 2018 Kinderbetreuungskosten i. H. v. 600 € monatlich. Die Aufwendungen werden von M und F im Verhältnis 60 : 40 getragen. Die Ehegatten beantragen die Einzelveranlagung.

b) X und Y sind zusammen lebende, nicht verheiratete Eltern eines vier Jahre alten Kindes, für das Gebühren für eine Kindertagesstätte i. H. v. 6.600 € entrichtet werden. Die Aufwendungen werden von X und Y gemeinsam getragen.

c) Wie b), allerdings wurde der Kinderbetreuungsvertrag nur vom Elternteil Y abgeschlossen, der das gesamte Entgelt von seinem Konto zahlt.

Bei wem können Kinderbetreuungskosten berücksichtigt werden?

Zu a):

Nach § 26a Abs. 2 Satz 1 EStG sind Sonderausgaben demjenigen Ehegatten zuzurechnen, der die Aufwendungen wirtschaftlich getragen hat. Trifft dies auf beide Ehegatten zu, kann jeder seine tatsächlichen Aufwendungen grundsätzlich bis zur Höhe des hälftigen Abzugshöchstbetrages geltend machen. Etwas anderes gilt nur dann, wenn die Ehegatten einvernehmlich gegenüber dem Finanzamt eine anderweitige Aufteilung des Abzugshöchstbetrages geltend machen (BMF v. 14.3.2012, BStBl 2012 I 307, Rz. 27). Abweichend davon können die Kinderbetreuungskosten nach § 26a Abs. 2 Satz 2 EStG auf übereinstimmenden Antrag der Ehegatten von diesen jeweils zur Hälfte abgezogen werden.

Nach § 10 Abs. 1 Nr. 5 EStG können $^2/_3$ von 7.200 €, höchstens 4.000 €, als Sonderausgaben abgezogen werden. Für die Zuordnung auf die Ehegatten M und F im Rahmen der Einzelveranlagung sind folgende Varianten möglich:

1. Da beide Ehegatten Aufwendungen getragen haben, kann jeder seine tatsächlichen Aufwendungen grundsätzlich bis zur Höhe des hälftigen Abzugshöchstbetrages geltend machen.

   M: 60 % von 7.200 € = 4.320 €, höchstens aber 2.000 €

   F: 40 % von 7.200 € = 2.880 €, höchstens aber 2.000 €

   Das gesamte Abzugsvolumen beläuft sich damit auf 4.000 €.

2. Die Ehegatten können den Abzugshöchstbetrag auf übereinstimmenden Antrag auch anderweitig aufteilen. Eine mögliche Variante wäre dabei folgende Aufteilung:

   M: 60 % von 4.000 € = 2.400 €

   F: 40 % von 4.000 € = 1.600 €

   Ebenso wäre es möglich, wie folgt aufzuteilen:

   M: Aufwendungen 60 % von 7.200 € = 4.320 €, davon $^2/_3$ = 2.880 €.

   Für F verbleibt in diesem Fall ein Betrag von 1.120 €.

3. Die Ehegatten können die Aufwendungen auf gemeinsamen Antrag auch jeweils zur Hälfte abziehen. Damit ist der Abzug bei jedem auf den hälftigen Abzugshöchstbetrag begrenzt. Bei M und F werden also jeweils 2.000 € berücksichtigt.

Zu b):

Grundsätzlich ist derjenige Elternteil zum Abzug von Kinderbetreuungskosten berechtigt, der die Aufwendungen getragen hat und zu dessen Haushalt das Kind gehört. Trifft dies auf beide Elternteile zu, kann jeder seine Aufwendungen nur bis zur Höhe des hälftigen Abzugshöchstbetrages geltend machen. Die Eltern können einvernehmlich eine abweichende Aufteilung des Abzugshöchstbetrages wählen.

Nach § 10 Abs. 1 Nr. 5 EStG können $^2/_3$ von 6.600 €, höchstens 4.000 €, als Sonderausgaben abgezogen werden. Für die Zurechnung auf X und Y sind folgende Varianten möglich:

1. Bei X und Y kann jeweils ein Betrag von 2.000 € berücksichtigt werden.

2. Beide beantragen übereinstimmend eine andere Aufteilung des Höchstbetrags. Dabei wäre es z. B. möglich, dass ein Elternteil den maximalen Betrag seiner getragenen Aufwendungen berücksichtigt:

   X: $^2/_3$ von 3.300 € = 2.200 €.

   Für Y verbleibt dann noch ein Betrag von 1.800 €.

Zu c):

Sofern nur ein Elternteil den Kinderbetreuungsvertrag abgeschlossen hat und das Entgelt von seinem Konto bezahlt wurde, können die Aufwendungen weder vollständig noch anteilig dem anderen Elternteil als von ihm getragener Aufwand zugerechnet werden (BMF v. 14.3.2012, BStBl 2012 I 307, Rz. 29).

Lediglich von Y können Sonderausgaben berücksichtigt werden: $^2/_3$ von 6.600 € = 4.400 €, höchstens aber 4.000 €.

FALL 71

Günstigerprüfung bei der zusätzlichen Altersvorsorge nach § 10a EStG

Sachverhalt:

a) Der ledige A (30 Jahre alt) gehört zum begünstigten Personenkreis des § 10a Abs. 1 EStG. Er hat im Kj. 2021 wie in den Vorjahren 1.900 € auf einen Altersvorsorgevertrag eingezahlt. Sein Bruttogehalt des Vorjahres belief sich auf 50.000 €.

b) Die ledige B gehört zum begünstigten Personenkreis des § 10a Abs. 1 EStG und hat zwei vor 2008 geborene minderjährige Kinder. Sie hat 700 € auf einen Altersvorsorgevertrag eingezahlt. Ihr Bruttogehalt des Vorjahres betrug 30.000 €.

c) Wie b) mit dem Unterschied, dass B lediglich 600 € auf ihren Altersvorsorgevertrag einzahlt.

AUFGABE

Kann der Sonderausgabenabzug nach § 10a EStG in Frage kommen, wenn aus Vereinfachungsgründen von einem Steuersatz von 30 % ausgegangen wird?

LÖSUNG

Ein Sonderausgabenabzug für Altersvorsorgebeiträge wird nur gewährt, wenn dieser günstiger als die Zulage ist (§ 10a Abs. 2 EStG). Ist dagegen die Zulage höher als der sich durch den Sonderausgabenabzug ergebende Steuervorteil, verbleibt es bei der Zulage. Die Günstigerprüfung wird von Amts wegen vorgenommen.

Zu a):

Mindesteigenbeitrag (§ 86 Abs. 1 Satz 2 EStG):

4 % von 50.000 €, maximal 2.100 €	2.000 €
./. Grundzulage (§ 84 EStG ab 1.1.2018)	./. 175 €
maßgeblicher Mindesteigenbeitrag	1.825 €
Sockelbetrag (§ 86 Abs. 1 Satz 4 EStG)	60 €

A muss also mindestens 1.825 € einzahlen, um die volle Zulage von 175 € zu erhalten. Zur Ermittlung des Mindesteigenbeitrags siehe BMF v. 21.12.2017 (BStBl 2018 I 93, Rz. 63 ff.).

Für den Sonderausgabenabzug sind zu berücksichtigen:

Altersvorsorgebeiträge	1.900 €
Zulage	175 €
abziehbare Sonderausgaben	2.075 €
Steuerermäßigung hierauf (Steuersatz 30 %)	622 €
Zulage	./. 175 €
zusätzlicher Steuervorteil durch den Sonderausgabenabzug	447 €

A kann Sonderausgaben nach § 10a EStG i. H.v. 2.075 € ansetzen. Die gesamte steuerliche Förderung beträgt damit (Zulage 175 € und Steuervorteil 447 €) 622 €. Bei der Einkommensteuerveranlagung erhöht sich die tarifliche Einkommensteuer um den Anspruch auf die Zulage.

Zu b):

Mindesteigenbeitrag:

4 % von 30.000 €, maximal 2.100 €	1.200 €
./. Zulagen (175 € + 2 × 185 €)	./. 545 €
maßgeblicher Mindesteigenbeitrag	655 €
Sockelbetrag (§ 86 Abs. 1 Satz 4 EStG)	60 €

Für den Sonderausgabenabzug sind zu berücksichtigen:

Altersvorsorgebeiträge	700 €
Zulagen	545 €
abziehbare Sonderausgaben	1.245 €
Steuerermäßigung hierauf	373 €

Da der Anspruch auf die Zulage höher ist als der durch den Sonderausgabenabzug erzielte Steuervorteil, ist die steuerliche Förderung mit der Zulage i.H.v. 545 € abgegolten.

Zu c):

Auch hier ist die Zulage höher als der Steuervorteil. Allerdings wird die Altersvorsorgezulage nach § 86 Abs. 1 Satz 1 EStG gekürzt, da jetzt nicht der Mindesteigenbeitrag geleistet worden ist. Die Kürzung der Zulage ermittelt sich nach dem Verhältnis der geleisteten Altersvorsorgebeiträge zum erforderlichen Mindesteigenbeitrag (§ 86 Abs. 1 Satz 6 EStG; BMF v. 21.12.2017, BStBl 2018 I 93, Rz. 90). Der Kürzungsfaktor wird hierbei auf neun Nachkommastellen gerundet und einzeln auf jede maximale Teilzulage angewendet. Das Produkt wird auf zwei Nachkommastellen gerundet.

Maßgeblicher Mindesteigenbeitrag (vgl. unter b)	655 €
Geleisteter Beitrag	600 €
dies entspricht	91,603053435 %
Zulage 91,603053435 % von 545 €	499,24 €

Für den Sonderausgabenabzug sind zu berücksichtigen:

Altersvorsorgebeiträge	600 €
Zulagen	499 €
abziehbare Sonderausgaben	1.099 €
Steuerermäßigung hierauf	329 €

FALL 72

Sonderausgabenabzug nach § 10a EStG bei Ehegatten

Sachverhalt:

Die Ehegatten A und B, die beide zum Personenkreis nach § 10a Abs. 1 EStG gehören, haben zwei Kinder (7 und 9 Jahre alt; beide nach dem 31.12.2007 geboren). Die Einnahmen aus nichtselbständiger Arbeit belaufen sich im Jahr 2021 wie auch im Vorjahr auf 40.000 € bei A und 30.000 € (2020 ebenfalls 30.000 €) bei B. Ehemann A hat auf seinen Altersvorsorgevertrag im VZ 2021 2.000 € und B 700 € eingezahlt. Das Kindergeld wird an die Mutter ausgezahlt.

AUFGABE

Prüfen Sie, ob im VZ 2021 der Sonderausgabenabzug nach § 10a EStG zur Anwendung kommt. Dabei soll unterstellt werden, dass abzugsfähige Sonderausgaben mit insgesamt 5.000 € vorliegen.

Bei der Veranlagung sollen die Freibeträge i.S.d. § 32 Abs. 6 EStG und das entsprechende Kindergeld außer Betracht bleiben. Eine Günstigerrechnung i.S.d. § 31 EStG ist nicht durchzuführen.

LÖSUNG

A und B haben beide Anspruch auf eine Altersvorsorgezulage. Die Kinderzulage wird grundsätzlich der Mutter zugeordnet (§ 85 Abs. 2 Satz 1 EStG). Siehe auch das Beispiel in Rz. 110 des BMF-Schreibens v. 21.12.2017 (BStBl 2018 I 93).

	A	B
Grundzulage (§ 84 EStG)	175 €	175 €
Kinderzulage nach § 85 Abs. 1 EStG (2 × 300 €)		600 €
Insgesamt	175 €	775 €
Mindesteigenbeitrag nach § 86 Abs. 1 EStG (4 % von 40.000 € bzw. 30.000 €)	1.600 €	1.200 €
abzüglich Zulage	./. 175 €	./. 775 €
Maßgeblicher Mindesteigenbeitrag	1.425 €	425 €
Sockelbetrag nach § 86 Abs. 1 Satz 4 EStG	60 €	60 €
Geleisteter Eigenbeitrag	2.000 €	700 €

Der Zulageanspruch besteht daher in ungekürzter Höhe.

Vom Eigenbeitrag sind gefördert:

	A	B
höchstens 2.100 € nach § 10a Abs. 1 Satz 1 EStG. In diesem Höchstbetrag enthalten ist die zustehende Zulage von 175 €. Geförderter Mindesteigenbeitrag somit (2.100 € abzgl. 175 € =)	1.925 €	1.925 €
gefördert somit	1.925 €	700 €

Als Sonderausgabe abziehbar:

	A	B
Höchstbetrag A nach § 10a Abs. 1 Satz 1 EStG (1.925 € + 175 €), max.	2.100 €	
Höchstbetrag B (700 € + 775 €)		1.475 €

Günstigerprüfung nach § 10a Abs. 2 EStG:

Einkünfte § 19 EStG bei A	39.000 €	
Einkünfte § 19 EStG bei B	29.000 €	
	68.000 €	
Sonderausgaben	./. 5.000 €	
Einkommen/zvE	63.000 €	
Einkommensteuer hierauf (Splittingtarif 2021)		11.100 €
Abzugsbeträge nach § 10a EStG (2.100 € + 1.475 €)	./. 3.575 €	
zu versteuerndes Einkommen für die Günstigerprüfung	59.425 €	
Einkommensteuer hierauf (Splittingtarif 2021)		10.006 €

Unterschiedsbetrag = Steuerermäßigung durch den SA-Abzug	994 €
Altersvorsorgezulage	950 €
zusätzliche steuerliche Auswirkung des Sonderausgabenabzugs	44 €

Dieser Betrag ist nach § 10a Abs. 4 Satz 3 EStG gesondert festzustellen. Die Zurechnung bei Ehegatten erfolgt im Verhältnis der zu berücksichtigenden Eigenbeiträge (BMF v. 21.12.2017, BStBl 2018 I 93, Rz. 110 und 117):

davon A (1.925 €/2.625 € × 100 = 73,33 %)	32 €
davon B (700 €/2.625 € × 100 = 26,67 %)	12 €

Das Finanzamt wird die Einkommensteuer letztlich i.H.v. (10.006 € zuzüglich Zulage 950 €) 10.956 € festsetzen. Die Einkommensteuer ohne Berücksichtigung der Zulage würde 11.100 € betragen. Der Differenzbetrag von 44 € stellt die Steuervergünstigung dar.

FALL 73

Zurechnung der Steuerermäßigung bei mittelbar zulageberechtigten Personen

Sachverhalt:

Die kinderlosen Ehegatten A und B haben im Jahr 2021 ohne Berücksichtigung eines Sonderausgabenabzugs nach § 10a EStG ein zu versteuerndes Einkommen von 80.000 €. A ist unmittelbar, B mittelbar zulageberechtigt. A hat Beiträge i.H.v. 1.900 €, B i.H.v. 500 € in ihren Altersvorsorgevertrag gezahlt. Der Mindesteigenbeitrag des A ist damit erbracht.

Abwandlung:

Gleicher Sachverhalt, nur dass die gezahlten Beiträge des A 1.600 € betragen.

AUFGABE

Wie errechnet sich die Steuerermäßigung, wenn einer der Partner mittelbar zulageberechtigt ist?

LÖSUNG

Ist nur ein Ehegatte unmittelbar förderberechtigt, steht dem nicht originär begünstigten Ehegatten zwar ein abgeleiteter Zulageanspruch zu, ihm wird jedoch kein gesonderter Sonderausgabenabzugsbetrag eingeräumt. Eigene Altersvorsorgebeiträge des mittelbar zulageberechtigten Ehegatten (§ 79 Satz 2 EStG) können nur im Rahmen des dem unmittelbar begünstigten Ehegatten zustehenden Abzugsvolumen berücksichtigt werden (BMF v. 21.12.2017, BStBl 2018 I 93, Rz. 107 und Beispiel in Rz. 111).

Beide Ehegatten haben einen Zulageanspruch von jeweils 175 €.

Berechnung des Abzugsvolumens des unmittelbar Zulagenberechtigten:

Eigenbeitrag A	1.900 €
Zulageanspruch A	175 €
Zulageanspruch B (§ 10a Abs. 3 Satz 2 EStG)	175 €
Summe Eigenbeitrag A + Zulageansprüche beider Ehegatten	2.250 €

Lt. Sachverhalt ist damit der Mindesteigenbeitrag gem. § 86 Abs. 1 Satz 2 EStG geleistet.

Höchstbetrag A	2.100 €
Mindesteigenbeitrag B (§ 79 Satz 2 Nr. 4 EStG)	60 €
Abziehbare Sonderausgaben (§ 10a Abs. 3 Satz 3 EStG)	2.160 €

Dabei sind die von dem unmittelbar begünstigten Ehegatten geleisteten Beiträge gem. § 10a Abs. 3 Satz 4 EStG vorrangig zu berücksichtigen, jedoch mindestens 60 € der von dem anderen Ehegatten geleisteten Altersvorsorgebeiträge.

Das Abzugsvolumen wird auf 2.160 € erhöht (§ 10a Abs. 3 Satz 3 EStG).

Steuerermäßigung		
zu versteuerndes Einkommen	80.000 €	
Einkommensteuer hierauf (Splittingtarif 2021)		16.666 €
Abzugsbeträge nach § 10a EStG	2.160 €	
zu versteuerndes Einkommen neu	77.840 €	
Einkommensteuer hierauf		15.926 €
Unterschiedsbetrag		740 €
Altersvorsorgezulage		350 €
zusätzliche steuerliche Auswirkung		390 €

Die zusätzliche Steuerermäßigung ist den Ehegatten getrennt zuzurechnen. Die Zurechnung erfolgt im Verhältnis der berücksichtigten Eigenbeiträge.

Eigenbeiträge		
Beiträge A (2.100 € ./. 175 € ./. 175 €)	1.750 €	
Beiträge B	60 €	
angesetzte Eigenbeiträge	1.810 €	
Steuerermäßigung:		
Zurechnung A (1.750 € : 1.810 € × 100 =) 96,69 %		377,09 €
Zurechnung B (60 € : 1.810 € × 100 =) 3,31 %		12,91 €
Steuerermäßigung insgesamt		390,00 €

Abwandlung:

Eigenbeitrag A	1.600 €
Zulageanspruch A	175 €
Zulageanspruch B (§ 10a Abs. 3 Satz 2 EStG)	175 €
Summe Eigenbeitrag A + Zulageansprüche beider Ehegatten	1.950 €

Damit ist die Höchstförderung von 2.100 € i. H.v 150 € nicht ausgeschöpft.

Nicht ausgeschöpfter Betrag	150 €
Erhöhung um den Mindestbeitrag B	60 €
Abzugsvolumen für Beiträge B	210 €
abziehbare Sonderausgaben damit	2.160 €

Eigenbeiträge	
Beiträge A	1.600 €
Beiträge B	210 €
angesetzte Eigenbeiträge	1.810 €

Wie im Grundfall beträgt die zusätzliche Steuerermäßigung insgesamt 390 €, die den Ehegatten getrennt zuzurechnen ist. Aufteilungsmaßstab ist das Verhältnis der Eigenbeiträge des A zu den wegen der Nichtausschöpfung des Höchstbetrags berücksichtigten Eigenbeiträgen der B.

Zurechnung der Steuerermäßigung:	390,00 €
A: (1.600 € : 1.810 € × 100 =) 88,40 %	344,76 €
B: (210 € : 1.810 € × 100 =) 11,60 %	45,24 €
Steuerermäßigung insgesamt	390,00 €

FALL 74

Spenden

Sachverhalt:

Der selbständige Kaufmann A, verheiratet, beantragt, folgende Beträge als Spenden zu berücksichtigen:

1.	Mitgliedsbeitrag an den örtlichen Sportverein	50 €
	Spende an den Verein	1.500 €
2.	Mitgliedsbeitrag an das Deutsche Rote Kreuz	80 €
3.	Für seine Tätigkeit beim Tennisverein setzt A einen geschätzten Betrag an. Eine besondere Regelung wurde nicht getroffen.	500 €
4.	Vom Gericht auferlegte Geldbuße, die an den Tierschutzverein zu zahlen ist	2.000 €
5.	Zuwendung an die Universität München für wissenschaftliche Zwecke	2.000 €

6.   Mitgliedsbeitrag an eine politische Partei   800 €

      Zuwendung an die Partei   6.000 €

Der Gesamtbetrag der Einkünfte beträgt 30.000 €, die Summe der gesamten Umsätze und der im Kalenderjahr aufgewendeten Löhne und Gehälter beläuft sich auf 1,4 Mio. €.

AUFGABE

Welcher Betrag kann bei A als Spendenabzug nach § 10b EStG berücksichtigt werden, wenn unterstellt wird, dass jeweils ordnungsgemäße Zuwendungsbestätigungen vorliegen?

LÖSUNG

a) Allgemeine Hinweise

Zu 1.:

Der Mitgliedsbeitrag ist nach § 10b Abs. 1 Satz 8 Nr. 1 EStG nicht abzugsfähig. Die Spende dient steuerbegünstigten Zwecken i. S. d. § 52 Abs. 2 Nr. 21 AO.

Zu 2.:

Die Zuwendung dient steuerbegünstigten Zwecken i. S. d. § 52 Abs. 2 Nr. 9 AO.

Zu 3.:

Die Abzugsfähigkeit von Aufwandsspenden ist nur unter ganz bestimmten Voraussetzungen möglich (vgl. BMF v. 7.6.1999, BStBl 1999 I 591). Die unentgeltliche Bereitstellung der Arbeitskraft ist keine Spende (BFH VI R 174/75, BStBl 1979 II 297). Für Aufwandsspenden, die ab 1.1.2015 geleistet werden, ist das BMF-Schreiben v. 25.11.2014 (BStBl 2014 I 1584) anzuwenden. Im BMF-Schreiben v. 24.8.2016 (BStBl 2016 I 994) werden die Voraussetzungen für die Anerkennung des steuerlichen Abzugs von Aufwand aus »regelmäßigen Tätigkeiten« klargestellt. Das BMF-Schreiben v. 24.8.2016 (BStBl 2016 I 994) ändert die Tz. 3 des BMF-Schreibens v. 25.11.2014 (BStBl 2014 I 1584) und ist für alle offenen Fälle anzuwenden.

Aufwendungsersatzansprüche i. S. d. § 670 BGB können Gegenstand so genannter Aufwandsspenden gem. § 10b Abs. 3 Satz 5 und 6 EStG sein. Zunächst spricht aber die Vermutung dafür, dass Leistungen ehrenamtlich tätiger Mitglieder und Förderer des Vereins unentgeltlich und ohne Aufwendungsersatzanspruch erbracht werden. Der Gegenbeweis kann durch eine schriftliche Vereinbarung geführt werden, die vor der zum Aufwand führenden Tätigkeit getroffen sein muss.

Zu 4.:

Spenden sind freiwillige Leistungen – keine Spenden sind daher die durch die Gerichte auferlegten Bußgelder (BFH v. 19.12.1990, X R 40/86, BStBl 1991 II 234, H 10b.1 „Auflagen" EStH).

Zu 5.:

Die Zuwendung an die Universität München dient steuerbegünstigten Zwecken i. S. d. § 52 Abs. 2 Nr. 1 AO.

Zu 6.:

Spenden an politische Parteien können nur insoweit als Sonderausgaben abgezogen werden, als für sie nicht eine Steuerermäßigung nach § 34g EStG gewährt wird. Danach sind 1.650 € auf die tarifliche Einkommensteuer anzurechnen. Somit sind für die Ermäßigung nach § 34g EStG 3.300 € „verbraucht". Der Restbetrag (6.800 € ./. 3.300 €) i. H. v. 3.500 € ist nach § 10b Abs. 2 EStG bis maximal 3.300 € als Sonderausgaben abzugsfähig. Der verbleibende Betrag von 200 € wirkt sich steuerlich nicht aus.

Durch das Gesetz zum Ausschluss verfassungsfeindlicher Parteien von der Parteienfinanzierung v. 18.7.2017 (BGBl 2017 I 2730) werden u. a. in §§ 10b Abs. 2 Satz 1 und 34g Satz 1 Nr. 1 EStG der Zusatz eingefügt: »sofern die jeweilige Partei nicht gem. § 18 Abs. 7 des Parteiengesetzes von der staatlichen Teilfinanzierung ausgeschlossen ist«.

Durch den Verweis auf § 18 Abs. 7 PartG sind Zuwendungen an Parteien, die nach ihren Zielen oder dem Verhalten ihrer Anhänger darauf ausgerichtet sind, die freiheitliche demokratische Grundordnung zu beeinträchtigen oder zu beseitigen oder den Bestand der Bundesrepublik Deutschland zu gefährden, ab dem Zeitpunkt der dies feststellenden Entscheidung des BVerfG nach Art. 21 Abs. 4 GG nicht mehr steuerlich abzugsfähig.

b) Höchstbetragsberechnung

Als Spenden sind zu berücksichtigen:

Sportverein	1.500 €
Mitgliedsbeitrag DRK	80 €
Universität München	2.000 €
Politische Partei	3.300 €
	6.880 €

Die Abzugsfähigkeit der Zuwendungen nach § 10b Abs. 1 EStG wird wie folgt ermittelt:

Zuwendungen i. S. d. § 10b Abs. 1 EStG (ohne Zuwendungen politische Parteien)	3.580 €
abzugsfähig sind 20 % des Gesamtbetrags der Einkünfte von 30.000 € = 6.000 € (oder 4 ‰ der Umsätze und der Löhne und Gehälter)	
Maximal	3.580 €
zuzüglich nach § 10b Abs. 2 EStG	3.300 €
als Sonderausgaben insgesamt abzugsfähig	6.880 €

Die abzugsfähigen Spenden betragen insgesamt 6.880 €. Gemäß § 34g EStG sind auf die tarifliche Einkommensteuer 1.650 € anzurechnen.

Das FG Berlin-Brandenburg hat mit Urteil v. 28.11.2018 (7 K 7258/16) entschieden, dass der Verzicht auf Reisekostenerstattungen nicht als Parteispende geltend gemacht werden kann, wenn sowohl in der Reisekostenordnung der Partei als auch in den Reisekostenformularen den Parteimitgliedern sehr deutlich nahegelegt wird, Aufwendungsersatzansprüche möglichst nicht geltend zu machen, und daher eine generelle Bereitschaft des Vorstands, Reisekosten zu erstatten, nicht angenommen werden kann. Kosten für Fahrten mit dem eigenen PKW können nur insoweit als Spende abgezogen werden, als sie beim Empfänger selbst angefallen wären, wenn ihm der Steuerpflichtige das Fahrzeug zur Nutzung überlassen hätte. Das sind nur die Aufwendungen für Benzin.

FALL 75

Spendenabzug für Zuwendungen an Stiftungen

Sachverhalt:

a) Der ledige Steuerpflichtige A (Gesamtbetrag der Einkünfte 100.000 €) hat im VZ 2020 folgende Zuwendungen getätigt: 3.000 € an einen Fußballverein, 6.000 € an einen Verein, der mildtätige Zwecke fördert, sowie 25.000 € in das zu erhaltende Vermögen einer gemeinnützigen Stiftung zur Förderung des Naturschutzes.

b) Der ledige Steuerpflichtige B hat im Jahr 2007 eine Zuwendung i. H. v. 300.000 € in den Vermögensstock einer neu gegründeten Stiftung geleistet. Diese wurde antragsgemäß mit je 100.000 € im VZ 2007 und 2008 abgezogen. Im Jahr 2009 leistet B eine weitere Vermögensstockspende i. H. v. 1.200.000 € und beantragt davon 900.000 € im Rahmen des § 10b Abs. 1a EStG zu berücksichtigen. Im VZ 2009 beantragt er einen Abzugsbetrag von insgesamt 800.000 € (100.000 € aus 2007, 700.000 € aus 2009). Die verbleibenden 200.000 € sollen im Rahmen des § 10b Abs. 1a EStG in einem späteren VZ abgezogen werden.

c) A und B sind verheiratet und wählen die Zusammenveranlagung. A spendet 1.500.000 € an die Stiftung X und erklärt, dass die Spende für das zu erhaltene Vermögen der Stiftung verwendet werden muss.

d) Wie c) mit dem Unterschied, dass A an die Verbrauchsstiftung Z spendet.

AUFGABE

Welche Auswirkungen ergeben sich auf die Spendenabzugsfähigkeit?

LÖSUNG

Zu a):

Zuwendungen:

Fußballverein	3.000 €
für mildtätige Zwecke	6.000 €
gemeinnützige Stiftung	25.000 €
Summe	34.000 €
Abzugsfähig sind 20 % des Gesamtbetrags der Einkünfte von 100.000 € (§ 10b Abs. 1 EStG)	20.000 €

Damit würde der übersteigende Betrag i. H. v. 14.000 € in den zeitlich unbefristeten Spendenvortrag eingehen.

Allerdings kann A den Sonderausgabenabzug nach § 10b Abs. 1a EStG beantragen. Danach kann zusätzlich zu den Beträgen nach § 10b Abs. 1 EStG die Vermögensstockspende innerhalb eines Zehnjahreszeitraums abgezogen werden. Der Betrag von 25.000 € kann dann je nach Antrag innerhalb des Zehnjahreszeitraums beliebig verteilt werden. A kann damit einen Sonderausgabenabzug im Jahr 2019 i. H. v. 34.000 € erreichen.

Zu b):

Bei Vermögensstockspenden kann der Steuerpflichtige erstens beantragen, in welcher Höhe überhaupt eine Berücksichtigung nach § 10b Abs. 1a EStG stattfinden soll und zweitens in welcher Höhe er im entsprechenden VZ eine Berücksichtigung wünscht.

Da B für die Vermögensstockspende des Jahres 2009 den Antrag auf 900.000 € begrenzt hat, fallen die übrigen 300.000 € unter die allgemeinen Regelungen nach § 10b Abs. 1 EStG.

Der erste 10-jährige Abzugszeitraum läuft von 2007 bis 2016. Durch die Inanspruchnahme der 800.000 € im VZ 2009 ist der Höchstbetrag von 1.000.000 € für diesen Zeitraum ausgeschöpft. Der zweite Abzugszeitraum beginnt 2009 und endet 2018. Die verbleibende Vermögensstockspende von 200.000 € kann von B dann in voller Höhe 2017, in voller Höhe 2018 oder beliebig verteilt auf die beiden Jahre abgezogen werden.

Sofern überhaupt kein Antrag gestellt wird, geht der Betrag zum 31.12.2018 in den allgemeinen unbefristeten Spendenvortrag nach § 10b Abs. 1 Satz 9 EStG ein.

Zu c):

Ab VZ 2013 ist § 10b Abs. 1a Satz 1 EStG dahingehend ergänzt worden, dass der Höchstbetrag bei Ehegatten, die nach den §§ 26, 26b EStG zusammenveranlagt werden, nun 2 Mio. € beträgt. Der bisherige Nachweis, dass die Spenden von beiden Ehegatten geleistet wurden und nicht nur von einem, entfällt damit.

Die Ehegatten können einen Antrag nach § 10b Abs. 1a EStG stellen. Die Vermögensstockspende kann dann innerhalb des Zehnjahreszeitraums beliebig verteilt werden.

Zu d):

Nach § 10b Abs. 1a Satz 2 EStG sind Spenden in das verbrauchbare Vermögen einer Stiftung nicht nach § 10b Abs. 1a EStG begünstigt. Nach Auffassung der Finanzverwaltung handelt es dabei lediglich um eine gesetzliche Klarstellung.

Die Spende ist lediglich nach § 10b Abs. 1 EStG im Rahmen der Höchstbetragsberechnung zu berücksichtigen.

Buchwertprivileg beim Spendenabzug

Sachverhalt:

a) Der ledige Architekt A möchte im VZ 2020 der Kirche ein in seinem Betriebsvermögen befindliches Grundstück für kirchliche Zwecke spenden. Der Buchwert des Grundstücks beträgt 30.000 €, der Teilwert 100.000 €. Der Gesamtbetrag der Einkünfte vor Berücksichtigung der Entnahme beläuft sich auf 150.000 €.

b) Einzelunternehmer B überträgt Aktien der X-AG aus seinem Betriebsvermögen an einen gemeinnützigen Sportverein. Die Aktien haben einen Buchwert von 100.000 € und einen Börsenwert von 300.000 €. Der Sportverein verkauft die Aktien anschließend und verwendet den Veräußerungserlös für die Neuanlage eines Sportplatzes.

Mit welchem Wert ist die jeweilige Spende anzusetzen?

Zu a):

Wird ein Wirtschaftsgut unmittelbar nach seiner Entnahme einer nach § 5 Abs. 1 Nr. 9 KStG steuerbegünstigten Körperschaft oder einer juristischen Person des öffentlichen Rechts zur Verwendung für steuerbegünstigte Zwecke i. S. des § 10b Abs. 1 Satz 1 EStG unentgeltlich überlassen, so besteht gem. § 6 Abs. 1 Nr. 4 Satz 4 EStG ein Wahlrecht, die Entnahme statt mit dem Teilwert mit dem Buchwert anzusetzen. Dies gilt **nicht** für die Entnahme von Nutzungen und Leistungen. Die Zuwendungshöhe bemisst sich gem. § 10b Abs. 3 Satz 2 EStG nach dem Wert, der bei der Entnahme angesetzt wurde und nach der Umsatzsteuer, die auf die Entnahme entfällt.

Ansatz mit dem Buchwert:

Durch die Entnahme des Grundstücks tritt keine Gewinnrealisierung ein. Die Sachspende i. H. v. 30.000 € kann ungekürzt als Sonderausgaben berücksichtigt werden (20 % von 150.000 €). Die Einkommensteuerschuld (Grundtabelle 2021) beträgt 41.263 € (zu versteuerndes Einkommen i. H. v. 120.000 €).

Ansatz mit dem Teilwert:

Durch die Entnahme des Grundstücks erhöht sich der Gesamtbetrag der Einkünfte auf 220.000 € (wie bisher 150.000 € zuzüglich Entnahmewert 100.000 € abzüglich Buchwert 30.000 € = 220.000 €). Die Sachspende i. H. v. 100.000 € kann mit einem Teilbetrag von 44.000 € (20 % von 220.000 €) berücksichtigt werden. Der verbleibende Betrag mit 56.000 € geht in den Spendenvortrag ein. Die Einkommensteuerschuld (Grundtabelle 2021) beläuft sich jetzt auf 64.783 € (zu versteuerndes Einkommen i. H. v. 176.000 €). Um die Steuermehrbelastung zu vermeiden, kann A statt des Teilwerts den Buchwert ansetzen.

Zu b):

B kann die Entnahme der Aktien mit dem Buchwert ansetzen und so eine Gewinnrealisierung vermeiden. In diesem Fall erhält er eine Zuwendungsbestätigung über 100.000 €.

Abweichend davon kann B die Entnahme der Aktien mit dem Teilwert ansetzen und realisiert dann einen Gewinn i. H. v. 200.000 €. Diesen Gewinn hat B unter Berücksichtigung des § 3 Nr. 40 EStG mit 120.000 € zu versteuern. Trotzdem steht ihm eine Zuwendungsbestätigung über 300.000 € zu. Nach R 6.12 Abs. 3 EStR ist das Buchwertprivileg auch dann zulässig, wenn der Spendenempfänger das überlassene Wirtschaftsgut zeitnah weiterveräußert.

Zur Bescheinigung von Sachspenden s. die Verwaltungsregelung im BMF-Schreiben v. 7.11.2013 (BStBl 2013 I 1333).

FALL 77

Wertansatz von privaten Sachspenden

Sachverhalt:

1. A spendet an eine steuerbegünstigte Einrichtung ein bebautes Grundstück. Das Grundstück war bisher Privatvermögen des A.
   Der gemeine Wert des Grundstücks beträgt jeweils 500.000 €, die Anschaffungskosten bzw. fortgeführten Anschaffungskosten 250.000 €.

2. B spendet seine private 10 %ige Kapitalbeteiligung an eine steuerbegünstigte Einrichtung. Der gemeine Wert der Beteiligung beträgt 100.000 €, die Anschaffungskosten 40.000 €.

3. Wie 2. mit der Besonderheit, dass es sich um eine Kapitalbeteiligung von 0,5 % handelt.

AUFGABE

In welcher Höhe kann ein Spendenabzug erfolgen?

LÖSUNG

Zu 1.:

Nach § 10b Abs. 3 Satz 3 EStG wird der Ansatz von Sachspenden aus dem Privatvermögen mit dem gemeinen Wert auf solche Fälle beschränkt, in denen eine Veräußerung des zugewendeten Wirtschaftsguts im Zeitpunkt der Zuwendung keinen Besteuerungstatbestand erfüllen würde. In allen übrigen Fällen dürfen nach § 10b Abs. 3 Satz 4 EStG die fortgeführten AHK nur überschritten werden, soweit eine Gewinnrealisierung stattgefunden hat.

Hier ist wie folgt zu unterscheiden:

▶ Ist die 10-Jahresfrist des § 23 Abs. 1 Nr. 1 EStG bereits abgelaufen, kann ein Spendenabzug mit 500.000 € erfolgen.

▶ Ist die Frist noch nicht abgelaufen, kann die Spende nur mit den Anschaffungskosten bzw. fortgeführten Anschaffungskosten angesetzt werden.

Zu 2.:

Die unentgeltliche Anteilsübertragung löst keinen Veräußerungstatbestand nach § 17 EStG aus. Da eine Veräußerung aber einen Besteuerungstatbestand erfüllen würde, scheidet der Ansatz mit dem gemeinen Wert aus. Die Spende ist mit 40.000 € anzusetzen.

Zu 3.:

Bei Anschaffungen nach dem 31.12.2008 kommt es auf die Jahresfrist des § 23 Abs. 2 EStG nicht mehr an, es liegt im Falle der Veräußerung immer ein Besteuerungstatbestand nach § 20 Abs. 2 Nr. 1 EStG vor. Die Spende ist mit den Anschaffungskosten von 40.000 € anzusetzen.

FALL 78

Abzug von Auslandsspenden

Sachverhalt:

Der Steuerpflichtige X leistet Spenden an

a) eine inländische gemeinnützige Organisation, die Katastrophenopfern im Ausland hilft;

b) an eine gemeinnützige Organisation in Portugal. Die Voraussetzungen des § 51 Abs. 2 AO können nicht nachgewiesen werden;

c) an eine gemeinnützige Organisation in der Schweiz.

AUFGABE

Können die Spenden bei X berücksichtigt werden?

LÖSUNG

Zu a):

Spenden an eine gemeinnützige Organisation im Inland mit Zweckverwirklichung im Ausland können steuerlich regelmäßig berücksichtigt werden.

Zu b):

Nach dem EuGH-Urteil v. 27.1.2009 (C-318/07, BStBl 2010 II 440) steht die Kapitalverkehrsfreiheit einer nationalen Regelung eines Mitgliedstaates entgegen, wonach eine steuerliche Abziehbarkeit nur für Zuwendungen an im Inland ansässige Einrichtungen gegeben ist. Nach einer gesetzgeberischen Ausweitung des Spendenabzugs in § 10b Abs. 1 Satz 2 Nr. 3 EStG hat die Finanzverwaltung zur Anwendung des Urteils Stellung bezogen (BMF v. 16.5.2011, BStBl 2011 I 559).

Grundsätzlich können danach Zuwendungen an gemeinnützige Organisationen in einem anderen EU/EWR-Staat steuerlich geltend gemacht werden. Dazu ist aber nachzuweisen, dass die ausländische Organisation den strengen deutschen gemeinnützigkeitsrechtlichen Anforderungen entspricht (BFH v. 17.9.2013, I R 16/12, BStBl 2014 II 440).

Ein Spendenabzug kommt hier nicht in Betracht.

Zu c):

Ein Spendenabzug nach § 10b Abs. 1 Satz 2 EStG kommt von Gesetzes wegen nicht in Betracht.

HINWEIS

Infolge der Corona-Pandemie erfolgt eine zeitweise Änderung des § 10d EStG. Zuletzt wurde mit dem dritten Corona-Steuerhilfesetz der steuerliche Verlustrücktrag für die Jahre 2020 und 2021 nochmals erweitert und auf 10 Mio. € bzw. 20 Mio. € (bei Zusammenveranlagung) angehoben. Dies gilt auch für die Betragsgrenzen beim vorläufigen Verlustrücktrag für 2020, §§ 10d, 110 und 111 EStG.

In den nachfolgenden Fällen wird die Regelung für 2020 und 2021 nicht angewandt.

FALL 79

Feststellung des Verlustvortrags

Sachverhalt:

Der ledige Steuerpflichtige A hatte im Jahr 08 (entspricht dem Kj. 2021 in der Tabelle des § 24a EStG) sein 64. Lebensjahr vollendet. Er erzielt in 09 folgende Einkünfte:

Einkünfte aus § 13 EStG	12.000 €
Einkünfte aus § 15 EStG	./. 1.200.000 €
Einkünfte aus § 19 Abs. 1 Nr. 1 EStG	20.000 €

Der Gesamtbetrag der Einkünfte des Jahres 08 belief sich auf 1.100.000 €.

AUFGABE

Wie ist der verbleibende Verlustvortrag zum 31.12.09 unter Berücksichtigung des höchstmöglichen Verlustrücktrags festzustellen?

LÖSUNG

Der Gesamtbetrag der Einkünfte 09 ist wie folgt zu ermitteln:

Summe der Einkünfte	./. 1.168.000 €
Altersentlastungsbetrag (15,2 % des Arbeitslohns i. H. v. 21.000 €, höchstens 722 €)	./. 722 €
Freibetrag nach § 13 Abs. 3 EStG	./. 900 €
Gesamtbetrag der Einkünfte	./. 1.169.622 €

Nach § 10d Abs. 1 Satz 1 EStG ist ein Verlustrücktrag bis zu einem Betrag von maximal 1 Mio. € möglich. Der Altersentlastungsbetrag und der Freibetrag für Land- und Forstwirte werden bei der Ermittlung des Verlustabzugs nicht berücksichtigt (R 10d Abs. 1 EStR). Von der negativen Summe der Einkünfte mit 1.168.000 € kann ein Betrag i. H. v. 1 Mio. € auf das Jahr 08 zurückgetragen werden.

Damit ist zum 31.12.09 ein Verlustvortrag über 168.000 € gesondert festzustellen (§ 10d Abs. 4 Satz 1 EStG).

FALL 80

Fehlerhafter Feststellungsbescheid über den verbleibenden Verlustvortrag

Sachverhalt:

Der Steuerpflichtige A erzielte im Jahr 03 einen Verlust aus Gewerbebetrieb i. H. v. 300.000 €. Das Jahr 02 ist bestandskräftig veranlagt, dort hatte A einen Gesamtbetrag der Einkünfte i. H. v. 80.000 €. Tatsächlich hat das Finanzamt bei der Veranlagung 03 lediglich einen Verlust von 100.000 € anerkannt. Dementsprechend erlässt es einen Bescheid über die gesonderte Feststellung des verbleibenden Verlustvortrags zum 31.12.03 über 20.000 €.

a) A legt gegen den Feststellungsbescheid über den verbleibenden Verlustvortrag Einspruch ein. Der Einkommensteuerbescheid 03 wird bestandskräftig.

b) A legt gegen den Einkommensteuerbescheid 03 Einspruch ein.

AUFGABE

Welche Auswirkungen hat der Einspruch?

LÖSUNG

a) Der Einspruch gegen den Verlustfeststellungsbescheid mit dem Ziel, einen Verlustvortrag i. H. v. 220.000 € festzustellen ist gem. § 351 Abs. 2 AO i. V. m. § 10d Abs. 4 Satz 4 EStG unzulässig.

b) Aufgrund der Regelung in § 10d Abs. 4 EStG kommt dem fehlerhaften Einkommensteuerbescheid, sofern er nicht geändert wird, Bindungswirkung zu. Folglich muss A gegen den Einkommensteuerbescheid 03 Einspruch einlegen und beantragen, den zu berücksichtigenden Verlust mit 300.000 € anzusetzen. Ein Einspruch ist selbst dann erforderlich, wenn die Steuerfestsetzung bereits auf 0 € lautet. In Bezug auf die angefochtene Steuerfestsetzung liegt zwar keine Beschwer i. S. v. § 350 AO vor, aber § 10d Abs. 4 Satz 5 EStG eröffnet die betragsmäßige Verlustübernahme in den Verlustfeststellungsbescheid.

FALL 81

Wirkung des Verzichts auf den Verlustrücktrag

Sachverhalt:

Bei der Veranlagung 2019 des geschiedenen Steuerpflichtigen A haben sich folgende Zahlen ergeben:

Summe der Einkünfte	25.000 €
Entlastungsbetrag für Alleinerziehende gem. § 24b Abs. 2 EStG	1.900 €
Sonderausgaben	4.000 €
zu versteuerndes Einkommen	19.100 €

Im Jahr 2020 hat A eine negative Summe der Einkünfte von 30.000 €.

AUFGABE

Welcher Antrag ist hier zu stellen?

LÖSUNG

Nach § 10d Abs. 1 Satz 1 EStG ist zunächst grundsätzlich der Verlustrücktrag durchzuführen. Der Abzug vom Gesamtbetrag der Einkünfte des vorangegangenen Veranlagungszeitraums hat vorrangig vor Sonderausgaben, außergewöhnlichen Belastungen und sonstigen Abzugsbeträgen zu erfolgen. Da nach § 2 Abs. 3 EStG zur Ermittlung des Gesamtbetrags der Einkünfte der Entlastungsbetrag für Alleinerziehende abzuziehen ist, würde ohne besonderen Antrag ein Teilbetrag i. H. v. 23.100 € des Verlustrücktrages verbraucht werden; lediglich der Restbetrag von 6.900 € würde dann für den Verlustvortrag zur Verfügung stehen. Da bis zur Höhe des Grundfreibetrages im Kj. 2019 mit 9.168 € die tarifliche Einkommensteuer aber ohnehin 0 € beträgt, sollte der Verlustrücktrag gem. § 10d Abs. 1 Satz 5 und 6 EStG auf 9.932 € beschränkt werden. Damit verbleibt für den Verlustvortrag ein Betrag i. H. v. 20.068 €.

Für den VZ 2019 ergibt sich damit folgende geänderte Veranlagung:

Summe der Einkünfte	25.000 €
Entlastungsbetrag für Alleinerziehende	1.900 €
Verlustrücktrag	10.100 €
Sonderausgaben	4.000 €
zu versteuerndes Einkommen	9.168 €
tarifliche Einkommensteuer	0 €

Ohne besonderen Antrag wird der Verlustrücktrag von Amts wegen immer im höchstmöglichen Umfang vorgenommen. Ziel des A muss es aber sein, nicht einen Gesamtbetrag der Einkünfte von Null, sondern eine Steuerbelastung von Null zu erreichen.

FALL 82

Wirkungsweise des Verlustvortrags

Sachverhalt:

a) Der ledige A hat im Jahr 02 aus seinem neu gegründeten Gewerbebetrieb einen Verlust i. H. v. 4 Mio. € erzielt. Im Jahr 03 hat er einen Gewinn von 2 Mio. € erwirtschaftet. Weitere Einkünfte liegen jeweils nicht vor. Die berücksichtigungsfähigen Sonderausgaben belaufen sich 03 auf 8.000 €.

AUFGABE

Wie ist der verbleibende Verlustvortrag zum 31.12.03 festzustellen, wenn ein Verlustrücktrag nach 01 nicht möglich ist und welchen Betrag hat A im VZ 03 zu versteuern?

b) Bei dem ledigen Steuerpflichtigen B wird zum 31.12.01 ein Verlustvortrag mit 35.000 € festgestellt. Im Jahr 02 hat er positive Einkünfte von 40.000 € und Sonderausgaben i. H. v. 6.000 €.

AUFGABE

Wie errechnet sich das zu versteuernde Einkommen im VZ 02?

LÖSUNG

Nach § 10d Abs. 2 EStG sind im Rahmen des Verlustvortrags nicht ausgeglichene negative Einkünfte bis zu einem Gesamtbetrag der Einkünfte von 1 Mio. € unbeschränkt, darüber hinaus bis zu 60 % des 1 Mio. € übersteigenden Gesamtbetrags der Einkünfte abzuziehen.

Zu a):

Positive Einkünfte 03	2.000.000 €
Sockelbetrag ausgleichsfähig	1.000.000 €
Verbleiben	1.000.000 €
davon 60 % ausgleichsfähig	600.000 €
	400.000 €
Sonderausgaben	8.000 €
zu versteuerndes Einkommen 03	392.000 €

Der verbleibende Verlustvortrag beträgt zum 31.12.03 **2.400.000 €**.

Zu b):

Nach § 10d Abs. 2 Satz 1 EStG ist der Verlustvortrag vorrangig vor Sonderausgaben, außergewöhnlichen Belastungen und sonstigen Abzugsbeträgen abzuziehen.

Gesamtbetrag der Einkünfte 02	40.000 €
Verlustvortrag	35.000 €
Verbleiben	5.000 €
Sonderausgaben maximal	5.000 €
zu versteuerndes Einkommen	0 €

Während es beim Verlustrücktrag mittels Antrag möglich ist, sich in bestimmten Fällen den Abzug von Sonderausgaben zu erhalten, gibt es beim Verlustvortrag diese Möglichkeit nicht. Die
Sonderausgaben gehen steuerlich in voller Höhe ins Leere. Der BFH hatte mit Beschluss v.
9.4.2010 (IX B 191/09, BFH/NV 2010, 1270) hinsichtlich der gegenüber Sonderausgaben und außergewöhnlichen Belastungen vorrangigen Berücksichtigung des Verlustabzugs gem. § 10d
Abs. 2 EStG keine verfassungsrechtlichen Bedenken geäußert. Die Verfassungsbeschwerde gegen das BFH-Urteil wurde mit Beschluss v. 13.4.2012 (2 BvR 1175/10) vom BVerfG nicht zur Entscheidung angenommen.

FALL 83

Verlustvortrag bei Wechsel zwischen Zusammen- und Einzelveranlagung

Sachverhalt:

a) M und F werden ab dem Verlustentstehungsjahr 02 einzeln veranlagt. Bei M ist ein Verlust
i. H. v. 1 Mio. €, bei F ein Verlust i. H. v. 3 Mio. € entstanden. Beide Verluste werden zunächst
zurückgetragen. Im Jahr 01 werden die Ehegatten zusammen veranlagt.

b) Im Jahr 02 werden M und F einzeln und im Jahr 01 zusammen veranlagt. Sie haben folgende
Einkünfte erzielt:

	01	02
M	100.000 €	300.000 €
F	150.000 €	./. 350.000 €

AUFGABE

Welche vortragsfähigen Verluste ergeben sich bei M und bei F unter der Annahme, dass der Verlustrücktrag in maximaler Höhe i. S. d. § 10d Abs. 1 Satz 1 EStG vorzunehmen ist?

LÖSUNG

Zu a):

Die Verluste können im Jahr 01 gem. § 10d Abs. 1 EStG bis zum Höchstbetrag von 2 Mio. € abgezogen werden. Damit verbleiben Verluste i. H. v. insgesamt 2 Mio. € für den Vortrag. Die nach Durchführung des Verlustrücktrags verbleibenden Verluste sind nach § 62d Abs. 2 Satz 2 EStDV auf die Ehegatten in dem Verhältnis aufzuteilen, in dem die Verluste der einzelnen Ehegatten im Verlustentstehungsjahr zueinander stehen. Auf M entfällt damit ein Betrag i. H. v. 500.000 €, auf F ein Betrag i. H. v. 1.500.000 €.

Zu b):

Nach § 10d Abs. 1 EStG sind die negativen Einkünfte i. H. v. 350.000 € in den VZ 01 zurückzutragen.

Da die Eheleute im Jahr 01 zusammen veranlagt werden, ist der Rücktrag bis zum Höchstbetrag von maximal 2.000.000 € möglich.

Die Veranlagung 01 ist wie folgt zu ändern:

Einkünfte M	100.000 €
Einkünfte F	150.000 €
Gesamtbetrag der Einkünfte	250.000 €
Verlustrücktrag aus 02	250.000 €
	0 €

Der am Schluss des VZ 02 verbleibende Verlust ist i. H. v. 100.000 € festzustellen und entfällt in voller Höhe auf F.

FALL 84

Zusammentreffen von Verlustrücktrag und Verlustvortrag in einem Veranlagungszeitraum

Sachverhalt:

A, ledig, hat zum 31.12.01 einen Verlustvortrag von 5 Mio. €. Sein Gesamtbetrag der Einkünfte im Jahr 02 beträgt 2 Mio. €. Aus 03 hat A einen Verlustrücktrag i. H. v. 400.000 €.

AUFGABE

Wie ist der verbleibende Verlustvortrag zum 31.12.03 festzustellen und welchen Betrag hat A im Jahr 02 zu versteuern?

LÖSUNG

Das Gesetz enthält keine Regelung, wie eine Verlustverrechnung in den Jahren zu erfolgen hat, in denen ein Verlustrücktrag und ein Verlustvortrag zusammentreffen. Die Reihenfolge hat Bedeutung, da ein Verlustrücktrag bis zum Höchstbetrag in voller Höhe den Gesamtbetrag der Einkünfte mindert, wohingegen der Verlustvortrag nach Abzug des Sockelbetrags nur noch zu 60 % verrechnet wird.

Lösungsvorschlag 1 (Verlustrücktrag reduziert nicht die Bezugsgröße für den Verlustvortrag)

Gesamtbetrag der Einkünfte 02	2.000.000 €
Sockelbetrag ausgleichsfähig	1.000.000 €
Verbleiben	1.000.000 €
davon 60 % ausgleichsfähig	600.000 €
Verbleiben	400.000 €
Verlustrücktrag aus 03	400.000 €
zu versteuerndes Einkommen 02	0 €

Der Verlustvortrag in das Jahr 04 beträgt somit noch 3.400.000 €.

Lösungsvorschlag 2 (Verlustrücktrag reduziert die Bezugsgröße für den Verlustvortrag)

Gesamtbetrag der Einkünfte 02	2.000.000 €
Verlustrücktrag aus 03	400.000 €
Verbleiben	1.600.000 €
Sockelbetrag ausgleichsfähig	1.000.000 €
Verbleiben	600.000 €
davon 60 % ausgleichsfähig	360.000 €
zu versteuerndes Einkommen 02	240.000 €

Der Verlustvortrag in das Jahr 04 würde hier 3.640.000 € betragen.

Der Wortlaut des Gesetzes spricht für eine Auslegung, nach der innerhalb des Verlustabzugs der Verlustvortrag Vorrang vor dem Verlustrücktrag hat (Nolte, NWB F. 3, 12907, NWB DokID: OAAAB-23226; Hallerbach in Herrmann/Heuer/Raupach, § 10d EStG Anm. 51; gl. A. mit anderer Begründung Dötsch/Pung, DB 2004, 151; Hill/Kavazidis, DB 2003, 2028; Gassen in Littmann/Bitz/Pust, § 10d EStG Rz. 41 ff.). Damit ist der Lösungsvorschlag 1 zutreffend, der zu einem höheren Abzugsbetrag führt.

FALL 85

Verlustrücktrag und Thesaurierungsbegünstigung i. S. d. § 34a EStG

Sachverhalt:

Der Steuerbilanzgewinn des ledigen Freiberuflers A beträgt im Jahr 2019 330.000 €. Hierin sind steuerfreie Gewinnanteile von 30.000 € enthalten. A hat 70.000 € entnommen, Einlagen sind nicht erfolgt. Sonderausgaben sind i. H. v. 20.000 € zu berücksichtigen. A hat für 2019 die Thesaurierungsbegünstigung für den gesamten nicht entnommenen Gewinn gestellt.

AUFGABE

Welche Auswirkungen ergeben sich, wenn A den im Jahr 2020 erlittenen Verlust mit 60.000 € in maximaler Höhe auf 2018 zurücktragen möchte?

LÖSUNG

Bei der Ermittlung des nicht entnommenen Gewinns gelten steuerfreie Gewinnanteile als vorrangig entnommen. Der nicht entnommene Gewinn 2019 beträgt nach § 34a Abs. 2 EStG 260.000 € (= 330.000 € abzgl. 70.000 € Entnahmen). Der steuerpflichtige Gewinn beläuft sich auf 300.000 €. Daher kann A einen Antrag nach § 34a EStG für einen Gewinn von maximal 260.000 € stellen.

Für 2019 ergibt sich folgende Veranlagung, wobei der Solidaritätszuschlag aus Vereinfachungsgründen unberücksichtigt bleibt:

steuerpflichtiger Gewinn (entspricht GdE)	300.000 €
Sonderausgaben	20.000 €
zu versteuerndes Einkommen	280.000 €

Die tarifliche Einkommensteuer 2019 ohne Antrag i. S. d. § 34a EStG würde 109.259 € betragen.

Nicht entnommener Gewinn	260.000 €
Restliches zvE	20.000 €
Steuer laut Grundtabelle 2019	2.414 €
Steuer für nicht entnommenen Gewinn 28,25 % von 260.000 €	73.450 €
Steuerbelastung mit Antrag i. S. d. § 34a EStG	75.864 €

Bei einem Verlustrücktrag sorgt § 10d Abs. 1 Satz 2 EStG dafür, dass der im Vorjahr begünstigte nicht entnommene Gewinn nicht mit dem zurückgetragenen Verlust verrechnet werden kann.

Gesamtbetrag der Einkünfte 2019	300.000 €
Begünstigungsbetrag nach § 34a Abs. 3 Satz 1 EStG	260.000 €
maximaler Verlustrücktrag	40.000 €

Damit ergibt sich 2019 folgende Berechnung:

Gesamtbetrag der Einkünfte	300.000 €
Verlustrücktrag	40.000 €
Sonderausgaben	20.000 €
zu versteuerndes Einkommen	240.000 €
Der nicht entnommene Gewinn mit 260.000 € bleibt außer Ansatz, maximal aber	240.000 €
Restliches zvE	0 €
Steuerbelastung 28,25 % von 240.000 €	67.800 €

Damit gehen 20.000 € in den Verlustvortrag ein.

Nach § 34a Abs. 1 Satz 4 EStG kann ein gestellter Antrag für die Thesaurierungsbegünstigung bis zur Unanfechtbarkeit des Einkommensteuerbescheids für den nächsten VZ ganz oder teilweise zurückgenommen werden. Sofern A den gesamten Verlust 2020 zurücktragen möchte, muss er seinen Antrag i. S. d. § 34a EStG auf (höchstens) 240.000 € begrenzen.

Gesamtbetrag der Einkünfte 2019	300.000 €
Verlustrücktrag	60.000 €
Sonderausgaben	20.000 €
zu versteuerndes Einkommen	220.000 €
Laut Antrag bleibt ein nicht entnommener Gewinn mit 240.000 € außer Ansatz, maximal	220.000 €
Restliches zvE	0 €
Steuerbelastung 28,25 % von 220.000 €	62.150 €

Der Verlust des Jahres 2020 kann jetzt in voller Höhe zurückgetragen werden, ein Verlustvortrag besteht nicht. Da allerdings mangels verbleibendem zu versteuerndem Einkommen der Grundfreibetrag ins Leere geht, die Gesamtsteuerbelastung unter Berücksichtigung einer drohenden Nachbelastung bei den ermäßigt besteuerten Gewinnanteilen andererseits auf rund 48 % ansteigt, ist in praktischen Fällen unter Berücksichtigung der individuellen Besonderheiten zu prüfen, ob die Rücknahme des Antrags nach § 34a Abs. 1 Satz 4 EStG auf einen höheren Betrag auszuweiten ist oder ob auf den Verlustrücktrag ganz oder teilweise verzichtet werden soll.

FALL 86

Verluste im Erbfall

Sachverhalt:

a) Der im Jahr 02 verstorbene Steuerpflichtige A hat in 02 einen negativen Gesamtbetrag der Einkünfte von 200.000 € (Vorjahr + 50.000 €). Da Sohn B als Alleinerbe wirtschaftlich mit dem Verlust belastet ist, möchte er ihn in seiner Steuererklärung berücksichtigen.

b) Tochter T beerbt ihre im Jahr 02 verstorbene Mutter M. Für M war zum 31.12.01 ein Verlust-vortrag nach § 10d EStG i. H. v. 80.000 € festgestellt. M war an der X-GmbH & Co. KG als Mit-unternehmerin beteiligt, ihr Kapitalkonto betrug am Todestag ./. 20.000 €. Der Gesamt-betrag der Einkünfte der T beläuft sich im Jahr 02 auf 45.000 €.

c) Die Ehegatten M und F wählen wie im Jahr 01 auch in 02 die Zusammenveranlagung. M ist am 1.2.02 verstorben; bis zum Todestag sind bei ihm Verluste von 10.000 € angefallen. Zum 31.12.01 ist bei M ein Verlustvortrag nach § 10d EStG i. H. v. 20.000 € festgestellt worden. Während F im Jahr 01 nicht berufstätig war, erzielt sie in 02 Einkünfte von 80.000 €.

AUFGABE

Welche Konsequenzen ergeben sich aus den geschilderten Sachverhalten?

LÖSUNG

Zu a):

Unstrittig können im Wege des Verlustrücktrags beim Erblasser 50.000 € im Jahr 01 abgezogen werden. Zum Verlustübergang hat der Große Senat des BFH mit Beschluss v. 17.12.2007 (GrS 2/04, BStBl 2008 II 608) allerdings entschieden, dass der Erbe einen vom Erblasser nicht aus-genutzten Verlustabzug gem. § 10d EStG nicht bei seiner eigenen Veranlagung geltend machen kann. Die Finanzverwaltung wendet diese Entscheidung auf alle Erbfälle an, die nach Ablauf des 18.8.2008 eingetreten sind (BMF v. 24.7.2008, BStBl 2008 I 809). B kann den verbleibenden Ver-lust von 150.000 € nicht berücksichtigen (R 10d Abs. 9 Satz 2 EStR).

Zu b):

Nach R 10d Abs. 9 Satz 2 EStR kann der Verlustabzug nach § 10d EStG nicht auf T übergehen, so dass es beim Gesamtbetrag der Einkünfte i. H. v. 45.000 € bleibt. Von dieser Regelung sind aller-dings einkunftsquellenbezogene Verluste wie z. B. nach § 15a EStG ausgenommen. In R 10d Abs. 9 Satz 12 EStR wird ausdrücklich geregelt, dass Verluste gem. § 15a und § 15b EStG im Erb-fall übertragbar sind. Das negative Kapitalkonto von M geht auf T über und steht zur Verrech-nung mit zukünftigen Erträgen aus dem Mitunternehmeranteil zur Verfügung.

Zu c):

Unstreitig kann der Ehegatte des Erblassers bei Zusammenveranlagung im Todesjahr Verluste des Erblassers mit bis zum Jahresende erzielten eigenen positiven Einkünften ausgleichen. In R 10d Abs. 9 Satz 3 EStR ist darüber hinaus geregelt, dass auch Verlustvorträge des verstorbenen Ehegatten aus dem Vorjahr abgezogen werden können. F kann somit im Jahr 02 neben dem Verlust von 10.000 € auch den Verlustvortrag aus 01 i. H. v. 20.000 € im Rahmen der Zusam-menveranlagung berücksichtigen.

FALL 87

Mindestbesteuerung im Erbfall

Sachverhalt:

Der Erblasser A erzielte im Jahr 02 einen negativen Gesamtbetrag der Einkünfte i. H.v. 4 Mio. €. Ein Verlustrücktrag schied aus, da der Gesamtbetrag der Einkünfte in 01 0 € betrug. Bis zu seinem Tod im August 03 erzielte A einen Gewinn i. H.v. 5 Mio. €.

AUFGABE

Wie wirkt sich der geschilderte Sachverhalt aus?

LÖSUNG

Der Verlustvortrag errechnet sich wie folgt:

Gesamtbetrag der Einkünfte 03	5.000.000 €
Sockelbetrag ausgleichsfähig	1.000.000 €
Verbleiben	4.000.000 €
davon 60 % ausgleichfähig	2.400.000 €
Einkommen 03	1.600.000 €

Damit können lediglich 3.400.000 € des Verlustvortrags im Jahr 03 verwertet werden. Die verbleibenden 600.000 € können nicht auf die Erben übergehen.

Mit Urteil v. 22.8.2012 (I R 9/11, BStBl 2013 II 512) hat der BFH hierzu entschieden, es bestünden keine Bedenken gegen die Grundkonzeption der Verlustdeckelung des § 10d Abs. 2 EStG. Gegen dieses Urteil ist eine Verfassungsbeschwerde unter Az. 2 BvR 2998/12 anhängig. Allerdings musste der BFH nicht zu der Frage Stellung beziehen, ob die Mindestbesteuerung auch in den Fällen noch verfassungsgemäß ist, in denen eine Verlustverrechnung in späteren Veranlagungszeiträumen aus tatsächlichen oder rechtlichen Gründen endgültig ausgeschlossen ist. Im vorläufigen Verfahren sieht der BFH hier durchaus verfassungsrechtliche Bedenken (Beschluss v. 26.8.2010, IB 49/10, BStBl 2011 II 826).

Mit BMF-Schreiben v. 19.10.2011 (BStBl 2011 I 974) gewährt die Finanzverwaltung in bestimmten Fällen der Definitivbelastung Aussetzung der Vollziehung. Zu diesen gehört auch die Beendigung der persönlichen Steuerpflicht (Tod einer natürlichen Person) bei fehlender Möglichkeit der Verlustvererbung.

Kapitel 6: Familienleistungsausgleich, Entlastungsbetrag für Alleinerziehende (§§ 24b, 31, 32, 62–78 EStG)

Vorbemerkungen

Einem Elternteil steht gem. § 32 Abs. 6 EStG seit dem 1.1.2010 für jedes zu berücksichtigende Kind ein Freibetrag

▶ für das sächliche Existenzminimum i.H.v. 2.586 € (Kinderfreibetrag), ab dem VZ 2021 2.730 € und

▶ für den üblicherweise anfallenden Betreuungs- und Erziehungs- oder Ausbildungsbedarf i.H.v. 1.320 € (Betreuungsfreibetrag) im Kalenderjahr, ab dem VZ 2021 1.464 € zu.

Das Kindergeld beträgt monatlich

▶ für das erste und zweite Kind jeweils 184 €, ab 1.1.2015: 188 €, ab 1.1.2016: 190 €, ab 1.1.2017: 192 € und ab 1.1.2018: 194 €,

▶ für das dritte Kind 190 €, ab 1.1.2015: 194 €, ab 1.1.2016: 196 €, ab 1.1.2017: 198 € und ab 1.1.2018: 200 € und

▶ für das vierte und jedes weitere Kind jeweils 215 €, ab 1.1.2015: 219 €, ab 1.1.2016: 221 €, ab 1.1.2017: 223 € und ab 1.1.2018: 225 € (§ 66 Abs. 1 EStG).

Durch das Gesetz zur steuerlichen Entlastung der Familien sowie zur Anpassung weiterer steuerlicher Regelungen (Familienentlastungsgesetz – FamEntlastG) v. 29.11.2018 (BGBl 2018 I 2210) wird das Kindergeld ab dem 1.7.2019

▶ für das erste und zweite Kind von jeweils 194 € auf jeweils 204 €,

▶ für das dritte Kind von 200 € auf 210 € und

▶ für das vierte und jedes weitere Kind von jeweils 225 € auf jeweils 235 €.

erhöht.

Ab VZ 2021 beträgt das Kindergeld

▶ für das erste und zweite Kind jeweils 219 €,

▶ für das dritte Kind 225 € und

▶ für das vierte und jedes weitere Kind jeweils 250 €.

Darüber hinaus wird für jedes Kind, für das für den Monat Mai 2021 ein Anspruch auf Kindergeld besteht, für den Monat Mai 2021 ein Einmalbetrag i.H.v. 150 € gezahlt. Ein Anspruch i.H.d. Einmalbetrags von 150 € für das Kalenderjahr 2021 besteht auch für ein Kind, für das nicht für den Monat Mai 2021, jedoch für mindestens einen anderen Kalendermonat im Kalenderjahr 2021 ein Anspruch auf Kindergeld besteht. Der Einmalbetrag nach Satz 2 und 3 wird als Kindergeld i.R.d. Vergleichsberechnung nach § 31 Satz 4 berücksichtigt.

Die steuerliche Freistellung erfolgt nach § 31 Satz 1 EStG durch die Freibeträge nach § 32 Abs. 6 EStG oder durch Kindergeld. Die Eltern werden im laufenden Kalenderjahr durch die monatliche Zahlung von Kindergeld entlastet. Im Rahmen der Einkommensteuer-Veranlagung wird dann von Amts wegen geprüft, welche Regelung günstiger ist. Sind die Freibeträge günstiger, werden diese vom Einkommen abgezogen; zum Ausgleich ist die tarifliche Einkommensteuer um den Anspruch auf das Kindergeld zu erhöhen. Die Frage, wie zu verfahren ist, wenn überhaupt kein Kindergeld bezogen wurde, hat der BFH mit Urteilen v. 13.9.2012 (V R 59/10, BStBl 2013 II 228) und 20.12.2012 (III R 29/12, BFH/NV 2013, 723 NWB DokID: TAAAE-31697) dahingehend entschieden, dass es allein entscheidend sei, ob ein Anspruch auf Kindergeld besteht. Ob Kindergeld tatsächlich gezahlt wurde, ist unerheblich.

Die Dienstanweisung zum Kindergeld nach dem EStG Stand 2020 (DA-KG 2020, BZSt-Schreiben v. 27.8.2020, BStBl 2020 I 702) regelt die Anwendung der seit dem 1.1.2020 geltenden und für die Durchführung des Familienleistungsausgleichs nach dem X. Abschnitt des EStG relevanten Vorschriften.

FALL 88

Die Freistellung des Existenzminimums

Sachverhalt:

a) Die Steuererklärung der Eheleute A und B weist ein Einkommen i. S. d. § 2 Abs. 5 EStG von 80.000 € aus. A und B werden zusammen zur Einkommensteuer veranlagt und sind Eltern eines minderjährigen Kindes.

b) Wie a) mit dem Unterschied, dass das Einkommen 50.000 € beträgt.

c) Das Einkommen der Eheleute A und B beträgt 70.000 €. A und B werden zusammen zur Einkommensteuer veranlagt und sind Eltern eines 16-jährigen Sohnes und einer 12-jährigen Tochter.

d) Die geschiedenen Eltern haben einen gemeinsamen minderjährigen Sohn S. S lebt im Haushalt der Mutter, bei der er mit Wohnsitz gemeldet ist. Der Vater kommt seiner Barunterhaltsverpflichtung nach. Das Kindergeld wird an die Mutter ausbezahlt. Das Einkommen des Vaters beträgt 75.000 €, das der Mutter 28.500 €.

e) Wie d) mit dem Unterschied, dass die Mutter die Übertragung des Freibetrags für den Betreuungs- und Erziehungs- oder Ausbildungsbedarf beantragt hat.

f) Wie d) mit dem Unterschied, dass der Vater seiner Barunterhaltsverpflichtung nicht nachkommt. Daher hat die Mutter beantragt, sowohl den Kinderfreibetrag als auch den Freibetrag für den Betreuungs- und Erziehungs- oder Ausbildungsbedarf des Vaters auf sich zu übertragen.

AUFGABE

Es ist zu prüfen, ob bei der Veranlagung für das Jahr 2021 das Kindergeld oder die steuerliche Entlastung durch Freibeträge nach § 32 Abs. 6 EStG günstiger ist.

LÖSUNG

Zu a):

Einkommen ohne Freibeträge	80.000 €	
Einkommensteuer hierauf (Splittingtarif 2021)		16.666 €
./. Kinderfreibetrag	./. 5.460 €	
./. Betreuungsfreibetrag	./. 2.928 €	
zvE unter Berücksichtigung der Freibeträge	71.612 €	
Einkommensteuer hierauf (Splittingtarif 2021)		13.846 €
Differenz		2.820 €

Das jährliche Kindergeld für das Kind beträgt im VZ 2021: 12 × 219 € zzgl. 150 € Einmalzahlung = 2.778 €. Für A und B ergibt sich somit bei der Einkommensteuerveranlagung ein zusätzlicher Entlastungsbetrag von 42 €. Zur Vermeidung einer Doppelbegünstigung wird daher der tariflichen Einkommensteuer von 13.846 € der Anspruch auf das Kindergeld hinzugerechnet, so dass die Einkommensteuer mit 16.624 € festgesetzt wird.

Zu b):

Einkommen ohne Freibeträge	50.000 €	
Einkommensteuer hierauf (Splittingtarif 2021)		7.252 €
./. Kinderfreibetrag	./. 5.460 €	
./. Betreuungsfreibetrag	./. 2.928 €	
zvE unter Berücksichtigung der Freibeträge	41.612 €	
Einkommensteuer hierauf		4.956 €
Differenz		2.296 €

Die steuerliche Freistellung des Existenzminimums wird in vollem Umfang durch das Kindergeld (2.778 €) erreicht. Die Freibeträge nach § 32 Abs. 6 EStG werden nicht gewährt. Die tarifliche ESt beträgt 7.252 €.

Zu c):

Die von Amts wegen vorzunehmende Vergleichsrechnung ist für jedes Kind einzeln durchzuführen, und zwar beginnend mit dem ältesten Kind (H. 31 "Prüfung der Steuerfreistellung" EStH). Diese vorzunehmende Einzelbetrachtung ist vom BFH mit Urteil v. 28.4.2010 (BFH III R 86/07, BStBl 2011 II 259) und 19.4.2012 (BFH III R 50/08, NWB DokID: RAAAE-12965, BFH/NV 2012, 1429) bestätigt worden.

Vergleichsrechnung für den Sohn:

Einkommen ohne Freibeträge	80.000 €	
Einkommensteuer hierauf (Splittingtarif 2021)		16.666 €
./. Kinderfreibetrag	./. 5.460 €	

Jauch

./. Betreuungsfreibetrag	./. 2.928 €	
zvE unter Berücksichtigung der Freibeträge	71.612 €	
Einkommensteuer hierauf (Splittingtarif 2021)		13.846 €
Differenz		2.820 €

Das jährliche Kindergeld für den Sohn beträgt 2.778 €. Für A und B ergibt sich bei der Einkommensteuerveranlagung ein zusätzlicher Entlastungsbetrag von 42 €. Der Abzug der Freibeträge ist also günstiger.

Vergleichsrechnung für die Tochter:

Einkommen ohne Freibeträge der Tochter	71.612 €	
Einkommensteuer hierauf (Splittingtarif 2021)		13.846 €
./. Kinderfreibetrag	./. 5.460 €	
./. Betreuungsfreibetrag	./. 2.928 €	
zvE unter Berücksichtigung der Freibeträge	63.224 €	
Einkommensteuer hierauf		11.170 €
Differenz		2.676 €

Das jährliche Kindergeld für die Tochter beträgt 2.778 €. Die steuerliche Freistellung wird hier in vollem Umfang durch das Kindergeld erreicht. Für die Tochter werden daher keine Freibeträge abgezogen.

Wegen der Einzelbetrachtungsweise bei der Günstigerprüfung kann es also vorkommen, dass bei Eltern mit mehreren Kindern für ein oder mehrere Kinder der Abzug der Freibeträge nach § 32 Abs. 6 EStG und für andere Kinder der Anspruch auf das Kindergeld günstiger ist.

Zu d):

Sofern die Voraussetzungen für eine Zusammenveranlagung nicht vorliegen, ist die Vergleichsberechnung für jeden Elternteil getrennt durchzuführen. Es ist dabei möglich, dass ein Elternteil Kindergeld erhält, der andere aber einen Kinderfreibetrag in Anspruch nehmen kann.

Veranlagung des Vaters

Einkommen ohne Freibeträge	75.000 €	
Einkommensteuer hierauf (Grundtarif 2021)		22.363 €
./. Freibeträge nach § 32 Abs. 6 EStG	4.194 €	
zvE unter Berücksichtigung der Freibeträge	70.806 €	
Einkommensteuer hierauf (Grundtarif 2021)		20.601 €
Differenz		1.762 €

Der Abzug der Freibeträge bewirkt eine Einkommensteuerersparnis i. H. v. 1.762 €, die höher ist als der anteilige Anspruch auf das Kindergeld i. H. v. 1.389 € (1/2 von 2.778 €). Damit sind beim Vater die Freibeträge abzuziehen.

Veranlagung der Mutter

Einkommen ohne Freibeträge	28.500 €	
Einkommensteuer hierauf (Grundtarif 2021)		4.640 €
./. Freibeträge nach § 32 Abs. 6 EStG	4.194 €	
zvE unter Berücksichtigung der Freibeträge	24.306 €	
Einkommensteuer hierauf		3.431 €
Differenz		1.209 €

Die Einkommensteuerersparnis ist niedriger als der Anspruch auf das hälftige Kindergeld i. H. v. 1.389 €. Damit erfolgt bei der Mutter kein Abzug der Freibeträge.

Zu e):

Wird für ein Kind lediglich der Freibetrag für den Betreuungs- und Erziehungs- oder Ausbildungsbedarf übertragen (§ 32 Abs. 6 Satz 8 EStG), bleibt die Zurechnung des Anspruchs auf Kindergeld hiervon unberührt (R 31 Abs. 3 Satz 4 EStR). Unter den Voraussetzungen des § 32 Abs. 6 Satz 9 EStG könnte der Vater der Übertragung widersprechen (s. a. BMF v. 28.6.2013, BStBl 2013 I 845 Rz. 6 ff.).

HINWEIS

Der Übertragung des BEA-Freibetrags nach § 32 Abs. 6 Satz 8 EStG auf den anderen Elternteil kann nach § 32 Abs. 6 Satz 9 Alternative 2 EStG der Elternteil, bei dem das minderjährige Kind nicht gemeldet ist, regelmäßig erfolgreich widersprechen, wenn er das Kind nach einem – üblicherweise für einen längeren Zeitraum im Voraus festgelegten – weitgehend gleichmäßigen Betreuungsrhythmus tatsächlich in der vereinbarten Abfolge mit einem zeitlichen Betreuungsanteil von jährlich durchschnittlich 10 % betreut (BFH-Urteil v. 8.11.2017, BStBl 2018 II 266).

Veranlagung des Vaters

Einkommen ohne Freibeträge	75.000 €	
Einkommensteuer hierauf (Grundtarif 2021)		22.363 €
./. Kinderfreibetrag	2.730 €	
zvE unter Berücksichtigung des Freibetrags	72.270 €	
Einkommensteuer hierauf (Grundtarif 2021)		21.216 €
Differenz		1.147 €

Veranlagung der Mutter

Einkommen ohne Freibeträge	28.500 €	
Einkommensteuer hierauf (Grundtarif 2021)		4.640 €
./. Kinderfreibetrag	2.730 €	
./. Betreuungsfreibetrag	2.928 €	
zvE unter Berücksichtigung der Freibeträge	22.842 €	
Einkommensteuer hierauf (Grundtarif 2021)		3.026 €
Differenz		1.614 €

Sowohl beim Vater als auch bei der Mutter ist der Anspruch auf das halbe Kindergeld i. H. v. 1.389 € in die Günstigerprüfung einzubeziehen. Damit sind Freibeträge einkommensteuermindernd nur bei der Mutter abzuziehen, nicht jedoch beim Vater.

Zu f):

Erhält ein Steuerpflichtiger sämtliche Freibeträge des § 32 Abs. 6 EStG des anderen Elternteils übertragen, so ist die Vergleichsberechnung lediglich für diesen Elternteil vorzunehmen. In diesem Fall sind die verdoppelten Freibeträge mit dem gesamten Kindergeld zu vergleichen. Die Übertragung des Kinderfreibetrags führt stets auch zur Übertragung des Freibetrags für den Betreuungs- und Erziehungs- oder Ausbildungsbedarf (BMF v. 28.6.2013, BStBl 2013 I 845 Rz. 5).

Veranlagung der Mutter

Einkommen ohne Freibeträge	28.500 €	
Einkommensteuer hierauf (Grundtarif 2021)		4.640 €
./. Freibeträge nach § 32 Abs. 6 EStG	8.388 €	
zvE unter Berücksichtigung der Freibeträge	20.112 €	
Einkommensteuer hierauf (Grundtarif 2021)		2.295 €
Differenz		2.345 €

Die Einkommensteuerersparnis ist mit dem vollen Kindergeld i. H. v. 2.778 € zu vergleichen. Es verbleibt damit beim Kindergeld.

FALL 89

Grundsätze der Berücksichtigung von Kindern

Sachverhalt:

Die Ehegatten A und B sind unbeschränkt steuerpflichtige und zusammenveranlagende Ehegatten. Das Kind C

a) vollendet mit Ablauf des 1.9.2021 sein 18. Lebensjahr. Das Kind D ist am 31.5.2021 geboren.

b) ist am 1.7.1996 geboren und studiert Medizin

c) ist am 1.1.2003 geboren.

d) ist am 2.1.2003 geboren.

e) ist am 31.12.1995 geboren und befindet sich in Berufsausbildung.

f) ist am 1.7.1999 geboren und hat im Juli 2021 seine erstmalige Berufsausbildung abgeschlossen. Im Dezember 2021 beginnt C eine zweite Ausbildung. Die Ehegatten adoptieren im November 2021 das minderjährige Kind D.

AUFGABE

Stehen den Ehegatten bei ihrer Veranlagung 2021 noch kindbedingte Steuervergünstigungen zu?

LÖSUNG

Zu a):

Sowohl bei den Freibeträgen nach § 32 Abs. 6 EStG als auch bei den Kindergeldvorschriften gilt das Monatsprinzip. Für Kind C kann ohne weitere Voraussetzungen eine Zurechnung für neun Monate erfolgen (§ 32 Abs. 3 EStG). Die Eltern haben für D Anspruch auf eine Berücksichtigung ab dem Monat Mai und damit für acht Monate.

Zu b):

C vollendet mit Ablauf des 30.6.2021 das 25. Lebensjahr. Eine Zurechnung als Kind kann daher bis Juni 2021 erfolgen (§ 32 Abs. 4 Nr. 2 Buchst. a EStG).

Zu c):

C hat mit Ablauf des 31.12.2020 das 18. Lebensjahr vollendet. Das Kind ist gem. § 32 Abs. 3 EStG nicht mehr zu berücksichtigen.

Zu d):

C hat mit Ablauf des 1.1.2021 sein 18. Lebensjahr vollendet und kann daher für den Monat Januar noch berücksichtigt werden.

Sowohl im Fall c) als auch in Fall d) wird das Kind erstmalig im Januar 2003 berücksichtigt. Obwohl C im Fall d) nur einen Tag später geboren ist, wird das Kind einen Monat länger berücksichtigt.

Zu e):

C vollendet mit Ablauf des 30.12.2020 das 25. Lebensjahr. Nach § 32 Abs. 4 Satz 1 Nr. 2 Buchst. a EStG besteht für ein noch nicht 25 Jahre altes Kind Anspruch auf Kindergeld, wenn es für einen Beruf ausgebildet wird. Mit Vollendung des 25. Lebensjahres entfällt der Kindergeldanspruch.

Zu f):

Befindet sich ein Kind in einer Übergangszeit von höchstens vier Monaten zwischen zwei Ausbildungsabschnitten, kann es ununterbrochen berücksichtigt werden. Dabei reicht es aus, wenn der nächste Ausbildungsabschnitt im 5. Kalendermonat nach Ablauf des Kalendermonats, in dem sich das Kind vorher in Ausbildung befunden hat, beginnt (H 32.6. „Übergangszeit" EStH). C wird somit 2021 ganzjährig berücksichtigt.

Ein über 18 Jahre altes Kind, das eine erstmalige Berufsausbildung oder ein Erststudium abgeschlossen hat und

- ▶ weiterhin für einen Beruf ausgebildet wird (§ 32 Abs. 4 Satz 1 Nr. 2 Buchst. a EStG),
- ▶ sich in einer Übergangszeit befindet (§ 32 Abs. 4 Satz 1 Nr. 2 Buchst. b EStG),
- ▶ seine Berufsausbildung mangels Ausbildungsplatz nicht beginnen oder fortsetzen kann (§ 32 Abs. 4 Satz 1 Nr. 2 Buchst. c EStG) oder
- ▶ einen Freiwilligendienst leistet (§ 32 Abs. 4 Satz 1 Nr. 2 Buchst. d EStG),

wird nach § 32 Abs. 4 Satz 2 EStG nur berücksichtigt, wenn es keiner anspruchsschädlichen Erwerbstätigkeit i. S. des § 32 Abs. 4 Satz 3 EStG nachgeht (H 32.10 „Ausschluss von Kindern auf Grund einer Erwerbstätigkeit" EStH).

Fraglich ist, ob für D im November eine Doppelberücksichtigung bei den Adoptiveltern und den leiblichen Eltern erfolgen kann. Diesen Konflikt entscheidet § 32 Abs. 2 EStG zugunsten der Adoptiveltern. D kann daher für zwei Monate bei den Adoptiveltern berücksichtigt werden (s. a. H 32.1 „Annahme als Kind" EStH).

FALL 90

Berücksichtigung von volljährigen Kindern

Sachverhalt:

1. Nach dem Abitur im Sommer 02 studiert der 20-jährige Sohn A an der Fernuniversität Hagen. Um sich das Studium zu finanzieren, arbeitet er 35 Stunden in der Woche im Büro seiner Tante.

2. Die 22-jährige Tochter B hat im Juni 02 ihre Ausbildung zur Steuerfachangestellten abgeschlossen. Um das Abitur nachzuholen, besucht B seit Juli 02 die Abendschule. Tagsüber arbeitet B in Vollzeit bei einem Steuerberater.

3. Wie 2., allerdings arbeitet B nur 18 Stunden in der Woche.

4. Der 22 Jahre alte Sohn C hat im Juli 01 seine Ausbildung zum Einzelhandelskaufmann abgeschlossen. Zum 1.9.01 beginnt C eine neue Ausbildung zum Rechtsanwaltsgehilfen.

5. Wie 4., allerdings studiert C ab 1.9.01 Marketing. Ab dem 1.2.02 ist er mit einer wöchentlichen Arbeitszeit von 10 Stunden als Einzelhandelskaufmann beschäftigt. Daneben jobbt er im Rahmen einer Aushilfsbeschäftigung am Samstagabend in einer Gaststätte (wöchentliche Arbeitszeit 6 Stunden).

6. Tochter D schließt nach dem Abitur eine Lehre ab und studiert ab Oktober 01. Seit dem 1.4.02 ist D als Bürokraft für 20 Stunden wöchentlich beschäftigt. In den Semesterferien arbeitet D vom 1.8. bis 30.9.02 in Vollzeit mit 40 Stunden wöchentlich. Danach wird ihr gekündigt. Ab dem 1.11.02 ist D dann als Verkäuferin mit einer wöchentlichen Arbeitszeit von 15 Stunden tätig.

7. Wie 6., allerdings ist das Kind vom 16.7. bis 25.9.02 in Vollzeit mit 40 Stunden beschäftigt.

8. Das Kind E schließt nach dem Abitur eine Lehre ab und studiert ab Oktober 01. Im Jahr 02 übt E ganzjährig eine Beschäftigung mit einer Arbeitszeit von 20 Stunden wöchentlich aus. In den Semesterferien von August bis September weitet E seine wöchentliche Arbeitszeit vorübergehend auf 40 Stunden aus.

9. Das Kind F schließt nach dem Abitur eine Berufsausbildung mit der Gesellenprüfung ab und studiert ab dem Jahr 01. Ab dem 20.7.02 nimmt es unbefristet eine Teilzeitbeschäftigung mit 30 Stunden pro Woche auf.

10. Das Kind G befindet sich bis einschließlich Februar 02 in beruflicher Ausbildung zum Elektroniker für Betriebstechnik. Nach erfolgreichem Abschluss bewirbt G sich im selben Monat für einen Platz an einer Technikerschule sowie einer Fachoberschule für Technik. Bereits zu diesem Zeitpunkt strebt G diese Weiterbildungsmaßnahmen mit dem Fernziel der Erlangung des Abschlusses eines Elektrotechnikers oder Elektroingenieurs an.

Am 28.2.02 unterschreibt G einen auf zwei Jahre befristeten Arbeitsvertrag in üblich bezahlter Vollzeitbeschäftigung, aufgrund dessen er von März bis Juli 02 in seinem erlernten Beruf arbeitet. Nachdem er eine Zusage der Fachoberschule für Technik erhält, beendet er das Arbeitsverhältnis vorzeitig, um ab Mitte August 02 diese Bildungseinrichtung besuchen zu können. Der einjährige Vollzeitunterricht erfolgt zur Vorbereitung des Studiums an einer Fachhochschule und ist für G Voraussetzung, ein solches aufnehmen zu können.

11. Wie 10., allerdings meldet sich das Kind erst im September 02 an der weiterbildenden Schule an und erhält daher erst die Zusage für das Schuljahr 03/04. Am 20.8.03 beginnt G die Ausbildung an der Fachoberschule auf.

AUFGABE

Kann im Jahr 02 ein Kinderfreibetrag berücksichtigt werden?

LÖSUNG

Zur steuerlichen Berücksichtigung volljähriger Kinder nach § 32 Abs. 4 Satz 2 und Satz 3 EStG nimmt das BMF (koordinierter Ländererlass) mit Schreiben v. 8.2.2016 (BStBl 2016 I 226) Stellung.

1. A hat das 25. Lebensjahr noch nicht vollendet und wird nach § 32 Abs. 4 Nr. 2 Buchst. a EStG für einen Beruf ausgebildet. Studien können auch als Fernstudien durchgeführt werden (Rz. 8 des BMF-Schreibens v. 8.2.2016, a. a. O.). Es handelt sich um ein Erststudium, da auch kein anderes durch einen berufsqualifizierenden Abschluss beendetes Studium bzw. keine andere abgeschlossene nichtakademische Berufsausbildung vorangegangen ist (Rz. 9 des BMF-Schreibens v. 8.2.2016, a. a. O.). Er hat seine erstmalige Berufsausbildung nicht abgeschlossen, so dass § 32 Abs. 4 Satz 2 EStG nicht greift. Ein Studium wird – sofern zwischen Prüfung und Bekanntgabe des Prüfungsergebnisses noch keine Vollzeiterwerbstätigkeit im angestrebten Beruf ausgeübt wird – regelmäßig erst mit Bekanntgabe des Prüfungsergebnisses abgeschlossen. Damit ist die Erwerbstätigkeit für die Gewährung des Kinderfreibetrags ohne Bedeutung.

2. Bis einschließlich Juni ist der Kinderfreibetrag zu berücksichtigen.
B hat das 25. Lebensjahr noch nicht vollendet und wird nach § 32 Abs. 4 Nr. 2 Buchst. a EStG für einen Beruf ausgebildet (Abendschule). B hat jedoch ihre erstmalige Berufsausbildung abgeschlossen. Eine erstmalige Berufsausbildung ist grundsätzlich abgeschlossen, wenn sie das Kind zur Aufnahme eines Berufs befähigen (Rz. 12a des BMF-Schreibens v. 8.2.2016, a. a. O.). Da sie in Vollzeit einer Erwerbstätigkeit nachgeht, kann sie nach § 32 Abs. 4 Satz 2 EStG nicht mehr berücksichtigt werden. Ein Kinderfreibetrag kommt ab Juli 02 nicht in Betracht.

Eine Berufsausbildung i. S. d. § 32 Abs. 4 Satz 2 EStG liegt vor, wenn das Kind durch eine berufliche Ausbildungsmaßnahme die notwendigen fachlichen Fertigkeiten und Kenntnisse erwirbt, die zur Aufnahme eines Berufs befähigen. Voraussetzung ist, dass der Beruf durch eine Ausbildung in einem öffentlich-rechtlich geordneten Ausbildungsgang erlernt wird und der Ausbildungsgang durch eine Prüfung abgeschlossen wird. Das Tatbestandsmerkmal „Berufsausbildung" nach § 32 Abs. 4 Satz 2 EStG ist enger gefasst als das Tatbestandsmerkmal „für einen Beruf ausgebildet werden" nach § 32 Abs. 4 Satz 1 Nr. 2 Buchst. a EStG (s. a. A 20.2.1 Abs. 1 DA-KG 2020).

3. Bei dem Besuch der Abendschule handelt es sich um eine Berufsausbildung i. S. d. § 32 Abs. 4 Satz 2 EStG. Nach § 32 Abs. 4 Satz 3 EStG ist eine Erwerbstätigkeit mit bis zu 20 Stunden in der Woche unschädlich. Ein Kinderfreibetrag kann gewährt werden.

4. C hat das 25. Lebensjahr noch nicht vollendet und wird nach § 32 Abs. 4 Nr. 2 Buchst. a EStG für einen Beruf ausgebildet. C hat zwar seine erstmalige Berufsausbildung zum Einzelhandelskaufmann abgeschlossen, die zweite Berufsausbildung ist gem. § 32 Abs. 4 Satz 3 EStG aber keine schädliche Erwerbstätigkeit (s. a. A 20.3.2 Abs. 1 DA-KG 2020, BStBl 2020 I 702). Unschädlich für den Kindergeldanspruch ist eine Erwerbstätigkeit, wenn die regelmäßige wöchentliche Arbeitszeit insgesamt nicht mehr als 20 Stunden beträgt. Die Erwerbstätigkeit im Rahmen eines Ausbildungsdienstverhältnisses ist stets anspruchsunschädlich. Ein Kinderfreibetrag kann gewährt werden.

5. Das Studium wird nach einer erstmaligen Berufsausbildung durchgeführt. Ein alleiniges geringfügiges Beschäftigungsverhältnis ist unabhängig vom zeitlichen Umfang unschädlich (§ 32 Abs. 4 Satz 3 EStG). Wird ein Mini-Job neben einer regulären Erwerbstätigkeit ausgeübt, darf die 20-Stunden-Grenze unter Einbeziehung des Mini-Jobs nicht überschritten werden (s. a. A 20.3.1 Abs. 4 und A 20.3.3 DA-KG 2020, BStBl 2020 I 702). Ein Kinderfreibetrag kommt damit zum Ansatz.

6. Da D eine erstmalige Berufsausbildung abgeschlossen hat, kommt es auf die regelmäßige wöchentliche Arbeitszeit an. Eine höchstens 2 Monate andauernde Ausweitung der Beschäftigung auf mehr als 20 Stunden ist unbeachtlich, wenn die durchschnittliche wöchentliche Arbeitszeit nicht mehr als 20 Stunden beträgt (A 20.3.1 Abs. 2 DA-KG 2020, BStBl 2020 I 702).

Hier ergeben sich folgende Arbeitszeiten pro voller Woche:

vom 1.4. bis 31.7. (17 Wochen)	20 Stunden pro Woche
vom 1.8. bis 30.9. (8 Wochen)	40 Stunden pro Woche
vom 1.11. bis 31.12. (8 Wochen)	15 Stunden pro Woche

Damit beträgt die durchschnittliche wöchentliche Arbeitszeit während des Kalenderjahres 02 15 Stunden (780 Stunden: 52 Wochen) und D ist nach § 32 Abs. 4 Satz 2 i. V. m. § 32 Abs. 4 Satz 1 Nr. 2 Buchst. a EStG ganzjährig zu berücksichtigen.

Berechnung:

[(17 Wochen × 20 Std) + (8 Wochen × 40 Std) + (8 Wochen × 15 Std)] : 52 Wochen = 15 Stunden.

7. Die Ausweitung der Erwerbstätigkeit ist nicht nur vorübergehend (über zwei Monate). Diese Erwerbstätigkeit ist daher als anspruchsschädlich einzustufen. Dies gilt unabhängig davon, dass auch hier die durchschnittliche wöchentliche Arbeitszeit von 20 Stunden nicht überschritten würde. Das Kind könnte demnach für den Monat August 02 nicht berücksichtigt werden. Für die Monate Juli und September 02 kann das Kind berücksichtigt werden, da es wenigstens an einem Tag die Anspruchsvoraussetzungen – keine anspruchsschädliche Erwerbstätigkeit – erfüllt (s. a. A 20.3.1 DA-KG 2020, BStBl 2020 I S. 702).

8. Durch die vorübergehende Ausweitung der Arbeitszeit erhöht sich die durchschnittliche wöchentliche Arbeitszeit des Kindes auf über 20 Stunden. Aus diesem Grund ist der Zeitraum der Ausweitung, nicht der gesamte Zeitraum der Erwerbstätigkeit, als schädlich anzusehen. Für die Monate August und September besteht daher kein Anspruch auf den Kinderfreibetrag (s. a. A 20.3.1 Abs. 3 DA-KG 2020, BStBl 2020 I 702).

9. Aufgrund des Studiums ist F nach § 32 Abs. 4 Satz 1 Nr. 2 Buchst. a EStG zu berücksichtigen. Das Studium wird jedoch nach Abschluss einer erstmaligen Berufsausbildung durchgeführt, sodass das Kind nach § 32 Abs. 4 Satz 2 EStG nur berücksichtigt werden kann, wenn es keiner Erwerbstätigkeit nachgeht. Die Erwerbstätigkeit ist nach § 32 Abs. 4 Satz 2 EStG grundsätzlich als schädlich einzustufen. Das Kind kann aber für jeden Kalendermonat berücksichtigt werden, in dem wenigstens an einem Tage die Anspruchsvoraussetzungen – hier „keiner Erwerbstätigkeit nachgeht" – vorgelegen haben. Damit kann für die Monate Januar bis Juli 02 ein Kinderfreibetrag anerkannt werden, nicht jedoch für die Monate August bis Dezember 02 (Rz. 28 des BMF-Schreibens v. 8.2.2016, a. a. O.).

10. Nach § 63 Abs. 1 Satz 2 i.V. m. § 32 Abs. 4 Satz 1 Nr. 2 Buchst. c EStG besteht für G im Kj. 02 ein Anspruch auf Kindergeld bzw. Kinderfreibetrag, da G die Berufsausbildung mangels Ausbildungsplatz nicht fortsetzen kann. Das ist u. a. dann der Fall, wenn dem Kind bereits ein Ausbildungsplatz zugesagt wurde, es diesen aber aus schul-, studien- oder betriebsorganisatorischen Gründen erst zu einem späteren Zeitpunkt antreten kann. Nach der Rechtsprechung des BFH ist der Berücksichtigungstatbestand des § 32 Abs. 4 Satz 1 Nr. 2 Buchst. c EStG nicht deshalb ausgeschlossen, weil G im Kj. 02 einer Vollzeiterwerbstätigkeit nachging (vgl. BFH-Urteil v. 17.6.2010, III R 34/09, BStBl 2010 II 982, Rz. 11).

Der Anspruch auf Kindergeld ist wegen der Erwerbstätigkeit des G im Kj. 02 nicht ausgeschlossen. Er hatte in diesem Zeitraum noch keine erstmalige Berufsausbildung i. S. d. § 32 Abs. 4 Satz 2 EStG abgeschlossen.

Nach § 63 Abs. 1 Satz 2 EStG i.V. m. § 32 Abs. 4 Satz 2 EStG wird ein Kind nach Abschluss einer erstmaligen Berufsausbildung oder eines Erststudiums in den Fällen des § 32 Abs. 4 Satz 1 Nr. 2 EStG nur berücksichtigt, wenn es keiner Erwerbstätigkeit nachgeht.

Die Voraussetzung „Abschluss einer erstmaligen Berufsausbildung" i. S. d. Vorschrift liegt erst dann vor, wenn das Kind befähigt ist, einen von ihm angestrebten Beruf auszuüben. Dies hat zur Folge, dass auch erst dann der Verbrauch der Erstausbildung i. S. d. § 32 Abs. 4 Satz 2 EStG eintreten kann.

Mehraktige Ausbildungsmaßnahmen sind dann als Teil einer einheitlichen Erstausbildung zu qualifizieren, wenn sie zeitlich und inhaltlich so aufeinander abgestimmt sind, dass die Ausbildung nach Erreichen des ersten Abschlusses fortgesetzt werden soll und das – von den Eltern und dem Kind – bestimmte Berufsziel erst über den weiterführenden Abschluss erreicht werden kann. Ist aufgrund objektiver Beweisanzeichen erkennbar, dass das Kind die für sein angestrebtes Berufsziel erforderliche Ausbildung nicht bereits mit dem ersten erlangten Abschluss beendet hat, kann auch eine weiterführende Ausbildung noch als Teil der Erstausbildung zu qualifizieren sein.

Der enge zeitliche Zusammenhang erfordert, dass das Kind nach Abschluss eines ersten – objektiv berufsqualifizierenden – Abschlusses den weiteren Ausbildungsabschnitt mit der gebotenen Zielstrebigkeit aufnimmt. Nur wenn im Anschluss an einen solchen Abschluss der weitere Ausbildungsabschnitt nicht aufgenommen wird, obwohl damit begonnen werden könnte, und der Entschluss zur Fortsetzung auch sonst nicht erkennbar wird, so wird der Zusammenhang und damit die Einheitlichkeit des Ausbildungsganges aufgehoben. Danach war der enge zeitliche Zusammenhang gegeben. Denn nach Beendigung der Ausbildung im Februar 02 hat G die Ausbildung an der Fachoberschule ohne beachtliche Unterbrechung fortgeführt. Zwar ist er zunächst einer Vollzeiterwerbstätigkeit nachgegangen. Dies ist aber schon deshalb unbeachtlich, weil er mit der Fortsetzung der Ausbildung aus schulorganisatorischen Gründen erst ab August 02 beginnen konnte.

Mangels Abschlusses einer erstmaligen Berufsausbildung i. S. d. § 32 Abs. 4 Satz 2 EStG, kommt es auf die Erwerbstätigkeit des G im Kj. 02 nicht an. Damit entfällt eine Prüfung des § 32 Abs. 4 Satz 3 EStG (s. BFH v. 15.4.2015, V R 27/14, BStBl 2016 II 163).

11. G erfüllt nur ab dem Zeitraum September 02 die Voraussetzungen eines kindergeldrechtlichen Berücksichtigungstatbestandes nach § 32 Abs. 4 Satz 1 EStG. G konnte im Zeitraum September 02 bis August 03 eine Berufsausbildung mangels Ausbildungsplatzes nicht beginnen (§ 32 Abs. 4 Satz 1 Nr. 2 Buchst. c EStG) und befand sich von August 03 in Berufsausbildung (§ 32 Abs. 4 Satz 1 Nr. 2 Buchst. a EStG).

Eine kindergeldrechtliche Berücksichtigung im Zeitraum März 02 bis August 03 wegen einer Übergangszeit i. S. d. § 32 Abs. 4 Satz 1 Nr. 2 Buchst. b EStG scheidet aus. Zwar handelt es sich insoweit um einen Zeitraum, der zwischen zwei Ausbildungsabschnitten liegt, da die Ausbildung zum Elektroniker im Februar 02 endete und die Ausbildung an der Fachoberschule im August 03 begann. Jedoch überschreitet dieser Zeitraum die in § 32 Abs. 4 Satz 1 Nr. 2 Buchst. b EStG genannte Höchstdauer von vier Monaten. Nach dem klaren Wortlaut der Vorschrift kommt bei einem Überschreiten der Übergangszeit eine Begünstigung auch nicht für die ersten vier Monate in Betracht (BFH-Urteil v. 22.12.2011, III R 41/07, BStBl 2012 II 681).

Für den Zeitraum März 02 bis August 03 liegen die Voraussetzungen des § 32 Abs. 4 Satz 1 Nr. 2 Buchst. c EStG nicht vor, denn für diesen Zeitraum fanden keine Bemühungen des G um einen Ausbildungsplatz statt.

Da im September 02 die Anmeldung bei der Fachoberschule erfolgte, erfüllt G von September 02 bis August 03 die Voraussetzungen des § 32 Abs. 4 Satz 1 Nr. 2 Buchst. c EStG (BFH-Urteil v. 28.5.2013, XI R 38/11, BFH/NV 2013, 1774, Rz. 20 ff.).

Die grundsätzliche kindergeldrechtliche Berücksichtigungsfähigkeit des G entfällt aber dadurch, dass er bereits eine erstmalige Berufsausbildung abgeschlossen hatte und während der Zeiträume, in denen er auf den Antritt der Ausbildung bei der Fachschule gewartet und in denen er die Ausbildung an der Fachschule durchgeführt hat, einer schädlichen Erwerbstätigkeit i. S. d. § 32 Abs. 4 Satz 2 EStG nachgegangen ist.

Die Ausbildung des G zum Elektroniker stellt bereits eine abgeschlossene erstmalige Ausbildung i. S. d. § 32 Abs. 4 Satz 2 EStG dar.

Nach der Rechtsprechung des BFH kommt es für die Frage, ob bereits der erste (objektiv) berufsqualifizierende Abschluss in einem öffentlich-rechtlich geordneten Ausbildungsgang zum Verbrauch der Erstausbildung führt oder ob bei einer mehraktigen Ausbildung auch ein nachfolgender Abschluss in einem öffentlich-rechtlich geordneten Ausbildungsgang Teil der Erstausbildung sein kann, darauf an, ob sich der erste Abschluss als integrativer Bestandteil eines einheitlichen Ausbildungsgangs darstellt (BFH-Urteile v. 4.2.2016, III R 14/15, BStBl 2016 II 615, Rz. 12; v. 3.7.2014, III R 52/13, BStBl 2015 II 152, Rz. 25; v. 15.4.2015, V R 27/14, BStBl 2016 II 163, Rz. 20, s. o. Fall 10). Insoweit ist vor allem darauf abzustellen, ob die Ausbildungsabschnitte in einem engen sachlichen Zusammenhang (z. B. dieselbe Berufssparte, derselbe fachliche Bereich) zueinander stehen und in engem zeitlichen Zusammenhang durchgeführt werden. Hierfür ist auch erforderlich, dass aufgrund objektiver Beweisanzeichen erkennbar wird, dass das Kind die für sein angestrebtes Berufsziel erforderliche Ausbildung nicht bereits mit dem ersten erlangten Abschluss beendet hat.

Am erforderlichen zeitlichen Zusammenhang fehlt es u. a. dann, wenn das Kind nach Erlangung eines ersten – objektiv berufsqualifizierenden – Abschlusses den weiteren Ausbildungsabschnitt nicht mit der gebotenen Zielstrebigkeit aufnimmt, obwohl es diesen früher hätte beginnen können (BFH-Urteil v. 15.4.2015, V R 27/14, BStBl 2016 II 163, Rz. 26). Unschädlich sind lediglich Erwerbstätigkeiten, die der zeitlichen Überbrückung bis zum nächstmöglichen Ausbildungsbeginn dienen (BFH Urteil v. 4.2.2016, III R 14/15, BStBl 2016 II 615, Rz. 15).

G hat im Beispielsfall weder im Anschluss an die Beendigung der Ausbildung zum Elektroniker mit der Ausbildung an der Fachoberschule begonnen noch hat er sich für eine bereits im Jahr 02 beginnende Ausbildung beworben. Schulorganisatorische oder andere objektive Gründe, die einer Aufnahme der Ausbildung im August 02 statt erst im August 03 entgegengestanden hätten, waren nicht ersichtlich.

Vielmehr hat G seinen ersten (objektiv) berufsqualifizierenden Abschluss genutzt, um mit diesem im Rahmen einer regulären Erwerbstätigkeit ohne Ausbildungscharakter Einkünfte zu erzielen. Diese Erwerbstätigkeit erfolgte auch nicht nur in einem Überbrückungszeitraum zwischen dem Ende der Elektronikerausbildung und dem nächstmöglichen Beginn der Fachschulausbildung und bildete somit eine zeitliche Zäsur zwischen zwei hierdurch verselbständigten Ausbildungen.

Die zeitliche Zäsur wird nicht durch die im Anschluss an die Beendigung der Ausbildung zum Elektroniker erfolgte Anmeldung bei der Fachoberschule beseitigt. Denn der enge zeitliche Zusammenhang muss nach der Rechtsprechung des BFH zwischen den beiden Ausbildungsabschnitten bestehen (BFH Urteil v. 3.7.2014, III R 52/13, BStBl 2015 II 152, Rz. 30). Ein enger zeitlicher Zusammenhang zwischen dem Ende einer Ausbildung oder eines Ausbildungsabschnitts und den Bemühungen um eine weitere Ausbildung oder einen weiteren Ausbildungsabschnitt genügt nicht.

HINWEIS

Setzt ein Kind nach Beendigung der Ausbildung zur Steuerfachangestellten seine Berufsausbildung mit den weiterführenden Berufszielen „Staatlich geprüfter Betriebswirt" und „Steuerfachwirt" nicht zum nächstmöglichen Zeitpunkt fort, handelt es sich bei der nachfolgenden Fachschulausbildung um eine Zweitausbildung i. S. d. § 32 Abs. 4 Satz 2 EStG. In diesem Fall schließt eine mehr als 20 Wochenstunden umfassende Erwerbstätigkeit während der Zeit des Wartens auf den Antritt der Fachschulausbildung und während deren Durchführung einen Kindergeldanspruch nach § 32 Abs. 4 Sätze 2 und 3 EStG aus (BFH-Urteil v. 11.4.2018, III R 18/17, BStBl II 2018 548).

Altersgrenze bei behinderten Kindern

Sachverhalt:

1. Das am 1.10.1983 geborene Kind B ist seit dem 1.3.2008 behindert und außerstande sich selbst zu unterhalten.

2. Wie 1. mit dem Unterschied, dass das Kind am 1.10.1982 geboren ist.

3. Wie 1. mit dem Unterschied, dass B durch eine eingeschränkte Erwerbstätigkeit in der Lage ist, sich selbst zu unterhalten.

4. Das am 1.7.1981 geborene Kind C ist seit dem 1.12.2006 behindert und kann sich nicht selbst versorgen.

AUFGABE

Ist das Kind im Rahmen des Familienleistungsausgleichs noch zu berücksichtigen?

LÖSUNG

Zu 1.:

Nach § 32 Abs. 4 Satz 1 Nr. 3 EStG wird ein Kind ohne Altersbegrenzung berücksichtigt, wenn es wegen einer Behinderung außerstande ist, sich selbst zu unterhalten und die Behinderung vor Vollendung des 25. Lebensjahres eingetreten ist. Damit kann eine Berücksichtigung des Kindes B über das 25. Lebensjahr hinaus erfolgen. Die Altersgrenze von 25 Jahren gilt für Kinder, bei denen die Behinderung nach dem 31.12.2006 eingetreten ist (§ 52 Abs. 32 Satz 1 EStG). Bis einschließlich VZ 2006 musste die Behinderung vor Vollendung des 27. Lebensjahres eingetreten sein.

Zu 2.:

Da die Behinderung des Kindes nach dem 31.12.2006 und nach Vollendung seines 25. Lebensjahres eingetreten ist, kann es nicht mehr berücksichtigt werden.

Zu 3.:

Mit Wirkung ab 1.1.2012 ist die Einkünfte- und Bezügegrenze für volljährige Kinder entfallen. Die Prüfung der Frage, ob die Einkünfte- und Bezügegrenze überschritten ist, hat jedoch noch Bedeutung für behinderte Kinder. Hier ist zu prüfen, ob das Kind außerstande ist, sich selbst zu unterhalten. Dies geschieht dadurch, dass in einer Vergleichsrechnung der notwendige Lebensbedarf des Kindes (2020: 9.408 €, 2019: 9.168 €, 2018: 9.000 €, 2017: 8.820 €, 2016: 8.652 €, 2015: 8.472 €) und der behinderungsbedingte Mehrbedarf seinen finanziellen Mitteln gegenübergestellt wird (vgl. H 32.9 „Außerstande sein, sich selbst zu unterhalten" EStH und A 19.4 Abs. 2 DA-KG 2019, BStBl 2019 I 654).

Da die Voraussetzungen des § 32 Abs. 4 Satz 1 Nr. 3 EStG nicht erfüllt sind, kann B nicht berücksichtigt werden.

Zu 4.:

Für Kinder, bei denen die Behinderung vor dem 1.1.2007 eingetreten ist, gilt weiterhin eine Altersgrenze von 27 Jahren (§ 52 Abs. 32 Satz 1 zweiter Halbsatz EStG). Daher kann das Kind C weiter berücksichtigt werden.

Vorbemerkungen zum Vorliegen der wesentlichen Unterhaltsverpflichtung

Maßgebend ist nicht der abstrakte Unterhaltsbedarf des Kindes, sondern die konkrete Höhe der Unterhaltsverpflichtung der Eltern, die sich in erster Linie aus gerichtlichen Titeln oder sonstigen Vereinbarungen ergibt und im Übrigen nach § 1603 BGB zu ermitteln ist (R 32.13 Abs. 1 EStR). Auch die Düsseldorfer Tabelle kann einen Anhaltspunkt über die Höhe der Barunterhaltsverpflichtung geben. Kommt ein Elternteil seiner Unterhaltsverpflichtung nach Maßgabe seiner Leistungsfähigkeit nach, so darf der ihm zustehende Kinderfreibetrag auch dann nicht auf den anderen Elternteil übertragen werden, wenn sein Beitrag zum Unterhaltsbedarf des Kindes verhältnismäßig geringfügig ist (BFH v. 12.4.2000, VI R 148/97, BFH/NV 2000, 1194 und BFH v. 25.7.1997, VI R 113/95, BStBl 1998 II 433 und H 32.13 „Konkrete Unterhaltsverpflichtung" EStH).

Bei der Beurteilung der Frage, ob ein Elternteil seiner Unterhaltsverpflichtung gegenüber einem Kind nachgekommen ist, ist nicht auf den Zeitpunkt abzustellen, in dem der Unterhalt gezahlt worden ist, sondern auf den Zeitraum, für den der Unterhalt bestimmt ist (BFH v. 11.12.1992, III R 7/90, BStBl 1993 II 397; H 32.13 „Beurteilungszeitraum" EStH).

Hat aus Gründen, die in der Person des Kindes liegen, oder wegen des Todes des Elternteils die Unterhaltsverpflichtung nicht während des ganzen Kalenderjahres bestanden, ist für die Frage, inwieweit sie erfüllt worden ist, nur auf den Verpflichtungszeitraum abzustellen. Wird ein Elternteil erst im Laufe des Kalenderjahres zur Unterhaltszahlung verpflichtet, ist für die Prüfung, ob er seiner Barunterhaltsverpflichtung gegenüber dem Kind zu mindestens 75 % nachgekommen ist, nur der Zeitraum zugrunde zu legen, für den der Elternteil zur Unterhaltsleistung verpflichtet wurde (R 32.13 Abs. 3 EStR).

FALL 92

Ermittlung der wesentlichen Unterhaltsverpflichtung

Sachverhalt:

1. Das Kind K beendet im Juni seine Berufsausbildung und steht ab September in einem Arbeitsverhältnis. Seitdem kann es sich selbst unterhalten. Der zum Barunterhalt verpflichtete Elternteil ist seiner Verpflichtung nur für die Zeit bis einschließlich Juni nachgekommen.

2. Der Elternteil, der bisher seiner Unterhaltsverpflichtung durch Pflege und Erziehung des Kindes voll nachgekommen ist, verzieht im August ins Ausland und leistet von da an keinen Unterhalt mehr.

Wurde die Unterhaltsverpflichtung zu jeweils 75 % erfüllt?

Zu 1.:

Der zum Barunterhalt verpflichtete Elternteil hat seine für acht Monate bestehende Unterhalts-verpflichtung für sechs Monate, also zu 75 % erfüllt.

Zu 2.:

Der zum Unterhalt verpflichtete Elternteil hat seine Unterhaltsverpflichtung, bezogen auf das Kalenderjahr, nicht mindestens zu 75 % erfüllt.

FALL 93

Anspruch für unverheiratete Tochter mit eigenem Kind

Sachverhalt:

T ist die Mutter eines im Oktober 03 geborenen Kindes. T ist im Kalenderjahr 05 21 Jahre alt und befindet sich in einer Berufsausbildung. Die Familienkasse hob die Festsetzung des Kindergeldes für T auf, weil nicht mehr die Eltern gegenüber T unterhaltsverpflichtet seien, sondern der Kinds-vater nach § 1615l BGB.

Wurde das Kindergeld zu Recht aufgehoben?

Den Eltern steht nach dem Wortlaut der §§ 32, 62 ff. EStG Kindergeld für die Tochter T zu, da sie sich in Berufsausbildung befindet und noch keine erstmalige Berufsausbildung oder ein Erststu-dium abgeschlossen hat (§ 32 Abs. 4 Satz 2 EStG).

Die Höhe der Einkünfte und Bezüge des Kindes ist nach dem Gesetzeswortlaut ohne Bedeutung. Der BFH hat in seinem Urteil v. 17.10.2013 (III R 22/13, BStBl 2014 II 257) entschieden, dass die Verheiratung eines Kindes seiner kindergeldrechtlichen Berücksichtigung nach § 32 Abs. 4 Satz 1 Nr. 1 und 2 EStG nicht entgegensteht, weil hierfür keine typische Unterhaltssituation voraus-gesetzt wird. Der Unterhaltsanspruch eines verheirateten Kindes gegenüber seinem Ehegatten ist für den Anspruch auf Kindergeld ohne Belang. Entsprechendes gilt für den Unterhalts-anspruch einer nicht verheirateten Tochter, für die Kindergeld begehrt wird, gegen den Vater ihres Kindes nach § 1615l BGB. Die Bezüge, die aufgrund eines derartigen Anspruchs einer nicht behinderten Tochter zufließen, bleiben nach der ab dem Jahr 2012 geltenden Rechtslage außer Betracht (BFH v. 3.7.2014, III R 37/13, BStBl 2015 II 151).

FALL 94

Übertragung von Freibeträgen des § 32 Abs. 6 EStG

Sachverhalt:

1. V und M haben ein gemeinsames minderjähriges Kind K. Die Eltern leben seit Jahren in unterschiedlichen Wohnungen. K ist bei der Mutter M gemeldet, die auch das Kindergeld erhält. V kommt seiner Unterhaltspflicht nach.

2. Wie 1. mit dem Unterschied, dass V seiner Unterhaltsverpflichtung nicht im Wesentlichen nachkommt.

3. Wie 2. mit dem Unterschied, dass K jetzt in den Wohnungen beider Elternteile gemeldet ist.

4. Wie 1. mit dem Unterschied, dass V mangels Leistungsfähigkeit nicht gegenüber dem Kind unterhaltspflichtig ist und das Kind tatsächlich auch nicht betreut. Leistungen nach dem Unterhaltsvorschussgesetz werden nicht gewährt.

5. Wie 1. mit dem Unterschied, dass V ab 1. September arbeitslos ist und daher seiner Unterhaltspflicht nicht mehr nachkommen kann.

6. Die Eltern A und B sind selbst noch in Ausbildung und gegenüber ihrem in ihrem Haushalt lebenden Kind C mangels Leistungsfähigkeit nicht unterhaltspflichtig. Der Großelternteil D ist gegenüber seinem Enkel unterhaltspflichtig.

7. Die minderjährigen Kinder T und E leben im Haushalt der Mutter M und sind auch dort gemeldet. Der von M geschiedene Vater V betreut die Kinder – entsprechend einer Regelung mit der Mutter – jedes zweite Wochenende von Freitagnachmittag bis Sonntagabend und auch die Hälfte aller Schulferien. Im Kalenderjahr sind dies etwa 107 Betreuungstage. Der Kindsvater trägt auch nicht nur unbedeutende Kinderbetreuungskosten in Form von Mehrkosten (z. B. Verpflegungskosten, Fahrtkosten) für die regelmäßige Unterbringung an den Wochenenden sowie entsprechende Aufwendungen für gemeinsame Urlaube.
Vater V kommt seiner Barunterhaltsverpflichtung den Kindern gegenüber in vollem Umfang nach.
Die Mutter M beantragt in ihrer abgegebenen Einkommensteuererklärung jeweils für T und E den Abzug des doppelten Freibetrags für den Betreuungs- und Erziehungs- oder Ausbildungsbedarf (BEA-Freibetrag).

AUFGABE

Wem kann jeweils der Kinder- bzw. der Betreuungsfreibetrag zugeordnet werden?

LÖSUNG

Zu 1.:

Beide Elternteile erfüllen ihre Unterhaltsverpflichtung. Damit liegen die Voraussetzungen für eine Übertragung des Kinderfreibetrages nicht vor. V und M erhalten jeweils den Kinderfreibetrag i. H. v. 2.730 € (Kj. 2021; im Kj. 2020: 2.586 €; im Kj. 2019: 2.490 €; im Kj. 2018: 2.394 €). Eine andere Aufteilung ist nicht möglich. M kann jedoch beantragen, den dem V zustehenden Freibetrag für Betreuung, Erziehung oder Ausbildung auf sich zu übertragen, da es sich bei der Übertragung des Betreuungsfreibetrages um ein eigenständiges, von der Übertragung des Kinderfreibetrags unabhängiges Verfahren handelt. Allerdings scheidet eine Übertragung aus, wenn der Übertragung widersprochen wird, weil der Elternteil, bei dem das Kind nicht gemeldet ist, Kinderbetreuungskosten trägt oder das Kind regelmäßig in einem nicht unwesentlichen Umfang betreut (§ 32 Abs. 6 Satz 9 EStG; BMF v. 28.6.2013, BStBl 2013 I 845, Rz. 7 bis 9).

Zu 2.:

Ein Elternteil kommt seiner Barunterhaltsverpflichtung gegenüber dem Kind im Wesentlichen nach, wenn er sie mindestens zu 75 % erfüllt (BMF v. 28.6.2013, BStBl 2013 I 845, Rz. 2). Auf Antrag von M ist sowohl der allgemeine Kinderfreibetrag des V als auch der Betreuungsfreibetrag zu übertragen. Die Übertragung des Kinderfreibetrags soll dabei stets auch zur Übertragung des Betreuungsfreibetrags führen (BMF v. 28.6.2013, BStBl 2013 I 845, Rz. 5). M erhält dann beide Freibeträge in verdoppelter Höhe.

Zu 3.:

Wie bei 2. kann auf Antrag von M der Kinderfreibetrag des V übertragen werden. Die Übertragung des Betreuungsfreibetrages beschränkt sich gem. § 32 Abs. 6 Satz 8 EStG auf minderjährige Kinder, die nur bei einem Elternteil gemeldet sind und ist daher hier nicht möglich.

Zu 4.:

Nach der Rechtslage bis VZ 2011 war eine Übertragung des Kinderfreibetrags nicht möglich, wenn der andere Elternteil mangels Leistungsfähigkeit nicht unterhaltspflichtig ist. Damit der Elternteil, der allein für den Unterhalt des Kindes aufkommt, auch die steuerliche Entlastung erfahren kann, kann der Kinderfreibetrag ab 2012 auf Antrag der M übertragen werden (§ 32 Abs. 6 Satz 6 EStG). Die Übertragung des Kinderfreibetrags führt auch stets zur Übertragung des Betreuungsfreibetrags (BMF v. 28.6.2013, BStBl 2013 I 845, Rz. 5).

Zu 5.:

R 32.13 Abs. 4 Satz 4 EStR sieht vor, dass die Voraussetzungen für eine Übertragung monatsweise zu prüfen sind. Damit kann sowohl der Kinderfreibetrag als auch der Freibetrag für den Betreuungs- und Erziehungs- oder Ausbildungsbedarf für vier Monate übertragen werden. Bei M werden dann im VZ 2021 Freibeträge i. H. v. insgesamt 5.460 € und bei V i. H. v. insgesamt 2.928 € berücksichtigt.

Berechnung der Freibeträge:
Kinderfreibetrag: 2.730 € : 12 Monate = 227,50 €/Monat.
(12 × 227,50 €) + (4 × 227,50 €) = 3.640 €
Betreuung-, Erziehung- und Ausbildung: 1.464 € : 12 Monate = 112 €/Monat.
(12 × 112 €) + (4 × 112 €) = 1.792 €.

Der Betreuungsfreibetrag kann – wie in der Lösung zu Sachverhalt 1 erläutert – nur dann auch für die ersten acht Monate des Jahres auf M übertragen werden, wenn V der Übertragung nicht widerspricht (BMF v. 28.6.2013, BStBl 2013 I 845, Rn. 7 ff.).

Zu 6.:

Die Übertragung des Freibetrags auf einen Großelternteil kommt nach § 32 Abs. 6 Satz 10 EStG nicht nur bei Haushaltsaufnahme, sondern auch bei Bestehen einer Unterhaltpflicht in Betracht. D kann also die Übertragung der doppelten Freibeträge des § 32 Abs. 6 Satz 1 EStG auf sich verlangen (BMF v. 28.6.2013, BStBl 2013 I 845, Rz. 13 und 14).

Zu 7.:

Der Übertragung des BEA-Freibetrags nach § 32 Abs. 6 Satz 8 EStG auf den anderen Elternteil kann nach § 32 Abs. 6 Satz 9 Alternative 2 EStG der Elternteil, bei dem das minderjährige Kind nicht gemeldet ist, regelmäßig erfolgreich widersprechen, wenn er das Kind nach einem – üblicherweise für einen längeren Zeitraum im Voraus festgelegten – weitgehend gleichmäßigen Betreuungsrhythmus tatsächlich in der vereinbarten Abfolge mit einem zeitlichen Betreuungsanteil von jährlich durchschnittlich 10 % betreut (BFH-Urteil v. 8.11.2017, III R 2/16, BStBl 2018 II 558).

Das Merkmal der regelmäßigen Betreuung in einem nicht unwesentlichen Umfang i. S. d. § 32 Abs. 6 Satz 9 Alternative 2 EStG ist im Gesetz nicht näher erläutert. Nach Auffassung der Finanzverwaltung ist ein nicht nur gelegentlicher Umgang mit dem Kind maßgebend, der erkennen lasse, dass der Elternteil die Betreuung mit einer gewissen Nachhaltigkeit wahrnehme, d. h. fortdauernd und immer wieder in Kontakt zu dem Kind stehe. Bei nur kurzzeitigem, anlassbezogenem Kontakt (z. B. zum Geburtstag, zu Weihnachten und zu Ostern) liege eine Betreuung in unwesentlichem Umfang vor. Von einem nicht unwesentlichen Umfang der Betreuung eines Kindes sei typischerweise auszugehen, wenn eine gerichtliche oder außergerichtliche Vereinbarung über einen regelmäßigen Umgang an Wochenenden und in den Ferien vorgelegt werde (vgl. BMF v. 28.6.2013, BStBl 2013 I 845, Rz. 9).

Vorbemerkungen zum Entlastungsbetrag für Alleinerziehende nach § 24b EStG

Ab 2004 erhalten Alleinerziehende einen Entlastungsbetrag von 1.308 € jährlich, wenn

► der Steuerpflichtige alleinstehend ist und

► zu seinem Haushalt mindestens ein Kind gehört, für das ihm ein Freibetrag für Kinder (§ 32 Abs. 6 EStG) oder Kindergeld zusteht.

Siehe auch das Anwendungsschreiben v. 29.10.2004 (BStBl 2004 I 1042).

Durch das Gesetz zur Anhebung des Grundfreibetrags, des Kinderfreibetrags, des Kindergeldes und des Kinderzuschlags v. 16.7.2015 (BGBl 2015 I 1202) wird ab dem VZ 2015 u. a. § 24b EStG geändert. Das BMF-Schreiben v. 23.10.2017 (BStBl 2017 I S. 1432) ersetzt ab dem VZ 2015 das BMF-Schreiben v. 29.10.2004 (BStBl 2004 I S. 1042).

Nach § 24b Abs. 2 EStG wird ab dem VZ 2015 der seit 2004 bestehende Entlastungsbetrag für Alleinerziehende von 1.308 € auf 1.908 € angehoben. Der Entlastungsbetrag von 1.908 € wird gewährt, wenn zum Haushalt des alleinstehenden Steuerpflichtigen ein Kind, für das ein Freibetrag nach § 32 Abs. 6 EStG oder Kindergeld gewährt wird, gehört. Für jedes weitere Kind erhöht sich der Betrag von 1.908 € um 240 € je weiterem Kind. Voraussetzung für die Berücksichtigung ist die Identifizierung des Kindes durch die an dieses Kind vergebene Identifikationsnummer (§ 139b AO). Ist das Kind nicht nach einem Steuergesetz steuerpflichtig (§ 139a Abs. 2 AO), ist es in anderer geeigneter Weise zu identifizieren. Die nachträgliche Vergabe der Identifikationsnummer wirkt auf Monate zurück, in denen die Voraussetzungen des § 24b Abs. 1 Satz 1 bis Satz 3 EStG vorliegen.

Der Entlastungsbetrag für Alleinerziehende wird für die Jahre 2020 und 2021 deutlich angehoben. Er mindert die Grundlage für die Steuerberechnung. Das heißt, der Betroffene muss weniger von seinem Einkommen versteuern. Er wurde von bislang 1.908 € auf 4.008 mehr als verdoppelt. Somit wird dem höheren Betreuungsaufwand gerade für Alleinerziehende in Zeiten von Corona Rechnung getragen.

FALL 95

Zweifelsfragen zum Entlastungsbetrag für Alleinerziehende

Sachverhalt:

1. Die Steuerpflichtige A ist seit Mai 01 verwitwet. Ihre zwei minderjährigen Kinder sind in ihrer Wohnung mit Hauptwohnsitz gemeldet. Eine Haushaltsgemeinschaft mit einer anderen Person besteht nicht.

2. Die berufstätige Mutter M lebt mit ihrem nichtehelichen Lebenspartner, der in der gemeinsamen Wohnung mit Hauptwohnsitz gemeldet ist, zusammen. Zum Haushalt gehört auch ihre minderjährige Tochter aus einer geschiedenen Ehe.

3. Die nicht verheirateten Eltern M und V haben eine gemeinsame Tochter T und leben in getrennten Wohnungen. T ist bei M mit Haupt- und bei V mit Nebenwohnsitz gemeldet, hält sich jedoch überwiegend im Haushalt der M auf. Das Kindergeld wird an M ausbezahlt.

4. Die Mutter M lebt als Alleinerziehende zusammen mit ihren zwei Kindern in einer Haushaltsgemeinschaft. Die 12-jährige Tochter geht noch zur Schule, während der 20-jährige Sohn nach Beendigung seiner erstmaligen Berufsausbildung zum 20.7.01 eine Beschäftigung aufnimmt.

5. A lebt mit ihrer minderjährigen Tochter zusammen. Eine Haushaltsgemeinschaft mit einer weiteren Person besteht zunächst nicht. Am 20.8.01 nimmt A einen neuen Lebenspartner in den gemeinsamen Haushalt auf, der dort mit Hauptwohnsitz gemeldet ist.

6. B lebt mit ihrem 20-jährigen Sohn C zusammen. Da sich C noch in Ausbildung befindet, bezieht B das ganze Jahr Kindergeld.

7. Die allein mit ihrem minderjährigen Kind in einem Haushalt lebende Mutter M heiratet im Oktober. Erst im Dezember zieht sie mit ihrem Kind zu ihrem Ehemann in eine gemeinsame Wohnung.

8. Der seit Februar 2012 verwitwete Vater K bezieht im Kalenderjahr 2018 für seine im Januar 1997 geborene Tochter T Kindergeld. T wohnt in einer eigenen Wohnung und nicht in der Wohnung des K. T ist jedoch in der Wohnung des K mit Wohnsitz gemeldet. K ist alleinstehend i. S. d. § 24b Abs. 3 Satz 1 EStG.

AUFGABE

Sind die Voraussetzungen für die Gewährung des Entlastungsbetrages nach § 24b EStG erfüllt? In welcher Höhe kann er ggf. berücksichtigt werden?

LÖSUNG

Zu 1.:

Verwitweten Alleinerziehenden wird der Entlastungsbetrag für Alleinerziehende gem. § 24b Abs. 3 Satz 1 EStG auch dann gewährt, wenn sie im VZ des Todes und im folgenden VZ noch die Voraussetzungen für die Anwendung des Splittingverfahrens erfüllen. Der Entlastungsbetrag wird zeitanteilig erstmals für den Monat des Todes des Ehegatten gewährt. Dem Grunde nach steht A nach § 24b Abs. 2 EStG ein Entlastungsbetrag i. H. v. 1.908 € zzgl. 240 € für das 2. Kind, insgesamt somit ein Betrag von 2.148 €, zu. Im Jahr 01 ist der Entlastungsbetrag nach § 24b Abs. 4 EStG zeitanteilig zu berücksichtigen. Im Jahr 01 kann daher der Betrag von 1.432 € und ab 02 bei weiterer Erfüllung der übrigen Voraussetzungen der Betrag von 2.148 € von der Summe der Einkünfte abgezogen werden (s. BMF v. 23.10.2007, BStBl 2017 I 1432, Rz. 25).

Zu 2.:

Der Entlastungsbetrag kann nicht gewährt werden, weil zur Haushaltsgemeinschaft der M auch deren Lebenspartner gehört und es sich deshalb bei M nicht um eine alleinstehende Person handelt (§ 24b Abs. 3 Satz 1EStG). Eine Haushaltsgemeinschaft liegt vor, wenn der Steuerpflichtige und die andere Person in der gemeinsamen Wohnung – i. S. d. § 8 AO – gemeinsam wirtschaften („Wirtschaften aus einem Topf"). Die Annahme einer Haushaltsgemeinschaft setzt hingegen nicht die Meldung der anderen Person in der Wohnung des Steuerpflichtigen voraus (s. BMF v. 23.10.2017, BStBl 2017 I 1432, Rz. 7 ff.).

Zu 3.:

Das Erfordernis der Haushaltszugehörigkeit des § 24b Abs. 1 Satz 1 EStG wird als erfüllt angesehen, wenn das Kind in der Wohnung des Alleinstehenden gemeldet ist. Ist ein Kind bei mehreren Steuerpflichtigen gemeldet, steht der Entlastungsbetrag nach § 24b Abs. 1 Satz 3 EStG demjenigen zu, der die Voraussetzungen auf Auszahlung des Kindergeldes erfüllt.

Damit kann bei M der Entlastungsbetrag mit 1.908 € berücksichtigt werden.

Hält sich ein Kind in annähernd gleichem zeitlichen Umfang sowohl im Haushalt seiner Mutter als auch in dem seines Vaters auf, können die Eltern untereinander bestimmen, wer von ihnen den Entlastungsbetrag erhalten soll, unabhängig davon, an welchen Berechtigten das Kindergeld ausgezahlt wird (BFH v. 28.4.2010, III R 79/08, BStBl 2011 II 30; BMF v. 23.10.2017, BStBl 2017 I 1432, Rz. 19).

Zu 4.:

Der Entlastungsbetrag ermäßigt sich für jeden vollen Kalendermonat, in dem die Voraussetzungen nicht vorliegen, um ein Zwölftel. Nach § 24b Abs. 3 Satz 1 EStG schadet es nicht, wenn zum gemeinschaftlichen Haushalt noch eine weitere Person gehört, sofern für diese ein Freibetrag nach § 32 Abs. 6 EStG oder Kindergeld gewährt wird. Da der Sohn auch nach Abschluss der Ausbildung zur Haushaltsgemeinschaft gehört, liegen ab 20.7.01 die Voraussetzungen für die Berücksichtigung des Entlastungsbetrages nicht mehr vor (BFH v. 28.6.2012, III R 26/10, BStBl 2012 II 815). M erhält daher im Jahr 01 eine steuerliche Entlastung lediglich i. H. v. (2.148 € : 12 × 7 =) 1.253 € (BMF v. 23.10.2017, BStBl 2017 I 1432, Rz. 7).

An einer Haushaltsgemeinschaft mit einer in derselben Wohnung lebenden volljährigen Person fehlt es grundsätzlich nur dann, wenn diese einen vollständig getrennten Haushalt führt oder wenn – z. B. beim Zusammenleben mit einkommenslosen pflegebedürftigen Angehörigen – jedwede Unterstützungsleistungen durch den Dritten ausgeschlossen erscheinen (s. BMF v. 23.10.2017, BStBl 2017 I 1432, Rz. 13).

Zu 5.:

Da A ab 20.8.01 eine Haushaltsgemeinschaft mit einer weiteren Person begründet, hat sie ab September keinen Anspruch mehr auf den Entlastungsbetrag. Sie erhält für 01 noch eine steuerliche Entlastung von 1.432 €.

Zu 6.:

Den Entlastungsbetrag können auch alleinstehende Steuerpflichtige erhalten, die nur mit einem volljährigen Kind zusammenleben, für das ihnen ein Freibetrag für Kinder oder Kindergeld zusteht. Bei B kann also der Entlastungsbetrag i. H. v. 1.908 € abgezogen werden.

Zu 7.:

Alleinstehend nach § 24b Abs. 3 Satz 1 EStG sind Steuerpflichtige, die nicht die Voraussetzungen des Splittingverfahrens erfüllen und nicht mit einem Partner zusammenleben. Ab Oktober erfüllt M die Voraussetzungen für das Splittingverfahren.

Wegen des systematischen Zusammenhangs des § 24b Abs. 3 Satz 1 EStG soll in diesen Fällen eine Zwölftelung nicht möglich sein, der Entlastungsbetrag wäre also insgesamt ausgeschlossen (BMF v. 23.10.2017, BStBl 2017 I 1432 Rz. 25).

Der Entlastungsbetrag für Alleinerziehende nach § 24 b EStG kann Steuerpflichtigen, welche die besondere Veranlagung für den Veranlagungszeitraum der Eheschließung (§ 26 c EStG) gewählt haben, anteilig für die Monate des Alleinstehens gewährt werden (BFH-Urteil v. 5.11.2015, III R 17/14, BFH/NV 2016 S. 548). Nach dem Erlass des FinMin Schleswig-Holstein v. 8.7.2016 (VI 303 – S 2265a – 011, DStR 2016 S. 2226) ist das Urteil des BFH ist in allen offenen Fällen anzuwenden. Zu beachten ist jedoch, dass dieses Urteil nur in Fällen der Wahl der besonderen Veranlagung im Jahr der Eheschließung nach § 26c EStG a. F. Anwendung findet. Auf Fälle der getrennten Veranlagung bzw. der Einzelveranlagung kann das Urteil nicht übertragen werden.

Zu 8.:

Alleinstehende Steuerpflichtige können nach § 24b Abs. 1 Satz 1 EStG einen Entlastungsbetrag i. H. v. 1.908 € im Kalenderjahr von der Summe der Einkünfte abziehen, wenn zu ihrem Haushalt mindestens ein Kind gehört, für das ihnen ein Freibetrag nach § 32 Abs. 6 EStG oder Kindergeld zusteht. Die Zugehörigkeit zum Haushalt ist nach § 24b Abs. 1 Satz 2 EStG anzunehmen, wenn das Kind in der Wohnung des alleinstehenden Steuerpflichtigen gemeldet ist.

Ein Kind, das zwar in der Wohnung des alleinstehenden Steuerpflichtigen gemeldet ist, aber tatsächlich in einer eigenen Wohnung lebt, gehört i. S. d. § 24b Abs. 1 Satz 1 EStG zum Haushalt des Steuerpflichtigen. Die Meldung nach § 24b Abs. 1 Satz 2 EStG begründet eine unwiderlegbare Vermutung der Haushaltszugehörigkeit. Der Wortlaut des § 24b Abs. 1 Satz 2 EStG deutet erkennbar darauf hin, dass es sich um eine unwiderlegbare Vermutung handelt. Er enthält keine Anhaltspunkte dafür, dass bei Vorliegen einer Meldung die vom Gesetz unterstellte Haushaltszugehörigkeit widerlegt werden kann (BFH v. 5.2.2015, III R 9/13, BStBl 2015 II 929; BMF v. 23.10.2017, BStBl 2017 I 1432, Rz. 18).

Kapitel 7: Außergewöhnliche Belastungen

Vorbemerkungen

Die Einkommensteuer berücksichtigt als Personensteuer die steuerliche Leistungsfähigkeit des Einzelnen. Um steuerliche Gleichmäßigkeit und soziale Gerechtigkeit zu erreichen, müssen Härten durch außergewöhnliche Umstände im Bereich der privaten Lebensführung ausgeglichen werden.

Bei der außergewöhnlichen Belastung handelt es sich regelmäßig um Aufwendungen der privaten Lebensführung gem. § 12 EStG. Sie werden ebenso wie die Sonderausgaben vom Gesamtbetrag der Einkünfte abgezogen.

Die außergewöhnlichen Belastungen lassen sich wie folgt aufgliedern:

§ 33 EStG

▶ Grundsätzliche Regelung der außergewöhnlichen Belastungen;

▶ keine abschließende Aufzählung von Einzelfällen;

▶ keine Begrenzung durch Höchstbeträge;

▶ Aufwendungen sind um Ersatzleistungen zu kürzen, auch wenn sie erst in einem späteren Jahr gezahlt werden;

▶ Kürzung um die zumutbare Eigenbelastung gem. § 33 Abs. 3 EStG.

§ 33a EStG

▶ Abschließende Regelung besonderer Fälle;

▶ Begrenzung durch Höchstbeträge;

▶ für die hier genannten Fälle ist kein § 33 EStG möglich;

▶ liegen die Voraussetzungen nicht während des ganzen Jahres vor, sind die Beträge zu zwölfteln (§ 33a Abs. 3 EStG);

▶ § 33a Abs. 1 EStG: Unterhalt und Berufsausbildung von Personen, für die der Steuerpflichtige keinen Kinderfreibetrag erhält (Unterhaltshöchstbetrag 2016 = 8.652 €, 2017 = 8.820 €, 2018 = 9.000 €, 2019 = 9.168 €, 2020 = 9.408 € und 2021 = 9.744 €);

▶ § 33a Abs. 2 EStG: Ausbildungsfreibetrag 924 € nur für Kinder über 18 Jahre mit auswärtiger Unterbringung.

§ 33b EStG

▶ Pauschbetrag für Körperbehinderte;

▶ Wahlrecht, ob tatsächliche Aufwendungen nach § 33 EStG geltend gemacht werden oder die Pauschbeträge;

▶ Nachweis durch Bescheinigungen des Versorgungsamtes und dgl., aber nicht für Alterserscheinungen;

▶ Übertragung des Pauschbetrages von Kindern auf Eltern möglich (§ 33b Abs. 5 EStG);

▶ § 33b Abs. 4 EStG: Hinterbliebenen-Pauschbetrag 370 € bei Gewährung von Hinterbliebenenbezügen;

▶ § 33b Abs. 6 EStG: Pflege-Pauschbetrag von 924 € (VZ 2020); ab VZ 2021 erfolgt eine Staffelung des Pflege-Pauschbetrages. Als Pflege-Pauschbetrag wird gewährt bei Pflegegrad 2 600 €; bei Pflegegrad 3 1.100 €; bei Pflegegrad 4 oder 5 1.800 €.

FALL 96

Außergewöhnliche Belastungen gem. § 33 EStG

Sachverhalt:

Der ledige Steuerpflichtige A mit einem Gesamtbetrag der Einkünfte von 40.000 € erwirbt in 01 einen Pkw für private Zwecke, AK = 45.000 € brutto. Auf einer Ausflugsfahrt im August verursacht er mit dem neuen Wagen einen Totalschaden. Der Schrottwert beträgt nur noch 5.000 €. Deshalb muss A sich einen neuen Pkw kaufen, AK = 20.000 €. Bei dem Unfall wurde A erheblich verletzt. Die dadurch entstandenen Krankheitskosten belaufen sich auf 15.000 €, von der Krankenkasse bekam er im Januar 02 5.000 € erstattet. Die Kosten finanzierte A mit einem Darlehen i. H. v. 30.000 €. Dafür zahlte er in 01 15.000 € an Tilgungsbeträgen und 1.300 € an Zinsen, 02 tilgte er den Restbetrag.

Abwandlung:

Der Steuerpflichtige A ist nicht krankenversichert.

AUFGABE

A möchte für 01 und 02 sämtliche Beträge als außergewöhnliche Belastung geltend machen. Nehmen Sie dazu Stellung.

LITERATURHINWEIS

Friebel u. a., Lehrbuch Einkommensteuer, Kapitel 8.

LÖSUNG

A kann lediglich außergewöhnliche Belastungen gem. § 33 EStG geltend machen. Die Anschaffungskosten für den Kauf des Pkw und den Kauf des neuen Pkw nach dem Unfall sind nicht abzugsfähig, da die Aufwendungen keinen existentiell notwendigen Gegenstand betreffen (R 33.2 Nr. 1 EStR). Bei dem Totalschaden des Pkw handelt es sich außerdem um einen Vermögensverlust. Derartige Vorgänge können nicht berücksichtigt werden, da sie das Einkommen nicht belasten (R 33.2 EStR, H 33.1–33.4 „Vermögensebene" EStH).

Bei den Krankheitskosten handelt es sich allerdings um eine außergewöhnliche Belastung (R 33.4 Abs. 1 EStR). Der Nachweis von Krankheitskosten ist nach § 64 EStDV zu führen. Die Ersatzleistungen der Krankenversicherung sind dabei zu kürzen, da insoweit keine Belastung des

Steuerpflichtigen gegeben ist. Dabei sind die 5.000 €, unabhängig vom Zeitpunkt der Zahlung durch die Krankenkasse, abzurechnen (H 33.1–33.4 „Ersatz von dritter Seite" EStH). Die Kosten i. H. v. 10.000 € sind im Zeitpunkt der Zahlung 01 zu berücksichtigen (H 33.1–33.4 „Verausgabung" EStH). Diese Kosten wurden aber mit Darlehensmitteln gezahlt.

Mit Urteil v. 12.7.2017 (VI R 36/15, BStBl 2017 II 979, Rz. 20) bestätigt der BFH die Anwendbarkeit des § 11 Abs. 2 EStG auch auf außergewöhnliche Belastungen. Aufwendungen i. S. d. § 33 Abs. 1 EStG sind danach grundsätzlich in dem Veranlagungszeitraum zu berücksichtigen, in dem der Steuerpflichtige sie geleistet hat. Dies gilt unabhängig davon, ob sie aus eigenen oder fremden Mitteln bestritten werden. Auch fremdfinanzierte Aufwendungen, die als außergewöhnliche Belastungen anzuerkennen sind, können nur im Jahr des tatsächlichen Abflusses, also der Verwendung der Darlehensmittel, berücksichtigt werden (H 33.1–33.4 „Darlehen" EStH). In 01 sind demnach gem. § 33 EStG 10.000 € als außergewöhnliche Belastung zu berücksichtigen. Dazu gehören auch die Zinsen, da die Schuldaufnahme zwangsläufig erfolgte. Da das Darlehen aber nur zu 1/3 auf die Krankheitskosten entfällt, sind die Zinsen auch nur insoweit abzugsfähig, 1/3 von 1.300 € = 434 €.

Kosten insgesamt = 10.434 €

Mit Urteil v. 19.1.2017 (VI R 75/14, BStBl 2017 II 684) hat der BFH entschieden, dass Steuerpflichtige sog. außergewöhnliche Belastungen (z. B. Krankheitskosten) weitergehend als bisher steuerlich geltend machen können.

Der Abzug außergewöhnlicher Belastungen ist nach § 33 Abs. 1 und 3 des Einkommensteuergesetzes (EStG) nur möglich, wenn der Steuerpflichtige mit überdurchschnittlich hohen Aufwendungen belastet ist. Eine Zumutbarkeitsgrenze wird in drei Stufen (Stufe 1 bis 15.340 €, Stufe 2 bis 51.130 €, Stufe 3 über 51.130 €) nach einem bestimmten Prozentsatz des Gesamtbetrags der Einkünfte (abhängig von Familienstand und Kinderzahl) bemessen (1 bis 7 %). Der Prozentsatz beträgt z. B. bei zusammenveranlagten Ehegatten mit einem oder zwei Kindern 2 % (Stufe 1), 3 % (Stufe 2) und 4 % (Stufe 3).

Nach dem Urteil des BFH wird jetzt nur noch der Teil des Gesamtbetrags der Einkünfte, der den im Gesetz genannten Stufengrenzbetrag übersteigt, mit dem jeweils höheren Prozentsatz belastet. Danach erfasst z. B. der Prozentsatz für Stufe 3 nur den 51.130 € übersteigenden Teilbetrag der Einkünfte. Bislang gingen demgegenüber Finanzverwaltung und Rechtsprechung davon aus, dass sich die Höhe der zumutbaren Belastung einheitlich nach dem höheren Prozentsatz richtet, sobald der Gesamtbetrag der Einkünfte eine der in § 33 Abs. 3 Satz 1 EStG genannten Grenzen überschreitet. Danach war der höhere Prozentsatz auf den Gesamtbetrag aller Einkünfte anzuwenden.

Die zumutbare Belastung ist im Beispielsfall nach zwei Stufen zu ermitteln:

Stufe 1: 15.340 € × 5 % =	767 €	
Stufe 2: 40.000 € ./. 15.340 € = 24.660 € × 6 % =	1.479 €	
Zumutbare Belastung insgesamt	2.246 €	./. 2.246 €
Überbelastungsbetrag bzw. zu berücksichtigende außergewöhnliche Belastung =		8.188 €

Der BFH hat mit Urteil v. 2.9.2015 (VI R 32/13, BStBl 2016 II S. 151) entschieden, dass es von Verfassungs wegen nicht geboten ist, bei der einkommensteuerrechtlichen Berücksichtigung von Krankheitskosten als außergewöhnliche Belastungen nach § 33 EStG auf den Ansatz einer zumutbaren Belastung zu verzichten (bestätigt durch BFH v. 21.2.2018, VI R 11/16, BStBl 2018 II S. 469).

LITERATURHINWEIS

Baltromejus, Stufenweise Berechnung der zumutbaren Belastung nach § 33 Abs. 3 EStG, NWB 26/2017 S. 1940.

Abwandlung:

Der BFH geht in ständiger Rechtsprechung davon aus, dass Krankheitskosten – ohne Rücksicht auf die Art und die Ursache der Erkrankung – dem Stpfl. aus tatsächlichen Gründen zwangsläufig erwachsen (BFH-Beschluss v. 9.11.2010, VI B 101/10, BFH/NV 2011, 588). Allerdings werden nur solche Aufwendungen als Krankheitskosten berücksichtigt, die zum Zweck der Heilung einer Krankheit oder mit dem Ziel geleistet werden, die Krankheit erträglich zu machen. Aufwendungen für die eigentliche Heilbehandlung werden als außergewöhnliche Belastung berücksichtigt, ohne dass es im Einzelfall der nach § 33 Abs. 2 Satz 1 EStG an sich gebotenen Prüfung der Zwangsläufigkeit des Grundes und der Höhe nach Bedarf (BFH-Urteile v. 1.2.2001, III R 22/00, BStBl 2001 II 543; v. 3.12.1998, III R 5/98, BStBl 1999 II 227). Eine derart typisierende Behandlung der Krankheitskosten ist zur Vermeidung eines unzumutbaren Eindringens in die Privatsphäre geboten.

Obwohl die Mehrzahl der Stpfl. entweder pflichtversichert sind oder freiwillig eine Krankenversicherung abgeschlossen haben und die Prämien als Sonderausgaben abziehbar sind (§ 10 Abs. 1 Nr. 3 Buchst. a EStG), werden Krankheitskosten auch dann als zwangsläufig beurteilt, wenn der Betroffene nicht krankenversichert ist. Denn auch insoweit wäre ein unangemessenes Eindringen in die Privatsphäre des Einzelnen erforderlich, z. B. zur Prüfung, ob eine Versicherung im Hinblick auf besondere Risiken abgelehnt oder nur mit unzumutbar hohen Prämien erreicht werden könnte.

Mit Urteil v. 11.11.2010 (VI R 17/09, BStBl 2011 II 969) hat der BFH entschieden, dass der Verzicht auf die Inanspruchnahme von Sozialleistungen dem Abzug von Krankheitskosten als außergewöhnliche Belastung nach § 33 EStG nicht entgegensteht. Allerdings sind Krankheitskosten dann nicht steuerlich abzugsfähig, wenn und soweit der Stpfl. auf ihre Geltendmachung bei der Krankenkasse verzichtet, um sich den Beitragsrückerstattungsanspruch zu sichern (FG Rheinland-Pfalz, Beschluss v. 31.1.2012, DStRE 2013, 467, rkr). Verzichtet ein Steuerpflichtiger auf die Erstattung seiner Krankheitskosten, um von seiner privaten Krankenversicherung eine Beitragserstattung zu erhalten, können diese Kosten nicht von den erstatteten Beiträgen abgezogen werden, die ihrerseits die Höhe der abziehbaren Krankenversicherungsbeiträge gemäß § 10 Abs. 1 Nr. 3 Satz 1 Buchst. a Satz 3 EStG reduzieren (BFH, Urteil v. 29.11.2017, X R 3/16).

FALL 97

Außergewöhnliche Belastung/Beerdigungskosten

Sachverhalt:

Dem Steuerpflichtigen S entstehen für die Beerdigung eines nahen Angehörigen Aufwendungen von 5.000 €. Diese bestehen zu 4.000 € aus unmittelbaren und zu 1.000 € aus mittelbaren Beerdigungskosten. Der Angehörige hinterlässt keinen Nachlass. Der Steuerpflichtige erhält aus einer Sterbegeldversicherung, die der nahe Angehörige auf ihn abgeschlossen hat, eine Versicherungsleistung von 3.500 €.

AUFGABE

Ermitteln Sie die Höhe der als außergewöhnliche Belastung zu berücksichtigenden Beerdigungskosten

LÖSUNG

Trägt der Steuerpflichtige die Beerdigungskosten eines nahen Angehörigen kann aus Vereinfachungsgründen davon ausgegangen werden, dass in der Regel eine Zwangsläufigkeit aus sittlichen Gründen vorliegt.

Als außergewöhnliche Belastung können Bestattungskosten abgezogen werden, soweit die Aufwendungen notwendig sind (§ 33 Abs. 2 Satz 1 EStG). Hierbei ist dem Steuerpflichtigen ein größerer Spielraum zu gewähren als in sonstigen Fällen. Denn die Gestaltung eines Begräbnisses gehört zu den höchstpersönlichen Angelegenheiten des Kostenträgers. Allerdings sind nur die Kosten der eigentlichen Bestattung, die mit der Beerdigung unmittelbar verbunden sind, als notwendig anzusehen. Die nur mittelbar durch die Beerdigung veranlassten Aufwenden und Folgekosten der Beerdigung sind dagegen nicht als außergewöhnliche Belastung abziehbar.

Zu den abzugsfähigen unmittelbaren Beerdigungskosten zählen insbesondere die Aufwendungen für die Trauerfeier, Trauerredner, Bestatterleistungen, Überführung, Sarg, Blumenschmuck, öffentliche Gebühren, erstmalige Herrichten des Grabes einschließlich eines angemessenen Grabmals, etc.

Zu den nicht begünstigten mittelbaren Kosten einer Beerdigung zählen z. B. Aufwendungen für die Bewirtung von Trauergästen, Aufwendungen für die Trauerkleidung, Reisekosten für die Teilnahme an einer Bestattung, Kosten der Grabpflege/-bepflanzung, Aufwendungen für eine aufwendige Grabstätte, Anschaffungskosten für ein aufwendiges Grabmal.

Sind die Bestattungskosten dem Grunde nach zwangsläufig, so kommt ein Abzug als außergewöhnliche Belastung nur soweit in Betracht, als sie einen angemessenen Betrag nicht übersteigen (§ 33 Abs. 2 Satz 1 EStG). Von einer Angemessenheit kann allgemein ausgegangen werden, wenn die unmittelbaren Beerdigungskosten, soweit sie den Wert des Nachlasses übersteigen, nicht mehr als 7.500 € betragen (vgl. FG Köln, Urteil v. 29.9.2010, 12 K 784/09). Dieser Betrag ist um Versicherungs- und sonstige Drittleistungen zu kürzen.

Als außergewöhnliche Belastung sind dem Grunde nach nur die unmittelbaren Beerdigungskosten von 4.000 € abzugsfähig. Diese sind um die Leistung der Sterbegeldversicherung zu kürzen. Beerdigungskosten können als außergewöhnliche Belastung nur abgezogen werden, soweit sie nicht aus dem Nachlass oder durch sonstige im Zusammenhang mit dem Tod zugeflossene Geldleistungen gedeckt sind (vgl. BFH, Beschluss v. 21.2.2018, VI R 11/16). Die Versicherungsleistung von 3.500 € entfällt im vorliegenden Fall – entsprechend dem Anteil der unmittelbaren Beerdigungskosten an den gesamten Beerdigungskosten – zu 4/5 auf die unmittelbaren Beerdigungskosten.

Daher sind die unmittelbaren Beerdigungskosten von 4.000 € um 2.800 € (4/5 von 3.500 €) zu kürzen. Es ergibt sich eine außergewöhnliche Belastung von 1.200 € (s. Vfg. des BayLfSt v. 16.12.2016, S 2284.1.1 – 21/1 St 32, NWB DokID: XAAAG-40082).

FALL 98

Außergewöhnliche Belastungen gem. § 33a EStG

Sachverhalt:

A zahlt seiner vermögenslosen Oma O für 2021 3.500 € für deren Unterhalt. O ist im Rahmen der Krankenversicherung der Rentner krankenversichert. Als pflichtversicherte Rentnerin wurden O insgesamt 200 € für die Basiskranken- und -pflegeversicherung von ihrer Rente einbehalten.

Die Oma hat folgende eigene Einkünfte und Bezüge:

Witwen-Pension (Versorgungsbeginn Kj. 2010) insgesamt	3.000 €
Wohngeld	360 €
Rente seit dem 65. Lebensjahr (Kj. 2010 Beginn) aus der gesetzlichen Rentenversicherung	1.800 €
Zinsen Sparbuch	800 €

AUFGABE

Wie hoch sind die abzugsfähigen Beträge für A im Kj. 2021?

LÖSUNG

Die Aufwendungen für den Unterhalt der Oma sind berücksichtigungsfähig, da gesetzliche Unterhaltspflicht (§ 1601 BGB) besteht.

Die typischen Unterhaltsaufwendungen sind gem. § 33a Abs. 1 EStG nur bis höchstens 9.744 € für 2021 abzugsfähig. Der Höchstbetrag von 9.774 € erhöht sich nach § 33a Abs. 1 Satz 2 EStG um den Betrag der im jeweiligen Veranlagungszeitraum nach § 10 Abs. 1 Nr. 3 EStG für die Absicherung der unterhaltsberechtigten Person aufgewandten Beiträge zur Basiskranken- und -pfle-

geversicherung i. S. d. § 10 Abs. 1 Nr. 3 EStG, wenn für diese beim Unterhaltsleistenden kein Sonderausgabenabzug möglich ist. Dabei ist es nicht notwendig, dass die Beiträge tatsächlich von dem Unterhaltsverpflichteten gezahlt oder erstattet wurden. Für diese Erhöhung des Höchstbetrages genügt es, wenn der Unterhaltsverpflichtete seiner Unterhaltsverpflichtung nachkommt. Die Gewährung von Sachunterhalt (z. B. Unterkunft und Verpflegung) ist ausreichend (R 33a.1 Abs. 5 EStR).

Auf diesen Höchstbetrag sind die eigenen Einkünfte und Bezüge der unterstützten Person anzurechnen, soweit sie 624 € übersteigen.

Der Versorgungsfreibetrag gem. § 19 Abs. 2 EStG ist ein Bezug gem. § 33a Abs. 1 Satz 5 EStG (s. a. R 33a.1 Abs. 3 S. 3 EStR). Die mit dem Steuerabzug abgegoltenen Kapitaleinkünfte sind gem. § 2 Abs. 5b EStG nicht bei der Berechnung der Einkünfte zu berücksichtigen. Kapitalerträge i. S. d. § 32d Abs. 1 EStG sind – ohne Abzug des Sparer-Pauschbetrags nach § 20 Abs. 9 EStG – als Bezüge anzusetzen (R 33a.1 Abs. 3 Satz 4 Nr. 1 EStR). Bei der gesetzlichen Rente gehört der über den Besteuerungsanteil hinausgehende Rentenbetrag zu den Bezügen (s. R 33a.1 Abs. 3 Satz 4 Nr. 2 EStR).

Berechnung der Einkünfte und Bezüge:

	Einkünfte	Bezüge
§ 19 Abs. 1 Nr. 2 EStG, Versorgungsbezüge	3.000 €	
./. § 19 Abs. 2 EStG, Freibetrag Festschreibung gem. § 19 Abs. 2 Satz 8 EStG Versorgungsbeginn 2010: 32,0 % = 960 € max. 2.400 € + Zuschlag 720 € = 1.680 €	./. 1.680 €	1.680 €
./. § 9a Satz 1 Nr. 1 Buchst. b EStG, Pauschbetrag	./. 102 €	
Einkünfte	1.218 €	
Wohngeld (§ 3 Nr. 58 EStG) steuerfrei (s. a. A 19.5.2 Abs. 1 Nr. 8 DA-KG 2020)		360 €
Rente (§ 22 Nr. 1 Satz 3 Buchst. a Doppelbuchst. aa EStG) = 1.800 €		
davon Ertragsanteil bei Rentenbeginn 2010 – 60 % steuerpflichtig	1.080 €	
der steuerfreie Teil der Rente ist ein Bezug (R 33a.1 Abs. 3 Satz 4 Nr. 2 EStR)		720 €
./. § 9a Nr. 3 EStG, Pauschbetrag	./. 102 €	
Einkünfte	978 €	
Zinsen (§ 20 Abs. 1 Nr. 7 EStG; R 33a.1 Abs. 3 Satz 4 Nr. 1 EStR)		800 €
Summe Bezüge		3.560 €
./. Kosten-Pauschale (R 33a.1 Abs. 3 Satz 5 EStR)		./. 180 €
Summe	2.196 €	3.380 €
Einkünfte und Bezüge		5.576 €
./. unschädliche Einkünfte und Bezüge		./. 624 €
schädlicher Betrag		4.952 €
Höchstbetrag (§ 33a Abs. 1 EStG) 2020		9.744 €
zusätzlich Basisversicherungsbeiträge		200 €
Erhöhter Höchstbetrag		9.944 €
./. schädliche Einkünfte/Bezüge		./. 4.952 €
Verbleiben		4.992 €
max. die tatsächlichen Aufwendungen von 3.500 € abzugsfähig		3.500 €

Voraussetzung für den Abzug der Aufwendungen ist die Angabe der erteilten Identifikations-nummer (§ 139b AO) der unterhaltenen Person in der Steuererklärung des Unterhaltsleistenden, wenn die unterhaltene Person der unbeschränkten oder beschränkten Steuerpflicht unterliegt. Die unterhaltene Person ist für diese Zwecke verpflichtet, dem Unterhaltsleistenden ihre erteilte Identifikationsnummer (§ 139b AO) mitzuteilen. Kommt die unterhaltene Person dieser Ver-pflichtung nicht nach, ist der Unterhaltsleistende berechtigt, bei der für ihn zuständigen Finanz-behörde die Identifikationsnummer der unterhaltenen Person zu erfragen (§ 33a Abs. 1 Satz 9–11 EStG).

FALL 99

Außergewöhnliche Belastung/Einfamilienhaus

Sachverhalt:

Wie vor, aber die Oma besitzt noch ein Einfamilienhaus, welches sie selbst bewohnt, Einheits-wert = 25.564 € (umgerechnet, § 30 Satz 2 BewG).

AUFGABE

Ermitteln Sie die Höhe der außergewöhnlichen Belastung. Gehen Sie davon aus, dass Unter-haltszahlungen i. H. v. 3.500 € in der Zeit v. 1.7. bis 31.12. geleistet wurden.

LÖSUNG

Die Oma hat nun eigenes Vermögen. Dieses Vermögen ist aber gem. § 33a Abs. 1 Satz 4 EStG (R 33a.1 Abs. 2 Nr. 2 EStR und H 33a.1 „Geringes Vermögen" EStH) außer Betracht zu lassen. Ein-künfte aus dem Einfamilienhaus fallen ebenfalls nicht an, da keine Nutzungswertbesteuerung erfolgt.

Gemäß § 33a Abs. 3 EStG erfolgt nun eine anteilige Berechnung. Die Aufteilung der Einkünfte aus nichtselbständiger Arbeit, der sonstigen Einkünfte sowie der Bezüge erfolgt nach dem Ver-hältnis der in den jeweiligen Zeiträumen zugeflossenen Einnahmen (R 33a.3 Abs. 2 Satz 1 Nr. 1 EStR). Die Pauschbeträge nach § 9a EStG und die Kostenpauschale von 180 € sind hierbei zeit-anteilig anzusetzen. Wenn die betreffenden Einnahmen monatlich gleich sind, können die Ein-künfte und Bezüge auch auf jeden Monat des Kalenderjahres mit einem Zwölftel angesetzt wer-den.

Einkünfte und Bezüge für 6 Monate – s. o. – : 5.576 € : 2 =		2.788 €
Unschädlich		312 €
schädliche Einkünfte/Bezüge		2.476 €
Erhöhter Höchstbetrag 2021: 6/12 =	4.872 €	
./. Kürzungsbetrag	./. 2.476 €	
Verbleiben	2.396 €	

Die Aufwendungen i. H. v. 3.500 € sind höher. Es sind deshalb max. 2.396 € abzugsfähig.

FALL 100

Unterhaltsleistungen

Sachverhalt:

Der Steuerpflichtige Albert unterstützt seinen Vater Otto und dessen Ehefrau Ottilie mit monatlich 300 €. Otto ist seit 2006 Rentner und erhält insgesamt 9.400 € Rente. Otto wurden insgesamt 900 € für die Basiskranken- und -pflegeversicherung von der Rente einbehalten.

Zum Unterhalt trug ebenfalls der Bruder von Albert mit monatlich 100 € bei.

AUFGABE

Ermitteln Sie die Höhe der abzugsfähigen außergewöhnlichen Belastungen von Albert im VZ 2021.

LÖSUNG

Die Unterhaltszahlungen an Otto und Ottilie sind gem. § 33a Abs. 1 EStG zu berücksichtigen. Es handelt sich um Aufwendungen an gesetzlich unterhaltsberechtigte Personen. Da auch der Bruder regelmäßige Unterhaltszahlungen erbringt, ist § 33a Abs. 1 Satz 7 EStG zu beachten.

Unterhaltshöchstbetrag max. 2 × 9.744 € =	19.488 €	
zusätzlich Basisversicherungsbeiträge	900 €	
erhöhter Höchstbetrag	20.388 €	
Aufwendungen mtl. 300 € × 12 =		3.600 €
Einkünfte und Bezüge des Vaters:		
Einnahmen (§ 22 Nr. 1 Satz 3 Buchst. a Doppelbuchst. aa EStG)		9.400 €

Der Ertragsanteil stellt Einkünfte, der Tilgungsanteil stellt Bezüge des Vaters dar. Eine Aufteilung ist deshalb aus Vereinfachungsgründen nicht notwendig, es ist aber zu beachten, dass alle Pauschbeträge gewährt werden.

./. § 9a Nr. 3 EStG		./. 102 €
./. Kosten-Pauschale		./. 180 €
Einkünfte und Bezüge		9.118 €
unschädlich 2 × 624 €		./. 1.248 €
schädliche Einkünfte und Bezüge =	./. 7.870 €	7.870 €
verbleibender Freibetrag	12.518 €	
tatsächliche Gesamtzahlungen 4.800 €		
von Albert		3.600 €
entspricht einem Anteil am Gesamtbetrag		$3/4$

vom Bruder   1.200 €

entspricht einem Anteil am Gesamtbetrag   ¼

Albert erhält demnach max. 3/4 von 12.518 € = 9.388 €, max. die tatsächlichen Aufwendungen von 3.600 €. Abzugsfähig sind daher = 3.600 €.

FALL 101

Außergewöhnliche Belastung/Unterstützung und Opfergrenze

Sachverhalt:

Die Eheleute Anton und Doris sind seit Jahren in Neustadt verheiratet. Sie haben keine Kinder. Doris unterstützt ihre Eltern Franz und Anne Mauser (beide über 70 Jahre alt). Doris ist deren einzige Tochter. Franz Mauser erhält seit seinem 50. Lebensjahr eine Wehrdienstbeschädigtenrente i. H. v. monatlich 450 €, Anne hat keine eigenen Einkünfte. Beide sind vermögenslos und deshalb auf die monatliche Unterstützung von 600 € angewiesen. Im Jahr 2021 musste Doris zusätzlich 2.700 € an Operationskosten für ihre Mutter aufwenden, da ihre Eltern nicht ausreichend krankenversichert sind. Die Basisversicherungsbeiträge für die Eheleute i. H. v. 300 € im Kalenderjahr 2021 zahlt Doris. Doris hat einen Kranken- und Pflegeversicherungsvertrag abgeschlossen, wonach die Eltern als begünstigte Personen abgesichert sind.

Doris hat Einnahmen (Bruttoarbeitslohn, Steuererstattungen, Kindergeld) i. H. v. 27.998 €. Die Abzüge von Lohn- und Kirchensteuer und Solidaritätszuschlag betragen 4.196 €. Die ArbN-Beiträge zur Sozialversicherung belaufen sich auf 5.852 €. An Werbungskosten sind ihr 4.250 € entstanden. Der Ehemann Anton hat im Durchschnitt der letzten drei Jahre einen Gewinn aus Gewerbebetrieb von 28.252 €. Als Abzugsbeträge sind insgesamt 7.000 € zu berücksichtigen.

AUFGABE

Wie hoch sind die abzugsfähigen außergewöhnlichen Belastungen im VZ 2021, wenn der Gesamtbetrag der Einkünfte der Eheleute Anton und Doris 45.000 € beträgt?

LÖSUNG

Die Unterstützung der Eltern Mauser stellt für Doris eine außergewöhnliche Belastung nach § 33a Abs. 1 EStG dar, da gegenüber den Eltern eine gesetzliche Unterhaltsverpflichtung besteht. Außerdem haben die Eltern kein Vermögen, das sie zu ihrem Unterhalt einsetzen könnten.

Der Höchstbetrag beträgt je unterstützte Person nach § 33a Abs. 1 EStG 9.744 € × 2 = 19.488 €.

Der Höchstbetrag von 9.744 € erhöht sich nach § 33a Abs. 1 Satz 2 EStG um den Betrag der im jeweiligen Veranlagungszeitraum nach § 10 Abs. 1 Nr. 3 EStG für die Absicherung der unterhaltsberechtigten Person aufgewandten Beiträge zur Basiskranken- und -pflegeversicherung

i. S. d. § 10 Abs. 1 Nr. 3 EStG, wenn für diese beim Unterhaltsleistenden kein Sonderausgabenabzug möglich ist. Dabei ist es nicht notwendig, dass die Beiträge tatsächlich von dem Unterhaltsverpflichteten gezahlt oder erstattet wurden. Für diese Erhöhung des Höchstbetrags genügt es, wenn der Unterhaltsverpflichtete seiner Unterhaltsverpflichtung nachkommt. Die Gewährung von Sachunterhalt (z. B. Unterkunft und Verpflegung) ist ausreichend (R 33a.1 Abs. 5 EStR).

Da Doris die Basisversicherungsaufwendungen aufgrund eigener Verpflichtung als Versicherungsnehmerin leistet, stellen die Versicherungsbeiträge, die ihre Eltern begünstigen, Sonderausgaben dar, die Doris als eigene Beträge nach § 10 Abs. 1 Nr. 3 Satz 1 EStG geltend machen kann. Aus diesem Grund ist der Höchstbetrag des § 33a Abs. 1 Satz 1 EStG nicht zu erhöhen.

Die eigenen Einkünfte sind aber, soweit sie die Grenze von 624 € übersteigen, auf diesen Höchstbetrag anzurechnen.

Berechnung:

Höchstbetrag		19.488 €
Einnahmen Vater Franz		
450 € × 12 =	5.400 €	
Da die Rente steuerfrei nach § 3 Nr. 6 EStG ist, handelt es sich um Bezüge (R 33a.1 Abs. 3 Satz 4 Nr. 4 EStR)		
./. Kosten-Pauschale (R 33a.1 Abs. 3 Satz 5 EStR)	./. 180 €	
Zu berücksichtigende Bezüge	5.220 €	
unschädlicher Betrag: 2 × 624 €	1.248 €	
schädlicher Betrag	3.972 €	./. 3.972 €
verbleibender Höchstbetrag		15.516 €
Die tatsächlichen Aufwendungen betragen aber nur 600 € × 12 = 7.200 € und sind damit in voller Höhe zu berücksichtigen.		7.200 €

Die Basisversicherungsbeiträge für die Eltern können nicht zusätzlich zu den 7.200 € als außergewöhnliche Belastung nach § 33a Abs. 1 EStG berücksichtigt werden, da Aufwendungen, die zu den Sonderausgaben gehören, nach § 33 Abs. 2 Satz 2 EStG als außergewöhnliche Belastung außer Betracht bleiben.

Nach R 33a.1 Abs. 4 EStR, H 33a.1 „Opfergrenze" EStH und den BMF-Schreiben v. 7.6.2010 (BStBl 2010 I 582 Rz. 9–12 und 588, Rz. 34) dürfen die nach § 33a Abs. 1 EStG ermittelten Unterhaltsaufwendungen die Opfergrenze nicht übersteigen.

Die Opfergrenzenregelung gilt nicht

► bei Aufwendungen für den Unterhalt an den (ggf. auch geschiedenen) Ehegatten (BMF v. 7.6.2010, BStBl 2010 I 582 Rz. 11) sowie

► bei einer bestehenden Haushaltsgemeinschaft mit der unterhaltenen Person (BFH-Urteil v. 29.5.2008 (III R 23/07, BStBl 2009 II 363; BMF v. 7.6.2010, BStBl 2010 I 582 Rz. 12).

Aufwendungen für den Unterhalt sind im Allgemeinen höchstens insoweit als außergewöhnliche Belastung anzuerkennen, als sie einen bestimmten Prozentsatz des Nettoeinkommens nicht übersteigen (sog. Opfergrenze; BMF v. 7.6.2010, BStBl 2010 I 582 Rz. 9–12). Zur Ermittlung des verfügbaren Nettoeinkommens s. Rz. 10 des BMF-Schreibens v. 7.6.2010 (BStBl 2010 I 582). Bei zusammenveranlagten Eheleuten ist ein gemeinsames Nettoeinkommen zu berechnen (BFH v. 23.9.1986, III R 246/83, BStBl 1987 II 130). Der Prozentsatz beträgt 1 % je volle 500 € des verfügbaren Nettoeinkommens, höchstens 50 %, und ist um je 5 % für den (ggf. auch geschiedenen) Ehegatten und für jedes Kind, für das der Steuerpflichtige Anspruch auf Freibeträge für Kinder nach § 32 Abs. 6 EStG, Kindergeld oder eine andere Leistung für Kinder (§ 65 EStG) hat, zu kürzen, höchstens um 25 %.

Berechnung des Nettoeinkommens:

Verfügbare Einnahmen Doris (Bruttoarbeitslohn, Steuererstattungen, Kindergeld)		27.998 €
Abzüge für Lohn- und Kirchensteuer und Solidaritätszuschlag		./. 4.196 €
Arbeitnehmerbeiträge zur Sozialversicherung		./. 5.852 €
Werbungskosten		./. 4.250 €
Verfügbares Nettoeinkommen für die Ermittlung der Opfergrenze		13.700 €
Gewinn Anton	28.252 €	
Abzugsbeträge	./. 7.000 €	
Verfügbares Nettoeinkommen für die Ermittlung der Opfergrenze	21.252 €	21.252 €
Gemeinsame Opfergrenze		34.952 €

Berechnung der Opfergrenze:

1 % je volle 500 € des Nettoeinkommens (34.952 € : 500 € = 69,90) abgerundet 69 %, höchstens	50 %
abzgl. je 5 %-Punkte für Ehefrau/Ehemann	./. 5 %
Maßgebender Prozentsatz für die Berechnung der Opfergrenze	45 %
Die Opfergrenze liegt somit bei (45 % von 34.952 €)	15.728 €
Höchstbetrag nach § 33a Abs. 1 EStG	15.516 €
Tatsächliche Aufwendungen	7.200 €

Die tatsächlichen Aufwendungen sind nach § 33a Abs. 1 EStG abzugsfähig.

Die Krankheitskosten sind nach § 33 EStG abzugsfähig. Die Aufwendungen sind zwangsläufig i. S. des § 33 Abs. 2 EStG. Die Eheleute sind belastet und können sich den Aufwendungen aus tatsächlichen Gründen nicht entziehen (H 33a.1 „Abgrenzung" EStH).

Aufwendungen		2.700 €
zumutbare Belastung:		
Stufe 1: 15.340 € × 4 % =	613 €	
Stufe 2: 45.000 € ./. 15.340 € = 29.660 € × 5 % =	1.483 €	
Zumutbare Belastung insgesamt	2.096 €	./. 2.096 €
abzugsfähiger Betrag		604 €

Ausbildungsfreibetrag gem. § 33a Abs. 2 EStG

Sachverhalt:

Dem Steuerpflichtigen entstehen für sein Kind Aufwendungen zur Berufsausbildung. Das Kind ist Auszubildender und besucht das Abendgymnasium. Das Kind vollendet sein 18. Lebensjahr am 10.5.03. Von Januar bis Oktober ist es auswärtig untergebracht. Am 20.11.03 endet die Berufsausbildung. Ab Dezember ist es als Angestellter beschäftigt.

Einkünfte und Bezüge:

Januar bis November monatlich 150 € Bruttolohn als Auszubildender, ab Dezember monatlich 1.000 € brutto als Angestellter, von Januar bis November Zuschüsse aus öffentlichen Mitteln als Ausbildungshilfe monatlich 30 €.

AUFGABE

Wie hoch ist der Ausbildungsfreibetrag?

LÖSUNG

Die Aufwendungen des Steuerpflichtigen für die Berufsausbildung seines Kindes werden durch Ausbildungsfreibeträge berücksichtigt. Hierbei handelt es sich um einen Freibetrag, für den die Höhe der Aufwendungen ohne Bedeutung ist.

§ 33a Abs. 2 EStG: (Januar bis April, § 33a Abs. 2 EStG kein Freibetrag, da nicht volljährig)

Mai bis Oktober § 33a Abs. 2 i.V. m. Abs. 3 EStG: 6/12 von 924 € =   462 €

für November kein Freibetrag, da nicht auswärtig untergebracht

Summe für 03:   462 €

§ 33a und § 33b EStG

Sachverhalt:

Der Steuerpflichtige A ist seit Jahren verwitwet. Er hat eine leibliche Tochter Lydia, geb. am 15.4.1996 die bereits einen Sohn, Egon, geb. am 10.3.2014, hat. Die Kosten des Unterhalts für o. g. Personen hat A allein zu tragen, sie betragen monatlich 300 €.

Lydia (L) ist ebenfalls verwitwet und hat ihre Berufsausbildung beendet. Vom 1.4.2020 bis 30.3.2022 leistete sie ein freiwilliges soziales Jahr ab. Sie erhält in dieser Zeit einen als Arbeitslohn steuerpflichtigen Betrag i. H. v. 400 € monatlich. Ab April 2021 ist L nicht mehr erwerbstätig. Seit dem 1.1.2020 bezieht L Hinterbliebenenbezüge aus der gesetzlichen Unfallversicherung i. H. v. monatlich 325 € einschließlich Kinderzulage, da ihr Ehemann bei einem Berufsunfall ums Leben kam. Egon erhält eine Waisenrente i. H. v. monatlich 60 €, die an seine Mutter ausgezahlt wird. Lydia hat einen eigenen Hausstand. Als Versicherungsnehmerin zahlt Lydia die Basiskranken- und -pflegeversicherungsbeiträge i. H. v. 300 € jährlich.

AUFGABE

Beurteilen Sie die steuerlichen Folgen für den VZ 2021.

LÖSUNG

Lydia ist ein Kind i. S. d. § 32 Abs. 1 Nr. 1 EStG und hat das 18., aber noch nicht das 25. Lebensjahr vollendet. Lydia vollendet mit Ablauf des 14.4.2021 das 25. Lebensjahr. Sie kann als Kind bis März 2021 gem. § 32 Abs. 4 Nr. 2 Buchst. d EStG berücksichtigt werden, da sie ein freiwilliges soziales Jahr ableistet.

Für L erhält A Kindergeld von Januar bis März 2021 monatlich i. H: v. 219 € gem. § 66 Abs. 1 EStG.

Bei der Veranlagung von A können gem. §§ 31, 32 Abs. 6 Satz 1 und 3 Nr. 1 EStG, im Rahmen der Günstigerrechnung, ein Kinderfreibetrag i. H. v. 2.730 € × 2 = 5.460 € davon 3/12 = 1.365 € und ein Betreuungsfreibetrag von 1.464 € × 2 = 2 928 € davon 3/12 = 732 € vom Einkommen abgezogen werden (§ 31 EStG, Familienleistungsausgleich).

Egon vollendet mit Ablauf des 9.3.2021 das 7. Lebensjahr. Egon kann bei A nicht berücksichtigt werden, da dieser zu A in keinem Kindschaftsverhältnis steht. Auch ein Pflegekindschaftsverhältnis kommt nicht in Betracht, da das natürliche Obhuts- und Pflegeverhältnis zu seiner leiblichen Mutter noch besteht (§ 32 Abs. 1 Nr. 2 EStG). Egon kann nur bei Lydia gem. § 32 Abs. 3 EStG berücksichtigt werden. Sie erhält für ihn Kindergeld. Kindergeld kommt für A ebenfalls nicht in Betracht, da Egon bei Lydia im eigenen Haushalt lebt (§ 63 Abs. 1 Nr. 3 EStG).

Unterhaltsleistungen nach § 33a Abs. 1 EStG:

Für Lydia und Egon erwachsen A Unterhaltsaufwendungen, da es sich um gesetzlich unterhaltsberechtigte Personen handelt. Wegen der Betreuung von E kann bei Lydia der Einsatz der eigenen Arbeitskraft nicht verlangt werden (R 33a.1 Abs. 2 EStR). Nach R 33a.1 Abs. 1 Satz 4 EStR wird die Bedürftigkeit der unterstützten Person typisierend unterstellt (s. a. H 33a.1 „Unterhaltsberechtigung" EStH).

Da aber sowohl für L als auch für E ein Anspruch auf Freibetrag oder Kindergeld besteht (§ 33a Abs. 1 Satz 4 EStG), sind die Aufwendungen für den Unterhalt bis März abgegolten und nicht mehr nach § 33a Abs. 1 EStG zu berücksichtigen.

Ab April besteht für L kein Anspruch mehr auf Freibetrag nach § 32 Abs. 6 EStG oder Kindergeld, so dass ab April die Unterhalsaufwendungen des A dem Grunde nach als außergewöhnliche Belastung nach § 33a Abs. 1 EStG berücksichtigt werden können. A unterstützt seine Tochter und seinen Enkel Egon monatlich mit insgesamt 300 €.

Unterhält der Stpfl. mehrere Personen, die einen gemeinsamen Haushalt führen, so ist der nach § 33a Abs. 1 EStG abziehbare Betrag grundsätzlich für jede unterhaltsberechtigte oder gleichgestellte Person getrennt zu ermitteln. Der insgesamt nachgewiesene Zahlungsbetrag ist unterschiedslos nach Köpfen aufzuteilen (H 33a.1 „Unterhalt für mehrere Personen" EStH).

Unterhaltshöchstbetrag nach § 33a Abs. 1 Satz 1 EStG	9.744 €	
zzgl. der Basisversicherungsbeiträge nach § 33a Abs. 1 Satz 2 EStG	300 €	
erhöhter Höchstbetrag	10.044 €	
zeitanteilig nach § 33a Abs. 3 Satz 1 EStG 9/12		7.533 €

Einkünfte und Bezüge von Lydia:

Hinterbliebenenrente aus der Unfallversicherung (steuerfrei nach § 3 Nr. 1 Buchst. a EStG): 12 × 325 €   3.900 €

Nach § 33a Abs. 3 Satz 2 EStG ist der Jahresbetrag der Bezüge nach dem Verhältnis der in den jeweiligen Zeiträumen zugeflossenen Einnahmen auf die Zeiten innerhalb und außerhalb des Unterhaltszeitraums aufzuteilen (R 33a.3 Abs. 2 Satz 1 Nr. 1 EStR). Die Kostenpauschale ist zeitanteilig anzusetzen.

Auf den Unterhaltszeitraum entfallen: 9 × 325 € =	2.925 €	
Kostenpauschale nach R 33a.1 Abs. 3 Satz 5 EStR: 180 € : 12 × 9 =	./. 135 €	
Anzusetzende Bezüge der L	2.790 €	
Unschädlicher zeitanteiliger Betrag: 624 € × 9/12	./. 468 €	
Schädlicher Betrag	2.322 €	./. 2.322 €
verbleibender Höchstbetrag		5.211 €

Der Zahlbetrag des A von insgesamt 300 € monatlich entfällt zur Hälfte auf Lydia. Der Betrag von 150 € für den Enkel können nicht nach § 33a Abs. 1 EStG berücksichtigt werden, da für den Enkel ein Anspruch auf Freibetrag oder Kindergeld besteht.

Auf Lydia entfallen: 150 € × 9 Monate =   1.350 €

A kann diesen Betrag als Unterhaltsleistungen nach § 33a Abs. 1 EStG berücksichtigen.

Ausbildungsfreibetrag nach § 33a Abs. 2 EStG:

Da im Jahr 2021 keine Berufsausbildung mehr vorliegt, kommt der Ausbildungsfreibetrag nicht in Betracht.

Hinterbliebenen-Pauschbetrag nach § 33b EStG:

Lydia und Egon haben Anspruch auf den Hinterbliebenen-Pauschbetrag nach § 33b Abs. 4 EStG, da ihnen laufende Hinterbliebenenbezüge aus der gesetzlichen Unfallversicherung bewilligt wurden. Beide können den Pauschbetrag wegen fehlender bzw. zu geringer steuerpflichtiger Einkünfte nicht selbst in Anspruch nehmen. Nach § 33b Abs. 5 EStG kann der Pauschbetrag von Lydia auf A übertragen werden = 370 €. Der Pauschbetrag von Egon kann auf Lydia übertragen werden, da Egon bei seiner Mutter berücksichtigt wird. Eine Weiterübertragung auf A ist aber nicht möglich, weil der Großvater keinen Kinderfreibetrag erhält.

FALL 104

Außergewöhnliche Belastungen

Sachverhalt:

Anton, 65 Jahre alt, lebt seit Jahren mit seiner Freundin, der verwitweten Berta, 55 Jahre alt, in eheähnlicher Gemeinschaft in Neustadt.

A ist körperbehindert mit einem Grad der Behinderung von 70. In seinem Schwerbeschädigtenausweis ist das Merkzeichen „G" eingetragen.

Anton beschäftigt eine Haushaltshilfe für monatlich 150 €. Anton ist Gesellschafter und Geschäftsführer einer GmbH. Er hat einen Pkw, den er u. a. für Privatfahrten (3.000 km) benutzt.

Berta erhält lediglich Hinterbliebenenbezüge nach beamtenrechtlichen Vorschriften i. H. v. brutto 12.000 €.

Berta hat ein eheliches Kind, Dora, 24 Jahre alt, wohnhaft in Münster. Infolge Kinderlähmung ist Dora körperbehindert mit einem Grad der Behinderung von 30. Die Nachweise der Behinderung i. S. d. § 65 Abs. 1 Nr. 2 EStDV liegen dem Finanzamt vor. Sie studierte bis August in Münster (Erststudium). Für ihren Lebensunterhalt überweist Berta ihr monatlich 200 € bis zum Ende des Studiums im August. Dora erhält bis August Waisengeld nach beamtenrechtlichen Vorschriften i. H. v. 275 € und als Ausbildungshilfe einen Zuschuss aus öffentlichen Mitteln i. H. v. monatlich 40 €. Ab 1.9. ist sie arbeitslos und übernimmt Gelegenheitsarbeiten, für die sie im Dezember einmalig 1.000 € erhalten hat.

Gudrun, 19 Jahre alt, ist ein gemeinsames Kind von Anton und Berta. Sie besucht das Gymnasium in Neustadt und lebt im Haushalt ihrer Eltern. Wegen starker Beschwerden, verursacht durch eine Pollenallergie, war Gudrun während der Sommerferien zusammen mit ihren Eltern an der Nordseeküste. Der Amtsarzt hatte vor Antritt der Reise diese Klimakur für erforderlich gehalten. Die Kosten für Gudrun betrugen insgesamt 3.000 € und wurden von A getragen. Davon entfallen 2.000 € auf ärztliche Leistungen und ärztlich verordnete Anwendungen.

AUFGABE

Ermitteln Sie die abzugsfähigen Beträge nach §§ 33 ff. EStG für den Veranlagungszeitraum 2021. Der Gesamtbetrag der Einkünfte von A beträgt 60.000 € und von B 8.780 €.

LÖSUNG

A und B sind nach § 25 EStG einzeln zu veranlagen, da sie nicht die Voraussetzungen des § 26 Abs. 1 EStG erfüllen.

Dora ist leibliches Kind und mit Berta im ersten Grad verwandt (§ 32 Abs. 1 Nr. 1 EStG). Sie wird bei B berücksichtigt nach § 32 Abs. 4 Nr. 2 Buchst. a EStG, da sie im VZ 2021 allerdings nur bis August, für einen Beruf ausgebildet wird (Erststudium). Zunächst erhält B Kindergeld bis August (mtl. 219 €, bei der Veranlagung alternativ einen Kinderfreibetrag i. H. v. (5.460 € × 8/12 =) 3.640 € und einen Betreuungsfreibetrag i. H. v. (2.928 € × 8/12 =) 1.952 € (§§ 32 Abs. 6 Satz 1, 31 EStG) gem. § 32 Abs. 6 Satz 3 Nr. 1 EStG, weil der andere Elternteil verstorben ist (§ 32 Abs. 6 Satz 3 Nr. 1 EStG).

Gudrun ist als leibliches Kind mit Anton und Berta im ersten Grad verwandt (§ 32 Abs. 1 Nr. 1 EStG) und nach § 32 Abs. 4 Nr. 2 Buchst. a EStG zu berücksichtigen. Es ist Kindergeld mtl. 219 € gem. § 66 Abs. 1 EStG, alternativ Kinderfreibetrag i. H. v. jeweils 2.730 € und Betreuungsfreibetrag i. H. v. 1.464 € zu gewähren.

Für die Kinder, für die der alleinstehende Stpfl. einen Kinderfreibetrag bzw. Kindergeld erhält, ist § 24b EStG zu prüfen. Gemäß § 24b Abs. 3 EStG bilden A und B aber eine Haushaltsgemeinschaft und sind damit nicht alleinstehend.

Außergewöhnliche Belastungen bei der Veranlagung von Berta:

Berta steht der Ausbildungsfreibetrag nach § 33a Abs. 2 EStG zu. Dora ist auswärts untergebracht und hat das 18. Lebensjahr vollendet.

Höchstbetrag = 924 €, davon anteilig 8/12 nach § 33a Abs. 3 EStG =   616 €

Der Körperbehinderten-Pauschbetrag nach § 33b Abs. 3 EStG mit einem Grad der Behinderung von 30 = 620 € für Dora kann nach § 33b Abs. 5 EStG auf Berta übertragen werden, da ihn Dora wegen der geringen eigenen Einkünfte nicht ausnutzen kann.

Das Gleiche gilt für den Hinterbliebenen-Pauschbetrag nach § 33b Abs. 4 EStG von 370 €. Dora bezieht Hinterbliebenenbezüge nach beamtenrechtlichen Vorschriften. Nach § 33b Abs. 5 EStG kann der Pauschbetrag auf Berta übertragen werden.

Außerdem steht Berta der Hinterbliebenen-Pauschbetrag selbst zu nach § 33b Abs. 4 EStG von 370 €.

Außergewöhnliche Belastungen bei der Veranlagung des Anton:

Die Kurkosten für Gudrun sind nach § 33 EStG zu berücksichtigen. Voraussetzung dafür ist, dass die Kur nach § 64 Abs. 1 Nr. 2 Buchst. a EStDV nachgewiesen ist. Der Nachweis muss vor Beginn der Kur ausgestellt worden sein (§ 64 Abs. 1 Nr. 2 Satz 2 EStDV). Berücksichtigungsfähig sind die Kosten für ärztliche Leistungen und Anwendungen i. H. v. 2.000 €.

Nach § 33 EStG sind auch die Pkw-Kosten für Privatfahrten zu berücksichtigen, da Anton zu 70 % körperbehindert und außerdem gehbehindert ist (Merkzeichen „G").

Kurkosten	2.000 €
Nach H 33.1 – 33.4 „Fahrtkosten Behinderter" EStH können als angemessener Aufwand 3.000 km × 0,30 € anerkannt werden =	900 €
Summe der außergewöhnlichen Belastungen nach § 33 EStG =	2.900 €

Zumutbare Belastung:

Stufe 1: 15.340 € × 2 % =	306 €	
Stufe 2: 51.130 € ./. 15.340 € = 35.790 € × 3 % =	1.074 €	
Stufe 3: 60.000 € ./. 51.130 € = 8.870 € × 4 % =	354 €	
Zumutbare Belastung insgesamt	1.734 €	./. 1.734 €
verbleiben nach § 33 EStG		1.166 €

Anton erhält nach § 33b EStG einen Körperbehinderten-Pauschbetrag für 70 % Erwerbsminderung.   890 €

Anton kann für die haushaltsnahen Dienstleistungen die Steuerermäßigung gem. § 35a Abs. 1 EStG i. H. v. 20 % von 1.800 € = 360 € in Anspruch nehmen, falls eine geringfügige Beschäftigung i. S. d. § 8a IV SGB vorliegt.

Wenn Anton nicht am Haushaltsscheckverfahren teilnimmt (s. Tz. 6 des BMF-Schreibens v. 9.11.2016, BStBl 2016 I 1213), können die Aufwendungen für die Haushaltshilfe nach § 35a Abs. 2 EStG berücksichtigt werden.

FALL 105

Unterstützungsleistungen ins Ausland unter Beachtung der Opfergrenze

Sachverhalt:

Ein unbeschränkt einkommensteuerpflichtiger ausländischer Arbeitnehmer unterstützt seine im Heimatland Türkei (Ländergruppe 3, BMF v. 20.10.2016, BStBl 2016 I 1183) in einem gemeinsamen Haushalt lebenden Angehörigen, und zwar seine Ehefrau, sein minderjähriges Kind (Kindergeld wird gewährt) und seine Schwiegereltern. Der Stpfl. selbst bildet keine Haushaltsgemeinschaft mit den unterhaltenen Personen. Er hatte im Kj. 2020 Aufwendungen für den Unterhalt i. H. v. 8.400 €. Die Unterhaltsbedürftigkeit der Ehefrau und der Schwiegereltern ist nachgewiesen. Alle Personen haben keine Bezüge. Der Stpfl. hat Einnahmen (Bruttoarbeitslohn, Steuererstattungen, Kindergeld) i. H. v. 27.998 €. Die Abzüge von Lohn- und Kirchensteuer und Solidaritätszuschlag betragen 4.196 €. Die Arbeitnehmer-Beiträge zur Sozialversicherung belaufen sich auf 5.852 €. An Werbungskosten sind ihm 4.250 € entstanden.

AUFGABE

Ermitteln Sie die Höhe der abzugsfähigen Beträge im VZ 2021.

LÖSUNG

1.	Die Aufwendungen für den Unterhalt sind nach Köpfen auf alle unterstützten Personen aufzuteilen (BMF v. 7.6.2010, BStBl 2010 I 588, Rz. 19). Hiernach entfallen auf jede unterstützte Person 2.100 € (8.400 € : 4).	
2.	Das minderjährige Kind, für das Kindergeld gewährt wird, gehört nicht zu den begünstigten Unterhaltsempfängern (BMF v. 7.6.2010, BStBl 2010 I 588, Rz. 2 und § 33a Abs. 1 Satz 4 EStG). Insoweit kommt ein Abzug nicht in Betracht.	
3.	Für die Unterhaltsleistungen an die Ehefrau gilt die Opfergrenzenregelung nicht (BMF v. 7.6.2010, BStBl 2010 I 582, Rz. 11 letzter Absatz).	
4.	Für die Unterhaltsleistungen an die Schwiegereltern (4.200 €) kann eine Begrenzung durch die Opfergrenze in Betracht kommen, da zwischen dem Stpfl. und den unterhaltenen Personen keine Haushaltsgemeinschaft besteht.	
4.1	Berechnung des Nettoeinkommens: Verfügbare Einnahmen	
	(Bruttoarbeitslohn, Steuererstattungen, Kindergeld)	27.998 €
	Abzüge für Lohn- und Kirchensteuer und Solidaritätszuschlag	./. 4.196 €
	Arbeitnehmerbeiträge zur Sozialversicherung	./. 5.852 €
	Werbungskosten	./. 4.250 €
	Verfügbares Nettoeinkommen für die Ermittlung der Opfergrenze	13.700 €
4.2	Berechnung der Opfergrenze:	
	1 % je volle 500 € des Nettoeinkommens (13.700 € : 500 € = 27,4) abgerundet	27 %
	abzgl. je 5 %-Punkte für Ehefrau und Kind	./. 10 %
	Maßgebender Prozentsatz für die Berechnung der Opfergrenze	17 %
	Die Opfergrenze liegt somit bei 17 % von 13.700 € =	2.329 €
5.	Berechnung der Abzugsbeträge	
5.1	Aufwendungen für den Unterhalt an die Ehefrau:	
	Nachgewiesene Zahlungen (Nr. 3)	2.100 €
5.2	Aufwendungen für den Unterhalt an die Schwiegereltern:	
	Nachgewiesene Zahlungen (Nr. 4): 4.200 €, davon höchstens zu berücksichtigen (Opfergrenze, Nr. 4.2)	2.329 €
	Summe der zu berücksichtigenden Unterhaltsaufwendungen	4.429 €
6.	Unterhaltshöchstbetrag nach § 33a Abs. 1 EStG unter Berücksichtigung der Ländergruppeneinteilung (§ 33a Abs. 1 Satz 6 EStG; BMF v. 7.6.2010, BStBl 2010 I 582, Rz. 32 und 33; BMF v. 11.11.2020, BStBl 2020 I 1212)	
	9.744 € × ½ (Türkei = Ländergruppe 3)	4.872 €
7.	Die abzugsfähigen Unterhaltsaufwendungen betragen	4.429 €

Kapitel 8: Gewinnermittlung

Vorbemerkungen

Bei den Gewinneinkünften des § 2 Abs. 1 Nr. 1–3 EStG gibt es fünf Gewinnermittlungsarten:

▶ die Gewinnermittlung durch Betriebsvermögensvergleich (Bestandsvergleich) nach § 4 Abs. 1 EStG,

▶ die Gewinnermittlung durch Betriebsvermögensvergleich (Bestandsvergleich) nach § 5 EStG,

▶ die Gewinnermittlung durch Einnahmenüberschussrechnung nach § 4 Abs. 3 EStG und

▶ die Gewinnermittlung nach Durchschnittssätzen gem. § 13a EStG, die ausschließlich von Land- und Forstwirten unter bestimmten Voraussetzungen in Anspruch genommen werden kann;

▶ außerdem gibt es für deutsche Reeder eine weitere pauschalierte Form der Gewinnermittlung (Gewinnermittlung bei Handelsschiffen im internationalen Verkehr nach § 5a EStG).

Die nach § 162 AO mögliche Schätzung des Gewinns ist keine besondere Gewinnermittlungsart. Die Gewinnermittlungsart kann freiwillig geändert werden oder aufgrund einer rechtlichen Verpflichtung geboten sein, z. B. wenn ein Überschussrechner buchführungspflichtig wird.

8.1 Gewinnermittlung durch Betriebsvermögensvergleich

Die Gewinnermittlung durch Betriebsvermögensvergleich ist vorgesehen für buchführungspflichtige Land- und Forstwirte und Gewerbetreibende sowie für alle Bezieher von Gewinneinkünften, die freiwillig Bücher führen und regelmäßig Abschlüsse machen.

Gewinn ist hierbei der Unterschiedsbetrag zwischen dem Betriebsvermögen am Schluss des Wirtschaftsjahres und dem Betriebsvermögen am Schluss des vorangegangenen Wirtschaftsjahres, vermehrt um den Wert der Entnahmen und vermindert um den Wert der Einlagen (§ 4 Abs. 1 Satz 1 EStG). Das Endvermögen (Betriebsvermögen am Schluss des Wirtschaftsjahres) kann dadurch beeinflusst sein, dass der Stpfl. dem Betrieb Vermögen entzogen oder ihm solches Vermögen zugeführt hat. Da eine derartige Vermögensänderung nicht durch den Betrieb verursacht ist, muss sie durch Hinzurechnung einer Entnahme oder den Abzug einer Einlage ausgeglichen werden. Der durch Betriebsvermögensvergleich zu ermittelnde Gewinn lässt sich demnach aus folgender Formel herleiten:

Betriebsvermögen am Schluss des Wirtschaftsjahres

./. Betriebsvermögen am Schluss des vorangegangenen Wirtschaftsjahres

Betriebsvermögensmehrung bzw. -minderung

+ Entnahmen

./. Einlagen

= Gewinn bzw. Verlust

8.2 Gewinnermittlung durch Einnahmenüberschussrechnung

Besteht keine Buchführungspflicht, kann der Gewinn durch Einnahmenüberschussrechnung, d. h. durch Gegenüberstellung der Betriebseinnahmen und Betriebsausgaben ermittelt werden (§ 4 Abs. 3 EStG).

Diese Gewinnermittlungsart kommt in Betracht

► vor allem für die (generell nicht buchführungspflichtigen) Selbständigen i. S. v. § 18 EStG, wenn sie nicht freiwillig Bücher führen, sowie

► für Land- und Forstwirte und Gewerbetreibende, wenn sie nicht zur Buchführung verpflichtet sind und dies auch nicht freiwillig tun.

Die Einnahmenüberschussrechnung nach § 4 Abs. 3 EStG ist im Grundsatz eine reine Geldrechnung, eine buchungstechnisch einfache Ist-Rechnung nach dem Zu- und Abflussprinzip des § 11 EStG. Es sind jedoch viele Ausnahmen zu beachten. So sind z. B. die Vorschriften über die Bewertungsfreiheit für geringwertige Wirtschaftsgüter (§ 6 Abs. 2 EStG), die Bildung eines Sammelpostens (§ 6 Abs. 2a EStG) und über die AfA oder AfS zu befolgen (§ 4 Abs. 3 Satz 3 EStG). Die Anschaffungs- oder Herstellungskosten für nicht abnutzbare Wirtschaftsgüter des Anlagevermögens, für Anteile an Kapitalgesellschaften, für Wertpapiere und vergleichbare nicht verbriefte Forderungen und Rechte, für Grund und Boden sowie Gebäude des Umlaufvermögens sind erst im Zeitpunkt des Zuflusses des Veräußerungserlöses oder bei Entnahme im Zeitpunkt der Entnahme als Betriebsausgaben zu berücksichtigen (§ 4 Abs. 3 Satz 4 EStG).

Der durch eine Einnahmenüberschussrechnung zu ermittelnde Gewinn kann nach folgender Formel errechnet werden:

Betriebseinnahmen

./. Betriebsausgaben

= Gewinn bzw. Verlust

Der Begriff der Betriebseinnahmen ist gesetzlich nicht definiert. Die Rechtsprechung hat sich deshalb an die Begriffsbestimmung des § 8 Abs. 1 EStG angelehnt, der seinem Wortlaut nach lediglich für die Einkunftsarten des § 2 Abs. 1 Nr. 4–7 EStG von Bedeutung ist; sie hat als Betriebseinnahmen alle Zugänge in Geld oder Geldeswert bezeichnet, die durch den Betrieb veranlasst sind (BFH X R 29/13, BStBl 1997 II 125; X R 92/95, BFH/NV 1998, 1476; VIII R 14/17, DStR 2021, 464, Rn. 21). Diese Begriffsbestimmung ist auch im Rahmen der Gewinnermittlung durch Betriebsvermögensvergleich von Bedeutung (BFH I R 136/72, BStBl 1974 II 210). Unter Betriebsausgaben sind die Ausgaben zu verstehen, die durch den Betrieb veranlasst sind (§ 4 Abs. 4 EStG).

Die Gewinnermittlung nach § 4 Abs. 3 EStG soll im Ganzen und auf Dauer gesehen denselben Gesamtgewinn wie der Betriebsvermögensvergleich ergeben, d. h., der Totalgewinn (das ist der in der Zeit von Betriebseröffnung bis zur Betriebsveräußerung bzw. Betriebsaufgabe erzielte Gewinn) muss bei beiden Gewinnermittlungsarten übereinstimmen (BFH IV R 342/65, BStBl 1972 II 334).

Der Stpfl. kann von der Gewinnermittlung nach § 4 Abs. 3 EStG zur Gewinnermittlung durch Betriebsvermögensvergleich übergehen. Ein solcher Übergang erfordert bestimmte Gewinnkorrekturen, damit im Ganzen und auf Dauer gesehen die Einnahmenüberschussrechnung den gleichen Gesamtgewinn wie der Betriebsvermögensvergleich ergibt (BFH VIII R 3/08, BStBl 2010 II 1035, Rn. 24; R 4.6 Abs. 1 EStR 2012). Ein Übergang zur Gewinnermittlung durch Bestandsvergleich ist zwingend erforderlich bei einer Betriebsveräußerung oder Betriebsaufgabe (BFH IV B 69/90, BFH/NV 1992, 512; R 4.5 Abs. 6 EStR 2012). Bei Veräußerung oder Aufgabe eines Betriebs sind die Gewinnkorrekturen, da sie die Ermittlung des Betriebsergebnisses während des Bestehens des Betriebs betreffen, beim laufenden Gewinn und nicht beim Veräußerungsgewinn zu berücksichtigen (BFH V 98/60, BStBl 1962 III 199).

Wird der Gewinn nach § 4 Abs. 3 EStG ermittelt, ist die Einnahmenüberschussrechnung nach amtlich vorgeschriebenem Datensatz durch Datenfernübertragung zu ermitteln (§ 60 Abs. 4 Satz 1 EStDV). Auf Antrag kann die Finanzbehörde zur Vermeidung unbilliger Härten auf eine elektronische Gewinnermittlung verzichten; in diesem Fall ist der Steuererklärung eine Gewinnermittlung nach amtlich vorgeschriebenem Vordruck beizufügen (§ 60 Abs. 4 Satz 2 EStDV). § 60 Abs. 4 EStDV stellt eine wirksame Rechtsgrundlage für die Pflicht zur Abgabe der Anlage EÜR dar (BFH X R 18/09, BStBl 2012 II 129).

FALL 106

Totalschaden eines privaten Kfz bei einer betrieblich veranlassten Fahrt

Sachverhalt:

A ist als Zahnarzt selbständig tätig. Ende Juni 2020 erlitt er auf einer beruflich veranlassten Fahrt mit seinem „Zweitwagen" einen selbst verschuldeten Verkehrsunfall, der zur Totalbeschädigung des verwendeten Pkw führte. Der Wagen gehört zum Privatvermögen des A, wird jedoch auch gelegentlich für betriebliche Fahrten genutzt. A hat den Pkw Anfang Juli 2015 als fabrikneues Fahrzeug für 32.000 € angeschafft. Der Wiederbeschaffungswert des Fahrzeugs vor dem Unfall beträgt 14.000 €, der Schrottwert nach dem Unfall 500 €. Der Pkw weist eine Laufleistung zwischen 8.000 und 10.000 km im Jahr auf.

AUFGABE

Kann A – ggf. in welchem Umfang – die durch die Totalbeschädigung des privaten Kfz eingetretene Vermögenseinbuße als Betriebsausgabe abziehen?

LÖSUNG

Wird ein im Privatvermögen gehaltenes Kfz eines selbständig Tätigen bei einer beruflich veranlassten Fahrt infolge eines Unfalls beschädigt und nicht repariert, so ist die Vermögenseinbuße im Wege der AfaA nach § 7 Abs. 1 Satz 7 EStG gewinnmindernd zu berücksichtigen. Die Höhe der AfaA richtet sich nach Ansicht des BFH nicht nach der Differenz der Zeitwerte vor und nach dem Unfall, sondern nach den Anschaffungskosten abzüglich der normalen AfA, die der Stpfl. hätte in Anspruch nehmen können, wenn er das Kfz im Betriebsvermögen gehalten hätte (BFH IV R 25/94, BStBl 1995 II 318; VIII R 33/09, BStBl 2013 II 171). Für ein bereits nach § 7 Abs. 1 Satz 1 EStG abgeschriebenes Kfz kommt danach eine AfaA nicht mehr in Betracht (BFH VIII R

33/09, BStBl 2013 II 171). Zu beachten ist, dass der BFH zur Berechnung der normalen AfA als Nutzungsdauer bei einem Pkw mit einer Jahresfahrleistung von bis zu 15.000 km einen Zeitraum von acht Jahren zugrunde legt (BFH VI R 82/89, BStBl 1992 II 1000; VI R 12/92, BFH/NV 1993, 362; VI B 111/01, BFH/NV 2002, 190). Dies bedeutet: Erst wenn der Unfallwagen bei einer solchen Jahresfahrleistung älter ist als acht Jahre, ist der Abzug einer AfA nicht mehr möglich. Wendet man diese Rechtsgrundsätze hier an, so errechnet sich die als Betriebsausgabe abzuziehende AfA wie folgt:

Anschaffungskosten Pkw	32.000 €
normale AfA bei einer Nutzungsdauer von acht Jahren:	
$^1/_8$ von 32.000 € = 4.000 €	
2015: hiervon $^1/_2$ für die Monate Juli bis Dezember =	./. 2.000 €
2016-2019: 4 × ($^1/_8$ von 32.000 € =) 4.000 € =	./. 16.000 €
2020: $^1/_8$ von 32.000 € = 4.000 €	
hiervon $^1/_2$ für die Monate Januar bis Juni 2020 =	./. 2.000 €
fiktiver Restbuchwert vor dem Unfall =	12.000 €
Zeitwert (Schrotterlös) nach dem Unfall =	./. 500 €
AfaA =	11.500 €

Erleidet ein nichtselbständig tätiger Stpfl. mit seinem privaten PKW auf einer Fahrt zwischen Wohnung und Arbeitsstätte einen Unfall und veräußert er das Unfallfahrzeug in nicht repariertem Zustand, bemisst sich der als Werbungskosten abziehbare Betrag nach der Differenz zwischen dem rechnerisch ermittelten fiktiven Buchwert vor dem Unfall und dem Veräußerungserlös (BFH VIII R 33/09, BStBl 2013 II 171).

FALL 107

Überführung eines Wirtschaftsgutes aus dem gewerblichen in das landwirtschaftliche Betriebsvermögen

Sachverhalt:

A bezieht als Inhaber einer Gärtnerei gewerbliche Einkünfte, die durch Betriebsvermögensvergleich ermittelt werden. Zugleich ist A Inhaber eines buchführenden land- und forstwirtschaftlichen Betriebs.

Zum 30.6.01 überführt A eine Lagerhalle mit dem dazugehörenden Grund und Boden aus seinem gewerblichen Betriebsvermögen in das Betriebsvermögen seines landwirtschaftlichen Betriebs. Der Buchwert der Wirtschaftsgüter (Grund und Boden und Gebäude) beträgt im Zeitpunkt der Überführung in das Betriebsvermögen des land- und forstwirtschaftlichen Betriebs 40.000 €, ihr Teilwert 100.000 €. Die Bilanzierung beim landwirtschaftlichen Betrieb erfolgt zum Buchwert.

AUFGABE

Bewirkt die Überführung der Wirtschaftsgüter aus dem gewerblichen in das landwirtschaftliche Betriebsvermögen eine Gewinnrealisierung?

LÖSUNG

Der Gesetzgeber hat in § 6 Abs. 5 Satz 1 EStG angeordnet, dass bei Überführung eines einzelnen Wirtschaftsgutes von einem Betriebsvermögen in ein anderes Betriebsvermögen desselben Stpfl. der Buchwert anzusetzen ist, es sei denn, die Besteuerung der stillen Reserven ist z. B. wegen der Überführung des Wirtschaftsgutes in eine ausländische Betriebsstätte nicht gesichert. Diese Voraussetzung (Sicherung der stillen Reserven) ist jedoch erfüllt, wenn ein Wirtschaftsgut aus einem gewerblichen in ein landwirtschaftliches Betriebsvermögen übertragen wird. Dass die stillen Reserven nicht mehr der Gewerbesteuer unterliegen, spielt für diese Betrachtung keine Rolle. Die Buchwertübertragung ist zulässig und zwingend, zu einer Gewinnrealisierung kommt es nicht.

FALL 108

Einlagefähigkeit von Nutzungen

Sachverhalt:

A betreibt eine Steuerberaterpraxis. Er ermittelt seinen Gewinn durch Betriebsvermögensvergleich. Für das Jahr 01 beträgt der so ermittelte Gewinn 100.000 €.

Anlässlich einer Betriebsprüfung stellt der Betriebsprüfer folgende im Rahmen der Gewinnermittlung noch nicht berücksichtigte Geschäftsvorfälle fest:

1. Frau A hat ihrem Ehemann ein zinsloses Darlehen i. H. v. 100.000 € zur Finanzierung der Praxisausstattung gewährt. Bei einer Bank hätte A für das Darlehen im Jahr 01 (4 % von 100.000 € =) 4.000 € Zinsen zahlen müssen.

2. Außerdem hat Frau A ihrem Ehemann einen Pkw unentgeltlich zu betrieblichen Zwecken überlassen. A hätte bei einem Autovermieter für die Anmietung des Kraftwagens im Jahr 01 einen Betrag i. H. v. 2.500 € aufwenden müssen.

3. Darüber hinaus hat Frau A ihrem Ehemann zur betrieblichen Nutzung eine Garage zu einem Mietzins i. H. v. 300 € jährlich vermietet; der gezahlte Mietzins liegt 25 % unter der erzielbaren Miete.

4. A nutzt einen Raum seines Einfamilienhauses als Lagerraum zur Aufbewahrung von Akten. Die mit dem Raum zusammenhängenden Aufwendungen belaufen sich im Jahr 01 auf 1.000 €. Der Raum gehört wegen untergeordneter Bedeutung nicht zum Betriebsvermögen des A (§ 8 EStDV).

Wie wirken sich die vorstehenden Geschäftsvorfälle im Rahmen der Gewinnermittlung des A aus?

Zu 1.:

Betriebsvermögensmehrungen, die nicht durch den Betrieb veranlasst sind, dürfen den steuerpflichtigen Gewinn nicht erhöhen; sie müssen deshalb als Einlage bei der Gewinnermittlung wieder abgezogen werden. Der Vorteil, den A aus der Nutzung des Geldes gezogen hat, stellt keine Einlage in diesem Sinne dar. Nach dem Beschluss des Großen Senats des BFH (GrS 2/86, BStBl 1988 II 348) können grds. nur Wirtschaftsgüter, die in eine Bilanz aufgenommen werden können, Gegenstand einer Einlage sein. Nutzungsvorteile sind keine selbständigen Wirtschaftsgüter; sie dürfen daher bei der Gewinnermittlung nicht erfasst werden. Ein Abzug des Zinsvorteils (als Einlage) im Rahmen der Gewinnermittlung des A kommt daher nicht in Betracht.

Zu 2.:

Auch im Fall der unentgeltlichen Pkw-Überlassung kann A kein fiktives Entgelt als Einlage abziehen.

Anmerkung: Der Nichteigentümer-Ehegatte Herr A kann den Betriebsausgabenabzug erlangen, wenn er mit dem Eigentümer-Ehegatten Frau A in fremdüblicher Weise einen Mietvertrag schließt (BFH v. 15.7.2014, BStBl 2015 II 132, Rn. 15).

Zu 3.:

Dieselbe Beurteilung gilt für die teilweise entgeltlich überlassene Garage. Auch hier kommt es nicht zum Abzug einer Einlage i. H. d. ersparten Mietzinsen.

Zu 4.:

Aufwendungen für einen Grundstücksteil, der eigenbetrieblich genutzt wird, sind einschließlich anteiliger AfA – vorbehaltlich des § 4 Abs. 5 Satz 1 Nr. 6b EStG – auch dann als Betriebsausgaben abzugsfähig, wenn der Grundstücksteil wegen seines untergeordneten Werts nicht als Betriebsvermögen behandelt wird (R 4.7 Abs. 2 Satz 4 EStR 2012). Nutzt ein Stpfl. eigene, nicht zum Betriebs- sondern zum Privatvermögen gehörende Wirtschaftsgüter für betriebliche Zwecke, so mindern die mit der betrieblichen Nutzung zusammenhängenden Aufwendungen den Gewinn. Es handelt sich nämlich um Betriebsausgaben i. S. d. § 4 Abs. 4 EStG. Die Abziehbarkeit dieser Aufwendungen ergibt sich also nicht erst aus der Einlageregelung des § 4 Abs. 1 EStG, sondern aus der Regelung über den Betriebsausgabenabzug in § 4 Abs. 4 EStG. A kann daher die anteiligen Kosten für den Raum i. H. v. 1.000 € als Betriebsausgaben abziehen (Buchungssatz: Aufwand an Einlagen 1.000 €).

Schoor

Bauten auf einem Ehegattengrundstück

Sachverhalt:

Der voll vorsteuerabzugsberechtigte A betreibt einen Möbeleinzelhandel. Seinen Gewinn ermittelt er aufgrund eines Jahresabschlusses. Er und seine Ehefrau haben Anfang 2017 je zur ideellen Hälfte – jeder mit eigenen Mitteln – ein unbebautes Grundstück für 100.000 € erworben. Auf diesem Grundstück errichtete A 2020 auf eigene Rechnung und Gefahr mit Einverständnis seiner Ehefrau für betriebliche Zwecke eine Lagerhalle für 150.000 € zuzüglich 19 % Umsatzsteuer, die Anfang 2021 fertiggestellt worden ist. Bauantrag und Baugenehmigung lauten auf A. Auch alle anderen Verträge einschließlich des zur Finanzierung erforderlichen Darlehensvertrags hat A abgeschlossen. Zwischen den Ehegatten besteht Einverständnis darüber, dass A das Gebäude unentgeltlich nutzen darf und in der Übernahme der Baukosten, soweit sie den Miteigentumsanteil der B betreffen, keine Schenkung des A an B zu sehen ist.

1. Wie sind die von A aufgewendeten Herstellungskosten für die Lagerhalle bei diesem bilanzsteuerrechtlich zu behandeln, und wie hoch ist die als Betriebsausgabe abzugsfähige AfA?

2. Mit welchem Wert ist der Grund und Boden aktivierungspflichtig?

3. Welche Steuerfolgen ergeben sich, wenn die betriebliche Nutzung der Lagerhalle beendet wird, z. B. durch Betriebsaufgabe?

Zu 1.:

Der GrS des BFH hat aus dem objektiven Nettoprinzip abgeleitet, dass derjenige, der ein Gebäude errichtet, um es zur Erzielung von Einkünften zu nutzen, die entstandenen Aufwendungen einkünftemindernd abziehen können muss (BFH, GrS 4/92, BStBl 1995 II 281). Nach einem weiteren Beschluss des GrS steht dem Abzug auch nicht entgegen, dass das Gebäude auf einem Grundstück des Ehegatten errichtet wird, selbst wenn sich die Schaffung von Eigentum für den Ehegatten mangels eines Ersatzanspruchs als Zuwendung qualifizieren lassen könnte (BFH GrS 1/97, BStBl 1999 II 778). In weiteren Entscheidungen hat der BFH klargestellt, dass die Aufwendungen, unabhängig davon, ob der Stpfl. (wirtschaftlicher oder rechtlicher) Eigentümer des Wirtschaftsguts ist, für das er Aufwendungen getragen hat, bei ihm steuerlich zu berücksichtigen sind, wenn dies im betrieblichen Interesse erfolgt ist (BFH IV R 2/07, BStBl 2010 II 670; BFH, IV R 29/09, BStBl 2013 II 387; BFH, X R 46/14, BStBl 2016 II 976). Der BFH weist darauf hin, dass es ohne Bedeutung ist, ob derjenige, der das Gebäude errichtet, das betreffende fremde Grundstück entgeltlich oder unentgeltlich nutzt und ob er zivilrechtliche Ersatzansprüche gegenüber dem Grundstückseigentümer hat.

Steuerbilanziell muss A die Herstellungskosten, soweit sie auf seinen hälftigen Miteigentumsanteil entfallen (75.000 €), als „Gebäude" aktivieren und nach den für Gebäude maßgeblichen AfA-Regeln abschreiben (BFH X R 1/16, BStBl 2018 II 181, Rn. 41). Bei der Lagerhalle handelt es sich um ein sog. Wirtschaftsgebäude, der AfA-Satz beträgt folglich 3 % (§ 7 Abs. 4 Satz 1 Nr. 1 EStG). A kann daher ab dem Jahr der Fertigstellung, d. h. ab 2021 insoweit eine AfA i. H. v. 3 % von 75.000 € = 2.250 € jährlich als Betriebsausgaben im Rahmen seiner Gewinnermittlungen abziehen.

Soweit die vom Unternehmer-Ehegatten A getragenen Herstellungskosten auf den im zivilrechtlichen Eigentum der Ehefrau stehenden hälftigen Gebäudeteil entfallen (75.000 €), sind sie durch einen sog. „Aufwandsverteilungsposten" in der Bilanz des A abzubilden (BFH X R 46/14, BStBl 2016 II 976; BMF, BStBl 2016 I 1431, Rn. 3, 10). Die Typisierung der Aufwandsverteilung bewirkt nicht, dass der Aufwandsverteilungsposten im Übrigen einem Wirtschaftsgut gleichgestellt wird; der Aufwandsverteilungsposten ist kein Wirtschaftsgut. Vorschriften, die nur für Betriebsvermögen gelten (z. B. § 6b EStG oder § 7 Abs. 4 Satz 1 Nr. 1 EStG mit einem AfA-Satz von 3 %), sind deswegen nicht anwendbar. Der Aufwandsverteilungsposten ist somit nach § 7 Abs. 1 Nr. 2 Buchst. a EStG mit einem AfA-Satz von 2 % abzuschreiben, was zu einer jährlichen AfA von 1.500 € führt.

Zu 2.:

Aus der Tatsache, dass A die Herstellungskosten der Lagerhalle zu 100 % zu bilanzieren hat, kann m. E. nicht hergeleitet werden, dass er auch den Grund und Boden zu 100 % zu aktivieren hat. Zweifelsfrei gehört der Grund und Boden, soweit er A gehört (d. h. in seinem zivilrechtlichen Eigentum steht) und von ihm betrieblich genutzt wird, also i. H. v. 50 %, zum notwendigen Betriebsvermögen. Insoweit ist er mit den anteiligen Anschaffungskosten von 50 % von 100.000 € = 50.000 € zu aktivieren (§ 6 Abs. 1 Nr. 5 EStG). Anders verhält es sich dagegen mit dem Grund und Boden, soweit er im Miteigentum der B steht. Insoweit handelt es sich um Privatvermögen der B, das in der Bilanz des A nicht ausgewiesen werden darf (BFH X R 1/16, BStBl 2018 II 181, Rn. 41).

Zu 3.:

Problematisch ist, ob dem Unternehmer-Ehegatten, wenn wie hier kein wirtschaftliches Eigentum vorliegt, stille Reserven an dem betrieblich genutzten Gebäude zugerechnet werden können (bejahend noch BMF, BStBl 1996 I 1257, Rn. 2; Kulosa, HFR 2003, 1040, 1042; Dötsch, INF 2003, 802, 803) oder ob insoweit eine Entnahme zum Buchwert in Betracht kommt. Der VIII. Senat des BFH vertritt die Ansicht, dass in dem Fall, in dem ein Ehegatte einen Kellerraum des im Miteigentum der Eheleute stehenden Einfamilienhauses als Lagerraum für seine Arztpraxis nutzt, die anteilig auf diesen Raum entfallenden stillen Reserven bei Veräußerung der Praxis nur zur Hälfte den Veräußerungsgewinn erhöhen. Das gilt auch, wenn der nutzende Ehegatte alle Kosten für diesen Raum als Betriebsausgaben abgezogen hat (BFH VIII R 98/04, BStBl 2008 II 749). Dieser Rechtsprechung des VIII. Senats haben sich der IV. und X. Senat des BFH angeschlossen (BFH IV R 29/09, BStBl 2013 II 387; BFH X R 46/14, BStBl 2016 II 976). Die Aufwandsverteilung bewirkt danach nicht, dass der Aufwandsposten im Übrigen einem Wirtschaftsgut gleichgestellt wird.

Damit ist jetzt klargestellt, dass der Aufwandsverteilungsposten, der nicht einem Wirtschaftsgut gleichzustellen ist, bei Beendigung der Nutzung steuerneutral wegfällt. In diesem Posten können sich keine stillen Reserven oder Lasten verbergen, denn diese können nur einem wirtschaftlichen Eigentümer zustehen. Die vom Unternehmer-Ehegatten für die typisierte Verteilung seines eigenen Aufwands gebildete Bilanzposition kann nicht Sitz stiller Reserven sein (BFH X R 46/14, BStBl 2016 II 976). Vorliegend hat also der Unternehmer-Ehegatte A die in dem Gebäude ruhenden stillen Reserven nicht zu versteuern (so bereits Kanzler, FR 2010, 662).

Endet die Nutzung des dem Nichtunternehmer-Ehegatten gehörenden Gebäudes, entfällt der weitere Abzug des Nutzungsaufwands. Der verbleibende Aufwandsverteilungsposten ist nicht gewinnmindernd abzuschreiben, sondern erfolgsneutral auszubuchen. Da der Aufwandsverteilungsposten nicht Träger stiller Reserven sein kann, sind etwaige Wertsteigerungen nicht zu erfassen und zu besteuern (BFH IV R 29/09, BStBl 2013 II 387; X R 46/14, BStBl 2016 II 976; ebenso BMF, BStBl 2016 I 1431, Rn. 7). Der noch vorhandene Aufwandsverteilungsposten ist dem Eigentümer-Ehegatten B nach den Regeln des Drittaufwands zuzurechnen. Damit ist sichergestellt, dass der verbleibende Betrag nicht verfällt, sondern weiterhin steuerlich nutzbar ist, wenn B mit dem Wirtschaftsgut künftig selbst Einkünfte erzielt (Wendt, BFH-PR 2013, 234).

HINWEIS

Auf den Aufwandsverteilungsposten können keine stillen Reserven nach § 6b EStG übertragen werden. Auch die Inanspruchnahme aller anderen Steuersubventionen, die der Gesetzgeber nur für Wirtschaftsgüter des Betriebsvermögens, nicht aber für Wirtschaftsgüter des Privatvermögens vorgesehen hat, ist ausgeschlossen. Dies betrifft zum einen die meisten Sonderabschreibungen, die i. d. R. nur für Wirtschaftsgüter des Betriebsvermögens gewährt werden, einen Teil der Vorschriften über erhöhte Absetzungen (im früheren Recht z. B. § 7d EStG a. F.), aber auch die erhöhten Sätze der linearen AfA für Gebäude des Betriebsvermögens nach § 7 Abs. 4 Satz 1 Nr. 1 EStG von 3 % (BFH X R 46/14, BStBl 2016 II 976).

FALL 110

Erwerb einer freiberuflichen Praxis auf Rentenbasis

Sachverhalt:

A ist Steuerberater. Am 1.1.01 erwirbt er die Praxis seines Berufskollegen B. Übertragen werden folgende Wirtschaftsgüter:

Kaufpreis = Teilwert	
Praxisausstattung	200.000 €
Praxiswert	200.000 €
	400.000 €

A verpflichtet sich zu folgender Gegenleistung: Zahlung einer monatlichen Rente i. H. v. 4.000 €, zahlbar auf die Lebenszeit des Veräußerers.

Die Rente ist gesichert durch Anknüpfung an den Lebenshaltungsindex. Der nach versicherungs-mathematischen Grundsätzen ermittelte Rentenbarwert beträgt am

1.1.01	400.000 €
31.12.01	384.000 €
30.6.02	375.000 €

Die Rente erhöht sich aufgrund der Wertsicherungsklausel ab 1.1.02 auf monatlich 4.200 €. Der Erhöhungsbetrag der Rente hat am 1.1.02 einen Barwert i. H.v. 20.000 € und am 30.6.02 i. H.v. 19.600 €.

Der Veräußerer B stirbt am 30.6.02. Die Rente wurde letztmalig im Juni 02 bezahlt.

AUFGABEN

1. Wie sind die Rentenzahlungen von monatlich 4.000 € bei A steuerlich zu behandeln, wenn er seinen Gewinn

    a) durch Betriebsvermögensvergleich (§ 4 Abs. 1 EStG),

    b) durch Einnahmenüberschussrechnung (§ 4 Abs. 3 EStG) ermittelt?

2. Welche Steuerfolgen ergeben sich für A infolge des Eintritts der Wertsicherungsklausel, wenn er seinen Gewinn

    a) durch Betriebsvermögensvergleich (§ 4 Abs. 1 EStG),

    b) durch Einnahmenüberschussrechnung (§ 4 Abs. 3 EStG) ermittelt?

3. Welche Steuerfolgen hat der Wegfall der Rentenverpflichtung für A, wenn er seinen Gewinn

    a) durch Betriebsvermögensvergleich (§ 4 Abs. 1 EStG),

    b) durch Einnahmenüberschussrechnung ermittelt?

LÖSUNG

Zu 1. a):

Erwirbt ein Stpfl. – wie vorliegend A – eine freiberufliche Praxis gegen eine Veräußerungsleib-rente, ist als Anschaffungskosten für die erworbenen Wirtschaftsgüter der Betrag anzusetzen, der dem kapitalisierten Barwert der Rente entspricht. Zugleich ist der Barwert der Rentenver-pflichtung zu passivieren. Da sich die Verpflichtung in der Folgezeit durch die geringer werden-de Laufzeit vermindert, ist ihr Barwert zu den einzelnen Bilanzstichtagen neu zu ermitteln und jeweils mit dem geänderten Wert als Schuldposten auszuweisen. Als Betriebsausgaben abzieh-bare Zinszahlungen liegen nur insoweit vor, als die jährlichen Rentenzahlungen die jährliche Barwertminderung übersteigen. Nur in dieser Höhe wird der Gewinn tatsächlich gemindert. Die in den monatlichen Rentenzahlungen des A i. H.v. 4.000 € enthaltenen Zinsanteile, die als Be-triebsausgaben abzugsfähig sind, sind wie folgt zu ermitteln:

Ursprüngliche Rente

Rentenbarwert 1.1.01	400.000 €
Rentenbarwert 31.12.01	384.000 €
Differenz = Ertrag	16.000 €
Rentenzahlungen 01 = Aufwand: 12 × 4.000 € =	48.000 €
Zinsanteil 01	32.000 €
Rentenbarwert 31.12.01	384.000 €
Rentenbarwert 30.6.02	375.000 €
Differenz = Ertrag	9.000 €
Rentenzahlungen 02 = Aufwand: 6 × 4.000 € =	24.000 €
Zinsanteil 02	15.000 €

Zu 1. b):

Ein Stpfl., der seinen Gewinn durch Einnahmenüberschussrechnung (§ 4 Abs. 3 EStG) ermittelt, muss seine Einnahmen und Ausgaben innerhalb desjenigen Kalenderjahres berücksichtigen, in dem sie ihm zu- bzw. abgeflossen sind (§ 11 EStG). Der Wert des Betriebsvermögens bleibt unberücksichtigt.

Allerdings bestimmt § 4 Abs. 3 Satz 3 EStG, dass die Vorschriften über die Bewertungsfreiheit für geringwertige Wirtschaftsgüter (§ 6 Abs. 2 EStG), die Bildung eines Sammelpostens (§ 6 Abs. 2a EStG) und über die AfA oder AfS zu befolgen sind. Daraus folgt, dass auch ein Stpfl. mit Gewinnermittlung nach § 4 Abs. 3 EStG, der – wie hier – abnutzbare Wirtschaftsgüter des Anlagevermögens (oder des Umlaufvermögens i. S. d. § 4 Abs. 3 Satz 4 EStG) erwirbt, im Jahr der Anschaffung die Anschaffungskosten mit dem versicherungsmathematischen Rentenbarwert „aktivieren" muss (R 4.5 Abs. 4 Satz 1 EStR 2012). Von den aktivierten Anschaffungskosten kann er dann AfA vornehmen. Um zu verhindern, dass der in den Rentenzahlungen enthaltene Kaufpreis, d. h. der Tilgungsanteil der Rente, zweifach steuermindernd berücksichtigt wird, darf der Stpfl. die Rentenzahlungen insoweit nicht als Betriebsausgaben absetzen. Vielmehr darf nur der in den Rentenzahlungen enthaltene Zinsanteil den Gewinn mindern.

Der Zinsanteil errechnet sich – wie bei einem bilanzierenden Stpfl. – aus der Differenz zwischen den jährlichen Rentenzahlungen und den jeweiligen Barwertminderungen.

Technisch geschieht das in der Weise, dass in einer Art „Schattenbilanz" zum Ende eines jeden VZ der jeweils neue Rentenbarwert ermittelt wird. Die durch das Älterwerden des Rentenberechtigten bedingten Minderungen des Rentenbarwertes werden als Betriebseinnahmen erfasst, die Rentenzahlungen selbst werden als Betriebsausgaben behandelt. Der Saldo beider Beträge entspricht dem Zinsanteil der Rente. Das bedeutet, dass A auch im Falle einer Einnahmenüberschussrechnung folgende – in der ursprünglichen Rente enthaltene – Zinsanteile als Betriebsausgaben absetzen kann:

01: Zinsanteil ursprüngliche Rente =	32.000 €
02: Zinsanteil ursprüngliche Rente =	15.000 €

Aus Vereinfachungsgründen lässt die Finanzverwaltung (R 4.5 Abs. 4 Satz 4 EStR 2012) auch zu, dass die einzelnen mit der Anschaffung von abnutzbaren Anlagegütern zusammenhängenden Rentenzahlungen zunächst mit dem anteiligen (ursprünglichen) Rentenbarwert verrechnet, also erfolgsneutral behandelt und nach Erreichen dieses Barwertes in vollem Umfang als Betriebsausgaben abgesetzt werden (sog. buchhalterische Methode). Wenn A von dieser Möglichkeit Gebrauch macht, kann er in 01 und 02 keine Zinsanteile als Betriebsausgaben absetzen.

Zu 2. a):

Kommt es aufgrund einer Wertsicherungsklausel zu einer Erhöhung der Rentenzahlungen, so führt dies zu einer Erhöhung sowohl des Zinsanteils als auch des Stammrechtsanteils der Rente. Der Kapitalwert der Rente muss dann neu berechnet werden, wobei der Erhöhungsbetrag zweckmäßigerweise als selbständige Rente behandelt wird. Bei einem bilanzierenden Stpfl. hat die aus einer Wertsicherungsklausel resultierende Erhöhung der Rentenverpflichtung zur Folge, dass der Betrag, um den sich der Barwert der Rentenverpflichtung erhöht, im Jahr der Erhöhung gewinnmindernd passiviert wird (BFH VIII R 231/80, BStBl 1984 II 109; X R 64/89, BStBl 1991 II 358). Der Kapitalwert des Erhöhungsbetrags am 1.1.02 i. H.v. 20.000 € wirkt sich demnach in 02 in vollem Umfang gewinnmindernd aus.

Mit dieser steuerlichen Behandlung wird dem Umstand Rechnung getragen, dass die Erhöhung der Rentenverpflichtung nicht zu einer Erhöhung der Anschaffungskosten und damit zu einer Erhöhung der AfA führt. Die in den erhöhten Rentenzahlungen enthaltenen Zinsanteile sind ebenfalls als Betriebsausgaben abzugsfähig. Sie errechnen sich aus der Differenz zwischen den jährlichen Barwertminderungen des Erhöhungsbetrages und dem jährlichen Erhöhungsbetrag.

Erhöhungsbetrag

Rentenbarwert 1.1.02	20.000 €
Rentenbarwert 30.6.02	19.600 €
Differenz = Ertrag	400 €
Rentenzahlungen 02 = Aufwand: 6 × 200 € =	1.200 €
Zinsanteil 02	800 €

Zu 2. b):

Bei einem Stpfl. mit Einnahmenüberschussrechnung sind Betriebsausgaben nach § 11 Abs. 2 EStG grds. im Jahr der Zahlung zu berücksichtigen, wohingegen Veränderungen des Betriebsvermögens außer Betracht bleiben. Demzufolge ist es nach der BFH-Rechtsprechung gerechtfertigt, den Fall der Erhöhung der Rentenverpflichtung infolge einer Wertsicherungsklausel hier anders zu behandeln als bei einem Stpfl., der seinen Gewinn durch Betriebsvermögensvergleich ermittelt (BFH IV R 48/90, BStBl 1991 II 796). Bei einem Stpfl. mit Einnahmenüberschussrechnung soll danach eine gewinnmindernde Berücksichtigung des Stammrechtsanteils des Erhöhungsbetrags im Zeitpunkt des Eintritts der Wertsicherungsklausel unterbleiben: Die infolge der Wertsicherungsklausel erhöhten Rentenzahlungen sollen vielmehr im Zeitpunkt der Zahlung in voller Höhe abgesetzt werden. Diese Betrachtung hat zur Folge, dass A die erhöhten Rentenzahlungen i. H.v. 6 × 200 € = 1.200 € in 02 als Betriebsausgaben abziehen kann.

Zu 3. a):

Infolge des Todes des Rentenberechtigten B fällt die Rentenverpflichtung weg. Der Wegfall der Verpflichtung ist ein betrieblicher Vorgang. Die Auflösung des verbliebenen Passivpostens, d. h. des am 30.6.02 verbliebenen Rentenbarwertes, und zwar sowohl des Rentenbarwertes der ursprünglich vereinbarten Rente als auch des Rentenbarwertes des Erhöhungsbetrages, stellt für A einen Ertrag dar (BFH X R 64/89, BStBl 1991 II 358; XI R 41/93, BStBl 1996 II 601). Der Gewinn des Jahres 02 ist demgemäß um folgenden Betrag zu erhöhen:

Rentenbarwert ursprüngliche Rente am 30.6.02	375.000 €
Rentenbarwert Erhöhungsbetrag am 30.6.02	19.600 €
Mehrgewinn 02	394.600 €

Zu 3. b):

Der Wegfall einer betrieblichen Rentenverpflichtung durch Tod des Berechtigten ist auch bei Gewinnermittlung nach § 4 Abs. 3 EStG ein betrieblicher Vorgang und wirkt sich dementsprechend gewinnerhöhend aus. Daraus folgt, dass ein Stpfl. mit Einnahmenüberschussrechnung – ebenso wie der mit Betriebsvermögensvergleich – i. H. d. aktuellen Rentenbarwertes, d. h. des im Todeszeitpunkt verbliebenen Rentenbarwertes, eine Betriebseinnahme ausweisen muss (BFH IV R 93/67, BStBl 1973 II 51). Allerdings ist bei Wegfall der Rentenverpflichtung lediglich der (verbliebene) Rentenbarwert als Betriebseinnahme zu erfassen, der sich auf der Grundlage der ursprünglichen Rente errechnet (BFH IV R 48/90, BStBl 1991 II 796). Dies beruht darauf, dass bei einem Stpfl. mit Einnahmenüberschussrechnung im Falle des Wirksamwerdens einer Wertsicherungsklausel eine gewinnmindernde Berücksichtigung des Stammrechtsanteils der Rente zu unterbleiben hat. Der Wegfall der Rentenverpflichtung führt also zu einer Erhöhung des Gewinns des Jahres 02 nur i. H. d. Rentenbarwertes der ursprünglichen Rente am 30.6.02 i. H. v. 375.000 €.

A kann aber auch die (ursprünglichen) tatsächlichen Rentenzahlungen von monatlich 4.000 € zunächst gegen den Rentenbarwert i. H. v. 400.000 € verrechnen (R 4.5 Abs. 4 Satz 4 EStR 2012). Wenn er von dieser Möglichkeit Gebrauch macht, ist der am 30.6.02 vorhandene Rentenbarwert der ursprünglichen Rente, d. h. der noch nicht verrechnete Teil, gewinnerhöhend zu erfassen (R 4.5 Abs. 4 Satz 5 EStR 2012):

Rentenbarwert ursprüngliche Rente	400.000 €
Rentenzahlungen 01: 12 × 4.000 € =	./. 48.000 €
Rentenzahlungen 02: 6 × 4.000 € =	./. 24.000 €
Gewinnerhöhung wegen Wegfalls der Rentenverpflichtung	328.000 €

Besteuerung des laufenden Gewinns einer Erbengemeinschaft

Sachverhalt:

Der Nachlass des am 30.6.01 verstorbenen V besteht aus einem gewerblichen Einzelunternehmen. Das Kapitalkonto des V beträgt 100.000 €. Erben des V sind seine Ehefrau A und seine Tochter B zu je $^1/_2$. Der ererbte Gewerbebetrieb wird von den Erben fortgeführt. Der Gewinn des Jahres 01 beläuft sich auf 140.000 €.

AUFGABE

Führt der Übergang des Einzelunternehmens auf die Erbengemeinschaft zu einer Gewinnrealisierung und wem ist der Gewinn des Jahres 01 zuzurechnen?

LÖSUNG

Die ertragsteuerliche Behandlung des Erbfalls und der Erbauseinandersetzung hat durch den Beschluss des Großen Senats des BFH (GrS 2/89, BStBl 1990 II 837) schwerwiegende Änderungen erfahren. Nach dieser Rechtsprechung werden alle Miterben mit dem Erbfall automatisch Mitunternehmer – sog. „geborene" Mitunternehmer – eines ererbten Gewerbebetriebs (§ 15 Abs. 1 Nr. 2 EStG). Der Übergang des Betriebs auf die Erbengemeinschaft ist weder eine Betriebsveräußerung (§ 16 Abs. 1 EStG) noch eine Betriebsaufgabe (§ 16 Abs. 3 EStG) durch den Erblasser. Die Erbengemeinschaft A/B muss daher die Buchwerte des Erblassers nach § 6 Abs. 3 EStG fortführen (Kapitalkonto A: 50.000 €, Kapitalkonto B: 50.000 €). V ist der bis zu seinem Todestag entstandene Gewinn zuzurechnen. Wird auf den Todestag keine Zwischenbilanz erstellt, kann dieser Gewinn zeitanteilig geschätzt werden: 6/12 von 140.000 € = 70.000 € (BFH I R 100/71, BStBl 1973 II 544). Der restliche Gewinn i. H. v. 70.000 € ist je zur Hälfte der Ehefrau und der Tochter des V im Rahmen einer gesonderten und einheitlichen Gewinnfeststellung (§§ 179, 180 AO) zuzurechnen.

Besonderheiten bei der Gewinnermittlung durch Einnahmenüberschussrechnung nach § 4 Abs. 3 EStG

Sachverhalt:

Dr. Thomas Müller (M) betreibt als Zahnarzt eine freiberufliche Praxis. Er ermittelt seinen Gewinn durch Einnahmenüberschussrechnung gem. § 4 Abs. 3 EStG. Bei seiner nach § 164 Abs. 1 AO unter dem Vorbehalt der Nachprüfung ergangenen Einkommensteuerveranlagung für das Jahr 2020 ist der von ihm erklärte Gewinn i. H. v. 120.000 € zugrunde gelegt worden.

Bei einer Außenprüfung stellt der Prüfer Folgendes fest:

1. M hat im Jahr 2020 einen Betrag i. H. v. 5.000 € für Wertminderung seines auf Vorrat gehaltenen Zahngoldes als Betriebsausgabe abgesetzt.

2. M hat seine freiberufliche Tätigkeit bis zum 30.6.2020 in einer eigenen zum Betriebsvermögen gehörenden Eigentumswohnung ausgeübt. Die Eigentumswohnung (einschl. Grund und Boden) hatte zum 30.6.2020 einen Buchwert i. H. v. 200.000 € und einen Teilwert i. H. v. 250.000 €.

   Am 1.7.2020 hat M seine Praxis in einen Neubau verlegt. Die Eigentumswohnung hat er ab diesem Zeitpunkt an einen Rechtsanwalt vermietet; die Mieteinnahmen i. H. v. 6.000 € für die Zeit vom 1.7.–31.12.2020 sind als Betriebseinnahmen erfasst worden.

3. Im Dezember 2020 hat M einen PC für 1.800 € angeschafft. Die Rechnung wurde am 23.1.2020 bezahlt. M hat für den PC im Jahr 2020 folgende lineare AfA gem. § 7 Abs. 1 EStG vorgenommen: 1/3 von 1.800 € = 600 €.

4. M hat seinen zum Betriebsvermögen gehörenden Pkw Daimler-Benz am 27.12.2020 für 15.000 € verkauft. Der Restbuchwert des Pkw betrug im Zeitpunkt der Veräußerung 5.000 €. Der Veräußerungserlös i. H. v. 15.000 € ging am 7.1.2021 bei M ein. M hat aus diesem Grund den Geschäftsvorfall im Rahmen der Gewinnermittlung 2020 unberücksichtigt gelassen.

5. Den Kaufpreis eines im November 2020 für 150 € angeschafften Diktiergeräts hat M im Januar 2021 bezahlt und im Zeitpunkt der Bezahlung als Betriebsausgaben abgesetzt.

6. M hat im Dezember 2019 einen Sessel für die Praxis bestellt und den Kaufpreis i. H. v. 140 € am 28.12.2019 vorausbezahlt und im Jahr 2019 als Betriebsausgabe abgesetzt. Der Sessel wurde am 3.1.2020 geliefert.

7. M hat am 22.12.2020 einen Ledersessel für sein Wartezimmer angeschafft. Die Anschaffungskosten von 600 € wurden am gleichen Tag bezahlt. A hat das Wirtschaftsgut in den Sammelposten nach § 6 Abs. 2a EStG aufgenommen, sodass sich 20 % von 600 € = 120 € als Betriebsausgabe ausgewirkt haben.

8. Im Zusammenhang mit der Praxisverlegung hat M einen vor Jahren für 20.000 € erworbenen Parkplatz für die Patienten am 1.8.2020 für 30.000 € verkauft. Der Vorgang wurde bei der Gewinnermittlung für das Jahr 2020 nicht berücksichtigt.

9. Am 20.12.2020 hat M von einer Zahnfabrik Materialien zur Herstellung von Zahnersatz für 25.000 € erworben. Der Kaufpreis wurde noch im Jahr 2020 bezahlt. Die Materialien sind am 31.12.2020 in vollem Umfang noch vorhanden. M hat die Zahlung von 25.000 € im Jahr 2020 als Betriebsausgaben abgesetzt.

10. Zu Weihnachten 2020 hat M seiner Tochter einen Pkw geschenkt, der bisher von einem bei M angestellten Zahnarzt benutzt wurde. Der zum Betriebsvermögen gehörende Pkw hatte zum Zeitpunkt der Schenkung einen Buchwert von 10.000 € und einen Teilwert von 12.000 €. Der Geschäftsvorfall wurde in der Gewinnermittlung 2020 nicht erfasst.

11. M hat das Wartezimmer im Januar 2020 mit einer vor vier Jahren angeschafften und bisher privat genutzten Sitzgarnitur ausgestattet, deren Teilwert 4.000 € beträgt. Die Restnutzungsdauer beläuft sich auf zwei Jahre. M hat den Wert der Sitzgarnitur i. H. v. 4.000 € im Jahr 2020 als Betriebsausgaben abgezogen.

12. Im April 2020 hat M das Wartezimmer mit einer vor vier Jahren angeschafften und bisher privat genutzten Stereoanlage ausgestattet. Der Teilwert der Stereoanlage betrug 150 €. Der Geschäftsvorfall wurde im Rahmen der Einnahmenüberschussrechnung 2020 nicht erfasst.

13. Im Zusammenhang mit dem Praxisneubau hat M am 1.7.2020 ein bisher zu seinem Privatvermögen gehörendes unbebautes Grundstück als Parkplatz für die Patienten herrichten lassen. Der Teilwert des vor zwölf Jahren angeschafften Grundstücks betrug am 1.7.2020 20.000 €. Anfang 2021 hat M das Grundstück unentgeltlich auf seine Ehefrau übertragen. Der Teilwert betrug zum Zeitpunkt der Schenkung 22.000 €.

14. Bei einem Einbruch in die Praxisräume im November 2020 wurde das sich im Schreibtisch des M befindliche Geld i. H. v. 3.000 €, das aus einer Honorarzahlung eines Patienten stammte, gestohlen. M zeichnet seine Bareinnahmen und Barausgaben auf. Seine Kassenführung ist so ausgestattet wie bei einem Bilanzierenden mit ordnungsmäßiger Buchführung. Den Geldverlust i. H. v. 3.000 € hat M im Jahr 2020 als Betriebsausgabe abgesetzt.

15. M hat eine Zahnarzthelferin beauftragt, die Honorarzahlungen von Patienten in den Praxisräumen entgegenzunehmen. Die Helferin hat im Jahr 2020 einen Betrag i. H. v. 20.000 € bar vereinnahmt, hiervon aber 5.000 € für sich behalten. Die Unterschlagung ist im Jahr 2021 vom Steuerberater festgestellt worden. Daraufhin hat M gegenüber der Helferin einen Regressanspruch i. H. v. 5.000 € geltend gemacht. Die Angestellte hat M den entwendeten Betrag im Jahr 2021 ersetzt. Als Betriebseinnahmen des Jahres 2020 sind (20.000 € ./. 5.000 € =) 15.000 € berücksichtigt worden.

16. M lieferte das bei der Zahnbehandlung in Form von Brücken, Kronen und Zahnfüllungen angefallene Altgold, das ihm von seinen Patienten unentgeltlich überlassen wurde, an eine Scheideanstalt. Diese lieferte ihm dafür im Jahr 2020 Feingold in Form von Barren im Wert von 5.000 €.

AUFGABE

Welche Gewinnkorrekturen ergeben sich aufgrund der Feststellungen des Betriebsprüfers?

LÖSUNG

Zu 1.:

Eine Teilwertabschreibung ist nur möglich bei der Gewinnermittlung durch Betriebsvermögensvergleich. Bei der Gewinnermittlung nach § 4 Abs. 3 EStG bleibt der Wert des Betriebsvermögens unberücksichtigt, so dass auch die Bewertungsvorschriften des § 6 EStG nicht anwendbar sind (BFH XI R 49/05, BStBl 2006 II 712; III R 12/12, BStBl 2016 II 420, Rn. 28). Die von M vorgenommene Teilwertabschreibung ist daher unzulässig; der erklärte Gewinn ist um 5.000 € zu erhöhen.

Zu 2.:

Die beruflich genutzte Eigentumswohnung gehörte bis zum 30.6.2020 zum notwendigen Betriebsvermögen des M. Infolge der Nutzungsänderung hat die Eigentumswohnung die Eigenschaft als notwendiges Betriebsvermögen verloren. Auch bei der Gewinnermittlung nach § 4

Abs. 3 EStG gibt es nach der geänderten Rechtsprechung des BFH gewillkürtes Betriebsvermögen (BFH IV R 13/03, BStBl 2004 II 985). Es bestand also für M ein Wahlrecht, die Eigentumswohnung weiterhin als Betriebsvermögen zu behandeln oder zu entnehmen. Da M die Eigentumswohnung weiterhin als Betriebsvermögen behandelt hat, ist eine Gewinnkorrektur nicht erforderlich; die Mieteinnahmen sind zutreffend als Betriebseinnahmen erfasst worden.

Zu 3.:

Wirtschaftsgüter des Anlagevermögens werden bei der Gewinnermittlung durch Einnahmenüberschussrechnung – mit Ausnahme von Teilwertabschreibungen – genauso behandelt wie bei der Gewinnermittlung durch Vermögensvergleich, da auch bei der Einnahmenüberschussrechnung nach § 4 Abs. 3 Satz 3 EStG die Vorschriften über die AfA zu befolgen sind. Für den Beginn der AfA ist entscheidend, dass die Wirtschaftsgüter angeschafft oder hergestellt worden sind; es ist nicht erforderlich, dass die Bezahlung bereits erfolgt ist. M kann den PC daher bereits im Jahr 2020 abschreiben; allerdings beträgt die AfA nur 1/12 von (1/3 von 1.800 € =) 600 € = 50 € (§ 7 Abs. 1 Satz 4 EStG). Es muss monatsgenau abgeschrieben werden. Wird ein Wirtschaftsgut im Laufe eines Monats angeschafft, zählt dieser Monat für die zeitanteilige Abschreibung mit. Der erklärte Gewinn 2020 ist um die Differenz von 600 € ./. 50 € = 550 € zu erhöhen.

Anmerkung: Für die nach § 7 Abs. 1 EStG anzusetzende Nutzungsdauer von „Computerhardware" und „Betriebs- und Anwendersoftware" **kann** eine betriebsgewöhnliche Nutzungsdauer von einem Jahr zugrunde gelegt werden. Diese Regelung findet erstmals Anwendung in Gewinnermittlungen für Wirtschaftsjahre, die nach dem 31.12.2020 enden. In Gewinnermittlungen nach dem 31.12.2020 können die Grundsätze dieser Regelung auch auf entsprechende Wirtschaftsgüter angewandt werden, die in früheren Wirtschaftsjahren angeschafft oder hergestellt wurden und bei denen eine andere als die einjährige Nutzungsdauer zugrunde gelegt wurde (BMF, Schreiben v. 26.2.2021, IV C 3-S 2190/21/10002:013, EStG-Kartei NW § 7 EStG Fach 2 Nr. 7, Rn. 1, 6).

Zu 4.:

Scheidet ein Anlagegut aus dem Betriebsvermögen aus, ist der noch nicht abgesetzte Teil der Anschaffungskosten unter dem Gesichtspunkt einer Absetzung für außergewöhnliche wirtschaftliche Abnutzung i. S. d. § 7 Abs. 1 Satz 7 EStG abzuziehen; der bei der Veräußerung des Anlageguts erzielte Erlös gehört zu den Betriebseinnahmen (BFH IV 335/58 U, BStBl 1961 III 499; IV R 181/66, BStBl 1972 II 271; IV R 1/92, BStBl 1994 II 353). Der Restbuchwert des verkauften Pkw von 5.000 € muss daher im Jahr 2020 als Betriebsausgabe behandelt werden. Der Verkaufserlös i. H. v. 15.000 € ist erst im Jahr des Zuflusses des Veräußerungserlöses – also im Jahr 2021 – als Betriebseinnahme anzusetzen (BFH IV R 29/94, BStBl 1995 II 635).

Zu 5.:

Die Anschaffungskosten für geringwertige Wirtschaftsgüter des Anlagevermögens i. S. v. § 6 Abs. 2 EStG können bei der Gewinnermittlung nach § 4 Abs. 3 EStG – ebenso wie bei der Gewinnermittlung durch Betriebsvermögensvergleich – im Jahr der Anschaffung in voller Höhe als Betriebsausgaben abgesetzt werden; auf den Zeitpunkt der Bezahlung kommt es nicht an. § 11 EStG ist gegenüber § 6 Abs. 2 EStG subsidiär. M kann daher die Anschaffungskosten für das Diktiergerät i. H. v. 150 € bereits im Jahr 2020 als Betriebsausgaben abziehen.

Zu 6.:

Anschaffungskosten für geringwertige Wirtschaftsgüter sind grds. im Jahr der Anschaffung als Betriebsausgaben abzugsfähig. Die Finanzverwaltung lässt jedoch aus Vereinfachungsgründen zu, dass Vorauszahlungen oder Anzahlungen auf geringwertige Wirtschaftsgüter bereits im Jahr der Zahlung als Betriebsausgaben abgesetzt werden (OFD Frankfurt, WPg 1980, 81). Die Vorauszahlung auf den Sessel i. H. v. 140 € kann daher bereits im Jahr 2019 als Betriebsausgabe abgezogen werden.

Zu 7.:

Wirtschaftsgüter des abnutzbaren Anlagevermögens, für die ein Sammelposten i. S. d. § 6 Abs. 2a EStG gebildet werden kann, werden bei der Gewinnermittlung durch Einnahmenüberschussrechnung genauso behandelt wie bei der Gewinnermittlung durch Vermögensvergleich, da auch bei der Einnahmenüberschussrechnung nach § 4 Abs. 3 Satz 3 EStG die Vorschrift über die Bildung eines Sammelpostens (§ 6 Abs. 2a EStG) zu befolgen ist. Die Aufnahme des Ledersessels von 600 € in den Sammelposten nach § 6 Abs. 2a EStG ist zulässig. Eine Gewinnkorrektur ist nicht erforderlich.

Zu 8.:

Die Anschaffungs- oder Herstellungskosten von nicht abnutzbaren Anlagegütern sind nicht im Zeitpunkt der Zahlung, sondern erst dann als Betriebsausgaben abzuziehen, wenn die betreffenden Wirtschaftsgüter veräußert oder entnommen werden (§ 4 Abs. 3 Satz 4 EStG). Der Erlös aus dem Verkauf des Parkplatzes i. H. v. 30.000 € ist im Jahr 2020 als Betriebseinnahme anzusetzen; andererseits sind die Anschaffungskosten des Parkplatzes i. H. v. 20.000 € im Jahr 2020 als Betriebsausgaben abzuziehen. Der Gewinn 2020 ist daher um 10.000 € zu erhöhen.

Zu 9.:

Bei der Gewinnermittlung nach § 4 Abs. 3 EStG wirkt sich die Anschaffung von Umlaufvermögen prinzipiell in dem Zeitpunkt als Betriebsausgabe aus, in dem das erworbene Umlaufvermögen bezahlt wird. Etwas anderes gilt u. a. für Grund und Boden sowie Gebäude des Umlaufvermögens (§ 4 Abs. 3 Satz 4 EStG). Da M die Anschaffungskosten der erworbenen Materialien im Jahr 2020 gewinnmindernd berücksichtigt hat, ist eine Gewinnkorrektur nicht erforderlich.

Zu 10.:

Die in § 4 Abs. 1 Satz 2 und 3 EStG enthaltenen Bestimmungen über die Entnahmen und die Einlagen sind auch im Bereich der Überschussrechnung anzuwenden. Sie gelten bei der Überschussrechnung als reiner Geldrechnung jedoch nur für Sachentnahmen und Sacheinlagen. Barentnahmen und Bareinlagen dürfen nicht als Betriebseinnahmen und Betriebsausgaben berücksichtigt werden. Das bedeutet, dass der Restbuchwert des an die Tochter geschenkten Pkw von 10.000 € im Jahr 2020 als Betriebsausgabe behandelt werden muss; andererseits ist der Teilwert des Pkw von 12.000 € im Jahr 2020 als fiktive Betriebseinnahme zu behandeln, so dass sich eine Gewinnerhöhung von 2.000 € ergibt.

Zu 11.:

Da auch bei der Gewinnermittlung durch Überschussrechnung die Bestimmungen über die AfA zu beachten sind (§ 4 Abs. 3 Satz 3 EStG), kann der Einlagewert von 4.000 € nicht sofort als Betriebsausgabe abgesetzt werden. Er bildet vielmehr die Bemessungsgrundlage für die AfA nach

§ 7 EStG. Bei einer Restnutzungsdauer von zwei Jahren ergibt sich für die Jahre 2020 und 2021 eine abzugsfähige AfA von jeweils (4.000 € : 2 =) 2.000 €. Der erklärte Gewinn des Jahres 2020 ist daher um 2.000 € zu erhöhen.

Zu 12.:

Bei der Einlage von geringwertigen Wirtschaftsgütern aus dem Privatvermögen in das Betriebsvermögen kann die Bewertungsfreiheit im Wirtschaftsjahr der Einlage in Anspruch genommen werden (§ 6 Abs. 2 Satz 1 EStG). Der Teilwert der Stereoanlage von 150 € kann daher im Jahr 2020 als Betriebsausgabe abgezogen werden.

Zu 13.:

Aufgrund der dauerhaften betrieblichen Nutzung als Parkplatz wird das unbebaute Grundstück am 1.7.2020 notwendiges Betriebsvermögen. Einlagen von nicht abnutzbarem Anlagevermögen haben grds. mit dem Teilwert zu erfolgen (§ 6 Abs. 1 Nr. 5 EStG). Aufgrund der Vorschrift des § 4 Abs. 3 Satz 4 EStG ist der Teilwert des Grund und Bodens zum 1.7.2020 von 20.000 € erst im Zeitpunkt der Entnahme, d. h. im Jahr 2021, als Betriebsausgabe zu berücksichtigen. Infolge der Schenkung an die Ehefrau ist im Jahr 2021 eine fiktive Betriebseinnahme i.H.v. 22.000 € anzusetzen, so dass sich der Gewinn des Jahres 2021 um 2.000 € erhöht. Einer Gewinnkorrektur für das Jahr 2020 bedarf es nicht.

Zu 14.:

Geldverluste durch Diebstahl können bei Stpfl. mit Gewinnermittlung durch Einnahmenüberschussrechnung nur dann als Betriebsausgaben abgesetzt werden, wenn die Zugehörigkeit des entwendeten Geldes zum Betriebsvermögen in eindeutiger Weise durch eine den Grundsätzen ordnungsmäßiger Buchführung entsprechenden Buchhaltung klargestellt ist (BFH IV R 69/69, BStBl 1973 II 480) oder wenn der betriebliche Zusammenhang anhand konkreter und objektiv greifbarer Anhaltspunkte festgestellt ist (BFH XI R 35/89, BStBl 1992 II 343). Da im vorliegenden Fall die Zugehörigkeit des Geldes zum Betriebsvermögen durch eine einwandfreie Kassenführung nachgewiesen ist, kann M den durch den Einbruchdiebstahl eingetretenen Geldverlust i.H.v. 3.000 € im Jahr 2020 als Betriebsausgaben absetzen.

Zu 15.:

Nehmen fremde Angestellte in den Geschäftsräumen auftragsgemäß im Namen des Stpfl. Gelder in Empfang und unterschlagen diese dann, kommt es nicht darauf an, ob die entwendeten Gelder zum Betriebsvermögen oder zum Privatvermögen gehört haben oder ob sie innerhalb einer geschlossenen Kassenführung erfasst wurden. Entscheidend ist, dass der Verlust des Geldes, das mit der Zahlung an die Angestellten als vereinnahmt anzusehen ist, durch den Betrieb veranlasst ist (BFH IV R 79/73, BStBl 1976 II 560). Das von der Helferin unterschlagene Honorar i.H.v. 5.000 € ist – als vom Zahnarzt vereinnahmt – im Jahr 2020 als Betriebseinnahme zu erfassen. Gleichzeitig ist der M durch die Unterschlagung entstandene Verlust i.H.v. 5.000 € im Jahr 2020 als Betriebsausgabe zu berücksichtigen. Eine Korrektur des erklärten Gewinns 2020 ist somit nicht erforderlich. Die Schadensersatzleistung der Helferin ist im Jahr 2021 als Betriebseinnahme zu erfassen.

Zu 16.:

Das von den Patienten überlassene Altgold ist für M ein zusätzliches Entgelt, also eine Betriebseinnahme. Dieses Entgelt in Form eines Sachwertes ist so zu behandeln, als ob zunächst Geld bezahlt und damit der Sachwert (d. h. das Altgold) als Umlaufvermögen angeschafft worden wäre. Die Fiktion der Anschaffung des Sachwertes zwingt zur Berücksichtigung einer Betriebsausgabe. Der Ansatz einer Betriebseinnahme und die gleichzeitige Berücksichtigung einer Betriebsausgabe in derselben Höhe können unterbleiben, da das Betriebsergebnis dadurch nicht beeinflusst wird.

Die Lieferung der Goldabfälle im Tausch gegen Feingold führt jedoch wiederum zu einer Betriebseinnahme, da M dadurch ein geldwerter Vorteil entsteht. Da das Feingold nicht für betriebliche, sondern für private Zwecke erworben wurde, kann hierfür allerdings keine Betriebsausgabe abgesetzt werden. Der Gewinn des Jahres 2020 ist daher um den Wert des erhaltenen Feingoldes i. H.v. 5.000 € zu erhöhen (BFH IV R 115/84, BStBl 1986 II 607; IV R 18/85, BFH/ NV 1987, 760).

FALL 113

Schätzung bei Gewinnermittlung nach § 4 Abs. 3 EStG

Sachverhalt:

A betreibt eine Gaststätte. Er ermittelt seinen Gewinn durch Einnahmenüberschussrechnung nach § 4 Abs. 3 EStG. Der Gewinnermittlung für die Jahre 01-03 liegen formell ordnungsmäßig aufgezeichnete Betriebseinnahmen und Betriebsausgaben zugrunde.

Im Juli 04 findet eine Außenprüfung statt. Die Außenprüferin führt eine Nachkalkulation durch und stellt folgende Umsatzdifferenzen fest:

01 = 12.000 € (Erhöhung gegenüber dem erklärten Umsatz = 6 %),

02 = 15.000 € (Erhöhung gegenüber dem erklärten Umsatz = 7 %),

03 = 2.000 € (Erhöhung gegenüber dem erklärten Umsatz = 1 %).

Nach einer eingehenden Erörterung mit der Außenprüferin erklärt sich A für die Jahre 01 und 02 mit einer Zuschätzung i. H.v. 12.000 € bzw. 15.000 € einverstanden. Für das Jahr 03 hält A eine Zuschätzung im Hinblick auf die geringfügige Abweichung nicht für zulässig. Im Übrigen beantragt er, die aufgrund der Außenprüfung nachzuzahlende Gewerbesteuer in dem jeweiligen Jahr des Prüfungszeitraums gewinnmindernd zu berücksichtigen.

AUFGABEN

1. Ist eine Schätzung für alle Jahre des Prüfungszeitraums gerechtfertigt?

2. Sind die Gewerbesteuernachforderungen im jeweiligen Jahr des Prüfungszeitraums gewinnmindernd zu berücksichtigen?

LÖSUNG

Allgemeines: Die Schätzung ist nicht etwa eine eigene Gewinnermittlungsart. Sie hat vielmehr ihre Grundlage in § 162 AO, der für alle Steuern gilt. § 162 Abs. 2 Satz 2 AO sieht eine Gewinnschätzung in folgenden Fällen vor:

▶ Der Stpfl. kann Bücher oder Aufzeichnungen, die er nach den Steuergesetzen zu führen hat, nicht vorlegen.

▶ Die Buchführung oder Aufzeichnungen können nach § 158 AO der Besteuerung nicht zugrunde gelegt werden, weil Anlass besteht, an deren sachlicher Richtigkeit zu zweifeln.

Zu 1.:

Häufiger ist in der Praxis der zweite Fall, in dem – wie hier – aufgrund einer Verprobung das Ergebnis der Aufzeichnungen widerlegt wird. An die Stelle eines formell ordnungsmäßig ermittelten Gewinns kann ein geschätzter Gewinn aber nur dann treten, wenn die Schätzungsmethode hohen Anforderungen genügt, d. h. in sich schlüssig und beweiskräftig ist (BFH VIII R 195/82, BStBl 1986 II 226). Diesen Anforderungen genügen eine Nachkalkulation, eine Geldverkehrsrechnung oder eine Vermögenszuwachsrechnung.

Im vorliegenden Fall hat die Prüferin anhand von Kalkulationsgrundlagen nachvollzogen, welche Umsätze erzielt worden sind. Diese Nachkalkulation ermöglicht einen Rückschluss auf Rohgewinn und Gewinn. Da der erklärte Umsatz der Jahre 01 und 02 wesentlich vom kalkulierten Umsatz abweicht, ist die Annahme der Außenprüferin gerechtfertigt, dass die Umsatzdifferenzen nicht erklärte Betriebseinnahmen darstellen.

Für das Jahr 03 gilt diese Beurteilung aber nicht. Da für dieses Jahr die Abweichung vom erklärten Umsatz nur 1 % beträgt und sich demnach im Unschärfebereich einer Nachkalkulation hält, muss eine Schätzung unterbleiben. Nach der Rechtsprechung können Abweichungen bis zu 3 % geringfügig sein (BFH VIII R 38/83, BStBl 1983 II 618, Rn. 24).

Zu 2.:

Da A seinen Gewinn nach § 4 Abs. 3 EStG ermittelt hat, ist der Gewinn in Anlehnung an § 4 Abs. 3 EStG zu schätzen, d. h. für eine gewinnmindernde Berücksichtigung der Gewerbesteuernachforderung für die Jahre 01 und 02 ist kein Raum (BFH VIII R 225/80, BStBl 1984 II 504). Zu beachten ist, dass die Gewerbesteuer und die darauf entfallenden Nebenleistungen für Erhebungszeiträume ab 2008 ohnehin keine Betriebsausgabe mehr sind (§ 4 Abs. 5b EStG). Die Finanzverwaltung behandelt die Gewerbesteuer für Erhebungszeiträume ab 2008 als nichtabzugsfähige Betriebsausgabe.

Da der Gewinn in Anlehnung an § 4 Abs. 3 EStG zu schätzen ist, kommt für das erste Schätzungsjahr eine Gewinnkorrektur wegen Wechsels der Gewinnermittlungsart nicht in Betracht. Aufgrund der Betriebsprüfung ergibt sich somit eine Gewinnerhöhung für das Jahr 01 i. H. v. 12.000 € (zzgl. Umsatzsteuer) und für das Jahr 02 i. H. v. 15.000 € (zzgl. Umsatzsteuer). Die nachzuzahlende Umsatzsteuer ist im Jahr ihrer Bezahlung als Betriebsausgabe abzugsfähig.

Betriebsausgabenabzug von Aufwendungen für Geschenke

Sachverhalt:

Der bilanzierende Einzelkaufmann E lässt zu Weihnachten 2020

► seinem Kunden A ein Sachgeschenk zukommen, das er im Dezember 2020 für 100 € zzgl. 19 % (19 €) Vorsteuer angeschafft hat,

► seinem Kunden B ein Sachgeschenk zukommen, das er im November 2020 für 10 € zzgl. 19 % (1,90 €) Vorsteuer angeschafft hat.

A hat die Anschaffungskosten der Geschenke einzeln und getrennt von den sonstigen Betriebsausgaben aufgezeichnet (§ 4 Abs. 7 EStG) und als Betriebsausgaben gebucht.

AUFGABEN

1. Kann A die Anschaffungskosten für die beiden Geschenke als Betriebsausgaben abziehen?

2. In welcher Höhe kann A die ihm beim Kauf der Geschenke in Rechnung gestellte Vorsteuer abziehen?

LÖSUNG

Zu 1.:

Aufwendungen für Geschenke an Personen, die nicht Arbeitnehmer des Stpfl. sind, dürfen den Gewinn nicht mindern. Dies gilt jedoch nicht, wenn die Anschaffungs- oder Herstellungskosten der dem Empfänger im Wirtschaftsjahr zugewendeten Gegenstände insgesamt 35 € nicht übersteigen (§ 4 Abs. 5 Satz 1 Nr. 1 EStG). Die Obergrenze von 35 € ist kein Freibetrag, sondern eine Freigrenze. Übersteigt die Summe der Geschenkaufwendungen je Empfänger den Betrag von 35 € im Wirtschaftsjahr, entfällt jeglicher Abzug. Ob die Freigrenze durch ein Geschenk oder mehrere Geschenke überschritten wird, ist ohne Belang. Da im Fall des Kunden A die Freigrenze von 35 € überschritten ist, können die Anschaffungskosten für das Geschenk i. H. v. 100 € nicht als Betriebsausgaben abgezogen werden. Es handelt sich um nichtabziehbare Betriebsausgaben, die außerhalb der Bilanz dem Gewinn wieder hinzuzurechnen sind.

Im Fall des Kunden B betragen die Geschenkaufwendungen 10 €, so dass die Freigrenze von 35 € nicht überschritten ist. Die Geschenkaufwendungen sind folglich als Betriebsausgaben abzugsfähig.

Zu 2.:

Im Fall des Kunden A ist die in Rechnung gestellte Vorsteuer nicht abzugsfähig, da die beim Erwerb eines Geschenks über 35 € (= Nettobetrag ohne Umsatzsteuer) i. S. d. § 4 Abs. 5 Satz 1 Nr. 1 EStG anfallende Umsatzsteuer vom Vorsteuerabzug ausgeschlossen ist (§ 15 Abs. 1a UStG). Die nichtabzugsfähige Vorsteuer von 19 € darf den Gewinn des E nicht mindern (§ 12 Nr. 3 EStG). Im Fall des Kunden B ist die Vorsteuer dagegen voll abzugsfähig.

FALL 114A

Werbegeschenke mit Firmenlogo

Sachverhalt:

Die vorsteuerabzugsberechtigte X-KG ließ zum Jahresende 2020 1.000 Wandkalender herstellen. Am rechten Rand ist jeweils das Unternehmenslogo der KG abgebildet. Die Herstellungskosten der Kalender betragen 10.000 € (zzgl. Umsatzsteuer). Die Kalender werden an (potenzielle) Kunden verteilt, d. h. ausgehändigt oder ohne individuelles Begleitschreiben versandt. Die KG buchte die Aufwendungen von 10.000 € auf ihrem Konto „Werbekosten", auf dem auch die Aufwendungen für Postwurfsendungen sowie Anzeigen in Zeitungen und Zeitschriften gebucht worden sind. Sie geht davon aus, dass es sich nicht um Geschenkaufwendungen, sondern um Werbeaufwendungen gehandelt habe.

AUFGABEN

Kann die KG die Anschaffungskosten für die Werbegeschenke als Betriebsausgaben abziehen?

LÖSUNG

Werbung trägt oft maßgeblich zum Erfolg eines Unternehmens bei. Gleichgültig, ob es sich um kleine oder große Betriebe handelt: Das Werbegeschenk ist ein Werbemittel, das besonders zu bestimmten Anlässen, z. B. Weihnachten, einen guten Eindruck bei Stammkunden, potenziellen Neukunden und Mitarbeitern hinterlässt. Die beliebtesten Werbeartikel sind meist praktische Werbegeschenke, die einen konkreten Nutzen haben wie beispielsweise Kugelschreiber, Kalender oder Schlüsselanhänger. Werbegeschenke sind i. d. R. mit einem Firmennamen versehen, der in Folge bei Kunden oder Mitarbeitern langfristig in Erinnerung bleibt.

Das Finanzamt soll betrieblich veranlasste Aufwendungen für Geschenke, vor allem bei Betriebsprüfungen, leicht überprüfen können. Deshalb müssen Aufwendungen für Geschenke an Personen, die nicht Arbeitnehmer des Steuerpflichtigen sind, einzeln und getrennt von den sonstigen Betriebsausgaben aufgezeichnet werden (§ 4 Abs. 7 Satz 1 EStG). Die besondere Aufzeichnung ist eine materiell-rechtliche Tatbestandsvoraussetzung für den Betriebsausgabenabzug. Eine Verletzung der besonderen Aufzeichnungspflicht führt dazu, dass die nicht gesondert aufgezeichneten Geschenkeaufwendungen überhaupt nicht abzugsfähig sind, und zwar auch, wenn sie je Empfänger und Wirtschaftsjahr den Betrag von 35 € nicht übersteigen.

Werbeträger, die Unternehmen an Kunden oder Interessenten verschenken, sind zwar nach alltäglichem Verständnis keine „klassischen" Geschenke. Nach einer Entscheidung des FG Baden-Württemberg sind die Kalender dennoch Geschenke i. S. d. § 4 Abs. 5 Satz 1 Nr. 1 EStG (FG Baden-Württemberg, 6 K 2005/11, EFG 2016, 1197). Nach Auffassung des Gerichts werden auch Werbeträger, also Gegenstände, auf denen der Name oder die Firmenbezeichnung des Schenkers oder ein sonstiger Werbehinweis angebracht ist, – jedenfalls soweit diese an individualisierbare Empfänger verteilt werden – vom Anwendungsbereich des § 4 Abs. 5 Satz 1 Nr. 1 EStG erfasst.

Die Vorschrift ist danach auch nicht verfassungskonform dahingehend auszulegen, dass Werbegeschenke, die selbst Werbeträger darstellen, vom Anwendungsbereich der Vorschrift auszunehmen sind. Das FG hält die Aufwendungen mangels Verbuchung auf einem speziellen Buchhaltungskonto gem. § 4 Abs. 7 EStG für nicht als Betriebsausgaben absetzbar.

Die Revision, die gegen das Urteil des FG Baden-Württemberg eingelegt worden war, ist zurückgenommen worden. Das Verfahren ist erledigt (BFH, Einstellungsbeschluss v. 22.1.2019, XI R 31/16). Damit ist über die praxisrelevante Frage höchstrichterlich leider nicht entschieden worden.

HINWEIS

Selbst bei derart relativ aufwändigen Wandkalendern kann man nach einer in der Literatur – zu Recht – vertretenen Auffassung durchaus bezweifeln, ob diese unter den Geschenkbegriff des § 4 Abs. 5 Satz 1 Nr. 1 EStG fallen. Die Empfänger dürften darin hauptsächlich eine Werbemaßnahme sehen, was sie auch sind (so kk, KÖSDI 2018 19943, Tz. 424). Wer sich nicht sicher ist, ob seine Werbegeschenke, die unter der 35 €-Grenze liegen, als Werbeaufwendungen vom Finanzamt akzeptiert werden, sondern als „Geschenke" i. S. d. § 4 Abs. 5 Satz 1 Nr. 1 EStG eingestuft werden könnten, sollte Vorsicht walten lassen. Ratsam ist, die Aufwendungen – gemäß dem Urteil des FG Baden-Württemberg – auf den gesonderten Buchführungskonten für Geschenke zu buchen.

FALL 115

Betriebsausgabenabzug von Bewirtungskosten

Sachverhalt:

Dem vorsteuerabzugsberechtigten Kaufmann A, dessen Wirtschaftsjahr mit dem Kalenderjahr übereinstimmt, sind im Dezember 2020 im Rahmen einer geschäftlich veranlassten Bewirtung in einer Gaststätte Aufwendungen i. H. v. 500 € zzgl. 19 % (95 €) Vorsteuer entstanden. An dem Bewirtungsvorgang haben neben A und einem seiner Arbeitnehmer acht Geschäftsfreunde teilgenommen. Auf A sowie seinen an der Bewirtung teilnehmenden Arbeitnehmer entfallen anteilige Kosten i. H. v. jeweils 50 € zzgl. 19 % (9,50 €) Vorsteuer.

Die betriebliche Veranlassung ist durch schriftliche Angaben über Anlass und Teilnehmer der Bewirtung nachgewiesen. Die spezifizierte Gaststättenrechnung liegt vor. Die Aufwendungen für die Bewirtung sind einzeln und gesondert von den sonstigen Betriebsausgaben aufgezeichnet (§ 4 Abs. 7 EStG).

AUFGABEN

1. In welcher Höhe sind die Bewirtungskosten von 500 € als Betriebsausgaben abzugsfähig?

2. In welcher Höhe ist die in Rechnung gestellte Vorsteuer von 95 € abzugsfähig?

LÖSUNG

Zu 1.:

Der Abzug von geschäftlich veranlassten Aufwendungen für die Bewirtung von Geschäftsfreunden ist bei der steuerlichen Gewinnermittlung auf 70 % der angemessenen und nachgewiesenen Aufwendungen begrenzt (§ 4 Abs. 5 Satz 1 Nr. 2 EStG). Die prozentuale Abzugsbeschränkung gilt auch für solche Aufwendungen, die auf den Stpfl. sowie seine an einer solchen Bewirtung teilnehmenden Arbeitnehmer entfallen (R 4.10 Abs. 6 Satz 7 EStR 2012).

Wendet man diese Grundsätze hier an, sind 70 % der Bewirtungsaufwendungen i. H. v. 500 € = 350 € als Betriebsausgaben abzugsfähig. Der Restbetrag von 30 % von 500 € = 150 € ist dem Gewinn als nichtabziehbare Betriebsausgabe außerhalb der Bilanz hinzuzurechnen.

Zu 2.:

Nicht abziehbar sind Vorsteuerbeträge, die auf Aufwendungen, für die das Abzugsverbot des § 4 Abs. 5 Satz 1 Nr. 1–4, 7 oder des § 12 Nr. 1 EStG gilt, entfallen (§ 15 Abs. 1a Satz 1 UStG). Dies gilt nicht für Bewirtungsaufwendungen, soweit § 4 Abs. 5 Satz 1 Nr. 2 EStG einen Abzug angemessener und nachgewiesener Aufwendungen ausschließt (§ 15 Abs. 1a Satz 2 UStG).

Die auf die angemessenen Bewirtungskosten von 500 € entfallende Vorsteuer von 95 € kann also zu 100 % abgezogen werden, obwohl die Bewirtungskosten selbst einkommensteuerrechtlich nur zu 70 % abziehbar sind.

Das Vorsteuerabzugsverbot für Bewirtungsaufwendungen, die nur deshalb nach § 4 Abs. 7 EStG einkommensteuerrechtlich nicht abzugsfähig sind, weil gegen Formvorschriften verstoßen worden ist, gibt es ebenfalls nicht mehr.

Der Vorsteuerabzug ist jedoch weiterhin zu versagen, soweit es sich nach der Verkehrsauffassung nicht um angemessene Aufwendungen oder Vorsteuern aus nichtabsetzbaren Aufwendungen i. S. d. § 12 Nr. 1 EStG handelt.

FALL 116

Nicht zeitnahe Verbuchung von Bewirtungskosten

Sachverhalt:

A ist selbständiger Handelsvertreter. Er ermittelt seinen Gewinn aus Gewerbebetrieb durch Bestandsvergleich (§ 5 EStG). Die bei Geschäftsreisen in der Zeit von April bis Dezember 2020 angefallenen Bewirtungsrechnungen über 2.000 € zzgl. 19 % Vorsteuer (380 €) wurden im Laufe des Jahres zusammen mit anderen Reisekostenbelegen in einem Ordner gesammelt. Nach Ablauf des Jahres – im August 2021 – zeichnet der Steuerberater des A die Bewirtungskosten einzeln und getrennt von den sonstigen Betriebsausgaben auf einem gesonderten Konto innerhalb der Buchführung auf. Er zieht 70 % der Bewirtungskosten (1.400 €) als Betriebsausgaben ab. Die Vorsteuer von 380 € zieht er voll ab.

1. Sind die geltend gemachten Bewirtungskosten i. H. v. 1.400 € als Betriebsausgaben abzugsfähig?

2. Ist die geltend gemachte Vorsteuer i. H. v. 380 € voll bei der Umsatzsteuer abzugsfähig?

Zu 1.:

Bewirtungskosten können nur dann gewinnmindernd berücksichtigt werden, wenn sie – bei Gewinnermittlung durch Bestandsvergleich – innerhalb der Buchführung einzeln und getrennt von den sonstigen Betriebsausgaben aufgezeichnet worden sind (§ 4 Abs. 7 EStG). Diese Buchung muss nach dem auch für Aufwendungen i. S. d. § 4 Abs. 5 EStG geltenden § 146 Abs. 1 Satz 1 AO fortlaufend und damit zeitnah erfolgen. Eine Verbuchung, die erst nach Ablauf des Geschäftsjahres erfolgt, genügt diesen Anforderungen nicht (BFH III R 171/82, BStBl 1988 II 535; III R 20/85, BStBl 1988 II 613; III R 96/85, BStBl 1988 II 655). Die Bewirtungskosten i. H. v. 1.400 € sind daher wegen Verstoßes gegen § 4 Abs. 7 EStG nicht abziehbar und demgemäß dem Gewinn außerhalb der Bilanz hinzuzurechnen.

Zu 2.:

Der volle Vorsteuerabzug ist zu gewähren, auch wenn die Bewirtungskosten selbst einkommensteuerrechtlich wegen der nicht eingehaltenen Formvorschriften des § 4 Abs. 7 EStG nicht abziehbar sind (BMF, BStBl 2005 I 816). Die geltend gemachte Vorsteuer von 380 € ist bei der Umsatzsteuer abziehbar (vgl. auch den vorhergehenden Fall).

Abzug von Bewirtungskosten in Bagatellfällen

Sachverhalt:

A ist Arzt. Zum Vorsteuerabzug ist er nicht berechtigt. Er ermittelt seinen Gewinn durch Einnahmenüberschussrechnung (§ 4 Abs. 3 EStG). Bei einer Außenprüfung für das Jahr 01 erkennt das FA die von A als Betriebsausgaben geltend gemachten Bewirtungskosten i. H. v. 406 € (= 70 % von 580 €) nicht an, weil die Aufwendungen nicht einzeln und getrennt von den sonstigen Betriebsausgaben aufgezeichnet worden sind (§ 4 Abs. 7 EStG), sondern zusammen mit anderen Betriebsausgaben auf das Konto „Sonstige Betriebsausgaben" verbucht worden sind.

A ist mit dieser Kürzung nicht einverstanden. Er trägt dem Außenprüfer vor, im Jahr 01 seien nur drei Bewirtungsvorgänge mit Rechnungen i. H. v. 150 €, 180 € und 250 € jeweils einschl. 19 % Vorsteuer, also i. H. v. insgesamt brutto 580 €, angefallen. In Bagatellfällen dieser Art stelle im Hinblick auf das mit § 4 Abs. 7 EStG verfolgte Gesetzesziel das Beharren auf Aufzeichnungspflicht einen Formalismus dar; eine leichte und sichere Prüfung sei bei den wenigen Belegen ohnehin gewährleistet.

Sind die Bewirtungskosten als Betriebsausgaben abzugsfähig?

Auch bei zahlenmäßig geringen Bewirtungsvorgängen müssen die Aufwendungen hierfür einzeln und getrennt von den sonstigen Betriebsausgaben aufgezeichnet werden. Die vom Gesetzgeber in § 4 Abs. 7 EStG getroffene strikte formale Lösung lässt nicht zu, von der besonderen Aufzeichnungspflicht in sog. Bagatellfällen abzuweichen (BFH IV R 122/88, BFH/NV 1990, 495; IV R 50/01, BStBl 2004 II 502; V R 49/02, BStBl 2004 II 1090). A kann daher die Bewirtungskosten i. H. v. 406 € nicht als Betriebsausgaben abziehen.

Korrektur von Fehlbuchungen auf dem Bewirtungskostenkonto

Sachverhalt:

Die X-OHG betreibt ein Bauunternehmen. Sie ermittelt ihren Gewinn durch Bestandsvergleich. In ihrer Buchführung für das Jahr 01 sind u. a. Konten für Bewirtungskosten (SKR 4650) und für Rechts- und Beratungskosten (SKR 4950) eingerichtet worden. Das Konto Bewirtungskosten, auf dem 30 Buchungen erfolgten, schloss mit einem Saldo i. H. v. 5.000 €. Drei Buchungen über insgesamt 2.000 € betreffen die Kosten der Buchführung. Umbuchungen bei den Jahresabschlussarbeiten nahm die OHG nicht vor. Sie zog demgemäß bei der Gewinnermittlung Bewirtungskosten i. H. v. 70 % der auf dem Konto 4650 gebuchten Aufwendungen, d. h. 3.500 €, als Betriebsausgaben ab.

Bei einer 02 durchgeführten Außenprüfung vertritt das FA die Auffassung, dass die auf dem Konto Bewirtungskosten gebuchten Aufwendungen nicht berücksichtigt werden dürften, weil sie nicht getrennt von den sonstigen Betriebsausgaben aufgezeichnet worden seien (§ 4 Abs. 7 EStG). Die OHG bucht daraufhin die Steuerberatungskosten auf das Konto Rechts- und Beratungskosten um.

In welcher Höhe sind die auf dem Konto 4650 gebuchten Aufwendungen als Betriebsausgaben abzugsfähig?

Hat der Stpfl. auf dem von ihm eingerichteten Bewirtungskostenkonto eine oder mehrere einzelne Fehlbuchungen vorgenommen, die auf Schreibfehlern oder ähnlichen offenbaren Unrichtigkeiten oder auf verständlichen Abgrenzungsschwierigkeiten beruhen, können die Fehlbuchungen berichtigt werden (BFH IV R 20/99, BStBl 2000 II 203; vgl. auch die Urteilsanmerkung von Gosch, StBp 2000, 123). Da sich vorliegend die Nummer des Bewirtungskostenkontos von der Nummer des Kontos für Rechts- und Beratungskosten nur bezüglich einer Ziffer unterscheidet, ist anzunehmen, dass lediglich die fragliche Ziffer verwechselt wurde und nicht die Widmung des Kontos geändert werden sollte. Die OHG kann daher 70 % der „berichtigten" Bewirtungskosten i. H. v. (5.000 € ./. 2.000 € =) 3.000 €, davon 70 %, also 2.100 € als Betriebsausgaben abziehen. Die auf die Bewirtungskosten i. H. v. 3.000 € entfallende Vorsteuer i. H. v. 570 € (= 19 % von 3.000 €) ist bei der Umsatzsteuer abzugsfähig.

Die Buchführungskosten i. H. v. 2.000 € sind dagegen zu 100 % abziehbar. Gleiches gilt für die auf die Buchführungskosten entfallenden Vorsteuern.

Betriebsausgabenabzug für ein häusliches Arbeitszimmer

Sachverhalt:

A ist Eigentümer eines Einfamilienhauses. In diesem Haus befindet sich seine Wohnung. In einem anderen Gebäude betreibt A eine Arztpraxis. Seine Ehefrau ist bei ihm mit wöchentlich 30 Stunden als Arzthelferin beschäftigt. Rund 20 Stunden verbringt die Ehefrau in der Praxis, im Übrigen (rund 10 Stunden) übt sie für ihren Ehemann Verwaltungsarbeiten in einem Raum des Einfamilienhauses aus.

A macht für das Jahr 2020 als Betriebsausgaben einen Betrag i. H. v. 2.000 € als „Aufwendungen für ein Arbeitszimmer im eigenen Haus" geltend. Das FA lässt diese Aufwendungen nicht zum Abzug zu. Dagegen macht A geltend, das Zimmer unterfalle nicht der Abzugsbeschränkung des § 4 Abs. 5 Satz 1 Nr. 6b EStG. Ein häusliches Arbeitszimmer setze begrifflich die Ausübung einer häuslichen Tätigkeit durch den Stpfl. selbst voraus. Das Zimmer werde aber nicht durch ihn selbst, sondern ausschließlich durch die in seiner Praxis angestellte Ehefrau genutzt. Sie erledige dort Büroarbeiten, die allerdings auch in den Praxisräumen erledigt werden könnten. Außerdem diene das Zimmer der Unterbringung von Praxisakten.

Der gemeine Wert des Arbeitszimmers beträgt 25.000 € (anteiliger Wert des Grund und Bodens: 5.000 €, anteiliger Wert des Raumes: 20.000 €).

1. Sind die Arbeitszimmerkosten – ggf. in welcher Höhe – als Betriebsausgaben abziehbar?

2. Gehört das Arbeitszimmer zum notwendigen Betriebsvermögen des A?

LÖSUNG

Zu 1.:

Nutzt ein Steuerpflichtiger einen Raum seines Hauses oder seiner Wohnung (nahezu) aus-schließlich für seine betriebliche oder berufliche Zwecke, sind die entsprechenden Aufwendun-gen prinzipiell als Betriebsausgaben abzugsfähig. Handelt es sich allerdings um Aufwendungen für ein „häusliches Arbeitszimmer", unterliegen die Aufwendungen einer Abzugsbeschränkung (§ 4 Abs. 5 Satz 1 Nr. 6b EStG). Betroffen sind auch nichtselbständig Tätige, für sie gelten die Ab-zugsrestriktionen des § 4 Abs. 5 Satz 1 Nr. 6b EStG sinngemäß (§ 9 Abs. 5 Satz 1 EStG).

§ 4 Abs. 5 Satz 1 Nr. 6b Satz 1 EStG sieht vor, dass Aufwendungen für ein häusliches Arbeitszim-mer sowie die Kosten der Ausstattung nicht als Betriebsausgaben den Gewinn mindern dürfen. Dies gilt nach § 4 Abs. 5 Satz 1 Nr. 6b Satz 2 EStG nicht, wenn für die betriebliche oder berufliche Tätigkeit kein anderer Arbeitsplatz zur Verfügung steht. In diesem Fall wird die Höhe der abzieh-baren Aufwendungen auf 1.250 € begrenzt (§ 4 Abs. 5 Satz 1 Nr. 6b Satz 3 Halbsatz 1 EStG); die Beschränkung der Höhe nach gilt nicht, wenn das Arbeitszimmer den Mittelpunkt der gesamten betrieblichen und beruflichen Betätigung bildet (§ 4 Abs. 5 Satz 1 Nr. 6b Satz 3 Halbsatz 2 EStG). Die Vorschrift des § 4 Abs. 5 Satz 1 Nr. 6b EStG wird ergänzt durch § 4 Abs. 7 EStG. Danach sind u. a. Aufwendungen für ein häusliches Arbeitszimmer einzeln und getrennt von den sonstigen Betriebsausgaben aufzuzeichnen. Soweit diese Aufwendungen nicht bereits nach § 4 Abs. 5 Satz 1 Nr. 6b EStG vom Abzug ausgeschlossen sind, dürfen sie bei der Gewinnermittlung nur be-rücksichtigt werden, wenn sie besonders aufgezeichnet sind.

Der BFH hat in Aussetzungsverfahren entschieden, dass in den Fällen, in denen ein in die Woh-nung integrierter Raum von einem zusammen mit dem Stpfl. im Haushalt lebenden Angehöri-gen genutzt wird, der in dessen Unternehmen beschäftigt ist, es sich um ein häusliches Arbeits-zimmer i. S. d. § 4 Abs. 5 Satz 1 Nr. 6b EStG handeln kann (BFH IV B 36/01, BFH/NV 2002, 1570; VI B 153/09, BFH/NV 2010, 1442). Die Abzugsbegrenzung für das häusliche Arbeitszimmer gilt auch in Fällen, in denen nicht der den Abzug begehrende Arbeitnehmer selbst, sondern sein bei ihm angestellter Ehegatte das Arbeitszimmer im gemeinsamen Haus beruflich nutzt. Kon-sequenz: Die Arbeitszimmerkosten sind nicht als Betriebsausgaben abziehbar, da keine der ge-nannten Abzugsvoraussetzungen vorliegt.

Zu 2.:

Grundstücke und Gebäudeteile gehören zum notwendigen Betriebsvermögen, wenn sie dazu bestimmt sind, dem Betrieb zu dienen oder ihn zu fördern. Notwendiges Betriebsvermögen muss in der Bilanz bzw. – bei Einnahmenüberschussrechnung – im Bestandsverzeichnis aus-gewiesen werden. Von diesem grundsätzlichen Ausweis von notwendigem Betriebsvermögen in der Bilanz bzw. Bestandsverzeichnis gibt es eine Ausnahme. Eigenbetrieblich genutzte Grund-stücksteile, also prinzipiell Wirtschaftsgüter des notwendigen Betriebsvermögens, brauchen nicht als Betriebsvermögen behandelt zu werden, wenn ihr Wert nicht mehr als ein Fünftel des gemeinen Wertes des gesamten Grundstücks und nicht mehr als 20.500 € beträgt (§ 8 EStDV). Sind die genannten Grenzen nicht überschritten, steht die Bilanzierung (als gewillkürtes Be-triebsvermögen) im Ermessen des Steuerpflichtigen (BFH III R 20/99, BStBl II 2003, 635 Rn. 32).

Vorliegend hat A kein Wahlrecht, ob er das Arbeitszimmer als Betriebsvermögen ausweist oder nicht. Das Arbeitszimmer gehört wegen Überschreitung der genannten Wertgrenze zwingend zum notwendigen Betriebsvermögen. Dass die Arbeitszimmerkosten wegen des Abzugsverbots nach § 4 Abs. 5 Satz 1 Nr. 6b EStG vom Betriebsausgabenabzug ausgeschlossen sind, ändert daran nichts. Das bedeutet: Das beruflich genutzte, steuerlich unter das Abzugsverbot des § 4 Abs. 5 Satz 1 Nr. 6b EStG fallende Arbeitszimmer ist steuerverstricktes Betriebsvermögen des A mit der Folge, dass es bei einem Verkauf des Hauses oder einer Entnahme des beruflich genutzten Gebäudeteils zu einer Gewinnrealisierung kommt. Ein unbefriedigendes Ergebnis (so zu Recht kk, KÖSDI 2002, 13125 Nr. 1).

Der BFH hat jüngst daran festgehalten, dass für die Berechnung des Gewinns aus der Entnahme eines häuslichen Arbeitszimmers der sich nach Abzug der AfA nach § 6 Abs. 1 Nr. 1 Satz 1 EStG ergebende Buchwert des häuslichen Arbeitszimmers auch dann maßgeblich ist, wenn die Abziehbarkeit der Aufwendungen für das häusliche Arbeitszimmer während der Ausübung der betrieblichen Tätigkeit nach § 4 Abs. 5 Satz 1 Nr. 6b EStG nicht möglich bzw. der Höhe nach beschränkt war. Eine Gewinnkorrektur im Hinblick auf die nicht abzugsfähige AfA kommt nicht in Betracht (BFH VIII R 15/17, BStBl 2020 II 841).

FALL 120

Begriff des häuslichen Arbeitszimmers

Sachverhalt:

A ist als selbständiger Versicherungsvertreter tätig. Er ist überwiegend im Außendienst tätig. Er wohnt in seinem eigenen Einfamilienhaus. Die Gesamtfläche des Objekts beträgt 180 qm. A ermittelt seinen Gewinn durch Einnahmenüberschussrechnung (§ 4 Abs. 3 EStG). In seiner Gewinnermittlung 2020 macht er Arbeitszimmerkosten (Heizung, Strom usw.) von $^1/_2$ von 2.400 € = 1.200 € für einen jeweils hälftig als Bügelzimmer und zur Erledigung seiner Büroarbeiten genutzten Raum als Betriebsausgaben geltend. A hat dem Finanzamt Fotos vorgelegt, aus dem sich ergibt, dass dieser Raum mit einem Schreibtisch, einem Büroschrank, Regalen sowie diverser Leitzordner sowie einem Couchtisch, einem Bügeltisch und drei Stühlen ausgestattet ist. Im Arbeits-/Bügelzimmer steht außerdem ein Computer.

AUFGABE

Handelt es sich bei dem Raum um ein „häusliches Arbeitszimmer"?

LÖSUNG

Grundvoraussetzung für den Abzug von Arbeitszimmerkosten ist seit jeher, dass das Arbeitszimmer nahezu ausschließlich für berufliche Zwecke genutzt wird. Aufwendungen für die eigene Wohnung können danach bei der Einkommensteuer grundsätzlich nicht abgezogen werden, weil es sich bei diesen Aufwendungen regelmäßig um solche der privaten Lebensführung handeln, die nach § 12 Nr. 1 EStG nicht abziehbar sind. Nur eine untergeordnete private Mitbenutzung des Arbeitszimmers von weniger als 10 % ist nach Auffassung der Finanzverwaltung unschädlich (BMF, BStBl 2017 I 1320, Rn. 3).

In der Literatur und der FG-Rechtsprechung sind an dieser Auffassung Zweifel geäußert worden. Der IX. Senat des BFH hat daher dem Großen Senat die Frage vorgelegt, ob der Begriff des häuslichen Arbeitszimmers voraussetzt, dass der jeweilige Raum (nahezu) ausschließlich für betriebliche/berufliche Zwecke genutzt wird. Außerdem möchte er wissen, ob die Arbeitszimmerkosten entsprechend den Grundsätzen des Beschlusses des Großen Senats zur Aufteilung von gemischt veranlassten Reisekosten (BFH GrS 1/06, BStBl 2010 II 672) aufteilbar sind (BFH IX R 23/12, BStBl 2014 II 312). Der IX. Senat geht davon aus, dass § 4 Abs. 5 Satz 1 Nr. 6b EStG kein spezialgesetzliches Aufteilungs- und Abzugsverbot enthält, und positioniert sich sehr eindeutig zugunsten der Aufteilung und Abziehbarkeit der anteiligen Aufwendungen.

Der Große Senat hat die Auffassung des vorlegenden IX. Senats abgelehnt und hält an der überkommenen Rechtsprechung fest, dass der Begriff des häuslichen Arbeitszimmers voraussetzt, dass der jeweilige Raum ausschließlich oder nahezu ausschließlich für betriebliche/berufliche Zwecke genutzt wird (BFH GrS 1/14, BStBl 2016 II 265). Unter einem „häuslichen Arbeitszimmer" ist nur ein Raum zu verstehen, in dem Tätigkeiten zur Erzielung von Einnahmen ausgeübt werden. Ein Zimmer, das zwar büromäßig eingerichtet ist, das aber in nennenswertem Umfang neben der Verrichtung von (Büro-)Arbeiten auch anderen Zwecken dient, etwa als Spiel-, Gäste- oder Bügelzimmer, ist bereits nach dem allgemeinen Wortverständnis kein Arbeitszimmer.

Der Umfang der jeweiligen Nutzung lässt sich objektiv nicht überprüfen. Die Behauptungen des Stpfl., zu welcher Zeit er auf welche Weise ein in die häusliche Sphäre eingebundenes Zimmer nutzt, sind nach Meinung des Großen Senats regelmäßig nicht verifizierbar. Eine sachgerechte Abgrenzung des betrieblichen/beruflichen Bereichs vom privaten Bereich ist bei einer Aufteilung der Aufwendungen für ein gemischt genutztes Arbeitszimmer demnach nicht gewährleistet. Nach alledem ist das Zimmer kein „häusliches Arbeitszimmer", und die Kosten sind insgesamt nicht abziehbar. Der BFH hat jüngst bestätigt, dass Aufwendungen für einen in die häusliche Sphäre eingebundenen Raum, der sowohl zur Erzielung von Einnahmen als auch zu privaten Wohnzwecken eingerichtet ist und entsprechend genutzt wird, weder insgesamt noch anteilig als Betriebsausgaben berücksichtigt werden können (BFH III R 62/11, BStBl 2017 II 163).

Der Beschluss des Großen Senats, wonach die Aufwendungen für die Hin- und Rückreise bei gemischt veranlassten Reisen grundsätzlich nach Maßgabe der beruflich und privat veranlassten Zeitanteile der Reise aufgeteilt werden können, wenn die beruflich veranlassten Zeitanteile feststehen und nicht von untergeordneter Bedeutung sind, steht dem nicht entgegen. Denn bei § 4 Abs. 5 Satz 1 Nr. 6b Satz 1 EStG handelt es sich um eine den allgemeinen Grundsätzen vorgehende Spezialregelung, die abschließend bestimmt, unter welchen Voraussetzungen und in welcher Höhe Aufwendungen für ein häusliches Arbeitszimmer abziehbar sind. Diese Spezialregelung schließt den Abzug aus.

FALL 121

Zur Zumutbarkeit der Nutzung eines betrieblichen Arbeitsplatzes bei einem Selbständigen

Sachverhalt:

A ist in Mainz in angemieteten Räumen als Arzt freiberuflich tätig. Seine Wohnung befindet sich Wiesbaden. Im Rahmen der Einnahmenüberschussrechnung 2020 macht er Aufwendungen für ein häusliches Arbeitszimmer im privat genutzten Einfamilienhaus in Höhe von 1.250 € geltend (§ 4 Abs. 5 Satz 1 Nr. 6b Satz 2 i. V. m. Satz 3 1. Halbsatz EStG). Zur Begründung für den Betriebsausgabenabzug weist er darauf hin, er habe in den Praxisräumen keinen anderen Arbeitsplatz in dem konkret erforderlichen Umfang und in der konkret erforderlichen Art und Weise, um seine Bürotätigkeiten dort auszuführen. In der Praxis würden sich ausschließlich Behandlungsräume befinden. Zwar seien diese auch mit Tischen, Computern und teilweise mit Aktenschränken ausgestattet, würden jedoch ihm jedoch nicht zur konkreten Erledigung aller betrieblichen und beruflichen Schreibtischtätigkeiten zur Verfügung stehen. Während der laufenden Behandlungen sei die Verrichtung von Verwaltungstätigkeiten nicht möglich, da dort ungestörte Ruhe und Konzentration notwendig sei.

Da die Verwaltungsarbeiten (z. B. taggenaue Patientenabrechnungen) auch während der Praxisöffnungszeiten verrichtet werden müssten, sei ein häusliches Arbeitszimmer für die Buchhaltungs- bzw. Lohnbuchhaltungsarbeiten erforderlich.

AUFGABE

Ist es A zumutbar, die betrieblichen Räume seiner Praxis außerhalb der üblichen Geschäftszeiten anstelle eines häuslichen Arbeitszimmers zu nutzen, oder sind die Arbeitszimmerkosten bis maximal 1.250 € als Betriebsausgaben abziehbar?

LÖSUNG

Steht ein Geschäfts- oder Praxisraum für Bürotätigkeiten in den Abendstunden oder am Wochenende außerhalb der Geschäfts- oder Praxisöffnungszeiten zur Verfügung, stellt sich die Frage, ob es dem Steuerpflichtigen zugemutet werden kann, diesen Raum für Bürotätigkeiten zu nutzen, wenn sich – wie hier - seine Wohnung mit dem häuslichen Arbeitszimmer außerhalb des Ortes des Geschäfts bzw. der Praxis befindet. Wenn man die Frage bejaht, dass es zumutbar ist, die Praxisräume für die Erledigung der Buchhaltungsarbeiten außerhalb der Praxisöffnungszeiten zu nutzen, wäre der Betriebsausgabenabzug für das häusliche Arbeitszimmer gänzlich zu versagen ist, weil ein „anderer Arbeitsplatz" in den Praxisräumen vorhanden ist.

Der BFH vertritt die Ansicht, dass ein „anderer Arbeitsplatz" i. S. d. § 4 Abs. 5 Nr. 6b Satz 2 EStG grundsätzlich jeder Arbeitsplatz ist, sofern er zur Erledigung büromäßiger Arbeiten geeignet ist (BFH VI R 17/01, BStBl 2004 II 78). Es muss dann allerdings geprüft werden, ob der – an sich vorhandene – andere Arbeitsplatz auch tatsächlich für alle Aufgabenbereiche der Erwerbstätigkeit genutzt werden kann. Zu der Frage, ob der betriebliche Arbeitsplatz ein „anderer Arbeitsplatz" ist, hat der BFH darauf abgestellt, ob „ihn der Steuerpflichtige in dem konkret erforderlichen Umfang und in der konkret erforderlichen Art und Weise" tatsächlich nutzen kann (BFH VI R 40/12, BStBl 2014 II 568). Denn nur dann ist er nicht auf das häusliche Arbeitszimmer angewiesen.

Der BFH hat entschieden, dass es für die Annahme eines anderen Arbeitsplatzes nicht ausreicht, wenn zwar die Möglichkeit besteht, auch in den Praxisräumen Bürotätigkeiten auszuüben (BFH III 9/16, BStBl 2017 II 968; BMF, BStBl 2017 I 1320, Rn. 17). Hinzukommen muss, dass dem Steuerpflichtigen auch „zugemutet" werden kann, den betrieblichen Arbeitsplatz zu nutzen. Das ist zu verneinen, wenn, die Bürotätigkeiten nur in den Abendstunden oder am Wochenende außerhalb der Praxisöffnungszeiten in der Praxis ausgeführt werden können, und der Steuerpflichtige darüber hinaus nicht am Ort der Praxis wohnt. Nicht jeder nur in den Abendstunden oder an Wochenenden nutzbare Schreibtischarbeitsplatz in einem Praxisraum steht zwangsläufig als ein „anderer Arbeitsplatz" i. S. d. § 4 Abs. 5 Satz 1 Nr. 6b EStG zur Verfügung. Der Arbeitsplatz eines Selbständigen, den dieser nicht uneingeschränkt nutzen kann und der daher einen nicht unerheblichen Teil seiner beruflichen oder betrieblichen Tätigkeit im häuslichen Arbeitszimmer verrichten muss, steht nicht in dem erforderlichen Umfang zur Verfügung. A kann danach seine Arbeitszimmerkosten i. H. v. 1.250 € als Betriebsausgaben abziehen

FALL 122

Nutzung eines häuslichen Arbeitszimmers durch mehrere Steuerpflichtige

Sachverhalt:

Die Eheleute A und B sind beide Lehrer. Sie bewohnen ein Einfamilienhaus, das ihnen je zur Hälfte gehört. In der gemeinsamen Wohnung nutzen sie auch ein Arbeitszimmer gemeinsam zu je ½, dessen Kosten von 3.000 € sie ebenfalls zu je ½ getragen haben.

AUFGABE

Ist der Arbeitszimmerhöchstbetrag von 1.250 € objektbezogen, sodass jeder Ehegatte nur ½ von 1.250 € = 625 € als Werbungskosten bei seinen Einkünften aus nichtselbständiger Arbeit abziehen kann, oder ist er personenbezogen, sodass jeder Ehegatte 1.250 € abziehen kann?

LÖSUNG

Der BFH hat unter Änderung der Rechtsprechung entschieden, dass in den Fällen, in denen mehrere Steuerpflichtige ein häusliches Arbeitszimmer gemeinsam nutzen, jeder Nutzende die Aufwendungen für das häusliche Arbeitszimmer, die er getragen hat, einkünftemindernd geltend machen kann, sofern die Voraussetzungen des § 4 Abs. 5 Satz 1 Nr. 6b Satz 2 EStG in seiner Person vorliegen (BFH VI R 53/12, BStBl 2017 II 938; BFH VI R 86/13, BStBl 2017 II 941; BMF, BStBl 2017 I 1320, Rn. 21). Jeder Nutzende kann seinen Aufwand als Betriebsausgaben bzw. Werbungskosten geltend machen. Für jede nutzende Person wird eigenständig § 4 Abs. 5 Satz 1

Nr. 6b EStG und damit der eventuell zur Anwendung kommende Höchstbetrag von 1.250 € geprüft (personenbezogene Betrachtungsweise). Nutzen Ehegatten bei hälftigem Miteigentum ein häusliches Arbeitszimmer gemeinsam, sind die Kosten jedem Ehepartner grundsätzlich zur Hälfte zuzuordnen. Das bedeutet, dass jeder Nutzende (hier: sowohl A als auch B) die Aufwendungen, die er getragen hat (je 1.500 €), bis zum Höchstbetrag von 1.250 € abziehen kann.

FALL 122A

Nutzung von mehreren häuslichen Arbeitszimmern in verschiedenen Haushalten

Sachverhalt:

Steuerberater A unterhält in gemieteten Räumen in O eine freiberufliche Praxis. Seine Hauptwohnung hat er in O und eine Zweitwohnung in E. Neben seinen Einkünften aus der eigentlichen Steuerberatertätigkeit erzielt A mit der Durchführung von Seminaren und Fortbildungsveranstaltungen für Steuerberater Einkünfte aus selbständiger Arbeit. Die Vor- und Nachbereitungen für diese Tätigkeiten werden in einem häuslichen Arbeitszimmer im Einfamilienhaus in O sowie in einem zweiten häuslichen Arbeitszimmer in der gemieteten Zweitwohnung in E durchgeführt.

In seiner Gewinnermittlung 2020 hat A 1.800 € für das Arbeitszimmer in O und 1.400 € für das Arbeitszimmer in E als Betriebsausgaben geltend gemacht, jedoch 700 € davon als nichtabzugsfähige Betriebsausgaben behandelt, sodass sich 2 × 1.250 € = 2.500 € als Betriebsausgaben bei seinen Einkünften aus freiberuflicher Tätigkeit steuerlich ausgewirkt haben.

AUFGABE

1. Ist der Betriebsausgabenabzug auf 1.250 € beschränkt, obwohl A zwei Arbeitszimmer genutzt hat?

2. In welcher Höhe kann A die Aufwendungen für die beiden Arbeitszimmer als Betriebsausgaben abziehen, wenn sich die Aufwendungen für das Arbeitszimmer in O auf 700 € und das Arbeitszimmer in Stuttgart auf 400 € belaufen?

LÖSUNG

Zu 1.:

Nach § 4 Abs. 5 Satz 1 Nr. 6b Satz 1 EStG kann ein Stpfl. Aufwendungen für „ein" häusliches Arbeitszimmer nicht als Betriebsausgaben abziehen. Dies gilt nicht, wenn für die betriebliche oder berufliche Tätigkeit kein anderer Arbeitsplatz zur Verfügung steht (§ 4 Abs. 5 Satz 1 Nr. 6b Satz 2 EStG). In diesem Fall wird die Höhe der abziehbaren Aufwendungen auf 1.250 € begrenzt; die Beschränkung der Höhe nach gilt nicht, wenn das Arbeitszimmer den Mittelpunkt der gesamten betrieblichen und beruflichen Betätigung bildet (§ 4 Abs. 5 Satz 1 Nr. 6b Satz 3 EStG).

Bei den vom A für seine Seminartätigkeit genutzten Arbeitszimmern in O und E handelt es sich jeweils um häusliche Arbeitszimmer i. S. d. § 4 Abs. 5 Satz 1 Nr. 6b Satz 1 EStG, die nicht den Mittelpunkt der gesamten betrieblichen und beruflichen Betätigung des A bilden. Nach Auffassung des BFH kann A die ihm für die häuslichen Arbeitszimmer in O und E entstandenen Aufwendungen nur insgesamt i. H. d. gesetzlichen Höchstbetrages von 1.250 € als Betriebsausgaben abziehen (BFH VIII R 15/15, BStBl 2017 II 956). Zwar ist der Betriebsausgabenabzug des A nicht auf den Abzug der Aufwendungen für „ein" häusliches Arbeitszimmer beschränkt, denn das Wort „ein" ist nicht als Zahlwort, sondern als unbestimmter Artikel zu verstehen. Der Abzug der Kosten für mehrere Arbeitszimmer ist aber – unabhängig von der Anzahl der von vom Stpfl. genutzten häuslichen Arbeitszimmer – auf den gesetzlichen Höchstbetrag von 1.250 € begrenzt. Auch bei Nutzung mehrerer häuslicher Arbeitszimmer durch einen Stpfl. in verschiedenen Haushalten ist eine Vervielfachung des personenbezogenen Höchstbetrages nicht zulässig. Der Höchstbetrag begrenzt den Abzug von Aufwendungen eines Stpfl. typisierend auf 1.250 €.

Zu 2.:

Der personenbezogene Höchstbetrag in § 4 Abs. 5 Satz 1 Nr. 6b Satz 3 EStG beschränkt nach Auffassung des BFH den Abzug der Betriebsausgaben für den Stpfl. in typisierender Weise und damit unabhängig von der Zahl der tatsächlich genutzten häuslichen Arbeitszimmer auf 1.250 €. Unterschreiten die Kosten für zwei Arbeitszimmer – wie hier – den personenbezogenen Höchstbetrag, sind sie zu addieren und der Gesamtbetrag ist als Betriebsausgaben abzugsfähig. A kann daher die Kosten für die beiden Arbeitszimmer i. H. von 1.100 € als Betriebsausgaben absetzen.

FALL 122B

Berechnung des Entnahmegewinns bei einem zum Betriebsvermögen gehörenden Arbeitszimmer

Sachverhalt:

An der X-GbR sind A und B zu je 50 % beteiligt. Zum notwendigen Sonderbetriebsvermögen des A gehört ein betrieblich genutztes Arbeitszimmer, dessen Buchwert sich seit Anschaffung wie folgt entwickelt hat:

	Grund und Boden	Gebäude
Anschaffungskosten 2015	10.000 €	50.000 €
AfA 2015 bis 2020: 3 % von 50.000 € × 6		9.000 €
Buchwert 31.12.2020	10.000 €	41.000 €

Die AfA wurde bei den Gewinnfeststellungen 2015 bis 2020 nach § 4 Abs. 5 Nr. 6b Satz 1 EStG nicht als Sonderbetriebsausgabe anerkannt, da A für seine betriebliche Tätigkeit im Bürogebäude der X-GbR ein anderer Arbeitsplatz zur Verfügung steht.

Ab Anfang 2021 wird das Arbeitszimmer nicht mehr betrieblich, sondern ausschließlich und auf Dauer für eigene Wohnzwecke (als Kinderzimmer) genutzt. Der Teilwert des Arbeitszimmers beträgt zu diesem Zeitpunkt 60.000 € (Grund und Boden 10.000 €, Gebäude 50.000 €).

Wie hoch ist der Gewinn aus der Entnahme des Arbeitszimmers?

Steht ein häusliche Arbeitszimmer im Eigentum des Stpfl. und nutzt er dies zur Erzielung betrieblicher Einkünfte, gehört das Arbeitszimmer zu seinem notwendigen Betriebsvermögen, wenn die Grenzen des § 8 EStDV überschritten sind. Entsprechendes gilt für ein Arbeitszimmer, das im Eigentum eines Mitunternehmers steht. Gibt der Stpfl. seinen Betrieb auf oder ändert er die Nutzung des Arbeitszimmers in der Weise, dass es notwendiges Privatvermögen wird, kann es zu einem Entnahmegewinn kommen. Der BFH geht bislang davon aus, dass bei der Berechnung eines Veräußerungs- bzw. Entnahmegewinns der um die AfA geminderte Buchwert anzusetzen ist, auch wenn die AfA sich bisher bei der Gewinnermittlung wegen des Abzugsverbots nach § 4 Abs. 5 Satz 1 EStG nicht ausgewirkt hat (BFH VIII R 40/69, BStBl 1974 II 207; X R 14/12, BFH/NV 2015, 973). Nach Ansicht des BFH genügt es, dass Wirtschaftsgüter dieser Art zum notwendigen oder gewillkürten Betriebsvermögen gehören. Gehören sie aber zum Betriebsvermögen, so ist nach Ansicht des BFH die Anwendung der einkommensteuerrechtlichen Bewertungsvorschriften und damit auch die Vornahme von AfA zwingend geboten. Eine Minderung des Veräußerungsgewinns durch Erhöhung des Buchwerts um den bislang nicht abzugsfähigen Teil der AfA, mit der Folge einer geringeren Differenz zwischen Veräußerungspreis und Buchwert, hält der BFH nicht für gerechtfertigt.

Der BFH hat in einer neuen Entscheidung an seiner Rechtsprechung festgehalten und die Entscheidung der Vorinstanz bestätigt (BFH VIII R 15/17, BStBl 2020 II 841). Die Nutzungsänderung führt hier zu einer Entnahme des Arbeitszimmers, die mit dem Teilwert zu bewerten ist (§ 6 Abs. 1 Satz 1 Nr. 4 EStG). Für die Berechnung des Gewinns aus der Entnahme eines häuslichen Arbeitszimmers ist der sich nach Abzug der AfA nach § 6 Abs. 1 Nr. 1 Satz 1 EStG ergebende Buchwert des häuslichen Arbeitszimmers auch dann maßgeblich, wenn die Abziehbarkeit der Aufwendungen für das häusliche Arbeitszimmer während der Ausübung der betrieblichen Tätigkeit nach § 4 Abs. 5 Satz 1 Nr. 6b EStG nicht möglich bzw. der Höhe nach beschränkt war. Eine Gewinnkorrektur im Hinblick auf die nicht abzugsfähige AfA kommt also nicht in Betracht.

Die Nichtabzugsfähigkeit bzw. teilweise beschränkte Abziehbarkeit der Aufwendungen für das Arbeitszimmer einschließlich der AfA schließt weder die Zugehörigkeit des Arbeitszimmers zum Betriebsvermögen aus, noch beeinflusst sie den nach § 6 Abs. 1 Nr. 1 Satz 1 EStG für das Arbeitszimmer zu ermittelnden Buchwert. Bei der Berechnung des Gewinns aus der Veräußerung oder Entnahme eines vom Abzugsverbot des § 4 Abs. 5 Satz 1 EStG betroffenen Wirtschaftsguts ist der Buchwert zugrunde zu legen, der sich unter Berücksichtigung der nicht abziehbaren AfA ergibt.

Durch die Berücksichtigung nur des Buchwerts des vom Abzugsverbot betroffenen Wirtschaftsguts bei der Ermittlung des Entnahmegewinns wird der Stpfl. auch nicht „doppelt bestraft". Das Abzugsverbot des § 4 Abs. 5 Satz 1 EStG wird lediglich einmal, bei der Ermittlung des laufenden Gewinns, angewandt. Im Rahmen der Ermittlung des Entnahmegewinns greift es nicht erneut, sondern es wird lediglich nicht rückgängig gemacht. Hierdurch kommt es nach Ansicht des BFH

Schoor

auch nicht zur Besteuerung eines „Scheingewinns". Denn dem Stpfl. wird im Rahmen der Entnahme kein Entnahmewert zugerechnet, den er tatsächlich nicht erlangt hat, sondern es wird lediglich der Betriebsausgabenabzug im Rahmen der Ermittlung des laufenden Gewinns durch eine typisierende Höchstgrenze mit Wirkung für den Totalgewinn beschränkt. Die Streitfrage ist damit endgültig geklärt.

Hinweis: Geklärt ist mit diesem Urteil auch, dass ein zum Betriebsvermögen gehörendes häusliches Arbeitszimmer Wirtschaftsgutqualität besitzt, also ein eigenständiges Wirtschaftsgut ist. Dass ein häusliches Arbeitszimmer nicht selbständig veräußerbar ist, ändert daran nichts.

Praxishinweis: Übt der Stpfl. das ihm nach § 8 EStDV eingeräumte Wahlrecht aus, das häusliche Arbeitszimmer wegen seines untergeordneten Werts nicht als Betriebsvermögen zu behandeln, ist das Arbeitszimmer dem Privatvermögen zuzuordnen. Die auf das Arbeitszimmer bezogenen Aufwendungen sind im Rahmen des § 4 Abs. 5 Satz 1 Nr. 6b EStG dennoch weiterhin abziehbar, weil die Finanzverwaltung die betriebliche Veranlassung dieser Kosten anerkennt (R 4.7 Abs. 2 Satz 4 EStR). In vergleichbaren Fällen sollte also auf die Bilanzierung verzichtet werden. Eine Zuordnung des Arbeitszimmers zum notwendigen Betriebsvermögen und somit eine Anwendung des § 4 Abs. 5 Satz 1 Nr. 6b Satz 1 EStG lässt sich von vornherein auch durch eine privat mitveranlasste Nutzung (Gästezimmer) oder Ausstattung (Fernsehgerät oder Klavier) vermeiden.

FALL 123

Anschaffungskosten bei einem Anschaffungsgeschäft in Fremdwährung

Sachverhalt:

A betreibt eine Fabrikation. Am 10.1.01 bestellt er bei einem amerikanischen Lieferanten eine Maschine. Als Kaufpreis werden 100.000 US-Dollar vereinbart. A leistet noch im Januar 01 eine Vorauszahlung i. H. d. Kaufpreises. Ein Euro kostet im Zeitpunkt der Vorauszahlung 1,22 US-Dollar oder anders ausgedrückt: Ein US-Dollar kostet 0,8196721 €, so dass A als Vorauszahlung 81.967,21 € bucht (Buchungssatz: Vorauszahlung 81.967,21 € an Bank 81.967,21 €). Die Maschine wird im März 01 geliefert. Ein Euro kostet im Zeitpunkt der Lieferung 1,29 US-Dollar oder anders ausgedrückt: Ein US-Dollar kostet jetzt nur noch 0,7751938 €. Der US-Dollar hat also im Vergleich zum Euro an Wert verloren, der Euro an Wert gewonnen.

AUFGABE

Wie hoch sind die Anschaffungskosten der Maschine?

LÖSUNG

Anschaffungskosten entstehen grds. an dem Tag, an dem der Stpfl. die wirtschaftliche Verfügungsmacht an dem angeschafften Wirtschaftsgut erlangt, regelmäßig also am Tag der Lieferung. Ist der Kaufpreis für ein Wirtschaftsgut in ausländischer Währung zu erbringen, ist er für die Ermittlung der Anschaffungskosten zum Kurs im Anschaffungszeitpunkt in Euro umzurechnen (BFH III R 92/75, BStBl 1978 II 233; III R 190/94, BStBl 1998 II 123). Das bedeutet, dass sich die Anschaffungskosten der Maschine auf (100.000 × 0,7751938 € =) 77.519,38 € belaufen. A ist also aufgrund der Vorauszahlung und des Umrechnungsverhältnisses ein Kursverlust von (0,8196721 ./. 0,7751938 =) 0,0444783 × 100.000 € = 4.447,83 € entstanden, der im Jahr 01 sofort als Betriebsausgabe abziehbar ist (Buchungssatz: Anschaffungskosten Maschine 77.519,38 € und Kursverlust 4.447,83 € an Vorauszahlungen 81.967,21 €).

FALL 124

Unentgeltlicher Erwerb eines Wirtschaftsgutes aus betrieblichen Gründen

Sachverhalt:

Frau A ist Inhaberin eines Juweliergeschäfts. Ihren Gewinn ermittelt sie durch Bestandsvergleich. Anlässlich ihres 25-jährigen Geschäftsjubiläums am 1.7.01 erhält sie von einem Schmuckgroßhändler, der sie seit Jahren beliefert, ein Perlenarmband geschenkt. Im Falle eines Erwerbs hätte A für das Armband 1.000 € zzgl. 19 % Umsatzsteuer aufwenden müssen. A schenkt das Armband ihrer Tochter zu deren Geburtstag am 10.7.01.

AUFGABE

Welche einkommensteuerlichen Auswirkungen hat der Geschäftsvorfall?

LÖSUNG

Es handelt sich um einen unentgeltlichen Erwerb, da A keine Anschaffungskosten entstanden sind. Für die steuerliche Beurteilung ist davon auszugehen, dass A das Armband aus betrieblichen Gründen zugewendet worden ist. Der Schmuckgroßhändler will nämlich mit dem Geschenk offensichtlich die langjährigen Geschäftsbeziehungen honorieren. Beim unentgeltlichen Erwerb eines einzelnen Wirtschaftsgutes aus betrieblichen Gründen gilt für den Empfänger der gemeine Wert des Wirtschaftsgutes als Anschaffungskosten (§ 6 Abs. 4 EStG). Der gemeine Wert entspricht den Anschaffungskosten, die A im Zeitpunkt des Erwerbs hätte aufwenden müssen (BFH I R 136/72, BStBl 1974 II 210 für ein Sachgeschenk, das ein bedeutender Bierabnehmer von seiner Brauerei erhielt). Als gemeiner Wert sind also die – fiktiven – üblichen Anschaffungskosten i. H. v. 1.000 € anzusetzen. Durch diese Bewertung des unentgeltlichen Erwerbs ergibt sich für A ein Gewinn i. H. v. 1.000 €, der auch steuerpflichtig ist (Buchungssatz: Wareneinkauf an sonstige betriebliche Erträge 1.000 €).

Die Voraussetzungen für einen Vorsteuerabzug nach § 15 UStG liegen nicht vor.

Die Schenkung des Armbands an die Tochter stellt eine Entnahme dar, die mit dem Teilwert von 1.000 € zu bewerten ist (§ 6 Abs. 1 Nr. 4 EStG). Die Entnahme eines Gegenstands durch einen Unternehmer aus seinem Unternehmen für Zwecke, die außerhalb des Unternehmens liegen, wird zwar umsatzsteuerlich prinzipiell einer Lieferung gegen Entgelt gleichgestellt (§ 3 Abs. 1b Satz 1 Nr. 1 UStG). Voraussetzung dafür ist jedoch, dass der Gegenstand zum vollen oder teilweisen Vorsteuerabzug berechtigt hat (§ 3 Abs. 1b Satz 2 UStG). Da es hieran fehlt, löst die Schenkung des Armbands keine Umsatzsteuer aus. Die Entnahme selbst führt zu keiner Gewinnrealisierung, da der Entnahmewert den – fiktiven – Anschaffungskosten entspricht (Buchungssatz: Entnahme an Wareneinkauf 1.000 €). Da A den erlangten Sachwert für private Zwecke eingesetzt hat, bleibt es bei der Erfassung der Sacheinnahme, also beim Ansatz der Betriebseinnahme in dem Zeitpunkt, in dem A den Sachwert erhalten hat (BFH IV R 115/84, BStBl 1986 II 607). Dementsprechend erhöht sich der Gewinn 01 (einmalig) um 1.000 €.

FALL 125

Ausweis von Pensionsrückstellungen in der Steuerbilanz

Sachverhalt:

A betreibt ein gewerbliches Einzelunternehmen. Zwischen ihm und B besteht ein Arbeitsverhältnis. A hat B eine unmittelbare Pensionszusage erteilt: In einem Einzelvertrag hat er sich verpflichtet, die Pensionsleistungen bei Eintritt des Versorgungsfalls selbst (unmittelbar) zu erbringen.

Der Teilwert der Pensionszusage beträgt

am 31.12.2019	30.000 €
am 31.12.2020	36.000 €

Die Voraussetzungen des § 6a Abs. 1 und 2 EStG für die Bildung einer Pensionsrückstellung sind gegeben.

1. Es handelt sich um eine Pensionszusage, die nach dem 31.12.1986 gemacht worden ist (sog. Neuzusage).

2. Es handelt sich um eine Pensionszusage, die vor dem 1.1.1987 gemacht worden ist (sog. Altzusage). A hat die Pensionsverpflichtung in seiner Handelsbilanz nicht ausgewiesen.

AUFGABE

Muss aufgrund der Pensionszusage in der Steuerbilanz des A eine gewinnmindernde Rückstellung gebildet werden?

LÖSUNG

Zu 1.:

Vor Inkrafttreten des Bilanzrichtlinien-Gesetzes (BiRiLiG) bestand bezüglich der Passivierung von Pensionsverpflichtungen ein Passivierungswahlrecht. Das handelsrechtliche Passivierungswahlrecht hätte steuerrechtlich an sich ein Passivierungsverbot zur Folge gehabt. Aufgrund der speziellen Vorschrift des § 6a EStG fand dieser allgemeine Bilanzgrundsatz jedoch keine Anwendung: § 6a EStG gewährt auch steuerrechtlich ein Passivierungswahlrecht.

Mit dem Inkrafttreten des BiRiLiG ist eine veränderte Rechtslage eingetreten. § 249 Abs. 1 HGB sieht nämlich eine Passivierungspflicht für ungewisse Verbindlichkeiten vor.

Pensionsverpflichtungen gehören zu den ungewissen Verbindlichkeiten, die von der Rückstellungspflicht des § 249 Abs. 1 HGB erfasst werden. Die Passivierungspflicht erstreckt sich aber aufgrund einer Ausnahme- und Übergangsregelung nur auf sog. Neuzusagen, d. h. auf Pensionszusagen, auf die der Pensionsberechtigte seinen Rechtsanspruch nach dem 31.12.1986 erworben hat (Art. 28 Abs. 1 Satz 1 EGHGB). A muss daher für die Pensionsverpflichtung (Neuzusage) in seiner Handelsbilanz und wegen des Maßgeblichkeitsgrundsatzes auch in seiner Steuerbilanz dem Grunde, aber nicht der Höhe nach eine gewinnmindernde Rückstellung bilden (R 6.a Abs. 1 Satz 2 EStR 2012; R 6a Abs. 1 EStH 2019; BMF v. 13.3.1987, BStBl 1987 I 365). Die Pensionsverpflichtung muss somit in der Steuerbilanz zum 31.12.2019 mit ihrem Teilwert nach § 6a Abs. 3 EStG von 30.000 € und in der Steuerbilanz zum 31.12.2020 mit ihrem Teilwert von 36.000 € passiviert werden.

Zu 2.:

Für eine unmittelbare Pensionszusage aus einer sog. Altzusage, d. h. für eine vor dem 1.1.1987 rechtsverbindlich erteilte Pensionszusage, braucht keine Rückstellung gebildet zu werden (Art. 28 Abs. 1 Satz 1 EGHGB). Bei Altzusagen besteht also ein Passivierungswahlrecht. Da A in seiner Handelsbilanz für die Altzusage keine Rückstellung gebildet hat, kann die Bildung einer solchen auch in der Steuerbilanz unterbleiben.

Hätte A die Altzusage in seiner Handelsbilanz passiviert, so hätte diese wegen des Maßgeblichkeitsprinzips dem Grunde nach auch in der Steuerbilanz ausgewiesen werden müssen.

Pensionszusagen an Gesellschafter-Geschäftsführer von Personengesellschaften

Sachverhalt:

An der X-OHG sind Frau A und ihr Sohn B zu je 50 % beteiligt. Geschäftsführer der Gesellschaft ist B. Anfang 01 hat die OHG dem B sowie dem bei ihr angestellten C Pensionszusagen erteilt, deren Teilwerte sich auf folgende Beträge belaufen:

	31.12.01	31.12.02
Teilwert Pensionszusage B	10.000 €	18.000 €
Teilwert Pensionszusage C	8.000 €	14.000 €

Die X-OHG bildet für die Verpflichtungen aus den Pensionszusagen in ihren Handels- und Steuerbilanzen zum 31.12.01 und 31.12.02 zulasten ihres Gewinns Rückstellungen i. H. d. Teilwerte.

C tritt am 31.12.02 als weiterer (geschäftsführender) Gesellschafter in die OHG ein.

AUFGABEN

1. Wie ist die B erteilte Pensionszusage einkommensteuerrechtlich zu behandeln?

2. Wie ist die C erteilte Pensionszusage einkommensteuerrechtlich zu behandeln?

LÖSUNG

Zu 1.:

Nach der früheren Rechtsprechung wurde im Steuerrecht eine Pensionszusage an den Gesellschafter-Geschäftsführer einer Personengesellschaft als Gewinnverteilungsabrede zwischen den Gesellschaftern angesehen, die den Gewinn der Gesellschaft nicht beeinflussen durfte und dementsprechend auch nicht zur Rückstellungsbildung für die zukünftigen Pensionsleistungen berechtigte (BFH I R 142/72, BStBl 1975 II 437). Zu Unrecht gebildete Rückstellungen waren aufzulösen. Grund hierfür war, dass auch Pensionszusagen zu den Vergütungen gehören, die der Gesellschafter für seine Tätigkeit im Dienste der Gesellschaft bezieht, und die daher nach § 15 Abs. 1 Satz 1 Nr. 2 EStG bei der Ermittlung des Steuerbilanzgewinns nicht abgezogen werden dürfen.

Diese Rechtsprechung war jedoch nicht mehr haltbar, nachdem die neuere Rechtsprechung des BFH (GrS 1/79, BStBl 1981 II 164; GrS 7/89, BStBl 1991 II 691) den Gesamtgewinn einer Mitunternehmerschaft in Gestalt einer Gesamtbilanz ermittelt. Die daraus resultierende stufenweise Ermittlung des Gesamtgewinns der Mitunternehmerschaft muss zwangsläufig zur Berücksichtigung von Pensionsrückstellungen als Aufwand in der Steuerbilanz der Personengesellschaft (1. Stufe) führen. Die Neutralisierung dieses Aufwands im Rahmen der Gesamtbilanz geschieht in der Weise, dass die in der Steuerbilanz der Gesellschaft passivierte Pensionszusage durch einen gleich hohen Aktivposten in der Sonderbilanz der begünstigten Gesellschafter ausgeglichen wird. Es handelt sich hierbei um den sog. Grundsatz der „korrespondierenden" Bilanzierung. Diese steuerliche Behandlung hält der BFH in einer älteren, jedoch mit erheblicher Verzögerung amtlich veröffentlichten Entscheidung für zulässig (BFH v. 2.12.1997, VIII R 15/96, BStBl 2008 II 174).

Dabei ließ er allerdings offen, ob der die Rückstellung in der Steuerbilanz der Gesellschaft neutralisierende Aktivposten anteilig in Sonderbilanzen für alle Gesellschafter oder nur in der Sonderbilanz des durch die Pensionszusage begünstigten Gesellschafters anzusetzen ist. Der BFH hat die seit Langem offene Streitfrage, wem der korrespondierende Anspruch aus der Passivierung der Pensionsrückstellung zuzurechnen ist, in der Weise gelöst, dass die Zuführungen zur Pensionsrückstellung bei der Mitunternehmerschaft als Aufwand und bei dem begünstigten Mitunternehmer korrespondierend als Ertrag erfasst werden (BFH IV R 25/04, BStBl 2008 II 171; VIII R 40/03, BStBl 2008 II 182). Er hat im Urteil mit Az. IV R 25/04 außerdem entschieden, dass nach den Grundsätzen des Bilanzenzusammenhangs die in der Sonderbilanz bisher unterlassene Aktivierung gewinnerhöhend im ersten Jahr, wobei der Bescheid verfahrensrechtlich noch geändert werden kann, nachzuholen ist.

Der korrespondierende Anspruch ist also in der Sonderbilanz des betroffenen Gesellschafters zu aktivieren mit der Folge, dass der Gewinn des B um folgende Beträge zu erhöhen ist:

	01	02
Mehrgewinn = Zuführung zur Pensionsrückstellung	10.000 €	18.000 €

Zu 2.:

Wird ein Arbeitnehmer einer Personengesellschaft zum Gesellschafter (Mitunternehmer) der Gesellschaft und war ihm zuvor eine Pensionszusage erteilt worden, ist die bis zu seinem Eintritt zulässigerweise gebildete Pensionsrückstellung nicht gewinnerhöhend aufzulösen (BFH I R 8/79, BStBl 1977 II 798; IV R 41/80, BStBl 1981 II 424). Für die Zeit ab Gesellschaftseintritt dürfen Rückstellungen mit steuerlicher Wirkung jedoch nicht mehr gebildet werden. Allerdings darf die Rückstellung mit steuerlicher Wirksamkeit jährlich um die Aufzinsung bis zum Eintritt des Versorgungsfalls fortentwickelt werden. Die Zuführungen zur Rückstellung aufgrund der Fortentwicklung des Anwartschaftsbarwertes sind als Nachwirkung der früheren Arbeitnehmereigenschaft nicht nach § 15 Abs. 1 Satz 1 Nr. 2 EStG dem Gewinn der Gesellschaft zuzurechnen. Nach alledem kommt hier eine gewinnerhöhende Auflösung der für C gebildeten Pensionsrückstellung am 31.12.01 bzw. 31.12.02 nicht in Betracht.

FALL 127

Pensionszusage an Arbeitnehmer-Ehegatten

Sachverhalt:

Zwischen dem Unternehmen von Frau B und ihrem Ehemann A besteht ein steuerlich anzuerkennendes Arbeitsverhältnis. A erhält – ebenso wie ein vergleichbarer familienfremder Arbeitnehmer – eine Pensionszusage. Die erteilte Pensionszusage schließt auch die Witwenversorgung ein. Aufgrund der Pensionszusage zugunsten des A ist zum Bilanzstichtag 31.12.01 eine gewinnmindernde Rückstellung gebildet worden; dabei wurde auch die zugesagte Witwenversorgung zugunsten der B berücksichtigt:

Zuführung zur Rückstellung	10.000 €
davon entfallen auf die Anwartschaft auf Witwenversorgung B	4.000 €

1. Bei dem Unternehmen der B handelt es sich um ein Einzelunternehmen.

2. Bei dem Unternehmen der B handelt es sich um eine Einmann-GmbH & Co. KG, d. h., B ist alleinige Kommanditistin der KG und zugleich alleinige Gesellschafterin der Komplementär-GmbH.

AUFGABE

Ist die Bildung der Pensionsrückstellung steuerlich anzuerkennen?

LÖSUNG

Zu 1.:

Pensionszusagen zwischen Ehegatten, die im Rahmen von steuerlich anzuerkennenden Arbeitsverhältnissen erteilt werden, sind auch steuerlich grds. zu beachten und berechtigen zur Bildung von Pensionsrückstellungen. Voraussetzung ist, dass die Pensionszusage betrieblich veranlasst ist und der Arbeitgeber auch tatsächlich mit der Inanspruchnahme aus der gegebenen Pensionszusage rechnen muss (BFH XI R 2/93, BStBl 1994 II 111; VIII R 69/98, BStBl 2002 II 353; FG München, 10 K 2049/08, EFG 2010, 1191). Für die Frage der betrieblichen Veranlassung ist in erster Linie ein Fremdvergleich von Bedeutung. Betrieblich veranlasst ist eine Pensionszusage im Rahmen eines Ehegatten-Arbeitsverhältnisses nur dann, wenn und soweit mit hoher Wahrscheinlichkeit eine vergleichbare Zusage auch einem familienfremden Arbeitnehmer im Betrieb erteilt worden wäre, wobei die entsprechende Prüfung vorrangig nach dem Inhalt der Vereinbarungen vorzunehmen ist. (BFH VIII R 177/78, BStBl 1984 II 661; IX R 37/93, BStBl 1996 II 131; BFH 15.4.2015, VIII R 49/12, StuB 2015, 604).

Eine Zusage auf Witwen- oder Witwerversorgung im Rahmen von Ehegatten-Pensionszusagen in Einzelunternehmen ist jedoch nach Auffassung der Finanzverwaltung nicht rückstellungsfähig, da hier bei Eintritt des Versorgungsfalles Anspruch und Verpflichtung in einer Person zusammenfallen, der Unternehmer im Versorgungsfalle also die Leistungen selbst erhält (H 6.a Abs. 9 „Witwen-/Witwerversorgung" EStH 2018). Ob dem zu folgen ist, ist höchstrichterlich bislang nicht entschieden (BFH IV R 42/73, BStBl 1976 II 372); der BFH hat die Frage ausdrücklich offengelassen (BFH IV R 80/86, BStBl 1988 II 883; XI R 2/93, BStBl 1994 II 111). Folgt man der Auffassung der Finanzverwaltung, ist die Zuführung zur Rückstellung, soweit sie auf den Witwenanteil in der Pensionszusage entfällt (= 4.000 €), nicht als Betriebsausgabe abzugsfähig.

Zu 2.:

Die Einmann-GmbH & Co. KG ist zivil- und steuerrechtlich grds. eine Personengesellschaft und kein Einzelunternehmen. Die Mitunternehmerschaft besteht aus der GmbH und dem einzigen Kommanditisten. Der Eigenständigkeit der Einmann-GmbH & Co. KG muss auch bei der Bewertung der Pensionsrückstellung Rechnung getragen werden. Das bedeutet, dass die Mitunternehmerschaft auch nicht partiell, nämlich in Bezug auf den Witwenanteil in der Pensionszusage, einem Einzelunternehmen gleichgestellt werden darf. Bei Eintritt des Versorgungsfalls erfüllt die KG auch mit dem Witwenanteil der Pensionszusage nicht eine Verpflichtung der Witwe gegenüber sich selbst, sondern eine eigene Verbindlichkeit. Ein Durchgriff auf die hinter der GmbH stehende natürliche Person ist nicht zulässig. Die von der Einmann-GmbH & Co. KG erteilte Zusage auf Witwenversorgung ist in die Bildung der Rückstellung für die Pensionsverbindlichkeit miteinzubeziehen, da hier bei Eintritt des Versorgungsfalls Anspruch und Verpflichtung nicht in einer Person zusammenfallen (BFH IV R 80/86, BStBl 1988 II 883; vgl. auch die Urteilsanmerkung von Bordewin, RWP 1988, SG 1.3, 2741 sowie Bordewin, NWB 1988, Fach 3, 6940). Die Zuführung zur Rückstellung i. H. v. 10.000 € ist daher nicht zu beanstanden.

HINWEIS

Zu Unrecht gebildete Rückstellungen für die Pensionszusage des Arbeitnehmer-Ehegatten sind nach den Grundsätzen des formellen Bilanzenzusammenhangs in der ersten noch offenen Schlussbilanz aufzulösen (BFH v. 15.4.2015, VIII R 49/12, StuB 2015, 604). Das gilt auch, wenn die Pensionsrückstellung in den Lohnsteuer-Außenprüfungen der Vorjahre unbeanstandet geblieben ist. Denn Lohnsteuer-Außenprüfungen beziehen sich immer nur auf die Beurteilung der dort geprüften Sachverhalte und entfalteten keine Bindungswirkung für ein nachfolgendes Veranlagungsverfahren. Der Stpfl. kann sich nicht auf ein schutzwürdiges Vertrauen berufen.

FALL 128

Ausscheiden eines Wirtschaftsgutes aus dem Betriebsvermögen infolge höherer Gewalt bei Gewinnermittlung nach § 4 Abs. 3 EStG

Sachverhalt:

Frau A ist selbständige Krankengymnastin. Sie ermittelt ihren Gewinn durch Einnahmenüberschussrechnung nach § 4 Abs. 3 EStG. Ihre Praxis betreibt sie in einem eigenen Gebäude. Im Dezember 01 brennt das Betriebsgebäude ab. Der Restbuchwert des Gebäudes betrug im Zeitpunkt des Schadenseintritts 200.000 €. Die Brandversicherung leistet im Jahr 02 eine Entschädigungsleistung i. H. v. 250.000 €. A beginnt im Jahr 02 mit der Errichtung eines neuen Betriebsgebäudes. Das neue Gebäude wird im Jahr 03 fertiggestellt; seine Herstellungskosten belaufen sich auf 300.000 €.

AUFGABE

Kann A den Schadenseintritt und die Entschädigungszahlung als Geschäftsvorfälle des Jahres 03 behandeln?

LÖSUNG

Scheidet ein Wirtschaftsgut infolge höherer Gewalt (z. B. Brand) aus dem Betriebsvermögen aus, sind Entschädigungsleistungen, die im Zusammenhang hiermit geleistet werden, grds. Betriebseinnahmen des Jahres, in dem sie zufließen. Ist die Entschädigungsleistung höher als der im Zeitpunkt des Ausscheidens des Wirtschaftsgutes noch vorhandene Restbuchwert – dieser ist erfolgswirksam auszubuchen –, kann der Differenzbetrag im Wirtschaftsjahr der Ersatzbeschaffung von den Anschaffungs- oder Herstellungskosten des Ersatzwirtschaftsgutes abgesetzt werden.

Früher war Voraussetzung für diese Behandlung, dass die Anschaffung oder Herstellung des Ersatzwirtschaftsgutes am Schluss des Wirtschaftsjahres, in dem der Schadensfall eingetreten ist, ernstlich geplant war; außerdem musste das Ersatzwirtschaftsgut bei beweglichen Gegenständen tatsächlich bis zum Schluss des ersten und bei Gebäuden bis zum Schluss des zweiten Wirtschaftsjahres, das auf das Wirtschaftsjahr des Eintritts des Schadensfalls folgt, angeschafft oder hergestellt oder bestellt worden sein.

Der BFH hat dagegen entschieden, dass in Anlehnung an § 6b EStG die Reinvestitionsfrist generell vier Jahre beträgt, bei der beabsichtigten Herstellung eines neuen funktionsgleichen Gebäudes sechs Jahre (BFH v. 12.1.2012, IV R 4/09, BFH/NV 2012, 1035). Dem ist die Finanzverwaltung in R 6.6 Abs. 4 Satz 4 EStR 2012 prinzipiell gefolgt. Sie akzeptiert diese Fristen jedoch nur für eine RfE, die aufgrund des Ausscheidens eines Wirtschaftsguts i. S. d. § 6b Abs. 1 Satz 1 EStG gebildet wurde.

HINWEIS

In anderen Fällen gilt die Frist von einem Jahr weiter, soll aber im Einzelfall angemessen auf bis zu vier Jahre verlängert werden können, wenn der Stpfl. glaubhaft macht, dass die Ersatzbeschaffung noch ernstlich geplant und zu erwarten ist, aber aus besonderen Gründen noch nicht vorgenommen werden konnte (R 6.6 Abs. 4 Satz 5 EStR 2012). Eine Verlängerung auf bis zu sechs Jahre ist möglich, wenn die Ersatzbeschaffung im Zusammenhang mit Neuherstellung eines Gebäudes erfolgt (R 6.6 Abs. 4 Satz 6 EStR 2012). Anders als bei § 6b EStG wird aber nicht gefordert, dass mit der Herstellung des neuen Gebäudes vor Schluss des vierten auf die Bildung der Rücklage folgenden Wirtschaftsjahres begonnen worden ist (R 6.6 Abs. 5 Satz 5 EStR 2012).

Wegen der pandemiebedingten Probleme einer Ersatzbeschaffung hat das BMF angeordnet, dass sich die in R 6.6 Abs. 4 Satz 3 bis 6, Abs. 5 Satz 5 und 6 sowie Abs. 7 Satz 3 und 4 EStR geregelten Fristen für die Ersatzbeschaffung oder Reparatur bei Beschädigung jeweils um ein Jahr verlängern, wenn die genannten Fristen ansonsten in einem nach dem 29.2.2020 und vor dem 1.1.2021 endenden Wirtschaftsjahr ablaufen würden (BMF-Schreiben v. 13.1.2021, BStBl 2021 I 102; Kanzler, NWB 2021, 168).

Fallen der Schadenseintritt, die Zahlung der Entschädigung und die Beseitigung des Schadens – wie hier – jeweils in verschiedene Wirtschaftsjahre, so kann (nicht muss) der Stpfl. aus Billigkeitsgründen den Schadenseintritt und die Zahlung der Entschädigung als Geschäftsvorfälle des Jahres behandeln, in dem der Schaden beseitigt wird (R 6.6 Abs. 5 Satz 4 EStR 2012). A kann daher von der Ausbuchung des Restbuchwertes im Jahr 01 und der Erfassung der Entschädigungsleistung als Betriebseinnahme des Jahres 02 absehen und beide Geschäftsvorfälle im Jahr 03 berücksichtigen. In diesem Fall werden im Jahr 03 der Restbuchwert von 200.000 € und die den Restbuchwert übersteigende Entschädigungsleistung i. H. v. (250.000 € ./. 200.000 € =) 50.000 € als Betriebsausgabe erfasst; zugleich wird die Entschädigungsleistung i. H. v. 250.000 € im Jahr 03 als Betriebseinnahme berücksichtigt.

Andererseits darf die AfA für das neue Gebäude nur von folgender Bemessungsgrundlage vorgenommen werden:

Herstellungskosten Neubau	300.000 €
./. abgezogene Entschädigungsleistung	50.000 €
Bemessungsgrundlage für die AfA	250.000 €

FALL 129

Gewinnabzug nach § 6b EStG von den Anschaffungskosten eines Gästehauses

Sachverhalt:

A betreibt in Mainz ein Hoch- und Tiefbauunternehmen. In Rottach-Egern unterhält er eine Ferienwohnung, die er seinen Geschäftsfreunden unentgeltlich zur Verfügung stellt.

Das Gästehaus wurde Anfang 01 für 125.000 € erworben. In seiner Bilanz zum 31.12.13 hat A die Ferienwohnung mit folgenden Werten aktiviert:

a) Grund und Boden

Buchwert 31.12.01–31.12.13	25.000 €

b) Gebäude

Anschaffungskosten	100.000 €
./. AfA 01–13: 13 × (2 % von 100.000 € =) 2.000 € =	./. 26.000 €
Buchwert 31.12.13	74.000 €

Anfang Januar 14 verkauft A die Ferienwohnung für 199.000 €. In diesem Zusammenhang hat er folgenden Veräußerungsgewinn ermittelt:

	Grund und Boden	Gebäude
Restbuchwert zum Zeitpunkt des Verkaufs	25.000 €	74.000 €
Verkaufserlös	45.000 €	154.000 €
Veräußerungsgewinn	20.000 €	80.000 €

Noch im selben Jahr, nämlich am 20.2.14, erwirbt A eine im Schwarzwald gelegene Ferienwohnung für 300.000 € (Grund und Boden 60.000 € und Gebäude 240.000 €). Das erworbene Grundstück wird – ebenso wie das veräußerte Gästehaus – Geschäftspartnern unentgeltlich zur Verfügung gestellt. A überträgt die durch die Veräußerung aufgedeckten stillen Reserven gem. § 6b EStG auf das erworbene Grundstück:

	Grund und Boden	Gebäude
Anschaffungskosten	60.000 €	240.000 €
./. übertragene stille Reserven	./. 20.000 €	./. 80.000 €
Um den Abzugsbetrag geminderte Anschaffungskosten	40.000 €	160.000 €

AUFGABEN

1. Ist die AfA für das Gästehaus für die Jahre 01–13 als Betriebsausgabe abzugsfähig?

2. Welche einkommensteuerlichen Folgen hat die Übertragung der stillen Reserven auf die Anschaffungskosten des neuen Gästehauses im Jahr 14?

LÖSUNG

Zu 1.:

Aufwendungen für eigene, nicht am Ort des Betriebs gelegene Gästehäuser, die Geschäftsfreunden unentgeltlich zur Verfügung gestellt werden, gehören zu den nicht abziehbaren Betriebsausgaben des § 4 Abs. 5 Nr. 3 EStG. Zu den nicht abzugsfähigen Aufwendungen i. S. dieser Vorschrift zählt auch die AfA. Die Gewinnkorrektur wird hier dadurch erreicht, dass die AfA von jährlich 2.000 € dem Gewinn außerhalb der Bilanz hinzugerechnet wird.

Zu 2.:

Die Veräußerung der Ferienwohnung Anfang 14 führt nach dem Regelungsinhalt des § 4 Abs. 5 Nr. 3 EStG zu einem voll zu versteuernden Veräußerungsgewinn. Zur Berechnung des Veräußerungsgewinns ist daher – wie geschehen – dem Veräußerungserlös ein um die nicht abziehbare AfA geminderter Bilanzwert gegenüberzustellen (BFH VIII R 40/69, BStBl 1974 II 207; VIII R 300/81, BFH/NV 1986, 18; BFH X R 14/12, HFR 2015, 722). A ist auch berechtigt, den Veräußerungsgewinn i. H. v. (20.000 € + 80.000 € =) 100.000 € in voller Höhe auf das erworbene Grundstück zu übertragen (§ 6b Abs. 1 EStG). Der nach Abzug der übertragenen stillen Reserven verbleibende Restbetrag gilt als Anschaffungskosten des neuen Grundstücks (§ 6b Abs. 6 EStG); soweit er auf das Gebäude entfällt (= 160.000 €), stellt er die Bemessungsgrundlage für die AfA dar.

Zu beachten ist aber, dass sich der Abzug gem. § 6b Abs. 1 EStG i. H. v. 80.000 € von den Anschaffungskosten des neuen Gebäudes in gleicher Weise auswirkt wie eine Abschreibung. Durch den Abzug werden nämlich Abschreibungen vorweggenommen, die sonst erst in späteren Jahren hätten vorgenommen werden können. Abschreibungen auf Gästehäuser gehören aber zu den nicht abzugsfähigen Aufwendungen i. S. d. § 4 Abs. 5 Nr. 3 EStG (R 4.10 Abs. 11 Satz 1 EStR 2012). Das bedeutet, dass der wie eine vorweggenommene Abschreibung wirkende Abzug nach § 6b Abs. 1 EStG i. H. v. 80.000 € im Jahr 14 als nicht abzugsfähige Betriebsausgabe dem Gewinn außerhalb der Bilanz hinzuzurechnen ist.

FALL 130

Übertragung einer Rücklage nach § 6b EStG auf ein in das Betriebsvermögen eingelegtes Wirtschaftsgut

Sachverhalt:

A betreibt ein Bauunternehmen. Zu seinem Betriebsvermögen gehörte ein vor 20 Jahren erworbenes, unbebautes Grundstück, das dem Bauunternehmen als Lagerplatz diente. A verkaufte den Lagerplatz am 31.12.01. Der Buchwert betrug zum Zeitpunkt der Veräußerung umgerechnet 50.000 €, der Verkaufserlös 150.000 €. Da die Veräußerungskosten vom Erwerber getragen wurden, entstand A ein Veräußerungsgewinn i. H. v. (150.000 € ./. 50.000 € =) 100.000 €.

A hat in seiner Bilanz zum 31.12.01 eine den steuerlichen Gewinn mindernde Rücklage nach § 6b EStG von 100.000 € ausgewiesen. In den Bilanzen bis zum 31.12.04 wurde die Rücklage i. H. v. 100.000 € fortgeführt.

Im Jahr 05 legt der Stpfl. ein bis dahin zu seinem Privatvermögen gehörendes unbebautes Grundstück mit seinem Teilwert von 120.000 € in das Unternehmen ein. Das Grundstück wird ebenfalls als Lagerplatz des Bauunternehmens genutzt. Die Rücklage nach § 6b EStG i. H. v. 100.000 € wird auf den Einlagewert des Grundstücks übertragen:

Einlagewert	120.000 €
./. übertragene stille Reserven	./. 100.000 €
Buchwert Lagerplatz 31.12.05	20.000 €

AUFGABE

Kann die Rücklage nach § 6b EStG i. H.v. 100.000 € vom Teilwert des eingelegten Grundstücks abgezogen werden?

LÖSUNG

Die Bildung der Rücklage nach § 6b EStG in der Bilanz zum 31.12.01 ist zulässig. Eine Übertragung der Rücklage auf den Teilwert des im Jahr 05 eingelegten Grundstücks ist jedoch unzulässig. § 6b EStG begünstigt nämlich nur die Anschaffung oder Herstellung eines in dieser Vorschrift benannten Wirtschaftsgutes. Die Einlage des Grundstücks in das Betriebsvermögen ist aber nach der Rechtsprechung keine Anschaffung i. S. d. § 6b EStG (BFH IX R 27/82, BStBl 1985 II 250). Das bedeutet, dass die Rücklage i. H.v. 100.000 € zum 31.12.05 – zu diesem Zeitpunkt läuft die Reinvestitionsfrist von vier Jahren ab (§ 6b Abs. 3 Satz 5 EStG) – gewinnerhöhend aufgelöst werden muss. Der eingelegte Lagerplatz ist mit 120.000 € zu bilanzieren.

Infolge der zwangsweisen Auflösung der Rücklage ist für jedes volle Wirtschaftsjahr, in dem die Rücklage bestanden hat, der aufzulösende Rücklagebetrag um 6 % zu erhöhen (§ 6b Abs. 7 EStG). Dieser Erhöhungsbetrag ist dem laufenden Gewinn des Jahres 05 außerhalb der Bilanz zuzuschlagen, da es sich hierbei um einen Gewinnzuschlag und nicht um einen Geschäftsvorfall des Betriebs handelt.

Gewinnzuschlag somit: 4 × (6 % von 100.000 €) =   24.000 €

FALL 130A

Reinvestitionsfrist nach § 6b EStG bei unentgeltlicher Betriebsübertragung

Sachverhalt:

Einzelgewerbetreibender V hat im Jahr 01 einen Gewinn aus der Veräußerung eines unbebauten Grundstücks von 100.000 € erzielt. Er hat dafür in seiner Bilanz zum 31.12.01 gewinnmindernd einen Rücklage nach § 6b Abs. 3 Satz 1 EStG von 100.000 € gebildet. Am 1.4.05 hat V seinen Betrieb unentgeltlich an seinen Sohn S übertragen, der die Buchwerte seines Vaters fortführt (§ 6 Abs. 3 EStG). A hat bis zum 1.4.05 keine begünstigte Reinvestition getätigt.

AUFGABE

Bei wem – V oder S – muss die Rücklage gewinnerhöhend aufgelöst werden, wenn innerhalb der in § 6b Abs. 3 Satz 2 EStG genannten Reinvestitionsfrist keine begünstigte Reinvestition getätigt worden ist?

LÖSUNG

Für die Übertragung einer Rücklage nach § 6b Abs. 3 Satz 1 EStG stehen dem Stpfl. im Regelfall die vier Wirtschaftsjahre zur Verfügung, die auf das Wirtschaftsjahr der Veräußerung folgen (§ 6b Abs. 3 Satz 2 EStG). Fraglich ist, ob ein Rumpfwirtschaftsjahr ein Wirtschaftsjahr i. S. d. § 6b Abs. 3 EStG ist, und wenn ja, ob dies auch gilt, wenn die Bildung eines Rumpfwirtschaftsjahrs im Zusammenhang mit einer unentgeltlichen Betriebsübertragung i. S. d. § 6 Abs. 3 EStG steht.

Werden innerhalb der genannten Reinvestitionsfrist keine begünstigten Reinvestitionen vorgenommen, kommt es zur Zwangsauflösung der Rücklage, es sei denn, der Reinvestitionsfrist verlängert sich wegen der Herstellung eines Gebäudes nach § 6b Abs. 3 Satz 3 EStG auf sechs Jahre. Für diesen Fall, dass die Reinvestitionsfrist abläuft, ohne dass eine begünstigte Übertragung erfolgt ist, enthält § 6b Abs. 7 EStG eine Verzinsungsregelung, wonach der Gewinn des Auflösungsjahrs für jedes volle Jahr des Bestehens der Rücklage fiktiv um 6 % des Auflösungsbetrags erhöht wird. Im Normalfall wird der Stpfl. sorgfältig prüfen, ob es für ihn günstiger ist, den Veräußerungsgewinn im Veräußerungsjahr zu versteuern oder im „Zwangs-Auflösungsjahr" unter Inkaufnahme des beachtlichen Gewinnzuschlags nach § 6b Abs. 7 EStG. Lässt sich diese Frage nicht sicher beantworten, wird in der Praxis ein begünstigter Veräußerungsgewinn oft – wie auch vorliegend - durch die Bildung einer Rücklage nach § 6b Abs. 3 Satz 1 EStG zunächst einmal neutralisiert.

Das Wirtschaftsjahr umfasst regelmäßig einen Zeitraum von 12 Monaten (§ 8b Satz 1 EStDV). Nach § 8b Satz 2 EStDV kann das Wirtschaftsjahr jedoch auch einen Zeitraum von weniger als 12 Monaten umfassen (sog. Rumpfwirtschaftsjahr). Aber auch in diesem Fall liegt grundsätzlich ein Wirtschaftsjahr i. S. d. § 6b Abs. 3 EStG vor. Der Gewinnzuschlag nach § 6b Abs. 7 EStG fällt auch für ein Rumpfwirtschaftsjahr an, und zwar in der vollen Höhe von 6 % (FG Hamburg, I 73/89, EFG 1992, 319; FG Münster, 2 K 7511/97 E, EFG 2001, 350; BFH IV R 9/06, BStBl 2010 II 664).

Von dem Grundsatz, dass ein Rumpfwirtschaftsjahr ein Wirtschaftsjahr i. S. d. § 6b Abs. 3 EStG ist, gibt es eine Ausnahme. Das ist der Fall, wenn die Bildung eines Rumpfwirtschaftsjahrs im Zusammenhang mit einer unentgeltlichen Betriebsübergabe gem. § 6 Abs. 3 EStG steht, weil der Betriebsübernehmer (Rechtsnachfolger) in die Rechtsposition des Betriebsübergebers (Rechtsvorgänger) eintritt. Dies gilt auch hinsichtlich der Rücklage nach § 6b Abs. 3 Satz 1 EStG. Die unentgeltliche Übertragung eines Betriebs im Wege vorweggenommener Nachfolge hat demgemäß zur Folge, dass der Übernehmer des Betriebs eine vom Betriebsübergeber gebildete Rücklage nach § 6b EStG übernimmt und fortführt.

In diesem Fall gebieten Sinn und Zweck der Regelung, den Reinvestitionszeitraum von vier bzw. sechs Jahren nicht durch die Entstehung eines Rumpfwirtschaftsjahrs in der Person des Betriebsübergebers abzukürzen. Vielmehr ist im Fall der unentgeltlichen Betriebsübernahme während des laufenden Wirtschaftsjahrs das insoweit zwingend nach § 8b Satz 2 Nr. 1 EStG entstehende Rumpfwirtschaftsjahr beim Betriebsübergeber mit dem entstehenden Rumpfwirtschaftsjahr beim Betriebsübernehmer zu verklammern und lediglich als ein Wirtschaftsjahr i. S. d. § 6b Abs. 3 EStG zu werten. Durch diese Verklammerung wird sichergestellt, dass die Reinvestitionsfrist auch im Fall der unentgeltlichen Betriebsübergabe einen Zeitraum von 48 Monaten (ggf. 60 Monaten) umfassen kann (BFH VI R 50/16, BStBl 2010 II 313, Rn. 33).

Der Betriebsübergeber V kann nicht gezwungen sein, die Rücklage bei der Betriebsübertragung (1.4.05) gewinnerhöhend aufzulösen. Deshalb geht die Rücklage mit der Hypothek der späteren Nachversteuerung auf den unentgeltlichen Erwerber S über. Die Rücklage ist beim Betriebsübernehmer S am 31.12.05 gewinnerhöhend aufzulösen, da er bis dahin nicht mit der Herstellung eines neuen Gebäudes begonnen hat. S kann die Zwangsauflösung der auf ihn übergegangenen Rücklage und den Gewinnzuschlag vermeiden, wenn er bis zum Ablauf der vierjährigen Reinvestitionsfrist, d. h. bis zum 31.12.05, ein begünstigtes Wirtschaftsgut anschafft oder herstellt, auf dessen Anschaffungs- oder Herstellungskosten dann die Rücklage übertragen werden kann.

HINWEIS

Das Zweite Corona-Steuerhilfegesetz (v. 29.6.2020, BGBl 2020 I 1512) sieht in § 52 Abs. 14 EStG eine Verlängerung der Reinvestitionsfristen um zunächst ein Jahr vor. Außerdem wird das BMF ermächtigt, die Reinvestitionsfristen durch Rechtsverordnung ggf. um ein weiteres Jahr zu verlängern, wenn dies aufgrund fortbestehender Auswirkungen der COVID-19-Pandemie geboten erscheint. Die Frist des § 6b Abs. 3 Satz 2 EStG (Vierjahresfrist) verlängert sich aufgrund der Neuregelung um ein Jahr, wenn die Rücklage wegen § 6b Abs. 3 Satz 5 EStG am Schluss des nach dem 28.2.2020 und vor dem 1.1.2021 endenden Wirtschaftsjahrs aufzulösen wäre.

FALL 130B

Vorbesitzzeit nach § 6b EStG bei Mitunternehmerschaften

Sachverhalt:

An der X-GmbH & Co. KG sind V und seine Tochter T zu je ½ als Kommanditisten beteiligt. T veräußert 2021 ein zu ihrem Sonderbetriebsvermögen gehörendes Grundstück und erzielt dabei einen Veräußerungsgewinn von 100.000 €. Das Grundstück gehörte ursprünglich zum Sonderbetriebsvermögen des V. Dieser hat das Grundstück 2012 angeschafft und 2020 zum Buchwert nach § 6 Abs. 5 Satz 3 Nr. 3 EStG in das Sonderbetriebsvermögen seiner Tochter übertragen.

AUFGABE

Kann T für den Veräußerungsgewinn in ihrer Sonderbilanz eine gewinnmindernde Rücklage nach § 6b Abs. 3 EStG bilden?

LÖSUNG

§ 6b EStG ist auch anzuwenden, wenn der Gesellschafter einer Personengesellschaft Wirtschaftsgüter veräußert, die zu seinem Sonderbetriebsvermögen gehören. Die Anwendung der Vorschrift setzt u. a. voraus, dass die veräußerten Wirtschaftsgüter im Zeitpunkt der Veräußerung mindestens sechs Jahre lang ununterbrochen zum Anlagevermögen einer inländischen Betriebsstätte des veräußernden Stpfl. gehört haben (§ 6b Abs. 4 Satz 1 Nr. 2 EStG).

§ 6b EStG ist keine gesellschafts- und/oder betriebsbezogene, sondern eine personenbezogene Steuervergünstigung. Dementsprechend ist auch die in § 6b Abs. 4 Satz 1 Nr. 2 EStG geregelte Sechsjahresfrist personenbezogen zu verstehen. Die Auslegung des § 6b EStG als personenbezogene Steuervergünstigung ermöglicht es, dass stille Reserven, die im Gesellschaftsvermögen aufgedeckt werden, auf ein Wirtschaftsgut übertragen werden können, das zum Sonderbetriebsvermögen oder einem anderen Betriebsvermögen eines Gesellschafters gehört. Auch die Übertragung von stillen Reserven, die im Sonderbetriebsvermögen oder einem anderen Betriebsvermögen eines Gesellschafters aufgedeckt werden, auf im Gesellschaftsvermögen angeschaffte oder hergestellte Wirtschaftsgüter, ist nur aufgrund der personenbezogenen Auslegung des § 6b EStG möglich.

Was die Sechsjahresfrist betrifft, so finden im Regelfall keine Besitzzeitanrechnungen statt. Entgeltliche Veräußerungen – auch innerhalb einer Mitunternehmerschaft – schließen prinzipiell den Übergang der Rechte aus § 6b EStG, vor allem auch die Besitzzeitanrechnung aus. Bei Personengesellschaften muss prinzipiell auf die Besitzzeit der einzelnen Gesellschafter abgestellt werden, denen der Gewinn aus der Aufdeckung der stillen Reserven zur Versteuerung zugerechnet wird.

Fraglich ist, wie Sechsjahresfrist bei der Veräußerung von zum Sonderbetriebsvermögen gehörenden Wirtschaftsgütern zu berechnen ist, die dem veräußernden Mitunternehmer von einem Mitgesellschafter zum Buchwert übertragen worden sind. Hat ein Kommanditist – wie hier T – ein im Sonderbetriebsvermögen gehaltenes Grundstück von einem anderen Kommanditisten (hier: V) durch Schenkung erhalten und mit dem Buchwert nach § 6 Abs. 5 Satz 3 Nr. 3 EStG fortgeführt, ist im Veräußerungsfall auf die Sechsjahresfrist des § 6b Abs. 4 Satz 1 Nr. 2 EStG auch die Besitzzeit des Rechtsvorgängers anzurechnen (BFH VIII R 48/90, BStBl 1993 II 93). Die Buchwertfortführung erfasst auch alle mit der späteren Gewinnrealisierung zusammenhängenden bilanzrechtlichen Folgewirkungen; insbesondere tritt der Rechtsnachfolger auch hinsichtlich der den steuerrechtlichen Gewinn mindernden Rücklagen und ihrer Voraussetzungen in die Rechtsstellung des Rechtsvorgängers ein. Das gilt sowohl für die Gesamtrechtsnachfolge als auch für die Einzelrechtsnachfolge. Der von T erzielte Veräußerungsgewinn ist nach § 6b EStG begünstigt. T kann in ihrer Sonderbilanz eine gewinnmindernde Rücklage nach § 6b Abs. 3 EStG von 100.000 € bilden.

Übertragung eines Veräußerungsgewinns auf ein im Vorjahr angeschafftes bzw. hergestelltes Wirtschaftsgut nach § 6b EStG

Sachverhalt:

A betreibt in einem Vorort von Koblenz eine Fabrikation. Mit notariellem Vertrag vom 5.1.01 erwirbt er im Koblenzer Industriegebiet ein unbebautes Grundstück; die Anschaffungskosten betragen 200.000 €. A errichtet auf dem Grundstück ein Betriebsgebäude, das Anfang November 01 fertiggestellt wird. Die Herstellungskosten belaufen sich auf 800.000 €; für das Gebäude wird die lineare AfA nach § 7 Abs. 4 Satz 1 Nr. 1 EStG in Anspruch genommen (jährlicher AfA-Satz: 3 %). A verlegt noch im Jahr 01 seine Fabrikation in das neue Betriebsgebäude.

Das bisherige Betriebsgrundstück, das A seit 15 Jahren gehörte, wird im Februar 02 für insgesamt 1,1 Mio. € veräußert; vom Veräußerungspreis entfallen 380.000 € auf den Grund und Boden und 720.000 € auf das Gebäude. Im Veräußerungszeitpunkt hatte das bisherige Betriebsgrundstück einen Buchwert von 400.000 € (Grund und Boden 80.000 € und Gebäude 320.000 €), so dass A in 02 folgender Veräußerungsgewinn entsteht:

	Grund und Boden	Gebäude
Veräußerungspreis	380.000 €	720.000 €
Buchwert	80.000 €	320.000 €
Veräußerungsgewinn	300.000 €	400.000 €

AUFGABE

Kann A den bei der Veräußerung des bisherigen Betriebsgrundstücks in 02 erzielten Veräußerungsgewinn von insgesamt 700.000 € auf die Anschaffungskosten des in 01 angeschafften Grund und Bodens bzw. die Herstellungskosten des in 01 fertiggestellten Betriebsgebäudes übertragen?

LÖSUNG

Nach § 6b Abs. 1 EStG können Gewinne aus der Veräußerung von bestimmten Wirtschaftsgütern des Betriebsvermögens zur Vermeidung der sofortigen Besteuerung auch auf Reinvestitionsgüter übertragen werden, die im Wirtschaftsjahr **vor** der Veräußerung angeschafft oder hergestellt worden sind. Der Veräußerungsgewinn ist in diesem Fall anstelle von den Anschaffungs- oder Herstellungskosten vom Buchwert des betreffenden Wirtschaftsgutes am Schluss des Wirtschaftsjahres (des Vorjahres) abzuziehen (§ 6b Abs. 5 EStG).

Der Abzug des Veräußerungsgewinns ist hier zulässig

▶ beim Buchwert des Grund und Bodens, soweit der Gewinn bei der Veräußerung von Grund und Boden entstanden ist, und

▶ beim Buchwert des Gebäudes, soweit der Gewinn bei der Veräußerung von Grund und Boden und Gebäude entstanden ist.

Der bei der Veräußerung des Grund und Bodens entstandene Gewinn i. H. v. 300.000 € kann daher im Jahr 02 i. H. v. 199.999 € auf den Buchwert des in 01 erworbenen Grund und Bodens übertragen werden. Der Restbetrag von 100.001 € sowie der bei der Veräußerung des Gebäudes entstandene Gewinn i. H. v. 400.000 € (insgesamt also 500.001 €) sind auf den Buchwert des in 01 hergestellten Gebäudes übertragbar.

Es ergibt sich danach folgende Wertentwicklung:

a) Grund und Boden

Buchwert 31.12.01	200.000 €
./. übertragene stille Reserven des Grund und Bodens	./. 199.999 €
Buchwert 31.12.02	1 €

b) Gebäude

Herstellungskosten 01	800.000 €	
./. AfA nach § 7 Abs. 4 Satz 1 Nr. 1 EStG: 3 % von 800.000 € = 24.000 € für die Zeit vom 1.11.-31.12.01: 2/12 von 24.000 € =	./. 4.000 €	
Buchwert 31.12.01	796.000 €	
./. verbliebene stille Reserven des Grund und Bodens	100.001 €	
./. übertragene stille Reserven des Gebäudes	400.000 €	./. 500.001 €
verbleibender Betrag		295.999 €

Als AfA-Bemessungsgrundlage sind für das Gebäude ab 02 die um den Abzugsbetrag i. H. v. 500.001 € geminderten Herstellungskosten anzusetzen (§ 6b Abs. 6 Satz 2 EStG). Die für das Gebäude ab 02 maßgebende AfA-Bemessungsgrundlage beträgt somit (800.000 € ./. 500.001 € =) 299.999 €.

FALL 131A

Veräußerung eines Wirtschaftsguts aus dem Gesellschaftsvermögen an einen Gesellschafter

Sachverhalt:

A ist einziger Kommanditist der X-GmbH & Co. KG. Die KG veräußerte 2020 ein seit 15 Jahren zu ihrem Betriebsvermögen gehörendes unbebautes Grundstück zu fremdüblichen Bedingungen an A und erzielt dabei einen Gewinn von 100.000 €. Das Grundstück wird bei A Privatvermögen, er errichtet darauf ein zur Vermietung bestimmtes Wohnhaus.

AUFGABE

1. Ist das Veräußerungsgeschäft zwischen der KG und A steuerlich anzuerkennen?

2. Handelt es sich um einen nach § 6b EStG begünstigten Gewinn?

LÖSUNG

Zu 1.:

§ 15 Abs. 1 Satz 1 Nr. 2 Halbsatz 2 EStG regelt nur Fälle, in denen der Gesellschafter der Gesellschaft Kapital oder Wirtschaftsgüter „zur Nutzung" überlässt. Daher fallen Veräußerungsvorgänge nicht unter diese Vorschrift. Veräußert der Gesellschafter an die Gesellschaft Wirtschaftsgüter unter gleichen Bedingungen, wie sie unter Fremden vereinbart worden wären, so gelten die allgemeinen Vorschriften über die steuerrechtliche Behandlung von Veräußerungsgeschäften. Das gleiche gilt entsprechend umgekehrt – wie hier – für Veräußerungen von Wirtschaftsgütern durch die Gesellschaft an den Gesellschafter. Veräußerungsgeschäfte zwischen einer Personengesellschaft und ihrem Gesellschafter, die zu Konditionen wie zwischen fremden Dritten abgeschlossen werden, werden in vollem Umfang wie Geschäfte zwischen zwei Rechtssubjekten behandelt.

Dies ist auch insoweit anerkannt, als die Veräußerungsvorgänge sich nicht von Betriebsvermögen zu Betriebsvermögen abspielen, sondern der Gesellschafter ein Wirtschaftsgut aus seinem Privatvermögen veräußert oder das von der Gesellschaft veräußerte Wirtschaftsgut in das Privatvermögen des Gesellschafters gelangt. Das Veräußerungsgeschäft zwischen der KG und A ist steuerlich anzuerkennen.

Zu 2.:

Veräußert eine Personengesellschaft ein Wirtschaftsgut aus dem Gesellschaftsvermögen an einen Gesellschafter zu Bedingungen, die bei entgeltlichen Veräußerungen zwischen Fremden üblich sind und wird das Wirtschaftsgut bei dem Erwerber Privatvermögen, so ist der dabei realisierte Gewinn regelmäßig insgesamt ein begünstigungsfähiger Veräußerungsgewinn i. S. v. § 6b EStG. Er ist, soweit der Erwerber als Gesellschafter am Vermögen der veräußernden Personengesellschaft beteiligt ist, nicht etwa ein nicht begünstigungsfähiger Entnahmegewinn (so bereits BFH, Urteil v. 10.7.1980, IV R 136/77, BStBl 1981 II 84). Bei dem Veräußerungsgewinn von 100.000 € handelt es sich um einen nach § 6b EStG begünstigten Gewinn.

FALL 131B

Veräußerung eines Wirtschaftsguts zwischen Schwesterpersonengesellschaften

Sachverhalt:

A ist einziger Kommanditist der X-GmbH & Co. KG (KG 1). Komplementärin und Geschäftsführerin der KG 1 ist eine kapitalmäßig an ihr nicht beteiligte GmbH. Zum Gesamthandsvermögen der KG 1 gehört ein unbebautes Grundstück, dass 2011 erworben wurde und mit seinen Anschaffungskosten von 100.000 € bilanziert ist.

A ist zugleich einziger Kommanditist der Y-GmbH & Co. KG (KG 2). Die Komplementär-GmbH ist nicht am Gesellschaftskapital der KG 2 beteiligt

Die KG 1 hat am 1.7.2020 das Grundstück zu fremdüblichen Bedingungen unter Beachtung eines Wertgutachtens für 150.000 € an die KG 2 veräußert.

AUFGABE

Kann der von der KG 1 erzielte Veräußerungsgewinn **nach § 6b EStG** auf das von der KG 2 angeschaffte Grundstück übertragen werden?

LÖSUNG

Wegen der gesellschafterbezogenen Betrachtungsweise dieser Steuervergünstigung erlaubt § 6b EStG die Übertragung eines dem Gesellschafter (hier: A) zuzurechnenden Veräußerungsgewinns nicht nur betriebsbezogen, sondern auch auf Wirtschaftsgüter eines Einzel- oder Sonderbetriebsvermögens des Gesellschafters sowie i. H. d. auf den Gesellschafter entfallenden ideellen Anteils auf Wirtschaftsgüter des Gesamthandsvermögens einer anderen Personengesellschaft, an der der Gesellschafter ebenfalls als Mitunternehmer beteiligt ist (BFH IV VR 19/14, BStBl 2018 II 575, Rn. 21).

Der Gewinn aus der Veräußerung des nach § 6b EStG qualifizierten Grund und Bodens kann von der KG 1 nicht nur auf Reinvestitionsgüter in ihrem eigenen Gesamthandsvermögen, sondern auch auf die Reinvestitionsgüter übertragen werden, die dem A als Sonderbetriebsvermögen zuzurechnen sind. Eine Übertragung ist sogar bei Reinvestitionen in dem Gesamthandsvermögen einer anderen Personengesellschaft (hier: KG 2) möglich, soweit dieses dem Doppelgesellschafter A zugeordnet wird und soweit der übertragbare Gewinn auf diesen Doppelgesellschafter entfällt (hier: 100 %). Bei Veräußerung zwischen Schwesterpersonengesellschaften kann es sich bei dem veräußerten Wirtschaftsgut und dem Reinvestitionsgut auch um dasselbe Wirtschaftsgut handeln, wie der BFH in seinem genannten Urteil ausdrücklich bestätigt (ebenso BMF, BStBl 2011 I 1279, Rn. 20).

Die KG 1 kann für den Gewinn von 50.000 € aus der Veräußerung des Grundstücks eine § 6b-Rücklage bilden (§ 6b Abs. 3 Satz 1 EStG). Der Veräußerungsgewinn wird auf diese Weise komplett neutralisiert (Buchungssatz: Sonstiger betrieblicher Ertrag 50.000 € an § 6b-Rücklage 50.000 €). Die § 6b-Rücklage wird anschließend auf die KG 2 übertragen (Buchungssatz bei der KG 1: § 6b-Rücklage 50.000 € an Kapitalkonto 50.000 €). Im Ergebnis erhöht sich das Kapital bei der veräußernden GmbH & Co. KG 1 erfolgsneutral um 50.000 € (Fischer/Petersen, DStR 2019, 2169, 2172).

Die KG 2 muss in ihrer Steuerbilanz zunächst die § 6b-Rücklage passivieren (Buchungssatz: Kapital 50.000 € an § 6b-Rücklage 50.000 €). Anschließend wird die § 6b-Rücklage von den Anschaffungskosten des Grundstücks abgesetzt (Buchungssatz: § 6b-Rücklage 50.000 € an Grund und Boden 50.000 €). Das Grundstück ist nun in der Steuerbilanz der KG 2 i. H. v. 100.000 € aktiviert. Im Ergebnis mindert sich bei der erwerbenden GmbH & Co. KG 2 das Kapital um 50.000 €.

FALL 131C

Bildung einer § 6b-Rücklage bei einer Grundstücksenteignung

Sachverhalt:

Zum Gesamthandsvermögen der X-GmbH & Co. KG gehörte seit 20 Jahre ein unbebautes Grundstück, das bislang für Lagerzwecke genutzt wurde. Im Jahr 2020 erfolgte eine Enteignung, weil das Grundstück für den Bau von Verkehrswegen benötigt wurde. Die KG erhielt von der Stadt X eine Entschädigung von 600.000 €, die zu einem Gewinn von 400.000 € führte. In ihrer Bilanz zum 31.12.2020 hat die KG gewinnmindernd eine Reinvestitionsrücklage von 400.000 € gebildet.

AUFGABE

Kann die § 6b-Rücklage steuerlich anerkannt werden?

Der BFH stellt sich in einer neueren Entscheidung auf den Standpunkt, dass eine Veräußerung i. S. d. § 23 EStG nicht vorliegt und folglich nicht zu einem privaten Veräußerungsgeschäft führt, wenn der Stpfl. enteignet wird (BFH IX R 28/18, BStBl 2019 II 701). Die Veräußerung müsse wesentlich vom Willen des Stpfl. abhängen und mithin Ausdruck einer „wirtschaftlichen Betätigung" sein. Daran fehle es, wenn – wie im Falle einer Enteignung oder Umlegung – der Verlust des Eigentums am Grundstück „ohne maßgeblichen Einfluss des Stpfl. stattfinde". In gleicher Weise könne es am willentlichen Erwerb bei Rechtsgeschäften zur Vermeidung einer Enteignung oder Umlegung fehlen.

Im Bereich der steuerlichen Erfassung betrieblicher Einkünfte kann die Übertragung oder Belastung des Eigentums von Wirtschaftsgütern des Betriebsvermögens aufgrund behördlichen oder gesetzlichen Zwangs – etwa durch Enteignung – jedoch zur Annahme einer Veräußerung und mithin zur steuerlichen Berücksichtigung einer Enteignungsentschädigung als Betriebseinnahme führen. Nach bisheriger Rechtsprechung des BFH kann der Stpfl. in diesem Fall von § 6b EStG profitieren, d. h. er kann die Grundstückswertentschädigung in eine Rücklage nach § 6b EStG einstellen (bestätigt durch BFH IX R 28/18, BStBl 2019 II 701, Rn. 28). In den Anwendungsbereich des § 6b EStG fallen auch Enteignungen oder enteignungsgleiche Eingriffe, denn in diesen Fällen liegt eine Veräußerung i. S. d. § 6b Abs. 1 Satz 1 EStG vor, so dass die Bildung der § 6b-Rücklage von 400.000 € zulässig ist.

Übertragung stiller Reserven bei der Veräußerung von Anteilen an einer Kapitalgesellschaft

Sachverhalt:

Einzelgewerbetreibender A veräußerte 2020 die seit 20 Jahren zu seinem Anlagevermögen gehörende GmbH-Beteiligung I, deren Anschaffungskosten 50.000 € betragen haben, für 550.000 €, so dass ein Veräußerungsgewinn von 500.000 € entstand. Dieser Gewinn ist zu 40 % steuerfrei (§ 3 Nr. 40 Satz 1 Buchst. a, § 3c Abs. 2 EStG). A erwarb 2020 – im Anschluss an den Verkauf der GmbH-Beteiligung I – die GmbH-Beteiligung II. Deren Anschaffungskosten betragen 600.000 €.

Kann A den Veräußerungsgewinn auf die Anschaffungskosten der GmbH-Beteiligung II übertragen?

LÖSUNG

Steuerpflichtige, die keine Körperschaften, Personenvereinigungen oder Vermögensmassen sind, können Gewinne aus der Veräußerung von Anteilen an Kapitalgesellschaften bis zu einem Betrag von 500.000 € auf die im Wirtschaftsjahr der Veräußerung oder in den folgenden zwei bzw. vier Wirtschaftsjahren angeschafften oder hergestellten begünstigten Reinvestitionsobjekte übertragen (§ 6b Abs. 10 Satz 1 EStG). Allerdings ist nicht jede Veräußerung von Anteilen an Kapitalgesellschaften durch Personenunternehmen begünstigt; auch hier gilt, dass die veräußerten Anteile an der Kapitalgesellschaft mindestens sechs Jahre zum Anlagevermögen einer inländischen Betriebsstätte gehört haben (§ 6b Abs. 10 Satz 4 i. V. m. § 6b Abs. 4 Satz 1 Nr. 2 EStG).

Die von Personenunternehmen erzielten Gewinne aus der Veräußerung von Anteilen an Kapitalgesellschaften sind nach den Regelungen des Teileinkünfteverfahrens zu 40 % steuerbefreit (§ 3 Nr. 40 Satz 1 Buchst. a und b, § 3c Abs. 2 EStG). Daher wird bei der Übertragung des Gewinns auf Gebäude und abnutzbare bewegliche Wirtschaftsgüter nur ein Betrag bis zur Höhe des nicht steuerbefreiten Betrags, höchstens also 60 % von 500.000 € = 300.000 € im Wirtschaftsjahr der Veräußerung, zum Abzug zugelassen (§ 6b Abs. 10 Satz 2 EStG). Bei der Übertragung auf Anteile an Kapitalgesellschaften darf dagegen der gesamte Gewinn einschließlich des steuerbefreiten Betrags übertragen werden (§ 6b Abs. 10 Satz 3 EStG). Das beruht darauf, dass eine spätere Veräußerung dieser Anteile wiederum dem Teileinkünfteverfahren unterliegt.

Vorliegend sind also die Anschaffungskosten der GmbH-Beteiligung II um den steuerpflichtigen Veräußerungsgewinn von 300.000 € und den steuerfreien Veräußerungsgewinn von 200.000 € zu mindern. Dadurch wird sichergestellt, dass bei einer späteren Veräußerung der Beteiligung an der GmbH II auch der bei der ersten begünstigten Veräußerung steuerfrei gestellte Gewinn erfasst wird. Wird die GmbH-Beteiligung II z. B. für 600.000 € weiterveräußert, entsteht ein Veräußerungsgewinn von 600.000 € ./. 100.000 € = 500.000 €, der i. H. v. 60 % von 500.000 € = 300.000 € steuerpflichtig ist.

HINWEIS

Bei Mitunternehmerschaften ist für die Berechnung des Höchstbetrags nach § 6b Abs. 10 Satz 1 EStG jeder Mitunternehmer als Steuerpflichtiger anzusehen mit der Folge, dass der Höchstbetrag von 500.000 € für jeden Mitunternehmer zur Anwendung kommt – sog. gesellschafterbezogene Betrachtungsweise (R 6b.2 Abs. 12 EStR 2012). Bei Veräußerungen aus dem Gesamthandsvermögen einer Personengesellschaft wird der Höchstbetrag nach der Anzahl der Gesellschafter vervielfacht. Jedem der Mitunternehmer steht die Möglichkeit zu, einen anteiligen Betrag bis zu 500.000 € aus der Veräußerung von begünstigten Anteilen zu übertragen.

FALL 132A

Erwerb eines Reinvestitionsobjekts in einem EU-Mitgliedstaat

Sachverhalt:

Einzelgewerbetreibender A, der in Aachen ein Großhandelsunternehmen betreibt, erzielte im März 2020 bei der Veräußerung eines seit 10 Jahren zu seinem Anlagevermögen gehörenden Lagergrundstücks einen Gewinn von 500.000 €.

Das Unternehmen des A verfügt in den Niederlanden über eine Betriebsstätte. Dort erwarb A noch im Jahr 2020 ein Lagergebäude als Reinvestitionsobjekt.

AUFGABE

1. Kann die Steuer, die auf den Veräußerungsgewinn entfällt, auf Antrag gestundet werden?

2. Kann von dem Stundungsantrag abgesehen und stattdessen eine Rücklage nach § 6b Abs. 3 EStG von 500.000 € gebildet werden?

LÖSUNG

Zu 1.:

Nach § 6b Abs. 4 Satz 1 Nr. 3 EStG ist Voraussetzung für die Anwendung der Reinvestitionsvergünstigung, dass die Reinvestitionsobjekte zum Anlagevermögen einer inländischen Betriebsstätte gehören. Damit ist die Europäische Kommission nicht einverstanden. Sie hat Deutschland bereits am 29.9.2011 förmlich aufgefordert, seine Steuervorschriften für stille Reserven dahingehend zu ändern, dass bestimmte grenzüberschreitende Transaktionen nicht länger benachteiligt sind. Durch § 6b Abs. 4 Satz 1 Nr. 3 EStG würden Stpfl., die Wirtschaftsgüter ihres Anlagevermögens veräußern möchten, um sich in einem anderen EU-Mitgliedstaat, in Island, Liechtenstein oder Norwegen niederzulassen oder dort ihre wirtschaftlichen Aktivitäten auszubauen, eindeutig benachteiligt.

Der EuGH hat – nachfolgend auf ein gegen Deutschland eingeleitetes Vertragsverletzungsverfahren – die Beschränkung der deutschen „Reinvestitionsrücklagenklausel" des § 6b Abs. 4 Satz 1 Nr. 3 EStG auf inländische Betriebsstätten für unionsrechtswidrig erklärt (EuGH v. 16.4.2015, C-591/13, DStR 2015 870). Er zeigt in seinem Urteil eine – im Vergleich zu einer Reinvestition im Inland – andere Umsetzungsmöglichkeit auf, die in der Anwendung einer Stundungsregelung bei Besteuerung der stillen Reserven aus dem Verkauf des inländischen Wirtschaftsguts liegen könnte. Jedenfalls muss nach Ansicht des EuGH ein Steueraufschub nach § 6b EStG auch bei einer Reinvestition in eine ausländische Betriebsstätte gewährt werden.

Der Gesetzgeber hat im Rahmen des StÄndG 2015 auf diese Rechtsentwicklung reagiert. Er hat durch Einfügung eines § 6b Abs. 2a EStG die Rechtsprechung des EuGH berücksichtigt, um § 6b EStG in einen EU-rechtskonformen Zustand zu versetzen. § 6 Abs. 2a Satz 1 EStG behandelt die

Fälle, in denen innerhalb der vier- bzw. sechsjährigen Reinvestitionsfrist oder in dem der Veräußerung vorangegangenen Wirtschaftsjahr begünstigte Reinvestitionsgüter angeschafft oder hergestellt worden sind, die einem Betriebsvermögen des Stpfl. in einem anderen Mitgliedstaat der Europäischen Union oder des Europäischen Wirtschaftsraums zuzuordnen sind. Begünstigt sind allerdings nur Reinvestitionsgüter i. S. d. § 6b Abs. 1 Satz 2 EStG; der Begünstigungstatbestand des § 6b Abs. 10 EStG wird nicht erfasst (Kanzler, NWB 2019, 546). Nach der Rechtsprechung des BFH (VI R 84/14, BStBl 2018 II 171) bestehen gegen die Regelung des § 6b Absatz 2a EStG keine unionsrechtlichen Bedenken. In diesem Fall kann auf Antrag des Stpfl. die festgesetzte Steuer, die auf den Veräußerungsgewinn entfällt, in fünf gleichen Jahresraten entrichtet werden. Der Antrag kann nur im Wirtschaftsjahr der Veräußerung der begünstigten Wirtschaftsgüter gestellt werden (§ 6b Abs. 2a Satz 2 EStG). Ausreichend soll sein, wenn der Antrag des Stpfl. zusammen mit der Steuererklärung für das Veräußerungsjahr gestellt wird.

HINWEIS

Der Antrag nach § 6b Abs. 2a Satz 2 EStG kann in allen Fällen berücksichtigt werden, in denen die materielle Bestandskraft des betroffenen Steuerbescheids noch nicht eingetreten ist; bei vom Kalenderjahr abweichendem Wirtschaftsjahr von Land- und Forstwirten ist der noch nicht bestandskräftig veranlagte Steuerbescheid maßgebend, in dem der anteilige Gewinn i. S. d. § 6b Abs. 2 EStG aus der Veräußerung des begünstigten Wirtschaftsguts erfasst ist (BMF, BStBl 2018 I 309, Rn. 2).

Nach § 6 Abs. 2a Satz 3 EStG ist § 36 Abs. 5 Satz 2 bis 5 EStG sinngemäß anzuwenden. Nach § 36 Abs. 5 Satz 2 EStG ist die erste Jahresrate innerhalb eines Monats nach Bekanntgabe des Steuerbescheids zu entrichten; die übrigen Jahresraten sind jeweils am 31.5. der Folgejahre fällig. Die Jahresraten sind nicht zu verzinsen (§ 36 Abs. 5 Satz 3 EStG).

Zu 2.:

Wird das begünstigte Ersatzwirtschaftsgut im Wirtschaftsjahr der Veräußerung oder im vorangegangenen Wirtschaftsjahr in einer inländischen Betriebsstätte angeschafft oder hergestellt, kann A nach § 6b Abs. 1 Satz 2 EStG den Gewinn von den Anschaffungs- oder Herstellungskosten des Ersatzwirtschaftsguts abziehen. Die Möglichkeit der Übertragung stiller Reserven nach § 6b Abs. 1 EStG ist ein eigenständiges steuerliches Wahlrecht (BMF, BStBl 2010 I 239, Rn. 14). Die Abweichung von der Handelsbilanz ist nach § 5 Abs. 1 Satz 2 und 3 EStG zu dokumentieren.

Erwirbt A zunächst in seiner inländischen Betriebsstätte kein Ersatzwirtschaftsgut oder sieht er von einer Gewinnübertragung in einer inländischen Betriebsstätte ab, kann er den Veräußerungsgewinn nach § 6b Abs. 3 EStG in eine steuerfreie Rücklage einstellen. Das gilt auch, wenn er in einer ausländischen Betriebsstätte ein Ersatzwirtschaftsgut angeschafft oder hergestellt hat.

Wird in diesem Fall bis zum Ende der Reinvestitionsfrist in einer inländischen Betriebsstätte kein begünstigtes Ersatzwirtschaftsgut angeschafft oder hergestellt, ist die Rücklage nach § 6b Abs. 3 Satz 5 EStG gewinnerhöhend aufzulösen. Die Verzinsungsregelung des § 6b Abs. 7 EStG findet Anwendung. Danach ist der Gewinn des Auflösungsjahrs für jedes volle Wirtschaftsjahr, in dem die Rücklage bestanden hat, um 6 % des aufzulösenden Rücklagenbetrags zu erhöhen.

FALL 133

Betriebserwerb gegen Leibrente mit Wertsicherungsklausel

Sachverhalt:

A veräußert mit Ablauf des 31.12.01 seinen Gewerbebetrieb an B gegen Zahlung einer lebenslänglichen Rente (mit Wertsicherungsklausel) i. H. v. zunächst monatlich 3.000 € (beginnend ab dem 1.1.02).

Der Übertragung liegen folgende Wirtschaftsgüter zugrunde:

	Buchwert in der Schlussbilanz des A zum 31.12.01	Teilwert zum 31.12.01
Grund und Boden	50.000 €	80.000 €
Gebäude	150.000 €	200.000 €
Maschinen	40.000 €	50.000 €
Einrichtung	20.000 €	30.000 €
Waren	90.000 €	90.000 €
Firmenwert	0 €	100.000 €
	350.000 €	550.000 €

Der versicherungsmathematische Rentenbarwert der monatlichen Rente i. H. v. 3.000 € beträgt

am 1.1.02	550.000 €
am 31.12.02	524.000 €
am 31.12.03	497.000 €

Aufgrund einer Wertsicherungsklausel erhöhen sich die Rentenzahlungen ab 1.7.03 auf monatlich 3.300 €. Der versicherungsmathematische Barwert des Erhöhungsbetrages beläuft sich

am 1.7.03 auf	51.000 €
am 31.12.03	49.700 €

AUFGABEN

1. Welches Aussehen hat die Eröffnungsbilanz des B zum 1.1.02?

2. Welche Gewinnauswirkung ergibt sich im Zusammenhang mit den Rentenzahlungen der Jahre 02 und 03 i. H. v. monatlich 3.000 €?

3. Welche einkommensteuerlichen Folgen löst die Rentenerhöhung ab 1.7.03 aus?

LÖSUNG

Zu 1.:

Beim Erwerb eines Betriebs gegen eine Leibrente bildet der Barwert der Rentenverpflichtung zum Zeitpunkt des Erwerbs die Anschaffungskosten für die übernommenen Wirtschaftsgüter einschließlich eines etwaigen Firmenwertes. Der Rentenbarwert ist grds. nach versicherungsmathematischen Grundsätzen zu ermitteln (BFH I R 21/66, BStBl 1969 II 334; IV R 126/76, BStBl 1980 II 491; VIII R 64/96, BStBl 1998 II 537). Die Finanzverwaltung lässt allerdings auch zu, dass der Erwerber den Rentenbarwert nach den Vorschriften des BewG ermitteln kann (R 6.2 Satz 1 EStR 2012). Die erworbenen Wirtschaftsgüter sind mit ihrem Teilwert, höchstens mit den Anschaffungskosten zu aktivieren (§ 6 Abs. 1 Nr. 7 EStG); der darüber hinausgehende Betrag ist als Firmenwert auszuweisen. Die Eröffnungsbilanz des B hat danach folgendes Aussehen:

Aktiva	Eröffnungsbilanz zum 1.1.02		Passiva
Grund und Boden	80.000 €	Kapital	0 €
Gebäude	200.000 €	Rentenverpflichtung	550.000 €
Maschinen	50.000 €		
Einrichtung	30.000 €		
Waren	90.000 €		
Firmenwert	100.000 €		
	550.000 €		550.000 €

Zu 2.:

Die Rentenzahlungen der Jahre 02 und 03 i. H. v. monatlich 3.000 € sind als Betriebsausgaben zu behandeln (Buchungssatz: Rentenaufwand an Geldkonto). Zu den Bilanzstichtagen 31.12.02 und 31.12.03 ist die Rentenverpflichtung mit ihrem versicherungsmathematischen Barwert zu passivieren. Die Minderung des Rentenbarwertes ist gewinnerhöhend zu berücksichtigen (Buchungssatz: Rentenverpflichtung an Rentenaufwand). Im Ergebnis wirkt sich also nur der Zinsanteil der Rente gewinnmindernd aus:

Jährliche Rentenzahlungen		**02**	**03**
Aufwand		36.000 €	36.000 €
./. Barwertminderung			
a) Barwert 1.1.02	550.000 €		
./. Barwert 31.12.02	524.000 €	26.000 €	0 €
b) Barwert 31.12.02	524.000 €		
./. Barwert 31.12.03	./. 497.000 €	0 €	27.000 €
Gewinnminderung		10.000 €	9.000 €

Zu 3.:

Die Erhöhung der Rentenzahlungen ab 1.7.03 hat auf die Anschaffungskosten der erworbenen Wirtschaftsgüter keinen Einfluss; es tritt also keine nachträgliche Erhöhung der Anschaffungskosten ein (BFH VI R 80/66, BStBl 1967 III 699; VIII R 64/96, BStBl 1998 II 537). Der Erhöhungsbetrag der Rente ist vielmehr im Zeitpunkt der Rentenanpassung als Aufwand zu behandeln, und zwar mit seinem versicherungsmathematischen Barwert. Es empfiehlt sich, den Erhöhungsbetrag als gesonderte Rente zu behandeln. Für B ergibt sich aufgrund der Rentenanpassung im Jahr 03 folgende Gewinnauswirkung:

a) Rentenbarwert des Erhöhungsbetrages am 1.7.03 (= Aufwand);

Buchungssatz:

Rentenaufwand an Rentenverbindlichkeit (Erhöhungsbetrag) 51.000 €

b) Rentenzahlungen (Erhöhungsbetrag) im Jahr 03:

6 × 300 € =		1.800 €	
./. Barwertminderung			
Barwert 1.7.03	51.000 €		
./. Barwert 31.12.03	./. 49.700 €	1.300 €	500 €
Gewinnminderung 03			51.500 €

FALL 134

Betriebserwerb gegen Kaufpreisraten mit Wertsicherungsklausel

Sachverhalt:

A betreibt einen Schuheinzelhandel. Mit Ablauf des 31.12.00 veräußert er seinen Gewerbebetrieb an B. Verkäufer und Käufer vereinbaren, dass der Kaufpreis i. H. v. 500.000 € in zehn Halbjahresraten zu je 50.000 € entrichtet werden kann. Die Raten sind jeweils am 20.3. und 20.9. eines Jahres fällig; die erste Rate am 20.3.01, die letzte Rate am 20.9.05. Auf eine Verzinsung der Raten wurde verzichtet. Da die Raten der Versorgung des A dienen sollen, wurde jedoch eine Wertsicherungsklausel – Bindung an den Lebenshaltungskostenindex – vereinbart.

Aufgrund der Wertsicherungsklausel muss B ab 1.1.05 statt 50.000 € nunmehr 55.000 € halbjährlich zahlen.

Die übertragenen Wirtschaftsgüter haben folgenden Teilwert:

Grund und Boden	40.000 €
Gebäude	140.000 €
Betriebsausstattung	20.000 €
Waren	60.000 €
	260.000 €

A und B sind sich darüber einig, dass ein Mehrbetrag des Kaufpreises auf den Firmenwert entfällt.

1. Welches Aussehen hat die Eröffnungsbilanz des B zum 1.1.01?

2. Wie sind die Kaufpreisraten i. H.v. (10 × 50.000 € =) 500.000 € bei B einkommensteuerlich zu behandeln?

3. Wie sind die Mehrbeträge, die aufgrund der Wertsicherungsklausel ab 1.1.05 zu entrichten sind, einkommensteuerlich zu behandeln?

Zu 1.:

Beim Erwerb eines Betriebes gegen unverzinsliche Raten bestehen die Anschaffungskosten – anders als bei angemessen verzinslichen Raten – nicht in der Summe der Raten, sondern in dem nach den Vorschriften des BewG ermittelten gemeinen Wert der Kaufpreisschuld (R 6.2 Satz 2 EStR 2012). Der Barwert der Kaufpreisschuld stellt also die in der Eröffnungsbilanz zu aktivierenden Anschaffungskosten dar (§ 6 Abs. 1 Nr. 7 EStG); zugleich ist er in der Eröffnungsbilanz zu passivieren.

Sofern die Parteien – wie hier – keine Zinsvereinbarung getroffen haben, ist bei der Abzinsung grds. von einem Rechnungszinsfuß von 5,5 % auszugehen (BFH VIII R 131/79, BStBl 1975 II 173; VIII R 37/90, BFH/NV 1993, 87; VIII R 67/95, BFH/NV 1997, 175). Zur Berechnung des Barwertes ist die Tabelle 2 zu § 12 Abs. 1 BewG anzuwenden, der ein Rechnungszinsfuß von 5,5 % zugrunde liegt (BMF, BStBl 2001 I 1041, 1053). Anhand einer Berechnung nach der Tabelle 2 zu § 12 Abs. 1 BewG beträgt der Barwert der Kaufpreisraten zum 1.1.01 (100.000 € × 4,388 =) 438.800 €. Die Eröffnungsbilanz des A zum 1.1.01 hat danach folgendes Aussehen:

Aktiva	Eröffnungsbilanz zum 1.1.01		Passiva
Grund und Boden	40.000 €	Kapital A	0 €
Gebäude	140.000 €	Kaufpreisschuld	438.800 €
Betriebsausstattung	20.000 €		
Waren	60.000 €		
Firmenwert	178.800 €		
	438.800 €		438.800 €

Zu 2.:

Die in den jährlichen Ratenzahlungen i. H.v. 100.000 € enthaltenen Zinsanteile kann B im Jahr der Zahlung als Betriebsausgaben abziehen. Die abzugsfähigen Zinsanteile werden errechnet, indem von den jährlichen Ratenzahlungen die jährliche Barminderung abgezogen wird (BFH VIII R 163/71, BStBl 1975 II 431). Die jährlichen Zinsanteile errechnen sich anhand der Tabelle zu § 12 Abs. 1 BewG wie folgt (BMF, BStBl 2001 I 1041, 1053):

	Barwert	Ratenzahlung	Barwertminderung = Tilgungsanteil	Zinsanteil = Betriebsausgabe
	€	€	€	€
1.1.01	438.800	–	–	–
01	–	100.000	78.600	21.400
1.1.02	360.200	–	–	–
02	–	100.000	83.000	17.000
1.1.03	277.200	–	–	–
03	–	100.000	87.500	12.500
1.1.04	189.700	–	–	–
04	–	100.000	92.300	7.700
1.1.05	97.400	–	–	–
05	–	100.000	97.400	2.600
1.1.06	–	–	–	–
		500.000	438.800	61.200

Zu 3.:

Die aufgrund der Wertsicherungsklausel ab 1.1.05 zu leistenden Mehrbeträge i. H. v. jährlich 2 × 5.000 € = 10.000 € führen zu keiner Erhöhung der Anschaffungskosten für die erworbenen Wirtschaftsgüter; denn Erhöhungen aufgrund einer Wertsicherungsklausel sollen vor der Verschlechterung des Geldwertes schützen, sie erhöhen aber nicht den Wert der erworbenen Wirtschaftsgüter. Die Anschaffungskosten i. H. d. Barwertes der Kaufpreisraten zum Zeitpunkt der Anschaffung i. H. v. 438.800 € ändern sich also nicht, so dass auch die AfA unverändert bleibt.

Die Mehrbeträge i. H. v. 10.000 € sind im Zeitpunkt der Zahlung, d. h. im Jahr 05 in vollem Umfang als Betriebsausgaben abzugsfähig (BFH VIII R 231/80, BStBl 1984 II 109; IX R 138/86, BFH/NV 1991, 227).

FALL 135

Übergang von der Einnahmenüberschussrechnung zum Betriebsvermögensvergleich

Sachverhalt:

Steuerpflichtiger A hat am 1.1.2017 einen Gewerbebetrieb eröffnet und seinen Gewinn zunächst nach § 4 Abs. 3 EStG ermittelt. Am 1.1.2020 ist er zur Gewinnermittlung durch Bestandsvergleich übergegangen (§ 5 EStG), weil er buchführungspflichtig geworden ist. A stellt folgende Anfangsbilanz (Übergangsbilanz) auf:

Aktiva	Anfangsbilanz		Passiva
Grund und Boden	50.000 €	Kapital	100.000 €
Gebäude	230.000 €	Gewerbesteuerrückstellung	6.000 €
Maschinen	25.000 €	Umsatzsteuer	4.150 €
Genossenschaftsanteil	5.000 €	Darlehen	253.300 €
Warenbestand	30.000 €	Verbindlichkeiten	5.950 €
Forderungen	23.800 €	Sonstige Verbindlichkeiten	4.000 €
Kasse und Bankguthaben	5.200 €	Delkredere	200 €
Disagio	2.000 €	Passive Rechnungsabgrenzung	400 €
Aktive Rechnungsabgrenzung	3.000 €		
	374.000 €		374.000 €

Erläuterungen zu den einzelnen Bilanzposten:

Grund und Boden:

Den betrieblich genutzten Grund und Boden hat der Stpfl. im Jahr 2017 für 50.000 € erworben und mit den Anschaffungskosten in das nach § 4 Abs. 3 Satz 5 EStG zu führende Verzeichnis aufgenommen. Der Teilwert beträgt am 1.1.2020 60.000 €.

Gebäude:

Der Bilanzwert des Gebäudes ergibt sich aus der Differenz zwischen den Herstellungskosten und der bisherigen AfA.

Maschine:

Die Maschine hat nach dem Anlagenverzeichnis am 1.1.2020 einen Buchwert von 40.000 €. Infolge von Preissenkungen beträgt der Teilwert am 1.1.2020 nur 25.000 € (dauernde Wertminderung).

Genossenschaftsanteil:

Bei dem Genossenschaftsanteil handelt es sich um einen Anteil an einer Einkaufsgenossenschaft, der mit seinen Anschaffungskosten i. H. v. 5.000 € bilanziert ist.

Waren:

Die Anschaffungskosten des Warenbestandes belaufen sich auf 30.000 € zzgl. 19 % Umsatzsteuer. Der Warenbestand war am Stichtag der Anfangsbilanz zu 100 % bezahlt. Die mit der Anschaffung der Waren zusammenhängende Vorsteuer wurde A vom FA bis Ende 2019 vollständig erstattet.

Forderungen:

Die Forderungen aus Lieferungen und Leistungen betragen netto 20.000 € zzgl. 19 % Umsatzsteuer.

Kasse und Bank:

Das vorhandene Bargeld beträgt 1.200 €, das Bankguthaben 4.000 €.

Disagio:

Das Disagio i. H. v. 2.000 € hängt mit dem passivierten Darlehen zusammen, das A im Jahr 2017 aufgenommen hat. Es wurde nur noch mit dem Betrag aktiviert, der auf die Restlaufzeit entfällt. Das Darlehen hat eine Laufzeit von fünf Jahren.

Aktive Rechnungsabgrenzungsposten:

Der aktive Rechnungsabgrenzungsposten i. H. v. 3.000 € betrifft die am 27.12.2019 für das Jahr 2020 vorausbezahlte Prämie für die Betriebshaftpflichtversicherung. Die Prämie war am 1.1.2020 fällig.

Gewerbesteuer:

Die Gewerbesteuerrückstellung von 6.000 € betrifft die voraussichtliche Nachforderung für 2019.

Umsatzsteuer:

Die passivierte Umsatzsteuer für den Monat Dezember 2019 i. H. v. 4.150 € errechnet sich wie folgt:

USt aus Kundenforderungen 1.1.2020	3.800 €	
USt aus im Dezember 2019 bar vereinnahmten Erlösen: 19 % von 10.000 € =	1.900 €	5.700 €
./. abziehbare Vorsteuer: aus Verbindl. 1.1.2020: Reparaturrechnung	950 €	
aus im Dezember 2019 bar bezahlten Rechnungen	600 €	./. 1.550 €
		4.150 €

Die Umsatzsteuer für den Monat Dezember 2019 wurde am 14.1.2020 bezahlt.

Darlehen:

Das Darlehen i. H. v. 253.300 € hängt mit den Anschaffungskosten des Grund und Bodens und den Herstellungskosten des Gebäudes zusammen.

Verbindlichkeiten:

Bei den passivierten Verbindlichkeiten handelt es sich um eine Handwerkerrechnung im Zusammenhang mit der Reparatur des Betriebsgebäudes: Nettorechnungsbetrag 5.000 € zzgl. 19 % = 950 € Vorsteuer.

Sonstige Verbindlichkeiten:

Diese setzen sich wie folgt zusammen: Lohnsteuer usw. (4.000 €) für den Monat Dezember 2019. Der Betrag wurde am 14.1.2020 entrichtet. Die Sozialversicherungsbeiträge für den Monat Dezember 2019 wurden noch im Dezember 2019 bezahlt.

Delkredere:

Bei dem Passivposten „Delkredere" handelt es sich um eine pauschale Wertberichtigung i. H. v. 1 % der Nettoforderungen von 20.000 € = 200 €.

Passive Rechnungsabgrenzungsposten:

Der passive Rechnungsabgrenzungsposten betrifft eine Mietvorauszahlung für 2020 i. H. v. 600 €, die A vom Mieter B am 16.12.2019 erhalten hat. A hat B einen Teil seines betrieblichen Grundstücks als Pkw-Stellplatz für jährlich 600 € vermietet. Die Miete ist jeweils Anfang des Jahres im Voraus fällig.

AUFGABE

Wie hoch ist der Übergangsgewinn?

LÖSUNG

Gehen z. B. Freiberufler oder Gewerbetreibende von der Gewinnermittlung durch Einnahmenüberschussrechnung zur Gewinnermittlung durch Bestandsvergleich nach § 4 Abs. 1 oder § 5 EStG über, sind Zu- und Abrechnungen vorzunehmen. Diese Korrekturen tragen der abweichenden Technik der Gewinnermittlung Rechnung und stellen sicher, dass sich Geschäftsvorfälle nicht doppelt oder überhaupt nicht auswirken. Ein sog. Übergangsgewinn, der nach Saldierung dieser Zu- und Abrechnungen entsteht, kann auf Antrag auf zwei oder drei Jahre verteilt versteuert werden (R 4.6 Abs. 1 Satz 4 EStR 2012). Die beim Übergang von der Einnahmenüberschussrechnung nach § 4 Abs. 3 EStG zum Bestandsvergleich nach § 4 Abs. 1 und § 5 EStG gebotenen Gewinnkorrekturen sind nicht ausdrücklich gesetzlich geregelt (BFH IV R 202/67, BStBl 1968 II 650). Der BFH hat sie jedoch als rechtens anerkannt, weil sie sich aus der Systematik des Gesetzes ergeben (BFH I R 134/78, BStBl 1981 II 780).

Anmerkungen zu den Gewinnkorrekturen im Einzelnen:

Grund und Boden:

A hat den nicht abnutzbaren Grund und Boden zutreffend mit seinen Anschaffungskosten bilanziert. Die Anschaffungskosten ergeben sich aus dem nach § 4 Abs. 3 Satz 5 EStG zu führenden Verzeichnis (R 4.6 Satz 6 EStR 2012). Die Anschaffung des Grund und Bodens hat sich in der Zeit der Einnahmenüberschussrechnung nicht als Betriebsausgabe ausgewirkt, da die Anschaffungs- oder Herstellungskosten nicht abnutzbarer Wirtschaftsgüter des Anlagevermögens bei der Überschussrechnung erst im Zeitpunkt des Zuflusses des Veräußerungserlöses oder bei Entnahme im Zeitpunkt der Entnahme dieser Wirtschaftsgüter als Betriebsausgaben berücksichtigt werden dürfen (§ 4 Abs. 3 Satz 4 EStG). Eine Gewinnkorrektur ist daher nicht erforderlich.

Gebäude:

Das Gebäude gehört zum abnutzbaren Anlagevermögen. Wirtschaftsgüter des abnutzbaren Anlagevermögens werden bei der Gewinnermittlung durch Überschussrechnung – mit Ausnahme von Teilwertabschreibungen – genauso behandelt wie bei der Gewinnermittlung durch Bestandsvergleich, da auch bei der Überschussrechnung die Vorschriften über die AfA zu befolgen sind (§ 4 Abs. 3 Satz 3 EStG). Die Anschaffungs- oder Herstellungskosten von abnutzbaren Anlagegütern wirken sich demzufolge bei der Überschussrechnung nicht im Zeitpunkt der Verausgabung, sondern wie beim Bestandsvergleich nur über die AfA aus. Einer Gewinnkorrektur bedarf es nicht.

Maschine:

Die Maschine ist zutreffend mit ihrem niedrigeren Teilwert in der Anfangsbilanz aktiviert worden (§ 6 Abs. 1 Nr. 1 Satz 2 EStG). Die Teilwertabschreibung i. H. v. 15.000 € (Differenz zwischen dem Buchwert und Teilwert der Maschine) hat sich bei der Überschussrechnung nicht gewinnmindernd ausgewirkt, da Teilwertabschreibungen nur bei einer Gewinnermittlung zulässig sind, die vom Wert des Betriebsvermögens ausgeht (§ 4 Abs. 1, § 5 EStG; BFH XI R 49/05, BStBl 2006 II 712; III R 12/12, BStBl 2016 II 420, Rn. 28). Da die Teilwertabschreibung sich bei der Überschussrechnung nicht gewinnmindernd ausgewirkt hat und im Rahmen der neuen Gewinnermittlungsart sich nicht mehr gewinnmindernd auswirken wird, muss beim Übergang zum Bestandsvergleich ein Abschlag i. H. v. 15.000 € vorgenommen werden.

Genossenschaftsanteil:

Hier gilt das für den Grund und Boden Gesagte entsprechend. Der Genossenschaftsanteil ist ein nicht abnutzbares Wirtschaftsgut des Anlagevermögens, dessen Anschaffung und Bezahlung sich bei der Überschussrechnung nicht ausgewirkt hat (§ 4 Abs. 3 Satz 4 EStG). Diese Behandlung entspricht den Gewinnermittlungsgrundsätzen des Bestandsvergleichs. Ein Zu- oder Abschlag ist daher nicht erforderlich.

Warenbestand:

Beim Kauf von Waren können sich bei der Überschussrechnung zeitliche Gewinndifferenzen gegenüber der Gewinnermittlung durch Bestandsvergleich ergeben. Bei der Überschussrechnung wirkt sich die Anschaffung von Waren im Zeitpunkt der Bezahlung als Betriebsausgabe aus. Beim Bestandsvergleich kommt es dagegen erst über den Wareneinsatz zu Betriebsausgaben.

A hat den vorhandenen Warenbestand zutreffend mit seinen Anschaffungskosten i. H. v. 30.000 € bilanziert. Diese Anschaffungskosten sind in der Zeit der Überschussrechnung – bei Bezahlung – als Betriebsausgaben abgezogen worden. Infolge des Übergangs zur Gewinnermittlung durch Bestandsvergleich wirkt sich der Warenbestand durch Erhöhung des Wareneinsatzes noch einmal gewinnmindernd aus. Daraus folgt, dass der Warenbestand i. H. v. 30.000 € zu einem Zuschlag führt.

Eines Zuschlags der mit dem Warenbestand zusammenhängenden Vorsteuer i. H. v. 4.800 € bedarf es nicht, da diese Vorsteuer von A im Zeitpunkt der Bezahlung als Betriebsausgabe abgesetzt wurde. In gleicher Höhe hat A Vorsteuer gegenüber dem FA geltend gemacht, was zu einer Betriebseinnahme geführt hat. Im Ergebnis hat sich also die mit dem Warenbestand zusammenhängende Vorsteuer zutreffend erfolgsneutral ausgewirkt.

Forderungen aus Lieferungen und Leistungen:

Dieser Posten hat in der Zeit der Überschussrechnung keine Gewinnauswirkung gehabt. Denn erst der Geldeingang wäre als Betriebseinnahme angesetzt worden. Auch im Rahmen des Bestandsvergleichs ergibt sich keine Gewinnauswirkung, sondern nur eine Vermögensumschichtung. Die Warenforderungen müssen aber einmal als Ertrag behandelt werden. Deshalb muss ein Zuschlag i. H. d. Nettoforderungen von 20.000 € gemacht werden (wegen des Problems der in den Forderungen enthaltenen Umsatzsteuer vgl. unter „Umsatzsteuer").

Kasse und Bank:

Bei diesen beiden Posten ist keine Doppel- oder Nichterfassung zu erwarten. Sie werden bei beiden Gewinnermittlungsarten gleichbehandelt. Eine Korrektur ist somit nicht erforderlich.

Disagio:

Ein Disagio, das in der Zeit der Gewinnermittlung durch Überschussrechnung geleistet wird, stellt in voller Höhe eine Betriebsausgabe dar, soweit es marktüblich ist (BFH GrS 2/64, BStBl 1966 III 164; § 11 Abs. 2 Satz 4 EStG). Beim Bestandsvergleich ist ein Disagio zu aktivieren und innerhalb der Laufzeit des Darlehens abzuschreiben (BFH IV R 153/72, BStBl 1978 II 262). Um die zweifache gewinnmindernde Berücksichtigung des in der Anfangsbilanz ausgewiesenen Betrages zu vermeiden, ist ein Zuschlag i. H. v. 2.000 € geboten.

Aktive Rechnungsabgrenzungsposten:

Die Prämienvorauszahlung i. H. v. 3.000 € ist im Rahmen der Überschussrechnung 2019 nicht als Betriebsausgabe abzugsfähig. Es handelt sich um eine regelmäßig wiederkehrende Ausgabe i. S. d. § 11 Abs. 2 Satz 2 EStG, die A kurze Zeit vor Beginn des Kalenderjahres 2020, zu dem sie wirtschaftlich gehört, abgeflossen ist und demzufolge – bei unterstellter Fortführung der Überschussrechnung – erst im Jahr 2020 als Betriebsausgabe abzugsfähig wäre (BFH IV R 1/99, BStBl 2000 II 121). Infolge der Aktivierung als Rechnungsabgrenzungsposten in der Anfangsbilanz und gewinnmindernder Auflösung dieses Postens im Jahr 2020 wird die zutreffende Gewinnauswirkung erreicht. Einer Gewinnkorrektur bedarf es nicht.

Gewerbesteuerrückstellung:

Die Gewerbesteuernachforderung 2019 hat sich bei der Überschussrechnung mangels Zahlung nicht gewinnmindernd auswirken können. Bei Zahlung im Rahmen des Bestandsvergleichs tritt eine erfolgsneutrale Vermögensumschichtung ein. Einer Gewinnkorrektur bedarf es nicht, weil die Gewerbesteuer und die darauf entfallenden Nebenleistungen keine Betriebsausgaben mehr sind (§ 4 Abs. 5b EStG).

Umsatzsteuer:

Für Zwecke der Gewinnkorrektur empfiehlt es sich, die Umsatzsteuer und Vorsteuer getrennt zu behandeln.

▶ **Umsatzsteuer:**
Bei der Umsatzsteuer i. H. v. 5.700 € handelt es sich in Höhe eines Teilbetrages von 3.800 € um die in den Forderungen enthaltene Umsatzsteuer. Diese Umsatzsteuer hätte sich, wenn der Gewinn von Anfang durch Bestandsvergleich ermittelt worden wäre, nicht auf den Gewinn ausgewirkt. Bei der Überschussrechnung sind Umsatzsteuerbeträge, die ein Unternehmer seinen Kunden in Rechnung stellt, im Zeitpunkt der Vereinnahmung als Betriebseinnahme zu erfassen (BFH I R 134/73, BStBl 1975 II 441; X B 12/91, BFH/NV 1991, 614; IV S 06/06 (PKH), BFH/NV 2006, 1827; XI B 65/17, BFH/NV 2018, 240, Rn. 21; VIII B 54/20, BFH/NV 2021, 310). Andererseits ist die an das FA abgeführte Umsatzsteuer prinzipiell im Zeitpunkt der Bezahlung als Betriebsausgabe abziehbar. Da die in den Forderungen zum 1.1.2020 enthaltene Umsatzsteuer mangels Vereinnahmung bei der Überschussrechnung nicht gewinnerhöhend erfasst worden ist und sich in der Zeit des Bestandsvergleichs erfolgsneutral auswirkt, kommt eine Korrektur nicht in Betracht.

Bei dem Teilbetrag i. H. v. 1.900 € handelt es sich um Umsatzsteuer, die in den im Dezember 2019 zugeflossenen Erlösen enthalten und demzufolge im Rahmen der Überschussrechnung 2019 als Betriebseinnahme zu erfassen ist. Bei Bezahlung an das FA im Jahr 2020 wirkt sich diese Position im Rahmen des Bestandsvergleichs gewinnneutral aus. Da sich die Umsatzsteuer insgesamt nicht auf den Gewinn auswirken darf, ist ein Abschlag i. H. v. 1.900 € geboten.

HINWEIS

Der BFH hat entschieden, dass eine für das vorangegangene Kalenderjahr geschuldete und zu Beginn des Folgejahrs entrichtete Umsatzsteuer-Vorauszahlung als regelmäßig wiederkehrende Ausgabe i. S. d. § 11 Abs. 2 Satz 2 EStG im vorangegangenen VZ abziehbar ist (BFH XI R 48/05, BStBl 2008 II 282). Vorliegend ist die Umsatzsteuer-Vorauszahlung jedoch außerhalb des 10-Tage-Zeitraums entrichtet worden, so dass keine regelmäßig wiederkehrende Ausgabe vorliegt. Eine Verlängerung des 10-Tage-Zeitraums kommt auch im Hinblick auf die nach § 108 Abs. 3 AO hinausgeschobene Fälligkeit von Umsatzsteuervorauszahlungen nicht in Betracht (BFH VIII R 34/12, BStBl 2015 II 285; X R 44/16, BStBl 2018 II 781).

▶ **Vorsteuer:**

Die mit der Reparaturrechnung zusammenhängende Vorsteuer i. H. v. 950 € hätte sich bei A, wenn er seinen Gewinn von Anfang an durch Bestandsvergleich ermittelt hätte, erfolgsneutral ausgewirkt. Bei der Überschussrechnung ist die von Dritten in Rechnung gestellte Vorsteuer im Zeitpunkt ihrer Verausgabung als Betriebsausgabe abzugsfähig, vorausgesetzt, dass die Vorsteuer nach § 9b Abs. 1 EStG nicht zu den Anschaffungs- oder Herstellungskosten des zugehörigen Wirtschaftsguts gehört. Andererseits stellt die vom FA erstattete Umsatzsteuer eine Betriebseinnahme dar. Die am 1.1.2020 noch nicht bezahlte Vorsteuer hat sich in der Zeit der Überschussrechnung noch nicht auf den Gewinn ausgewirkt. Auch bei der neuen Gewinnermittlungsart wird sie sich nicht auf den Gewinn auswirken, ein Zu- oder Abschlag ist somit nicht gerechtfertigt.

Anders verhält es sich hinsichtlich der Vorsteuer i. H. v. 600 €, die in den im Dezember 2019 bezahlten Rechnungen enthalten und bisher gegenüber dem FA noch nicht geltend gemacht worden ist. Diese Vorsteuer ist im Rahmen der Überschussrechnung im Jahr 2019 als Betriebsausgabe abzuziehen, weil sie im Jahr 2019 bezahlt worden ist. Im Rahmen des Bestandsvergleichs wirkt sich dann die vom FA zu erstattende Vorsteuer erfolgsneutral aus. Da die Vorsteuer sich aber insgesamt erfolgsneutral auswirken muss, ist ein Zuschlag von 600 € geboten.

Anzumerken ist, dass man im Beispielsfall in Bezug auf die Umsatz- und Vorsteuer zum selben Ergebnis (Gewinnabschlag von ./. 1.900 € + 600 € = ./. 1.300 €) kommt, wenn man die Forderungen mit ihrem Bruttobetrag i. H. v. 23.800 € (statt: 20.000 €) zurechnet, die Verbindlichkeiten mit ihrem Bruttobetrag i. H. v. 5.950 € (statt: 5.000 €) sowie die Umsatzsteuer i. H. v. 4.150 € abrechnet: 3.800 € ./. 950 € ./. 4.150 € = ./. 1.300 €.

Darlehen:

Als Darlehen empfangenes Geld darf bei der Überschussrechnung nicht als Betriebseinnahme, die Rückzahlung des Darlehens nicht als Betriebsausgabe berücksichtigt werden (BFH X R 63/95,

BFH/NV 2000, 40), da die Hingabe des Darlehens nicht den Begriff einer Betriebsausgabe (§ 4 Abs. 4 EStG) und umgekehrt, der Empfang eines Darlehens nicht den Begriff einer Betriebseinnahme erfüllt. Im Rahmen des Bestandsvergleichs hat die weitere Darlehenstilgung gleichfalls keinen Einfluss auf den Gewinn, sondern bewirkt eine reine Vermögensumschichtung. Ein Zu- oder Abschlag ist deshalb nicht erforderlich.

Verbindlichkeiten:

Die Reparaturrechnung hat sich bei der Überschussrechnung mangels Zahlung noch nicht gewinnmindernd ausgewirkt. Die Bezahlung der Rechnung im Rahmen des Bestandsvergleichs ist gewinnneutral. Der Wechsel der Gewinnermittlungsart führt dazu, dass die Reparaturkosten i. H. v. 5.000 € nicht als Betriebsausgaben erfasst würden (zur Behandlung der in Rechnung gestellten Vorsteuer von 19 % i. H. v. 5.000 € = 950 € vgl. unter „Umsatzsteuer"). Deshalb muss ein Abschlag i. H. v. 5.000 € vorgenommen werden.

Sonstige Verbindlichkeiten:

Die Lohnsteuer usw. für den Monat Dezember 2019, die am 14.1.2020 entrichtet wurde, hat sich in der Zeit der Überschussrechnung noch nicht gewinnmindernd ausgewirkt. Im Rahmen des Bestandsvergleichs kommt es zu einer erfolgsneutralen Vermögensumschichtung (Buchung: Sonstige Verbindlichkeit an Geldkonto). Da die Lohnsteuer usw. sich einmal als Aufwand auswirken müssen, ist ein Abschlag i. H. v. 4.000 € geboten. Es handelt nicht um regelmäßig wiederkehrende Ausgaben, da die Zahlungen außerhalb des 10-Tage-Zeitraums erfolgt sind.

Delkredere:

Die durch das Delkredere gedeckten Forderungsausfälle haben sich in der Zeit der Überschussrechnung nicht gewinnmindernd ausgewirkt. In der Zeit des Bestandsvergleichs wirken sie sich erfolgsneutral aus. Da die durch das Delkredere gedeckten Forderungsausfälle demnach nie Aufwand würden, obwohl sie nach den Gewinnermittlungsgrundsätzen des Bestandsvergleichs einmal Aufwand werden müssen, bedarf es eines Abschlags i. H. v. 200 €.

Passive Rechnungsabgrenzung:

Die Mietvorauszahlung ist in der Überschussrechnung 2019 als Betriebseinnahme zu erfassen. Es handelt sich nicht um eine regelmäßig wiederkehrende Einnahme i. S. d. § 11 Abs. 1 Satz 2 EStG, die bei unterstellter Fortführung der Einnahmenüberschussrechnung erst im Jahr 2020 als Betriebseinnahme zu erfassen wäre. Denn sie ist nicht innerhalb kurzer Zeit, d. h. innerhalb von zehn Tagen vor dem Jahreswechsel, zugeflossen (BFH IV R 309/84, BStBl 1987 II 16). Wegen der gewinnerhöhenden Auflösung des passiven Rechnungsabgrenzungspostens in 2020 wird die Miete noch einmal als Betriebseinnahme erfasst. Zum Ausgleich muss ein Abschlag i. H. v. 600 € erfolgen.

Nach den Grundsätzen über den Ansatz von Korrekturposten beim Wechsel der Gewinnermittlungsart sind im vorliegenden Fall folgende Gewinnkorrekturen vorzunehmen:

	Zuschlag	Abschlag
Maschine	−	./. 15.000 €
Warenbestand	+ 30.000 €	−
Forderungen	+ 20.000 €	−
Disagio	+ 2.000 €	−
Umsatzsteuer	−	./. 1.900 €
Vorsteuer	+ 600 €	−
Verbindlichkeiten	−	./. 5.000 €
Sonstige Verbindlichkeiten	−	./. 4.000 €
Delkredere	−	./. 200 €
Passiver Rechnungsabgrenzungsposten	−	./. 600 €
	+ 52.600 €	./. 26.700 €

Die im Zusammenhang mit der Änderung der Gewinnermittlungsart erforderlichen Gewinnkorrekturen sind außerhalb der Bilanz im ersten Buchführungsjahr (Übergangsjahr) vorzunehmen. Fällt der Wechsel mit dem Wechsel des Wirtschaftsjahrs zusammen, so ist ein Übergangsgewinn, der auch ein Übergangsverlust sein kann, in dem neuen Wirtschaftsjahr zu erfassen (BFH X R 32/13, BStBl 2016 II 139).

Per Saldo ergibt sich vorliegend ein Zuschlag i. H. v. 52.600 € ./. 26.700 € = 25.900 €, der dem Gewinn des Jahres 2020 hinzuzurechnen ist, sofern der Stpfl. nicht die gleichmäßige Billigkeitsverteilung auf die Jahre 2020 und 2021 i. H. v. je $^1/_2$ von 25.900 € = 12.950 € bzw. auf die Jahre 2020–2022 i. H. v. je 1/3 von 25.900 € = abgerundet 8.633 € beantragt (R 4.6 Abs. 1 Satz 2 EStR 2012).

FALL 136

Steuerliche Behandlung eines Übergangsverlustes

Sachverhalt:

A erzielt Einkünfte aus Gewerbebetrieb. Das Finanzamt forderte ihn gem. § 141 Abs. 2 AO auf, für seinen Betrieb ab dem 1.1.2020 von der Gewinnermittlung durch Einnahmenüberschussrechnung nach § 4 Abs. 3 EStG zur Gewinnermittlung nach dem Bestandsvergleich gem. §§ 4 Abs. 1, 5 Abs. 1 EStG überzugehen. Aufgrund dieses Wechsels ergibt sich ein Übergangsverlust i. H. v. 75.000 €.

A beantragt, den auf dem Wechsel der Gewinnermittlungsart beruhenden Verlust auf das Jahr 2020 und die beiden Folgejahre i. H. v. jährlich 25.000 € zu verteilen. Das Finanzamt verrechnet jedoch den Verlust mit dem laufenden Gewinn des Jahres 2020 von 70.000 € und setzte bei der Veranlagung 2020 negative Einkünfte aus Gewerbebetrieb von 5.000 € an.

Ist eine Verteilung des Übergangsverlustes auf die Jahre 2020 bis 2022 zulässig?

Nach R 4.6 Abs. 1 Satz 2 EStR 2012 kann bei einem Übergang von der Gewinnermittlung durch Einnahmenüberschussrechnung zur Gewinnermittlung durch Betriebsvermögensvergleich zur Vermeidung von Härten auf Antrag des Stpfl. der Übergangsgewinn (Saldo aus Zu- und Abrechnungen) gleichmäßig entweder auf das Jahr des Übergangs und das folgende Jahr oder auf das Jahr des Übergangs und die beiden folgenden Jahre verteilt werden. Ein Antrag auf Verteilung des Übergangsgewinns bei Änderung der Gewinnermittlungsart auf drei Jahre stellt einen Antrag auf abweichende Steuerfestsetzung gem. § 163 Satz 2 AO dar. Die Finanzverwaltung gewährt diese Billigkeitsregelung nicht nur, wenn der Wechsel der Gewinnermittlungsart zwingend, d. h. aufgrund gesetzlicher Vorschriften, wie etwa des Eintritts in die Buchführungspflicht, vorzunehmen ist, sondern auch für den Fall eines freiwilligen Übergangs zum Bestandsvergleich.

Eine ausdrückliche Regelung, wie ein Übergangsverlust zu behandeln ist, enthält die Verwaltungsanweisung nicht. Der BFH hat sich in seiner jüngeren Rechtsprechung erstmals mit dieser Problematik befassen müssen. Er hat entschieden, dass es aus sachlichen Billigkeitsgründen nicht geboten ist, einen Übergangsverlust, der bei dem Wechsel von der Überschussrechnung zur Gewinnermittlung durch Bestandsvergleich entsteht, auf das Jahr des Übergangs und die beiden Folgejahre zu verteilen (BFH VIII R 17/10, BStBl 2013 II 820).

Eine Verteilung des Übergangsverlustes kommt vorliegend schon deshalb nicht in Betracht, weil eine sachliche Härte, die eine Billigkeitsmaßnahme rechtfertigt, nicht vorliegt. Die Verrechnung des Übergangsverlustes mit dem laufenden Gewinn 2020 führt zu einer Steuerersparnis. Der nicht durch die Verrechnung mit dem laufenden Gewinn verbrauchte Übergangsverlust kann gem. § 10d EStG interperiodisch verrechnet werden. Über den Rahmen des § 10d EStG hinaus hat der Gesetzgeber eine Durchbrechung der Abschnittsbesteuerung zur Berücksichtigung von Verlusten nicht zugelassen und damit auch Härten, die sich daraus ergeben, bewusst in Kauf genommen. Eine weitere Entlastung in dem Sinne, dass der Stpfl. durch einen auf drei Jahre verteilten Verlustvortrag die progressive Steuerbelastung in den Folgejahren mindern kann, ist nach Meinung des BFH aus Billigkeitsgründen nicht geboten.

Übergang vom Betriebsvermögensvergleich zur Einnahmenüberschussrechnung

Sachverhalt:

Ein Zahnarzt, der bislang bilanzierte, also seinen Gewinn durch Bestandsvergleich nach § 4 Abs. 1 EStG ermittelte, ging am 1.1.2020 zur Einnahmenüberschussrechnung nach § 4 Abs. 3 EStG über. Die Schlussbilanz zum 31.12.2019 weist folgende Positionen aus:

▶ Unbebautes Grundstück, das mit seinen Anschaffungskosten i. H. v. 30.000 € aktiviert ist und zum gewillkürten Betriebsvermögen gehört,

▶ Kundenforderungen i. H. v. 25.000 €,

▶ zum Umlaufvermögen gehörender Materialbestand i. H. v. 10.000 €, der in voller Höhe im Jahr 2019 bezahlt worden ist,

▶ Rückstellung für Jahresabschlusskosten 2019 i. H. v. 3.000 €,

▶ Verbindlichkeiten i. H. v. 2.000 €, die mit einem Materialeinkauf zusammenhängen; das Material wurde 2019 verbraucht, ist also am 31.12.2019 nicht mehr vorhanden,

▶ passiver Rechnungsabgrenzungsposten i. H. v. 500 € für im Jahr 2019 – im Voraus für 2020 – vereinnahmte Miete für das zum gewillkürten Betriebsvermögen gehörende, unbebaute Grundstück.

Wie hoch ist der Übergangsgewinn?

Auch bei einem Übergang vom Bestandsvergleich zur Einnahmenüberschussrechnung gilt Folgendes: Vorgänge, die sich in der Zeit des Bestandsvergleichs bereits auf den Gewinn ausgewirkt haben und bei der neuen Gewinnermittlungsart erneut den Gewinn beeinflussen, zwingen ebenso zu Gewinnkorrekturen wie solche Vorgänge, die sich bisher noch nicht ausgewirkt haben und infolge des Übergangs zur Einnahmenüberschussrechnung nicht mehr auswirken können. Sämtliche Posten der letzten Bilanz müssen also darauf untersucht werden, ob sie sich schon gewinnmäßig ausgewirkt haben und wie sie sich bei der späteren Einnahmenüberschussrechnung auswirken würden, d. h. ob sie sich als Betriebseinnahmen oder Betriebsausgaben darstellen oder überhaupt nicht mehr auswirken würden.

Es ergeben sich folgende Gewinnkorrekturen:

Grund und Boden:

Das unbebaute Grundstück scheidet nach dem Wechsel zur Einnahmenüberschussrechnung nicht zwangsläufig aus dem Betriebsvermögen aus. Nach der geänderten Rechtsprechung des BFH kann auch ein Stpfl. mit Einnahmenüberschussrechnung gewillkürtes Betriebsvermögen bilden (BFH IV R 13/03, BStBl 2004 II 985). Da das Grundstück mithin auch bei der Einnahmenüberschussrechnung Betriebsvermögen bleibt, ist die spätere Erfassung der in ihm enthaltenen stillen Reserven sichergestellt. Die Anschaffungskosten des Grundstücks haben sich bisher nicht als Aufwand ausgewirkt. Sie sind im Zeitpunkt des Zuflusses des Veräußerungserlöses oder bei Entnahme im Zeitpunkt der Entnahme als Betriebsausgaben zu berücksichtigen (§ 4 Abs. 3 Satz 4 EStG). Deshalb ist das Grundstück mit seinem Buchwert aus der Schlussbilanz in das nach § 4 Abs. 3 Satz 5 EStG zu führende besondere Verzeichnis aufzunehmen. Zu einer Gewinnkorrektur kommt es nicht.

Kundenforderungen:

Bei Entstehen der Forderungen wurden 25.000 € über das Ertragskonto gebucht, haben sich somit gewinnerhöhend ausgewirkt. Die Zahlungseingänge würden sich beim Bestandsvergleich erfolgsneutral auswirken durch die Buchung: Geldkonto an Forderungen.

Bei der Einnahmenüberschussrechnung führt der Eingang der Forderungen erneut zu einer Betriebseinnahme. Durch den Wechsel der Gewinnermittlungsart würde dieser Betrag zweimal besteuert. Deshalb muss zum Ausgleich ein Abschlag als fiktive Betriebsausgabe i. H. v. 25.000 € gebildet werden.

Materialbestand:

Die Anschaffungskosten des am 31.12.2019 vorhandenen Materialbestandes haben sich in der Zeit des Bestandsvergleichs nicht gewinnmindernd ausgewirkt. Auch in der Zeit der Einnahmenüberschussrechnung würden sie sich nicht mehr gewinnmindernd auswirken, da sie bereits im Jahr 2019 bezahlt worden sind. Deshalb ist ein Gewinnabschlag i. H. v. 10.000 € geboten.

Rückstellung für Jahresabschlusskosten:

Der Rückstellungsbetrag von 3.000 € hat durch die Buchung: Aufwand an Rückstellungskonto den Gewinn gemindert. Bei Zahlung 2020 würde infolge des Abflussprinzips, von dem die Einnahmenüberschussrechnung beherrscht wird, der Betrag erneut als Betriebsausgabe in Erscheinung treten. Derselbe Betrag würde also zweimal aufwandswirksam sein. Deshalb muss ein Gewinnzuschlag i. H. v. 3.000 € vorgenommen werden.

Verbindlichkeiten:

Es handelt sich um eine Verbindlichkeit aus einer Lieferung von Material, das noch im Jahr 2019 verarbeitet worden ist. Da sich die Anschaffungskosten während der Zeit des Bestandsvergleichs durch Erhöhung des Materialeinsatzes gewinnmindernd ausgewirkt haben und bei der Einnahmenüberschussrechnung infolge der Bezahlung noch einmal gewinnmindernd auswirken würden, ist ein Zuschlag i. H. v. 2.000 € vorzunehmen.

Passiver Rechnungsabgrenzungsposten:

Der Stpfl. hat 2019 Miete im Voraus für 2020 vereinnahmt und deshalb i. H. v. 500 € einen passiven Rechnungsabgrenzungsposten in die Schlussbilanz zum 31.12.2019 eingestellt. Das hat sich erfolgsneutral ausgewirkt. Im Jahr 2020 wäre mangels tatsächlichen Zuflusses insoweit keine Betriebseinnahme und damit keine Gewinnerhöhung zu verzeichnen. Deshalb ist ein Zuschlag i. H. v. 500 € als fiktive Betriebseinnahme erforderlich.

Nach alledem ergeben sich Zuschläge i. H. v. 5.500 € und Abschläge i. H. v. 35.000 €. Der Saldo von ./. 29.500 € ist im ersten Jahr nach dem Übergang, also im Jahr 2020 vom Ergebnis dieses Jahres abzuziehen.

Ist der Saldo positiv, übersteigen also die Zuschläge die Abschläge, ist eine Verteilung des Übergangsgewinns auf zwei oder drei Jahre, wie sie für den Übergang von der Einnahmenüberschussrechnung zum Bestandsvergleich möglich ist, im Allgemeinen nicht zulässig (BFH I 236/60 U, BStBl 1961 III 565). Der Übergang zur Gewinnermittlung nach § 4 Abs. 3 EStG steht im Belieben des Stpfl., so dass man ihm zumuten kann, auch außergewöhnlich hohe Zurechnungen im Übergangsjahr in Kauf zu nehmen. Bei der Verteilung handelt es sich um eine – in ständiger Rechtsprechung anerkannte – abweichende Steuerfestsetzung aus Billigkeitsgründen nach § 163 Abs. 1 Satz 2 AO (BFH IV R 18/00, BStBl 2001 II 102), die auf den Übergang vom Bestandsvergleich zur Einnahmenüberschussrechnung nicht anzuwenden ist.

Kapitel 9: Absetzung für Abnutzung

Abschreibungsbeginn

Sachverhalt:

A betreibt eine Drogerie. Im September 2020 hat er bei einem Kfz-Händler einen Pkw bestellt, der am 28.12.2020 ausgeliefert wurde. Die Anschaffungskosten des Pkw betrugen 30.000 €. A bezahlte die auf den 28.12.2020 datierte Rechnung noch im Dezember 2020 per Scheck, durch den sein Konto am 6.1.2021 belastet wurde. Das Kraftfahrzeug wurde am 4.1.2021 auf A zugelassen. Der zum Betriebsvermögen gehörende Pkw soll erst ab 2021 abgeschrieben werden (§ 7 Abs. 1 EStG).

Darf A den Pkw erst ab 2021 abschreiben?

Die planmäßige Abschreibung bzw. AfA (§ 253 Abs. 3 HGB, § 7 Abs. 1 EStG) beginnt grds. mit der Anschaffung des betreffenden Wirtschaftsgutes. Jahr der Anschaffung ist das Jahr der Lieferung (§ 9a EStDV). Die Ingebrauchnahme des Wirtschaftsgutes ist nicht Voraussetzung für die Inanspruchnahme der AfA, da auch ein nicht in Gebrauch stehendes Wirtschaftsgut, wenn schon keiner technischen, so immerhin bereits einer wirtschaftlichen Abnutzung fähig ist (BFH V R 113/74, BStBl 1977 II 708). Auf den zeitlichen Beginn der effektiven Nutzung kommt es somit nicht an. Ebenso ist für den Beginn der AfA unerheblich, ob das Anlagegut bereits bezahlt ist oder nicht. Entscheidend ist allein, dass das Anlagegut angeschafft, d. h. geliefert ist. A muss für den Pkw daher bereits für das Jahr 2020 AfA vornehmen:

lineare AfA (§ 7 Abs. 1 EStG) : 30.000 € : 6 =	5.000 €
hiervon 1/12 (§ 7 Abs. 1 Satz 4 EStG) =	417 €

Die Finanzverwaltung billigte dem Stpfl. früher ein Wahlrecht zu. Der Stpfl. konnte danach wählen, ob er AfA vom Zeitpunkt der Anschaffung oder erst vom Zeitpunkt der Ingebrauchnahme des Anlageguts vornimmt (OFD Hamburg, DB 1970, 709). Diese Regelung ist überholt: Die EStR sehen vor, dass AfA vorzunehmen „ist", sobald ein Wirtschaftsgut angeschafft oder hergestellt ist (R 7.4 Abs. 1 Satz 1 EStR 2012).

HINWEIS

Wird ein Rohbau vermietet, kann AfA bereits ab dem Zeitpunkt der Vermietung vorgenommen werden (Saarländisches FG, 2 K 1073/10, EFG 2012, 1630). Mit dem Einsatz zur Einkünfteerzielung beginnt dann die „Abnutzung".

FALL 139

AfA-Fähigkeit von Kunstgegenständen und antiken Möbeln

Sachverhalt:

Der größere Firmen und anspruchsvolle Mandanten beratende Rechtsanwalt A betreibt in Köln eine Anwaltspraxis. Im Januar 01 erwarb er

► anlässlich einer Ausstellung ein Gemälde eines mehrfach preisgekrönten Malers für 15.000 €, das in der Kanzlei aufgehängt ist;

► einen in den Praxisräumen stehenden Schreibtisch nebst Sessel zu einem Kaufpreis i.H.v. 7.000 € bzw. 4.000 €. Beide Möbelstücke sind über 100 Jahre alt.

In seiner Einnahmenüberschussrechnung (§ 4 Abs. 3 EStG) für das Jahr 01 macht A folgende AfA als Betriebsausgaben geltend:

AfA Bild: 1/20 von 15.000 € =	750 €
AfA Möbel: 1/20 von 11.000 € =	550 €
	1.300 €

AUFGABE

Kann für das Gemälde bzw. die antiken Möbel AfA in Anspruch genommen werden?

LÖSUNG

AfA ist bei körperlichen Gegenständen nur möglich, wenn diese abnutzbar sind. Dabei wird zwischen einer wirtschaftlichen und einer technischen Abnutzung unterschieden.

Wirtschaftliche oder technische Abnutzung sind dabei jeweils für sich zu beurteilen und berechtigen jeweils für sich gesehen zur AfA (BFH X R 131-133/87, BStBl 1990 II 50).

Die AfA bemisst sich nach der betriebsgewöhnlichen Nutzungsdauer des Wirtschaftsgutes (§ 7 Abs. 1 Satz 2 EStG). Unter Nutzungsdauer eines Wirtschaftsgutes ist der Zeitraum zu verstehen, in dem das Wirtschaftsgut erfahrungsgemäß verwendet oder genutzt werden kann. „Betriebsgewöhnliche" Nutzungsdauer bedeutet, dass die besonderen betrieblichen Verhältnisse zu beachten sind, unter denen das Wirtschaftsgut eingesetzt wird. Eine durch die betriebliche Nutzung eintretende besondere Beanspruchung, welche die gewöhnliche Nutzungsdauer verkürzt, ist zu berücksichtigen. Dagegen kommt es nicht darauf an, wie lange der Stpfl. das Wirtschaftsgut tatsächlich in seinem Betrieb verwendet oder voraussichtlich verwenden wird; denn die betriebsgewöhnliche Nutzungsdauer wird nicht dadurch vermindert, dass der Stpfl. das Wirtschaftsgut vor Beendigung seines technischen oder wirtschaftlichen Wertverzehrs veräußert.

Wirtschaftsgüter nutzen sich wirtschaftlich ab, wenn sie – unabhängig von ihrem materiellen Verschleiß – erfahrungsgemäß wirtschaftlich zur Erzielung von Einkünften nur zeitlich beschränkt verwendbar sind. Eine wirtschaftliche Abnutzung setzt voraus, dass das Wirtschaftsgut nicht nur aufgrund des technischen Verschleißes, sondern auch aus anderen Gründen erheblich an Wert verliert. Eine mit wirtschaftlicher Abnutzung begründete kürzere Nutzungsdauer kann der AfA nur zugrunde gelegt werden, wenn das Wirtschaftsgut vor Ablauf der technischen Nutzbarkeit objektiv wirtschaftlich verbraucht ist. Ein wirtschaftlicher Verbrauch ist nur anzunehmen, wenn die Möglichkeit einer wirtschaftlich sinnvollen (anderweitigen) Nutzung oder Verwertung endgültig entfallen ist. Ist ein Wirtschaftsgut im Betrieb zwar nicht mehr entsprechend der ursprünglichen Zweckbestimmung rentabel nutzbar, lassen sich aber durch Veräußerung erhebliche Erlöse erzielen, ist es auch für den Unternehmer wirtschaftlich noch nicht verbraucht (BFH X R 78/94, BStBl 1998 II 59).

Nach der BFH-Rechtsprechung kann für Werke anerkannter Meister eine steuermindernde Abschreibung nicht in Anspruch genommen werden, weil ein Wertverzehr wirtschaftlich nicht eintritt. Zwar kann für derartige Kunstgegenstände eine technische Abnutzung nicht generell verneint werden. Diese vollzieht sich jedoch in so großen Zeitabständen und ist dementsprechend im jeweiligen VZ so geringfügig, dass sie nach Auffassung des BFH vernachlässigt werden kann. Für Bilder anerkannter Meister ist daher – anders als bei Stücken einer sog. Gebrauchskunst – eine Abschreibung wegen wirtschaftlicher oder technischer Abnutzung nicht zulässig (BFH VI 327/64 U, BStBl 1965 III 382; III R 58/75, BStBl 1978 II 164; III B 31/88, BFH/NV 1989, 129). A kann daher für das Bild des preisgekrönten Malers keine AfA in Anspruch nehmen.

Eine technische Abnutzung ist jedoch nur dann zu vernachlässigen, wenn sie – wie bei Bildern anerkannter Meister in den Praxisräumen eines Rechtsanwalts – praktisch nicht eintritt, weil das Anlagegut nicht oder kaum benutzt wird. Etwas anderes gilt jedoch für im Gebrauch befindliche Möbelstücke. In diesem Fall ist – auch bei pfleglicher Behandlung – ihre technische Abnutzung nicht infrage zu ziehen. Das heißt, es kommt insoweit AfA für eine technische Abnutzung in Betracht (BFH VI R 78/82, BStBl 1986 II 355; VI R 26/98, BFH/NV 1994, 472; XI R 5/93, BStBl 2001 II 194). Der Ansatz einer AfA für die beiden Möbelstücke ist daher gerechtfertigt.

FALL 140

Abschreibung kurzlebiger Wirtschaftsgüter

Sachverhalt:

Einzelgewerbetreibender A, dessen Wirtschaftsjahr mit dem Kalenderjahr übereinstimmt, erwirbt Anfang Juli 01 ein Anlagegut (Werkzeug), das eine betriebsgewöhnliche Nutzungsdauer von zwölf Monaten hat, für 3.000 €.

AUFGABE

Kann A im Anschaffungsjahr 01 die vollen Anschaffungskosten i. H. v. 3.000 € als Betriebsausgaben abziehen oder hat eine Verteilung der Anschaffungskosten auf die Jahre 01 und 02 mit jeweils 1/2 von 3.000 € = 1.500 € zu erfolgen?

LÖSUNG

Anschaffungs- oder Herstellungskosten eines Wirtschaftsgutes sind im Wege der AfA (§ 7 EStG) zu verteilen, wenn die gesamte Nutzungsdauer einen Jahreszeitraum i. S. eines Zeitraums von mehr als 365 Tagen übersteigt. Das bedeutet, dass es bei sog. kurzlebigen Wirtschaftsgütern nicht zu einer genau periodengerechten Aufwandsverteilung über den gesamten Nutzungszeitraum kommt: A kann seine Anschaffungskosten i. H. v. 3.000 € im Jahr 01 voll als Betriebsausgaben abziehen (BFH IV R 127/91, BStBl 1994 II 232). Kurzlebige Wirtschaftsgüter sind nicht zu bilanzieren, selbst wenn sie in der zweiten Hälfte eines Wirtschaftsjahres angeschafft oder hergestellt worden sind und ihre Nutzungsdauer über den Bilanzstichtag hinausreicht. Sie sind auch bei der Bildung von Festwerten nicht zu berücksichtigen.

FALL 140A

Abschreibung eines PC

Sachverhalt:

Einzelgewerbetreibender A, der ein Hotel und ein Restaurant betreibt, erwarb am 15.4.2021 einen PC für 1.500 € netto zuzüglich 19 % Umsatzsteuer, der ausschließlich für betriebliche Zwecke genutzt wird.

AUFGABE

Auf welche Weise kann A die Anschaffungskosten des PC als Betriebsausgaben absetzen?

LÖSUNG

Nach § 7 Abs. 1 EStG ist bei Wirtschaftsgütern, deren Verwendung oder Nutzung durch den Stpfl. zur Erzielung von Einkünften sich erfahrungsgemäß auf einen Zeitraum von mehr als einem Jahr erstreckt, jeweils für ein Jahr der Teil der Anschaffungs- oder Herstellungskosten abzusetzen, der bei gleichmäßiger Verteilung dieser Kosten auf die Gesamtdauer der Verwendung oder Nutzung auf ein Jahr entfällt (Absetzung für Abnutzung in gleichen Jahresbeträgen). Bei beweglichen Wirtschaftsgütern des Anlagevermögens, die nach dem 31.12.2019 und vor dem 1.1.2022 angeschafft oder hergestellt worden sind, kann der Stpfl. statt der Absetzung für Abnutzung in gleichen Jahresbeträgen (lineare AfA) die Absetzung für Abnutzung in fallenden Jahresbeträgen (degressive AfA) bemessen. Bei der Erstanschaffung eines PC werden alle Computerbestandteile zusammengefasst und einheitlich abgeschrieben, d.h. mit den gesamten Anschaffungskosten aktiviert, wenn die Anschaffungskosten über 1.000 € netto liegen. Bei Anschaffungskosten bis 800 € netto kann ein PC als geringwertiges Wirtschaftsgut abgeschrieben werden (§ 6 Abs. 2 Satz 1 EStG) Bei Anschaffungskosten über 250 € bis 1.000 € kann (einheitlich für alle in Betracht kommenden Wirtschaftsgüter) ein Sammelposten nach § 6 Abs. 2a EStG gebildet oder das Wirtschaftsgut über die betriebsgewöhnliche Nutzungsdauer abgeschrieben werden, die bei einem PC nach der amtlichen AfA-Tabelle für die allgemein verwendbaren Anlagegüter drei Jahre beträgt (BMF v. 15.12.2000, BStBl 2000 I 1532 unter 6.14.3.2). So ist jedenfalls die Rechtslage bei Anschaffungen in Wirtschaftsjahren, die vor dem 1.1.2021 enden.

Mit einem neuen BMF-Schreiben hat die Finanzverwaltung ihre Auffassung zur Nutzungsdauer von Computern und Software geändert (BMF v. 26.1.2021, BStBl 2021 I 298). Die bisher in der AfA-Tabelle für die allgemein verwendbaren Anlagegüter enthaltene Nutzungsdauer für Computer wurde im Billigkeitsweg „untergesetzlich" von drei Jahren auf ein Jahr herabgesetzt. Für die nach § 7 Abs. 1 EStG anzusetzende Nutzungsdauer von Computerhardware sowie Betriebs- und Anwendersoftware „kann" danach eine betriebsgewöhnliche Nutzungsdauer von einem Jahr zugrunde gelegt werden (Rn. 1 des BMF-Schreibens). Die Regelungen unter 6.14.3.2 des BMF-Schreibens v. 15.12.2000 (AfA-Tabelle für die allgemein verwendbaren Anlagegüter, BStBl I 2000 1532 = dreijährige betriebsgewöhnliche Nutzungsdauer) ist letztmals für Wirtschaftsjahre anzuwenden, die vor dem 1.1.2021 enden.

Die Formulierung, dass für „die nach § 7 Abs. 1 Satz 1 EStG anzusetzende Nutzungsdauer" eine betriebsgewöhnliche Nutzungsdauer von einem Jahr zugrunde gelegt werden kann, irritiert. Denn die AfA-Vorschriften gelten nur für abnutzbare Wirtschaftsgüter, deren Verwendung oder Nutzung durch den Stpfl. zur Erzielung von Einkünften sich erfahrungsgemäß auf einen Zeitraum von mehr als einem Jahr erstreckt. Die Anschaffungs- oder Herstellungskosten von Wirtschaftsgütern des abnutzbaren Anlagevermögens, deren Nutzungsdauer ein Jahr nicht übersteigt (sog. kurzlebige Wirtschaftsgüter), unterliegen nicht der AfA, sondern stellen in voller Höhe sofort abziehbare Betriebsausgaben dar (BFH v. 26.8.1993, BStBl 1994 II 232). Das gilt auch dann, wenn sie in der zweiten Hälfte des Wirtschaftsjahrs angeschafft oder hergestellt werden und ihre Nutzungsdauer über den Bilanzstichtag hinausreicht.

A kann daher bei Anwendung der Billigkeitsregelung die Anschaffungskosten des PC von 1.500 € im Jahr 2021 in voller Höhe als Betriebsausgaben abziehen.

Da die neue Regelung eine sog. „Kannbestimmung" ist, kann er aber auch die Anschaffungskosten wahlweise innerhalb einer längeren betriebsgewöhnlichen Nutzungsdauer (für 2021 zeitanteilig nach § 7 Abs. 1 Satz 4 EStG mit 9/12) linear oder degressiv abschreiben. Ein PC ist ein selbständig nutzungsfähiges Wirtschaftsgut des Anlagevermögens (BMF v. 30.9.2010, BStBl 2010 I 755, Rn. 11).

Anmerkung: Die Grundsätze des neuen BMF-Schreibens finden erstmals Anwendung für Wirtschaftsjahre, die nach dem 31.12.2020 enden. In Gewinnermittlungen nach dem 31.12.2020 können die Regelungen des BMF-Schreibens auch auf entsprechende Wirtschaftsgüter angewandt werden, die in früheren Wirtschaftsjahren angeschafft oder hergestellt wurden und bei denen eine längere als die einjährige Nutzungsdauer zugrunde gelegt wurde (Rn. 6 des BMF-Schreibens). In einem solchen Fall kann der sich zum Bilanzstichtag 31.12.2020 ergebende Restbuchwert im Jahr 2021 in voller Höhe als Betriebsausgabe abgesetzt werden.

FALL 141

Willkürlich unterlassene AfA

Sachverhalt:

A ist Inhaber eines gewerblichen Einzelunternehmens. Er wird mit seiner Ehefrau zusammenveranlagt. Das zu versteuernde Einkommen der Eheleute für das Jahr 01 beläuft sich nach einer vorläufigen Berechnung des Steuerberaters auf 5.000 €. A bittet seinen Steuerberater daraufhin, von einer Geltendmachung der AfA für einen Anfang Januar 01 für 36.000 € angeschafften – zum Betriebsvermögen gehörenden – Pkw abzusehen. Dadurch erhöht sich zwar das zu versteuernde Einkommen um die AfA i.H.v. $\frac{1}{6}$ von 36.000 € = 6.000 € auf 16.000 €. Nach der Einkommensteuer-Splittingtabelle fällt aber auch bei diesem Betrag noch keine Einkommensteuer an.

Der Pkw wird in den Bilanzen der Jahre 02-04 wie folgt abgeschrieben:

Anschaffungskosten (= Buchwert 31.12.01)	36.000 €
./. AfA 02-04: ($\frac{1}{6}$ von 36.000 € =) 6.000 € × 3 =	./. 18.000 €
Buchwert 31.12.04	18.000 €

Anfang 05 verkauft A den Pkw für 25.000 €. Der Veräußerungsgewinn i.H.v. (25.000 € ./. 18.000 € =) 7.000 € ist im erklärten Gewinn für das Jahr 05 enthalten.

Die Veranlagungen bis einschließlich 01 sind bestandskräftig und nach den Vorschriften der AO nicht berichtigungsfähig. Die Veranlagung der Jahre 02–05 sind unter Vorbehalt der Nachprüfung ergangen (§ 164 Abs. 1 AO).

AUFGABE

Darf die von A im Jahr 01 unterlassene AfA den im Zusammenhang mit dem Pkw-Verkauf im Jahr 05 erzielten Veräußerungsgewinn mindern?

LÖSUNG

Ein Kaufmann hat kein Wahlrecht, ob er Abschreibungen vornehmen will oder nicht, da nach dem Gesetzeswortlaut sowohl handels- als auch steuerrechtlich eine Pflicht zur Abschreibung besteht (§ 253 Abs. 3 HGB, § 7 EStG; BFH VIII R 64/06, BFH/NV 2008, 1660; VIII R 3/08, BStBl 2010 II 1035). Unterlässt es der Stpfl. – entgegen dieser zwingenden Anordnung –, Abschreibungen überhaupt oder in der gebotenen Höhe vorzunehmen, stellt sich die Frage, ob eine Nachholung der zu Unrecht unterlassenen AfA zulässig ist.

Steuerrechtlich ist hier zu unterscheiden,

▶ ob die AfA pflichtwidrig bewusst unterlassen wurde, um infolge der Verlagerung auf spätere VZ zu einer unberechtigten Steuerersparnis zu kommen, oder

▶ ob die gebotene AfA versehentlich unterlassen wurde.

Im ersten Fall, in dem der Stpfl. – wie hier – von der Vornahme einer AfA bewusst abgesehen hat, ist eine Nachholung der nach den Grundsätzen von Treu und Glauben unterlassenen AfA unzulässig (BFH IV R 181/66, BStBl 1972 II 271; IV R 101/92, BStBl 1994 II 638; IV R 29/94, BStBl 1995 II 635; VIII R 64/06, BFH/NV 2008, 1160). Da die Voraussetzungen für eine Änderung des Einkommensteuerbescheids für das Jahr 01 nicht vorliegen und daher eine Bilanzberichtigung (§ 4 Abs. 2 EStG) im Hinblick auf die unterlassene AfA nicht möglich ist, muss sich A so behandeln lassen, als ob er die AfA im Jahr 01 zutreffend vorgenommen hätte. Die bewusst unterlassene AfA für das Jahr 01 i. H. v. 6.000 € fällt damit endgültig aus (BFH IV R 31/77, BStBl 1981 II 255 f.). Buchungstechnisch wird unter Durchbrechung des Bilanzenzusammenhangs der Buchwert des Pkw in der Anfangsbilanz des Wirtschaftsjahres 02 erfolgsneutral durch einen entsprechend niedrigeren Ansatz berichtigt. Der Pkw wird also in der Steuerbilanz der Jahre 02–05 mit dem Wert angesetzt, der sich bei Vornahme einer AfA für das Jahr 01 ergeben hätte:

Anschaffungskosten 01	36.000 €
./. AfA 01: $^1/_6$ von 36.000 € =	./. 6.000 €
Berichtigter Buchwert 1.1.02	30.000 €
./. AfA 02–04: 3 × 6.000 € =	./. 18.000 €
Buchwert 31.12.04	12.000 €

Aus dieser Behandlung folgt zwangsläufig, dass aufgrund des Pkw-Verkaufs im Jahr 05 folgender Veräußerungsgewinn entsteht:

Veräußerungserlös	25.000 €
./. Buchwert im Zeitpunkt der Veräußerung	./. 12.000 €
Veräußerungsgewinn 05	13.000 €

FALL 142

Versehentlich unterlassene AfA bei beweglichen Wirtschaftsgütern

Sachverhalt:

A betreibt einen Fabrikationsbetrieb. Im Juli des Wirtschaftsjahres 01 hat er eine Maschine angeschafft, deren betriebsgewöhnliche Nutzungsdauer fünf Jahre beträgt. Die Anschaffungskosten der Maschine belaufen sich auf 100.000 €.

Im Jahre 01 hat A für die Maschine zulässigerweise die halbe Jahres-AfA i. H. v. 10.000 € in Anspruch genommen. In den Jahren 02 und 03 hat er diese AfA-Höhe versehentlich beibehalten, so dass die Maschine zum 31.12.03 mit einem Buchwert von 70.000 € bilanziert ist. Die Veranlagungen der Jahre 01–03 sind bestandskräftig und nach den Vorschriften der AO nicht mehr berichtigungsfähig.

Die Maschine hat am 31.12.03 eine Restnutzungsdauer von 2,5 Jahren.

AUFGABE

Ist die AfA – und wenn ja auf welche Weise – nachholfähig?

LÖSUNG

Ist die gebotene AfA versehentlich unterlassen worden und sind die Voraussetzungen einer Bilanzberichtigung (§ 4 Abs. 2 EStG) – wie vorliegend – nicht gegeben, ist nach bisheriger Rechtsprechung eine Nachholung der unterlassenen AfA möglich. Die unterlassene AfA darf aber nicht etwa in der Weise nachgeholt werden, dass sie in einer Summe gewinnmindernd berücksichtigt wird. Es erfolgt vielmehr eine Verteilung des Restbuchwertes auf die Restnutzungsdauer, und zwar entsprechend der schon bisher angewendeten AfA-Methode in gleichbleibenden oder fallenden Jahresbeträgen (BFH VI R 295/66, BStBl 1967 III 386; IV R 31/77, BStBl 1981 II 255). Die Restnutzungsdauer ist ggf. neu zu schätzen. Diese Beurteilung hat zur Folge, dass A in den Jahren 04–06 folgende AfA vornehmen kann:

Restbuchwert 31.12.03	70.000 €
AfA 04: 70.000 € : 2,5 =	./. 28.000 €
Restbuchwert 31.12.04	42.000 €
./. AfA 05	./. 28.000 €
Restbuchwert 31.12.05	14.000 €
./. AfA 06	./. 13.999 €
Restbuchwert 31.12.06	1 €

FALL 142A

Versehentlich unterlassene AfA bei Gebäuden

Sachverhalt:

Für ein im Januar 2016 angeschafftes sog. Wirtschaftsgebäude i. S. d. § 7 Abs. 4 Satz 1 Nr. 1 EStG, dessen Anschaffungskosten 500.000 € betragen haben, ist in den Jahren 2016 bis 2020 versehentlich nur eine jährliche AfA von 2 % von 500.000 € = 10.000 € abgesetzt worden, sodass sich der Restbuchwert am 31.12.2020/1.1.2021 auf 450.000 € beläuft:

Anschaffungskosten	500.000 €
AfA 2016–2020: 5 × 10.000 €	./. 50.000 €
Restbuchwert 31.12.2020/1.1.2021	450.000 €

AUFGABE

Wie hoch ist die Gebäude-AfA ab 2021?

Ab dem Jahr 2021 muss die AfA mit dem gesetzlich vorgeschriebenen Prozentsatz des § 7 Abs. 4 Satz 1 Nr. 1 EStG von jährlich 3 % verrechnet werden, der einem Abschreibungszeitraum von 33,33 Jahren entspricht:

Überhöhter Buchwert 1.1.2021	450.000 €
./. AfA 2021–2050: 30 × 15.000 € =	./. 450.000 €
Restbuchwert 31.12.2050	0 €

Zur vollen Absetzung des überhöhten Restbuchwerts wird daher noch ein Abschreibungszeitraum von 30 Jahren benötigt. Dass sich dadurch der gesamte Abschreibungszeitraum abweichend von 33,33 Jahren auf 35 Jahre verlängert, ist ohne Bedeutung. Die unterlassene AfA ist damit nicht endgültig verloren.

FALL 142B

Längerer AfA-Zeitraum als von § 7 Abs. 4 EStG vorgesehen?

Sachverhalt:

Die X-GmbH errichtete 2017 eine Lagerhalle. Die Fertigstellung erfolgte Anfang 2018. Die GmbH berücksichtigte in ihren Gewinnermittlungen 2018 bis 2020 eine AfA für das Gebäude mit jährlich 1,25 % der Herstellungskosten von 1 Mio. €, was einer betriebsgewöhnlichen Nutzungsdauer von 80 Jahren entsprach. Die Veranlagungen erfolgten erklärungsgemäß, allerdings unter dem Vorbehalt der Nachprüfung (§ 164 Abs. 1 AO). Das Finanzamt will nach einer Außenprüfung einen AfA-Satz von jährlich 3 % zugrunde legen (§ 7 Abs. 4 Satz 1 Nr. 1 EStG).

AUFGABE

Wie hoch ist die Gebäude-AfA ab 2021?

LÖSUNG

Bei Gebäuden, soweit sie zu einem Betriebsvermögen gehören und nicht Wohnzwecken dienen und für die der Bauantrag nach dem 31.3.1985 gestellt worden ist, sind nach § 7 Abs. 4 Satz 1 Nr. 1 EStG als AfA jährlich 3 % bis zur vollen Absetzung abzuziehen. Beträgt die tatsächliche Nutzungsdauer eines Gebäudes in den Fällen des § 7 Abs. Satz 1 Nr. 1 EStG **weniger** als 33 Jahre, so können gem. § 7 Abs. 4 Satz 2 EStG anstelle der Absetzungen nach § 7 Abs. 4 Satz 1 Nr. 1 EStG die der tatsächlichen Nutzungsdauer entsprechenden höheren Absetzungen vorgenommen werden.

Ungeklärt war, ob in den Fällen, in denen die tatsächliche Nutzungsdauer **mehr** als 33,3 Jahre beträgt, die der tatsächlichen Nutzungsdauer entsprechenden niedrigeren Absetzungen vorgenommen werden dürfen. Der BFH hat dies verneint und entschieden, dass § 7 Abs. 4 Satz 2

EStG auf die Fälle, in denen die tatsächliche Nutzungsdauer eines Gebäudes die gesetzliche Nutzungsdauer nach § 7 Abs. 4 Satz 1 Nr. 1 EStG von 33 Jahren übersteigt, nicht analog anzuwenden ist (BFH XI B 2/19, BFH 2019, 561; BFH XI B 117/19, BFH/NV 2020, 609). Die fiktiven Sätze zur AfA dienen nach Auffassung des BFH u. a. der Gesetzesvereinfachung. Jene Vereinfachung wird dadurch erreicht, dass der gesetzlich festgelegte AfA-Satz eine einfachere Handhabung ermöglicht. Und die in der Regel zur Realität niedrigere gesetzliche Nutzungsdauer führt zu einer Verbesserung der Absetzungsmöglichkeiten. Nur für den Fall, dass die tatsächliche Nutzungsdauer **unterhalb der fiktiven Nutzungsdauer** des § 7 Abs. 4 Satz 1 EStG liegt, kommt nach § 7 Abs. 4 Satz 2 EStG eine Überschreitung der AfA-Sätze in Betracht. Diese Rechtslage sei auch nicht verfassungswidrig.

Wenn die Steuerfestsetzungen für die Jahre, in denen in den Fällen des § 7 Abs. 4 Satz 1 EStG (nicht willkürlich) eine zu geringe Gebäude-AfA berücksichtigt wurde, bestandskräftig und nicht mehr änderbar, erfolgt die Nachholung – bei unveränderter tatsächlicher Nutzungsdauer – in der Weise, dass weiterhin die gesetzlich vorgeschriebenen Prozentsätze angesetzt werden, auch wenn sich hierdurch der gesetzliche Abschreibungszeitraum verlängert.

HINWEIS

Das Gesetz geht vielmehr typisierend davon aus, dass die in den Abschreibungssätzen unterstellte Nutzungsdauer von Gebäuden mit jedem Eigentümerwechsel neu beginnt. Da die Nutzungsdauer auf den jeweiligen Eigentümer zu beziehen ist, kann sich ein über der typisierten Nutzungsdauer liegender Zeitraum der Gesamtabsetzung ergeben (BFH XI R 54/01, BFH/NV 2004, 474). Würde man § 7 Abs. 4 Satz 2 EStG auch auf Fälle anwenden, in denen die tatsächliche Nutzungsdauer länger wäre als die gesetzlich fingierte von 33,3 Jahren, wäre § 7 Abs. 4 Satz 1 EStG nur noch auf Fälle anwendbar, in denen die tatsächliche Nutzungsdauer exakt 33,3 Jahre bzw. – bei Gebäuden im Privatvermögen – 50 Jahre betragen würde (jh, StuB 2020, 319 in einer Anmerkung).

FALL 143

AfA bei unterlassener Bilanzierung eines Wirtschaftsgutes

Sachverhalt:

A ist Inhaber einer Zimmerei. Er ermittelt den Gewinn durch Betriebsvermögensvergleich (§ 5 EStG). Anfang 01 hat er eine Lagerhalle für umgerechnet 100.000 € angeschafft, die er ab diesem Zeitpunkt zu 100 % für eigenbetriebliche Zwecke nutzt. Von den Anschaffungskosten entfallen 20.000 € auf den Grund und Boden und 80.000 € auf das Gebäude. Bei der Lagerhalle handelt es sich um ein sog. Wirtschaftsgebäude, das mit einem linearen AfA-Satz von 3 % abzuschreiben ist (§ 7 Abs. 4 Satz 1 Nr. 1 EStG). In den Bilanzen für die Jahre 01–05 wurde die Halle nebst Grund und Boden versehentlich nicht aktiviert. Die Veranlagungen der Jahre 01–05 sind nach den Vorschriften der AO nicht mehr änderbar.

Erstmals in der Bilanz für das Jahr 06 aktivierte A den Grund und Boden mit seinen Anschaffungskosten von 20.000 € und die Halle mit ihren Anschaffungskosten i. H. v. 80.000 € und zog eine AfA von 3 % von 80.000 € = 2.400 € als Betriebsausgabe ab. In der Bilanz zum 31.12.06 ergab sich folgender Buchwert für das Gebäude:

Anschaffungskosten	80.000 €
./. AfA 06: 3 % von 80.000 €	./. 2.400 €
Buchwert 31.12.06	77.600 €

AUFGABE

Kann A die in den Jahren 01 bis einschließlich 05 unterlassene AfA i. H. v. 3 % von 80.000 € = 2.400 € jährlich steuerlich nachholen?

LÖSUNG

Die Lagerhalle gehört seit Anschaffung zum notwendigen Betriebsvermögen des von A unterhaltenen Gewerbebetriebs. Dies hat zur Folge, dass er das Wirtschaftsgut auf der Aktivseite seiner Bilanz ausweisen muss (§ 2 Abs. 2 Nr. 1 i. V. m. § 4 Abs. 1 Satz 1 und § 5 Abs. 1 EStG). War ein Wirtschaftsgut des notwendigen Betriebsvermögens – wie vorliegend – bislang in der Bilanz nicht aktiviert worden, hat dies keinen Einfluss auf die rechtliche Beurteilung (BFH I R 248/74, BStBl 1978 II 191; VIII R 84/88, BFH/NV 1992, 161 f.). Die nachträgliche Aufnahme eines solchen Wirtschaftsgutes in die Bilanz ist eine berichtigende Einbuchung. Sie ist – mangels tatsächlicher Zuführung zum Betriebsvermögen – ebenso wenig eine Einlage i. S. d. § 4 Abs. 1 Satz 1 und 5 i. V. m. § 6 Abs. 1 Nr. 5 EStG wie – mangels Änderung der tatsächlichen Verwendung – die bilanzberichtigende Ausbuchung eine Entnahme i. S. d. § 4 Abs. 1 Satz 1–4 i. V. m. § 6 Abs. 1 Nr. 4 EStG ist (BFH I R 248/74, BStBl 1978 II 191). Demgemäß bestimmt sich der Bilanzansatz für eine fehlerberichtigende Einbuchung bei unterlassener Aktivierung eines Wirtschaftsgutes nach dem Wert, mit dem das bisher zu Unrecht nicht bilanzierte Wirtschaftsgut bei von Anfang an richtiger Bilanzierung zu Buche stehen würde (BFH IV R 76/96, BFH/NV 1998, 578; VIII R 3/08, BStBl 2010 II 1035; X R 37/13, BFH/NV 2016, 536, Rn. 40). Das erfordert für die Ermittlung des Einbuchungswerts eine „Schattenrechnung", d. h. die Absetzung der bisher unberücksichtigt gebliebenen AfA-Beträge von den Anschaffungskosten. Denn nach § 6 Abs. 1 Nr. 1 Satz 1 EStG sind Wirtschaftsgüter des Anlagevermögens, die der Abnutzung unterliegen, mit den Anschaffungskosten, vermindert um die AfA (§ 7 EStG), anzusetzen.

Die Sachbehandlung des A führt im Ergebnis zu einer Nachholung der bisher nicht vorgenommen AfA. Nach einer Grundsatzentscheidung des BFH (X R 153/97, BStBl 2002 II 75) findet sich für die von A vorgenommene „Nachholung der AfA" keine Stütze im Gesetz. Vor allem widerspräche sie dem Prinzip, dass die Einkommensteuer – dem Grunde wie der Höhe nach – als Jahressteuer (§ 2 Abs. 7 EStG) kraft Gesetzes jeweils mit Ablauf eines jeden VZ entsteht. Dieses Prinzip der Abschnittsbesteuerung betrifft auch den einkünftebezogenen Aufwand, der daher, wenn er – wie hier – nur im Wege der AfA abgezogen werden darf (§ 4 Abs. 1 Satz 6 i. V. m. § 7 EStG), zeitanteilig den VZ zwischen Anschaffung/Herstellung und dem Ende der betriebsgewöhnlichen Nutzungsdauer zuzuordnen ist. Diese Aufteilung ist zwingend. Gegenüber diesem Prinzip der abschnittsweisen Erfassung des Wertverzehrs von der Abnutzung unterliegenden Wirtschaftsgütern des Anlagevermögens tritt der Gedanke der richtigen Erfassung des Totalgewinns zurück.

In Übereinstimmung mit diesen materiell-rechtlichen Grundsätzen und ebenfalls unabhängig von der buchmäßigen Behandlung gehört der nach den Vorschriften des EStG ermittelte anteilige AfA-Jahresbetrag von Gesetzes wegen (§ 85 Abs. 1 Satz 1 AO) zu den Besteuerungsgrundlagen der jeweiligen Jahressteuerbescheide (§ 155 Abs. 1 Satz 1 i.V.m. § 157 Abs. 1 Satz 2 und Abs. 2 AO). Die von A erstrebte „Nachholung" kommt daher nicht in Betracht.

Inwieweit sich aus den Grundsätzen des formellen Bilanzzusammenhangs etwas anderes ergibt (BFH VIII R 28/90, BStBl 1992 II 881; VIII R 52/99, BFH/NV 2000, 1487), kann nach Ansicht des BFH hier auf sich beruhen, weil diese Grundsätze jedenfalls dann nicht gelten, wenn ein Bilanzansatz, der fortgeführt werden könnte, fehlt. Der Bilanzansatz „Lagerhalle" ist in der Bilanz zum 31.12.06 wie folgt zu berichtigen (§ 4 Abs. 2 EStG):

Buchwert Lagerhalle:	
Anschaffungskosten 01	80.000 €
./. verbrauchte AfA 01–05:	
5 × (3 % von 80.000 € =) 2.400 € =	./. 12.000 €
./. AfA 06: 3 % von 80.000 € =	./. 2.400 €
Buchwert 31.12.06	65.600 €

HINWEIS

Auch im Rahmen der Gewinnermittlung nach § 4 Abs. 3 EStG darf die versäumte AfA auf ein zunächst nicht als Betriebsvermögen ausgewiesenes Wirtschaftsgut nicht nachgeholt werden (BFH VIII R 3/08, BStBl 2010 II 1035).

FALL 144

Abschreibung des Sammelpostens nach § 6 Abs. 2a EStG

Sachverhalt:

Der bilanzierende und vorsteuerabzugsberechtigte Einzelgewerbetreibende A erwarb im Jahr 2020 folgende Wirtschaftsgüter:

am 7.1.2020 einen neuen PC, dessen betriebsgewöhnliche Nutzungsdauer nach der amtlichen AfA-Tabelle drei Jahre beträgt für	999 €
am 10.3.2020 ein gebrauchtes Aktenregal mit einer Restnutzungsdauer von zwei Jahren für	300 €
am 2.8.2020 einen gebrauchten Werkzeugschrank mit einer Restnutzungsdauer von sechs Jahren für	600 €
am 10.12.2020 eine gebrauchte Bohrmaschine mit einer Restnutzungsdauer von einem Jahr für	160 €
Summe Anschaffungskosten	2.059 €

A will die genannten Wirtschaftsgüter nach § 6 Abs. 2a EStG abschreiben.

1. Wie hoch ist der Sammelposten 2020 nach § 6 Abs. 2a EStG und wie hoch ist der Betrag, der von diesem Sammelposten 2020–2024 gewinnmindernd abzusetzen ist?

2. Welcher Betrag ist vom Sammelposten 2020 ff. gewinnmindernd abzusetzen, wenn die im Sammelposten 2020 erfassten Wirtschaftsgüter 2021 durch einen Brand zerstört werden?

Zu 1.:

Handelt es sich bei dem von einem Unternehmer angeschafften Gegenstand um ein sog. geringwertiges Wirtschaftsgut (GWG), gelten für die Abschreibung besondere Vorschriften. Ein GWG liegt vor, wenn das Wirtschaftsgut zum Anlagevermögen zählt, abnutzbar, beweglich sowie selbständig nutzbar ist und der Wert eine bestimmte Höhe nicht überschreitet. Die GWG-Vorschriften sind zum 1.1.2010 und zum 1.1.2018 erneut geändert worden. Die neuen Vorschriften sind dadurch noch komplizierter geworden. Das BMF sah sich deswegen veranlasst, in einem umfangreichen Schreiben zu den komplizierten Neuregelungen Stellung zu nehmen (BMF, BStBl 2010 I 755).

Bei GWG, die ab dem 1.1.2018 gekauft werden, ist zwischen drei Kategorien von GWG zu unterscheiden:

GWG mit Anschaffungskosten bis 250 €: Bei diesen GWG hat der Unternehmer ein Wahlrecht zwischen Sofortabschreibung oder Abschreibung über die betriebsgewöhnliche Nutzungsdauer (§ 6 Abs. 2 EStG). Das Wahlrecht kann für jedes Wirtschaftsgut individuell in Anspruch genommen werden (wirtschaftsgutbezogenes Wahlrecht). Bei der GWG-Grenze von 250 € handelt es sich um einen Nettobetrag, gleichgültig, ob der Unternehmer die in Rechnung gestellte Vorsteuer abziehen kann oder nicht.

GWG mit Anschaffungskosten über 250 € bis zu 800 €: Bei GWG mit Anschaffungskosten über 250 € bis zu 800 € netto kann der Unternehmer wählen zwischen

▶ der Abschreibung innerhalb der betriebsgewöhnlichen Nutzungsdauer,

▶ der Sofortabschreibung oder

▶ der sog. Poolabschreibung nach § 6 Abs. 2a EStG.

§ 6 Abs. 2a EStG sieht vor, dass für abnutzbare bewegliche Wirtschaftsgüter des Anlagevermögens, die einer selbständigen Nutzung fähig sind, im Wirtschaftsjahr der Anschaffung ein **Sammelposten** gebildet werden kann, wenn die Anschaffungskosten (vermindert um abziehbare Vorsteuer i. S. d. § 9b Abs. 1 EStG) für das „einzelne" Wirtschaftsgut 250 €, aber nicht 1.000 € übersteigen (§ 6 Abs. 2a Satz 1 EStG). Diese Regelung findet sowohl bei der Gewinnermittlung durch Betriebsvermögensvergleich (§§ 4 Abs. 1, 5 EStG) als auch bei Einnahmenüberschussrechnung Anwendung (§ 4 Abs. 3 EStG).

Wer sich für Poolabschreibung entscheidet, muss GWG mit Anschaffungskosten über 250 € bis zu 1.000 € in den Sammelposten einstellen, der dann über fünf Jahre mit jährlich 20 % abzuschreiben ist (§ 6 Abs. 2a EStG). Die Poolabschreibung kann nur einheitlich für alle Wirtschaftsgüter des Wirtschaftsjahres mit Aufwendungen von mehr als 250 € und nicht mehr als 1.000 € in Anspruch genommen werden. Entscheidet sich der Unternehmer für diese Alternative, dann steht ihm auch für GWG mit Anschaffungskosten über 250 € bis zu 800 € nicht die Sofortabschreibung zu, sondern nur die Poolabschreibung.

Der Sammelposten ist zwingend im Wirtschaftsjahr der Bildung und in den folgenden vier Wirtschaftsjahren mit jeweils einem Fünftel gewinnmindernd aufzulösen (§ 6 Abs. 2a Satz 2 EStG). Die Nutzungsdauer der in den Sammelposten aufgenommenen Wirtschaftsgüter ist steuerlich nicht relevant. § 6 Abs. 2a EStG lässt nicht zu, dass Wirtschaftsgüter mit geringer Nutzungsdauer individuell, also kürzer abgeschrieben werden können.

Sogenannte „kurzlebige" Wirtschaftsgüter, d. h. solche, deren betriebsgewöhnliche (Rest-)Nutzungsdauer nicht mehr als ein Jahr beträgt, sind nicht in den Sammelposten einzubeziehen. Nach der Rechtsprechung des BFH sind kurzlebige Wirtschaftsgüter sofort absetzbar, weil sie nicht den Abschreibungsvorschriften unterliegen. Anschaffungskosten eines Wirtschaftsguts sind danach nur dann nach § 7 EStG zu verteilen, wenn die gesamte Nutzungsdauer des Wirtschaftsguts einen Jahreszeitraum i. S. eines Zeitraums von mehr als 365 Tagen überschreitet (BFH IV R 127/91, BStBl 1994 II 232). Da § 6 Abs. 2a EStG – ebenso wie § 6 Abs. 2 EStG (BFH IV R 224/80, BStBl 1984 II 312) – rechtssystematisch betrachtet nicht die Vorschriften des § 6 Abs. 1 EStG, sondern des § 7 EStG ergänzt, kommt eine Einbeziehung von kurzlebigen Wirtschaftsgütern in den Sammelposten nicht in Betracht. Die Anschaffungskosten für die gebrauchte Bohrmaschine von 160 € sind daher 2020 sofort in voller Höhe absetzbar.

Die Anschaffungskosten der in den Sammelposten aufzunehmenden Wirtschaftsgüter betragen daher 2.059 € ./. 160 € = 1.899 €. Der von dem Sammelposten in den Jahren 2020 bis einschließlich 2024 gewinnmindernd abzusetzende Betrag beläuft sich auf jährlich 20 % von 1.899 € = 379,80 €. Dass die betriebsindividuelle Nutzungsdauer des PC und Aktenregals niedriger ist als fünf Jahre, spielt keine Rolle.

Zu 2.:

Scheidet ein in den Sammelposten aufgenommenes Wirtschaftsgut aus dem Betriebsvermögen (z. B. durch höhere Gewalt oder Verkauf) aus, wird der Sammelposten nicht vermindert (§ 6 Abs. 2a Satz 3 EStG). Nach der Gesetzesbegründung bedingt die Einbeziehung der Wirtschaftsgüter in einem Sammelposten eine zusammenfassende Behandlung der einzelnen Wirtschaftsgüter. Vorgänge, die sich auf das einzelne Wirtschaftsgut beziehen, wirken sich danach nicht aus. Durch Veräußerungen oder Entnahmen wird der Wert des Sammelpostens nicht gemindert. Das bedeutet, dass der Sammelposten in den Jahren 2020 bis einschließlich 2024 weiterhin mit je 379,80 € abzuschreiben ist, obwohl die Wirtschaftsgüter im Jahr 2021 sämtlich aus dem Betriebsvermögen ausgeschieden sind.

Bei dem Sammelposten i. S. d. § 6 Abs. 2a EStG handelt es sich nicht um ein abnutzbares bewegliches Wirtschaftsgut des Anlagevermögens, sondern um einen Posten eigener Art bzw. eine Rechengröße innerhalb des Anlagevermögens, der bzw. die die Zusammenfassung vieler gleicher oder unterschiedlicher Wirtschaftsgüter enthält. Bei dem Sammelposten ist neben der Poolabschreibung keine Sonderabschreibung nach § 7g Abs. 5 EStG zulässig. § 6 Abs. 2a EStG ist lex specialis zu den Abschreibungen nach §§ 7 ff. EStG (FG München, 10 K 1076/12, EFG 2014, 522).

Unterschreitung der GWG-Grenze durch Bildung und Auflösung eines Investitionsabzugsbetrags

Sachverhalt:

Steuerberater A macht in seiner Einnahmenüberschussrechnung 2020 zulässigerweise einen Investitionsabzugsbetrag nach § 7g Abs. 1 EStG von 10.000 € für Investitionen der nächsten drei Jahre gewinnmindernd geltend. 2021 kauft er einen Büroschrank für netto 1.300 €. In seiner Einnahmenüberschussrechnung 2021 rechnet A den Investitionsabzugsbetrag in Höhe von 40 % von 1.300 € = 520 € gewinnerhöhend hinzu (§ 7g Abs. 2 Satz 1 EStG). Gleichzeitig nimmt er sein Wahlrecht nach § 7g Abs. 2 Satz 2 EStG in Anspruch und kürzt gewinnmindernd die Netto-Anschaffungskosten des Büroschranks um 520 €UR (40 % von 1.300 €). Dadurch ergeben sich für die AfA des Büroschranks maßgebliche Anschaffungskosten von 780 €UR (1.300 € ./. 520 €).

Kann A die Anschaffungskosten des Büroschranks 2021 sofort in voller Höhe als Betriebsausgaben absetzen?

Durch das Gesetz gegen schädliche Steuerpraktiken im Zusammenhang mit Rechteüberlassungen (v. 27.6.2017, BGBl 2017 I 2074) wurde die Schwelle für sog. geringwertige Wirtschaftsgüter i. S. d. § 6 Abs. 2 Satz 1 EStG von bislang 410 € (netto) auf 800 € (netto) erhöht. Betroffen hiervon sind selbständig nutzbare bewegliche Wirtschaftsgüter des Anlagevermögens, z. B. Büro- und Geschäftsausstattung oder Tablets. Deren Anschaffungs- oder Herstellungskosten oder der an deren Stelle tretende Wert können bei Anschaffung ab 1.1.2018 sofort abgeschrieben werden, wenn die Netto-Anschaffungskosten 800 € nicht übersteigen. Die erhöhte GWG-Grenze gilt erstmals für Wirtschaftsgüter, die nach dem 31.12.2017 angeschafft, hergestellt oder in das Betriebsvermögen eingelegt werden (§ 52 Abs. 12 Satz 3 EStG).

Darüber hinaus wurde bei der Sammelabschreibung die Wertuntergrenze von bislang 150 € auf 250 € angehoben (§ 6 Abs. 2a Sätze 1 und 4 EStG). Somit können Wirtschaftsgüter mit Anschaffungs- oder Herstellungskosten von 250,01 € bis 1.000,00 € pro Wirtschaftsjahr in einem Sammelposten zusammengefasst und über eine Dauer von fünf Jahren gewinnmindernd abgesetzt werden (jährliche Sammelabschreibung von 20 %). Diese Neuregelung der Wertuntergrenze zur Bildung des Sammelpostens gilt ebenfalls erstmals für Wirtschaftsgüter, die nach dem 31.12.2018 angeschafft, hergestellt oder in das Betriebsvermögen eingelegt werden (§ 52 Abs. 12 Satz 5 EStG). Das Wahlrecht muss einheitlich für alle Wirtschaftsgüter des Wirtschaftsjahrs mit Anschaffungskosten von mehr als 250 € bis 1.000 € ausgeübt werden (wirtschaftsjahrbezogenes Wahlrecht).

Unternehmer, die – wie hier A – die Voraussetzungen für die Inanspruchnahme eines Investitionsabzugsbetrags nach § 7g Abs. 1 EStG erfüllen, können für Anschaffungen ab 2018 die GWG-Grenze optimieren. Vorliegend ergeben sich für die AfA des Büroschranks maßgebliche Anschaffungskosten von 780 € (1.300 € ./. 520 €). Diese liegen unter der neuen GWG-Grenze von 800 €. A kann daher für den Büroschrank die GWG-Sofortabschreibung nach § 6 Abs. 2 Satz 1 EStG in Anspruch nehmen. Normalerweise hätte er den Büroschrank innerhalb von 13 Jahre (betriebsgewöhnliche Nutzungsdauer für Büromöbel laut „amtlicher AfA-Tabelle") abschreiben müssen.

FALL 146

Ermittlung der AfA-Bemessungsgrundlage und der linearen Gebäude-AfA bei Erwerb eines Wohngebäudes

Sachverhalt:

A erwarb Anfang Juli 2020 von Eheleuten, die in Scheidung leben, sehr günstig ein im Jahr 1980 fertiggestelltes Zweifamilienhaus für 250.000 € mit zwei gleich großen Wohnungen, von denen eine vermietet und die andere von A selbst genutzt wird. Das FA ermittelt den Verkehrswert des Grund und Bodens auf 75.000 € und setzt nach der sog. „Restwertmethode" als Bemessungsgrundlage für die Gebäude-AfA 250.000 € ./. 75.000 € = 175.000 € an. Der Verkehrswert des Grund und Bodens beträgt 75.000 € und der Verkehrswert des Gebäudes 225.000 €.

AUFGABEN

1. Wie hoch ist die AfA-Bemessungsgrundlage für die vermietete Wohnung?

2. Wie hoch ist die als Werbungskosten bei den Einkünften aus Vermietung und Verpachtung des A abziehbare lineare Gebäude-AfA für das Jahr 2020?

LÖSUNG

Sog. sonstige selbständige Gebäudeteile liegen vor, wenn ein Gebäude teils eigenbetrieblich, teils fremdbetrieblich, teils zu eigenen Wohnzwecken und teils zu fremden Wohnzwecken genutzt wird. Jeder der vier unterschiedlich genutzten Gebäudeteile ist dann ein besonderes Wirtschaftsgut (R 4.2 Abs. 4 EStR 2012). Gemischt genutzte Gebäude sind also nach Maßgabe der unterschiedlichen Nutzungsarten im Hinblick auf die unterschiedlichen Nutzungs- und Funktionszusammenhänge in mehrere (maximal: vier) selbständige Gebäudeteile zu zerlegen (BFH, GrS 5/71, BStBl 1974 II 132; GrS 4/92, BStBl 1995 II 281):

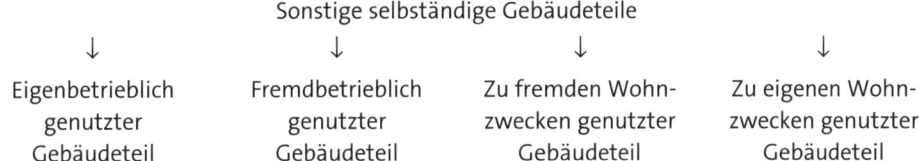

Sonstige selbständige Gebäudeteile

↓	↓	↓	↓
Eigenbetrieblich genutzter Gebäudeteil	Fremdbetrieblich genutzter Gebäudeteil	Zu fremden Wohnzwecken genutzter Gebäudeteil	Zu eigenen Wohnzwecken genutzter Gebäudeteil

Die genannten sonstigen selbständigen Gebäudeteile sind unbewegliche Wirtschaftsgüter i. S. v. § 7 Abs. 5a EStG. Jeder selbständige Gebäudeteil ist mit Ausnahme des eigenen Wohnzwecken dienenden Gebäudeteils nach Maßgabe der AfA-Vorschriften des § 7 Abs. 4 und 5 EStG abzuschreiben.

Zu 1.:

Bemessungsgrundlage für die Gebäude-Abschreibung sind grds. die Anschaffungs- oder Herstellungskosten. Wird ein bebautes Grundstück erworben, muss der Gesamtkaufpreis auf den Grund und Boden einerseits und auf das Gebäude andererseits aufgeteilt werden, da Grund und Boden und Gebäude verschiedene Wirtschaftsgüter bilden. Nur auf das Gebäude ist AfA möglich. Die Aufteilung des Gesamtkaufpreises hat bei Immobilien im Privatvermögen nach dem Verhältnis der Verkehrswerte zu erfolgen (BFH GrS 1/77, BStBl 1978 II 620, 625; X R 97/87, BStBl 1989 II 604; IX R 63/94, BFH/NV 1996, 116).

In der Praxis kommt es vor, dass FÄ bei der Kaufpreisaufteilung wie folgt vorgehen: Sie ermitteln den Verkehrswert für den Grund und Boden und behandeln die Differenz zum Kaufpreis als Anschaffungskosten für das Gebäude (sog. „Differenz- oder Restwertmethode"). Die „Restwertmethode" führt zu einem für den Stpfl. ungünstigen Ergebnis, wenn er das Haus zu einem sehr günstigen Preis erworben hat, etwa bei einem Kauf von Verwandten, Bekannten oder anlässlich einer Zwangsversteigerung oder von Eheleuten, die in Scheidung leben. In Fällen, in denen der vom FA auf diese Weise ermittelte Gebäudewert nicht der Realität entspricht, kann die Wertermittlung des FA nicht akzeptiert werden. Nach der genannten Rechtsprechung des BFH muss das FA den Kaufpreis (genau: die Anschaffungskosten) eines bebauten Betriebsgrundstücks nach dem Verhältnis der Verkehrswerte auf den Grund und Boden, das Gebäude und die Außenanlagen aufteilen.

Es sind also nach dem Grundsatz der Einzelbewertung – unabhängig vom gezahlten Kaufpreis – Verkehrswerte für den Grund und Boden einerseits und das Gebäude andererseits zu ermitteln. Dann werden die Anschaffungskosten nach dem Verhältnis dieser fiktiven Werte zueinander in Anschaffungskosten für den Boden- und den Gebäudeanteil aufgeteilt. Beträgt also – wie hier – der Verkehrswert für den Grund und Boden 75.000 € und für das Gebäude 225.000 €, weil das Gebäude sehr günstig gekauft worden ist, entfallen 1/4 des Kaufpreises (= 62.500 €) auf den Grund und Boden und 3/4 des Kaufpreises (= 187.500 €) auf das Gebäude.

Da vorliegend nur die vermietete Wohnung der Einkünfteerzielung dient, sind die Gebäude-Anschaffungskosten auf die beiden Wohnungen aufzuteilen. Aufteilungsmaßstab ist grds. das Verhältnis der Nutzflächen, die in sinngemäßer Anwendung der Wohnflächenverordnung zu ermitteln ist (R 4.2 Abs. 6 Satz 4 EStR 2012; BFH III R 20/99, BFH/NV 2001, 849), es sei denn, die Aufteilung nach den Nutzflächen führt zu einem unangemessenen Ergebnis (R 4.2 Abs. 6 Satz 2 EStR 2012). Bei einer Aufteilung nach der Nutzfläche ergibt sich für die vermietete Wohnung eine Bemessungsgrundlage für die Abschreibung i. H. v. 1/2 von 187.500 € = 93.750 €.

Zu 2.:

Wird ein Gebäude im Laufe des Jahres angeschafft, kann die AfA nur zeitanteilig gewährt werden. Die lineare AfA 2020 für die vermietete Wohnung beträgt somit:

Jahres-AfA nach § 7 Abs. 4 Nr. 2 Buchst. a EStG: 2 % von 93.750 € =	1.875 €
anteilige AfA für die Zeit vom 1.7.-31.12.2020:	
1/2 von 1.875 € = aufgerundet	938 €

HINWEIS

Eine vertragliche Kaufpreisaufteilung auf Grundstück und Gebäude ist der Berechnung der Gebäude-AfA zugrunde zu legen, sofern sie zum einen nicht nur zum Schein getroffen wurde sowie keinen Gestaltungsmissbrauch darstellt. Etwas anderes gilt, wenn die vertragliche Kaufpreisaufteilung die realen Wertverhältnisse in grundsätzlicher Weise verfehlt und wirtschaftlich nicht haltbar erscheint (BFH IX R 12/14, BStBl 2016 II 397).

Die obersten Finanzbehörden von Bund und Ländern stellen eine Arbeitshilfe als xls-Datei zur Verfügung, die es unter Berücksichtigung der höchstrichterlichen Rechtsprechung ermöglicht, in einem typisierten Verfahren entweder eine Kaufpreisaufteilung selbst vorzunehmen oder die Plausibilität einer vorliegenden Kaufpreisaufteilung zu prüfen (Quelle: BMF: Arbeitshilfe zur Aufteilung eines Gesamtkaufpreises für ein bebautes Grundstück (Kaufpreisaufteilung) – *Arbeitshilfe und Anleitung mit Stand vom Mai 2021*.

Der BFH nimmt ein Revisionsverfahren zum Anlass, sich grundlegend mit der Frage zu befassen, welche Bedeutung der vom BMF zur Verfügung gestellten "Arbeitshilfe zur Aufteilung eines Gesamtkaufpreises für ein bebautes Grundstück (Kaufpreisaufteilung)" bei der Aufteilung eines vertraglich vereinbarten Kaufpreises auf Grund und Gebäude nach den realen Verkehrswerten für Zwecke der AfA-Bemessung zukommt. Vor diesem Hintergrund hat der BFH das BMF an diesem Revisionsverfahren beteiligt und nach § 122 Abs. 2 Satz 3 FGO zum Beitritt aufgefordert (BFH, Beschluss v. 21.1.2020, IX R 26/19, BStBl 2020 II 278).

FALL 147

Gebäude-AfA bei nachträglichen Herstellungskosten

Sachverhalt:

A hat im Jahr 01 ein Zehnfamilienhaus errichtet. Die Herstellungskosten des fremden Wohnzwecken dienenden Gebäudes haben 500.000 € betragen. Die tatsächliche Nutzungsdauer des Gebäudes beträgt mehr als 50 Jahre. Im Jahr 11 fallen nachträgliche Herstellungskosten i. H. v. 100.000 € an.

Wie hoch sind die jährlichen Abschreibungen, wenn A die degressive Gebäude-Abschreibung nach § 7 Abs. 5 Satz 1 Nr. 3 Buchst. c EStG in Anspruch nimmt?

LÖSUNG

Fallen bei degressiver Abschreibung nach § 7 Abs. 5 EStG nachträgliche Anschaffungs- oder Herstellungskosten an, ohne dass hierdurch ein anderes Gebäude entsteht, gelten die gleichen Grundsätze wie bei der linearen Gebäude-AfA. Die nachträglichen Anschaffungs- oder Herstellungskosten sind der ursprünglichen Bemessungsgrundlage hinzuzurechnen; auf die Summe ist der gerade maßgebliche Staffelsatz anzuwenden. Bei der Bemessung der AfA für das Jahr des Entstehens der nachträglichen Anschaffungs- oder Herstellungskosten sind diese so zu berücksichtigen, als wären sie zu Beginn des Jahres aufgewendet worden (R 7.4 Abs. 9 Satz 3 EStR 2012). Ein nach Ablauf des gesetzlichen Abschreibungszeitraums nach § 7 Abs. 5 EStG von 50 Jahren verbliebener Restwert ist – ausgehend von der bisherigen Bemessungsgrundlage – linear nach § 7 Abs. 4 Satz 1 EStG abzuschreiben (BFH IX R 103/83, BStBl 1987 II 491; vgl. hierzu auch die Urteilsanmerkungen in HFR 1987, 513, und von Drenseck, FR 1987, 381).

Bei degressiver Abschreibung nach § 7 Abs. 5 Satz 1 Nr. 3 Buchst. c EStG ergeben sich folgende Abschreibungsbeträge:

01–10:	4 % von 500.000 € = 20.000 € × 10 =	200.000 €
11–18:	2,5 % von 600.000 € = 15.000 € × 8 =	120.000 €
19–50:	1,25 % von 600.000 € = 7.500 € × 32 =	240.000 €
Gesamte AfA nach Ablauf der gesetzlichen Nutzungsdauer von 50 Jahren		560.000 €

Der Restwert zum 31.12.50 beträgt somit 600.000 € ./. 560.000 € = 40.000 €. Ab dem Jahr 51 bemisst sich die AfA nach § 7 Abs. 4 Satz 1 Nr. 2 Buchst. a EStG. Es ergibt sich folgende lineare AfA:

51–53:	2 % von 600.000 € = 12.000 € × 3 =	36.000 €
54:	2 % von 600.000 € = 12.000 €, höchstens	4.000 €

FALL 148

Investitionsabzugsbetrag zur Förderung kleiner und mittlerer Betriebe

Sachverhalt:

Bauunternehmer A ermittelt seinen Gewinn durch Bestandsvergleich (§ 5 EStG). Sein Gewinn 2020 beträgt ohne Berücksichtigung der Investitionsabzugsbeträge nach § 7g Abs. 1 EStG und der Hinzurechnungen nach § 7g Abs. 2 EStG 150.000 €. Er übermittelt dem FA für 2020 im Jahr 2021 nach amtlich vorgeschriebenen Datensätzen durch Datenfernübertragung einen Investitionsabzugsbetrag von 50 % von 100.000 € = 50.000 €. Im Juli 2021 erwirbt er einen gebrauchten Bagger für 110.000 €.

AUFGABEN

1. Kann der von A für 2020 geltend gemachte Investitionsabzugsbetrag nach § 7g Abs. 1 EStG von 50.000 € gewinnmindernd abgezogen werden?

2. Kann der Investitionsabzugsbetrag im Jahr 2021 gewinnerhöhend hinzugerechnet und – wenn ja – wie hoch ist dann die AfA-Bemessungsgrundlage für den Bagger?

3. Welche Steuerfolgen ergeben sich, wenn die Anschaffungskosten des Baggers im Jahr 2021 nur 90.000 € betragen, und außer dem Bagger keine weiteren Wirtschaftsgüter im Jahr 2021 angeschafft wurden?

4. Welche Steuerfolgen ergeben sich, wenn A den Bagger mit Anschaffungskosten von 110.000 € (siehe unter 1.) bereits im Jahr 2021 wieder veräußert?

5. Welche Steuerfolgen ergeben sich, wenn die Anschaffung eines begünstigten Wirtschaftsguts bis zum 31.12.2023 unterbleibt?

LÖSUNG

Zu 1.:

Stpfl. können nach § 7g Abs. 1 Satz 1 EStG für die künftige Anschaffung oder Herstellung von abnutzbaren beweglichen Wirtschaftsgütern des Anlagevermögens, die mindestens bis zum Ende des dem Wirtschaftsjahr der Anschaffung oder Herstellung folgenden Wirtschaftsjahres vermietet oder in einer inländischen Betriebsstätte des Betriebes ausschließlich oder fast ausschließlich betrieblich genutzt werden, bis zu 50 % der voraussichtlichen Anschaffungs- oder Herstellungskosten gewinnmindernd abziehen (Investitionsabzugsbeträge).

§ 7g wurde durch das StÄndG 2015 in wesentlichen Punkten geändert. Steuerliche Wirkung entfalten die Änderungen im für nach dem 31.12.2015 endende Wirtschaftsjahre (§ 52 Abs. 1 Sätze 1 bis 3 EStG). Auf das Erfordernis einer konkreten Investitionsabsicht, der konkreten Benennung der Funktion sowie der voraussichtlichen Anschaffungs- oder Herstellungskosten von Wirtschaftsgütern, für die der Investitionsabzugsbetrag gebildet werden soll (§ 7g Abs. 1 Satz 2 Nr. 2 und Nr. 3 EStG a. F.), wird für nach dem 31.12.2015 endende Wirtschaftsjahre verzichtet. Nunmehr ist eine „Verwendung" des Investitionsabzugsbetrags für ein beliebiges angeschafftes oder hergestelltes begünstigtes Wirtschaftsgut möglich.

Investitionsabzugsbeträge können nach derzeitiger Rechtslage nur in Anspruch genommen werden, wenn der Stpfl. die Summen der Abzugsbeträge und der nach § 7g Abs. 2 bis 4 EStG hinzuzurechnenden oder rückgängig zu machenden Beträge nach amtlich vorgeschriebenen Datensätzen durch Datenfernübertragung übermittelt. Auf Antrag kann die Finanzbehörde zur Vermeidung unbilliger Härten auf eine elektronische Übermittlung verzichten (§ 7g Abs. 1 Nr. 2 Sätze 1 und 2 EStG).

Mit dem Investitionsabzugsbetrag gibt der Stpfl. dem Fiskus das Versprechen, später zu investieren. Hält er sein Versprechen und investiert er später tatsächlich, „kann" er im Jahr der Investition den Investitionsabzugsbetrag außerbilanziell gewinnerhöhend hinzurechnen. Andererseits „kann" er die Anschaffungs- oder Herstellungskosten des begünstigten Wirtschaftsguts im Jahr der Anschaffung oder Herstellung um bis zu 50 % herabsetzen (§ 7g Abs. 2 Satz 1 f. EStG).

Der Investitionsabzugsbetrag muss nicht gesondert gebucht werden, sondern er ist außerbilanziell gewinnmindernd abzuziehen. Durch den außerbilanziellen Abzug werden nach der Gesetzesbegründung bilanztechnische Probleme wie z. B. Bilanzberichtigungen und Maßgeblichkeit der Handelsbilanz für die steuerliche Gewinnermittlung vermieden.

Ein Investitionsabzugsbetrag ist möglich bei Einkünften aus Gewerbebetrieb, selbständiger Arbeit oder aus Land- und Forstwirtschaft. Ob die betriebliche Tätigkeit als Einzelunternehmen oder in der Rechtsform einer Personen- oder Kapitalgesellschaft ausgeübt wird, ist ohne Belang. Auf die Rechtsform des Unternehmens kommt es nicht an. Der Investitionsabzugsbetrag ist sowohl bei nach § 4 Abs. 1 oder § 5 EStG bilanzierenden Unternehmern, unabhängig davon, ob sie zur Bilanzierung verpflichtet sind oder freiwillig bilanzieren, als auch bei Einnahmenüberschussrechnung möglich (§ 7g Abs. 1 Satz 2 Nr. 1 Buchst. a EStG i. d. F. des JStG 2020 v. 21.12.2020, BGBl 2020 I S. 3096).

Der Investitionsabzugsbetrag nach § 7g Abs. 1 Satz 1 EStG soll den finanziellen Spielraum kleiner und mittlerer Betriebe stärken. Durch den Investitionsabzugsbetrag sollen nur kleine und mittlere Betriebe begünstigt werden. Nach § 7g Abs. 1 Satz 2 Buchst. b EStG können Investitionsabzugsbeträge nur in Anspruch genommen werden, wenn im Wirtschaftsjahr, in dem die Abzüge vorgenommen werden sollen, ohne Berücksichtigung der Investitionsabzugsbeträge nach § 7g Satz 1 EStG und der Hinzurechnungen nach § 7g Abs. 2 EStG 200.000 € nicht überschreitet. Diese von der Einkunftsart unabhängige Gewinngrenze gilt für Wirtschaftsjahre, die nach dem 31.12.2019 enden (§ 52 Abs. 16 Satz 1 EStG). Sie ersetzt für Investitionsabzugsbeträge ab diesem Zeitpunkt die früher geltenden Größenmerkmale. Das begünstigte Wirtschaftsgut muss mindestens bis zum Ende des dem Wirtschaftsjahr der Anschaffung oder Herstellung folgenden Wirtschaftsjahres vermietet oder in einer inländischen Betriebsstätte des Betriebes ausschließlich oder fast ausschließlich betrieblich genutzt werden (§ 7g Abs. 1 Satz 1 EStG). Eine ausschließliche oder fast ausschließliche betriebliche Nutzung liegt vor, wenn das Wirtschaftsgut zu mindestens 90 % betrieblich genutzt oder anders ausgedrückt: zu nicht mehr als 10 % privat genutzt wird (BMF, BStBl 2017 I 423, Rn. 42). Die Voraussetzung der ausschließlich betrieblichen Nutzung ist bei einem Bagger zweifellos erfüllt.

Die Summe der Beträge, die im Wirtschaftsjahr des Abzugs und in den drei vorangegangenen Wirtschaftsjahren abgezogen und nicht nach § 7g Abs. 2 EStG hinzugerechnet oder nach § 7g Abs. 3 oder 4 EStG rückgängig gemacht wurden, darf je Betrieb 200.000 € nicht übersteigen (§ 7g Abs. 1 Satz 4 EStG).

Vorliegend sind sämtliche Voraussetzungen für den Abzug eines Investitionsabzugsbetrages erfüllt. A kann maximal 50 % von 100.000 € = 50.000 € im Jahr 2020 außerhalb der Bilanz gewinnmindernd abziehen.

Zu 2.:

Die prognostizierten Anschaffungskosten stimmen in der Praxis nur in Ausnahmefällen mit den tatsächlichen Anschaffungskosten überein. Sind die tatsächlichen Anschaffungskosten – wie vorliegend – höher als die prognostizierten, kann der Investitionsabzugsbetrag im Jahr der Anschaffung des begünstigten Wirtschaftsguts i. H. v. 50 % der Anschaffungskosten, maximal i. H. d. in Anspruch genommenen Investitionsabzugsbetrags, gewinnerhöhend hinzuzurechnet werden (§ 7g Abs. 2 Satz 1 EStG). Die Hinzurechnung ist nicht zwingend vorgeschrieben, sondern als Wahlrecht ausgestaltet.

Der 2020 in Anspruch genommene Investitionsabzugsbetrag von 50.000 € ist niedriger als 50 % der Anschaffungskosten (= 55.000 €). Dem Gewinn 2021 kann daher außerbilanziell nur der im Jahr 2020 in Anspruch genommene Investitionsabzugsbetrag von 50.000 € hinzuzugerechnet werden (§ 7g Abs. 2 Satz 1 EStG).

Andererseits können im Jahr 2021 die Anschaffungskosten von 110.000 € um bis zu 50 %, maximal i. H. d. 2020 in Anspruch genommenen Abzugsbetrags von 50.000 € gewinnmindernd herabgesetzt werden (§ 7g Abs. 2 Satz 1 EStG); die Bemessungsgrundlage für die AfA beträgt dann 110.000 € ./. 50.000 € = 60.000 €.

A kann die Reduzierung der Anschaffungskosten aber auch auf jeden Betrag zwischen 1 € und 50.000 € begrenzen. Begrenzt er die gewinnmindernde Herabsetzung der Anschaffungskosten auf z. B. 10.000 €, dann beträgt die AfA-Bemessungsgrundlage für den Bagger 110.000 € ./. 10.000 € = 100.000 €.

A kann aber auch von der gewinnmindernden Herabsetzung der Anschaffungskosten ganz absehen. Dann bleiben die Anschaffungskosten und die AfA-Bemessungsgrundlage für den Bagger unverändert, d. h. sie betragen 110.000 €. Es besteht keine Pflicht, die Anschaffungskosten gewinnmindernd herabzusetzen. Nimmt A dann bis zum Ende des Wirtschaftsjahrs 2023, d. h. bis zum 31.12.2023, keine weitere begünstigte Investition vor, muss der im Jahr im Wirtschaftsjahr 2020 gebildete Investitionsabzugsbetrag nach § 7g Abs. 3 Satz 1 EStG rückgängig gemacht werden – zuzüglich einer Verzinsung der Steuernachforderung nach § 233a AO. Ein bereits für 2020 ergangener Einkommensteuerbescheid ist nach § 7g Abs. 3 Satz 2 EStG zu ändern.

Zu 3.:

Die voraussichtlichen Anschaffungskosten müssen i. d. R. geschätzt werden. Dementsprechend kommt es auch vor, dass sie zu hoch geschätzt worden sind. Sind die tatsächlichen Anschaffungskosten niedriger als die prognostizierten, wird ein „überhöhter" Investitionsabzugsbetrag gebildet, wenn wie hier der maximal zulässige Betrag in Anspruch genommen wird.

Im Wj. der Anschaffung des begünstigten Wirtschaftsguts kann dann der in Anspruch genommene („überhöhte") Investitionsabzugsbetrag nur i. H. v. 50 % der tatsächlichen Anschaffungs- oder Herstellungskosten außerbilanziell gewinnerhöhend hinzurechnen (§ 7g Abs. 2 Satz 1 EStG). Da der Investitionsabzugsbetrag in diesem Fall höher ist als 50 % der Anschaffungs- oder Herstellungskosten, verbleibt noch ein Restbetrag.

Vorliegend kann im Jahr 2021 der Investitionsabzugsbetrag i. H. v. 50 % der tatsächlichen Anschaffungskosten von 90.000 € = 45.000 € außerbilanziell gewinnerhöhend hinzugerechnet werden (§ 7g Abs. 2 Satz 1 EStG).

Andererseits können im Jahr 2021 die Anschaffungskosten von 90.000 € um bis zu 50 % = 45.000 € gewinnmindernd herabgesetzt werden (§ 7g Abs. 2 Satz 2 EStG). Die AfA-Bemessungsgrundlage beträgt dann 90.000 € ./. 45.000 € = 45.000 €.

50 % der Anschaffungskosten = 45.000 € sind niedriger als der 2020 in Anspruch genommene Investitionsabzugsbetrag von 50.000 €. Es verbleibt also ein Restbetrag von 5.000 €. Dieser Restbetrag von 5.000 € ist spätestens nach Ablauf der Investitionsfrist gemäß § 7g Abs. 3 Satz 1 EStG rückwirkend gewinnerhöhend zu erfassen. Diese rückwirkende Hinzurechnung entfällt nur dann, wenn innerhalb des verbleibenden Investitionszeitraumes bis zum 31.12.2023 nachträgliche Anschaffungs- oder Herstellungskosten i. S. v. § 255 Abs. 1 HGB für das begünstigte Wirtschaftsgut von mindestens 5.000 € anfallen.

Zu 4.:

Das begünstigte Wirtschaftsgut muss mindestens bis zum Ende des dem Wj. der Anschaffung oder Herstellung folgenden Wj. in einer inländischen Betriebsstätte des Betriebes ausschließlich oder fast ausschließlich, d. h. zu mindestens 90 %, betrieblich genutzt werden (§ 7g Abs. 1 Satz 1 EStG).

Die Nutzungs- und Verbleibensvoraussetzung ist nicht erfüllt, wenn das begünstigte Anlagegut bis zum Ende des dem Wj. der Anschaffung oder Herstellung folgenden Wj. verkauft wird (BMF, BStBl 2017 I 423, Rn. 37).

Wird in Fällen der Anschaffung oder Herstellung des begünstigten Wirtschaftsgutes dieses nicht bis zum Ende des dem Wirtschaftsjahr der Anschaffung oder Herstellung folgenden Wirtschaftsjahres vermietet oder in einer inländischen Betriebsstätte des Betriebs ausschließlich oder fast ausschließlich betrieblich (mindestens 90 %) genutzt, sind der Abzug sowie die Herabsetzung der Anschaffungs- oder Herstellungskosten, die Verringerung der Bemessungsgrundlage und die Hinzurechnung des Abzugsbetrags nach § 7g Abs. 2 Satz 1 EStG rückgängig zu machen (§ 7g Abs. 4 Satz 1 EStG).

Wurden die Gewinne der maßgebenden Wirtschaftsjahre bereits Steuerfestsetzungen oder gesonderten Feststellungen zugrunde gelegt, sind die entsprechenden Steuer- oder Feststellungsbescheide insoweit zu ändern (§ 7g Abs. 4 Satz 2 EStG). Das gilt auch, wenn sie bereits bestandskräftig sind; die Festsetzungsfristen enden insoweit nicht, bevor die Festsetzungsfrist für den VZ abgelaufen ist, in dem die Verbleibens- und Nutzungsvoraussetzungen des § 7g Abs. 1 Satz 1 EStG erstmals nicht mehr vorliegen (§ 7g Abs. 4 Satz 3 EStG). Die Verzinsungsregelung des § 233a Abs. 2a AO ist nicht anzuwenden (§ 7g Abs. 4 Satz 4 EStG).

Konsequenzen: Der außerbilanzielle Abzug 2020 von 50.000 €, die außerbilanzielle Hinzurechnung im Anschaffungsjahr 2021 von 50.000 € und die Herabsetzung der Anschaffungskosten im Jahr 2021 von 50.000 € sind rückgängig zu machen. § 233a Abs. 2a AO ist nicht anzuwenden. Sind die Steuerbescheide 2020 und 2021 bereits ergangen, sind sie insoweit zu ändern, auch wenn sie bestandskräftig sind (§ 7g Abs. 4 EStG).

Zu 5.:

Drei Jahre, nachdem der Investitionsabzugsbetrag geltend gemacht wurde, endet der Investitionszeitraum. Ist es bis dahin nicht zu der geplanten Investition gekommen, ist also der Investitionsabzugsbetrag – wie vorliegend – nicht bis zum Ende des dritten auf das Wj. des Abzugs folgenden Wj. nach § 7g Abs. 2 Satz 1 EStG hinzugerechnet worden, ist der Abzug rückgängig zu machen (§ 7g Abs. 3 Satz 1 EStG).

Wurde der Gewinn des maßgebenden Wj. bereits einer Steuerfestsetzung oder einer gesonderten Feststellung zugrunde gelegt, ist der entsprechende Steuer- oder Feststellungsbescheid insoweit zu ändern (§ 7g Abs. 3 Satz 2 EStG). Das gilt auch dann, wenn der Steuer- oder Feststellungsbescheid bestandskräftig geworden ist; die Festsetzungsfrist endet insoweit nicht, bevor die Festsetzungsfrist für den VZ abgelaufen ist, in dem das dritte auf das Wj. des Abzugs folgende Wj. endet (§ 7g Abs. 3 Satz 3 EStG).

Das bedeutet: Der außerbilanzielle Abzug 2020 von 50.000 € ist rückgängig zu machen. Ist der Steuerbescheid 2020 bereits ergangen, ist er insoweit zu ändern, auch wenn er bestandskräftig sind (§ 7g Abs. 4 EStG). Als Folge dieser Änderung kann sich eine Verzinsung der daraus resultierenden Steuernachforderung gem. § 233a AO ergeben.

HINWEIS

Das Zweite Corona-Steuerhilfegesetz (v. 29.6.2020, BGBl 2020 I 1512) sieht in § 52 Abs. 16 EStG eine Verlängerung des dreijährigen Investitionszeitraums nach § 7g Abs. 3 Satz 1 EStG auf vier Jahre für Investitionsabzugsbeträge vor, die im Jahr 2017 endenden Wirtschaftsjahren abgezogen wurden. Damit soll eine gewinnerhöhende Rückgängigmachung bei denjenigen Steuerpflichtigen vermieden werden, die 2017 Investitionsabzugsbeträge gewinnmindernd berücksichtigt haben, infolge der Corona-Krise aber nicht wie geplant im Jahr 2020 investieren können.

FALL 149

Investitionsabzugsbetrag bei Investition in geringwertige Wirtschaftsgüter

Sachverhalt:

Einzelgewerbetreibender A bildet zum Bilanzstichtag 31.12.2020 für die geplante Anschaffung von zahlreichen geringwertigen Wirtschaftsgütern i. S. d. § 6 Abs. 2 EStG mit Anschaffungskosten von jeweils bis 250 € und Wirtschaftsgütern, die in den Sammelposten nach § 6 Abs. 2a EStG aufgenommen werden können mit Anschaffungskosten von jeweils mehr als 250 € bis 1.000 €, gewinnmindernd Investitionsabzugsbeträge von 50 % der geplanten Anschaffungskosten:

Geringwertige Wirtschaftsgüter: 50 % von 5.000 € =	2.500 €
Sammelposten-Wirtschaftsgüter: 50 % von 10.000 € =	5.000 €
	7.500 €

Die Wirtschaftsgüter hat er in seinen Bilanzerläuterungen nicht im Einzelnen genannt. A hat dem FA im Jahr 2020 nach amtlich vorgeschriebenen Datensätzen durch Datenfernübertragung einen Investitionsabzugsbetrag i. H. v. 7.500 € übermittelt. Die geringwertigen und die in den Sammelposten aufzunehmenden Wirtschaftsgüter werden im Jahr 2021 für 5.000 € (geringwertige Wirtschaftsgüter) bzw. 11.000 € (Sammelposten) angeschafft.

AUFGABE

Ist die Bildung eines Investitionsabzugsbetrags für geringwertige Wirtschaftsgüter i. S. d. § 6 Abs. 2 EStG und solche, die in den Sammelposten nach § 6 Abs. 2a EStG aufzunehmen sind, zulässig?

LÖSUNG

Geringwertige Wirtschaftsgüter i. S. d. § 6 Abs. 2 Satz 1 EStG sind abnutzbare bewegliche Wirtschaftsgüter des Anlagevermögens, die selbständiger Nutzung fähig sind und deren Anschaffungs- oder Herstellungskosten oder deren Einlagewert (Sacheinlage) für das einzelne Wirtschaftsgut bei Anschaffung ab 1.1.2018 netto 800 € nicht übersteigen. Auch für die geplante Anschaffung von geringwertigen Wirtschaftsgütern i. S. d. § 6 Abs. 2 Satz 1 EStG und solchen Wirtschaftsgütern, für die ein Sammelposten nach § 6 Abs. 2a EStG gebildet werden kann (bei Anschaffung ab 1.1.2018 mit Anschaffungskosten von mehr als 250 € bis 1.000 € netto), dürfen Investitionsabzugsbeträge gebildet werden (BMF, BStBl 2017 I 423, Rn. 74). Die Bildung der Investitionsabzugsbeträge zum 31.12.2020 von 2.500 € bzw. 5.000 € ist daher zulässig (BMF, BStBl 2017 I 423, Rn. 7).

Im Jahr 2021 kann der Investitionsabzugsbetrag von 2.500 € gewinnerhöhend hinzugerechnet werden. Die Anschaffungskosten der geringwertigen Wirtschaftsgüter i. S. d. § 6 Abs. 2 Satz 1 EStG können gewinnmindernd auf 5.000 € ./. 2.500 € = 2.500 € herabgesetzt werden. Der danach verbleibende Betrag von 2.500 € kann im Jahr 2021 als Betriebsausgabe abgezogen werden (Gewinnminderung 2020 per Saldo somit = 2.500 €).

Der für die Sammelposten-Wirtschaftsgüter gebildete Investitionsabzugsbetrag von 5.000 € kann im Jahr 2021 gewinnerhöhend hinzugerechnet werden. Andererseits können die Anschaffungskosten für die Sammelposten-Wirtschaftsgüter gewinnmindernd um 5.000 € herabgesetzt werden. Die danach verbleibenden Anschaffungskosten der Sammelposten-Wirtschaftsgüter von 11.000 € ./. 5.000 € = 6.000 € können in den Jahren 2021 bis einschließlich 2025 mit jährlich 20 % = 1.200 € als Betriebsausgabe abgezogen werden.

FALL 150

Investitionsabzugsbetrag vor Betriebseröffnung

Sachverhalt:

Handwerksmeister A erzielt bis zum 31.12.2020 Einkünfte aus nichtselbständiger Arbeit. Er hat seinen Gewerbebetrieb am 1.1.2021 eröffnet. Seinen Gewinn ermittelt er ab 1.1.2021 durch Bestandsvergleich (§ 5 EStG). A macht in seiner Einkommensteuererklärung 2020 einen Verlust aus Gewerbebetrieb von 12.000 € geltend. Dieser beruht auf einem Investitionsabzugsbetrag nach § 7g Abs. 1 EStG von 50 % von 24.000 € = 12.000 € für den beabsichtigten Kauf eines abnutzbaren beweglichen Wirtschaftsguts. A hat dem FA im Jahr 2021 nach amtlich vorgeschriebenen Datensätzen durch Datenfernübertragung den Investitionsabzugsbetrag i. H. v. 12.000 € übermittelt.

Ist die Bildung eines Investitionsabzugsbetrags für 2020 zulässig?

Der Investitionsabzugsbetrag nach § 7g Abs. 1 EStG kann für die Anschaffung eines neuen oder gebrauchten abnutzbaren beweglichen Wirtschaftsguts des Anlagevermögens gebildet werden. Das Wirtschaftsgut muss bis zum Ende des auf die Anschaffung folgenden Jahres zu mindestens 90 % in einer inländischen Betriebsstätte des Steuerpflichtigen betrieblich genutzt werden.

Die Geltendmachung eines Investitionsabzugsbetrags setzt nicht mehr voraus, dass der Stpfl. beabsichtigt, das begünstigte Wirtschaftsgut voraussichtlich in den dem Wirtschaftsjahr des Abzugs folgenden drei Wirtschaftsjahren anzuschaffen oder herzustellen (Investitionszeitraum). Auf das Erfordernis einer konkreten Investitionsabsicht wird für nach dem 31.12.2015 endende Wirtschaftsjahre verzichtet. Schon vor Eröffnung eines Betriebs können Kosten anfallen, die in engem Zusammenhang mit der späteren selbständigen Tätigkeit stehen. Solche Aufwendungen sind als vorweggenommene Betriebsausgaben steuerlich absetzbar. Voraussetzung ist, dass ein klar erkennbarer wirtschaftlicher Zusammenhang zwischen den Aufwendungen und der Einkunftsart besteht (BFH III R 5/88, BFH/NV 1991, 25). Die Ansparrücklage nach § 7g Abs. 3 EStG a. F. konnte auch im Jahr vor der Betriebseröffnung in Anspruch genommen werden.

Der BFH hat entschieden, dass der Nachweis der Investitionsabsicht auch bei noch in Gründung befindlichen Betrieben nicht zwingend eine verbindliche Bestellung des anzuschaffenden Wirtschaftsguts noch im Wirtschaftsjahr der Geltendmachung des Investitionsabzugsbetrags voraussetzt (BFH X R 42/11, BStBl 2013 II 719). Liest man das Urteil genauer, zeigt sich, dass der BFH auch im zeitlichen Anwendungsbereich des § 7g EStG n. F. daran festhält, dass bei der Prüfung der Investitionsabsicht in Jahren vor Abschluss der Betriebseröffnung strenge Maßstäbe anzulegen sind (so auch BFH X B 10/14, BFH/NV 2015, 190). Auch ein Betriebsgründer kann bereits vor Aufnahme der aktiven betrieblichen Tätigkeit einen Investitionsabzugsbetrag bilden, ohne dass er den Nachweis konkreter Bestellabsichten führen muss. A kann daher ohne Weiteres im Jahr 2020 einen Investitionsabzugsbetrag von 12.000 € bilden.

Bei noch nicht eröffneten Betrieben hat der Stpfl. „in Zweifelsfällen" nach Auffassung der Finanzverwaltung die Betriebseröffnungsabsicht glaubhaft darzulegen. Indizien für eine Betriebseröffnung sind beispielsweise eine Gewerbeanmeldung, beantragte Kredite oder Unterlagen, aus denen sich die geplante Anschaffung oder Herstellung der wesentlichen Betriebsgrundlagen ergibt (z. B. Kostenvoranschläge, Informationsmaterial, konkrete Verhandlungen oder Bestellungen). Für eine beabsichtigte Betriebseröffnung spricht außerdem, dass der Steuerpflichtige bereits selbst und endgültig mit Aufwendungen belastet ist oder dass die einzelnen zum Zwecke der Betriebseröffnung bereits unternommenen Schritte sich als sinnvolle, zeitlich zusammenhängende Abfolge mit dem Ziel des endgültigen Abschlusses der Betriebseröffnung darstellen (BMF, BStBl 2017 I 423, Rn. 3)

FALL 151

Rückgängigmachung eines Investitionsabzugsbetrags bei fehlender Hinzurechnung

Sachverhalt:

Einzelgewerbetreibender A erwarb im Jahr 2020 ein abnutzbares Wirtschaftsgut, für das er 2017 einen Investitionsabzugsbetrag gebildet hatte. Die Anschaffungskosten des Wirtschaftsguts setzte er im Investitionsjahr 2020 um 40 % gewinnmindernd herab. Eine gewinnerhöhende Hinzurechnung des Abzugsbetrags wurde jedoch nicht vorgenommen. Das Finanzamt veranlagte 2020 erklärungsgemäß. Die Veranlagung ist bestandskräftig. Nachdem das Finanzamt die steuerliche Fehlbehandlung des Jahres 2020 bemerkt hat, ändert es die Einkommensteuerfestsetzung 2017 nach § 7g Abs. 3 EStG. Es erhöhte den Gewinn um den zunächst gewährten Investitionsabzug im Hinblick auf die im Anschaffungsjahr nicht vorgenommene Hinzurechnung.

AUFGABE

Ist der Investitionsabzugsbetrag 2017 rückwirkend aufzulösen, obwohl A fristgerecht ein begünstigtes Wirtschaftsgut erworben, im Investitionsjahr allerdings den Abzugsbetrag nicht (gewinnerhöhend) hinzurechnet hat?

LÖSUNG

Der Vorschrift des § 7g Abs. 3 Satz 1 EStG ist eindeutig zu entnehmen, dass ein Investitionsabzugsbetrag rückgängig zu machen ist, soweit dieser nicht bis zum Ende des dritten auf das Wirtschaftsjahr des Abzugs folgenden Wirtschaftsjahres nach Abs. 2 der Vorschrift hinzugerechnet wurde. Dem Finanzamt steht mit § 7g Abs. 3 Satz 2 EStG hierfür eine eigenständige Korrekturnorm zur Seite.

Die Änderungsvoraussetzungen nach dieser Vorschrift liegen hier prinzipiell vor: A hatte für das Jahr 2017 einen Investitionsabzugsbetrag in Anspruch genommen, den er nicht bis zum Ende des Jahres 2020 (dem dritten auf das Jahr des Abzugs folgenden Wirtschaftsjahr) wieder hinzugerechnet hat. Weitere Tatbestandserfordernisse sieht das Gesetz nicht vor. Rechnet der Stpfl. trotz Anschaffung nicht hinzu, ist der Steuerbescheid des Abzugsjahres nach Ablauf der gesetzlichen Dreijahresfrist gewinnerhöhend nach § 7g Abs. 3 Satz 1 Halbsatz 1 EStG zu ändern und die Steuernachforderung zu verzinsen (BFH X R 11/19, BStBl 2020 II 276).

Vorliegend ist aber eine Besonderheit zu beachten. Wegen der Corona-Krise konnten zahlreiche Stpfl. für im Jahr 2017 abgezogene Investitionsabzugsbeträge nicht bis Ende 2020 investieren. Die geltenden gemachten Investitionsabzugsbeträge hätten in diesen Fällen nach § 7g Abs. 3 Satz 1 EStG im Jahr 2017 wieder rückgängig gemacht werden müssen. Daher wurde der Investitionszeitraum durch das Zweite Corona-Steuerhilfegesetz v. 29.6.2020 (BGBl 2020 I 1512) auf vier Jahre verlängert: Bei in nach dem 31.12.2016 und vor dem 1.1.2018 endenden Wj. in Anspruch genommenen Investitionsabzugsbeträgen endet die Investitionsfrist (abweichend von § 7g Abs. 3 Satz 1 EStG) erst zum Ende des vierten auf das Wj. des Abzugs folgenden Wj. (§ 52 Abs. 16 Satz 3 EStG). Folglich ist eine Investition von im Jahr 2017 beanspruchten Investitionsabzugsbetrags im Jahr 2021 weiterhin möglich. Zu einer zwangsweisen Rückgängigmachung kommt es daher erst, wenn A nicht bis zum 31.12.2021 (erneut) investiert.

FALL 152

Rückgängigmachung des Investitionsabzugsbetrags bei Gewinnerhöhung durch eine Außenprüfung

Sachverhalt:

Ein Einzelgewerbetreibender hat für 2020 ein Gewinn von 190.000 € erklärt. Außerhalb seiner Bilanz hat er davon einen Investitionsabzugsbetrag von 50.000 € abgesetzt und damit 140.000 € Einkünfte aus Gewerbebetrieb versteuert.

Nach einer Außenprüfung erhöht das Finanzamt den Gewinn aufgrund der Aktivierung von teilfertigen Arbeiten von 190.000 € auf 230.000 €.

AUFGABE

Ist der Investitionsabzugsbetrag 2020 nachträglich rückgängig zu machen?

LÖSUNG

Investitionsabzugsbeträge können nur in Anspruch genommen werden, wenn der Gewinn im Wirtschaftsjahr, in dem die Abzüge vorgenommen werden sollen, ohne Berücksichtigung der Investitionsabzugsbeträge nach § 7g Abs. 1 Satz 1 EStG und der Hinzurechnungen nach § 7g Abs. 2 EStG 200.000 € nicht überschreitet (§ 7g Abs. 1 Satz 2 Nr. 1 Buchst. b EStG).

Stellt das Finanzamt im Rahmen einer Außenprüfung fest, dass der maßgebliche Gewinn die Grenze von 200.000 € überschritten hat, ist ein wegen Überschreitens der Gewinngrenze zu Unrecht gebildeter Investitionsabzugsbetrag nachträglich im Jahr der Bildung rückgängig zu machen (Niedersächsisches FG, 9 K 253/18, DStRE 2021, 262).

Hinsichtlich des Überschreitens des Gewinns kommt es auf den Schluss des Wirtschaftsjahres an, in dem der Abzug vorgenommen wird. Wird durch eine spätere Außenprüfung der Gewinn – wie hier – für das Abzugsjahr über den Grenzbetrag hinaus erhöht, z. B. durch Aktivierung von teilfertigen Arbeiten, entfällt nachträglich auch der Investitionsabzugsbetrag.

FALL 153

Bildung und Auflösung eines Investitionsabzugsbetrags

Sachverhalt:

Einzelgewerbetreibender A betreibt ein Bauunternehmen. Er ermittelt seinen Gewinn durch Betriebsvermögensvergleich (§ 5 EStG). Das Wirtschaftsjahr stimmt mit dem Kalenderjahr überein. A reichte seinen Jahresabschluss zum 31.12.2020 im Mai 2021 beim Finanzamt ein. Der Gewinn 2020 beträgt 150.000 €.

Außerbilanziell macht A einen Investitionsabzugsbetrag nach § 7g Abs. 1 Satz 1 EStG von 50 % von 80.000 € = 40.000 € für die künftige Anschaffung eines – nicht näher bezeichneten – beweglichen Wirtschaftsguts des Anlagevermögens geltend. Er übermittelt dem Finanzamt den Abzugsbetrag nach amtlich vorgeschriebenen Datensatz durch Datenfernübertragung.

Im Jahr 2021 erwirbt A einen Baukran für 200.000 €.

AUFGABEN

1. Muss das Finanzamt den zum 31.12.2020 gebildeten Investitionsabzugsbetrag anerkennen, obwohl das Investitionsgut seiner Funktion nach nicht benannt worden ist?

2. Muss A den 2020 gebildeten Investitionsabzugsbetrag von 40.000 € im Jahr 2021, d. h. im Wirtschaftsjahr der Anschaffung des Baukrans, gewinnerhöhend hinzurechnen?

3. Kann A den Investitionsabzugsbetrag über das Wirtschaftsjahr 2021 hinaus fortführen und auf einen oder zwei im Jahr 2022 für 100.000 € bzw. 80.000 € angeschafften LKW übertragen?

4. Kann A den Investitionsabzugsbetrag über das Wirtschaftsjahr 2022 hinaus fortführen, obwohl er keine weiteren Investitionen plant?

5. Kann A den zum 31.12.2020 gebildeten Investitionsabzugsbetrag vorzeitig freiwillig vor Ablauf der Investitionsfrist auflösen?

LÖSUNG

Zu 1.:

Auf das Erfordernis einer konkreten Investitionsabsicht, der konkreten Benennung der Funktion sowie der voraussichtlichen Anschaffungs- oder Herstellungskosten von Wirtschaftsgütern, für die der Investitionsabzugsbetrag gebildet werden soll (§ 7g Abs. 1 Satz 2 Nr. 2 und Nr. 3 EStG a. F.), wird für nach dem 31.12.2015 endende Wirtschaftsjahre verzichtet. Ein begünstigtes Unternehmen kann ohne weitere Angaben Abzugsbeträge für begünstigte künftige Investitionen im beweglichen Anlagevermögen, d. h. einen beliebig hohen Investitionsabzugsbetrag bis zum Höchstbetrag des § 7g Abs. 1 Satz 4 EStG von 200.000 € bilden. Das Finanzamt muss daher den

Investitionsabzugsbetrag von 40.000 € anerkennen, obwohl das Investitionsgut nicht näher beschrieben wurde.

Zu 2.:

Nach früherer Rechtslage war die zwingende gewinnerhöhende Hinzurechnung eines Abzugsbetrags bei gleichzeitiger freiwilliger gewinnmindernder Herabsetzung der Anschaffungs- oder Herstellungskosten nur möglich, wenn das Wirtschaftsgut angeschafft oder hergestellt wurde, für das ein Investitionsabzugsbetrag beansprucht wurde. Nunmehr ist eine „Verwendung" des Investitionsabzugsbetrags für ein beliebiges angeschafftes oder hergestelltes begünstigtes Wirtschaftsgut möglich.

§ 7g Abs. 2 EStG n. F. regelt die Rechtsfolgen bei getätigten Investitionen. Die Hinzurechnung ist nicht mehr zwingend vorgeschrieben, sondern als Wahlrecht ausgestaltet: Im Wirtschaftsjahr der Anschaffung oder Herstellung eines begünstigten Wirtschaftsguts „können bis zu" 50 % der Anschaffungs- oder Herstellungskosten, maximal der hier im Wirtschaftsjahr 2020 in Anspruch genommene Investitionsabzugsbetrag, außerbilanziell gewinnerhöhend hinzugerechnet werden (§ 7g Abs. 2 Satz 1 EStG).

Macht A von seinem Wahlrecht Gebrauch und rechnet den in Anspruch genommenen Investitionsabzugsbetrag im Jahr 2021 in voller Höhe von 40.000 € gewinnerhöhend hinzu (§ 7g Abs. 2 Satz 1 EStG), „kann" er die Anschaffungskosten des Baukrans von 200.000 € um bis zu 40.000 € gewinnmindernd herabsetzen (§ 7g Abs. 2 Satz 2 erster Halbsatz EStG). Die Bemessungsgrundlage für die Absetzungen für Abnutzung, erhöhten Absetzungen und Sonderabschreibungen sowie die Anschaffungs- oder Herstellungskosten i. S. v. § 6 Abs. 2 und Abs. 2a EStG verringern sich in diesem Fall entsprechend (§ 7g Abs. 2 Satz 3 erster Halbsatz EStG). Die AfA-Bemessungsgrundlage für den Baukran beträgt dann 200.000 € ./. 40.000 € = 160.000 €.

A kann aber auch von der gewinnmindernden Herabsetzung der Anschaffungskosten absehen. Dann bleiben die Anschaffungskosten und die AfA-Bemessungsgrundlage für den Baukran unverändert, d. h. sie betragen 200.000 €.

Zu 3.:

Die Anschaffung oder Herstellung eines anderen als das ursprünglich bei der Inanspruchnahme des Investitionsabzugsbetrags ins Auge gefassten Wirtschaftsguts war schon nach bisheriger Rechtslage zulässig, sofern die ursprünglich benannte „Funktion" gewahrt blieb. Die steuerliche Förderung ist nach neuerer Rechtslage nicht mehr streng wirtschaftsgutbezogen ausgestaltet. Wegen des Wegfalls der Erfordernisse der konkreten Investitionsabsicht sowie der Funktionsbezeichnung muss keine Identität zwischen der angestrebten Investition und dem gebildeten Investitionsabzugsbetrag bestehen.

Hieraus folgt, dass A den Investitionsabzugsbetrag des Wirtschaftsjahrs 2020 auch erst im Wirtschaftsjahr 2022 infolge der Anschaffung weiterer begünstigter Wirtschaftsgüter nach § 7g Abs. 2 Satz 1 EStG ganz oder teilweise hinzurechnen kann. Rechnet er den Betrag von 40.000 € im Wirtschaftsjahr 2022 gewinnerhöhend zu, kann er wählen, ob er kompensierend die Anschaffungskosten des LKW mit Anschaffungskosten von 100.000 € um maximal 40.000 € herabsetzt. Er kann m. E. auch den herabzusetzenden Betrag auf beide LKW verteilen oder von einer Herabsetzung ganz absehen.

Zu 4.:

Für ab dem 1.1.2016 gebildete Investitionsabzugsbeträge besteht keine Pflicht mehr, diese zum Zeitpunkt der Investition wieder aufzulösen. Nimmt A bis zum Ende des Wirtschaftsjahres 2023 keine weitere begünstigte Investition vor, muss der im Jahr im Wirtschaftsjahr 2020 gebildete Investitionsabzugsbetrag nach § 7g Abs. 3 Satz 1 EStG rückgängig gemacht werden – zuzüglich einer Verzinsung der Steuernachforderung nach § 233a AO. Ein bereits für 2020 ergangener Einkommensteuerbescheid ist nach § 7g Abs. 3 Satz 2 EStG zu ändern.

Zu 5.:

§ 7g Abs. 3 Satz 1 zweiter Halbsatz EStG ordnet ausdrücklich an, dass die vorzeitige Rückgängigmachung von Investitionsabzugsbeträgen vor Ablauf der Investitionsfrist zulässig ist. Progressionsaspekte (z. B. ein Verlustrücktrag in das Abzugsjahr) können für den Stpfl. hierbei ebenso eine Rolle spielen wie die Vermeidung höherer Zinsen nach § 233a AO durch eine spätere Änderung der Steuerfestsetzung des Abzugsjahrs. Auf Antrag des Stpfl. können auch nach Meinung der Finanzverwaltung Investitionsabzugsbeträge vorzeitig freiwillig ganz oder teilweise rückgängig gemacht werden (BMF, BStBl 2017 I 423, Rn. 31 unter Hinweis auf § 7g Absatz 3 Satz 1 letzter Teilsatz EStG). Für die freiwillige Rückgängigmachung des Investitionsabzugsbetrags ist es nicht erforderlich, dass die Steuerfestsetzung des Abzugsjahres unter dem Vorbehalt der Nachprüfung nach § 164 Abs. 1 AO steht. Verfahrensrechtliche Grundlage für eine entsprechende Änderung ist auch in den Fällen der freiwilligen Rückgängigmachung § 7g Abs. 3 Satz 3 EStG (Reddig, NWB 2015, 3574). Durch einen entsprechenden Antrag des A kann also der Investitionsabzugsbetrag in vollem Umfang vorzeitig aufgelöst werden.

FALL 153A

Im Gesamthandsvermögen einer Personengesellschaft gebildeter Investitionsbetrag und spätere Investition im Sonderbetriebsvermögen eines Gesellschafters

Sachverhalt:

Die X-KG ermittelt ihren Gewinn durch Betriebsvermögensvergleich (§ 5 EStG). Gesellschafter der X-KG sind die Eheleute A und B zu je ¹/₂. Der Gewinn 2020 der KG betrug 160.000 €. Für das kalenderjahrgleiche Wirtschaftsjahr 2020 bildete die KG wegen geplanter Anschaffungen Investitionsabzugsbeträge und minderte außerbilanziell den Gesamthandsgewinn der Personengesellschaft um 40.000 € (50 % von 80.000 €).

Im Dezember 2021 schaffte der Gesellschafter A die Wirtschaftsgüter aus eigenen Mitteln an. Er aktivierte sie in seiner Sonderbilanz für das Wirtschaftsjahr 2021 und rechnete die von der KG im Wirtschaftsjahr 2020 geltend gemachten Investitionsabzugsbeträge von 40.000 € seinem Sonderbetriebsgewinn 2020 außerbilanziell hinzu. Die Anschaffungskosten der Wirtschaftsgüter wurden im Wirtschaftsjahr der Anschaffung um bis zu 50 %, maximal um den Investitionsabzugsbetrag von 40.000 €, gemindert.

Ist der im Gesamthandsvermögen der KG gebildete Investitionsabzugsbetrag von 40.000 € rückwirkend gewinnerhöhend aufzulösen, weil die Investition nicht im Gesamthandsvermögen der Gesellschaft, sondern im Sonderbetriebsvermögen ihres Gesellschafters A getätigt wurde?

Bei Personengesellschaften sind § 7g Abs. 1 bis Abs. 6 EStG mit der Maßgabe anzuwenden, dass an die Stelle des Steuerpflichtigen die Gesellschaft tritt (§ 7g Abs. 7 Satz 1 EStG). Für die Gewinngrenze i. S. d. § 7g Abs. 1 Satz 2 Nr. 1 Buchst. b EStG sind bei Mitunternehmerschaften die Gewinne aus dem Gesamthands-, Ergänzungs- und Sonderbereich zusammenzurechnen. Da der Gewinn der KG 200.000 € nicht überstiegen hat, hat die X-KG die Investitionsabzugsbeträge im Wirtschaftsjahr 2020 zu Recht in Anspruch genommen, d. h. sie hat ihren Gesamthandsgewinn zutreffend außerbilanziell gemindert.

Allerdings ist ein zunächst rechtmäßig gebildeter Investitionsabzugsbetrag nach § 7g Abs. 3 Satz 1 EStG rückgängig zu machen, soweit er nicht bis zum Ende des dritten auf das Wirtschaftsjahr des jeweiligen Abzugs folgenden Wirtschaftsjahres nach § 7g Abs. 2 Satz 1 EStG gewinnerhöhend hinzugerechnet wurde.

Eine derartige Rückgängigmachung des Investitionsabzugsbetrag kommt nach der Rechtsprechung des BFH aber nicht in Betracht, wenn die gebildeten Investitionsabzugsbeträge vom Gesamthandsgewinn abgezogen, die begünstigten Wirtschaftsgüter aber im Sonderbetriebsvermögen eines Gesellschafters angeschafft wurden (BFH VI R 44/16, BStBl 2020 II 466; zur Anwendung vgl. BMF, BStBl 2019 I 870). § 7g Abs. 1 EStG verlangt nur, dass die Personengesellschaft ein abnutzbares bewegliches Wirtschaftsgut des Anlagevermögens künftig anschafft oder herstellt. An keiner Stelle des § 7g EStG wird sie jedoch dazu verpflichtet, bereits bei Antragstellung festzulegen, ob die Investition von der Gesamthand oder einem Gesellschafter finanziert werden wird. Dem Wortlaut des § 7g Abs. 1 i. V. m. Abs. 7 EStG ist daher nach Ansicht des BFH auch dann genügt, wenn das Wirtschaftsgut entgegen dem ursprünglichen Antrag der Personengesellschaft nicht im Gesamthandsvermögen angeschafft, sondern von einem Gesellschafter in dessen Sonderbetriebsvermögen erworben wird. Denn das Anlagevermögen einer Personengesellschaft umfasst steuerlich nicht nur das Gesamthandsvermögen der Gesellschaft, sondern auch das Sonderbetriebsvermögen der Gesellschafter.

Die von der KG in Anspruch genommenen Investitionsabzugsbeträge sind auch nicht deshalb rückgängig zu machen, weil sie dem Sonderbetriebsvermögen des investierenden Gesellschafters A in voller Höhe von 40.000 € gewinnerhöhend hinzugerechnet wurden. Der Investitionsabzugsbetrag ist insoweit nicht korrespondierend zu seiner Inanspruchnahme hinzuzurechnen (§ 7g Abs. 2 EStG). Er ist vielmehr in dem Vermögensbereich der Gesellschaft anzusetzen, in den investiert wurde (hier des Gesellschafters A). Der im Gesamthandsvermögen der KG gebildete Investitionsabzugsbetrag von 40.000 € ist nach allem nicht rückwirkend gewinnerhöhend aufzulösen, obwohl die Investition nicht im Gesamthandsvermögen der Gesellschaft, sondern im Sonderbetriebsvermögen ihres Gesellschafters A getätigt wurde.

Durch das JStG 2020 v. 21.12.2020 (BGBl 2020 I 3096) wurde § 7g Abs. 7 EStG um einen Satz 2 und 3 erweitert. Danach können – abweichend von der BFH-Rechtsprechung – vom Gewinn der Gesamthand oder Gemeinschaft abgezogene Investitionsabzugsbeträge ausschließlich bei Investitionen der Personengesellschaft oder Gemeinschaft nach Abs. 2 Satz 1 gewinnerhöhend hinzugerechnet werden. Entsprechendes gilt für vom Sonderbetriebsgewinn eines Mitunternehmers abgezogene Investitionsabzugsbeträge bei Investitionen dieses Mitunternehmers oder seines Rechtsnachfolgers in seinem Sonderbetriebsvermögen. Das führt dazu, dass die Hinzurechnung von Investitionsabzugsbeträgen nur in dem Vermögensbereich (Gesamthands- und Sonderbereich des Gesellschafters) zulässig ist, in dem der Abzug erfolgt ist. Dadurch soll aus Sicht des Gesetzgebers sichergestellt werden, dass die Steuererleichterung des § 7g EStG nur demjenigen gewährt wird, der auch tatsächlich Investitionen tätigt. § 7g Abs. 7 Satz 2 und 3 EStG sind erstmals für Investitionsabzugsbeträge anzuwenden, die in nach dem 31.12.2020 endenden Wj. in Anspruch genommen werden (§ 52 Abs. 16 Satz 2 EStG).

Sonderabschreibung für kleine und mittlere Betriebe

Sachverhalt:

Handelsvertreter A ermittelt seinen Gewinn durch Bestandsvergleich (§ 5 EStG). Der Gewinn des A beträgt für 2020 90.000 €.

A erwarb im Jahr 2021 folgende Wirtschaftsgüter:

am 10.2.2021	eine neue Büroeinrichtung mit einer Nutzungsdauer von 13 Jahren für	10.000 €
am 15.12.2021	einen gebrauchten Betriebs-Pkw mit einer Restnutzungsdauer von drei Jahren für	30.000 €

A führt für den zum notwendigen Betriebsvermögen gehörenden Betriebs-Pkw, den er auch privat nutzt, in den Jahren 2021 und 2022 ein Fahrtenbuch. Danach beträgt der Kfz-Privatnutzungsanteil im Jahr 2021 5 % und im Jahr 2022 10 %. Ab 2023 ermittelt A den Privatanteil nach der 1 %-Regelung.

1. Steht A 2021 die Sonderabschreibung nach § 7g Abs. 5 EStG für die Büroeinrichtung zu?

2. Steht A 20210 die Sonderabschreibung nach § 7g Abs. 5 EStG für den Betriebs-Pkw zu?

LÖSUNG

Zu 1.:

Auch die neue Sonderabschreibung nach § 7g Abs. 5 EStG gibt es nur für kleine und mittlere Betriebe. Der Betrieb darf im Wirtschaftsjahr, das der Anschaffung oder Herstellung vorangeht, die Gewinngrenze des § 7g Abs. 1 Satz 2 Nr. 1 Buchst. b EStG von 200.000 € nicht überschreite. Diese Voraussetzung ist hier erfüllt, da der Gewinn des A für das Jahr 2020 90.000 € beträgt.

Die Sonderabschreibung nach § 7g Abs. 5 EStG gibt es auch für gebrauchte Wirtschaftsgüter. Die Sonderabschreibung beträgt maximal 20 % der Anschaffungskosten von 10.000 € = 2.000 €. Die Abschreibungsmöglichkeiten nach § 7 Abs. 1 oder ggf. Abs. 2 EStG bleiben hiervon unberührt.

In welchem Monat des Jahres ein Wirtschaftsgut angeschafft oder hergestellt wurde, ist für die Sonderabschreibung ohne Bedeutung. Die Sonderabschreibung wird nie zeitanteilig gekürzt. Sie beträgt stets bis zu 20 % der Anschaffungs- oder Herstellungskosten. A steht die Sonderabschreibung für 2021 nach § 7g Abs. 5 EStG i. H. v. 2.000 € zu. Die nomale AfA gibt es zusätzlich.

Zu 2.:

Im Jahr der Anschaffung und im darauffolgenden Wirtschaftsjahr muss der Stpfl. das Wirtschaftsgut ausschließlich oder fast ausschließlich betrieblich nutzen (§ 7g Abs. 6 Nr. 2 EStG). Bei Maschinen oder Büroausstattung ist dieses Kriterium regelmäßig erfüllt. Probleme gibt es aber bei Wirtschaftsgütern, die auch privat genutzt werden, wie z. B. bei einem Betriebs-Pkw.

Wird bei einem auch privat genutzten Betriebs-Pkw kein Fahrtenbuch geführt, unterstellt die Finanzverwaltung, dass die 10 %-Grenze überschritten ist (BMF, BStBl 2017 I 423, Rn. 44). Die Sonderabschreibung wird dann regelmäßig nicht anerkannt. Daran wird die Finanzverwaltung nicht mehr festhalten können. Denn der BFH hat entschieden, dass ein Stpfl. die Anteile der betrieblichen und der außerbetrieblichen Nutzung eines PKW, für den er den Investitionsabzugsbetrag und die Sonderabschreibung nach § 7g EStG in Anspruch genommen hat, nicht nur durch ein ordnungsgemäßes Fahrtenbuch, sondern auch durch andere Beweismittel nachweisen kann (BFH, III R 62/19, BFH/NV 2021, 704). Gleiches muss für die Sonderabschreibung nach § 7g Abs. 5 EStG gelten.

A führt vorliegend für die Jahre 2021 und 2022 ein Fahrtenbuch, aus dem ersichtlich ist, dass der Pkw fast ausschließlich betrieblich (d. h. zu nicht mehr als 10 % privat) genutzt wurde. A steht daher für das Jahr 2021 die Sonderabschreibung von 20 % von 30.000 € = 6.000 € zu.

FALL 154A

Abschreibung nach Ablauf des Begünstigungszeitraums

Sachverhalt:

Einzelgewerbetreibender hat Anfang 2017 eine Büroeinrichtung für 13.000 € angeschafft, deren betriebsgewöhnliche Nutzungsdauer 13 Jahre beträgt. In den Jahren 2017 bis einschließlich

2021 hat er die normale lineare AfA nach § 7 Abs. 1 EStG von jährlich 1.000 € vorgenommen. Außerdem beansprucht er im Jahr 2021 die Sonderabschreibung nach § 7g Abs. 5 EStG von 2.600 € (20 % von 13.000 €), Die Voraussetzungen dafür sind erfüllt.

AUFGABE

Wie hoch ist die AfA, die A ab dem Jahr 2022 in Anspruch nehmen kann?

LÖSUNG

Sind bei einem Wirtschaftsgut die Voraussetzungen für die Sonderabschreibung erfüllt, hat der Stpfl. fünf Jahre Zeit, diese geltend zu machen. Der fünfjährige Begünstigungszeitraum umfasst das Jahr der Anschaffung sowie die vier Jahre, die auf das Anschaffungsjahr folgen (§ 7g Abs. 5 EStG). Der Stpfl. kann daher die Sonderabschreibung – wie hier A – auch erst im fünften Jahr vornehmen. Ebenfalls ist es möglich, die Sonderabschreibung auf verschiedene Jahre des Fünf-Jahreszeitraums zu verteilen (z. B. im ersten Jahr 10 %, im zweiten und dritten Jahr je 5 %).

Nach Ablauf des fünfjährigen Begünstigungszeitraums ist der jährliche Abschreibungsbetrag neu zu ermitteln, indem der noch vorhandene Restwert des Wirtschaftsguts auf die Restnutzungsdauer verteilt wird (§ 7a Abs. 9 EStG). Die Restnutzungsdauer ist neu zu schätzen (R 7a Abs. 10 Satz 1 EStR 2012). Die Finanzverwaltung beanstandet es nicht, wenn der Stpfl. für die Restwert-AfA von der ursprünglichen Nutzungsdauer des Wirtschaftsguts, vermindert um den Begünstigungszeitraum, ausgeht (R 7a Abs. 10 Satz 2 EStR 2012).

Die Büroeinrichtung hat am 31.12.2021 einen Restwert von 5.400 € (Anschaffungskosten 13.000 € abzüglich normale AfA 2017 bis 2021 von 5.000 € abzüglich 2.600 € Sonderabschreibung 2021). Bei Verteilung des Restwerts von 5.400 € auf die angenommene Restnutzungsdauer von acht Jahren ergibt sich ein jährlicher Abschreibungsbetrag von 675 € (5.400 € : 8).

FALL 155

AfA bei Erwerb eines Wohnhauses unter Rückbehalt eines Wohnrechts durch den Übergeber

Sachverhalt:

Der 56 Jahre alte V ist Eigentümer eines Zweifamilienhauses mit einem Verkehrswert von 250.000 € (Grund und Boden: 50.000 €, Gebäude: 200.000 €). Das Haus enthält im Erd- und Obergeschoss zwei gleich große Wohnungen. V überträgt das Zweifamilienhaus auf seinen Sohn S. V behält sich das Wohnrecht im Wert von 50.000 € an der Wohnung im Erdgeschoss vor und macht S zur Auflage, 100.000 € an seine Schwester auszuzahlen. Die Wohnung im Obergeschoss wird vermietet. V hat die vermietete Obergeschosswohnung bisher mit 2 % von 70.000 € = 1.400 € jährlich abgeschrieben (§ 7 Abs. 4 Satz 1 Nr. 2 Buchst. a EStG).

AUFGABE

Wie hoch ist die AfA-Bemessungsgrundlage, die auf die vermietete Obergeschosswohnung ent-fällt?

LÖSUNG

Da die Erdgeschosswohnung mit dem Wohnrecht des Vaters belastet ist, erzielt der Sohn nur aus der vermieteten Wohnung im Obergeschoss Einkünfte aus Vermietung und Verpachtung. Werbungskosten einschließlich AfA kann S nur für die vermietete Obergeschosswohnung gel-tend machen (BFH IX R 84/94, BFH/NV 1996, 808; BMF, BStBl 2013 I 1884, Rn. 45, 49).

Das Zweifamilienhaus hat unter Berücksichtigung des zurückbehaltenen Werts des Wohnrechts einen Verkehrswert von 250.000 € ./. 50.000 € = 200.000 €. Da S seiner Schwester 100.000 € auszuzahlen hat, hat er das Zweifamilienhaus zu 50 % entgeltlich und zu 50 % unentgeltlich er-worben (BFH IX R 50, 51/97, BStBl 2001 II 594; X R 4/00, BFH/NV 2002, 1140; BMF, BStBl 2013 I 1194, Rn. 50). Seine Anschaffungskosten, d. h. das Gleichstellungsgeld i. H.v. 100.000 €, entfallen i. H.v.

► 50 % von 50.000 € = 25.000 € auf den Grund und Boden (Wert: 50.000 €),

► 50 % von 100.000 € = 50.000 € auf die vermietete Obergeschosswohnung (Wert: 100.000 €),

► 50 % von 50.000 € = 25.000 € auf die mit dem Wohnrecht belastete Erdgeschosswohnung (Wert 100.000 € ./. Kapitalwert Wohnrecht 50.000 € = 50.000 €).

Soweit die Obergeschosswohnung entgeltlich erworben wurde, beträgt die AfA-Bemessungs-grundlage 50.000 €. Soweit S die Obergeschosswohnung unentgeltlich erworben hat (50 %), muss er die AfA-Bemessungsgrundlage seines Vaters von 50 % von 70.000 € = 35.000 € fortfüh-ren (§ 11d Abs. 1 EStDV). Die neue AfA-Bemessungsgrundlage für die Obergeschosswohnung be-trägt somit 50.000 € (entgeltlicher Erwerb) + 35.000 € (unentgeltlicher Erwerb) = 85.000 €. Die lineare AfA nach § 7 Abs. 4 Satz 1 Nr. 2 Buchst. a EStG beträgt folglich 2 % von 85.000 € = 1.700 € pro Jahr.

FALL 156

Abschreibung anschaffungsnaher Herstellungskosten

Sachverhalt:

A erwarb ein Sechsfamilienhaus zu einem auf das Gebäude entfallenden Kaufpreis von 300.000 €. Besitz, Nutzungen, Lasten und Gefahr gingen vertragsgemäß am 1.1.2018 über. Das bestehende Mietverhältnis übernahm A.

In der Zeit vom 1.1.2018 bis zum 31.12.2020 führte A in den vermieteten Wohnungen sowie am Gebäude selbst in größerem Umfang Umbau- und Renovierungsmaßnahmen durch:

2018:	Aufwendungen für die Erneuerung der Dacheindeckung: netto	30.000 €
2019:	Aufwendungen für die Erneuerung der Fußbodenbeläge und Fenster: netto	28.000 €
2020:	Aufwendungen für die Instandsetzung oder Erneuerung der vorhandenen Sanitär-, Elektro- und Heizungsanlagen: netto	32.000 €
	Aufwendungen für Schönheitsreparaturen: Tapezieren und Anstreichen der Wände und Decken im Zusammenhang mit den 2020 erfolgten Modernisierungs- und Instandsetzungsmaßnahmen	10.000 €
Summe netto		100.000 €
Umsatzsteuer: 19 % von 100.000 €		19.000 €
Summe brutto		119.000 €

A hat die Aufwendungen von brutto insgesamt 119.000 € in seinen Einkommensteuererklärungen 2018 bis 2020 als Werbungskosten bei seinen Einkünften aus Vermietung und Verpachtung geltend gemacht:

2018:	Aufwendungen für die Erneuerung der Dacheindeckung: brutto	35.700 €
2019:	Aufwendungen für die Erneuerung der Fußbodenbeläge und Fenster: brutto	33.320 €
2020:	Aufwendungen für die Instandsetzung oder Erneuerung der vorhandenen Sanitär-, Elektro- und Heizungsanlagen und Schönheitsreparaturen: brutto	49.980 €
Summe brutto		119.000 €

Bei der Veranlagung 2020 vertritt das Finanzamt die Auffassung, die 15 %-Grenze des § 6 Abs. 1 Nr. 1a Satz 1 EStG sei unter Einbeziehung der Aufwendungen für die Schönheitsreparaturen überschritten. Es erkennt die geltend gemachten Werbungskosten von brutto 119.000 € nicht an und ändert die Veranlagungen 2018 und 2019 nach § 175 Abs. 1 Satz 1 Nr. 2 AO, indem es die Aufwendungen nur im Wege der AfA zum Abzug zulässt.

AUFGABE

Handelt es sich bei den 2018 bis 2020 als Werbungskosten geltend gemachten Aufwendungen um anschaffungsnahe Herstellungskosten, die nur im Wege der AfA berücksichtigt werden dürfen?

LÖSUNG

Zu den Herstellungskosten eines Gebäudes gehören nach § 6 Abs. 1 Nr. 1a Satz 1 i.V. m. § 9 Abs. 5 Satz 2 EStG auch Aufwendungen für Instandsetzungs- und Modernisierungsmaßnahmen, die innerhalb von drei Jahren nach der Anschaffung des Gebäudes durchgeführt werden, wenn die Aufwendungen ohne die Umsatzsteuer 15 % der Anschaffungskosten des Gebäudes übersteigen (anschaffungsnahe Herstellungskosten). Diese Aufwendungen erhöhen die AfA-Bemessungsgrundlage (§ 9 Abs. 1 Satz 3 Nr. 7 EStG) und sind folglich nicht als Werbungskosten sofort abziehbar. Der Dreijahreszeitraum beginnt mit dem Erwerb des wirtschaftlichen Eigentums. Auf den Zeitpunkt des notariellen Kaufvertrags kommt es prinzipiell nicht an.

Zu den anschaffungsnahen Herstellungskosten gehören nach § 6 Abs. 1 Nr. 1a Satz 2 EStG ausdrücklich nicht die Aufwendungen für Erweiterungen i. S. d. § 255 Abs. 2 Satz 1 HGB sowie Aufwendungen für Erhaltungsarbeiten, die jährlich üblicherweise anfallen. Zu den jährlich üblicherweise anfallenden Erhaltungsaufwendungen in diesem Sinne gehören insbesondere Aufwendungen für regelmäßige Wartungsarbeiten wie laufende Heizungs- oder Aufzugswartungen, Beseitigung von Rohrverstopfungen und -verkalkungen oder Ablesekosten. Die Aufwendungen dafür sind abzugsfähig, auch wenn die übrigen Aufwendungen in dem betreffenden Jahr als anschaffungsnahe Aufwendungen zu qualifizieren sind.

Die 15 %-Grenze ist eine Freigrenze, bereits ein geringfügiges Überschreiten führt zu Herstellungskosten für den gesamten Aufwand. Die in den Aufwendungen enthaltene Umsatzsteuer ist für die 15 %-Grenze nicht zu berücksichtigen, unabhängig davon, ob sie als Vorsteuer abzugsfähig ist oder nicht.

Strittig ist, ob auch sog. Schönheitsreparaturen zu den anschaffungsnahen Herstellungskosten zählen, wenn sie innerhalb von drei Jahren nach der Anschaffung durchgeführt werden und die hierfür angefallenen Aufwendungen – gegebenenfalls zusammen mit weiteren Aufwendungen für bauliche Maßnahmen – ohne Umsatzsteuer 15 % der Anschaffungskosten übersteigen. Zu den Schönheitsreparaturen gehören das Tapezieren, Anstreichen oder Kalken der Wände und Decken, das Streichen der Fußböden, Heizkörper, der Innen- und Außentüren sowie der Fenster. In der Literatur wird die Einbeziehung von Schönheitsreparaturen in die 15 %-Grenze zum Teil verneint (Trossen, DStR 2012, 447, 448).

Der BFH hat in drei Grundsatzentscheidungen Klarheit geschaffen (BFH IX R 25/14, BStBl 2016 II 992; IX R 15/15, BStBl 2016 II 996; IX R 22/15, BStBl 2016 II 999). Er weist zunächst darauf hin, dass der Begriff der Instandsetzungs- und Modernisierungsmaßnahmen i. S. d. § 6 Abs. 1 Nr. 1a Satz 1 EStG gesetzlich nicht definiert ist und daher der Auslegung bedarf. Hierunter sind nach Meinung des BFH bauliche Maßnahmen zu verstehen, durch die Mängel oder Schäden an vorhandenen Einrichtungen eines bestehenden Gebäudes oder am Gebäude selbst beseitigt werden oder das Gebäude durch Erneuerung in einen zeitgemäßen Zustand versetzt wird. Hierzu gehören entgegen der im Schrifttum vertretenen Auffassung auch sog. Schönheitsreparaturen. Denn auch Schönheitsreparaturen in diesem Sinne sind bauliche Maßnahmen, durch die Mängel oder Schäden an vorhandenen Einrichtungen eines bestehenden Gebäudes beseitigt werden. Soweit der BFH früher noch einen engen räumlichen, zeitlichen und sachlichen Zusammenhang der Schönheitsreparaturen zu einer als einheitlich zu würdigenden Instandsetzung und Modernisierung des Gebäudes gefordert hat, hält er hieran nicht mehr fest.

Die Netto-Aufwendungen der Jahre 2018 bis 2020 von 100.000 € übersteigen die 15 %-Grenze (15 % der Gebäude-Anschaffungskosten von 600.000 € = 90.000 €). Daher handelt es sich vorliegend um anschaffungsnahe Herstellungskosten nach § 6 Abs. 1 Nr. 1a EStG. Die Brutto-Aufwendungen von 119.000 € sind nicht als Werbungskosten sofort abziehbar (§ 9 Abs. 1 Satz 1 EStG), sondern nur im Rahmen der AfA zu berücksichtigen (§ 9 Abs. 1 Satz 3 Nr. 7 EStG i. V. m. § 7 EStG).

Der BFH hat – wie erwähnt – entschieden, dass Aufwendungen für sog. Schönheitsreparaturen stets zu den anschaffungsnahen Herstellungskosten i.S.v. § 6 Abs. 1 Nr. 1a EStG gehören, und zwar – insoweit entgegen der früheren Rechtsprechung (BFH IX R 20/08, BStBl 2010 II 125) – auch dann, wenn sie nicht in einem engen räumlichen, zeitlichen und sachlichen Zusammenhang mit Modernisierungs- und Instandsetzungsmaßnahmen angefallen sind. Darüber hinaus stellt der BFH in den genannten Entscheidungen klar, dass bei der Anwendung von § 6 Abs. 1 Nr. 1a EStG bei aus mehreren Einheiten bestehenden Gebäuden nicht auf das Gesamtgebäude abgestellt wird, sondern auf den jeweiligen selbständigen Gebäudeteil, wenn das Gesamtgebäude in unterschiedlicher Weise genutzt wird und die einzelnen Gebäudeteile ertragsteuerlich selbständige Wirtschaftsgüter sind. Verwaltungsseitig wird diese Rechtsprechung grundsätzlich in allen noch offenen Fällen angewendet (BMF, BStBl 2017 I 1447).

Die Finanzverwaltung hat jedoch folgende Übergangsregelung getroffen: Wurde der Kaufvertrag oder vergleichbare Rechtsakt vor dem 1.1.2017 abgeschlossen, wird auf Antrag des Stpfl. nicht beanstandet,

▶ wenn die bisherige BFH-Rechtsprechung zur Behandlung von Schönheitsreparaturen angewandt wird und

▶ entsprechend der bisherigen Verwaltungsauffassung eine auf das gesamte Gebäude bezogene Prüfung, ob anschaffungsnahe Aufwendungen i.S.v. § 6 Abs. 1 Nr. 1a EStG entstanden sind, erfolgt.

AfA-Bemessungsgrundlage bei steuerbefreiter Überführung eines Betriebsgrundstücks in das Privatvermögen

Sachverhalt:

Der 67 Jahre alte A hat bis zum 31.12.2020 auf eigenem Grundstück eine Bäckerei betrieben. Ende 2020 gab er den Betrieb auf und gab dem Finanzamt eine Betriebsaufgabeerklärung ab. Inventar und Maschinen wurden verkauft, das Betriebsgrundstück wurde in das Privatvermögen überführt. Das Finanzamt hat für 2020 einen Aufgabegewinn von 45.000 € ermittelt (§ 16 Abs. 3 EStG):

	Grund und Boden	Gebäude	Inventar und Maschinen
Buchwert 31.12.2020	30.000 €	120.000 €	10.000 €
gemeiner Wert 31.12.2020	35.000 €	160.000 €	–
Verkaufserlös	–	–	10.000 €
stille Reserven = Aufgabegewinn	5.000 €	40.000 €	0 €

Der vom Finanzamt ermittelte Aufgabegewinn von 45.000 € wurde auf Antrag des A wegen des Freibetrags nach § 16 Abs. 4 Satz 1 EStG von 45.000 € nicht zur Einkommensteuer herangezogen.

Ab Januar 2021 vermietet A das Gebäude an den Erwerber des Inventars und der Maschinen zum Betrieb einer Bäckerei.

AUFGABE

Wie hoch ist die AfA-Bemessungsgrundlage für das nach Betriebsaufgabe ab Januar 2021 vermietete ehemalige Betriebsgebäude?

LÖSUNG

Nach § 16 Abs. 3 Satz 1 EStG gilt als Veräußerung auch die Aufgabe des Gewerbebetriebs. Die im Zuge einer Betriebsaufgabe oder einer Betriebsveräußerung in das Privatvermögen überführten Wirtschaftsgüter werden zur Ermittlung des Aufgabegewinns mit dem gemeinen Wert angesetzt (§ 16 Abs. 3 Satz 7 EStG). Aufgrund gesetzlicher Fiktion ist der Stpfl. mithin so zu besteuern, als hätte er die in das Privatvermögen überführten Wirtschaftsgüter im Fall der Betriebsaufgabe zum gemeinen Wert (§ 16 Abs. 3 Satz 7 EStG) an sich selbst veräußert. Ohne ausdrückliche gesetzliche Regelung gilt dies auch, wenn der Stpfl. bei einer Betriebsveräußerung einzelne Wirtschaftsgüter in das Privatvermögen überführt, sofern es sich dabei nicht um wesentliche Betriebsgrundlagen handelt.

Die Bewertungsvorschrift des § 16 Abs. 3 Satz 7 EStG, die zur Auflösung der stillen Reserven führt, ohne dass Einnahmen angefallen sind, bewirkt auf der anderen Seite, dass zusätzliches AfA-Volumen ohne entsprechende Kosten entsteht. Dem Sinn und Zweck der Vorschrift über die AfA (§ 7 EStG) entspricht, die Bemessungsgrundlage für die weiteren AfA eines vom Betriebsvermögen in das Privatvermögen überführten Wirtschaftsguts grundsätzlich mit dem Teilwert (§ 6 Abs. 1 Nr. 4 EStG) oder dem gemeinen Wert (§ 16 Abs. 3 Satz 7 EStG) im Zeitpunkt der Überführung anzusetzen, mit dem das Gebäude bei der Überführung steuerlich erfasst wurde (BFH VIII R 177/80, BStBl 1983 II 759; III R 173/86, BStBl 1990 II 497; XI R 5/90, BStBl 1992 II 969).

Von diesem Grundsatz hat die Rechtsprechung jedoch Ausnahmen gemacht. So sind bei der Überführung eines Betriebsgrundstücks in das Privatvermögen als künftige AfA-Bemessungsgrundlage weiterhin die ursprünglichen Anschaffungs- oder Herstellungskosten zugrunde zu legen, wenn die stillen Reserven nicht steuerlich erfasst worden sind, etwa wenn eine Betriebsaufgabe zunächst nicht als solche erkannt worden ist und die Veranlagung aus verfahrensrechtlichen Gründen nicht mehr geändert werden kann (BFH IX R 54/91; BFH/NV 1995, 1055; IX R 68/93 BFH/NV 1995, 1056) oder wenn für das Jahr der Betriebsaufgabe Verjährung eingetreten ist (BFH X R 158/90, BFH/NV 1994, 476; IX R 153/88 BFH/NV 1995,19; IX R 11/93, IX R 12/93, BFH/NV 1996, 319). In derartigen Fällen können anlässlich der Betriebsaufgabe die Vorschriften über die Auflösung der stillen Reserven (§ 16 Abs. 3 EStG) nicht (mehr) angewendet werden. Wenn aber die gesetzliche Fiktion eines Veräußerungsgeschäfts (§ 16 Abs. 3 Satz 1 EStG) im Einzelfall nicht tatsächlich umgesetzt werden kann, entfällt die Rechtfertigung für den Ansatz fiktiver Anschaffungskosten als künftige AfA-Bemessungsgrundlage.

Anders verhält es sich nach der Rechtsprechung des BFH, wenn bei einer Betriebsaufgabe gem. § 16 Abs. 3 EStG unter Auflösung der stillen Reserven ein Aufgabegewinn ermittelt wird, dieser aber aufgrund der Freibetragsregelung des § 16 Abs. 4 Satz 1 EStG im Ergebnis ganz oder teilweise steuerfrei bleibt (BFH IX R 62/96, BStBl 2000 II 656; IX R 6/06, HFR 2008, 225). In diesem Fall ist für ein ehemaliges Betriebsgebäude, das nunmehr vermietet wird, als AfA-Bemessungsgrundlage der gemeine Wert im Zeitpunkt der Betriebsaufgabe anzusetzen. Mit diesem Wert ist das Gebäude bei der Betriebsaufgabe steuerlich erfasst, d. h. bei der Ermittlung des Aufgabegewinns gem. § 16 Abs. 3 EStG berücksichtigt worden. Dass im Ergebnis keine Steuer angefallen ist, soweit der (ggf. anteilige) Aufgabegewinn den Freibetrag nach § 16 Abs. 4 Satz 1 EStG nicht überstiegen hat, steht dieser Beurteilung nicht entgegen. Entscheidend ist, dass die Vorschriften über die Betriebsaufgabe (§ 16 Abs. 3 EStG) im konkreten Fall angewandt und die stillen Reserven aufgelöst worden sind. Da die gesetzliche Veräußerungsfiktion des § 16 Abs. 3 Satz 1 EStG eingreift, sind im vorliegenden Fall fiktive Anschaffungskosten i. H. d. gemeinen Werts anzusetzen. Die AfA-Bemessungsgrundlage für die Folge-AfA des ab 2021 vermieteten ehemaligen Betriebsgebäude beträgt daher 160.000 €, obwohl die für das Gebäude aufgedeckten stillen Reserven von 40.000 € wegen der Freibetragsregelung des § 16 Abs. 4 Satz 1 EStG nicht besteuert worden sind.

FALL 158

AfA bei mittelbarer Grundstücksschenkung

Sachverhalt:

Tochter T hat 2020 in Mainz ein Vierfamilienhaus erworben. Der Kaufpreis beträgt 600.000 €, davon entfallen 500.000 € auf das Gebäude und 100.000 € auf den Grund und Boden. V und M, die Eltern der T, schenkten ihrer Tochter vor dem Kauf der Immobilie Geldbeträge von je 300.000 €, insgesamt also 600.000 € mit der Auflage, diese Geldbeträge ausschließlich zum Erwerb des Vierfamilienhauses zu verwenden.

T hat in ihrer Einkommensteuererklärung 2020 AfA auf die von ihren Eltern getragenen Gebäude-Anschaffungskosten von 500.000 € vorgenommen. Das Finanzamt will die Gebäude-AfA bei T nicht als Werbungskosten anerkennen. Es vertritt die Auffassung, § 11d Abs. 1 EStDV sei in dem hier vorliegenden Fall einer mittelbaren Grundstücksschenkung nicht anwendbar, da V und M als Schenker zu keiner Zeit über das Grundstück hätten verfügen können. Auch wenn sie im Ergebnis die Anschaffungskosten des Gebäudes getragen hätten, habe ihnen die für einen „Rechtsvorgänger" notwendige Verfügungsgewalt über das Grundstück nie zugestanden. T habe daher keine AfA-Berechtigung.

AUFGABE

Ist T zur Vornahme der Gebäude-AfA berechtigt?

LÖSUNG

In der Praxis kommt es oft vor, dass ein Sohn oder eine Tochter ein zur Vermietung bestimmtes Gebäude bauen oder kaufen wollen. Die Eltern beteiligen sich mit einer Geldschenkung an der Finanzierung. Für das Finanzamt sollten die Eltern genau festlegen, wofür das Geld verwendet wird:

▶ Erhält das Kind das Geld zur freien Verfügung, ist der Geldbetrag geschenkt und wird zur Schenkungsteuer herangezogen.

▶ Soll das Geld nach dem ausdrücklichen Willen der Eltern zum Bau oder zum Kauf einer bestimmten Immobilie verwendet werden, gilt die Immobilie ganz oder teilweise geschenkt. Statt des Geldbetrags wird dann der der sog. Steuerwert der Immobilie zur Schenkungsteuer herangezogen. Man spricht von einer mittelbaren Grundstücksschenkung.

Eine mittelbare Grundstücksschenkung liegt also vor, wenn der Schenker dem Bedachten den zum Erwerb eines bestimmten Grundstücks vorgesehenen Geldbetrag zur Verfügung stellt. In diesem Fall stellt sich die aus ertragsteuerlicher Sicht, ob der Beschenkte AfA auf die vom Schenker getragenen Gebäudeanschaffungskosten vornehmen kann, obwohl er (der Beschenkte) sie wirtschaftlich nicht getragen hat.

Der BFH kommt zu dem Ergebnis, dass die Regelung des § 11d Abs. 1 Satz 1 EStDV auch im Fall einer mittelbaren Grundstücksschenkung anzuwenden ist (BFH IX R 26/15, BStBl 2017 II 343; BFH v. 19.2.2021 IX B 34/20, BFH/NV 2021, 632, Rn. 6). Wird dem Stpfl. eine der Erzielung von Einnahmen aus Vermietung und Verpachtung dienende Immobilie im Wege der mittelbaren Grundstücksschenkung zugewendet, kann er nach § 11d Abs. 1 Satz 1 EStDV i. V. m. § 7 Abs. 4 EStG AfA auf die vom Schenker getragenen Anschaffungskosten vornehmen. Nicht nur bei der unmittelbaren, sondern auch bei der mittelbaren Grundstücksschenkung trägt der Schenker die Anschaffungs- oder Herstellungskosten des Grundstücks als derjenige, für dessen Rechnung das Grundstück auf den Beschenkten übertragen wird. § 11d EStDV stellt eine Ausnahme vom Grundsatz der Nichtabziehbarkeit von Drittaufwand dar; nach dieser Vorschrift kann der Stpfl. für Wirtschaftsgüter des Privatvermögens, die er unentgeltlich erworben hat, AfA nach den Anschaffungskosten des Rechtsvorgängers vornehmen. T kann also AfA auf die vom Schenker getragenen Gebäudeanschaffungskosten vornehmen.

HINWEIS

Der BFH hat damit die Frage der AfA-Berechtigung bei mittelbarer Schenkung einer Immobilie i. S. d. herrschenden Meinung endgültig geklärt. Das Ergebnis ist sachgerecht, weil auch bei unmittelbarer Schenkung einer Immobilie die AfA-Berechtigung nach § 11d Abs. 1 EStDV auf den Beschenkten übergeht, und die mittelbare Grundstücksschenkung bei wirtschaftlicher Betrachtung mit der unmittelbaren Grundstücksschenkung vergleichbar ist. Die Entscheidung des BFH ist zu begrüßen, da sie Rechtssicherheit für die Praxis vermittelt. Mittelbare Grundstücksschenkungen können auch nach geltendem Erbschaftsteuerrecht attraktiver sein als die Schenkung entsprechender Barmittel (so kk, KÖSDI 2017, 20201, Tz. 148).

FALL 159

AfA für im Preisausschreiben gewonnenes Fertighaus

Sachverhalt:

Im Jahr 2020 führten die Firmen D und P eine gemeinsame Werbeaktion durch, in deren Rahmen sie den Teilnehmern versprachen, unter ihnen Gewinne zu verlosen. A sandte eine Postkarte mit den erforderlichen persönlichen Daten (Name, Adresse, Geburtsdatum, Telefonnummer) innerhalb der gesetzten Frist ein; an weitere Bedingungen war die Teilnahme an dem „Gewinnspiel" nicht geknüpft. A gewann den Hauptpreis, ein Fertighaus im Wert von 200.000 €. Er konnte keinen Geldbetrag anstelle des Fertighauses verlangen. Noch im Jahr 2020 ließ A auf eigenem Grundstück das Fertighaus errichten. Nach Fertigstellung im Jahr 2021 vermietete er das Objekt ab 1.3.2021. Bei den Einkünften aus Vermietung und Verpachtung errechnet er die AfA aus dem Wert des Fertighauses von 200.000 €.

AUFGABE

1. Kann A bei den Einkünften aus Vermietung und Verpachtung AfA aus dem Betrag von 200.000 € geltend machen?

2. Steht A die AfA zu, wenn er das Gebäude in das Betriebsvermögen eines einzelkaufmännischen Unternehmens einlegt und aus dem Betriebsvermögen heraus vermietet?

LÖSUNG

Zu 1.:

Die Inanspruchnahme von AfA setzt u. a. voraus, dass der Stpfl. – bei unentgeltlichem Erwerb sein Rechtsvorgänger (§ 11d Abs. 1 Satz 1 EStDV) – Anschaffungs- oder Herstellungskosten für das Gebäude selbst aufgewendet hat. § 7 EStG dient nicht dem Ausgleich eines eingetretenen Wertverzehrs ohne Aufwand, sondern ist nach seinem Wortlaut und Zweck dazu bestimmt, Aufwendungen des Stpfl. in Gestalt von Anschaffungs- oder Herstellungskosten für das jeweilige Wirtschaftsgut typisierend periodengerecht zu verteilen. Hier hat A für das gewonnene Fertighaus (Zeitwert: 200.000 €) keine eigenen derartigen Aufwendungen getragen.

Nach Auffassung des BFH kann der Wert des Fertighauses dem A nicht als eigene absetzungsfähige (Dritt-)Aufwendungen zugerechnet werden (BFH IX R 24/04, BStBl 2006 II 754). Dass ein Dritter – wie hier die Firmen D/P – die Kosten des Fertighauses getragen hat, hindert – mangels Bedeutsamkeit der Mittelherkunft für den Ausgabenabzug – grundsätzlich zwar die Abziehbarkeit dieser Aufwendungen als Werbungskosten in der Person des A nicht. Jedoch sind die Voraussetzungen für die Berücksichtigung von Aufwendungen im Wege eines abgekürzten Zahlungs- oder Vertragswegs nicht gegeben.

Zum einen haben nämlich die Firmen D und P im eigenen betrieblichen (Werbe-)Interesse und nicht im Interesse gerade des A gehandelt. Zum anderen haben die Firmen über die Fertighaus-

Firma keine Zuwendung an den A erbracht, sondern durch diese als Dritten (§ 267 Abs. 1 BGB) auf eine aus der Durchführung des Gewinnspiels resultierende eigene (wenn auch unvollkommene) Verbindlichkeit geleistet. Diese kann zwar nicht eingeklagt, aber − wie auch hier geschehen − erfüllt werden, ohne dass das Geleistete zurückgefordert werden kann (§ 762 Abs. 1 BGB). Außerdem wurde ausweislich der Teilnahmebedingungen des Gewinnspiels an A kein Geldbetrag, sondern das Fertighaus übertragen. A kann nach allem keine AfA aus dem Betrag von 200.000 € geltend machen.

HINWEIS

Die Beurteilung wäre wohl anders, wenn A als Gewinner alternativ einen Geldbetrag hätte fordern können und diesen zum Erwerb eines Fertighauses benutzt hätte (kk, KÖSDI 2006, 15226, Tz. 528).

Zu 2.:

Überführt ein Stpfl. ein Wirtschaftsgut aus dem Privatvermögen in das Betriebsvermögen z. B. seines einzelkaufmännischen Unternehmens oder in sein Sonderbetriebsvermögen bei einer Personengesellschaft, ist das eingelegte Wirtschaftsgut grundsätzlich mit dem Teilwert zu bewerten, unabhängig davon, ob der Teilwert höher oder niedriger als die Anschaffungs- oder Herstellungskosten ist (§ 6 Abs. 1 Nr. 5 Satz 1 erster Halbsatz EStG). Teilwert ist der Betrag, den ein Erwerber des ganzen Betriebs im Rahmen des Gesamtkaufpreises für das einzelne Wirtschaftsgut ansetzen würde (§ 6 Abs. 1 Nr. 1 Satz 3 EStG).

Wirtschaftsgüter − mit Ausnahme von Anteilen an Kapitalgesellschaften i. S. d. § 17 Abs. 1 EStG − sind höchstens mit den Anschaffungs- oder Herstellungskosten anzusetzen, wenn das zugeführte Wirtschaftsgut innerhalb der letzten drei Jahre vor dem Zeitpunkt der Einlage angeschafft oder hergestellt worden ist (§ 6 Abs. 1 Nr. 5 Satz 1 Buchst. a EStG). Maßgebend ist in diesen Fällen also stets der niedrigere der beiden Werte.

Wird ein unentgeltlich erworbenes Wirtschaftsgut eingelegt, ist zu differenzieren. Ist es im Wege der Gesamtrechtsnachfolge, d. h. durch Erbfolge nach § 1922 BGB übergegangen, ist zur Ermittlung des Fristbeginns auf die Anschaffung oder Herstellung des Erblassers abzustellen. Nur wenn die Dreijahresfrist seit Anschaffung durch den Erblasser abgelaufen ist, kommt eine Einlage mit dem Teilwert in Betracht. Ist das eingelegte Wirtschaftsgut dagegen durch unentgeltliche Einzelrechtsnachfolge übergegangen, ist es also dem Stpfl. geschenkt worden, ist stets der Teilwert anzusetzen, also auch, wenn der Schenkende dieses Wirtschaftsgut innerhalb der letzten drei Jahre vor dem Zeitpunkt der Einlage angeschafft, hergestellt oder aus seinem Betrieb entnommen hat (BFH X R 74-75/90, BStBl 1994 II 15; IV R 83/95, BStBl 1997 II 287).

Die Dreijahresfrist kommt hier also nicht zur Anwendung, da die unentgeltliche Einzelrechtsnachfolge kein Anschaffungsvorgang ist und die Anschaffung des Schenkenden dem Beschenkten nicht zugerechnet werden kann. Die Annahme, der unentgeltliche Erwerb durch Einzelrechtsnachfolge sei als Anschaffung i. S. d. § 6 Abs. 1 Nr. 5 EStG zu verstehen, widerspricht dem Gesetzeszweck. Eine solche Auslegung hätte zur Folge, dass Anschaffungskosten von 0 € anzusetzen wären, weil der Einzelrechtsnachfolger nichts aufgewendet hat. A kann m. E. durch Einlage des Gebäudes mit seinem Teilwert von 200.000 € in sein gewillkürtes Betriebsvermögen AfA generieren, also von diesem Betrag die Gebäude-AfA vornehmen.

FALL 160

AfA für schon fertig gestellten Gebäudeteil bei abschnittsweiser Fertigstellung eines gemischt genutzten Gebäudes

Sachverhalt:

A ist Gewerbetreibender. Zu seinem Betriebsvermögen gehört ein unbebautes Grundstück. Hierauf errichtet A 2020 und 2021 ein Wohn- und Geschäftshaus. Nach der Bauplanung soll im Erdgeschoss ein Ladengeschäft für eigene betriebliche Zwecke und im Obergeschoss eine Wohnung für fremde Wohnzwecke entstehen. Bis Januar 2021 stellt A außer dem Rohbau nur den Laden fertig. Die bis Januar 2021 angefallenen Herstellungskosten für das gesamte Gebäude belaufen sich auf 400.000 €, davon entfallen auf den bereits fertiggestellten Laden 250.000 €. Bis zur Fertigstellung der Wohnung im Obergeschoss im Januar 2022 fallen weitere Herstellungskosten von 150.000 € an, so dass die gesamten Herstellungskosten 550.000 € (Laden: 250.000 € + Wohnung: 300.000 €) betragen.

AUFGABE

Kann A bereits für 2021 AfA für den bereits fertig gestellten Laden in Anspruch nehmen?

LÖSUNG

AfA für Gebäude können erst nach Fertigstellung des Gebäudes in Anspruch genommen werden. Ein betrieblich genutztes Gebäude ist fertig gestellt, wenn die wesentlichen Bauarbeiten soweit abgeschlossen sind, dass das Gebäude für den Betrieb nutzbar ist. Für Wohngebäude wird gefordert, dass das Gebäude nach Abschluss der Bauarbeiten bewohnbar ist. Problematisch ist der AfA-Beginn, wenn das geplante Gebäude wegen der unterschiedlichen Nutzung aus mehreren Wirtschaftsgütern besteht und nur ein Teil des Gebäudes, der einem eigenständigen Nutzungs- und Funktionszusammenhang dienen soll, abgeschlossen erstellt ist.

Nach der im Schrifttum zum Teil kritisierten Rechtsprechung des BFH setzt der Beginn der AfA bei einem gemischt genutzten Gebäude nicht voraus, das das einheitlich geplante Gebäude insgesamt fertiggestellt ist (BFH X R 77/87, BStBl 1991 II 132; H 7.3 „Fertigstellung eines Gebäudes zu verschiedenen Zeitpunkten" EStH 2020). Es genügt, dass ein Teil des Gebäudes, der einem eigenständigen Nutzungs- und Funktionszusammenhang dient (hier: das Ladengeschäft), abgeschlossen erstellt ist. Das bedeutet, dass AfA-Beginn das Jahr 2021 ist.

Wird ein Gebäude teils eigenbetrieblich und teils zu fremden Wohnzwecken genutzt, sind zwei Wirtschaftsgüter gegeben, nach dem genannten BFH-Urteil aber erst ab dem Zeitpunkt, in dem beide unterschiedlich genutzten Gebäudeteile insgesamt fertig gestellt sind. Ist ein derart genutztes Gebäude – wie hier – nur teilweise fertig gestellt, soll zunächst ein einheitliches Wirtschaftsgut vorliegen. Abschreibungsgrundlage für den bereits fertig gestellten Gebäudeteil (hier: das Ladengeschäft) sollen die gesamten bisher bis Januar 2021 angefallenen Herstellungskosten des Gebäudes von 400.000 € sein. Diese Beurteilung hat ihre Tücken: Wenn das erst teilweise fertig gestellte und genutzte Gebäude als ein einheitliches Wirtschaftsgut zu beurteilen ist, so muss das Gebäude einschließlich des Grund und Bodens im Hinblick auf die eigenbetriebliche Nutzung des fertig gestellten Erdgeschosses notwendigerweise dem Betriebsvermögen zugerechnet werden (L. Schmidt, FR 1989, 684 in einer Urteilsanmerkung). Durch diese Rechtsauffassung würde dem Stpfl. in Bezug auf die fremd vermietete Wohnung einschließlich des dazugehörigen Grund und Bodens Betriebsvermögen aufgezwungen, was möglicherweise überhaupt nicht seinem Willen entspricht.

Die Finanzverwaltung hat die weit reichende Bedeutung, die dem Urteil zuzumessen ist, entschärft. Wird bei der Errichtung eines zur unterschiedlichen Nutzung bestimmten Gebäudes zunächst ein zum Betriebsvermögen gehörender Gebäudeteil und danach ein zum Privatvermögen gehörender Gebäudeteil fertig gestellt, hat der Stpfl. ein Wahlrecht, ob er vorerst in die AfA-Bemessungsgrundlage des fertig gestellten Gebäudeteiles die Herstellungskosten des noch nicht fertig gestellten Gebäudeteiles einbezieht oder ob er hierauf verzichtet (R 7.3 Abs. 2 EStR 2012).

Wenn A also nicht will, dass die 2022 fertig gestellte Wohnung als (gewillkürtes) Betriebsvermögen behandelt werden soll, ist ihm zu empfehlen, nur die bis Januar 2021 angefallenen Herstellungskosten für den Laden von 250.000 € in die AfA-Bemessungsgrundlage einzubeziehen. Für die Herstellungskosten, die auf die im Januar 2022 fertig gestellte Wohnung im Obergeschoss entfallen (300.000 €), kann A dann ab 2022 im Rahmen seiner Einkünfte aus Vermietung und Verpachtung die AfA geltend machen. Die Obergeschosswohnung gehört dann einschließlich des zugehörigen Grund und Bodens zum Privatvermögen des A und ist nicht als Betriebsvermögen steuerverstrickt.

Kapitel 10: Die Einkunftsarten

10.1 Einkünfte aus Land- und Forstwirtschaft (§§ 13 ff. EStG)

Vorbemerkungen

Bei den Einkünften aus Land- und Forstwirtschaft handelt es sich um eine Gewinneinkunftsart nach § 2 Abs. 1 Nr. 1 und § 13 Abs. 1 EStG. Unter Landwirtschaft versteht man die planmäßige Nutzung der natürlichen Kräfte des Grund und Bodens und die Verwertung der dadurch gewonnenen Erzeugnisse einschl. Tierzucht und Tierhaltung. Einzelne Betriebsarten sind in § 13 Abs. 1 EStG aufgeführt. Bedeutung hat vor allem die Abgrenzung zur steuerlich nicht relevanten Liebhaberei und zum Gewerbebetrieb. Zu den Einkünften aus Land- und Forstwirtschaft gehört der Nutzungswert der Wohnung des Land- und Forstwirtes nach § 13 Abs. 2 Nr. 2 EStG, wenn die Wohnung die bei Betrieben der gleichen Art übliche Größe nicht überschreitet und das Gebäude nach den jeweiligen landesrechtlichen Vorschriften ein Baudenkmal ist.

Bei der Gewinnermittlung für Land- und Forstwirte sind drei verschiedene Gewinnermittlungsarten denkbar, nach § 4 Abs. 1, nach § 4 Abs. 3 und nach § 13a Abs. 3 bis 6 EStG (Neufassung für Wirtschaftsjahre, die nach dem 31.12.2015 enden). Siehe Übersicht auf der folgenden Seite.

Land- und Forstwirte können von der Summe der Einkünfte (bei der Ermittlung des Gesamtbetrags der Einkünfte) einen Freibetrag gem. § 13 Abs. 3 EStG abziehen. Er beträgt 900 €, (ab VZ 2015) bei Ehegatten, die nach §§ 26, 26b EStG zusammenveranlagt werden, 1.800 € – max. bis zur Höhe der positiven Einkünfte aus Land- und Forstwirtschaft. Der Freibetrag wird aber nur gewährt, wenn die Summe der Einkünfte 30.700 €, bei Zusammenveranlagung 61.400 € nicht übersteigt.

Mit Gesetz vom 12.12.2019 wurde eine Tarifermäßigung nach § 32 c EStG auf Antrag eingeführt. Die Regelung soll eine durchschnittliche Besteuerung von Einkünften aus Land- und Forstwirtschaft für einen Zeitraum von 3 Jahren ermöglichen. Die Betrachtungszeiträume umfassen die VZ 2014 – 2016, 2017 – 2019 und 2020 – 2022. Die Tarifermäßigung erfolgt jeweils für den letzten VZ, also im Jahr 2019 für 2017 – 2019.

Die Gewinnermittlung bei Land- und Forstwirten

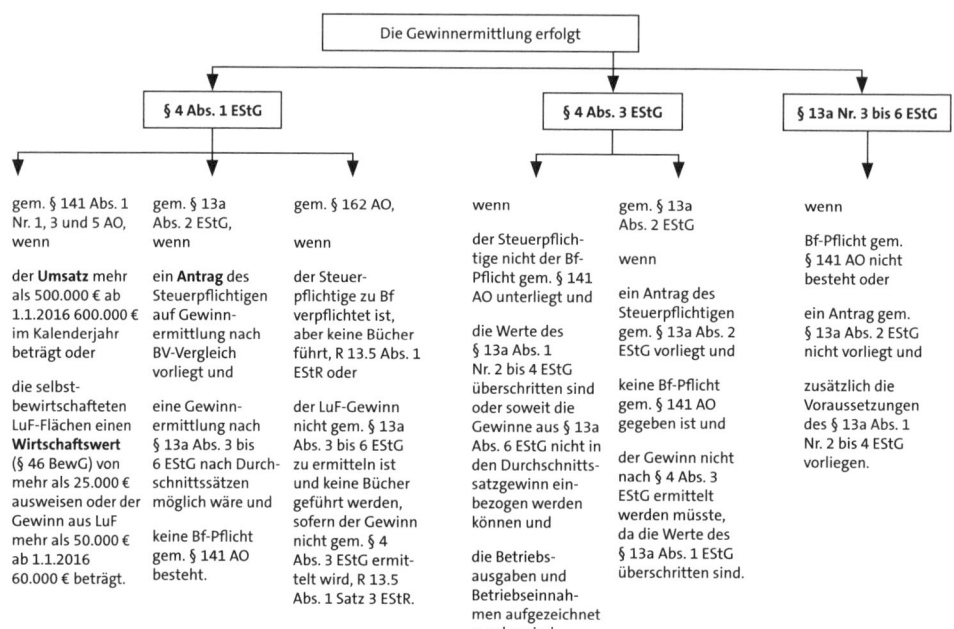

| § 4 Abs. 1 EStG | | | § 4 Abs. 3 EStG | | § 13a Nr. 3 bis 6 EStG |

gem. § 141 Abs. 1 Nr. 1, 3 und 5 AO, wenn

der **Umsatz** mehr als 500.000 € ab 1.1.2016 600.000 € im Kalenderjahr beträgt oder

die selbstbewirtschafteten LuF-Flächen einen **Wirtschaftswert** (§ 46 BewG) von mehr als 25.000 € ausweisen oder der Gewinn aus LuF mehr als 50.000 € ab 1.1.2016 60.000 € beträgt.

gem. § 13a Abs. 2 EStG, wenn

ein **Antrag** des Steuerpflichtigen auf Gewinnermittlung nach BV-Vergleich vorliegt und

eine Gewinnermittlung nach § 13a Abs. 3 bis 6 EStG nach Durchschnittssätzen möglich wäre und keine Bf-Pflicht gem. § 141 AO besteht.

gem. § 162 AO,

wenn

der Steuerpflichtige zu Bf verpflichtet ist, aber keine Bücher führt, R 13.5 Abs. 1 EStR oder

der LuF-Gewinn nicht gem. § 13a Abs. 3 bis 6 EStG zu ermitteln ist und keine Bücher geführt werden, sofern der Gewinn nicht gem. § 4 Abs. 3 EStG ermittelt wird, R 13.5 Abs. 1 Satz 3 EStR.

wenn

der Steuerpflichtige nicht der Bf-Pflicht gem. § 141 AO unterliegt und

die Werte des § 13a Abs. 1 Nr. 2 bis 4 EStG überschritten sind oder soweit die Gewinne aus § 13a Abs. 6 EStG nicht in den Durchschnittssatzgewinn einbezogen werden können und

die Betriebsausgaben und Betriebseinnahmen aufgezeichnet worden sind.

gem. § 13a Abs. 2 EStG

wenn

ein Antrag des Steuerpflichtigen gem. § 13a Abs. 2 EStG vorliegt und

keine Bf-Pflicht gem. § 141 AO gegeben ist und

der Gewinn nicht nach § 4 Abs. 3 EStG ermittelt werden müsste, da die Werte des § 13a Abs. 1 EStG überschritten sind.

wenn

Bf-Pflicht gem. § 141 AO nicht besteht oder

ein Antrag gem. § 13a Abs. 2 EStG nicht vorliegt und

zusätzlich die Voraussetzungen des § 13a Abs. 1 Nr. 2 bis 4 EStG vorliegen.

FALL 161

Abgrenzung zum Gewerbebetrieb

Sachverhalt:

Der Steuerpflichtige besitzt folgende Flächen:

Landwirtschaftliche Flächen	10,0 ha
Weinbaufläche	0,5 ha
Sonderkultur Hopfen	1,0 ha
Forstwirtschaftliche Flächen	10,0 ha

Er hat 4 ha Ackerland verpachtet.

Der durchschnittliche Viehbestand beträgt seit Jahren:

► 3 Milchkühe

► 50 Zuchtschweine

► 100 Zuchtputen

► 3.000 Legehennen

Einkünfte aus Land- und Forstwirtschaft (§§ 13 ff. EStG) **KAPITEL 10**

Fall 161

In welchem Umfang gehört der Viehbestand noch zur landwirtschaftlichen Tierhaltung?

Der Steuerpflichtige erzielt Einkünfte nach § 13 Abs. 1 Nr. 1 EStG. Dazu gehören auch seine Einkünfte aus der Tierzucht, wenn die Grenzen des § 13 Abs. 1 Nr. 1 Satz 2 EStG nicht überschritten sind.

Berechnung:

Landwirtschaftlich genutzte Fläche (R 13.2 Abs. 3 EStR)

Eigenland =	11 ha
./. Verpachtung =	./. 4 ha
	7 ha

Die landwirtschaftlichen Sonderkulturen i. S. d. § 52 BewG sind einzubeziehen. Dies ergibt sich aus R 13.2 Abs. 3 EStR, die eine Ausklammerung nicht vorsieht.

Höchstbestand an Vieheinheiten (VE):

7 ha × 10 VE = 70 VE

Tatsächlicher Viehbestand: § 13 Abs. 1 Nr. 1 Satz 3 und 4 EStG und R 13.2 Abs. 1 und 2 EStR:

3 Milchkühe × 1,00 VE =	3,0 VE
50 Zuchtschweine × 0,33 VE =	16,5 VE
100 Zuchtputen × 0,04 VE =	4,0 VE
3.000 Legehennen × 0,02 VE =	60,0 VE
Summe	**83,5 VE**

Da der Höchstbestand von 70 VE überschritten wird, sind die weniger flächenabhängigen Zweige eines Tierbestandes der gewerblichen Tierzucht zuzurechnen. Weniger flächenabhängig ist die Haltung von Schweinen und Geflügel. Innerhalb dieser Gruppe ist zuerst der Zweig der gewerblichen Tierhaltung zuzurechnen, der die größere Zahl von VE hat. Dabei muss immer ein gesamter Zweig eines Tierbestandes herausgerechnet werden. Deshalb sind im vorliegenden Fall die Legehennen der gewerblichen Tierhaltung zuzurechnen und daraus die Einkünfte aus Gewerbebetrieb zu ermitteln. Der restliche Tierbestand gehört zur Landwirtschaft.

Gewinnermittlung gem. § 13a EStG/Abgrenzung zum Gewerbebetrieb

Sachverhalt:

Die Eheleute Xaver und Herta Gerstenkorn unterhalten einen land- und forstwirtschaftlichen Betrieb, für den sie zu Recht die Gewinnermittlung gem. § 13a EStG vornehmen. Sie führen keine Bücher und wurden vom Finanzamt auch nicht zur Buchführung aufgefordert. Der Einheitswert setzt sich wie folgt zusammen (die Einheitswerte werden in DM ermittelt und nach der Abrundung gem. § 30 Satz 2 BewG in € umgerechnet):

Vergleichswert landwirtschaftliche Nutzung:

(Hektarwert = 1.948 DM)	6,47 ha =	12.600 DM
Vergleichswert Weinbau	0,79 ha =	4.087 DM
Geringstland	2,00 ha =	100 DM
Wirtschaftswert	=	16.787 DM
Wohnungswert	=	20.134 DM

Die o. g. Flächen gehören den Eheleuten gemeinsam. Der sich daraus ergebende Einheitswert wird gem. § 30 Satz 2 BewG abgerundet und in Euro umgerechnet.

Zugepachtete Flächen:

0,8 ha landwirtschaftliche Nutzung, Pachtzinsen = 150 €

Verpachtete Flächen:

0,5 ha Weinbau, Pachtzinsen = 500 €

Am 3.10.03 wurde ein Acker von 0,8 ha für 8.400 € veräußert, die Anschaffungskosten betrugen umgerechnet 1.268 €.

Der Gewinn des Wj. 02/03 betrug 9.400 €.

Zum Betrieb gehörender Viehbestand:

► 15 Stück Rindvieh unter 1 Jahr,

► 20 Kühe,

► 200 Legehennen aus zugekauften Junghennen,

► 20 Mastschweine.

Die Ernte aus dem Weinbaubetrieb wird voll an die Winzergenossenschaft abgeliefert.

Die Einnahmen betragen für die

Zeit vom 1.7. bis 31.12.03 =	4.100 €
Zeit vom 1.1. bis 30.6.04 =	2.150 €

An Aushilfslöhnen im Weinbaubetrieb wurden 460 € gezahlt.

Einkünfte aus Land- und Forstwirtschaft (§§ 13 ff. EStG)   **KAPITEL 10**

Fall 162

Das von den übrigen Gebäuden getrennt stehende Wohnhaus (Baujahr 1986, Herstellungskosten insgesamt umgerechnet 177.000 €) enthält eine Wohnung mit 180 qm Wohn- und Nutzfläche, die von den Eheleuten und den Kindern gemeinsam bewohnt wird. Die Kinder haben keinen eigenen Hausstand.

Die Schuldzinsen belaufen sich auf 160 € monatlich.

AUFGABE

Ermitteln Sie die sich aus dem Sachverhalt ergebenden Einkünfte der Eheleute Gerstenkorn für den Veranlagungszeitraum 03 (es handelt sich um neutralisierte Jahreszahlen, anzuwenden ist die neue Rechtslage).

LÖSUNG

Die Eheleute Gerstenkorn betreiben gemeinsam einen land- und forstwirtschaftlichen Betrieb und erzielen damit Einkünfte gem. § 13 Abs. 1 Nr. 1 EStG (H 13.4 „Mitunternehmerschaft ..." EStH). Eine einheitliche und gesonderte Feststellung der Einkünfte gem. § 179 Abs. 2, § 180 Abs. 1 Nr. 2a AO kann unterbleiben, da nur zusammen zu veranlagende Ehegatten beteiligt sind (§ 180 Abs. 3 Nr. 2 AO). Das Wirtschaftsjahr erstreckt sich gem. § 4a Abs. 1 Nr. 1 EStG auf die Zeit vom 1.7. bis 30.6.

Da die zulässige Höchstgrenze von 7,27 ha (6,47 ha landwirtschaftliche Fläche + 0,8 ha Zupacht) × 10 VE = 72,7 VE durch den tatsächlichen Viehbestand von:

15 × 0,3 VE	=	4,50 VE
20 × 1,0 VE	=	20,00 VE
200 × 0,0183 VE	=	3,66 VE
20 × 0,16 VE	=	3,20 VE
Summe		**31,36 VE**

nicht überschritten wird, gehört die Viehhaltung zum land- und forstwirtschaftlichen Betrieb.

Gewinnermittlung gem. § 13a EStG:

Die Gewinnermittlung gem. § 13a Abs. 1 EStG ist zulässig, da die am 15. Mai selbstbewirtschaftete landwirtschaftliche Fläche unter 20 ha beträgt (§ 13a Abs. 1 Nr. 2 EStG),

► die VE unter 50 betragen (§ 13a Abs. 1 Nr. 3 EStG) und

► Gem. § 13a Abs. 1 Nr. 5 EStG n. F.: Die selbst bewirtschaftete Fläche der Sondernutzung darf lt. Anlage 1a zu § 13a EStG 0,66 ha weinbauliche Nutzung nicht übersteigen. Die Voraussetzungen liegen hier vor, da die selbst bewirtschaftete Fläche 0,79 ha abzgl. Verpachtung 0,5 ha = 0,29 ha beträgt.

Die Neuregelung gilt ab dem Wj. 2015/2016 § 13a Abs. 1 EStG.

Grundbetrag (§ 13a Abs. 4 EStG) Landwirtschaftliche Nutzung:

Fläche 6,47 ha + zugepachtete Fläche 0,8 ha = 7,27 ha (selbst bewirtschaftete Fläche am 15.5.) × 350 € = 2.544 €.

zzgl. Zuschlag für Tierzucht und Tierhaltung:

31,36 VE abzgl. mit dem Ansatz des Grundbetrages abgegoltene 25 VE = maßgebender Tierbestand 6,36 VE × 300 € (lt. Anlage 1a zu § 13 a EStG) = 1.908 €

verbleiben Gewinn der landwirtschaftlichen Nutzung = 4.452 €

Die Schuldzinsen betreffend Wohnhaus sind mangels Einnahmen nicht abzugsfähig.

Sondernutzungen – Zuschlag zum Grundbetrag für Weinbau (§ 13a Abs. 6 EStG):

Da der Grundbetrag nur die eigentliche landwirtschaftliche Nutzung erfasst, werden alle übrigen Nutzungen durch Zuschläge erfasst.

Sondernutzung Weinbau lt. Anlage 1 a Nr. 2 (Grenze 0,16 ha überschritten) Ansatz + 1.000 €.

Einbeziehung von Sondergewinnen (§ 13a Abs. 7 Nr. 1a EStG):

Verkauf Acker	8.400 €	
./. Anschaffungskosten	./. 1.268 €	
Überschuss	7.132 €	
		+7.132 €
Summe (§ 13a Abs. 3 bis 7 EStG):		**13.084 €**

landwirtschaftliche Nutzung 4.452 €
Sondernutzung 1.000 €
Sondergewinne 7.132 €
Einnahmen aus Verpachtung von unbebauten Grundstücken
§ 13 a Abs. 3 Nr. 5 EStG n. F. Pacht Weinbau 500 €
→ Summe 13.084 €

Einkünfte aus Land- und Forstwirtschaft:

Zeitanteilig gem. § 4a Abs. 2 Nr. 1 EStG:

Wj. 02/03 = 9.400 €, davon $1/2$ =	4.700 €
Wj. 03/04 = 13.084 €, davon $1/2$ =	6.542 €
Einkünfte 03 =	11.242 €

Es ist bei der Veranlagung der Freibetrag gem. § 13 Abs. 3 EStG mit 1.800 € zu berücksichtigen.

FALL 163

Gewinnermittlung nach § 4 Abs. 3 EStG/Abgrenzung

Sachverhalt:

Die Eheleute Wutz betreiben gemeinsam in Neustadt-Diedesfeld einen Weinbaubetrieb. Außerdem werden noch drei Doppelzimmer zeitweise an Feriengäste vermietet. Die Eheleute führen

Einkünfte aus Land- und Forstwirtschaft (§§ 13 ff. EStG)   **KAPITEL 10**

Fall 163

keine Bücher für ihren Betrieb und wurden vom Finanzamt auch nicht dazu aufgefordert. Belege über Betriebseinnahmen und Betriebsausgaben liegen aber vor.

Der zuletzt festgestellte Einheitswert setzt sich wie folgt zusammen:

Vergleichswert Weinbau 6,4 ha =	35.596 DM
Wirtschaftswert =	35.596 DM
Wohnungswert =	21.936 DM
Einheitswert =	57.500 DM
Umgerechnet gem. § 30 Satz 2 BewG =	29.399 €

An Weinbauflächen haben die Eheleute 1,2 ha für 750 € jährlich hinzugepachtet, 0,5 ha wurden für 300 € verpachtet. Im Weinbaubetrieb sind beide Eheleute tätig, wobei die Ehefrau den Haushalt führt. Der 20-jährige Sohn Kurt hilft unentgeltlich in den Semesterferien mit. Die Ernteerträge werden an die Winzergenossenschaft zur Weiterverarbeitung veräußert, die dabei erzielten Einnahmen belaufen sich auf die

Zeit vom 1.7.03 bis 31.12.03 = 22.300 €,
Zeit vom 1.1.04 bis 30.6.04 = 12.900 €.

Die Löhne für Erntehelfer betragen 1.560 €.

Der Gewinn des Wj. 02/03 betrug 10.900 €.

Außerdem erklären die Eheleute noch folgende Beträge:

Vermietung Fremdenzimmer im Wj. 03/04:

Mieteinnahmen =   4.100 €

Ausgaben:

Kauf von Lebensmitteln für die Feriengäste im Wj. =	270 €
Kauf neuer Bettwäsche und Handtücher im Januar 04 =	140 €

Einrichtung Fremdenzimmer, Anschaffung September 01,
für umgerechnet 6.000 €, Nutzungsdauer = 10 Jahre.

Das Wohnhaus enthält eine Wohnung und steht von den übrigen Wirtschaftsgebäuden getrennt. Die Wohnung hat eine Fläche von 130 qm und wird von der Familie Wutz genutzt (Mietwert monatlich = 350 €).

Zusätzlich 70 qm betreffen die drei Doppelzimmer inkl. Frühstücksraum. Die Kellerräume mit einer Fläche von 50 qm werden als Lagerfläche für den Haushalt genutzt.

Das Wohngebäude war im Jahre 1996 mit einem Kostenaufwand von umgerechnet 163.614 € neu errichtet worden. Die für das Gebäude zu zahlenden Schuldzinsen belaufen sich auf 2.380 € für das Kalenderjahr 03 und 1.820 € für 04.

Die sachliche Bebauungskostenpauschale soll bei Vollablieferern mit Gewinnermittlung gem. § 4 Abs. 3 EStG 2.400 € betragen.

Die AfA auf Betriebsvermögen beträgt unstreitig 2.600 €.

AUFGABE

Ermitteln Sie die Einkünfte der Eheleute Wutz, soweit sie sich aus dem Sachverhalt ergeben.

LÖSUNG

Die Eheleute Wutz betreiben gemeinsam einen Weinbaubetrieb und erzielen damit Einkünfte gem. § 13 Abs. 1 Nr. 1 EStG. Eine einheitliche und gesonderte Gewinnfeststellung nach § 179 Abs. 2, § 180 Abs. 1 Nr. 2a AO kann unterbleiben, da nur zusammen zu veranlagende Ehegatten beteiligt sind (§ 180 Abs. 3 Nr. 2 AO).

Das Wirtschaftsjahr ist nach § 4a Abs. 1 Nr. 1 EStG die Zeit vom 1.7. bis 30.6. Der Gewinn ist nicht nach Durchschnittssätzen gem. § 13a Abs. 1 EStG zu ermitteln, da Weinbau = 6,4 ha + Zupachtung = 1,2 ha ./. Verpachtung 0,5 ha = insgesamt 7,1 ha. Damit wird die Grenze des § 13a Abs. 1 Nr. 5 EStG n. F. i. V. m. Anlage 1a von 0,66 ha überschritten. Der Gewinn aus dem Weinbaubetrieb ist demnach gem. § 4 Abs. 3 EStG zu ermitteln. Eine Aufzeichnung der Betriebseinnahmen und Betriebsausgaben liegt vor.

Einnahmen im Wj. 03/04	35.200 €
+ Pachteinnahmen	+ 300 €
	35.500 €

Betriebsausgaben:

Bebauungskostenpauschale (je nach Lage und WJ) für die bewirtschaftete Fläche von 6,4 ha

+	Zupachtung	1,2 ha	
./.	Verpachtung	./. 0,5 ha	
Insgesamt		7,1 ha × 2.750 €	= 19.525 €
./.	Pachtzinsen =		./. 750 €
./.	Aushilfslöhne =		./. 1.560 €
./.	AfA auf BV =		./. 2.600 €
Überschuss			**11.065 €**

Bei dem Wohngebäude handelt es sich losgelöst vom landwirtschaftlichen Betrieb um ein Gebäude, das nur eine Wohnung enthält. Eine Nutzungswertbesteuerung gem. § 13 Abs. 2 Nr. 2 EStG kommt nicht in Betracht. Die mit diesem Gebäude zusammenhängenden Aufwendungen, hier die Schuldzinsen, können nicht als BA abgezogen werden, da das Gebäude nicht zum BV gehört.

Fremdenzimmer:

Die Vermietung von Ferienzimmern ist keine typische landwirtschaftliche Tätigkeit. Die daraus erzielten Einnahmen gehören aber zu den Einkünften nach § 13 EStG, wenn die vermieteten Räume zum landwirtschaftlichen Betriebsvermögen gehören. Eine gewerbliche Vermietungsleistung ist nicht gegeben, da außer dem Frühstück keine sonstigen Leistungen angeboten wer-

Einkünfte aus Land- und Forstwirtschaft (§§ 13 ff. EStG)   **KAPITEL 10**

Fall 164

den. Die Anzahl der vermieteten Betten ist grds. ohne Bedeutung, lt. Finanzverwaltung aber bis zu vier Zimmern und sechs Betten keine gewerbliche Tätigkeit (R 15.5 Abs. 13 EStR). Die Gewinnermittlung erfolgt nach § 4 Abs. 3 EStG.

Einnahmen im Wj. 03/04 =	4.100 €
./. anteilige AfA gem. § 7 Abs. 4 EStG	
HK = 163.134 €, davon betr. Fremdenzimmer	
lt. Nutzflächenverhältnis:	
gesamt = 130 qm + 70 qm + 50 qm = 250 qm	
Fremdenzimmer = 70 qm → 28 %	
28 % von 163.134 € = 45.678 €,	
davon 2 % AfA = 914 €	./. 914 €
./. anteilige Schuldzinsen betr. Wj. 03/04 $^1/_2$ von 2.380 €	
= 1.190 € $^1/_2$ von 1.820 € = 910 €	
gesamt = 2.100 €, davon anteilig 28 % =	./. 588 €
./. Lebensmittel	./. 270 €
./. Wäsche	./. 140 €
./. AfA auf Einrichtung (§ 7 Abs. 1 EStG) $^1/_{10}$ von 6.000 €	./. 600 €
Überschuss Fremdenzimmer =	1.588 €
Gewinn aus Land- und Forstwirtschaft insgesamt	12.653 €
Einkünfte aus Land- und Forstwirtschaft:	
zeitanteilig nach § 4a Abs. 2 Nr. 1 EStG:	
Wj. 02/03 = 10.900 €, davon $^1/_2$ =	5.450 €
Wj. 03/04 = 12.653 €, davon $^1/_2$ =	6.326 €
Einkünfte 03 =	11.776 €

Die Eheleute erhalten bei der Ermittlung des Gesamtbetrags der Einkünfte einen Freibetrag gem. § 13 Abs. 3 EStG von insgesamt 1.800 € , wenn die Summe der Einkünfte 61.400 € nicht übersteigt.

FALL 164

Gewinnermittlung nach Durchschnittssätzen

Vorbemerkungen

Die Gewinnermittlung der Land- und Forstwirtschaft erfolgt, nach Durchschnittssätzen gem. § 13a Abs. 3 bis 6 EStG, wenn

▶ keine Buchführungspflicht aufgrund gesetzlicher Vorschriften des § 141 AO besteht;

▶ kein Antrag nach § 13a Abs. 2 EStG auf Gewinnermittlung durch Betriebsvermögensvergleich gem. § 4 Abs. 1 EStG bzw. durch Vergleich der Betriebseinnahmen mit den Betriebsausgaben gem. § 4 Abs. 3 EStG gestellt wurde;

▶ die selbst bewirtschaftete Fläche der landwirtschaftlichen Nutzung 20 ha nicht übersteigt;

► keine Intensivtierhaltung nach § 13a Abs. 1 Nr. 3 EStG gegeben ist, mehr als 50 VE;

► **Regelung ab dem Wj. 2015/2016:** Die selbst bewirtschaftete Fläche der forstwirtschaftlichen Nutzung darf nicht mehr als 50 ha betragen, die selbst bewirtschaftete Fläche der Sondernutzungen die Grenzen in Anlage 1a zu § 13a EStG n. F. nicht übersteigen, z. B. weinbauliche Nutzung 0,66 ha.

Sachverhalt:

Der Steuerpflichtige hat einen landwirtschaftlichen Betrieb mit Ackerbau, Viehhaltung und Weinbau. Er führt keine Bücher. Der Gewinn des vorangegangenen Wirtschaftsjahres beträgt 13.100 € (Vorjahr umgerechnet = 8.900 €), seine Umsätze liegen unter 260.000 €. Der zuletzt festgestellte Einheitswert setzt sich wie folgt zusammen (die Werte im Rahmen der Einheitsbewertung lauten auf DM und werden erst nach Abrundung gem. § 30 Satz 2 BewG in € umgerechnet):

Vergleichswert landwirtschaftliche Nutzung =	
8,47 ha	16.500 DM
Vergleichswert Weinbau =	19.139 DM
Geringstland 2 ha =	100 DM
Wirtschaftswert =	35.739 DM
Wohnungswert =	20.134 DM
Summe Einheitswert abgerundet =	55.800 DM
Umgerechnet § 30 Satz 2 BewG =	28.530 €

Er hat noch 0,8 ha Ackerland und 1 ha weinbauliche Fläche zugepachtet, außerdem sind 0,5 ha Weinberg verpachtet. Der Hektarwert des zugepachteten Ackerlandes beträgt 1.650 DM, der Hektarwert für das zugepachtete und verpachtete Weinbergsgelände jeweils 4.800 DM.

Der durchschnittliche Viehbestand beträgt:

20 Kühe, 15 Kälber unter 1 Jahr, 10 Mastschweine aus selbst erzeugten Ferkeln, 100 Legehennen.

Welche Gewinnermittlungsart kommt in Betracht? (neue Rechtslage).

Die Gewinnermittlung nach Durchschnittssätzen gem. § 13a Abs. 3 bis 6 EStG ist vorzunehmen, wenn die Voraussetzungen des § 13a Abs. 1 EStG vorliegen.

Einkünfte aus Land- und Forstwirtschaft (§§ 13 ff. EStG)   **KAPITEL 10**

Fall 164

§ 13a Abs. 1 Nr. 1 EStG:

Eine Buchführungspflicht gem. § 141 Abs. 1 AO besteht nicht, da die Umsätze unter 600.000 € (ab 2016) liegen, der Wirtschaftswert der selbst bewirtschafteten land- und forstwirtschaftlichen Flächen nicht mehr als 25.000 € beträgt.

Ermittlung (R 13 a.2 Abs. 1 EStR):

Wirtschaftswert lt. Einheitswertbescheid =	35.739 DM
+ Zupachtung Ackerland 0,8 ha × 1.650 DM =	1.320 DM
+ Zupachtung Weinberg 1 ha × 4.800 DM =	4.800 DM
./. Verpachtung Weinberg 0,5 ha × 4.800 DM =	./. 2.400 DM
Summe	**39.459 DM**

Umgerechnet § 30 BewG : 1,95583 = 20.175 €, also unter 25.000 €

… und der Gewinn aus LuF des vorangegangenen Kalenderjahres nicht mehr als 60.000 € (ab 2016) beträgt.

§ 13a Abs. 1 Nr. 2 EStG:

Die selbst bewirtschaftete Fläche der landwirtschaftlichen Nutzung darf nicht mehr als 20 ha betragen Stand 15.5. lt. neuer Fassung.

Landwirtschaftliche Nutzung	8,47 ha
+ Zupachtung landwirtschaftlich	
Geringstland ist nicht einzubeziehen, fällt unter § 34 Abs. 2 Nr. 2b BewG	0,8 ha
Summe	9,27 ha

§ 13a Abs. 1 Nr. 5 EStG: Die selbst bewirtschaftete Fläche der Sondernutzung – Weinbau – darf die Flächengrenzen lt. Anlage 1a von 0,66 ha bei Weinbau nicht überschreiten. Diese Grenze ist hier schon wegen der Zupacht von 1 ha überschritten, da die selbst bewirtschaftete Fläche – nicht die Eigentumsfläche – maßgebend ist.

§ 13a Abs. 1 Nr. 3 EStG:

Es darf keine Intensivtierhaltung vorliegen:

Landwirtschaftlich genutzte Fläche:

Eigene Fläche	8,47 ha
+ Zupachtung	0,80 ha
Summe (ohne Geringstland)	**9,27 ha**

Der Tierbestand ist in VE umzurechnen (R 13.2 EStR).

20 Kühe × 1,0 VE =	20,0 VE
15 Kälber × 0,3 VE =	4,5 VE
10 Mastschweine × 0,16 VE =	1,6 VE
100 Legehennen × 0,02 VE =	2,0 VE
Summe	**28,1 VE**

Die VE betragen insgesamt 28,1 VE, das sind weniger als insgesamt 50 VE. Das heißt, der tatsächliche Viehbestand liegt unter der Höchstgrenze des § 13a Abs. 1 Nr. 3 EStG.

Die Gewinnermittlung nach § 13a EStG ist nicht zulässig, da die Grenze der Sondernutzung überschritten ist. Der Stpfl. hat seinen Gewinn gem. § 4 Abs. 3 EStG zu ermitteln.

10.2 Einkünfte aus Gewerbebetrieb (§§ 15, 15a EStG)

LITERATURHINWEIS

Lehrbuch Einkommensteuer, Kapitel 11.3.

Vorbemerkungen

Nach § 15 Abs. 2 EStG liegt ein Gewerbebetrieb vor bei einer selbständigen, nachhaltigen Betätigung, die mit Gewinnabsicht unternommen wird und sich als Beteiligung am allgemeinen wirtschaftlichen Verkehr darstellt, wenn die Betätigung weder als Ausübung von Land- und Forstwirtschaft noch als Ausübung eines freien Berufs noch als eine andere selbständige Arbeit i. S. d. Einkommensteuerrechts anzusehen ist. **Arten der Einkünfte aus Gewerbebetrieb:**

► Einkünfte aus gewerblichen Unternehmen (§ 15 Abs. 1 Nr. 1 EStG), wie z. B. Handwerksbetriebe, Einzelhandelsbetriebe, Großhandelsbetriebe, Industriebetriebe, Handelsvertreter, Handelsmakler, Spediteure.

► Gewinnanteile der Gesellschafter einer Gesellschaft, bei der die Gesellschafter als Mitunternehmer anzusehen sind (§ 15 Abs. 1 Nr. 2 EStG). Hierzu gehören die Gewinnanteile und Vergütungen, die der Gesellschafter von der Gesellschaft für seine Tätigkeit im Dienst der Gesellschaft oder für die Hingabe von Darlehen oder für die Überlassung von Wirtschaftsgütern bezogen hat.
§ 15 Abs. 1 Nr. 2 Satz 2 EStG bestimmt, dass ein mittelbar über eine Personengesellschaft beteiligter Gesellschafter einem unmittelbar Beteiligten gleichsteht.
Es handelt sich grds. um die Gesellschafter einer offenen Handelsgesellschaft (OHG), einer Kommanditgesellschaft (KG), einer Gesellschaft des bürgerlichen Rechts (GbR), die gewerblich tätig ist, einer atypischen stillen Gesellschaft, einer atypischen Unterbeteiligung.
Diese Gesellschaften sind selbst weder einkommen- noch körperschaftsteuerpflichtig. Die von diesen Gesellschaften erzielten Einkünfte sind den einzelnen Gesellschaftern zuzurechnen und bei diesen steuerlich zu erfassen.
Über die Höhe der Einkünfte ist eine einheitliche und gesonderte Feststellung nach den §§ 179 und 180 AO vorzunehmen.

► Gewinnanteile des Komplementärs einer Kommanditgesellschaft auf Aktien (§ 15 Abs. 1 Nr. 3 EStG).

► Zu den Einkünften aus Gewerbebetrieb gehören auch der Veräußerungsgewinn gem. § 16 EStG und der Gewinn aus der Veräußerung von Beteiligungen an Kapitalgesellschaften gem. § 17 EStG.

Gewinnermittlungsmethoden:

▶ § 4 Abs. 3 EStG durch Gegenüberstellung der Betriebseinnahmen und Betriebsausgaben: Für Gewerbetreibende, die nicht zur Buchführung verpflichtet sind und auch freiwillig keine Bücher führen.

▶ § 5 EStG durch Betriebsvermögensvergleich: Für Gewerbetreibende, die nach Handels- oder Steuerrecht zur Buchführung verpflichtet sind (§§ 140, 141 AO, §§ 1 ff., 238 HGB) oder freiwillig Bücher führen.

▶ Auf Antrag ist die Steuerbegünstigung für nicht entnommene Gewinne gem. § 34a EStG zu beachten.

▶ § 35 EStG Steuerermäßigung für gewerbliche Einkünfte ist zu beachten.

FALL 165

Abgrenzung und Gewinnermittlung

Sachverhalt:

Ein verheirateter Steuerpflichtiger ist als selbständiger Handelsvertreter tätig und reicht dem Finanzamt folgende Einnahmen-/Ausgaben-Rechnung ein:

Einnahmen:

Provisionen	100.000 €
+ Umsatzsteuer 19 %	19.000 €
Verkauf des nur betrieblich genutzten Computers, brutto	714 €
Verkauf Kinderfahrrad	100 €
Zinsen Geschäftskonto	350 €
Zinsen Sparbuch, privat	4.850 €
Erbschaft Mietwohngrundstück	200.000 €
Mieteinnahmen daraus	10.000 €

Ausgaben:

Miete Arbeitszimmer	1.200 €
Miete Wohnung	6.000 €
Hauskosten Mietwohngrundstück	13.000 €
Pkw-Kosten, ausschließlich beruflich	21.000 €
Kauf neuer Computer Nutzungsdauer = 4 Jahre, brutto	1.428 €
Schreibmaterial	900 €

Die Vorsteuern sind in den o. g. Beträgen enthalten.

Umsatzsteuerzahlung an das Finanzamt	10.316 €
Anschaffungskosten Pkw Ehefrau	18.000 €
Einkommensteuer-Vorauszahlungen	8.900 €

Ermitteln Sie die Höhe der jeweiligen Einkünfte für den Veranlagungszeitraum (aktuelle Rechtslage). Eine Aufforderung zur Buchführung nach § 141 Abs. 2 AO ist bisher noch nicht ergangen.

Als selbständiger Handelsvertreter übt der Steuerpflichtige eine gewerbliche Tätigkeit nach § 15 Abs. 2 EStG aus und erzielt Einkünfte gem. § 15 Abs. 1 Nr. 1 EStG. Wirtschaftsjahr ist das Kalenderjahr nach § 4a Abs. 1 Nr. 3 EStG. Die Gewinnermittlung erfolgt nach § 4 Abs. 3 EStG.

Betriebseinnahmen:

Provisionen	100.000 €
Umsatzsteuer	19.000 €
Verkauf Computer	714 €
Zinsen Geschäftskonto	350 €
Summe	**120.064 €**

Keine Betriebseinnahmen sind der Verkauf des Kinderfahrrads und die Erbschaft; es handelt sich hier nicht um Einkünfte i. S. d. EStG.

Betriebsausgaben:

Miete Arbeitszimmer, abzugsfähig gem. § 4 Abs. 5 Nr. 6b EStG, da für die Tätigkeit kein anderer Arbeitsplatz zur Verfügung steht, max. 1.250 €.	1.200 €
Pkw-Kosten	21.000 €
Computer, da er eine Nutzungsdauer von mehr als 1 Jahr hat, ist nur die AfA abzugsfähig. AK netto (§ 9b Abs. 1 EStG) = 1.200 €, davon ¼ (§ 7 Abs. 1 EStG)	300 €
Die Vorsteuer darauf ist voll abzugsfähig	228 €
Schreibmaterial	900 €
Umsatzsteuer an das Finanzamt	10.316 €
Summe	**33.944 €**

Keine Betriebsausgaben sind die Miete der Wohnung (§ 12 Nr. 1 EStG), der Pkw der Ehefrau und die Einkommensteuer-Vorauszahlungen (§ 12 Nr. 3 EStG).

Der Gewinn aus Gewerbebetrieb beträgt	**86.120 €**

Der Steuerpflichtige ist zur Buchführung aufzufordern.

Außerdem liegen noch folgende Einkunftsarten vor:

Einkünfte aus Kapitalvermögen:

Zinsen gem. § 20 Abs. 1 Nr. 7 EStG 4.850 €

Ab 2009 unterliegen diese Einkünfte der Abgeltungssteuer gem. § 43 Abs. 1 Nr. 7 und Abs. 5, § 43a Abs. 1 Nr. 1 EStG von 25 % zzgl. Solidaritätszuschlag zzgl. Kirchensteuer, § 32d Abs. 1 EStG. Auf Antrag können aber die Kapitaleinkünfte in die Veranlagung einbezogen werden, § 32d Abs. 4 (zur Berücksichtigung des Sparer-Pauschbetrages gem. § 20 Abs. 9 EStG von 1.602 €) oder Abs. 6 EStG zur sog. Günstigerprüfung.

Einkünfte aus Vermietung und Verpachtung:

Mieteinnahmen gem. § 21 Abs. 1 Nr. 1 EStG	10.000 €
Werbungskosten	./. 13.000 €
Verlust	./. 3.000 €

FALL 166

Gewinnermittlung gem. § 4 Abs. 3 EStG

Sachverhalt:

Gustav Klingemann, 60 Jahre alt, seit Jahren verheiratet, 2 Kinder, betreibt in Neustadt ein kleines Lebensmittel-Einzelhandelsgeschäft. Seinen Gewinn ermittelt er zulässigerweise gem. § 4 Abs. 3 EStG. Klingemann versteuert seine Umsätze nach den allgemeinen Vorschriften des UStG. Er meldet die Umsätze monatlich an. Laut der dem Finanzamt eingereichten Aufstellung betragen die Betriebseinnahmen 62.800 € und die Betriebsausgaben 47.200 € in 01.

Aus den eingereichten Unterlagen und den Erläuterungen ergibt sich Folgendes:

1. Die Miete für die Räume des Ladengeschäftes von monatlich 400 € ist jeweils am Monatsende fällig. Klingemann zahlte die Mieten durch Überweisung von seinem betrieblichen Bankkonto i. d. R. einige Tage nach dem Fälligkeitstermin.
   Die Miete für Januar 01 überwies er aber bereits am 20.12.00 (die Lastschrift erfolgte am 21.12.00, die Gutschrift beim Vermieter am 22.12.00). Die Miete für Dezember 01 überwies er am 5.1.02 (Lastschrift am 6.1.02, Gutschrift am 7.1.02). Die Mieten sind in der Aufstellung für 01 als Betriebsausgaben abgesetzt worden.

2. Um einen genügend großen Warenvorrat für das Weihnachtsgeschäft erwerben zu können, kauft Klingemann im November 01 Waren im Werte von 5.950 € einschl. Umsatzsteuer auf Kredit. Die Bank gewährt Klingemann hierfür einen Kredit. Sie zahlt 5.950 € aus, zusätzlich wird ein marktübliches Damnum von 250 € vereinbart und erhöht damit den Kreditbetrag. Die Tilgung wurde zum Monatsanfang mit jeweils 1.000 € vereinbart, beginnend am 1.12.01; an Zinsen – ebenfalls erst ab Dezember – sind 50 € monatlich zu zahlen. Die Dezemberrate zahlt Klingemann am 15.12.01, die Januarrate am 10.1.02. Als Betriebsausgaben für diesen gesamten Geschäftsvorfall erfasst Klingemann für 01 7.000 €, als Betriebseinnah-

men 5.950 €. Soweit die Waren zum Ende des Jahres bereits verkauft wurden, sind die Einnahmen in den Betriebseinnahmen enthalten.

3. Bei einem Einbruch im Juli 01 werden Zigaretten im Wert von 100 € netto, Schmuck der Ehefrau im Wert von 5.000 € und Bargeld aus den Tageseinnahmen des letzten Geschäftstages i. H. v. 300 € gestohlen. Klingemann behandelt 5.419 € als Betriebsausgabe. Eine Versicherung für derartige Fälle hat Klingemann nicht abgeschlossen.

4. Anlässlich der Heirat seiner Tochter feiert Klingemann mit Frau, zehn Freunden und sechs Stammkunden im Gasthaus „Zur frohen Einkehr". Die Rechnung beläuft sich auf 1.200 € zzgl. Umsatzsteuer. Die Kosten werden als Betriebsausgaben behandelt.

5. Am 20.8.01 wird Klingemann ein Pkw Kombi geliefert. Er bezahlt vereinbarungsgemäß Mitte September 01. Nutzungsdauer des Pkw 4 Jahre, Kosten 16.800 € zzgl. 3.192 € Umsatzsteuer. Klingemann holt mit diesem Pkw Waren ab und liefert sie an Kunden aus; zu 40 % benutzt er den Pkw für private Zwecke – lt. Fahrtenbuch. Als Abschreibung setzt er in 01 4.998 € ab. Als Betriebsausgaben sind außerdem die sonstigen Kosten (Benzin, Reparaturen etc.) i. H. v. insgesamt 3.900 € netto abgezogen, darin enthalten sind Versicherung und Steuer mit 1.200 €. Weitere Konsequenzen zieht er nicht.

AUFGABE

Ermitteln Sie die Einkünfte aus Gewerbebetrieb des Gustav Klingemann für den Veranlagungszeitraum 01 (aktuelle Rechtslage anwenden). Gehen Sie von einem einheitlichen USt-Satz von 19 % aus.

LÖSUNG

Klingemann bezieht aus dem Lebensmittelgeschäft Einkünfte aus Gewerbebetrieb gem. § 15 Abs. 1 Nr. 1 EStG. Der Gewinn nach § 4 Abs. 3 EStG für 01 i. H. v. 15.600 € ist wie folgt zu korrigieren:

1. Hinsichtlich der Mieten handelt es sich um regelmäßig wiederkehrende Ausgaben i. S. d. § 11 Abs. 2 Satz 2 i. V. m. Abs. 1 Satz 2 EStG. Die Januarmiete i. H. v. 400 € ist gem. § 11 Abs. 2 Satz 1 EStG am 20.12.00 abgeflossen (H 11 „Überweisung" EStH). Die Zahlung erfolgt aber nicht innerhalb kurzer Zeit vor Beginn des Kalenderjahres, zu dem die Miete wirtschaftlich gehört (H 11 „Allgemeines" EStH). Die Miete ist bereits in 00 zu berücksichtigen.

   Folge: Gewinnerhöhung   + 400,00 €

   Die Dezembermiete ist am 5.1.02 abgeflossen und somit innerhalb kurzer Zeit nach Beendigung des Kj., zu dem sie wirtschaftlich gehört. Sie ist gem. § 11 Abs. 2 Satz 2 EStG in 01 als Betriebsausgabe zu erfassen. Der Betriebsausgabenabzug erfolgte demnach zu Recht.

2. Der Kauf der Waren stellt im Zeitpunkt der Zahlung Betriebsausgaben i. H. v. 5.950 € dar. Die Umsatzsteuer ist ebenfalls als Betriebsausgabe zu berücksichtigen (H 9b „Gewinnermittlung nach § 4 Abs. 3 EStG …" EStH.) Die Aufnahme und Tilgung des Darlehens berühren den Gewinn nicht (H 4.5 Abs. 2 „Darlehen" EStH). Die Kreditkosten stellen aber Betriebsausgaben nach § 4 Abs. 4 EStG dar. Das Damnum i. H. v. 250 € ist im Zeitpunkt der Auszahlung des Darlehensbetrages abgeflossen (§ 11 Abs. 2 Satz 1 EStG H 11 „Damnum" EStH). Die Verteilungsregelung des § 11 Abs. 2 Satz 3 EStG gilt gem. Satz 4 nicht für ein marktübliches Damnum. Die Zinsen für Dezember 01 von 50 € sind ebenfalls Betriebsausgaben, während die Zinsen für Januar 02 erst als Betriebsausgabe in 02 zu berücksichtigen sind.

Betriebsausgaben lt. Erklärung	7.000,00 €	
Betriebsausgaben richtig (5.950 + 50 + 250)	6.250,00 €	
Gewinnerhöhung	+ 750,00 €	+ 750,00 €
Betriebseinnahmen lt. Erklärung	5.950,00 €	
Betriebseinnahmen richtig	0 €	
Gewinnminderung	./. 5.950,00 €	./. 5.950,00 €

3. Da sich der Einkauf der Zigaretten inkl. USt von 19 % bereits als Betriebsausgabe ausgewirkt hat, ist ein nochmaliger Aufwand nicht gerechtfertigt.
   Folge: Gewinnerhöhung   + 119,00 €

   Bei dem Schmuck der Ehefrau handelt es sich um notwendiges Privatvermögen. Eine Gewinnauswirkung darf sich nicht ergeben.   + 5.000,00 €

   Das Bargeld i. H. v. 300 € wurde bei der Vereinnahmung bereits als Betriebseinnahme behandelt und ist deshalb bei Diebstahl als Betriebsausgabe rückgängig zu machen. Dieser Betrag wurde richtig als Betriebsausgabe erfasst.

4. Da die Feier privat veranlasst ist, sind die Gesamtkosten gem.
   § 12 Nr. 1 EStG nicht abzugsfähig.
   Folge: Gewinnerhöhung   + 1.428,00 €

5. Bei dem Pkw handelt es sich um ein abnutzbares Wirtschaftsgut des Anlagevermögens. Da der Pkw zu mehr als 50 % betrieblich genutzt wird, stellt er notwendiges Betriebsvermögen dar und ist auch umsatzsteuerlich dem Unternehmensvermögen zuzuordnen.

   Die abzugsfähige Vorsteuer ist im Zeitpunkt der Zahlung als Betriebsausgabe abzugsfähig, das wäre im September 01. Die vom Finanzamt im Oktober zu erstattende Vorsteuer dürfte wohl in der Voranmeldung berücksichtigt sein, d. h. dieser Betrag ist bereits in den BE bzw. als geringere BA enthalten.   ./. 3.192,00 €

Die AK betragen damit netto 16.800 €, die AfA gem. § 7 Abs. 1 Satz 4 EStG
5/12 von 4.200 € = 1.750 €. Die AfA ist unabhängig von der Zahlung im
Jahr der Anschaffung zu berücksichtigen, erklärt = 4.998 €.

Folge: Gewinnerhöhung   + 3.248,00 €

Die Vorsteuer auf die Kosten ist abzugsfähig und damit Betriebsausgabe,
die Erstattung durch das Finanzamt stellt eine Betriebseinnahme dar, damit ist die Umsatzsteuer neutral.

Bezüglich der privaten Pkw-Nutzung liegt eine Nutzungsentnahme gem.
§ 4 Abs. 1 Satz 2 EStG vor.

Die private Pkw-Nutzung ist eine gleichgestellte sonstige Leistung gem.
§ 3 Abs. 9a Satz 1 Nr. 1 UStG. Die BMG sind nach der hier gegebenen Fahrtenbuchmethode (§ 6 Abs. 1 Nr. 4 Satz 3 EStG) die Gesamtkosten netto, da
die Vorsteuer voll abzugsfähig ist (BMF v. 27.8.2004, BStBl 2004 I 864 f.).

BMG = Laufende Pkw-Kosten 2.700 €
nicht mit Vorsteuer belastete Kosten + 1.200 €
AfA + 1.750 € = 5.650 €
davon 40 % = 2.260 €.

Dieser Betrag darf den Gewinn gem. § 12 Nr. 1 EStG nicht mindern.   + 2.260,00 €

Zzgl. 19 % USt – ohne die nicht mit Vorsteuer belasteten Kosten von
1.200 €; BMG = 4.450 € davon 40 % = 1.780 € = 338,20 €.

Dieser Betrag erhöht als fiktive Betriebseinnahme den Gewinn.   + 338,20 €

Berichtigter Gewinn   **20.001,20 €**

FALL 167

Mitunternehmerschaft

Sachverhalt:

A ist zu 30 % an der Baufirma Stein OHG mit Sitz in Neustadt beteiligt. Nach der von der Firma
erstellten Handelsbilanz beträgt der Gewinn für 01 87.300 €. Bei Ermittlung des Gewinns wurde ein an A gezahltes Gehalt von 42.000 € für dessen Tätigkeit im Dienste der Gesellschaft als
Aufwand verbucht.

Der Gesellschafter hat im Übrigen noch einen Zinsanspruch i. H. v. 3.000 € gegen die OHG aufgrund eines der OHG gewährten Darlehens. Die Zinsen wurden zum Jahresende bezahlt und als
Aufwand behandelt.

Bei der Gewinnermittlung wurde eine an A gezahlte Miete für das Betriebsgebäude, welches A
der OHG aufgrund eines Mietvertrages zur Nutzung überlassen hat, i. H. v. 24.000 € als Betriebsausgabe verbucht. Die von A privat getragenen Grundstückskosten von 13.000 € inkl. AfA sind
nicht berücksichtigt.

Ermitteln Sie die Höhe der Einkünfte des A für den Veranlagungszeitraum 01.

LÖSUNG

Die Stein OHG erzielt gewerbliche Einkünfte gem. § 15 Abs. 1 Nr. 1 und Abs. 2 EStG, damit erzielt A als Mitunternehmer der Stein OHG Einkünfte gem. § 15 Abs. 1 Nr. 2 EStG. Zu diesen Einkünften gehört auch die Vergütung an A für Tätigkeiten im Dienste der Gesellschaft, die Vergütung für die Hingabe von Darlehen und die Vergütung für die Überlassung des Gebäudes an die OHG, § 15 Abs. 1 Nr. 2 Satz 1 Halbsatz 2 EStG. Bei dem der OHG zur Nutzung überlassenen Grundstück handelt es sich um notwendiges Sonderbetriebsvermögen I des A, welches in seiner Sonderbilanz zu aktivieren ist (R 4.2 Abs. 2 Satz 1 und 2 EStR). Die privat getragenen Kosten hängen mit dem Grundstück zusammen und sind als Sonderbetriebsausgaben des A gem. § 4 Abs. 4 EStG gewinnmindernd zu behandeln.

Handelsrechtlicher Gewinn =	87.300 €
+ Tätigkeitsvergütung	42.000 €
+ Zinsen	3.000 €
+ Miete	24.000 €
./. Grundstückskosten	./. 13.000 €
steuerlicher Gewinn der OHG	**143.300 €**

Davon entfallen auf den Gesellschafter A:

Sondervergütung Gehalt	42.000 €
+ Zinsen	3.000 €
+ Miete	24.000 €
./. Grundstückskosten	./. 13.000 €
30 % vom Restgewinn	26.190 €
Einkünfte gem. § 15 Abs. 1 Nr. 2 EStG	**82.190 €**

HINWEIS

Die Tätigkeitsvergütungen der OHG an A unterliegen der Umsatzsteuer, Abschnitt 2.2 Abs. 2 UStAE, 1.6 Abs. 3 UStAE. Die von A zu zahlende Umsatzsteuer ist grds. als Verbindlichkeit in der Sonderbilanz des A zu passivieren, die OHG kann den Betrag als Vorsteuer abziehen, wenn eine Rechnung mit gesondertem Steuerausweis ergangen ist.

Unterbeteiligung

Sachverhalt:

A, B und C sind zu je $\frac{1}{3}$ Gesellschafter einer OHG. An dem Anteil des C ist aufgrund vertraglicher Regelungen noch D beteiligt. D ist mit einem Anteil von 10 % am Gewinn und Verlust des C beteiligt. Der Gewinn der OHG für das Kalenderjahr 01 beträgt 210.000 €. Der Gewinnanteil des D wird im Jahr 02 ausgezahlt.

1. Wie hoch sind die Einkünfte von C und D, wenn nur eine Gewinn- und Verlustbeteiligung vereinbart ist? Welche Einkünfte erzielen beide?

2. Welche Einkünfte erzielen C und D, wenn D noch anteilig mit 10 % an den stillen Reserven beteiligt ist? Nehmen Sie in beiden Fällen Stellung zur Art der Beteiligung.

Die Unterbeteiligung ist eine Innengesellschaft in der Form einer BGB-Gesellschaft gem. § 705 BGB, wobei der Unterbeteiligte an einem Mitunternehmeranteil eines Gesellschafters beteiligt ist. Ziel ist die gemeinsame Berechtigung an dem Gesellschaftsanteil des Hauptbeteiligten. Die Innengesellschaft hat kein Gesamthandsvermögen, es handelt sich lediglich um eine schuldrechtliche Beziehung zwischen Hauptgesellschafter und Unterbeteiligtem. Die Unterbeteiligungsgesellschaft ist keine stille Gesellschaft, da der an der OHG beteiligte Hauptgesellschafter kein Handelsgewerbe betreibt. Es handelt sich um zwei Personengesellschaften, die Hauptgesellschaft OHG und die Unterbeteiligungsgesellschaft GbR C und D.

Zu 1.:

Da D nicht an den stillen Reserven beteiligt ist, trägt er auch kein Mitunternehmerrisiko. Es handelt sich demnach um eine typische stille Unterbeteiligung (H 15.8 Abs. 1 „Mitunternehmerrisiko" EStH).

Unterbeteiligter D:

D erzielt Einkünfte gem. § 20 Abs. 1 Nr. 4 EStG als Unterbeteiligter. Die Einnahmen sind bei Zufluss in 02 nach § 11 Abs. 1 Satz 1 EStG zu versteuern. Bei Zufluss ist im Übrigen Kapitalertragsteuer von 25 % nach § 43 Abs. 1 Nr. 3, § 43a Abs. 1 Nr. 1 EStG von C einzubehalten und an das Finanzamt abzuführen.

Gewinnanteil C: $\frac{1}{3}$ von 210.000 € =	70.000 €
davon 10 % =	7.000 € brutto

./. Sparer-Pauschbetrag gem. § 20 Abs. 9 EStG. Aber grds. Abgeltungswirkung durch den Steuerabzug von 25 % gem. § 43 Abs. 5 EStG, Veranlagung auf Antrag gem. § 32d Abs. 4 EStG. ./. 801 €

Einkünfte aus Kapitalvermögen D, davon Abgeltungssteuer 25 % + Soli **6.199 €**

Die Abgeltung gem. § 32d Abs. 1 EStG greift gem. §32d Abs. 2 Nr. 1 EStG nur dann nicht, wenn es sich um nahestehende Personen handelt.

Für die OHG ist eine einheitliche und gesonderte Feststellung nach § 179 Abs. 2, § 180 Abs. 1 Nr. 2a AO durchzuführen. Für die Unterbeteiligung ist grundsätzlich keine gesonderte Gewinnfeststellung vorzunehmen. Der Anteil des Unterbeteiligten ist als Sonderbetriebsausgabe des Hauptbeteiligten C zu erfassen und im Feststellungsverfahren zu berücksichtigen. Eine Nachholung im Veranlagungsverfahren des Hauptbeteiligten ist nicht zulässig (Anwendungserlass zu § 179 AO).

Gewinnanteil des C gem. § 15 Abs. 1 Nr. 2 EStG =	70.000 €
./. Sonderbetriebsausgaben Anteil des D	./. 7.000 €
Einkünfte 01	**63.000 €**
Der Gewinn der OHG beträgt danach	210.000 €
./. Sonderbetriebsausgaben C	./. 7.000 €
Gewinn 01	**203.000 €**

Zu 2.:

Da D an den stillen Reserven beteiligt ist, trägt er ein Mitunternehmerrisiko. Der Unterbeteiligte kann außerdem über den Hauptbeteiligten Mitunternehmerinitiative entwickeln, das ist lt. BFH dann der Fall, wenn ihm mindestens die Kontrollrechte eines Kommanditisten zustehen. Geht man im vorliegenden Fall davon aus, handelt es sich demnach um eine atypische stille Unterbeteiligung. D ist analog eines atypischen stillen Gesellschafters als Mitunternehmer mit Einkünften nach § 15 Abs. 1 Nr. 2 EStG zu behandeln (H 15.8 Abs. 1 „Innengesellschaft" EStH).

Grundsätzlich ist für die atypische stille Unterbeteiligung am Anteil des Gesellschafters C eine besondere gesonderte und einheitliche Feststellung vorgenommen werden. Die Berücksichtigung der Unterbeteiligung im Feststellungsverfahren für die OHG ist nur im Einverständnis aller Beteiligten zulässig (§ 179 Abs. 2 Satz 3 AO, AEAO zu § 79 AO Tz. 4 und 5).

D erzielt Einkünfte in 01 nach § 15 Abs. 1 Nr. 2 EStG i. H. v. **7.000 €**

C erzielt Einkünfte in 01 nach § 15 Abs. 1 Nr. 2 EStG i. H. v. **63.000 €**

Einheitliche und gesonderte Feststellung der OHG für 01:

A	B	C	D
70.000 €	70.000 €	63.000 €	7.000 €

Tätigkeitsvergütungen

Sachverhalt:

Der ledige Steuerpflichtige Anton ist seit Jahren an der Stein & Bruch KG mit 10 % als Kommanditist beteiligt. Der Gewinn der KG 01 beträgt 200.000 €. Das Bruttogehalt des Anton beträgt 40.000 €, der Arbeitgeberanteil zur Sozialversicherung 7.400 €. Diese Beträge wurden als Betriebsausgabe behandelt. Aus beruflichen Gründen entstanden Anton Aufwendungen von 600 €, die er privat zahlte.

Wie hoch sind der Gewinn der KG und die Einkünfte des Anton 01?

Der Gewinn der KG ist gem. § 179 Abs. 2 i.V. m. § 180 Abs. 1 Nr. 2a AO einheitlich und gesondert festzustellen. Die Tätigkeitsvergütungen stellen Sondervergütungen nach § 15 Abs. 1 Nr. 2 zweiter Halbsatz EStG dar und dürfen den Gewinn nicht mindern, da Anton als Mitunternehmer der KG (Kommanditist) anzusehen ist. Die Vergütung ist durch das Gesellschaftsverhältnis veranlasst. Eine gesellschaftliche Veranlassung ist auch dann gegeben, wenn die Leistungen auf besonderen schuldrechtlichen Verträgen beruhen (Arbeitsvertrag, Darlehensvertrag, Mietvertrag).

Gewinn lt. Handelsbilanz 01 =		200.000 €
+	Tätigkeitsvergütung Anton, da es sich hier um sog. Sondervergütungen handelt, die steuerlich nicht berücksichtigungsfähig sind.	+ 40.000 €
+	Arbeitgeberanteil zur Sozialversicherung, da Anton kein Arbeitnehmer i. S. d. EStG ist. Er kann aber Arbeitnehmer lt. Sozialversicherungsrecht sein, da er Kommanditist ist und zu weniger als 50 % beteiligt ist.	+ 7.400 €
./.	Sonderbetriebsausgaben	./. 600 €
Gewinn der KG 01		**246.800 €**

Als Kommanditist in der gesetzestypischen Stellung lt. HGB ist Anton Mitunternehmer und erzielt Einkünfte gem. § 15 Abs. 1 Nr. 2 EStG.

Tätigkeitsvergütung		40.000 €
+	Arbeitgeberanteil	+ 7.400 €
./.	Sonderbetriebsausgaben	./. 600 €
+	Gewinnanteil 10 %	+ 20.000 €
Einkünfte		**66.800 €**

FALL 170

Mitunternehmerschaft/Sondervergütung

Sachverhalt:

An der ABC-OHG sind die Gesellschafter A, B und C mit jeweils $^1/_3$ beteiligt. Die OHG erzielt für 01 einen Gewinn i. H. v. 120.000 €. Zwischen der Gesellschaft und ihren Gesellschaftern bestehen folgende besonderen Vereinbarungen:

A hat der OHG ein bebautes Grundstück zur betrieblichen Nutzung überlassen. Dafür erhält er lt. vertraglicher Vereinbarungen eine jährliche Pacht i. H. v. 36.000 €. Die laufenden Hauskosten betragen 12.300 € und werden vereinbarungsgemäß von der OHG getragen. Die AfA für das Gebäude beträgt 4.500 € und ist ebenso wie die von A privat gezahlten Schuldzinsen i. H. v. 3.500 € nicht bei der Gewinnermittlung berücksichtigt.

B betreibt neben seiner Beteiligung an der OHG ein Ingenieurbüro und einen Baustoffgroßhandel. Er erhielt von der OHG den Auftrag, die Baubetreuung für den Büroneubau zu übernehmen und die Baustoffe zu liefern. Für die Baubetreuung erhielt er ein Honorar i. H. v. 40.000 € zzgl. Umsatzsteuer, Baustoffe lieferte er für 120.000 € zzgl. USt. An eigenen Aufwendungen entstanden ihm für die Baubetreuung an Personalkosten und Büromaterial 21.000 € netto. Die Selbstkosten der Baustoffe betrugen 85.000 € netto. Die Einnahmen und die Kosten wurden in den jeweiligen Einzelunternehmen erfasst.

C ist als Geschäftsführer tätig und erhält dafür eine jährliche Vergütung i. H. v. 60.000 € zzgl. USt, die als Betriebsausgabe (netto) verbucht wurde. Für die Fahrten zum Betrieb nutzt er seinen privaten Pkw. Die einfache Entfernung von seiner Wohnung bis zum Betrieb beträgt 15 km, die er an 230 Tagen im Jahr zurücklegt. Die Kosten sind nicht berücksichtigt.

AUFGABE

Ermitteln Sie den Gewinn der OHG und die steuerlichen Gewinnanteile der Gesellschafter für 01 (aktuelle Rechtslage). Gehen Sie von einem einheitlichen Umsatzsteuersatz von 19 % aus.

LÖSUNG

Der Gewinn der OHG ist gem. § 179 Abs. 2, § 180 Abs. 1 Nr. 2a AO einheitlich und gesondert festzustellen. Die Gesellschafter erzielen als Mitunternehmer Einkünfte gem. § 15 Abs. 1 Nr. 2 EStG. Dazu gehören nicht nur der Gewinnanteil, sondern auch alle Vergütungen, die die Gesellschafter für Leistungen im Dienste der Gesellschaft erhalten.

Die Pacht, die A für die Überlassung des Grundstücks von der OHG erhält, stellt eine Sondervergütung i. S. d. § 15 Abs. 1 Nr. 2 Satz 1 Halbsatz 2 EStG dar, die dem Gewinn der OHG und dem A vorweg bei der Gewinnverteilung zuzurechnen ist. Das Grundstück ist als notwendiges Sonderbetriebsvermögen I in der Sonderbilanz des A bei der OHG zu erfassen, R 4.2 Abs. 2 Satz 1 und 2 EStR. Alle mit diesem Grundstück im Zusammenhang stehenden Kosten, die von A getragen werden, sind außerdem als Sonderbetriebsausgaben abzugsfähig und bei A zu berücksichtigen. Auch das Darlehen zur Finanzierung des Grundstücks ist als notwendiges Sonderbetriebsvermögen I zu passivieren, die Zinsen sind als Sonderbetriebsausgaben abzugsfähig. Es handelt sich hier **nicht** um eine mitunternehmerische Betriebsaufspaltung.

Das Honorar, das B von der OHG erhält, ist ebenfalls eine Sondervergütung für Leistungen im Dienste der Gesellschaft und darf nicht als Betriebsausgabe abgezogen werden (§ 15 Abs. 1 Nr. 2 Satz 1 zweiter Halbsatz EStG). Alle damit im Zusammenhang stehenden Kosten sind als Sonderbetriebsausgaben abzuziehen. Diese Beträge sind bei der Gewinnermittlung des Ingenieurbüros nicht mehr zu berücksichtigen. Sie wirken sich im Rahmen der Gewinnermittlung der OHG mit den Nettobeträgen aus, da die Umsatzsteuer bei einem Bilanzierenden – hier in der Sonderbilanz – erfolgsneutral zu erfassen ist.

Die Lieferungen der Baustoffe an die OHG fallen nicht unter § 15 Abs. 1 Nr. 2 EStG, da diese Vorschrift nur von der Überlassung, aber nicht von der Veräußerung bzw. Lieferung von Wirtschaftsgütern spricht. Die Beträge sind deshalb im Baustoffgroßhandel zu erfassen.

Die Tätigkeitsvergütungen, die C von der OHG erhält, stellen Sondervergütungen dar, die den Gewinn der OHG nicht mindern dürfen. Die Vergütungen unterliegen der Umsatzsteuer bei C mit 60.000 € (lt. SV netto), davon 19 % = 11.400 €. Die Umsatzsteuerverbindlichkeit ist in der Sonderbilanz des C zu passivieren, lediglich der Nettobetrag stellt BE dar. Die OHG kann ebenfalls nur den Nettobetrag als BA behandeln, bei Erstellung einer ordnungsgemäßen Rechnung hat sie insoweit einen Vorsteuerabzug (A 1.6 Abs. 3, A 2.2 Abs. 2 UStAE). Die damit zusammenhängenden Fahrtkosten sind aber als Sonderbetriebsausgaben abzugsfähig. Dabei ist die Begrenzung gem. § 4 Abs. 5 Nr. 6 i. V. m. § 9 Abs. 1 Nr. 4 EStG zu beachten. Abzugsfähig sind 230 Tage × 15 km × 0,30 € = 1.035 €.

Gewinnermittlung:

	OHG	A	B	C
Pacht	+ 36.000 €	+ 36.000 €		
AfA	./. 4.500 €	./. 4.500 €		
Zinsen	./. 3.500 €	./. 3.500 €		
Honorar	+ 40.000 €		+ 40.000 €	
Kosten	./. 21.000 €		./. 21.000 €	
Gehalt	+ 60.000 €			+ 60.000 €
Fahrtkosten	./. 1.035 €			./. 1.035 €
Gewinn	+ 120.000 €	+ 40.000 €	+ 40.000 €	+ 40.000 €
Gewinn	225.965 €	68.000 €	59.000 €	98.965 €

FALL 171

Familienpersonengesellschaft

Sachverhalt:

Der Vater Anton beteiligt an seinem bisher als Einzelunternehmen geführten Gewerbebetrieb seinen 12-jährigen Sohn Harald ab 1.1.01 als Kommanditist. Der schriftliche Gesellschaftsvertrag vom 10.11.00 wurde am 5.12.00 durch das Familiengericht genehmigt. Bei Abschluss des Vertrages war Harald durch einen Pfleger vertreten, den das Amtsgericht bestellt hatte. Der Gesellschaftsvertrag bestimmt, dass der Vater sein Einzelunternehmen mit allen Aktiven und Passiven zu Buchwerten in die neu gegründete KG einbringt. Vom Festkapital der KG von 500.000 € entfallen auf Anton 450.000 € und auf seinen Sohn 50.000 €. Harald erbringt seine Kapitaleinlage vereinbarungsgemäß dadurch, dass die Beträge vom Konto des Anton schenkungsweise umgebucht werden. Zur Geschäftsführung und Vertretung ist nur Anton berechtigt. Für seine Tätigkeit und für seine unbeschränkte Haftung erhält Anton monatlich 10.000 €. Anton und Harald sind im Verhältnis ihrer Kapitalanteile an den stillen Reserven des Unternehmens beteiligt.

Der Handelsbilanzgewinn der KG in 01 beträgt 380.000 €. Anton erhält 80 % als Gewinn- und Verlustanteil, Harald ist mit 20 % am Gewinn und Verlust beteiligt. Die steuerlichen Gewinne der letzten 5 Jahre betrugen bei dem Einzelunternehmen durchschnittlich 400.000 €. Der gemeine Wert der Beteiligung des Sohnes kann mit 100.000 € angenommen werden.

AUFGABEN

1. Kann die KG steuerlich anerkannt werden?

2. Kann die Gewinnverteilung steuerlich anerkannt werden?

LÖSUNG

Zu 1.:

Ein Gesellschaftsvertrag unter Familienangehörigen ist dann steuerlich anzuerkennen, wenn der Gesellschaftsvertrag zivilrechtlich wirksam ist, tatsächlich durchgeführt wurde und es sich um eine Mitunternehmerschaft handelt.

Der Gesellschaftsvertrag wurde zivilrechtlich wirksam unter Beachtung der Formvorschriften abgeschlossen. Eine notarielle Beurkundung des Gesellschaftsvertrages ist nicht erforderlich. Erforderlich ist aber, dass der Sohn bei Abschluss des Gesellschaftsvertrages durch einen Ergänzungspfleger vertreten war (§ 1909 BGB) und die familiengerichtliche Genehmigung des Vertrages unverzüglich nach Vertragsabschluss eingeholt und erteilt wird (§ 1822 Nr. 3 BGB, H 15.9 Abs. 2 „Familiengerichtliche Genehmigung" EStH). Eine Dauerergänzungspflegschaft ist nicht erforderlich. Diese Voraussetzungen sind im vorliegenden Fall erfüllt. Die Genehmigung des Familiengerichts wirkt hier auf den Zeitpunkt des Vertragsabschlusses zurück.

Der Sohn Harald wird durch eine Schenkung des Kapitalanteils als Gesellschafter beteiligt. Grundsätzlich ist hierfür eine notarielle Beurkundung des Schenkungsversprechens erforderlich gem. § 518 Abs. 1 BGB. Diese ist im vorliegenden Fall nicht gegeben. Dieser Formmangel kann aber durch Bewirkung der versprochenen Leistung geheilt werden nach § 518 Abs. 2 BGB. Die Heilung erfolgt hier durch die Einrichtung eines entsprechenden Kapitalkontos zugunsten des Harald in der Bilanz.

Eine Mitunternehmerschaft kann dann bejaht werden, wenn einem minderjährigen Kind in einem ernsthaft gewollten und zivilrechtlich wirksamen Vertrag wenigstens annähernd die Rechte eines Kommanditisten nach den Vorschriften des HGB eingeräumt werden (H 15.9 Abs. 2 „Allgemeines" EStH). Da keine entgegenstehenden vertraglichen Vereinbarungen bezüglich etwaiger Einschränkungen der Gesellschafterrechte bestehen, ist Harald als Mitunternehmer anzusehen. Er trägt demnach Mitunternehmerinitiative und Mitunternehmerrisiko durch die Beteiligung an den stillen Reserven.

Zu 2.:

Unabhängig von der steuerlichen Anerkennung der KG ist zu prüfen, ob die vereinbarte und entsprechend durchgeführte Gewinnverteilung anerkannt werden kann (R 15.9 Abs. 3 EStR). Bei der Prüfung der Angemessenheit sind Vergleiche mit Gewinnverteilungsabreden unter Fremden anzustellen. Eine derartige Möglichkeit besteht aber hier nicht, da Harald seinen Kapitalanteil geschenkt erhielt, was unter Fremden nicht üblich ist. Die Prüfung der Angemessenheit richtet sich nach den Grundsätzen des Großen Senats des BFH v. 29.5.1972, GrS 4/71 (BStBl 1973 II 5 ff., H 15.9 Abs. 3 „Allgemeines" EStH). Danach ist bei einem nicht mitarbeitenden Familienangehörigen, der seine Beteiligung geschenkt erhielt, ein Gewinnanteil angemessen, der eine Rendite von 15 % des tatsächlichen Wertes des Gesellschaftsanteils ergibt. Dieser Wert ist im Zeitpunkt der Gründung zu ermitteln und beträgt lt. Sachverhalt 100.000 €.

Berechnung:

Gemeiner Wert der Beteiligung =	100.000 €
davon 15 % =	15.000 €
Zu erwartender jährlicher Gewinn	
(geschätzt auf der Grundlage der letzten 5 Jahre, abzgl. Vorwegvergütung des Komplementärs) = 400.000 € ./. 120.000 € =	280.000 €
Steuerlich höchstmöglicher Gewinnanteil =	

$$(\text{Rendite}) \quad \frac{15.000\,€ \times 100}{280.000\,€} \quad = \quad 5,36\,\%$$

Damit ist für Harald ein Gewinnanteil von 5,36 % angemessen. Das bedeutet, für 01 ist ein Gewinnanteil i. H. v. 5,36 % von 380.000 € = 20.368 € angemessen.

Der steuerliche Gewinn der KG beträgt: HB	380.000 €
+ Tätigkeitsvergütung Anton, da es sich hier um Sondervergütungen i. S. d. § 15 Abs. 1 Nr. 2 EStG handelt, die den HB-Gewinn gemindert haben.	+ 120.000 €
Steuerlicher Gewinn	**500.000 €**

Vereinbarte Gewinnverteilung:

	KG	Anton	Harald
Gewinn	500.000 €		
./. Gehalt	./. 120.000 €	120.000 €	
	380.000 €		
Rest 80 : 20		304.000 €	76.000 €
		424.000 €	76.000 €

Diese Gewinnverteilung ist wegen Unangemessenheit nicht anzuerkennen. Die **steuerliche** Gewinnverteilung sieht wie folgt aus:

	KG	Anton	Harald
Gewinn	500.000 €		
./. vorweg	./. 120.000 €	120.000 €	
Rest	380.000 €		
		359.632 €	20.368 €
		479.632 €	20.368 €

Die unangemessenen Gewinnanteile sind dem Mitunternehmer zuzurechnen, dem sie wirtschaftlich aufgrund des Gesellschaftsvertrages zustehen, also dem Komplementär, dem Schenker Anton. Es handelt sich hier um einkommensteuerlich unbeachtliche Zuwendungen des Vaters i. H. v. (76.000 € ./. 20.368 € =) 55.632 € gem. § 12 Nr. 2 EStG. Da der Kommanditist Anspruch auf den vertraglich vereinbarten Gewinnanteil hat, müssen die Beträge dem Kapitalkonto des Harald erfolgsneutral gutgeschrieben werden.

Der so ermittelte angemessene Gewinnanteilsatz von 5,36 % tritt an die Stelle des im Gesellschaftsvertrag vereinbarten höheren Satzes von 20 %.

FALL 172

GmbH & Co. KG

Sachverhalt:

An der Globus GmbH & Co. KG sind als Geschäftsführer die Komplementär-GmbH mit 10 % und als Kommanditisten die Gesellschafter A und B mit jeweils 45 % beteiligt. Der Gewinn der KG beträgt im Wirtschaftsjahr = Kalenderjahr 01 300.000 €. An der GmbH sind A und B zu je 50 % beteiligt. Am 20.12.01 wird auf einer Gesellschafterversammlung der GmbH eine Vorabgewinnausschüttung für 01 beschlossen. Die beiden Gesellschafter erhalten am 10.1.02 jeweils 8.835 € auf ihr Konto überwiesen.

AUFGABE

Führen Sie die Gewinnfeststellung der KG und die Gewinnverteilung für die Gesellschafter der KG durch (01 = aktuelle Rechtslage).

LÖSUNG

Die GmbH & Co. KG ist eine Personengesellschaft, deren Gewinn einheitlich und gesondert gem. § 179 Abs. 2, § 180 Abs. 1 Nr. 2a AO festzustellen ist. Die Gesellschaft ist ein Gewerbebetrieb, wenn nicht durch gewerbliche Betätigung nach § 15 Abs. 1 Nr. 1 EStG, dann zumindest als gewerblich geprägte Gesellschaft nach § 15 Abs. 3 Nr. 2 EStG.

Die Gesellschafter der KG erzielen Einkünfte aus Gewerbebetrieb nach § 15 Abs. 1 Nr. 2 EStG. Zum Sonderbetriebsvermögen der Gesellschafter A und B gehört auch die Beteiligung an der Komplementär-GmbH. Diese ist für den Betrieb der GmbH & Co. KG nicht nur förderlich, sondern für diese Rechtsform unerlässlich, R 4.2 Abs. 2 EStR H 4.2 Abs. 2 „Anteile an Kapitalgesellschaften" EStH. Die Gewinnausschüttungen sind demnach Sonderbetriebseinnahmen der Kommanditisten. Der Auszahlungsanspruch entsteht im Zeitpunkt der Beschlussfassung und ist deshalb bereits in 01 zu berücksichtigen. Als Betriebseinnahmen sind auch die Kapitalertragsteuer und der Solidaritätszuschlag anzusetzen (§ 20 Abs. 8 i. V. m. § 20 Abs. 1 Nr. 1, § 12 Nr. 3 EStG). Für die Vorabausschüttung gilt das Teileinkünfteverfahren gem. § 3 Nr. 40d und § 3 Nr. 40 Satz 2 EStG, damit sind die Einnahmen zu 60 % steuerpflichtig. Die Kapitalertragsteuer beträgt 25 % gem. § 43 Abs. 1 Nr. 1, § 43a Abs. 1 Nr. 1 EStG zzgl. Solidaritätszuschlag. Eine Abgeltungswirkung gem. § 43 Abs. 5 EStG greift bei gewerblichen Einkünften nicht, § 43 Abs. 5 Satz 2 EStG.

Gewinnfeststellung:

	KG	GmbH	A	B
Gewinn	300.000 €	30.000 €	135.000 €	135.000 €
+ Ausschüttung, netto (= 73,625 %)	17.670 €		8.835 €	8.835 €
+ KapESt u. SolZ (26,375 %) der Bardividende	6.330 €		3.165 €	3.165 €
Steuerlicher Gewinn, Bruttofeststellung	324.000 €	30.000 €	147.000 €	147.000 €
davon bei der Einkommensteuerveranlagung steuerfrei 40 % gem. § 3 Nr. 40d EStG	./. 9.600 €		./. 4.800 €	./. 4.800 €

Die Kommanditisten A und B können bei ihrer Einkommensteuerveranlagung die Kapitalertragsteuer von jeweils 3.000 € auf die Einkommensteuer anrechnen (§ 36 Abs. 2 Nr. 2 EStG). Bei der Ermittlung des Gewerbeertrags der KG ist der Ausgangsbetrag gem. § 7 Satz 4 GewStG um den steuerfreien Anteil von 9.600 € zu kürzen (Nettomethode) die Gewinnausschüttung der GmbH ist nicht gem. § 8 Nr. 5 GewStG hinzuzurechnen, der im Gewinn enthaltene Teilbetrag ist zusätzlich gem. § 9 Nr. 2a GewStG i. H. v. 14.400 € zu kürzen.

FALL 173

GmbH & Co. KG/Sonderbetriebsvermögen

Sachverhalt:

Wie Fall 172, aber an der Komplementär-GmbH sind die Gesellschafter X und B beteiligt.

AUFGABE

Welche Folgerungen ergeben sich bei vorliegender Fallgestaltung?

LÖSUNG

In diesem Fall sind nur die Anteile des B notwendiges Sonderbetriebsvermögen. Demnach sind auch nur die Gewinnausschüttungen, soweit sie auf B entfallen, als Sonderbetriebseinnahmen zu berücksichtigen. Die Ausschüttung unterliegt gem. § 3 Nr. 40d und Satz 2 EStG dem sog. **Teileinkünfteverfahren und ist zu 40 % steuerfrei.**

Gewinnermittlung:

	KG	GmbH	A	B
Gewinn	300.000 €	30.000 €	135.000 €	135.000 €
Ausschüttung	8.835 €			8.835 €
Kapitalertragsteuer + Solidaritätszuschlag	3.165 €			3.165 €
Steuerlicher Gewinn	312.000 €	30.000 €	135.000 €	147.000 €
abzgl. steuerfrei bei der ESt zu 40 % gem. § 3 Nr. 40 d EStG	./. 4.800 €			./. 4.800 €

Der Gesellschafter X erzielt Einkünfte aus Kapitalvermögen gem. § 20 Abs. 1 Nr. 1 EStG. Die Einnahmen sind im Zeitpunkt des **Zuflusses in 02** zu berücksichtigen (§ 11 Abs. 1 Satz 1 EStG).

Einnahmen	8.835 €
+ KapESt (§ 12 Nr. 3 EStG) + SolZ	+ 3.165 €
Einnahmen	12.000 €

Ab VZ 2009 greift hier die Abgeltungssteuer von 25 % zzgl. Solidaritätszuschlag auf 12.000 € gem. § 43 Abs. 1 Nr. 1, § 43a Abs. 1 Nr. 1 EStG, § 43 Abs. 5 EStG. Auf Antrag kann gem. § 32d Abs. 4 EStG bei der Veranlagung der Sparer-Pauschbetrag von 801 € berücksichtigt werden. Ein Freistellungsauftrag gem. § 44a EStG ist grds. nicht möglich. Es ist außerdem ein Antrag auf eine Günstigerprüfung gem. § 32d Abs. 6 EStG möglich. Da X zu 50 % an der GmbH beteiligt ist, kann er auch einen Antrag gem. § 32d Abs. 2 Nr. 3 EStG stellen, in diesem Fall unterliegen die Einkünfte dem Teileinkünfteverfahren gem. § 3 Nr. 40d EStG.

FALL 174

Gewinnermittlung GmbH & Co. KG

Sachverhalt:

Xaver Lustig ist Geschäftsführer der Fröhlich Verwaltungs-GmbH mit Sitz in Neustadt. Er erhält in 05 ein Bruttogehalt von 61.000 €. Das Stammkapital der GmbH beträgt 50.000 €. Gesellschafter der GmbH sind seit der Gründung Xaver Lustig zu 60 % und seine Ehefrau Antonia zu 40 %. Am 23.6.05 beschließt die GmbH eine Gewinnausschüttung für 04. Die Ausschüttung wurde am 10.7.05 an die Eheleute Lustig i. H. v. 36.812,50 € (netto) per Überweisung gezahlt (= Tag der Abgabe bei der Bank). Eine Steuerbescheinigung liegt vor.

Xaver Lustig erhält am 1.12.05 vereinbarungsgemäß 12.000 € jährliche Zinsen von der GmbH überwiesen, da er der Gesellschaft am 2.1.05 ein Darlehen von 60.000 € zur Verfügung gestellt hatte mit einem Zinssatz von 20 % p. a. Bei einer Bank hätte die GmbH den Kredit allerdings für die Hälfte erhalten. Der Kredit war nicht für die Existenz der GmbH notwendig.

Xaver Lustig ist außerdem an der Fröhlich GmbH & Co. KG (Baufirma) als Kommanditist mit einer Kapitaleinlage von 40.000 € beteiligt.

Weitere Gesellschafter sind

► Willi Wutz, Kapitaleinlage 50.000 €, als Kommanditist,

► Fröhlich Verwaltungs-GmbH, Kapitaleinlage 10.000 €, als Komplementär und Geschäftsführerin der KG.

► Die Gesellschafter sind entsprechend ihren Einlagen am Gewinn/Verlust und an den stillen Reserven beteiligt. Vorab erhalten sie eine Verzinsung der Einlagen von 15 %, die GmbH erhält Auslagenersatz in Höhe des Geschäftsführergehalts an Xaver Lustig. Diese Beträge wurden als Betriebsausgaben behandelt.

Der Handelsbilanzgewinn der KG im Wirtschaftsjahr = Kalenderjahr 05 beträgt 360.000 €.

AUFGABE

Ermitteln Sie den festzustellenden Gewinn der Fröhlich GmbH & Co. KG für 05 und verteilen Sie ihn auf die Gesellschafter (aktuelle Rechtslage). Hinweis: Die Zinssätze gelten unabhängig von der tatsächlichen Marktlage.

LÖSUNG

Die Fröhlich GmbH & Co. KG unterhält einen Gewerbebetrieb i. S. d. § 15 Abs. 1 Nr. 1 und Abs. 2 EStG. Es ist eine einheitliche und gesonderte Gewinnfeststellung nach § 179 Abs. 2 i. V. m. § 180 Abs. 1 Nr. 2a AO vorzunehmen.

Als Kommanditist der KG erzielen Willi Wutz und Xaver Lustig Einkünfte gem. § 15 Abs. 1 Nr. 2 EStG. Sie sind Mitunternehmer der KG, da ihre Stellung der gesetzestypischen Stellung eines Kommanditisten lt. HGB entspricht. Xaver ist zu 40 % und Willi ist zu 50 % am Gewinn beteiligt.

Xaver ist gleichzeitig Geschäftsführer der Fröhlich Verwaltungs-GmbH und führt als solcher die Geschäfte der KG. Damit wird er im Dienste der KG tätig, an der er als Kommanditist beteiligt ist.

Der von der Komplementär-GmbH gezahlte Arbeitslohn stellt für Xaver Lustig keine Einkünfte aus nichtselbständiger Arbeit dar, sondern gehört als Sondervergütung zu den Einkünften gem. § 15 Abs. 1 Nr. 2 Satz 1 2. HS EStG. Beiträge zur Sozialversicherung wurden keine geleistet, da Xaver nicht sozialversicherungspflichtig i. S. d. Sozialversicherungsrechts ist, denn er ist mit seiner 60 %igen Beteiligung an der Komplementär-GmbH beherrschender Gesellschafter-Geschäftsführer. Der Gewinn der KG ist demnach um den Bruttolohn i. H. v. 61.000 € zu erhöhen und vorweg bei der Gewinnverteilung dem Xaver zuzurechnen.

Der Auslagenersatz an die GmbH stellt ebenfalls eine Sondervergütung dar, um die der Gewinn zu erhöhen ist. Gleichzeitig hat die GmbH in Höhe des Geschäftsführergehalts an Xaver Sonderbetriebsausgaben, um die der Gewinn wieder zu mindern ist. Diese Beträge sind bereits bei der einheitlichen und gesonderten Gewinnfeststellung der KG zu berücksichtigen. **Hinweis:** Die Vergütungen an die GmbH unterliegen der Umsatzsteuer, siehe Abschnitt 2.2 Abs. 2 UStAE.

Die GmbH-Anteile des Xaver i. H. v. 30.000 € (60 % von 50.000 € Stammkapital) gehören zum notwendigen Sonderbetriebsvermögen des Xaver, da die Beteiligung an der Komplementär-GmbH seiner Beteiligung als Kommanditist an der KG förderlich und für diese Gesellschaftsform erforderlich ist, R 4.2 Abs. 2 EStR und H 4.2. Abs. 2 „Anteile an KapGes" EStH. Das gilt nicht für die Anteile von Antonia Lustig, da sie nicht als Mitunternehmerin an der KG beteiligt ist und somit kein Sonderbetriebsvermögen haben kann. Die Anteile gehören bei ihr zum Privatvermögen.

Zu den Sonderbetriebseinnahmen des Xaver zählen deshalb die Gewinnausschüttungen der GmbH inkl. Kapitalertragsteuer und Solidaritätszuschlag gem. § 20 Abs. 8 EStG i. V. m. § 20 Abs. 1 Nr. 1 EStG, § 12 Nr. 3 EStG. Die Ausschüttungen sind gem. § 3 Nr. 40d und Satz 2 EStG zu 40 % steuerfrei, die Abgeltung greift gem. § 43 Abs. 5 Satz 2 EStG nicht.

Hinzuzurechnen sind:

60 % von 42.000 €, netto =	22.087,50 €
+ KapESt + SolZ (Steuerabzug 25 % zzgl. Soli 5,5 %)	+ 7.912,50 €
Summe	30.000,00 €
abzgl. steuerfreier Teil bei der ESt-Veranlagung von 40 %	12.000 €

Ebenso sind verdeckte Gewinnausschüttungen bei der einheitlichen und gesonderten Gewinnfeststellung der KG als Sonderbetriebseinnahmen zu berücksichtigen. Der Darlehensvertrag zwischen Xaver und der GmbH ist steuerlich anzuerkennen. Allerdings ist der Zinssatz überhöht, denn bei einem Vertrag zwischen fremden Dritten wäre lediglich ein Zinssatz i. H. v. 10 % vereinbart worden. Insoweit gewährt die GmbH ihrem Gesellschafter Vorteile, die sie fremden Dritten nicht gewährt hätte. (Im Einzelnen § 8 Abs. 3 Satz 2 KStG; R und H 8.5 KStR). I. H. v. 10 % =

6.000 € liegt demnach eine verdeckte Gewinnausschüttung an Xaver vor. Als Sonderbetriebseinnahmen sind zu erfassen:

6.000 €   (Die Kapitalertragsteuer ist bei einer verdeckten Gewinnausschüttung nicht einbehalten worden, muss aber nach § 43 Abs. 1 Nr. 1 EStG grds. nacherhoben werden). Hier wird davon ausgegangen, dass der Gesellschafter die von der GmbH an das FA zu zahlende Steuer der GmbH erstattet.

3.600 €   60 % steuerpflichtig (erst bei der ESt-Veranlagung berücksichtigen, § 3 Nr. 40d EStG, bei der Personengesellschaft gilt die Bruttofeststellung).

Die Zinsen für das Darlehen selbst sind als Einkünfte aus Kapitalvermögen zu erfassen, da das Darlehen kein notwendiges Sonderbetriebsvermögen des Xaver darstellt. Darlehen und GmbH-Anteile sind unabhängig voneinander zu beurteilen (BFH, BStBl 1976 II 380; lt. SV nicht notwendiges BV, R 4.2 Abs. 2 EStR).

Die Kapitalverzinsung ist lediglich eine Gewinnverteilungsabrede und darf den Gewinn nicht mindern. Einlagen insgesamt = 100.000 €, davon 15 % = 15.000 €. Diese Beträge sind entsprechend der Höhe der Einlage auf die Gesellschafter zu verteilen.

Der Restgewinn ist entsprechend dem Verhältnis der Einlagen zu verteilen: 40 : 50 : 10.

Gewinnverteilung:

	KG €	Xaver €	Willi €	GmbH €
Handelsbilanzgewinn	360.000			
Gehalt	+ 61.000	61.000		
Vergütung GmbH	+ 61.000			61.000
Sonder-BA GmbH	./. 61.000			./. 61.000
Dividende brutto	+ 30.000	30.000		
verdeckte Gewinnausschüttung	+ 6.000	6.000		
Kapitalverzinsung	+ 15.000	6.000	7.500	1.500
Restgewinn	360.000	144.000	180.000	36.000
Summe KG-Bruttofeststellung	472.000	247.000	187.500	37.500

Abzgl. steuerfreier Teil für X von 40 % = 14.400 € bei der Einkommensteuerveranlagung.

FALL 175

Betriebsaufspaltung

Sachverhalt:

In seiner Einkommensteuererklärung 06 gibt A Einnahmen aus Vermietung und Verpachtung i. H. v. monatlich 6.000 € an. Die laufenden Aufwendungen hierzu betragen (unstreitig) 2.100 € monatlich. Das Finanzamt ist bei der Veranlagung für die Vorjahre den Angaben des Stpfl. gefolgt. Diesen liegt folgender Sachverhalt zugrunde:

Am 1.3.00 hatte A ein altes Fabrikgrundstück (Baujahr 1930) für 320.000 € (darin enthalten sind 60.000 € für den Grund und Boden) erworben (Einheitswert 1.1.01 umgerechnet 81.806 €). Dieses Gebäude hat er renoviert und modernisiert mit einem Kostenaufwand von 40.000 € (neuer EW 1.1.02 umgerechnet 92.032 €). Infolgedessen konnte A das Gebäude genau auf den Mieter zugeschnitten verbessern. Neuer Mieter wurde ab Oktober 00 die „Heimat Brotfabriken GmbH", die diesen Gebäudekomplex nunmehr als alleiniges Betriebsgebäude nutzt.

Ende Mai 01 erwarb A 80 % der Anteile an der nun florierenden GmbH (Stammkapital 100.000 €) zum günstigen Kaufpreis i. H. v. 96.000 € von dem bisherigen Alleingesellschafter Schneider. Schneider wollte sich teilweise aus der Firma zurückziehen, da er zeitlich bereits in anderen Geschäften sehr beansprucht ist. Als neuer Geschäftsführer wurde ein Fremder eingestellt. Ende des Jahres 05 auftretende finanzielle Schwierigkeiten veranlassten A, der GmbH ab Januar 06 ein Darlehen i. H. v. 200.000 € zu gewähren. A konnte dadurch erreichen, dass sich die Vermögens- und Ertragslage der Firma wieder verbesserte. A verlangte einen marktüblichen Zinssatz von 10 %. Die Zinsen sind monatlich, jeweils zum Monatsende, fällig und wurden in zwei gleichen Beträgen am 30.6.06 und 31.12.06 bezahlt.

Gewinnausschüttungen hat A wegen der wirtschaftlichen Situation der GmbH in 05 und 06 nicht erhalten.

AUFGABE

Ermitteln Sie die Höhe der Einkünfte des A für den Veranlagungszeitraum 06. A beantragt ggfs. die Gewinnermittlung gem. § 4 Abs. 3 EStG. Der Teilwert entspricht auch in 01 den AK. Nehmen Sie Stellung zu den gewerbesteuerlichen Folgen.

LÖSUNG

Bis zum Erwerb der GmbH-Anteile erzielte A aus der Vermietung des Grundstücks – wie erklärt – Einnahmen gem. § 21 Abs. 1 Nr. 1 EStG.

Durch den Erwerb von 80 % der Anteile an der „Heimat Brotfabriken GmbH" sind die Voraussetzungen der Betriebsaufspaltung zu prüfen. Da A die GmbH durch die Mehrheit der Anteile beherrscht (abweichendes Stimmrecht liegt lt. Sachverhalt nicht vor), liegt eine personelle Verflechtung zwischen A und der GmbH vor.

Es ist ebenfalls eine sachliche Verflechtung gegeben, da das vermietete Grundstück die wesentliche Betriebsgrundlage der GmbH darstellt, da es für die Bedürfnisse der Betriebsgesellschaft GmbH besonders gestaltet wurde. Es handelt sich zumindest um eine der funktional wesentlichen Betriebsgrundlagen.

Da eine sachliche und personelle Verflechtung zwischen A (Besitzgesellschaft) und der GmbH (Betriebsgesellschaft) besteht, handelt es sich um eine unechte Betriebsaufspaltung, da sie nicht durch Aufspaltung einer Gesellschaft entstanden ist (H 15.7 Abs. 5 und 6 EStH). Die Vermietung und Verpachtung wird in diesem Fall nicht mehr als Vermögensverwaltung, sondern als gewerbliche Tätigkeit angesehen. A erzielt deshalb Einkünfte nach § 15 Abs. 1 Nr. 1 EStG.

Einkünfte aus Gewerbebetrieb:

Das Wirtschaftsjahr ist gem. § 4a Abs. 1 Nr. 3 EStG das Kalenderjahr. Die Gewinnermittlung erfolgt auf Antrag gem. § 4 Abs. 3 EStG.

Mieteinnahmen nach § 15 Abs. 1 Nr. 1 EStG 6.000 € × 12 =	72.000 €
Laufende Aufwendungen 2.100 € × 12 =	./. 25.200 €

AfA auf Fabrikgebäude:

Anschaffungskosten Gebäude 00 = 260.000 €

Die Kosten von 40.000 € brutto waren sofort abzugsfähige Erhaltungsaufwendungen nach R 21.1 Abs. 1 EStR, H 21.1 „Abgrenzung von AK/HK und Erhaltungsaufwendungen" EStH, da sich keine Anhaltspunkte für eine wesentliche Verbesserung i. S. v. § 255 HGB ergeben (s. auch BMF v. 18.7.2003, BStBl 2003 I 386 ff., Tz. 9–14, 25–28, 38). Die 15 %-Grenze gem. § 6 Abs. 1 Nr. 1a EStG von 260.000 € = 39.000 € ist durch die Nettokosten nicht überstiegen.

Ende Mai 01 wird das Grundstück notwendiges BV. Es handelt sich um eine Einlage nach § 6 Abs. 1 Nr. 5 EStG. Die Einlage erfolgt mit dem Teilwert, max. mit den AK/HK ./. AfA gem. Buchst. a). Ebenso werden die GmbH-Anteile notwendiges BV.

AfA gem. § 7 Abs. 4 Nr. 2a EStG für die Zeit von März 00 bis Mai 01 2 % von 260.000 € = 5.200 €,

davon 15/12 = 6.500 €

260.000 € ./. 6.500 € = 253.500 €, da der Teilwert 260.000 € beträgt erfolgt die Einlage mit den fortgeführten AK, § 7 Abs. 1 Satz 5 EStG.

Neue AfA-Bemessungsgrundlage bei Einlage, 253.500 €.

AfA ab Juni 01 = 2 % (Bauantrag vor 1985) von 253.500 € = 5.070 €
(R 7.3 Abs. 6 Satz 1 und R 7.4 Abs. 10 Nr. 1 EStR).

Für 06 als AfA abzugsfähig	./. 5.070 €

Das Darlehen an die GmbH gehört ebenfalls zum Betriebsvermögen des Besitzunternehmens, da das Darlehen dazu diente, die Vermögens- und Ertragslage der GmbH zu verbessern und damit auch den Wert der GmbH-Beteiligung, die zum notwendigen Betriebsvermögen gehört (BFH VIII R 38/74, BStBl 1978 II 378 ff.). Die Zinseinnahmen daraus stellen deshalb Einnahmen gem. § 15 Abs. 1 Nr. 1 EStG dar. Zinsen lt. Zahlung am 30.6.06 und 31.12.06

	+ 20.000 €
Laufender Gewinn aus Gewerbebetrieb	**61.730 €**

Gewerbesteuer:

Bezüglich der Betriebsaufspaltung handelt es sich um Einkünfte aus Gewerbebetrieb. Die Feststellungen des einheitlichen Gewerbesteuermessbetrages sind, soweit noch nicht die Verjährung eingetreten ist, ab 01 nachzuholen.

Gewerbeertrag der Besitzgesellschaft 06:

Gewinn gem. § 15 EStG, § 7 GewStG	61.730 €
§ 9 Nr. 1 GewStG: Kürzung für Grundbesitz 1,2 % von	
./. (92.032 € zzgl. 40 % nach § 121a BewG) 128.845 €	./. 1.547 €
Gewerbeertrag	60.183 €

Abrundung gem. § 11 Abs. 1 Satz 3 GewStG		60.100 €
./. Freibetrag gem. § 11 Abs. 1 GewStG		./. 24.500 €
		35.600 €
Messbetrag gem. § 11 Abs. 2 GewStG		3,5 % = 1.246 €

FALL 176

Verluste bei beschränkter Haftung (§ 15a EStG)

Sachverhalt:

Am 2.1.01 wird eine KG gegründet, die aus den Gesellschaftern A, B und C besteht. A ist Komplementär und hat eine Einlage i. H. v. 100.000 € zu leisten. Er erhält eine monatliche Geschäftsführervergütung i. H. v. 3.000 €. Die beiden Kommanditisten B und C haben eine Einlage i. H. v. je 50.000 € zu leisten, die vereinbarungsgemäß mit je 25.000 € bei Gründung der Gesellschaft erbracht wird.

B hat der KG ein Darlehen i. H. v. 50.000 € zur Verfügung gestellt, für das er jährlich 5.000 € an Zinsen erhält.

C stellt der Gesellschaft ein unbebautes Grundstück gegen eine jährliche Pacht i. H. v. 5.000 € zur Verfügung, welches er in 00 für 50.000 € erworben hatte. Den Kaufpreis hat er durch ein Darlehen von 40.000 € bestritten, für das er jährlich Zinsen i. H. v. 3.000 € zu zahlen hat. Weiter entstehen ihm keine Grundstücksaufwendungen.

Die Handelsbilanzgewinne betragen:

01 = Verlust 300.000 €,
02 = Verlust 160.000 €.

Die o. g. Beträge sind hier, soweit möglich, als Betriebsausgaben abgezogen worden.

Der Gewinn/Verlust ist im Verhältnis 50 : 25 : 25 zu verteilen.

Die Kommanditisten haben folgende Entnahmen aus dem Gesellschaftsvermögen getätigt:

01: B = 5.000 €, C = 10.000 €
02: B = 0 €, C = 10.000 €

AUFGABE

Ermitteln Sie die Einkünfte der Gesellschafter für 01 und 02.

LÖSUNG

01:

Die Gesellschafter erzielen als Mitunternehmer Einkünfte gem. § 15 Abs. 1 Nr. 2 EStG. Die von der KG erhaltenen Vergütungen für Leistungen im Dienste der Gesellschaft sind nicht als Betriebsausgaben abzugsfähig, sondern stellen Einkünfte nach § 15 Abs. 1 Nr. 2 EStG dar. Sie sind den betreffenden Gesellschaftern bei der Gewinnverteilung vorweg zuzurechnen.

Der Gewinn ist im Rahmen einer einheitlichen und gesonderten Feststellung nach § 179 Abs. 2, § 180 Abs. 1 Nr. 2a AO zu ermitteln.

Gewinnermittlung und Gewinnverteilung:

	KG	A	B	C
Verlust lt. HB	./. 300.000 €	./. 150.000 €	./. 75.000 €	./. 75.000 €
+ Geschäftsführer-gehalt	+ 36.000 €	+ 36.000 €		
+ Zinsen/Darlehen	+ 5.000 €		+ 5.000 €	
+ Pacht/Grundstück	+ 5.000 €			+ 5.000 €
./. Schuldzinsen	./. 3.000 €			./. 3.000 €
Verlust lt. StB	./. 257.000 €	./. 114.000 €	./. 70.000 €	./. 73.000 €

Es ist nun zu prüfen, inwieweit die festgestellten Verlustanteile (§ 179 Abs. 2, § 180 Abs. 1 Nr. 2a AO) bei der Einkommensteuerveranlagung berücksichtigt werden können.

Der Komplementär A kann seine Verlustanteile uneingeschränkt absetzen. § 15a EStG beschränkt aber die Möglichkeit, gewerbliche Verluste mit anderen positiven Einkünften für beschränkt haftende Gesellschafter wie die Kommanditisten zu verrechnen. Diese Beschränkung gilt für Verluste, die zu einem negativen Kapitalkonto führen oder ein negatives Kapitalkonto erhöhen. Diese über den Haftungsbetrag hinausgehenden Beträge belasten den Kommanditisten im Jahr der Entstehung weder rechtlich noch wirtschaftlich, sondern nur, wenn und soweit spätere Gewinne entstehen.

Kapitalkonten der Kommanditisten lt. Handelsbilanz:

	B	C
Geleistete Einlage	25.000 €	25.000 €
./. Entnahmen 01	./. 5.000 €	./. 10.000 €
Kapital vor Verlust	20.000 €	15.000 €
./. Verlustanteil 01 lt. HB ohne Sonderbetriebsvermögen	./. 75.000 €	./. 75.000 €
Kapital HB 31.12.01	./. 55.000 €	./. 60.000 €

Da durch die Zurechnung der Verlustanteile ein negatives Kapitalkonto der Kommanditisten entsteht, ist gem. § 15a Abs. 1 EStG zu prüfen, wie hoch die in 01 ausgleichsfähigen Verluste sind. Dabei ist der Stand des Kapitalkontos lt. HB am Bilanzstichtag vor Verlustberücksichtigung maßgebend. Das Kapitalkonto lt. Sonderbilanz ist nicht einzubeziehen (BMF v. 30.5.1997, BStBl 1997 I 627).

B: Das Kapitalkonto des B vor Verlustberücksichtigung beträgt 20.000 €. Gemäß § 15a Abs. 1 Satz 1 EStG sind Verluste bis zu dieser Höhe ausgleichsfähig. Da B seine Einlage noch nicht voll geleistet hat, haftet er insoweit (für 25.000 €) unbeschränkt. Es besteht wegen der nicht gezahlten Einlage eine erweiterte Haftung gem. § 171 Abs. 1 HGB von 25.000 €. Gemäß § 15a Abs. 1 Satz 2 EStG kann B deshalb diese 25.000 € zusätzlich als ausgleichsfähig berücksichtigen. Durch die Entnahme von 5.000 € lebt die Haftung gem. § 172 Abs. 4 i. V. m. § 171 Abs. 1 HGB wieder auf; d. h. gem. § 15a Abs. 1 Satz 2 EStG sind weitere 5.000 € ausgleichsfähig. Der Rest ist lediglich mit späteren Gewinnen verrechenbar.

C: C kann gem. § 15a Abs. 1 Satz 1 EStG in Höhe seines positiven Kapitalkontos von 15.000 € Verluste ausgleichen. Auch bei ihm besteht eine erweiterte Haftung wegen der noch nicht voll eingezahlten Einlage. Er kann demnach in Höhe des Haftungsbetrages von 25.000 € weitere Verluste ausgleichen. Durch die Entnahme von 10.000 € lebt außerdem die Haftung gem. § 172 Abs. 4 i. V. m. § 171 Abs. 1 HGB wieder auf; es sind gem. § 15a Abs. 1 Satz 2 EStG weitere 10.000 € ausgleichsfähig. Der Restbetrag ist gem. § 15a Abs. 2 EStG mit späteren Gewinnen verrechenbar. Über die Höhe des jeweiligen verrechenbaren Verlustes ist eine gesonderte Feststellung durchzuführen (§ 15a Abs. 4 EStG).

Verlustausgleich 01 für Verluste von je 75.000 €:

	B	C
§ 15a Abs. 1 Satz 1 EStG	20.000 €	15.000 €
§ 15a Abs. 1 Satz 2 EStG	25.000 €	25.000 €
und wegen erweiterter Haftung durch Entnahme	5.000 €	10.000 €
Ausgleichsfähig	**50.000 €**	**50.000 €**
Rest verrechenbar und gesondert festzustellen	25.000 €	25.000 €

zu versteuern gem. § 15 Abs. 1 Nr. 2 EStG:

	B	C
Ausgleichsfähig	./. 50.000 €	./. 50.000 €
+ Gewinne aus Sonderbetriebsvermögen	+ 5.000 €	+ 2.000 €
Einkünfte	**./. 45.000 €**	**./. 48.000 €**

Die Verluste lt. HB sind für die Berechnung des ausgleichsfähigen Verlustes nach § 15a EStG nicht mit den Gewinnen aus der Sonderbilanz zu saldieren (H 15a „Saldierung von Ergebnissen …" EStH, BMF v. 15.12.1993, BStBl 1993 I 976).

Verluste aus der Sonderbilanz sind uneingeschränkt abzugsfähig.

02:

Gewinnermittlung und Gewinnverteilung:

	KG	A	B	C
Verlust lt. HB	./. 160.000 €	./. 80.000 €	./. 40.000 €	./. 40.000 €
+ Gehalt	+ 36.000 €	+ 36.000 €		
+ Zinsen	+ 5.000 €		+ 5.000 €	
+ Pacht	+ 5.000 €			+ 5.000 €
./. Kosten	./. 3.000 €			./. 3.000 €
Verlust lt. StB	./. 117.000 €	./. 44.000 €	./. 35.000 €	./. 38.000 €

Kapitalkonten der Kommanditisten lt. HB:

	B	C
1.1.02	./. 55.000 €	./. 60.000 €
./. lfd. Entnahmen	./. 0 €	./. 10.000 €
Zwischensumme	./. 55.000 €	./. 70.000 €
./. Verlustanteil HB	./. 40.000 €	./. 40.000 €
Kapital 31.12.02	./. 95.000 €	./. 110.000 €

B: Da B ein negatives Kapitalkonto hat, kann er keine Verluste gem. § 15a Abs. 1 Satz 1 EStG ausgleichen. Der Haftungsbetrag i. H. v. 25.000 € gem. § 15a Abs. 1 Satz 2 EStG ist ebenfalls bereits ausgeschöpft. Der Verlust aus der HB ist demnach gem. § 15a Abs. 2 EStG nur mit späteren Gewinnen verrechenbar.

C: Da C ein negatives Kapitalkonto hat, kann er ebenfalls keine Verluste gem. § 15a Abs. 1 Satz 1 EStG ausgleichen. Durch die Entnahme aus dem Gesellschaftsvermögen i. H. v. 10.000 € lebt aber die persönliche Haftung gem. § 172 Abs. 4 i. V. m. § 171 Abs. 1 HGB wieder auf. Eine Einlagenminderung gem. § 15a Abs. 3 Satz 1 EStG kommt deshalb nicht in Betracht. Das Verlustausgleichspotenzial des § 15a Abs. 1 Satz 2 EStG darf aber nur einmal in Anspruch genommen werden (R 15 a Abs. 3 Satz 9 EStR). Der Restbetrag ist gem. § 15a Abs. 2 EStG mit späteren Gewinnen verrechenbar.

Verlustausgleich 02 für HB-Verluste i. H. v. je 40.000 €:

	B	C
§ 15a Abs. 1 Satz 1 EStG	0 €	0 €
§ 15a Abs. 1 Satz 2 EStG	0 €	0 €
	0 €	**0 €**
Rest verrechenbar	40.000 €	40.000 €
Gesondert festzustellen: § 15a Abs. 4 EStG	**65.000 €**	**65.000 €**
inkl. Betrag aus 01		
§ 15 Abs. 1 Nr. 2 EStG zu versteuern:		
Ausgleichsfähiger Verlust lt. HB	0 €	0 €
+ Gewinne aus Sonderbetriebsvermögen	+ 5.000 €	+ 2.000 €
Einkünfte	**+ 5.000 €**	**+ 2.000 €**

FALL 177

Einlageminderung

Sachverhalt:

A ist an einer KG als Kommanditist beteiligt. Er hat seine Einlage i. H. v. 100.000 € voll geleistet und folgendes Kapitalkonto:

Lt. Steuerbilanz zum 1.1.01 = Kapitalkonto I	100.000 €
Zusätzliche Einlage Kapitalkonto II	+ 100.000 €
Zwischensumme	200.000 €
Verlustanteil 01	./. 200.000 €
31.12.01	0 €
./. Entnahme 02 (Buchung vom Kapitalkonto II)	./. 100.000 €
Zwischensumme	./. 100.000 €
./. Verlustanteil 02	./. 50.000 €
31.12.02	./. 150.000 €

AUFGABE

Wie hoch sind die Einkünfte 01 und 02?

LÖSUNG

Im Kalenderjahr 01 ist der Verlustanteil von 200.000 € voll ausgleichsfähig, da durch die Verlustzurechnung kein negatives Kapitalkonto entsteht (§ 15a Abs. 1 Satz 1 EStG). A erzielt Einkünfte nach § 15 Abs. 1 Nr. 2 EStG i. H. v. ./. 200.000 €.

Im Kalenderjahr 02 ist der Verlustanteil i. H. v. 50.000 € nicht ausgleichsfähig gem. § 15a Abs. 1 Satz 1 EStG, da sich das negative Kapitalkonto erhöht. Der Verlustanteil i. H. v. 50.000 € ist gem. § 15a Abs. 2 EStG mit Gewinnen aus späteren Jahren verrechenbar. Über die Höhe des verrechenbaren Verlustes muss eine gesonderte Feststellung nach § 15a Abs. 4 EStG ergehen.

Durch die Einlage i. H. v. 100.000 € im Vorjahr 01 hatte A aber 100.000 € in 01 mehr ausgleichen können. Diese Einlage wurde nach dem Bilanzstichtag wieder rückgängig gemacht.

Um Missbräuche zu verhindern, die dadurch entstehen, dass durch kurzfristige Einlagen, die später wieder abgezogen werden, die ausgleichsfähigen Verluste erhöht werden, regelt § 15a Abs. 3 Satz 1 und 2 EStG, dass, soweit ein negatives Kapitalkonto des Kommanditisten durch Entnahmen entsteht oder sich erhöht, eine fiktive Gewinnzurechnung vorzunehmen ist.

Im Ergebnis wird der Teil des Verlustes, der im vorangegangenen Jahr ausgleichsfähig war, nunmehr durch eine Gewinnzurechnung rückgängig gemacht und in einen verrechenbaren Verlust umgewandelt.

Die Gewinnzurechnung in 02 gem. § 15a Abs. 3 Satz 1 EStG beträgt 100.000 €. Lt. Sachverhalt führt die Buchung vom Kapitalkonto II nicht zu einem Wiederaufleben der Haftung (sog. negative Tilgungsbestimmung, s. u.). A entnimmt in diesem Falle die zusätzliche Einlage von 100.000 €, die er über die Hafteinlage hinaus geleistet hat. Deshalb lebt durch die Entnahme die Haftung nicht wieder auf.

A erzielt demnach Einkünfte nach § 15 Abs. 1 Nr. 2 EStG in 02 von 100.000 €. In gleicher Höhe ist ein verrechenbarer Verlust nach § 15a Abs. 4 EStG festzustellen.

Eine Verrechnung der 100.000 € mit dem nicht ausgleichsfähigen Verlustanteil 02 von 50.000 € ist nicht zulässig, da es sich bei der fiktiven Gewinnzurechnung nicht um Gewinne aus der Beteiligung i. S. d. § 15a Abs. 2 EStG handelt.

Würde es sich bei der Entnahme aber um eine (handelsrechtlich) haftungsbegründende Rückzahlung der Haftungseinlage handeln, § 172 Abs. 4 Satz 1 HGB, so lebt die Haftung wieder auf und damit erfolgt gem. § 15a Abs. 3 Satz 1 zweiter Halbsatz EStG keine fiktive Gewinnzurechnung. A kann durch eine sog. negative Tilgungsbestimmung (BFH IV R 38/05, BStBl 2009 II 135 und BFH IV R 98/06, BStBl 2009 II 272, H 15a „Einlagen" EStH) bestimmen welchem Kapitalkonto die Entnahmen zugeordnet werden. Ein zusätzliches Verlustausgleichsvolumen wird dadurch aber nicht begründet.

FALL 178

Haftungsminderung

Sachverhalt:

A ist an einer KG als Kommanditist beteiligt. Er hat eine Einlage i. H. v. 100.000 € gezeichnet. Tatsächlich bezahlt hat er lediglich 20.000 €. In den Jahren 01–04 werden ihm Verlustanteile i. H. v. insgesamt 150.000 € zugerechnet. Das Kapitalkonto zum 31.12.04 beträgt demnach ./. 130.000 €. Ende des Jahres 05 wird der Haftungsbetrag auf 20.000 € herabgesetzt. Der Gewinnanteil des Jahres 05 beträgt 150.000 €. Entnahmen und Einlagen wurden nicht getätigt.

AUFGABE

Wie hoch sind die Einkünfte aus Gewerbebetrieb des A in 01 bis 05?

LÖSUNG

Das Kapitalkonto des A beträgt:

Gezahlte Einlage 01	20.000 €
./. Verlustanteil 01–04	./. 150.000 €

Kapital 31.12.04	./. 130.000 €
+ Gewinnanteil 05	+ 150.000 €
31.12.05	+ 20.000 €

Ausgleichsfähige Verluste 01–04:

Gemäß § 15a Abs. 1 Satz 1 EStG waren i. H. d. positiven Kapitalkontos vor Verlustberücksichtigung abzugsfähig =	20.000 €
Gemäß § 15a Abs. 1 Satz 2 EStG besteht wegen der noch nicht voll eingezahlten Einlage eine erweiterte Haftung nach § 171 Abs. 1 HGB. I. H. v. 80.000 € haftet der Kommanditist wie ein unbeschränkt haftender Gesellschafter und kann deshalb die Verluste insoweit ausgleichen.	80.000 €
Ausgleichsfähige Verluste 01–04	**100.000 €**
Restbetrag verrechenbar gem. § 15a Abs. 2 EStG	**50.000 €**

Im **Jahr 05** wird der Haftungsbetrag i. H. v. 100.000 € auf 20.000 € gemindert. Der in den Vorjahren wegen der erweiterten Haftung als Verlust nach § 15a Abs. 1 Satz 2 EStG ausgleichsfähige Betrag wird nun wieder korrigiert. Im Jahr der Herabsetzung des Haftungsbetrages wird dieser Betrag als Gewinn nach § 15a Abs. 3 Satz 3 EStG wieder hinzugerechnet, insoweit liegt eine Rückgängigmachung vor.

Die Haftungsminderung beträgt 80.000 €.

Die Gewinnzurechnung nach § 15a Abs. 3 Satz 3 EStG ist i. H. v. 80.000 € zu berücksichtigen, da insoweit Verluste erweitert ausgleichsfähig waren. Dieser Betrag wird gleichzeitig in einen verrechenbaren Verlust umgewandelt nach § 15a Abs. 3 Satz 4 EStG.

Fallen im Jahr der Gewinnzurechnung nach § 15a Abs. 3 EStG gleichzeitig Gewinne aus der Beteiligung an der KG an, können diese Gewinne bereits mit dem um die Gewinnzurechnungen erhöhten verrechenbaren Verlust ausgeglichen werden.

Gewinnanteil 05	150.000 €
Gewinnzurechnung	80.000 €
Bestand verrechenbarer Verlust bisher	50.000 €
+ Gewinnzurechnung gem. § 15a Abs. 3 Satz 4 EStG	+ 80.000 €
insgesamt verrechenbar	130.000 €
./. Verrechnung in 05 mit Gewinn aus der Beteiligung von 150.000 €	./. 130.000 €
Gesonderte Feststellung des verrechenbaren Verlustes zum 31.12.05	**0 €**
Einkünfte nach § 15 Abs. 1 Nr. 2 EStG für 05	150.000 €
./. verrechenbarer Verlust	./. 130.000 €
Verbleiben	20.000 €
+ Gewinnzurechnung	+ 80.000 €
zu versteuernde Einkünfte	**100.000 €**

FALL 179

Gewerblicher Grundstückshandel oder private Vermögensverwaltung

Sachverhalt:

Tochter T hat 2017 zehn Wohnhäuser von ihrem Vater V geerbt, die sich seit über 20 Jahren im Familienbesitz befinden und seither vermietet werden. 2020 veräußerte T die Häuser an zehn verschiedene Erwerber für insgesamt 2 Mio. €.

AUFGABE

Liegt private Vermögensverwaltung oder ein sog. gewerblicher Grundstückshandel vor?

LÖSUNG

Ungeschriebenes Tatbestandsmerkmal eines Gewerbebetriebs (§ 15 Abs. 2 Satz 1 EStG) ist nach ständiger Rechtsprechung des BFH, dass die Betätigung den Rahmen einer privaten Vermögensverwaltung überschreitet (BFH IV R 34/13, BStBl 2017 II 175). Auch die Veräußerung kann zum „Bild" der Vermögensverwaltung gehören. Das hat der BFH für Fälle des gewerblichen Grundstückshandels entschieden, wonach die Parzellierung eines unbebauten Grundstücks oder die Aufteilung eines Mietwohngrundstücks in Eigentumswohnungen und deren Veräußerung für sich allein – wenn diese Immobilien nicht in zumindest bedingter Veräußerungsabsicht erworben worden waren – unabhängig von der Zahl der Veräußerungsfälle grundsätzlich keinen gewerblichen Grundstückshandel begründen (BFH X R 130/97, BStBl 2001 II 530, Rn. 28). Denn zur privaten Vermögensverwaltung gehören auch der Erwerb und die Veräußerung von Grundstücken, wenn diese beiden Vorgänge den Beginn und das Ende einer in erster Linie auf Fruchtziehung gerichteten Tätigkeit darstellen. Der letzte Akt der privaten Vermögensverwaltung kann darin bestehen, dass der Inhaber das Vermögen – ggf. in zahlreichen Teilakten – veräußert (BFH X R 18/19, BStBl 2021 II 213, Rn. 35).

Bei der Abgrenzung zwischen privater Vermögensverwaltung und gewerblichem Grundstückshandel stellt der BFH in ständiger Rechtsprechung auf die sog. „Drei-Objekt-Grenze" ab, die vom VIII. Senat des BFH eingeführt und in der Folgezeit durch weitere Entscheidungen – auch anderer Senate – fortentwickelt wurde (BFH VIII R 317/82, BStBl 1988 II 244). Das Überschreiten der Drei-Objekt-Grenze hat Indizwirkung für die Gewerblichkeit, begründet folglich keinen Tatbestand. Diese Vermutung ist dem Grunde nach zwar widerlegbar (BFH GrS 1/98, BStBl 2002 II 291), was aber in der Praxis kaum durchzusetzen ist, wenn Anschaffung und Veräußerung einerseits und die einzelnen Veräußerungen andererseits beieinander liegen.

Die Drei-Objekt-Grenze besagt, dass prinzipiell von einem gewerblichen Grundstückshandel ausgegangen werden kann, wenn innerhalb eines engen zeitlichen Zusammenhangs – i. d. R. fünf Jahre – zwischen Anschaffung bzw. Errichtung mindestens vier Objekte veräußert werden (BFH v. 10.12.2001, GrS 1/98, BStBl 2002 II 291; v. 27.9.2012, III R 19/11, BStBl 2013 II 433). Die Überführung eines Grundstücks ins Privatvermögen durch Entnahme oder Betriebsaufgabe gilt dabei nicht als Anschaffung i. S. der Grundsätze zum gewerblichen Grundstückshandel (BFH X R 26/17, BFH/NV 2018, 1255). Eine private Vermögensverwaltung ist dagegen zu bejahen, solange sich die zu beurteilende Tätigkeit noch als Nutzung von Grundbesitz durch Fruchtziehung aus zu erhaltender Substanz darstellt und die Ausnutzung substanzieller Vermögenswerte durch Umschichtung nicht entscheidend in den Vordergrund tritt (BFH I R 118/97, BStBl 2000 II 28).

Zwar hat T eine größere Anzahl von Grundstücksgeschäften mit erheblichem Wert getätigt. Sie hat aber hierdurch lediglich eine längere Phase der Fruchtziehung und des bloßen Abwartens von Wertsteigerungen abgeschlossen. Es ist nicht erkennbar, dass T, die durch die Erbfolge in die Rechtsstellung ihres Vaters eintritt (§ 1922 BGB), durch die Verkäufe einen Gewerbebetrieb eröffnet hätte, der den An- und Verkauf von Grundstücken zum Gegenstand hätte. Unabhängig von der Anzahl und dem Wert der verkauften Grundstücke bilden die Grundstücksverkäufe den letzten Akt der privaten Grundstücksverwaltung (BFH I R 120/80, BStBl 1984 II 137; IV R 102/86, BFH/NV 1989, 101). T hat mit den Grundstücksverkäufen keine gewerblichen Einkünfte erzielt.

HINWEIS

Die Veräußerung eines Grundstücks durch den Erben lässt nicht den Schluss auf eine bestimmte Absicht des Erblassers zu. Der Erbe kann und wird oft aufgrund einer anderen Interessenlage andere Vorstellungen über die Nutzung bzw. Verwertung des ererbten Vermögens haben. Anders ist die Rechtslage allenfalls dann, wenn bereits der Erblasser in seiner Person einen gewerblichen Grundstückshandel – u.U. durch den Handel mit weniger als vier Objekten – aufgenommen hatte und der Erbe einen unternehmerischen Gesamtplan fortführt (BFH X R 130/97, BStBl 200I II 530, Rn. 46). Die Veräußerung ererbter oder geschenkter Grundstücke ist als Zählobjekt der sog. Drei-Objekt-Grenze zu berücksichtigen, wenn der Stpfl. erhebliche Aktivitäten zur Verbesserung der Verwertungsmöglichkeiten entfaltet hat (BFH III R 1/05, BStBl 2007 II 375; X R 7/15, BFH/NV 2018, 325).

FALL 179A

Fünfjahreszeitraum und Drei-Objekt-Grenze

Sachverhalt:

Der Steuerpflichtige A veräußerte in den Jahren 04, 06, 08, 10 und 12 jeweils ein Grundstück, das er stets zwei bis drei Jahre zuvor erworben hatte. Eine besondere Branchenkunde des A ist nicht gegeben.

AUFGABE

Hat A mit dem An- und Verkauf der fünf Grundstücke einen gewerblichen Grundstückshandel ausgeübt?

LÖSUNG

Besteht zwischen der Anschaffung bzw. der Bebauung und der Veräußerung eines Grundstücks ein zeitlicher Zusammenhang und wird die dadurch begründete Vermutung des Bestehens einer bedingten Veräußerungsabsicht nicht widerlegt, so spielt die Zahl der verkauften Objekte insbesondere wegen der sog. Drei-Objekt-Grenze eine Rolle. Sie besagt, dass ein gewerblicher Grundstückshandel im Regelfall vorliegt, sofern innerhalb eines engen zeitlichen Zusammenhangs zwischen Anschaffung bzw. Bebauung und Verkauf – in der Regel fünf Jahre – mehr als drei Objekte veräußert werden. In diesem Fall lassen die äußeren Umstände den Schluss darauf zu, dass es dem Stpfl. bereits bei Anschaffung oder Bebauung des Grundstücks auf die Ausnutzung substanzieller Vermögenswerte durch Umschichtung ankommt (BFH X R 18/18, X R 19/18, BStBl 2020 II 538, Rn. 24). Der Fünfjahreszeitraum ist nicht kalenderjahrbezogen zu ermitteln, sondern es kommt grundsätzlich auf den tatsächlichen zeitlichen Abstand zwischen den einzelnen Veräußerungstatbeständen an (Seitz, Stbg 2004, 255, 256),

Allerdings haben sowohl die Zahl der Objekte als auch der zeitliche Abstand zwischen Anschaffung, etwaiger Bebauung und Verkauf nur indizielle Bedeutung. Veräußert der Stpfl. weniger als vier Objekte, können besondere Umstände auf eine dennoch vorliegende gewerbliche Betätigung schließen lassen. Eines Rückgriffs auf die Drei-Objekt-Grenze bedarf es nicht, wenn aufgrund objektiver Umstände feststeht, dass die Tätigkeiten mit unbedingter Veräußerungsabsicht ausgeübt worden sind (Rn. 25 des genannten BFH-Urteils). Beim Fünfjahreszeitraum handelt es sich nicht um eine starre Grenze. Daher bleiben Objekte, die mehr als fünf Jahre nach ihrem Erwerb oder nach ihrer Errichtung veräußert werden, für die Prüfung der Drei-Objekt-Grenze im Fünfjahreszeitraum nicht generell außer Betracht. Eine geringfügige Überschreitung kann im Einzelfall unbeachtlich sein (BFH X R 22/13, BStBl 2016 II 65, Rn. 36).

Die Überschreitung der „Drei-Objekt-Grenze" (also der Verkauf von mindestens vier Objekten) innerhalb des Fünfjahreszeitraums gilt als Indiz für das Vorliegen eines gewerblichen Grundstückshandels. Die zeitlichen Voraussetzungen eines gewerblichen Grundstückshandels sind grundsätzlich dann erfüllt, wenn innerhalb von fünf Jahren mehr als drei Objekte veräußert werden, die „jeweils" in (bedingter) Verkaufsabsicht bis zu fünf Jahre vorher erworben, bebaut, umfassend modernisiert, in Eigentumswohnungen aufgeteilt oder baureif gemacht wurden (erster Fünfjahreszeitraum). Dieser zeitliche Zusammenhang indiziert wie erwähnt die erforderliche (zumindest bedingte) Veräußerungsabsicht.

Die Annahme eines gewerblichen Grundstückshandels ist allerdings durch einen „doppelten Fünfjahreszeitraum" geprägt. Denn zwischen den einzelnen Verwertungsmaßnahmen dürfen ebenfalls nicht mehr als fünf Jahre liegen (BMF, BStBl 2004 I 434, Rn. 2; BFH I R 3/05, BStBl 2007 II 375). Werden also innerhalb dieses zweiten Fünfjahreszeitraums lediglich drei oder weniger Objekte i. S. eines gewerblichen Grundstückshandels veräußert, kommt es noch nicht zur Gewerblichkeit. Die maximale zeitliche Distanz zwischen der Anschaffung/Errichtung des Erstobjekts und dem Verkauf des vierten Objekts beträgt danach zweimal fünf Jahre, also zehn Jahre (Dürr, BFH/PR 2007, 54)

Ein gewerblicher Grundstückhandel liegt hier nicht vor, denn innerhalb des maßgeblichen Fünfjahreszeitraums sind niemals mehr als drei Zählobjekte von A veräußert worden sind, sowohl

04 bis 09, 05 bis 10 lediglich drei Objekte als auch 06 bis 11, 07 bis 12 und 08 bis 13 jeweils nur drei Objekte (Seitz, Stbg 2004, 255, 256).

FALL 180

An- und Verkauf von nur zwei Grundstücken

Sachverhalt:

A erwarb 2018 ein unbebautes Grundstück, das er mit einem Zweifamilienhaus bebaute und 2019 nach Veräußerungsannoncen und Beauftragung einer Maklerfirma verkaufte. Im Juli 2019 erwarb A ein weiteres unbebautes Grundstück, das er mit einem Vierfamilienhaus bebaute und 2020 veräußerte, nachdem er es über Zeitungsanzeigen zum Verkauf anbot.

AUFGABE

Hat A mit dem An- und Verkauf der Grundstücke einen gewerblichen Grundstückshandel ausgeübt?

LÖSUNG

Objekt i. S. d. sog. Drei-Objekt-Grenze sind Grundstücke jeglicher Art. Auf die Größe, den Wert oder die Nutzungsart des einzelnen Objekts kommt es nicht an (BFH I R 118/97, BStBl 2000 II 28; X R 130/97, BStBl 2001 II 530; BMF, BStBl 2004 I 434, Rn. 8). Als Zählobjekte i. S. d. Drei-Objekt-Grenze kommen neben Grundstücken im Alleineigentum des Stpfl. auch Miteigentumsanteile oder Beteiligungen an Grundstückspersonengesellschaften in Betracht (BFH III R 1/01, BStBl 2003 II 250).

Auch ein Zwei- oder ein Mehrfamilienhaus – wie es A errichtet hat – zählt nur als ein Objekt. Das schließt allerdings nicht aus, dass im Falle der Errichtung und des anschließenden Verkaufs von Mehrfamilienhäusern ein gewerblicher Grundstückshandel auch bei der Veräußerung von weniger als vier Objekten vorliegen kann. Wie der Große Senat entschieden hat (BFH GrS 1/98, BStBl 2002 II 291), ist die Drei-Objekt-Grenze lediglich ein Indiz für das Bestehen einer bereits bei Erwerb oder Errichtung der Objekte vorliegenden (zumindest bedingten) Veräußerungsabsicht. Ergibt sich aus anderen gewichtigen Gründen, dass der Stpfl. bereits bei Erwerb oder Errichtung des Objekts „unbedingt" zur Veräußerung entschlossen war, genügt zur Überschreitung der privaten Vermögensverwaltung bereits die Veräußerung eines einzigen (Groß-)Objekts (BFH VIII R 40/01, BStBl 2003 II 294).

Veräußerungsannoncen wertet der BFH als Indiz für eine von Anfang an bestehende Veräußerungsabsicht. Da vorliegend eine unbedingte Veräußerungsabsicht im Hinblick auf die Beauftragung des Maklers und der selbst geschalteten Veräußerungsannoncen feststeht, liegt ein gewerblicher Grundstückshandel auch ohne Überschreiten der Drei-Objekt-Grenze vor.

Die Drei-Objekt-Grenze hat die Bedeutung eines Anscheinsbeweises, der – ohne dass es dafür weiterer Indizien bedarf – den Schluss auf die innere Tatsache des Erwerbs des jeweiligen Grundstücks in bedingter Veräußerungsabsicht zulässt. Ihre Geltungskraft kann im Einzelfall durch den Nachweis eines atypischen Sachverhaltsverlaufs erschüttert werden (BFH v. 27.9.2012, III R 19/11, BStBl 2013 II 433). Diese Betrachtung kann für Stpfl., deren Immobilieninvestition sich als Misserfolg erweist, auch vorteilhaft sein. Denn dann können durch Überschreitung der Drei-Objekt-Grenze gewerbliche Verluste generiert werden, falls die Gewinnerzielungsabsicht nicht ausnahmsweise widerlegt wird (Görge, BFH/PR 2013, 239).

FALL 181

Veräußerung von Anteilen an einer Grundstückshandelsgesellschaft

Sachverhalt:

Der 60 Jahre alte K ist alleiniger Kommanditist der X-GmbH Co. KG, die einen gewerblichen Grundstückshandel betreibt. Das Betriebsvermögen der KG besteht aus den zur Veräußerung bestimmten Grundstücken (Umlaufvermögen). K veräußert seinen Kommanditanteil an S und erzielt aus der Veräußerung des Mitunternehmeranteils einen Gewinn von 300.000 €.

AUFGABE

Hat K mit der Veräußerung der Kommanditbeteiligung einen laufenden oder einen nach §§ 16, 34 EStG tarifbegünstigten Veräußerungsgewinn erzielt?

LÖSUNG

Die Gewinne aus der Veräußerung einzelner Wirtschaftsgüter sind nur dann nach §§ 16, 34 EStG tarifbegünstigt, wenn sie „im Rahmen der Aufgabe des Betriebs" anfallen (§ 16 Abs. 3 Satz 6 EStG). Handelt es sich bei diesen Wirtschaftsgütern um – zum Umlaufvermögen gehörende – Grundstücke eines gewerblichen Grundstückshändlers, ist der Veräußerungsgewinn auch dann nicht tarifbegünstigt, wenn die Veräußerung mit der Betriebsaufgabe zusammenfällt (BFH IV R 750, BStBl 2003 II 467; BFH VIII R 65/02, BStBl 2006 II 160).

Ein Gewinn aus der Veräußerung des Anteils an einer Personengesellschaft, zu deren Betriebsvermögen im Zeitpunkt der Veräußerung Grundstücke gehören, die dem Umlaufvermögen des von der Gesellschaft betriebenen Unternehmens zuzurechnen sind, ist als laufender Gewinn dem Gewerbeertrag zuzurechnen. Er unterliegt somit auch der Gewerbesteuer (BFH IV R 3/05, BStBl 2007 II 777; BFH X R 22/13, BStBl 2016 II 95). Das gilt jedenfalls dann, wenn das Betriebsvermögen der Gesellschaft – wie vorliegend – ausschließlich oder nahezu ausschließlich aus solchen Grundstücken besteht. Der Veräußerungsgewinn des K ist also nicht tarifbegünstigt zu versteuern, sondern unterliegt dem regulären Steuersatz.

HINWEIS

Bei der Beurteilung der Frage, ob ein Stpfl. als gewerblicher Grundstückshändler anzusehen ist, sind diesem ebenfalls die Grundstücksgeschäfte zuzurechnen, die von einer Personalgesellschaft, an der er beteiligt ist, getätigt wurden. Auch die Einbringung von Grundstücken in diese Personengesellschaft ist als Veräußerung durch den Stpfl. anzusehen (BFH X R 22/13, BStBl 2016 II 95).

10.3 Einkünfte aus selbständiger Arbeit (§ 18 EStG)

FALL 182

Zusammenschluss von Freiberuflern mit berufsfremden Personen

Sachverhalt:

Mit Vertrag vom 1.6.01 schließen sich A und B zum Ankauf und gemeinsamen Betrieb einer durch Tod verwaisten Steuerberaterpraxis in Form einer Gesellschaft bürgerlichen Rechts (GbR) zusammen. A ist Steuerberater. B hat diese Qualifikation noch nicht; er beabsichtigt aber, später die Steuerberaterprüfung abzulegen und hat aus diesem Anlass bereits an einem entsprechenden Vorbereitungslehrgang teilgenommen. Nach dem Gesellschaftsvertrag sind A und B an der Praxis und am Gewinn der Praxis je zur Hälfte beteiligt.

AUFGABE

Welcher Einkunftsart sind die von A und B erzielten Einkünfte zuzuordnen?

LÖSUNG

Geht ein Angehöriger eines freien Berufes i. S. d. § 18 Abs. 1 Nr. 1 EStG mit einer berufsfremden Person eine GbR ein, so erzielt die GbR für ihre Gesellschafter Einkünfte aus Gewerbebetrieb (§ 15 Abs. 3 Nr. 1 EStG). Die Tätigkeit einer Personengesellschaft kann nur dann als „freiberuflich" anerkannt werden, wenn alle Gesellschafter der Personengesellschaft die Voraussetzungen einer freiberuflichen Tätigkeit nach § 18 Abs. 1 Nr. 1 EStG erfüllen. Erfüllt nur ein Gesellschafter diese Voraussetzungen nicht, erzielen alle Gesellschafter Einkünfte aus Gewerbebetrieb nach § 15 Abs. 1 Nr. 2 EStG (BFH v. 10.8.1994, I R 133/93, BStBl 1995 II 171; v. 19.2.1998, IV R 11/97, BStBl 1998 II 603). Auch eine Aufteilung der Einkünfte als solche des Freiberuflers nach § 18 EStG und solche des Berufsfremden aus Gewerbebetrieb ist nicht möglich. Sowohl A als auch B beziehen daher Einkünfte aus Gewerbebetrieb.

FALL 183

Einkünfte einer Freiberufler-GmbH & Co. KG

Sachverhalt:

Kommanditisten der X-GmbH & Co. KG, zugleich geschäftsführende Gesellschafter der Komplementär-GmbH, sind die promovierten und diplomierten Ingenieure A und B. Die Gesellschaft hat die Erstellung von Gutachten für Kfz-Unfallschäden und die Bewertung von Kfz und Maschinen zum Gegenstand.

AUFGABE

Entfaltet die Personengesellschaft eine freiberufliche Tätigkeit?

LÖSUNG

Eine Personengesellschaft entfaltet nur dann eine freiberufliche Tätigkeit, wenn alle ihre Gesellschafter freiberuflich tätig sind. Sowohl die persönlich haftenden Gesellschafter als auch die Kommanditisten müssen selbst eine freiberufliche Tätigkeit ausüben. Das ist bei einer GmbH & Co. KG nicht möglich, weil die GmbH als Kapitalgesellschaft nicht die Merkmale eines freien Berufs erfüllen kann. Bei der Qualifikation der Tätigkeit einer Personengesellschaft ist eine GmbH einkommensteuerrechtlich und gewerbesteuerrechtlich als „berufsfremde Person" zu werten (BFH VIII R 73/05, BStBl 2008 II 681). Die Tätigkeit einer GmbH & Co. KG gilt stets als Gewerbebetrieb (§ 2 Abs. 2 GewStG). Das gilt auch dann, wenn die GmbH lediglich eine Haftungsvergütung erhält und am Vermögen und Gewinn der KG nicht teilhat. Die Ingenieure A und B beziehen daher keine freiberuflichen, sondern gewerbliche Einkünfte (BFH v. 9.4.1987, VIII B 94/86, BFH/NV 1987, 509; VIII R 42/10, BStBl 2013 II 79; FG Düsseldorf, 9 K 2236/18 F, EFG 2021, 204; Rev. anhängig unter BFH-Az.: VIII R 31/20).

FALL 184

Abfärbewirkung gewerblicher Leistungen bei einer Freiberufler-GbR

Sachverhalt:

Die X-GbR bezieht aus ihrer Haupttätigkeit freiberufliche Einkünfte (§ 18 Abs. 1 Satz 1 Nr. 1 EStG). Es handelt sich um eine künstlerische Tätigkeit. Die Einkünfte hieraus betragen – bei Nettoerlösen von 170.000 € – im Jahr 01 100.000 €.

Darüber hinaus erzielte die GbR 01 aus dem Verkauf von Fanartikeln und Tonträgern (CDs) gewerbliche Einkünfte i. S. d. § 15 Abs. 1 Satz 1 Nr. 1 EStG. Der Umsatzanteil aus dem Verkauf von Fanartikeln und Tonträgern beträgt 5.000 € (= 2,85 % des Netto-Gesamtumsatzes von 175.000 €); der darauf entfallende Gewinn beläuft sich auf 3.000 €.

AUFGABE

Erzielt die GbR aus ihrer Haupt- und Nebentätigkeit insgesamt gewerbliche Einkünfte nach § 15 Abs. 3 Nr. 1 EStG, oder erzielt sie neben den freiberuflichen Einkünften aus künstlerischer Tätigkeit aus dem Verkauf der Fanartikel und CDs auch solche aus Gewerbebetrieb?

LÖSUNG

Ein Einzelunternehmer kann neben Einkünften aus Gewerbebetrieb ohne weiteres auch solche aus selbständiger Arbeit i. S. d. § 18 EStG, Vermietung und Verpachtung i. S. d. § 21 EStG oder Land- und Forstwirtschaft i. S. d. § 13 EStG erzielen. Im Gegensatz dazu ist die Tätigkeit einer Personengesellschaft wegen der Abfärbetheorie stets einheitlich zu beurteilen (§ 15 Abs. 3 Nr. 1 Alternative 1 EStG).

Übt eine OHG, KG oder eine andere Personengesellschaft „auch" eine gewerbliche Tätigkeit i. S. d. § 15 Abs. 1 Satz 1 Nr. 1 EStG aus, wird nach § 15 Abs. 3 Nr. 1 Alternative 1 EStG fingiert, dass die Gesellschaft in vollem Umfang Einkünfte aus Gewerbebetrieb erzielt. Wie sich aus dem Gesetzeswortlaut des § 15 Abs. 3 Nr. 1 EStG ergibt, findet die Vorschrift dann Anwendung, wenn eine Personengesellschaft verschiedene Tätigkeiten ausübt, von denen eine gewerblich ist. Jede im Rahmen einer Personengesellschaft ausgeübte gewerbliche Tätigkeit führt zur steuerlichen Umqualifizierung der Einkünfte, die durch andere – nicht gewerbliche – Tätigkeiten erzielt werden. Eine Aufteilung der Einkünfte der Personengesellschaft in unterschiedliche Einkunftsarten ist nicht möglich. Unter § 15 Abs. 3 Nr. 1 EStG fallen die OHG, KG oder andere Personengesellschaften, z. B. GbR (BFH IV R 57/98, BStBl 1998 II S. 254), Partnerschaftsgesellschaft, atypische stille Gesellschaft, Unterbeteiligungsgesellschaft, soweit sie neben einer mit Einkünfteerzielungsabsicht ausgeübten Tätigkeit auch einer gewerblichen Tätigkeit nachgehen.

Dies sollte nach älterer Rechtsprechung auch dann gelten, wenn „der gewerblichen Tätigkeit im Rahmen des gesamten Unternehmens nur geringfügige wirtschaftliche Bedeutung" zukomme (BFH I R 133/93, BStBl 1995 II 171). Dem Umfang der gewerblichen Tätigkeit kam danach prinzipiell keine Bedeutung zu. In einer späteren Entscheidung ist der BFH dieser Rechtsprechung zwar grundsätzlich gefolgt; er ist allerdings der Auffassung, dass nach Maßgabe des Verhältnismäßigkeitsgrundsatzes bei einem äußerst geringen Anteil der originär gewerblichen Tätigkeit die umqualifizierende Wirkung des § 15 Abs. 3 Nr. 1 Alternative 1 EStG nicht eingreift. Bei einem Umsatzanteil von 1,25 % der originär gewerblichen Tätigkeit greife die umqualifizierende Wirkung des § 15 Abs. 3 Nr. 1 EStG nicht ein. Der BFH hielt diesen Umsatzanteil von 1,25 % absolut und relativ für von untergeordneter Bedeutung (BFH XI R 12/98, BStBl 2000 II 229).

Diese Rechtsprechung hat der BFH in drei Grundsatzentscheidungen präzisiert (BFH VIII R 16/11, BStBl 2015 II 996; VIII R 41/11, BStBl 2015 II 999; VIII R 6/12, BStBl 2015 II 1002; H 15.8 Abs. 5 „Bagatellgrenze" EStH 2019). Mit diesen drei Entscheidungen legte der BFH typisierend eine Bagatellgrenze (als Freigrenze) fest. Danach ist die gewerbliche Tätigkeit unschädlich, wenn die Nettoerlöse aus den gewerblichen Leistungen 3 % der Gesamtnettoumsatzerlöse (jeweils ohne USt.) nicht übersteigen und außerdem im jeweiligen VZ 24.500 € nicht überschreiten. Die herangezogene Freigrenze von 24.500 € ist gewerbesteuerlich zwar eine Gewinngrenze ist, der BFH sieht jedoch darin zur Wahrung des Vereinfachungszwecks der Abfärberegelung eine Umsatzgrenze, sodass es auf die Höhe des Gewinns aus der gewerblichen Bagatelltätigkeit nicht ankommt.

Der – gewerbliche – Verkauf der Fanartikel usw. durch die X-GbR führt nicht zur Umqualifizierung ihrer im Übrigen ausgeübten freiberuflichen (künstlerischen) Tätigkeit, weil die Nettoumsatzerlöse aus dem gewerblichen Verkauf 3 % der Gesamtnettoumsatzerlöse der Gesellschaft und den Betrag von 24.500 € nicht übersteigen.

FALL 184A

Abfärbewirkung bei Beteiligungseinkünften einer Personengesellschaft

Sachverhalt:

Die KG 1 hat mehrere Geschäfts- und Wohngrundstücke an fremde Dritte vermietet. Der Überschuss aus der Vermietung der Grundstücke belief sich 2019 – bei Mieteinnahmen von 800.000 € – auf 400.000 €.

Die KG 1 ist überdies als Kommanditistin mit einer Einlage von 50.000 € an der gewerblich tätigen KG 2 beteiligt. Die Gewinnanteile daraus betragen bislang jährlich bis zu 3.000 €, im Jahr 2019 2.000 €.

AUFGABEN

1. Führt die Beteiligung der KG 1 an der gewerblichen KG 2 nach § 15 Abs. 3 Nr. 1 Alt. 2 EStG zur Gewerblichkeit ihrer Vermietungseinkünfte?

2. Unterliegt die KG 1 der Gewerbesteuer?

LÖSUNG

Zu 1.:

Einkommensteuerrechtlich gelten die Einkünfte einer Personengesellschaft nach § 15 Abs. 3 Nr. 1 EStG in zwei Fällen insgesamt als gewerblich. Die Abfärbewirkung greift ein, wenn zu den Einkünften einer Personengesellschaft auch Einkünfte aus originär gewerblicher Tätigkeit (§ 15 Abs. 3 Nr. 1 Alt. 1 EStG) oder aus der Beteiligung an einer anderen gewerblichen Personengesellschaft (§ 15 Abs. 3 Nr. 1 Alt. 2 EStG) gehören. Die Abfärbewirkung tritt nach der Alt. 2 auch dann ein, wenn eine OHG, eine KG oder eine andere Personengesellschaft gewerbliche Einkünfte nach § 15 Abs. 1 Satz 1 Nr. 2 EStG durch Beteiligung an einer gewerblich tätigen Gesellschaft bezieht. Unklar war, ob – wie für gewerbliche Tätigkeiten im Fall der Alt. 1 – auch im Fall der Alt. 2 eine Bagatellgrenze besteht.

Der BFH hat in einer Grundsatzentscheidung Klarheit geschaffen (BFH IV R 30/16, BFH/NV 2019, 994). Er hat entschieden, dass einkommensteuerrechtlich gewerbliche Beteiligungseinkünfte unabhängig von ihrem Umfang immer zur Umqualifizierung nicht gewerblicher Einkünfte führen. Bei Beteiligungseinkünften gibt es keine Bagatellgrenze. Es handelt sich im Fall des § 15

Abs. 3 Nr. 1 Alt. 2 EStG um eine grundsätzlich zulässige Typisierung, mit der Einkünfte einer Einkunftsart insgesamt einer anderen Einkunftsart zugeordnet werden. In einkommensteuerrechtlicher Hinsicht ist § 15 Abs. 3 Nr. 1 Alt. 2 EStG nach Ansicht des BFH selbst ohne Bagatellgrenze verfassungsgemäß. Die Beteiligung der KG 1 an der gewerblichen KG 2 führt danach einkommensteuerrechtlich zur Gewerblichkeit ihrer Vermietungseinkünfte.

Zu 2.:

Nach § 2 Abs. 1 Satz 1 GewStG unterliegt jeder stehende Gewerbebetrieb, soweit er im Inland betrieben wird, der Gewerbesteuer. Als Gewerbebetrieb definiert § 2 Abs. 1 Satz 2 GewStG ein gewerbliches Unternehmen i. S. d. Einkommensteuergesetzes. Diese Bestimmung ist nach Ansicht des BFH verfassungskonform dahin auszulegen, dass ein gewerbliches Unternehmen i. S. d. § 15 Abs. 3 Nr. 1 Alt. 2 EStG nicht als nach § 2 Abs. 1 Satz 1 der Gewerbesteuer unterliegender Gewerbebetrieb gilt.

Anders als in den Fällen des § 15 Abs. 3 Nr. 1 Alt. 1 EStG geht es im Anwendungsbereich des § 15 Abs. 3 Nr. 1 Alt. 2 EStG nicht um die Einbeziehung nicht gewerblicher Einkünfte zum Schutz des Gewerbesteueraufkommens. Im Fall der Abfärbung gewerblicher Beteiligungseinkünfte kann es auf Ebene der Obergesellschaft (hier: KG 1) nicht zu einer Gefährdung des Gewerbesteueraufkommens kommen, da die gewerblichen Beteiligungseinkünfte infolge ihrer Kürzung nach § 9 Nr. 2 GewStG auf der Ebene der Obergesellschaft schon nicht der Gewerbesteuer unterliegen.

Der BFH hat der Unverhältnismäßigkeit der Abfärbewirkung in Fällen von Beteiligungseinkünften in gewerbesteuerrechtlicher Sicht dadurch Rechnung getragen, dass er § 2 Abs. 1 Satz 2 GewStG verfassungskonform auslegt und die Abfärbewirkung von Beteiligungen an gewerblichen Mitunternehmerschaften für die Gewerbesteuer ausschließt (BFH IV R 30/16, BStBl 2020 II 649). Danach gilt ein gewerbliches Unternehmen i. S. d. § 15 Abs. 3 Nr. 1 Alt. 2 EStG nicht als ein nach § 2 Abs. 1 Satz 1 GewStG der Gewerbesteuer unterliegender Gewerbebetrieb.

Anmerkung: Nach dem Ergebnis einer Erörterung der obersten Finanzbehörden der Länder sind die im Urteil zum Ausdruck kommenden gewerbesteuerlichen Grundsätze nicht allgemein anzuwenden. Streitig war nach Verwaltungsansicht in dem vom BFH konkret zu entscheidenden Einzelfall in Bezug auf die gesonderte und einheitliche Feststellung der Einkünfte einer Personengesellschaft ausschließlich die Frage, ob die Beteiligung an einer gewerblichen KG i. S. d. § 15 Abs. 3 Nr. 1 Alt. 2 EStG (Untergesellschaft) auch ohne Anwendung einer Bagatellgrenze zu einer Umqualifizierung der übrigen Einkünfte der ansonsten vermögensverwaltenden KG (Obergesellschaft) führt (gleich lautende Ländererlasse v. 1.10.2020, BStBl 2020 I 1032).

FALL 184B

Abfärbewirkung bei Betriebsaufspaltung

Sachverhalt:

An einer Grundstücksgemeinschaft in der Rechtsform einer GbR sind die Eheleute A und B seit 2010 je zur Hälfte beteiligt waren. Die GbR vermietet seit Fertigstellung (2010) ein zu ihrem Gesamthandsvermögen gehörendes bebautes Grundstück an fremde Dritte. Das Erdgeschoss (50 % der Gebäudenutzfläche) wird an den Einzelkaufmann K für dessen gewerbliche Zwecke

(Einzelhandel) vermietet, das Obergeschoss (50 % der Gebäudenutzfläche) wird zu Wohnzwecken vermietet.

In den für die GbR abgegebenen Feststellungserklärungen wurden bis einschließlich 2020 Einkünfte aus Vermietung und Verpachtung erklärt. Dem folgte das Finanzamt in seinen Feststellungsbescheiden.

Nachdem K im zweiten Halbjahr 2020 seinen Betrieb aufgegeben hat, wird das Erdgeschoss ab 1.1.2021 an die Y-GmbH vermietet, deren Anteile A und B zu je 50 % halten.

AUFGABE

Erzielt die GbR ab 2021 weiterhin Einkünfte aus Vermietung und Verpachtung?

LÖSUNG

Ab 2021 liegen die Voraussetzungen einer Betriebsaufspaltung zwischen der GbR und der GmbH vor, weil das die vermietete Erdgeschoss zu den wesentlichen Betriebsgrundlagen des mietenden/pachtenden Unternehmens (sog. Betriebs-GmbH) gehört (sachliche Verflechtung) und zwischen dem verpachtenden Unternehmen (sog. Besitz-GbR) und dem Betriebsunternehmen enge personelle Verflechtungen bestehen. Bei der Vermietung des Erdgeschosses durch die GbR an die Y-GmbH ab 1.1.2021 handelt es sich um eine gewerbliche Verpachtung, aus der die GbR Einkünfte aus Gewerbebetrieb (§ 15 EStG) im Rahmen einer Betriebsaufspaltung erzielt.

Die Abfärbetheorie setzt voraus, dass die Personengesellschaft eine eigenständige gewerbliche Tätigkeit und daneben zumindest noch eine weitere Tätigkeit ausübt, die isoliert betrachtet unter eine andere Einkunftsart (Gewinn- oder Überschusseinkunftsart) zu subsumieren wäre. Das ist hier der Fall. Bei der Vermietungstätigkeit der GbR handelt es sich um trennbare Tätigkeiten: Die Vermietung des Erdgeschosses an die Y-GmbH in Folge der Betriebsaufspaltung führt zu gewerblichen Einkünften, die Wohnungsvermietung im Obergeschoss an fremde Dritte führt hingegen – ohne Berücksichtigung des § 15 Abs. 3 Nr. 1 EStG – zu Einkünften aus Vermietung und Verpachtung.

Nach der Rechtsprechung des BFH (IV R 37/10, BFH/NV 2013, 910) hat dies zur Konsequenz, dass sämtliche Einkünfte der im Übrigen nicht gewerblich tätigen Besitzpersonengesellschaft als solche aus Gewerbebetrieb zu behandeln sind. Dies gilt nach Meinung des BFH auch dann, wenn eine für sich betrachtet vermögensverwaltende Tätigkeit einer Personengesellschaft erst aufgrund des Rechtsinstituts der Betriebsaufspaltung als eine originär gewerbliche Tätigkeit zu qualifizieren ist. Nach allem sind die gesamten Vermietungseinkünfte der GbR ab 1.1.2021 als gewerbliche Einkünfte zu qualifizieren.

Fortführung einer Arztpraxis durch die Erben mithilfe eines Arztvertreters

Sachverhalt:

Der Ehemann der A betrieb bis zu seinem Tod am 18.10.01 eine Arztpraxis. Nach dem Tod ihres Ehemannes führt A die Praxis bis zum 31.3.02 mithilfe eines Arztvertreters fort. Dann gibt sie die Arztpraxis auf. A war bei ihrem Ehemann bis zu dessen Tod als Arzthelferin angestellt.

AUFGABE

Unter welche Einkunftsart fallen die von A in der Zeit vom 19.10.01–31.3.02 erwirtschafteten Einkünfte?

LÖSUNG

Stirbt ein Arzt und führt ein Erbe mangels eigener beruflicher Qualifikationen die Praxis auf eigene Rechnung in der Weise fort, dass er die ärztliche Tätigkeit durch eine dafür qualifizierte Person ausüben lässt, so erzielt der Erbe keine Einkünfte nach § 18 Abs. 1 Nr. 1 EStG. Denn ihm fehlt die berufliche Qualifikation des Erblassers und damit das Recht zur eigenverantwortlichen und selbständigen Ausübung der Arztpraxis, das mit dem Tod des Freiberuflers erloschen ist und nicht vererbt werden kann. In einem solchen Fall stellt die Fortführung der Praxis eine gewerbliche Tätigkeit dar. Die Einkünfte der A aus der Weiterführung der Arztpraxis ihres verstorbenen Ehemannes durch den Arztvertreter sind also keine Einkünfte aus selbständiger Tätigkeit, sondern solche aus Gewerbebetrieb (BFH VIII R 143/78, BStBl 1981 II 665; IV R 29/91, BStBl 1993 II 36).

Abschreibung des Praxiswerts bei Aufnahme eines Sozius

Sachverhalt:

A bringt seine Steuerberaterpraxis am 1.1.01 unter Aufdeckung der stillen Reserven in eine zwischen ihm und B neu gegründete GbR ein, und zwar die Praxisausstattung mit 50.000 € und den Praxiswert mit 300.000 €. B erbringt eine dem tatsächlichen Wert des eingebrachten Betriebsvermögens entsprechende Bareinlage von 350.000 €. A ist weiterhin in der Praxis tätig.

a) B ist von Beruf ebenfalls Steuerberater.

b) B ist eine sog. berufsfremde Person, d. h., er hat die Steuerberaterprüfung noch nicht abgelegt.

AUFGABE

Kann der aufgedeckte Praxiswert – ggf. innerhalb welchen Zeitraums – abgeschrieben werden?

LÖSUNG

Zu a):

Der beim entgeltlichen Erwerb einer Praxis miterworbene Praxiswert kann nach der Rechtsprechung innerhalb eines Zeitraumes von drei bis fünf Jahren abgeschrieben werden (BFH VIII R 67/92, BStBl 1994 II 449). Begründet wird diese Abschreibung damit, dass der Praxiswert auf einem besonderen Vertrauensverhältnis zum bisherigen Praxisinhaber beruhe, das zwangsläufig mit dessen Ausscheiden ende, so dass sich der Praxiswert verflüchtige.

Eine AfA hat die Rechtsprechung früher jedoch abgelehnt, wenn der Praxiswert bei Veräußerung eines Praxisanteils im Wege der entgeltlichen Aufnahme eines Sozius oder bei Eintritt in eine Sozietät aufgedeckt wird und die bisherigen Mitglieder der Sozietät weiterhin mitarbeiten (BFH IV R 166/71, BStBl 1975 II 381). Hier hielt die Rechtsprechung eine AfA für unzulässig, weil derjenige, der den Praxiswert geschaffen habe, weiterhin in der Praxis tätig sei; der Praxiswert wurde in diesen Fällen als nicht abnutzbares Wirtschaftsgut angesehen.

Der BFH hat jedoch unter Änderung seiner früheren Rechtsprechung entschieden, dass der anlässlich der Gründung einer Sozietät aufgedeckte Praxiswert ein abnutzbares und abschreibbares Wirtschaftsgut darstellt (BFH IV R 33/93, BStBl 1994 II 590; IV R 38/94, BFH/NV 1995, 385; IV R 33/95, BFH/NV 1997, 751; IV B 24/97, BFH/NV 1998, 1467).

Der BFH geht wegen der weiteren Mitarbeit des bisherigen Praxisinhabers typisierend davon aus, dass die betriebsgewöhnliche Nutzungsdauer eines derivativ erworbenen „Sozietätspraxiswerts" doppelt so lang ist wie die Nutzungsdauer des Wertes einer Einzelpraxis, also sechs bis zehn Jahre beträgt (ebenso BMF, BStBl 1995 I 14). Der Sozietätspraxiswert i. H. v. 300.000 € kann also hier innerhalb von sechs bis zehn Jahren abgeschrieben werden. Ob als Abschreibungszeitraum z. B. sechs oder zehn Jahre zugrunde zu legen sind, hängt von den Umständen des einzelnen Falles ab, d. h., die Abschreibungsdauer ist innerhalb dieses Rahmens sachgerecht zu schätzen.

HINWEIS

Bei Erwerb eines Praxiswerts im Laufe eines Jahres kann die AfA nur zeitanteilig in Anspruch genommen werden (§ 7 Abs. 1 Satz 4 EStG).

Zu b):

Wird der Praxiswert auf eine Sozietät übertragen, deren Einkünfte in solche aus Gewerbebetrieb umzuqualifizieren sind, weil ein Berufsfremder an der Sozietät beteiligt ist, gilt nichts anderes als im ersten Fall. Zwar wandelt sich der Praxiswert in einen Geschäftswert (BFH IX R 26/89, BStBl 1994 II 902), er verliert dabei aber nicht seinen aus der besonderen Personenbezogenheit folgenden Charakter. Dementsprechend kann auch im zweiten Fall die betriebsgewöhnliche

Nutzungsdauer des anlässlich der Gründung der Sozietät aufgedeckten „Praxiswerts" typisierend auf sechs bis zehn Jahre geschätzt werden (BFH IV R 33/95, BFH/NV 1997, 751).

FALL 187

Abschreibung des Praxiswerts bei Gründung einer Freiberufler-GmbH

Sachverhalt:

Steuerberater A und Steuerberater B bringen ihre beiden Einzelpraxen zum gemeinen Wert, d. h. auch unter Aufdeckung der Praxiswerte von je 300.000 €, in die X-GmbH ein. Beide Freiberufler sind zu je 50 % an der X-GmbH beteiligt.

AUFGABE

Innerhalb welchen Zeitraums können die Praxiswerte von der X-GmbH abgeschrieben werden?

LÖSUNG

Aus dem Gesetz ergibt sich, dass der Geschäfts- oder Firmenwert eines Gewerbebetriebs auf eine betriebsgewöhnliche Nutzungsdauer von 15 Jahren abzuschreiben ist (§ 7 Abs. 1 Satz 3 EStG). Eine geringere Nutzungsdauer kommt danach nur für den Praxiswert eines selbständig Tätigen in Betracht (BFH v. 24.2.1994, IV R 33/93, BStBl 1994 II 590). Für die betriebsgewöhnliche Nutzungsdauer des Geschäftswerts eines Gewerbebetriebs ist dementsprechend ohne Bedeutung, ob die gewerbliche Tätigkeit besonders auf die Person des Unternehmers zugeschnitten ist. Eine Ausnahme von diesem Grundsatz hat der BFH lediglich in solchen Fällen angenommen, in denen sich der Praxiswert eines Freiberuflers

▶ durch Übertragung auf eine der Tätigkeit nach freiberufliche, aber – wie vorliegend – kraft Rechtsform oder

▶ wegen der Wirkung des § 15 Abs. 3 Nr. 1 EStG – gewerbliche Einkünfte erzielende Gesellschaft – in einen Geschäftswert gewandelt hat (BFH I R 52/93, BStBl 1994 II 903; IV R 33/95, NWB DokID: GAAAA-96954, BFH/NV 1997, 751; IV B 24/97, NWB DokID: HAAAA-97392, BFH/NV 1998, 1467).

Ein so gelagerter Ausnahmefall ist hier gegeben. Der Praxiswert ist auf eine GmbH übertragen worden, deren Einkünfte kraft Rechtsform solche aus Gewerbebetrieb sind. In diesem Fall wandelt sich der Praxiswert in einen Geschäftswert (BFH VIII R 13/93, BStBl 1994 II 922). Er verliert dabei aber nicht seinen aus der besonderen Personenbezogenheit folgenden Charakter, weil er durch die Einbringung in eine Gesellschaft aufgedeckt wird, die nach außen in gleicher Weise auftritt wie eine freiberufliche Sozietät.

Da die bisherigen Praxisinhaber in der erwerbenden GmbH weiterhin entscheidenden Einfluss ausüben, kann dies allerdings für die Bemessung der Nutzungsdauer von Bedeutung sein. Finanzverwaltung und BFH gehen in diesen Fällen davon aus, dass die betriebsgewöhnliche Nutzungsdauer – wie im Fall des „Sozietätspraxiswerts" – doppelt so lang ist wie die Nutzungsdauer des Wertes einer erworbenen Einzelpraxis, also sechs bis zehn Jahre beträgt (BMF, BStBl 1995 I 14; BFH I R 52/93, BStBl 1994 II 903; IV R 33/95, NWB DokID: GAAAA-96954, BFH/NV 1997, 751).

FALL 188

Vergütungen einer Personengesellschaft an einen an ihr beteiligten Freiberufler

Sachverhalt:

A betreibt als selbständiger Architekt ein Architekturbüro. Für das Jahr 01 hat er dem FA einen Gewinn aus selbständiger Arbeit i. H. v. 200.000 € erklärt:

Betriebseinnahmen	420.000 €
./. Betriebsausgaben	./. 220.000 €
Gewinn	200.000 €

A ist zugleich als Kommanditist an einer GmbH & Co. KG beteiligt, die sich mit dem Bau und Verkauf von Eigentumswohnungen befasst. Er hat es nach dem Gesellschaftsvertrag übernommen, für die KG Architektenleistungen zu erbringen, die nach Maßgabe der Gebührenordnung für Architekten vergütet werden. Die KG hat das Honorar für das Jahr 01 i. H. v. 95.000 € als Betriebsausgaben abgesetzt; der auf A danach entfallende Gewinnanteil beträgt 130.000 €.

A hat die Honorarzahlungen der KG i. H. v. 95.000 € im Rahmen seiner Einnahmenüberschussrechnung 01 als Betriebseinnahmen berücksichtigt. Die mit der Tätigkeit für die KG zusammenhängenden Aufwendungen belaufen sich auf 45.000 €; sie sind in den erklärten Betriebsausgaben i. H. v. 220.000 € enthalten.

AUFGABE

Welcher Einkunftsart sind die von der KG geleisteten Architektenhonorare zuzuordnen?

LÖSUNG

Ist ein Freiberufler Gesellschafter einer gewerblich tätigen oder gewerblich geprägten Personengesellschaft und erbringt er für diese Leistungen im Rahmen seiner freiberuflichen Tätigkeit, so handelt es sich bei den dafür gezahlten Vergütungen nicht um Einkünfte aus freiberuflicher Tätigkeit, sondern um Einkünfte aus Gewerbebetrieb (§ 15 Abs. 1 Satz 1 Nr. 2 EStG). Die mit den Leistungen für die Personengesellschaft zusammenhängenden Aufwendungen stellen Sonderbetriebsausgaben des betreffenden Gesellschafters dar (BFH I R 56/77, BStBl 1979 II 763; I R 85/77, BStBl 1979 II 767). Die Vergütungen und die damit zusammenhängenden Sonderbetriebsausgaben sind in die gesonderte und einheitliche Gewinnfeststellung der Personengesellschaft einzubeziehen.

Diese Beurteilung hat für A folgende steuerliche Konsequenzen:

Korrektur der Einkünfte aus selbständiger Arbeit

Gewinn lt. Erklärung		200.000 €
./. Vergütungen der KG	./. 95.000 €	
+ damit zusammenhängende Betriebsausgaben	45.000 €	./. 50.000 €
		150.000 €

Korrektur der Einkünfte aus Gewerbebetrieb

Gewinnanteil lt. Erklärung		130.000 €
+ Vergütungen der KG	95.000 €	
./. damit zusammenhängende Sonderbetriebsausgaben	./. 45.000 €	50.000 €
		180.000 €

FALL 189

Gründung einer Freiberuflersozietät durch Einbringung einer Einzelpraxis

Sachverhalt:

A betreibt eine Rechtsanwaltspraxis. Zum 31.12.01 stellt er folgende vereinfacht dargestellte Schlussbilanz auf:

Aktiva	Schlussbilanz zum 31.12.01		Passiva
Praxisausstattung	40.000 €	Kapital	100.000 €
Sonstige Aktiva	60.000 €		
	100.000 €		100.000 €

Der Praxiswert beträgt 200.000 €; weitere stille Reserven sind im Betriebsvermögen nicht enthalten.

A bringt die Praxis am 31.12.01 in eine zwischen ihm und dem Rechtsanwalt B neu gegründete GbR ein. B erbringt eine Bareinlage i. H. v. 300.000 €, die dem wahren Wert des eingebrachten Betriebsvermögens entspricht. A und B sind an der GbR zu je 50 % beteiligt. Ihre Kapitalkonten sollen in der Eröffnungsbilanz der GbR gleich hoch sein (= je 300.000 €). A will im Rahmen der Sozietätsgründung keinen Gewinn versteuern.

AUFGABE

Welches Aussehen müssen die Eröffnungsbilanzen haben, damit der Gründungsvorgang erfolgsneutral behandelt werden kann?

LÖSUNG

Die Einbringung einer freiberuflichen Praxis in eine Personengesellschaft fällt unter § 24 UmwStG; der Einbringungsvorgang kann daher durch Fortführung der Buchwerte erfolgsneutral gestaltet werden.

Da im vorliegenden Fall die Kapitalkonten von A und B in der Eröffnungsbilanz der Sozietät in gleicher Höhe ausgewiesen werden sollen, hat diese folgendes Aussehen:

Aktiva	Eröffnungsbilanz GbR		Passiva
Praxisausstattung	40.000 €	Kapital A	300.000 €
Sonstige Aktiva	60.000 €	Kapital B	300.000 €
Praxiswert	200.000 €		
Bareinlage B	300.000 €		
	600.000 €		**600.000 €**

Für A entsteht bei dieser Behandlung ein Veräußerungsgewinn i. H. v. (300.000 € ./. 100.000 € =) 200.000 €, weil sich sein Kapital im Rahmen der Einbringung um 200.000 € erhöht hat. Diesen Veräußerungsgewinn kann A dadurch neutralisieren, dass er eine negative Ergänzungsbilanz mit einem Minderkapital von 200.000 € aufstellt (BMF, BStBl 2011 I 1314, Rn. 24.14):

Aktiva	Negative Ergänzungsbilanz A		Passiva
Minderkapital	200.000 €	Praxiswert	200.000 €
	200.000 €		**200.000 €**

Das eingebrachte Betriebsvermögen ist nunmehr in der Bilanz der GbR und der Ergänzungsbilanz des A wie folgt ausgewiesen (§ 24 Abs. 1 i. V. m. Abs. 2 Satz 2 UmwStG): Mit 300.000 € in der Bilanz der GbR, abzgl. 200.000 € in der Ergänzungsbilanz des A, insgesamt also mit 100.000 €. Dieser Wert gilt für den einbringenden A als Veräußerungspreis (§ 24 Abs. 3 Satz 1 UmwStG). Da der Buchwert des eingebrachten Betriebsvermögens ebenfalls 100.000 € beträgt, entsteht kein Veräußerungsgewinn.

Die Ergänzungsbilanz ist bei der künftigen Gewinnermittlung zu berücksichtigen und weiterzuentwickeln. Die Auflösung des Praxiswerts bewirkt bei A einen jährlichen Gewinn aus der Ergänzungsbilanz i. H. v. (1/10 von 200.000 € =) 20.000 €, wenn man für den „Sozietätspraxiswert" eine Nutzungsdauer von zehn Jahren zugrunde legt (BMF, BStBl 1995 I 14, wonach ein Sozietätspraxiswert innerhalb von sechs bis zehn Jahren abgeschrieben werden darf).

10.4 Besteuerung der Veräußerungsgewinne i. S. d. § 16 und § 18 Abs. 3 EStG

10.4.1 Allgemeines

Zu den Einkünften aus Gewerbebetrieb gehören auch Gewinne oder Verluste, die erzielt werden

▶ bei der Veräußerung oder Aufgabe eines ganzen Gewerbebetriebs, eines Teilbetriebs oder einer im Betriebsvermögen gehaltenen 100 %igen Beteiligung an einer Kapitalgesellschaft (§ 16 Abs. 1 Satz 1 Nr. 1 EStG) und

▶ bei der Veräußerung des gesamten Mitunternehmeranteils (§ 16 Abs. 1 Satz 1 Nr. 2 Satz 1 EStG).

Zu den Einkünften aus selbständiger Arbeit gehört auch der Gewinn, der bei der Veräußerung des Vermögens oder eines selbständigen Teils des Vermögens oder eines Anteils am Vermögen erzielt wird, das der selbständigen Arbeit dient (§ 18 Abs. 3 Satz 1 EStG). Veräußerungs- und Aufgabegewinne sind also einkommensteuerpflichtig, Veräußerungs- und Aufgabeverluste ausgleichs- und abzugsfähig.

10.4.2 Freibetragsregelung

Wer seinen Betrieb veräußert, erhält auf Antrag einen Freibetrag von maximal 45.000 €, wenn er im Zeitpunkt der Betriebsveräußerung das 55. Lebensjahr vollendet hat oder im sozialversicherungsrechtlichen Sinne dauernd berufsunfähig ist (§ 16 Abs. 4 Satz 1 EStG). Der Freibetrag ist dem Stpfl. nur einmal zu gewähren (§ 16 Abs. 4 Satz 2 EStG). „Einmal" bedeutet in diesem Zusammenhang: Nur einmal im Leben, auch wenn der Stpfl. mehrere Betriebe hat (OFD Saarbrücken, DStR 1997, 1165). Veräußerungs- und Aufgabefreibeträge, die für Betriebsveräußerungen oder -aufgaben vor dem 1.1.1996 in Anspruch genommen wurden, werden nicht angerechnet (§ 52 Abs. 34 Satz 5 EStG). Der Freibetrag von 45.000 € ermäßigt sich um den Betrag, um den der Veräußerungs- oder Aufgabegewinn 136.000 € übersteigt (§ 16 Abs. 4 Satz 3 EStG). Auf Kapitalgesellschaften findet die Freibetragsregelung naturgemäß keine Anwendung.

10.4.3 Progressions- bzw. Tarifvergünstigung

Auf außerordentliche Einkünfte – Betriebsveräußerungsgewinne zählen dazu – ist eine komplizierte Tarifregelung, die sog. Fünftel-Regelung (§ 34 Abs. 1 EStG) anzuwenden. Diese hat zum Ziel, die infolge der zusammengeballten Realisierung stiller Reserven sowie des Zusammentreffens laufender mit einmaligen Gewinnen eintretende Progressionswirkung des Tarifs durch eine rechnerische Verteilung der Einkünfte auf fünf Jahre zu mildern. Hierzu wird die Einkommensteuer für das zu versteuernde Einkommen ohne die außerordentlichen Einkünfte (sog. „verbleibendes zu versteuerndes Einkommen") der Einkommensteuer für das zu versteuernde Einkommen ohne die außerordentlichen Einkünfte zuzüglich eines Fünftels der außerordentlichen Einkünfte gegenübergestellt. Die Differenz wird verfünffacht und der Einkommensteuer für das verbleibende zu versteuernde Einkommen hinzugerechnet (§ 34 Abs. 1 Satz 2 EStG). Ist das verbleibende zu versteuernde Einkommen negativ und das zu versteuernde Einkommen positiv, beträgt die Einkommensteuer das Fünffache der auf ein Fünftel des zu versteuernden Einkommens entfallenden Einkommensteuer (§ 34 Abs. 1 Satz 3 EStG).

Betriebsveräußerungsgewinne, können bis maximal 5 Mio. € statt nach der Fünftel-Regelung auf Antrag mit 56 % des durchschnittlichen Steuersatzes, mindestens jedoch einem Steuersatz von 14 % versteuert werden, wenn der Stpfl. das 55. Lebensjahr vollendet hat oder im sozialversicherungsrechtlichen Sinne dauernd berufsunfähig ist. Diese Ermäßigung kann der Stpfl. nur einmal im Leben in Anspruch nehmen (§ 34 Abs. 3 EStG), gerechnet ab dem VZ 2001.

Zu beachten ist, dass § 16 Abs. 2 Satz 3 EStG vorsieht, dass Gewinne aus der Betriebsveräußerung insoweit nicht begünstigt sind – auch nicht für Zwecke des Freibetrags –, als auf der Seite des Veräußerers und des Erwerbers dieselben Personen Unternehmer oder Mitunternehmer sind. Eine entsprechende Regelung gilt für § 24 Abs. 3 Satz 3 UmwStG. Betroffen von dieser Regelung sind vor allem die Fälle, in denen ein Gesellschafter neu in eine bisher bestehende Personengesellschaft aufgenommen wird und die bisherigen Gesellschafter die Gelegenheit nutzen, die stillen Reserven durch Ansatz des gemeinen Werts aufzudecken. Hier wird nur der Betrag als begünstigter Veräußerungsgewinn besteuert, der von den stillen Reserven auf den neu aufgenommenen Gesellschafter entfällt.

10.4.4 Begriff der Veräußerung

Der zivilrechtliche Begriff der Veräußerung erfasst sowohl die entgeltliche als auch die unentgeltliche Übertragung, während das EStG unter einer Veräußerung nur die entgeltliche bzw. teilentgeltliche Übertragung des Eigentums an einem Gegenstand versteht. Für die Annahme einer Veräußerung bedarf es einkommensteuerrechtlich nicht des Übergangs des rechtlichen Eigentums, der Übergang des wirtschaftlichen Eigentums reicht aus (BFH IV R 210/72, BStBl 1977 II 145; IV R 52/83, BStBl 1986 II 552).

Entgeltlich ist eine Veräußerung, wenn ihr ein schuldrechtliches Verpflichtungsgeschäft (z. B. ein Kauf- oder Tauschvertrag) zugrunde liegt, bei dem der Wert der Leistung und Gegenleistung nach kaufmännischen Gesichtspunkten gegeneinander abgewogen worden ist; wesentlich ist, dass die Beteiligten subjektiv von der Gleichwertigkeit von Leistung und Gegenleistung ausgegangen sind (BFH IV R 154/79, BStBl 1983 II 99). Auch bei teilentgeltlichen Rechtsgeschäften, d. h. bei gemischten Schenkungen, kann ein Veräußerungsgewinn i. S. v. § 16 Abs. 1 Nr. 1 EStG entstehen (BFH VIII R 138/80, BStBl 1986 II 811; IV R 138/80, BStBl 1993 II 436).

Die Einbringung eines ganzen Gewerbebetriebs oder eines Teilbetriebs in eine Kapitalgesellschaft oder eine Personengesellschaft ist an sich auch eine Veräußerung i. S. v. § 16 EStG (BFH VIII R 138/80, BStBl 1982 II 622; XI R 34/92, BStBl 1984 II 233). Die Rechtsfolgen richten sich hier aber primär nach den vorrangigen §§ 20–23 UmwStG bzw. § 24 UmwStG.

10.4.5 Gegenstand der Veräußerung

10.4.5.1 Der ganze Betrieb

Eine Betriebsveräußerung im Ganzen i. S. d. § 16 Abs. 1 Satz 1 Nr. 1 EStG liegt nur vor, wenn der Veräußerer alle wesentlichen Grundlagen des Betriebs in einem einheitlichen Vorgang entgeltlich bzw. teilentgeltlich auf einen Erwerber überträgt und damit seine bisherige gewerbliche Betätigung mit dem bisherigen Betriebsvermögen beendet (BFH X R 52/90, BStBl 1994 II 838; XI R 56, 57/95, BStBl 1996 II 527). Die Annahme einer Betriebsveräußerung wird nicht dadurch ausgeschlossen, dass der Veräußerer Wirtschaftsgüter von untergeordneter Bedeutung zurückbehält, um sie bei sich bietender Gelegenheit zu veräußern (BFH I R 40/72, BStBl 1975 II 232).

Unerheblich ist auch, ob der Erwerber den Betrieb tatsächlich fortführt oder stilllegt (R 16 Abs. 1 Satz 2 EStR 2012). Unschädlich ist, wenn der Veräußerer vom Erwerber als Angestellter oder freier Mitarbeiter beschäftigt wird oder sich fortan an einer GbR beteiligt, die in derselben Branche tätig ist (BFH X R 40/07, BStBl 2009 II 43; X R 28/11, BFH/NV 2015, 479).

Was als wesentliche Betriebsgrundlage anzusehen ist, kann nur im Einzelfall bestimmt werden. Zu den wesentlichen Betriebsgrundlagen gehören zum einen solche Wirtschaftsgüter, die bei funktionaler Betrachtungsweise zur Erreichung des Betriebszwecks erforderlich sind und ein besonderes wirtschaftliches Gewicht für die Betriebsführung besitzen (BFH I R 40/72, BStBl 1975 II 232). Dies sind i. d. R. Wirtschaftsgüter des Anlagevermögens, insbesondere Betriebsgrundstücke. Daneben werden aufgrund einer rein quantitativen Betrachtungsweise auch solche Wirtschaftsgüter den wesentlichen Betriebsgrundlagen zugerechnet, die erhebliche stille Reserven enthalten (BFH I R 57/79, BStBl 1983 II 312; VIII R 39/72, BStBl 1996 II 409).

10.4.5.2 Teilbetrieb

Eine Teilbetriebsveräußerung i. S. d. § 16 Abs. 1 Satz 1 Nr. 1 EStG liegt vor, wenn

▶ ein mit einer gewissen Selbständigkeit ausgestatteter, organisch geschlossener Teil eines Gesamtbetriebs,

▶ der für sich allein lebensfähig ist,

▶ entgeltlich bzw. teilentgeltlich auf einen Erwerber übertragen wird (BFH XI R 35/00, BFH/NV 2002, 336; X R 17/03, BFH/NV 2006, 532; VIII R 22/09, BStBl 2012 II 777).

Für die Frage, ob der veräußerte Betriebsteil selbständig und allein lebensfähig ist, sind die Verhältnisse beim Veräußerer im Zeitpunkt der Veräußerung maßgebend (BFH IV R 189/81, BStBl 1984 II 486).

10.4.5.3 Die 100 %ige Beteiligung an einer Kapitalgesellschaft

Als Teilbetrieb gilt auch die in einem Betriebsvermögen gehaltene 100 %ige Beteiligung an einer Kapitalgesellschaft (§ 16 Abs. 1 Satz 1 Nr. 1 Satz 2 EStG), weil diese wirtschaftlich betrachtet einem Teilbetrieb entspricht. Aufgrund dieser Fiktion ist die Veräußerung einer solchen Beteiligung im Rahmen des § 16 EStG einkommensteuerlich ebenso begünstigt wie die Veräußerung eines Teilbetriebs.

Gewinne aus der Veräußerung einer 100 %igen Beteiligung an einer Kapitalgesellschaft unterliegen prinzipiell dem Teileinkünfteverfahren und können daher nicht ermäßigt besteuert werden (§ 3 Nr. 40, § 34 Abs. 2 Nr. 1 EStG). Für Veräußerungsgewinne, die dem Teileinkünfteverfahren unterliegen, wird zwar nicht die Fünftel-Regelung oder der „begünstigte Steuersatz" gewährt, bei Vorliegen der entsprechenden Voraussetzungen kann jedoch der Freibetrag nach § 16 Abs. 4 EStG geltend gemacht werden. Die Privilegierung der Veräußerung einer 100 %igen Beteiligung an einer Kapitalgesellschaft im Betriebsvermögen reduziert sich bei Anwendung des Teileinkünfteverfahrens auf den Freibetrag.

10.4.6 Betriebsaufgabe

Als Veräußerung gilt auch die Aufgabe des Betriebs (§ 16 Abs. 3 Satz 1 EStG). Eine Aufgabe des ganzen Betriebs liegt vor, wenn der Inhaber des Betriebs die wesentlichen Grundlagen des Betriebs in einem einheitlichen Vorgang innerhalb kurzer Zeit an mehrere Abnehmer veräußert oder wenn er sie objektiv erkennbar in sein Privatvermögen überführt (BFH IV R 36/81, BStBl 1984 II 711; I R 235/80, BStBl 1985 II 456). In diesem Fall besteht der Betrieb als selbständiger Organismus des Wirtschaftslebens nicht mehr fort. Eine Betriebsaufgabe setzt demnach die Einstellung der werbenden Tätigkeit voraus (BFH I R 154/85, BStBl 1981 II 460).

Obwohl in § 16 Abs. 3 Satz 1 EStG die Aufgabe eines Teilbetriebs nicht erwähnt ist, hat die Rechtsprechung auch einen Teilbetrieb für aufgabefähig gehalten (BFH VIII R 154/85, BStBl 1986 II 896 f.). Ein Teilbetrieb ist danach aufgegeben, wenn alle wesentlichen Betriebsgrundlagen des Teilbetriebs in einem einheitlichen Vorgang entweder an verschiedene Erwerber veräußert oder insgesamt entnommen oder teilweise veräußert und teilweise entnommen werden.

10.4.7 Betriebsverpachtung

Bei einer Betriebsverpachtung im Ganzen hat der Verpächter ein Wahlrecht, ob er die Verpachtung als Betriebsaufgabe i. S. d. § 16 Abs. 3 EStG oder ob er den Betrieb als fortbestehend behandelt sehen will (§ 16 Abs. 3b EStG).

Erklärt der Unternehmer die Betriebsaufgabe, so sind damit die Wirtschaftsgüter des Betriebsvermögens in das Privatvermögen überführt (BFH I R 235/80, BStBl 1985 II 456); es entsteht ein nach §§ 16, 34 EStG steuerbegünstigter Aufgabegewinn. Die künftigen Pachteinnahmen sind, soweit sie auf privatisierbare Wirtschaftsgüter entfallen, bei den Einkünften aus Vermietung und Verpachtung zu erfassen.

Gibt der Verpächter keine Aufgabeerklärung ab, bleiben die verpachteten Wirtschaftsgüter Betriebsvermögen. Der Verpächter bezieht einkommensteuerrechtlich weiterhin Einkünfte aus Gewerbebetrieb (sog. ruhender Gewerbebetrieb), die jedoch nicht der Gewerbesteuer unterliegen, weil ein werbender Betrieb i. S. d. § 1 Abs. 1 GewStDV nicht (mehr) gegeben ist.

Eine Betriebsverpachtung im vorstehenden Sinne setzt zwar nicht voraus, dass der Betrieb als geschlossener Organismus verpachtet wird, wohl aber, dass alle wesentlichen Grundlagen des ganzen Betriebs oder Teilbetriebs verpachtet werden (BFH VIII R 2/95, BStBl 1998 II 388; X R 2/02, BFH/NV 2005, 1292).

Der Gesetzgeber hat in § 16 Abs. 3b EStG angeordnet, dass in den Fällen der Betriebsunterbrechung und Betriebsverpachtung im Ganzen ein Gewerbebetrieb nicht als aufgegeben gilt, bis

► der Stpfl. die Aufgabe i. S. d. § 16 Abs. 3 Satz 1 EStG ausdrücklich gegenüber dem FA erklärt oder

► dem FA Tatsachen bekannt werden, aus denen sich ergibt, dass die Voraussetzungen für eine Aufgabe i. S. d. § 16 Abs. 3 Satz 1 EStG erfüllt sind.

Die Aufgabe des Gewerbebetriebs ist rückwirkend für den vom Stpfl. gewählten Zeitpunkt anzuerkennen, wenn die Aufgabeerklärung spätestens drei Monate nach diesem Zeitpunkt abgegeben wird (§ 16 Abs. 3b Satz 2 EStG). Wird die Aufgabeerklärung nicht spätestens drei Monate nach dem vom Stpfl. gewählten Zeitpunkt abgegeben, gilt der Gewerbebetrieb erst in dem Zeitpunkt als aufgegeben, in dem die Aufgabeerklärung beim FA eingeht (§ 16 Abs. 3b Satz 3 EStG). Durch die Neuregelung wird als Grundfall die Notwendigkeit einer ausdrücklichen Aufgabeerklärung gegenüber dem FA in Fällen der Betriebsunterbrechung und Betriebsverpachtung festgeschrieben. Diese Regelung ist auf Betriebsaufgaben im Falle einer Betriebsunterbrechung oder Betriebsaufgabe im Ganzen nach dem 4.11.2011 (Tag der Verkündung des StVereinfG 2011) anzuwenden (§ 52 Abs. 34 Satz 9 EStG i. d. F. des StVereinfG 2011). Durch § 16 Abs. 3b EStG sollen Rechtsstreitigkeiten, die aus nicht eindeutigen Aufgabeerklärungen herrührenden, eingeschränkt werden.

HINWEIS

Die Finanzverwaltung hat in einem Anwendungsschreiben zu § 16 Abs. 3b EStG zu Zweifelsfragen Stellung genommen (BMF v. 22.11.2016, BStBl 2016 I 1326).

FALL 190

Betriebsveräußerung gegen Leibrente mit Wertsicherungsklausel

Sachverhalt:

Der 60 Jahre alte A verkauft am 1.1.01 seinen Gewerbebetrieb an B gegen eine im Voraus – ab 1.1.01 – zahlbare lebenslängliche Rente (mit Wertsicherungsklausel) i. H. v. monatlich 2.500 €. Das Kapitalkonto des A beträgt im Zeitpunkt der Betriebsveräußerung 80.000 €. Die von A getragenen Veräußerungskosten belaufen sich auf 9.990 €. Am 1.1.03 tritt die Wertsicherungsklausel in Kraft; deswegen erhöht sich die Rente von bisher 2.500 € auf nunmehr 2.700 €.

AUFGABE

Welche Wahlmöglichkeiten hat A und welche Rechtsfolgen ergeben sich für ihn hinsichtlich der Versteuerung des Veräußerungsgewinns?

LÖSUNG

Bei einer Betriebsveräußerung gegen eine Leibrente hat der Veräußerer nach Verwaltungsauffassung und Rechtsprechung ein Wahlrecht: Er kann den Veräußerungsgewinn sofort (sog. Sofortbesteuerung) oder nachträglich bei Zufluss (sog. Zuflussbesteuerung) versteuern (BFH VIII R 8/01, BStBl 2002 II 532; R 16 Abs. 11 EStR 2012). Zu einer laufenden zeitlich gestreckten Besteuerung der betrieblichen Veräußerungsrente als nachträgliche Einkünfte aus dem veräußerten Betrieb (d. h. zu einer Zuflussbesteuerung) kann es nach der Rechtsprechung nur kommen, wenn diese Art der Besteuerung ausdrücklich gewählt wird (BFH v. 17.7.2013, BStBl 2013 II 883, Rn. 29). Trifft der Stpfl. keine Wahl ist stets von der Sofortbesteuerung auszugehen.

a) Sofortversteuerung

Entscheidet sich der Stpfl. für die Sofortversteuerung oder wählt er nicht ausdrücklich die Zuflussbesteuerung, ist Veräußerungsgewinn der Unterschiedsbetrag zwischen dem Barwert der Rente, vermindert um etwaige Veräußerungskosten des Stpfl., und dem Buchwert des steuerlichen Kapitalkontos im Zeitpunkt der Veräußerung des Betriebs. Der Gewinn ist steuerbegünstigt (§§ 16, 34 EStG).

Der Barwert der Rente wird im betrieblichen Bereich „üblicherweise" nach versicherungsmathematischen Grundsätzen ermittelt (BFH IX R 110/90, BStBl 1995 II 47; VIII R 38/94, BStBl 1998 II 339). Die Finanzverwaltung gewährt ein Wahlrecht (R 6.2 EStR 2012). Danach kann der Barwert entweder nach den Vorschriften des BewG oder nach versicherungsmathematischen Grundsätzen ermittelt werden.

Ermittelt man den Rentenbarwert nach den Vorschriften des BewG, ergibt sich für A folgender Veräußerungsgewinn:

Jahresbetrag der Rente: 12 × 2.500 € =	30.000 €
Vervielfältiger lt. Tabelle zu § 14 Abs. 1 BewG (BMF, BStBl 2019 I 1288, für Bewertungsstichtage ab 1.1.2020) bei einem Lebensalter von 60 Jahren = 12,833	
Kapitalwert der Rente somit: 30.000 € × 12,833 =	384.990 €
./. von A getragene Veräußerungskosten	./. 9.9990 €
	375.000 €
./. Buchwert des steuerlichen Kapitalkontos	./. 80.000 €
Veräußerungsgewinn	**295.000 €**

Der Veräußerungsgewinn wird entweder nach der sog. Fünftel-Regelung (§ 34 Abs. 1 EStG) oder auf Antrag mit 56 % des durchschnittlichen Steuersatzes, mindestens jedoch 14 %, besteuert (§ 34 Abs. 3 EStG).

Die zufließenden Rentenzahlungen sind von A mit ihrem Ertragsanteil als sonstige Einkünfte zu versteuern (§ 22 Nr. 1 Satz 3 Buchst. a Doppelbuchst. bb EStG). Der Eintritt der Wertsicherungsklausel bewirkt keine Änderung des Veräußerungsgewinns. Eine steuerliche Auswirkung ergibt sich für A nur insoweit, als der bisherige Ertragsanteil der Rente auch auf den Erhöhungsbetrag angewendet wird.

Sonstige Einkünfte 01

Rentenzahlungen: 12 × 2.500 € =	30.000 €
Ertragsanteil: 22 % von 30.000 € =	6.600 €
./. Werbungskosten-Pauschbetrag (§ 9a Satz 1 Nr. 3 EStG)	./. 102 €
	6.498 €

Sonstige Einkünfte 02

Rentenzahlungen: 12 × 2.500 € =	30.000 €
Ertragsanteil: 22 % von 30.000 € =	6.600 €
./. Werbungskosten-Pauschbetrag (§ 9a Nr. 3 EStG)	./. 102 €
	6.498 €

Sonstige Einkünfte 03

Rentenzahlungen: 12 × 2.700 € =	32.400 €
Ertragsanteil: 22 % von 32.400 € =	7.128 €
./. Werbungskosten-Pauschbetrag (§ 9a Nr. 3 EStG)	./. 102 €
	7.026 €

HINWEIS

Die Vervielfältiger für die Ermittlung des Kapitalwerts einer Leibrente wurden in den letzten Jahren an die gestiegene Lebenserwartung angepasst (BMF v. 26.10.2012, BStBl 2012 I 950 – für Stichtage ab 1.1.2013; BMF v. 13.12.2013, BStBl 2013 I 1609 – Weitergeltung für Stichtage ab 1.1.2014; BMF v. 21.11.2014, BStBl 2014 I 1576 – Weitergeltung für Stichtage ab 1.1.2015; BMF v. 2.12.2015, BStBl 2015 I 954 – für Stichtage ab 1.1.2016; BMF v. 4.11.2016, BStBl 2017 I 1166 für Stichtage ab 1.1.2017 – weiterhin anzuwenden auch für Bewertungsstichtage ab 1.1.2019, BMF, BStBl 2017 I 1527; BMF v. 22.11.2018, BStBl 2018 I 1306 – für Stichtage ab 1.1.2019; BMF v. 2.12.2019, BStBl 2019 I 1288 – für Stichtage ab 1.1.2020; BMF v. 28.10.2020, BStBl 2020 I 1048 – für Stichtage ab 1.1.2021).

b) **Zuflussbesteuerung**

Zur Zuflussbesteuerung kommt es nur, wenn diese Art der Besteuerung **ausdrücklich gewählt** wird. Wird das Wahlrecht überhaupt nicht oder nicht ordnungsgemäß ausgeübt, ist der Gewinn im Zeitpunkt der Veräußerung realisiert und sofort zu versteuern (BFH XI R 31/96, BFH/ NV 1999, 1333). Wählt A die Zuflussbesteuerung, d. h. eine Versteuerung der laufenden Rentenzahlungen nach Maßgabe des tatsächlichen Zuflusses, ist bei Veräußerungen, die **vor dem 1.1.2004** erfolgt sind, wie folgt zu verfahren (R 16 Abs. 11 Satz 8 EStR 2012):

Die Rentenzahlungen stellen nachträgliche Einkünfte aus Gewerbebetrieb (§§ 15, 24 Nr. 2 EStG) dar, die erst zu versteuern sind, sobald sie das steuerliche Kapitalkonto i. H. v. 80.000 € (zzgl. der von A getragenen Veräußerungskosten i. H. v. 9.990 €) übersteigen. Erst dann kommt es zur Realisierung des Veräußerungsgewinns. Es handelt sich um einen laufenden Gewinn, für den weder der Freibetrag nach § 16 Abs. 4 EStG noch die Progressionsbegünstigung (Fünftel-Regelung) nach § 34 Abs. 1 EStG noch die Tarifermäßigung nach § 34 Abs. 3 EStG in Anspruch genommen werden können (BFH III B 15/88, BStBl 1989 II 409). Die Rentenzahlungen der Jahre 01 und 02 werden nicht versteuert. Im Jahr 03 übersteigen die Rentenzahlungen erstmalig das Kapitalkonto (zzgl. Veräußerungskosten), so dass sie ab diesem Zeitpunkt als nachträgliche gewerbliche Einkünfte zu erfassen sind.

	01	02	03
Rentenzahlungen	30.000 €	30.000 €	32.400 €
./. verrechnet mit Kapitalkonto von 80.000 € (zzgl. Veräußerungskosten von 9.990 €) = 89.990 €	./. 30.000 €	./. 30.000 €	29.990 €
nachträgliche gewerbliche Einkünfte	0 €	0 €	2.410 €

Ist die Betriebsveräußerung **nach dem 31.12.2003** erfolgt, entsteht nach Ansicht der Finanzverwaltung bei Wahl der Zuflussbesteuerung ein Gewinn, wenn der „Kapitalanteil" der wiederkehrenden Leistungen das steuerliche Kapitalkonto des Veräußerers zuzüglich etwaiger Veräußerungskosten des Veräußerers übersteigt. Die in den wiederkehrenden Leistungen enthaltenen Zinsanteile stellen danach bereits im Zeitpunkt des Zuflusses nachträgliche Betriebseinnahmen dar (R 16 Abs. 11 Satz 7 EStR 2012; BMF, BStBl 2004 I 1187). Folgt man der Auffassung der Finanzverwaltung, ergibt sich für die Jahre 01–03 folgender Zinsanteil:

01:

Barwert der Rente 1.1.01: 30.000 € × 12,833 =	384.990 €
Barwert der Rente 1.1.02: 30.000 € × 12,580 =	377.400 €
Differenz = Barwertminderung	7.590 €
Rentenzahlungen 01	30.000 €
Differenz = Zinsanteil 01	22.410 €

02:

Barwert der Rente 1.1.02: 30.000 € × 12,580 =	377.400 €
Barwert der Rente 1.1.03: 30.000 € × 12,320 =	369.600 €
Differenz = Barwertminderung	7.800 €
Rentenzahlungen 02	30.000 €
Differenz = Zinsanteil 02	22.200 €

03:

Barwert der Rente 1.1.03: 32.400 € × 12,320 =	369.600 €
Barwert der Rente 1.1.04: 32.400 € × 12,056 =	351.680 €
Differenz = Barwertminderung	7.920 €
Rentenzahlungen 03	32.400 €
Differenz = Zinsanteil 03	24.480 €

Nach Auffassung der Finanzverwaltung führen die Zinsanteile im Jahr des Zuflusses zu nachträglichen Einnahmen aus Gewerbebetrieb (§ 24 Nr. 2 i.V. m. § 15 EStG). Die in den Rentenzahlungen enthaltenen Kapitalanteile sind erst dann als nachträgliche Betriebseinnahmen zu erfassen, sobald sie das Kapitalkonto (80.000 €) zzgl. die von A getragenen Veräußerungskosten (9.990 €) i.H.v. insgesamt 89.990 € übersteigen. Ab diesem Zeitpunkt ist dann die gesamte Rente (Zins- und Kapitalanteil) als nachträgliche Betriebseinnahme zu erfassen.

HINWEIS

In einer neuen Entscheidung hat der BFH die Auffassung der Finanzverwaltung bestätigt, dass der Zinsanteil einer Zeitrente aus der Veräußerung eines Gewerbebetriebs im Fall der Wahl der

Zuflussbesteuerung als nachträgliche Betriebseinnahme gem. § 24 Nr. 2 EStG i.V. m. § 15 Abs. 1 Satz 1 Nr. 1 EStG zu erfassen ist (BFH X R 12/17, BStBl 2020 II 262). Während die Kaufpreisforderung bei Wahl der Sofortversteuerung nach der Versteuerung des Veräußerungsgewinns Privatvermögen sein kann, bleibt sie in dem Fall, in dem – wie hier – der Stpfl. die Zuflussbesteuerung wählt, stets Teil des Restbetriebsvermögens. Daher kann der Zufluss des in den Kaufpreisanteilen enthaltenen Zinsanteils nicht zu den Einkünften aus Kapitalvermögen führen. Der BFH konnte es im Urteilsfall offenlassen, ob eine Trennung der Zahlungen in einen Zins- und Tilgungsanteil nötig ist. Denn es fielen sowohl ein Tilgungs- als auch ein Zinsanteil an. Die steuerpflichtige Gesamtrate überstieg den rechnerischen Zinsanteil, so dass jedenfalls in Höhe dieser Zinsen Betriebseinnahmen vorlagen. Es ist nicht einsichtig, warum eine Aufteilung mit sofortiger Versteuerung des Zinsanteils vorgenommen wird. Die Finanzverwaltung sollte wieder zu ihrer vor 2004 geltenden Regelung zurückkehren, wonach eine Betriebseinnahme erstmals vorliegt, sobald die zugeflossenen Raten das Kapitalkonto des Verkäufers übersteigen.

FALL 191

Betriebsveräußerung gegen Einmalbetrag und Leibrente

Sachverhalt:

Der 58 Jahre alte A veräußert am 31.12.01 seinen Gewerbebetrieb gegen einen festen Kaufpreis i. H. v. 160.000 € und eine ab 1.1.02 zahlbare monatliche Leibrente, deren Kapitalwert im Zeitpunkt der Veräußerung 240.000 € beträgt. Das steuerliche Kapitalkonto des A beläuft sich zum 31.12.01 auf 100.000 €.

AUFGABE

Welche Wahlmöglichkeiten hat A hinsichtlich der Versteuerung des Veräußerungsgewinns?

LÖSUNG

Bei einer Veräußerung eines Betriebs gegen einen festen Kaufpreis und eine Leibrente steht dem Veräußerer das Wahlrecht zwischen Sofortversteuerung und Zuflussbesteuerung nur hinsichtlich der Leibrente zu (R 16 Abs. 11 Satz 9 EStR 2012).

a) **Sofortversteuerung**

Wählt A die Sofortversteuerung, so ergibt sich folgender Veräußerungsgewinn:

Fester Kaufpreis	160.000 €
+ Kapitalwert der Rente	240.000 €
	400.000 €
./. Buchwert des steuerlichen Kapitalkontos	./. 100.000 €
Veräußerungsgewinn	300.000 €

Für den Veräußerungsgewinn kann kein Freibetrag gewährt werden, da der Veräußerungsgewinn die Freibetragsgrenze von 136.000 € um mehr als 45.000 € übersteigt (§ 16 Abs. 4 Satz 3 EStG). Der Veräußerungsgewinn i. H. v. 300.000 € ist jedoch entweder nach der Fünftel-Regelung oder auf Antrag mit 56 % des durchschnittlichen Steuersatzes, mindestens jedoch 14 % zu versteuern (§ 34 Abs. 1 und 3 EStG).

Die laufenden Rentenzahlungen unterliegen bei A mit ihrem Ertragsanteil als sonstige Einkünfte der Einkommensteuer (§ 22 Nr. 1 Satz 3 Buchst. a Doppelbuchst. bb EStG).

b) **Zuflussbesteuerung**

Wählt A hinsichtlich der Leibrente die Zuflussbesteuerung, ist der durch den festen Kaufpreis realisierte Veräußerungsgewinn gleichwohl sofort zu versteuern; obgleich in diesem Fall nicht alle stillen Reserven realisiert werden. Anzuwenden ist die Fünftel-Regelung nach § 34 Abs. 1 EStG oder auf Antrag der ermäßigte Steuersatz nach § 34 Abs. 3 EStG, mindestens ein Steuersatz von 14 % (BFH IV 288/62, BStBl 1968 II 76). Für die Ermittlung des Freibetrags nach § 16 Abs. 4 EStG ist der Kapitalwert der Rente jedoch auch dann mit einzubeziehen, wenn die Rente erst bei Zufluss als nachträgliche Einkünfte (§ 24 Nr. 2 EStG) versteuert wird (BFH IV R 81/67, BStBl 1968 II 75).

Diese Beurteilung hat hier zur Folge, dass A den durch den festen Kaufpreis realisierten Veräußerungsgewinn i. H. v. (160.000 € ./. 100.000 € =) 60.000 € progressionsbegünstigt bzw. auf Antrag tarifermäßigt zu versteuern hat (§ 34 Abs. 1 und 3 EStG). Ein Freibetrag nach § 16 Abs. 4 EStG kann nicht gewährt werden. Die laufenden Rentenzahlungen sind im Zeitpunkt des Zuflusses in voller Höhe als nachträgliche, dem regulären Steuersatz unterliegende Einkünfte aus Gewerbebetrieb zu versteuern (§§ 15, 24 Nr. 2 EStG).

HINWEIS

Das für den Fall einer Betriebsveräußerung gegen wiederkehrende Bezüge geltende Wahlrecht zwischen der sofortigen Versteuerung und der nachgelagerten Besteuerung bei Zufluss der Rentenzahlungen soll in den Fällen der Betriebsaufgabe keine Anwendung finden (Schleswig-Holsteinisches FG 4 K 28/18, NWB QAAAH-44351; rkr. trotz Revisionszulassung). Anzumerken ist, dass man dies durchaus auch anders sehen kann und die Frage der Anwendung des Wahlrechts zur nachgelagerten Besteuerung der Rentenzahlungen gem. § 24 Nr. 2 i. V. m. § 15 Abs. 1 Satz 1 Nr. 1 EStG auf die Fälle der Betriebsaufgabe des § 16 Abs. 3 EStG höchstrichterlich leider noch nicht entschieden ist.

FALL 192

Betriebsveräußerung gegen Zeitrente

Sachverhalt:

Der 65 Jahre alte A veräußert am 1.1.01 seinen Gewerbebetrieb an B. Der Erwerber verpflichtet sich, dem A für die Dauer von 15 Jahren – monatlich im Voraus – Rentenzahlungen i. H. v. jeweils 5.000 € zu erbringen. Das steuerliche Kapitalkonto des A beträgt im Zeitpunkt der Betriebsveräußerung 180.000 €. Der Kapitalwert der Rente i. H. v. 618.840 € entspricht dem Verkehrswert des Betriebs.

a) Der Vertrag enthält keinen Hinweis dahin gehend, dass die Rente der Versorgung des A dienen soll.

b) Der Vertrag enthält den Hinweis, dass die Rente der Versorgung des A dienen soll.

AUFGABE

Wie sind die A zufließenden Zahlungen einkommensteuerlich zu behandeln?

LÖSUNG

Im vorliegenden Fall handelt es sich um eine Betriebsveräußerung gegen Zeitrente. Veräußerungszeitrenten müssen von Kaufpreisraten abgegrenzt werden. Diese Unterscheidung ist nur bedeutsam für das von der Rechtsprechung und Verwaltung eingeräumte Wahlrecht zwischen Sofortversteuerung und Zuflussbesteuerung (BFH VIII R 37/90, BFH/NV 1993, 87).

Bei Zeitrenten ist zu prüfen, ob die Beteiligten eine Versorgung des Veräußerers gewollt haben. Fehlt der Rente der Versorgungscharakter, sind die Zahlungen als Kaufpreisraten zu behandeln, d. h., der Gewinn gilt als im Zeitpunkt der Veräußerung realisiert. Der Veräußerungsgewinn ist begünstigt (§§ 16, 34 EStG). Der in den jährlichen Rentenzahlungen enthaltene Zinsanteil ist vom Veräußerer als Einnahmen aus Kapitalvermögen zu versteuern (sowohl BFH VIII R 37/90, BFH/NV 1993, 87), wenn man in Übereinstimmung mit der bislang ständigen höchstrichterlichen Rechtsprechung davon ausgeht, dass die Kaufpreisforderung notwendig in das Privatvermögen des Veräußerers übergeht (so BFH VIII R 11/95, BStBl 1998 II 379). Die Zinsanteile sind als nachträgliche Betriebseinnahmen (§ 24 Nr. 2 EStG) zu erfassen, wenn man mit dem Vorlagebeschluss des VIII. Senats (BFH VIII R 55/86, BStBl 1992 II 479) davon ausgeht, dass die Kaufpreisforderung dem Betriebsvermögen zugeordnet bleibt (BFH VIII R 37/90, BFH/NV 1993, 87). Der Große Senat des BFH (GrS 2/92, BStBl 1993 II 897) hat diese Frage offengelassen. Bei Wahl der Sofortversteuerung werden in der Rechtsprechung und im Schrifttum in Bezug auf die Zugehörigkeit einer solchen Kaufpreisforderung zum Privat- oder Betriebsvermögen unterschiedliche Auffassungen vertreten (zum Diskussionsstand vgl. BFH X R 12/17, BStBl 2020 II 262 Rn. 21).

Hat die Rente Versorgungscharakter, kann für die Rentenzahlungen die Zuflussbesteuerung gewählt werden. Der Kapitalanteil, der in den Rentenzahlungen enthalten ist, ist erst ab dem Zeitpunkt als nachträgliche gewerbliche Einkünfte (§ 24 Nr. 2 EStG) zu erfassen, ab dem er das steuerliche Kapitalkonto und die vom Rentenberechtigten getragenen Veräußerungskosten übersteigt. Der in den Rentenzahlungen enthaltene Zinsanteil ist dagegen im Jahr des Zuflusses sofort als nachträgliche Betriebseinnahme zu erfassen (R 16 Abs. 11 EStR 2012; BMF, BStBl 2004 I 1187). Die Rechtsprechung fordert für die Annahme einer betrieblichen Veräußerungsrente, dass der Betriebserwerber die Leistungen über einen Zeitraum von **mehr als zehn Jahren** zu erbringen hat; außerdem muss in der sonstigen Ausgestaltung des Vertrages eindeutig die Absicht des Veräußerers zum Ausdruck kommen, sich eine Versorgung zu verschaffen (BFH IV 254/62, BStBl 1968 III 653; IV R 137/82, BStBl 1984 II 829; I R 9/08, BStBl 2010 II 560, Rn. 14; X R 36/08, BFH/NV 2017 4, Rn. 50; ebenso BMF, BStBl 2004 I 1187 Tz. 2). Die Entscheidung darüber, ob die vereinbarten Leistungen Versorgungscharakter haben, liegt weitgehend auf tatsächlichem Gebiet. Man wird deshalb dort, wo der Veräußerer zur Erlangung des Veräußerungsfreibetrages (§ 16 Abs. 4 EStG) und/oder der Fünftel-Regelung oder des ermäßigten Steuersatzes (§ 34 Abs. 1 oder 3 EStG) das Vorliegen von Kaufpreisraten behauptet, ihm folgen müssen. Für spätere Jahre ist der Veräußerer allerdings an seine Wahl gebunden (BFH III 89/58 U, BStBl 1959 III 152).

Steuerliche Behandlung im Fall a)

Hier hat die Rente offensichtlich keinen Versorgungscharakter, so dass sie wie Kaufpreisraten zu behandeln ist. Im Zeitpunkt der Veräußerung entsteht ein nach § 34 Abs. 1 oder 3 EStG begünstigter Veräußerungsgewinn, der wie folgt zu ermitteln ist:

Kapitalwert der Kaufpreisraten am 1.1.01	618.840 €
./. steuerliches Kapitalkonto am 1.1.01	./. 180.000 €
begünstigt zu versteuernder Veräußerungsgewinn	438.840 €

Der in den jährlichen Rentenzahlungen enthaltene Zinsanteil gehört bei A zu den Einnahmen aus Kapitalvermögen bzw. den nachträglichen Betriebseinnahmen. Dieser Zinsanteil wird errechnet, indem von der jährlichen Rentenzahlung die jährliche Barwertminderung abgezogen wird (BFH VIII R 131/70, BStBl 1975 II 173; VIII R 163/71, BStBl 1975 II 431; X R 32-33/01, BStBl 2011 II 675). Aus Vereinfachungsgründen kann der Zinsanteil auch in Anlehnung an die Ertragsanteilstabelle des § 55 Abs. 2 EStDV bestimmt werden (BMF, BStBl 2004 I 1187):

Rentenzahlung 01: 5.000 € × 12 =		60.000 €
Barwert der Rente lt. Tabelle 2 zu § 12 Abs. 1 BewG (BMF, BStBl 2001 I 1041, 1053):		
1.1.01: 60.000 € × 10,314 =	618.840 €	
1.1.02: 60.000 € × 9,853 =	591.180 €	
Barwertminderung	27.660 €	27.660 €
Differenz = Zinsanteil 01		32.340 €

Steuerliche Behandlung im Fall b)

Da die Rente Versorgungscharakter hat, kann A die Zuflussbesteuerung wählen. Dann muss er den in den Rentenzahlungen enthaltenen Kapitalanteil erst versteuern, wenn dieser sein steuerliches Kapitalkonto von 180.000 € übersteigt. Der in den Rentenzahlungen enthaltene Zinsanteil ist dagegen sofort bei Zufluss als nachträgliche Betriebseinnahme (§§ 15, 24 Nr. 2 EStG) zu erfassen (so R 16 Abs. 11 Satz 7 EStR 2012 für Veräußerungen, die nach dem 31.12.2003 erfolgen; BFH X R 12/17, BStBl 2020 II 262).

FALL 193

Veräußerung einer zum Betriebsvermögen gehörenden 100 %igen Beteiligung an einer Kapitalgesellschaft

Sachverhalt:

A (60 Jahre alt) und B (62 Jahre alt) sind zu je 50 % als Gesellschafter an der X-OHG und zugleich zu je 50 % an der Y-GmbH beteiligt, deren Wirtschaftsjahr mit dem Kalenderjahr übereinstimmt. Die Beteiligungen an der Y-GmbH gehören seit zehn Jahren steuerlich zum Sonderbetriebsvermögen von A und B bei der X-OHG. Am 1.7.2020 veräußerten A und B ihre GmbH-Anteile an C für je 226.000 €; der Buchwert der GmbH-Anteile beträgt im Zeitpunkt der Veräußerung je 25.000 €. An Veräußerungskosten entstehen A und B je 1.000 €.

AUFGABE

Welche ertragsteuerlichen Folgen ergeben sich für A und B im Zusammenhang mit der Veräußerung der GmbH-Anteile?

LÖSUNG

Als Teilbetrieb „gilt" auch die im Betriebsvermögen gehaltene 100 %ige Beteiligung an einer Kapitalgesellschaft (§ 16 Abs. 1 Satz 1 Nr. 1 Satz 2 EStG), weil diese – wirtschaftlich betrachtet – einem Teilbetrieb entspricht. Die Beteiligung muss insgesamt notwendiges oder gewillkürtes Betriebsvermögen sein. Keine Rolle spielt, ob sich die 100 %ige Beteiligung im Betriebsvermögen eines Einzelunternehmers oder im Gesamthandsvermögen einer Personengesellschaft befindet; es reicht auch aus, wenn die Beteiligung im Eigentum eines oder – wie hier – mehrerer Mitunternehmer derselben Personengesellschaft steht und steuerlich zum Sonderbetriebsvermögen gehört (R 16 Abs. 3 Satz 7 EStR 2012).

Gewinne, die bei der Veräußerung einer im Betriebsvermögen gehaltenen 100 %igen Beteiligung entstehen, unterliegen im Hinblick auf das Teileinkünfte- und Teilabzugsverfahren prinzipiell nur zu 60 % der Einkommensteuer (§ 3 Nr. 40 Buchst. b, § 3c Abs. 2 EStG). Für Veräußerungsgewinne, die dem Teileinkünfteverfahren unterliegen, gibt es zwar den Steuerfreibetrag nach § 16 Abs. 4 EStG, aber nicht die Tarifbegünstigung nach § 34 Abs. 1 oder 3 EStG (§ 34 Abs. 2 Nr. 1 EStG). Zur Ermittlung des Veräußerungsgewinns von A und B ist wie folgt zu rechnen:

Veräußerungspreis	226.000 €	
steuerfrei nach § 3 Nr. 40 Buchst. b EStG: 40 %	./. 90.400 €	
Steuerpflichtig	135.600 €	135.600 €
Veräußerungskosten	1.000 €	
nicht abziehbar: 40 %	./. 400 €	
abziehbar nach § 3c Abs. 2 EStG: 60 %	600 €	./. 600 €
		135.000 €

[handschriftliche Notiz:] Wieso § 16 & nicht § 17 EStG? ↳ weil § 17 nur bei Veräußerung aus PV greift.

Buchwert der GmbH-Beteiligung	25.000 €	
nicht abziehbar: 40 %	./. 10.000 €	
abziehbar nach § 3c Abs. 2 EStG: 60 %	15.000 €	./. 15.000 €
Veräußerungsgewinn A bzw. B		120.000 €
Freibetrag nach § 16 Abs. 4 EStG		./. 45.000 €
steuerpflichtiger Veräußerungsgewinn A bzw. B		75.000 €

Zu beachten ist, dass eine 100 %ige Beteiligung zwar als Teilbetrieb gilt, in Wahrheit aber kein solcher ist, so dass der Verkauf der Beteiligung nicht einer Teilbetriebsveräußerung i. S. einer teilweisen Einstellung der gewerblichen Tätigkeit gleichgestellt werden kann. Diese Beurteilung hat hier zur Folge, dass der von A und B erzielte Veräußerungsgewinn i. H. v. jeweils 120.000 € bei der Einkommensteuer auf Antrag nach § 16 Abs. 4 EStG begünstigt zu versteuern ist, zugleich aber der Gewerbesteuer unterliegt (BFH IV R 60/74, BStBl 1978 II 100). Die auf den Veräußerungsgewinn i. H. v. 2 × 120.000 € = 240.000 € entfallende Gewerbesteuer mindert aber nicht den laufenden Gewinn 01 der X-OHG. Denn die Gewerbesteuer ist für Erhebungszeiträume ab 2008 keine Betriebsausgabe mehr (§ 4 Abs. 5b EStG). Nach Auffassung der Finanzverwaltung ist sie eine nicht abziehbare Betriebsausgabe und daher außerhalb der Bilanz dem Gewinn wieder hinzuzurechnen.

Nicht geklärt ist, ob die anteilige auf die Veräußerung der 100 %igen Beteiligung entfallende Gewerbesteuer als Veräußerungskosten abzugsfähig ist. Wird eine Kapitalgesellschaft in eine Personengesellschaft umgewandelt und anschließend der übergegangene Betrieb von der Personengesellschaft veräußert, mindert nach der Rechtsprechung des BFH (IV R 22/08, BStBl 2010 II 736) die nach § 18 Abs. 4 UmwStG (jetzt: § 18 Abs. 3 UmwStG) anfallende Gewerbesteuer als **Veräußerungskosten** den Veräußerungsgewinn. Nach dieser Rechtsprechung sind Veräußerungskosten abweichend von der früheren Betrachtung nach ihrem auslösenden Moment und damit nach dem Veranlassungszusammenhang dem Veräußerungsvorgang zuzuordnen.

Hiernach können auch an die Veräußerung anknüpfende Gewerbesteuerbelastungen, die durch den tatsächlich erzielten Veräußerungsgewinn bestimmt werden, ihr auslösendes Moment – d. h. ihren sachlichen Bezugspunkt – im Veräußerungsvorgang haben. Nach dieser Rechtsprechung kann zu den Veräußerungskosten i. S. v. § 16 Abs. 2 Satz 1 EStG auch die Gewerbesteuer gehören, die bei der Veräußerung einer zum Betriebsvermögen rechnenden 100 %igen Beteiligung an einer Kapitalgesellschaft anfällt. Das Abzugsverbot für die GewSt nach § 4 Abs. 5b EStG schließt aber wohl auch den Abzug als Veräußerungskosten ein,

Anzumerken ist, dass der BFH entschieden hat, dass die Gewerbesteuer auch dann nicht als „Veräußerungskosten" abzugsfähig ist, wenn sie vom Schuldner der Gewerbesteuer zu tragen ist. Etwas anderes soll bei demjenigen gelten, der sich vertraglich zur Übernahme der Gewerbesteuer verpflichtet hat (BFH IV R 18/17, BStBl 2019 II 696).

Die Aufgabe einer zum Betriebsvermögen gehörenden 100 %igen Beteiligung an einer Kapitalgesellschaft

Sachverhalt:

Der 60 Jahre alte A betreibt als Einzelunternehmer einen Gewerbebetrieb. Zugleich ist er Alleingesellschafter der X-GmbH. Die GmbH-Anteile gehören zum Betriebsvermögen seines Einzelunternehmens, dessen Gewinn durch Bestandsvergleich ermittelt wird. Mit Kaufvertrag vom 20.12.2019 veräußerte A 40 % seiner GmbH-Anteile an seinen Schwiegersohn B zu fremdüblichen Bedingungen; nach dem Vertrag soll das Eigentum an den GmbH-Anteilen am 1.4.2020 auf B übergehen. Ende 2020 übertrugt A die ihm noch verbliebenen 60 % der GmbH-Anteile unentgeltlich auf seine Tochter C.

Aufgrund des Verkaufs der GmbH-Anteile an seinen Schwiegersohn hat A einen Gewinn i. H. v. 40.000 € (Veräußerungspreis i. H. v. 80.000 € ./. Buchwert des 40 %igen Anteils von 40.000 €) erzielt. Die der Tochter übertragenen GmbH-Anteile hatten im Zeitpunkt der Übertragung einen Buchwert von 60.000 € und einen Teilwert (= gemeiner Wert) von 120.000 €.

Das Wirtschaftsjahr des Einzelunternehmens und der GmbH stimmt mit dem Kalenderjahr überein.

Welche einkommensteuerlichen Folgen ergeben sich für A aufgrund der Veräußerung bzw. unentgeltlichen Übertragung der GmbH-Anteile?

Die Veräußerung einer 100 %igen Beteiligung an einer Kapitalgesellschaft i. S. d. § 16 Abs. 1 Nr. 1 Satz 2 EStG liegt nur vor, wenn die gesamte Beteiligung im Laufe eines Wirtschaftsjahres auf einen Erwerber übertragen wird. Wird die Beteiligung in einem Wirtschaftsjahr zwar insgesamt, aber an verschiedene Erwerber veräußert, handelt es sich nicht um eine begünstigte Veräußerung, aber um eine nach § 16 Abs. 3 Satz 1 EStG ebenso begünstigte Aufgabe.

Dasselbe gilt für den Fall, dass die Beteiligung in einem Wirtschaftsjahr insgesamt in das Privatvermögen überführt oder teilweise veräußert und im Übrigen entnommen wird (BFH IV R 151/79, BStBl 1982 II 751).

Diese letzte Voraussetzung ist bei A erfüllt. Denn der Gewinn aus der Veräußerung einer Beteiligung entsteht bei einem bilanzierenden Stpfl. nicht schon mit Abschluss des entgeltlichen schuldrechtlichen Verpflichtungsgeschäfts, z. B. eines Kaufvertrags, sondern erst zu dem Zeitpunkt, in dem aufgrund dieses entgeltlichen schuldrechtlichen Verpflichtungsgeschäfts das rechtliche oder wenigstens das wirtschaftliche Eigentum an den Anteilen vom Veräußerer auf den Erwerber übergeht (BFH IV R 113/81, BStBl 1983 II 640; IV R 226/85, BStBl 1988 II 832). Da

A die GmbH-Anteile im Jahr 2020 teilweise veräußert und im Übrigen – aufgrund der unentgeltlichen Übertragung auf die Tochter – entnommen hat, ist der nach dem Teileinkünfteverfahren (§ 3 Nr. 40 Buchst. b, § 3c Abs. 2 EStG) zu versteuernde Veräußerungs- und Entnahmegewinn i. H. v. insgesamt 60 % von (40.000 € + 60.000 € =) 100.000 € = 60.000 € nach § 16 Abs. 4 EStG begünstigt. Der Gewinn ist bei der Einkommensteuer i. H. v. 45.000 € steuerfrei, weil eine 100 %ige Beteiligung als Teilbetrieb gilt (§ 16 Abs. 4 EStG). Der Veräußerungs- bzw. Entnahmegewinn i. H. v. 45.000 € unterliegt jedoch der Gewerbesteuer (BFH IV R 60/74, BStBl 1978 II 100).

FALL 195

Realteilung einer OHG

Sachverhalt:

Die X-OHG, an der A und B zu je 50 % als Gesellschafter beteiligt sind, besteht aus zwei Teilbetrieben:

▶ Dem Teilbetrieb 1 mit einem Buchwert von 250.000 € und einem Teilwert von 500.000 € und

▶ dem Teilbetrieb 2 mit einem Buchwert von ebenfalls 250.000 € und einem Teilwert von 500.000 €.

Die Kapitalkonten der beiden Gesellschafter belaufen sich auf je 250.000 €. Die Gesellschafter lösen im Jahr 01 die OHG auf und setzen sich im Wege der Realteilung in der Weise auseinander, dass A den Teilbetrieb 1 und B den Teilbetrieb 2 übernimmt.

AUFGABE

Ist die Realteilung erfolgsneutral?

LÖSUNG

Eine Personengesellschaft, z. B. OHG, KG oder GbR, mit Gewinneinkünften kann in der Weise aufgelöst werden, dass aufgrund eines entsprechenden Auflösungsbeschlusses die Wirtschaftsgüter des Gesellschaftsvermögens den einzelnen Mitunternehmern entsprechend ihrem Anteil am Gesellschaftsvermögen zugewiesen werden. Das Vermögen der Gesellschaft geht dann in das Vermögen der Gesellschafter über. Eine solche Aufteilung gemeinschaftlichen Betriebsvermögens zur Erfüllung des Auseinandersetzungsanspruchs der Mitunternehmer bezeichnet man als Realteilung oder Naturalteilung (BFH XI R 51/89, BStBl 1992 II 946). Handelsrechtlich ist die Realteilung eine andere Art der Auseinandersetzung des Gesellschaftsvermögens (§ 131, § 145 Abs. 1, § 161 Abs. 2 HGB), die dazu führt, dass die Personengesellschaft kein Aktivvermögen zurückbehält und deshalb voll beendet ist. Die Grundsätze der Realteilung gelten nicht nur für gewerbliche, sondern auch für land- und forstwirtschaftliche Betriebe (BFH IV R 93/93, BStBl 1995 II 700; VI R 66/15, BFH/NV 2018, 1315) sowie bei Betriebsvermögen, das der selbständigen Arbeit dient (BFH IV R 20/94, BStBl 1996 II 70; VIII R 33/13, BStBl 2016 II 596).

HINWEIS

Der Begriff der „Realteilung" i. S. d. § 16 Abs. 3 Satz 2 EStG ist ein steuerrechtlicher Begriff. Seine Auslegung ist daher nicht mehr – wie die frühere Rechtsprechung angenommen hat – an das Zivilrecht gebunden (BFH III R 49/13, BStBl 2017 II 37).

Die Realteilung ist steuergesetzlich in § 16 Abs. 3 Sätze 2–4 EStG geregelt. § 16 Abs. 3 Sätze 2–4 EStG sieht vor, dass bei der Realteilung einer Mitunternehmerschaft

▶ zwingend die Buchwerte anzusetzen sind, wenn die Wirtschaftsgüter in das jeweilige Betriebsvermögen der einzelnen Mitunternehmer übertragen werden, vorausgesetzt, die Besteuerung der stillen Reserven ist sichergestellt; das gilt unabhängig davon, ob im Zuge der Realteilung Teilbetriebe, Mitunternehmeranteile oder einzelne Wirtschaftsgüter übertragen werden (§ 16 Abs. 3 Satz 2 EStG);

▶ rückwirkend der gemeine Wert anzusetzen ist, soweit bei einer Realteilung, bei der einzelne Wirtschaftsgüter übertragen worden sind, zum Buchwert übertragener Grund und Boden, übertragene Gebäude oder andere übertragene wesentliche Betriebsgrundlagen innerhalb einer Sperrfrist nach der Übertragung veräußert oder entnommen werden; die Sperrfrist endet drei Jahre nach Abgabe der Steuererklärung der Mitunternehmerschaft für den VZ der Realteilung (§ 16 Abs. 3 Satz 3 EStG);

▶ eine Buchwertfortführung bei Zuteilung von einzelnen Wirtschaftsgütern nicht zulässig ist, soweit die Wirtschaftsgüter unmittelbar oder mittelbar auf eine Körperschaft, Personenvereinigung oder Vermögensmasse übertragen werden; in diesem Fall ist bei der Übertragung der gemeine Wert anzusetzen (§ 16 Abs. 3 Satz 4 EStG).

Voraussetzung für die Buchwertfortführung ist, dass das übernommene Betriebsvermögen nach der Realteilung weiterhin Betriebsvermögen bleibt. Hierfür ist es ausreichend, wenn erst im Rahmen der Realteilung bei den Realteilern durch die Übertragung einzelner Wirtschaftsgüter ein neuer Betrieb (z. B. durch Begründung einer Betriebsaufspaltung) entsteht. Es ist demnach nicht erforderlich, dass die Realteiler bereits vor der Realteilung außerhalb der real zu teilenden Mitunternehmerschaft noch Betriebsvermögen (z. B. im Rahmen eines Einzelunternehmens) haben. Das übernommene Betriebsvermögen muss in das jeweilige Betriebsvermögen des einzelnen Realteilers übertragen werden (BMF v. 19.12.2018, BStBl 2019 I 6 Rn. 12).

Im vorliegenden idealtypischen Fall ergeben sich keine Bilanzierungsprobleme:

A und B führen die Buchwerte der Teilbetriebe 1 und 2 von je 250.000 € unter gleichzeitiger Fortführung ihrer Kapitalkonten von je 250.000 € fort.

Die Realteilung ist damit erfolgsneutral.

HINWEIS

Die Finanzverwaltung hat den bisherigen Realteilungserlass v. 20.12.2016 (BStBl 2017 I 36 = EStH 2017, Anhang 24 III) durch einen neuen Realteilungserlass v. 19.12.2018 (BStBl 2019 I 6 = EStH 2019, Anhang 24 III) ersetzt. Der neue Realteilungserlass (BMF, BStBl 2019 I 6) ist auf alle offenen Fälle anzuwenden. Nach Rn. 32 des „neuen" BMF-Schreibens gelten die Übergangsregelungen aus dem „alten" Realteilungserlass v. 20.12.2016, BStBl 2017 I 36, fort. Danach ist auf einvernehmlichen Antrag aller Mitunternehmer der real geteilten Mitunternehmerschaft Abschnitt II Satz 6 und 7 des Realteilungserlasses v. 20.12.2016, BStBl 2017 I 36, für Realteilungen nicht anzuwenden, die vor dem 1.1.2016 stattgefunden haben. Außerdem sind auf einvernehmlichen Antrag aller Mitunternehmer die Grundsätze des neuen Realteilungserlasses v. 19.12.2018 in den Fällen einer „unechten" Realteilung nicht anzuwenden, wenn die „unechte" Realteilung vor dem 1.1.2019 stattgefunden hat.

FALL 196

Realteilung einer GbR bei Fortführung der Mitunternehmerschaft

Sachverhalt:

Gesellschafter der X-Steuerberatungs-GbR sind die Steuerberater A, B und C zu je 1/3. Das Gesellschaftsvermögen besteht zwei Teilbetrieben (Teilpraxen). Die GbR wird real geteilt. Die Realteilungsbilanz hat folgendes Aussehen:

Aktiva	Buchwert	gemeiner Wert	Bilanz der Realteilungs-GbR	Buchwert	gemeiner Wert	Passiva
Teilpraxis 1	150.000 €	300.000 €	Kapital A	110.000 €	200.000 €	
Teilpraxis 2	100.000 €	300.000 €	Kapital B	70.000 €	200.000 €	
			Kapital C	70.000 €	200.000 €	
	250.000 €	600.000 €		250.000 €	600.000 €	

A übernimmt den Teilbetrieb 1 (Buchwert: 150.000 €, gemeiner Wert: 300.000 €) und führt ihn als Einzelpraxis fort. B und C führen den Teilbetrieb 2 (Buchwert 100.000 €, gemeiner Wert: 300.000 €) als Mitunternehmerschaft fort.

AUFGABE

Liegt eine erfolgsneutrale Realteilung mit Buchwertfortführungszwang i. S. d. § 16 Abs. 3 Satz 2 EStG vor?

LÖSUNG

Der BFH unterscheidet in seiner jüngeren Rechtsprechung zwischen der

► „echten" Realteilung (zivilrechtliche Auflösung der Mitunternehmerschaft und Auskehrung des Vermögens an die Realteiler)

► und „unechten" Realteilung (Ausscheiden von Mitunternehmern aus der fortbestehenden Gesellschaft gegen Sachwertabfindung, auch in Form von einzelnen Wirtschaftsgütern).

Die „echte" Realteilung i. S. d. § 16 Abs. 3 Satz 2 und 3 EStG ist durch den auf der Ebene der Mitunternehmerschaft verwirklichten Tatbestand der Betriebsaufgabe i. S. d. § 16 Abs. 3 Satz 1 EStG gekennzeichnet (BFH IV R 31/14, BStBl 2019 II S. 24). Eine Betriebsaufgabe auf Ebene der Mitunternehmerschaft und damit ein Fall der „echten" Realteilung liegt auch bei Ausscheiden eines Mitunternehmers unter Übertragung eines Teilbetriebs, eines (Teil-)Mitunternehmeranteils an einer Tochter-Personengesellschaft oder von Einzelwirtschaftsgütern aus einer zweigliedrigen Mitunternehmerschaft und Fortführung des Betriebs durch den verbleibenden Mitunternehmer in Form eines Einzelunternehmens vor (BMF, BStBl 2019 I 6 Rn. 1).

Eine „unechte" Realteilung i. S. d. § 16 Abs. 3 Satz 2 und 3 EStG liegt vor, wenn ein Mitunternehmer aus einer mehrgliedrigen Mitunternehmerschaft gegen Übertragung von Wirtschaftsgütern ausscheidet, die beim ausscheidenden Mitunternehmer zumindest teilweise weiterhin Betriebsvermögen darstellen, während die verbleibenden Mitunternehmern die Mitunternehmerschaft fortführen (BFH IV R 31/14, BStBl 2019 II 24; BMF, BStBl 2019 I 6, Rn. 2). Dies gilt unabhängig davon, ob der ausscheidende Mitunternehmer einen Teilbetrieb (BFH III R 49/13, BStBl 2017 II 37), einen Mitunternehmeranteil oder nur Einzelwirtschaftsgüter (BFH IV R 11/15, BStBl 2019 II 29). erhält. Entsprechendes gilt im Fall von doppelstöckigen Personengesellschaften beim Ausscheiden aus der Mutter-Personengesellschaft gegen Übertragung eines Teils eines Mitunternehmeranteils an einer Tochter-Personengesellschaft (BMF v. 19.12.2018, BStBl 2019 I 6, Rn. 2). Die unechte Realteilung stellt eine Aufgabe des Mitunternehmeranteils durch den ausscheidenden Mitunternehmer dar.

Eine steuerneutrale „echte" Realteilung i. S. d. § 16 Abs. 3 Satz 2 EStG kann also auch dann angenommen werden kann, wenn ein Mitunternehmer – wie hier A – unter Übernahme eines Teilbetriebs aus der Mitunternehmerschaft ausscheidet und diese mit den übrigen (hier: B und C) fortgesetzt wird (BFH III R 49/13, BStBl 2017 II 37, Rn. 28). Früher hat der BFH die zivilrechtliche Auflösung der Personengesellschaft vorausgesetzt, daran hält er nicht mehr fest (BFH III R 49/13, BStBl 2017 II 37, Rn. 31, 34). Für die Anwendung der Realteilungsregeln wird also nicht mehr zwingend die Auflösung der Mitunternehmerschaft gefordert.

Nach alledem liegt hier eine steuerneutrale „echte" Realteilung i. S. d. § 16 Abs. 3 Satz 2 EStG vor. A muss die Buchwerte der übernommenen Teilpraxis 1 von 150.000 € in seinem Einzelunternehmen unverändert fortführen. Da ihm nicht Wirtschaftsgüter zugewiesen worden sind, die dem Buchwert seines Kapitalkontos von 110.000 € entsprechen, muss er nach der sog. Kapitalkontenanpassungsmethode sein Kapitalkonto von bislang 110.000 € erfolgsneutral auf 150.000 € in der Bilanz seiner Einzelpraxis aufstocken (BFH VIII R 69/86, BStBl 1992 II 385). Die Eröffnungsbilanz des A hat folgendes Aussehen:

Aktiva	Eröffnungsbilanz A		Passiva
Teilpraxis 1	150.000 €	Kapital A	110.000 €
		+ 40.000 €	150.000 €
	150.000 €		150.000 €

Andererseits müssen B und C die Buchwerte der Teilpraxis 2 von 100.000 € übernehmen. Dadurch ergibt sich ein verändertes Kapitalkonto im Vergleich zur Bilanz der X-GbR. B und C müssen ihr Kapitalkonto von je 70.000 € erfolgsneutral auf je 50.000 € abstocken (negativer Kapitalanpassungsposten):

Aktiva	Bilanz GbR B/C nach Realteilung			Passiva
Teilbetrieb 2	100.000 €	Kapital B	70.000 €	
			./. 20.000 €	50.000 €
		Kapital C	70.000 €	
			./. 20.000 €	50.000 €
	100.000 €			100.000 €

Durch Anwendung der Kapitalkontenanpassungsmethode ändert sich zwar die personelle Zuordnung der stillen Reserven nach der Realteilung, sämtliche stille Reserven bleiben indes steuerverhaftet. Die Finanzverwaltung hat ihren Realteilungserlass neu gefasst und akzeptiert die Rechtsprechung des BFH (BMF v. 18.12.2019, BStBl 2019 I 6).

FALL 197

Realteilung einer KG unter Anwendung der Kapitalkontenanpassungsmethode

Sachverhalt:

A und B sind zu je 50 % als Gesellschafter an der X-KG beteiligt. Das Gesellschaftsvermögen besteht aus den Wirtschaftsgütern 1 (Buchwert 150.000 €, Teilwert 300.000 €) und den Wirtschaftsgütern 2 (Buchwert 50.000 €, Teilwert 300.000 €). Die Kapitalkonten von A und B betragen je 100.000 €. A übernimmt bei der Realteilung die Wirtschaftsgüter 1 und B die Wirtschaftsgüter 2. Beide Gesellschafter übertragen die ihnen zugeteilten Wirtschaftsgüter in das Betriebsvermögen ihrer Einzelunternehmen.

AUFGABE

Ist die Realteilung gewinnneutral?

LÖSUNG

In den meisten Realteilungsfällen ist es nicht möglich, den einzelnen Gesellschaftern Wirtschaftsgüter mit Buchwerten zuzuteilen, die insgesamt genau dem Buchwert ihrer Kapitalkonten entsprechen. Zwangsläufig kommt es dann dazu, dass der eine Gesellschafter an Buchwerten mehr, der andere Gesellschafter an Buchwerten weniger als den Betrag seines Kapitalkontos erhält. Dieses Bilanzierungsproblem ist mittels der sog. Kapitalkontenanpassungsmethode zu lösen (BFH VIII R 69/86, BStBl 1992 II 385; BMF, BStBl 2019 I 6, Rn. 22). Nach dieser Methode müssen die Realteiler ihr jeweiliges Kapitalkonto durch Auf- bzw. Abstocken an die Buchwerte der zugeteilten Teilbetriebe bzw. Mitunternehmeranteile anpassen. Dadurch ändert sich zwar die personelle Zuordnung der stillen Reserven nach der Realteilung, sämtliche stille Reserven bleiben indes steuerverhaftet.

Vorliegend ist die Realteilung gewinnneutral. A muss allerdings sein Kapitalkonto erfolgsneutral von 100.000 € auf 150.000 € aufstocken, B von 100.000 € auf 50.000 € abstocken. Danach können die Buchwerte der den beiden Gesellschaftern zugeteilten Wirtschaftsgüter von diesen in ihren eigenen Betrieben fortgeführt werden. Bei dieser Lösung wird also in Kauf genommen, dass stille Reserven von einem Realteiler auf den anderen übergehen: An den stillen Reserven von insgesamt 400.000 € waren A und B vor der Realteilung mit je 50 % = 200.000 € beteiligt. Nach der Realteilung hat A stille Reserven i. H. v. 150.000 €, B i. H. v. 250.000 €. Stille Reserven i. H. v. 50.000 € sind somit von A auf B übergegangen.

FALL 198

Realteilung einer OHG unter Zuteilung von in das Privatvermögen überführten Einzelwirtschaftsgütern

Sachverhalt:

An der X-OHG sind der 60 Jahre alte A und der 62 Jahre alte B je zur Hälfte als Gesellschafter beteiligt. Der Buchwert des Betriebsvermögens beträgt 200.000 €, der gemeine Wert (= Teilwert) 500.000 €. Das Kapitalkonto des A beläuft sich auf 50.000 €, das des B auf 150.000 €. Die Gesellschafter setzen sich in 01 im Wege der Realteilung in der Weise auseinander, dass A Einzelwirtschaftsgüter im gemeinen Wert i. H. v. 200.000 €, B i. H. v. 300.000 € übernimmt. Beide Realteiler überführen die zugeteilten Wirtschaftsgüter in ihr Privatvermögen.

AUFGABE

Ist die Realteilung erfolgsneutral oder entsteht – ggf. in welcher Höhe – ein Aufgabegewinn?

LÖSUNG

Werden den Realteilern Einzelwirtschaftsgüter zugeteilt, die in das Privatvermögen überführt werden, liegt eine Betriebsaufgabe (§ 16 Abs. 3 EStG) vor mit der Folge, dass die stillen Reserven aufzudecken sind. Der Aufgabegewinn der Mitunternehmerschaft ist den Gesellschaftern A und B anteilig zuzurechnen. Die Verteilung des Aufgabegewinns der Gesellschaft auf die Gesellschafter bestimmt sich im Fall der Realteilung nach dem Wert der Wirtschaftsgüter, die auf den einzelnen Gesellschafter übertragen werden (§ 16 Abs. 3 Satz 8 EStG; BFH VIII R 57/90, BStBl 1982 II 456). Für jeden Beteiligten ist also der gemeine Wert der Wirtschaftsgüter anzusetzen, die er bei der Auseinandersetzung erhalten hat. Aufgabegewinnanteil des Gesellschafters ist danach der Unterschied zwischen dem gemeinen Wert der ihm zugeteilten Wirtschaftsgüter und dem Buchwert seines Kapitalkontos.

In der Praxis wird zur Ermittlung des Aufgabegewinns meist eine Aufgabebilanz aufgestellt, in der die Wirtschaftsgüter mit ihrem gemeinen Wert ausgewiesen werden. Diese Aufgabebilanz wird dann der letzten, auf den Zeitpunkt der Aufgabe fortentwickelten steuerlichen Jahresbilanz gegenübergestellt. Die steuerliche Realteilungsbilanz ist also bei Aufdeckung der stillen Reserven mit der Aufgabebilanz identisch (BFH, BStBl 1994 II 607). Zur Ermittlung des jeweiligen Aufgabegewinns ist also hier für jeden Gesellschafter der gemeine Wert der Wirtschaftsgüter anzusetzen, die er bei der Auseinandersetzung erhalten hat. Dieser Wert ist dem Buchwert des Kapitalkontos gegenüberzustellen. Für A ergibt sich danach ein Aufgabegewinn i. H.v. 200.000 € ./. 50.000 € = 150.000 € und für B i. H.v. 300.000 € ./. 150.000 € = 150.000 €. Die Aufgabegewinne werden begünstigt besteuert (§§ 16, 34 EStG).

A:

Gemeiner Wert der Wirtschaftsgüter 1	200.000 €	
./. Kapitalkonto	./. 50.000 €	150.000 €

B:

Gemeiner Wert der Wirtschaftsgüter 2	300.000 €	
./. Kapitalkonto	./. 150.000 €	150.000 €
Aufgabegewinn insgesamt		300.000 €

FALL 199

Realteilung mit Spitzenausgleich

Sachverhalt:

Das Betriebsvermögen der X-OHG, an der A und B zu je 50 % als Gesellschafter beteiligt sind, besteht aus den

Wirtschaftsgütern 1:	Buchwert	100.000 €	Teilwert	1.000.000 €
Wirtschaftsgütern 2:	Buchwert	80.000 €	Teilwert	800.000 €

Die Kapitalkonten von A und B betragen je 90.000 €. Bei der Realteilung erhält A die Wirtschaftsgüter 1 und B die Wirtschaftsgüter 2. Zum Wertausgleich zahlt A an B 100.000 €. Beide Gesellschafter führen die ihnen zugewiesenen Wirtschaftsgüter in ihren Einzelunternehmen fort.

AUFGABE

Welche steuerlichen Folgen ergeben sich für A und B?

LÖSUNG

In zahlreichen Realteilungsfällen ist ein vollständiger Wertausgleich durch die Zuteilung von Wirtschaftsgütern des Gesellschaftsvermögens einschließlich der Geldkonten nicht möglich. Ein Gesellschafter enthält dann – bezogen auf seinen nach Verkehrswerten ermittelten Auseinandersetzungsanspruch – mehr Vermögen, der andere Gesellschafter weniger Vermögen als ihm zusteht. Deshalb zahlt der Gesellschafter, der zu viel erhalten hat, dem Gesellschafter, der zu wenig erhalten hat, einen Ausgleich in Geld. Man spricht in diesem Zusammenhang von einer Realteilung mit Spitzenausgleich.

Der BFH hat in einer Grundsatzentscheidung (VIII R 57/90, BStBl 1994 II 607; ebenso VIII R 12/93, BFH/NV 1995, 98) zur Realteilung einer Personengesellschaft – es ging um eine Realteilung mit Buchwertfortführung, bei der ein Realteiler dem anderen einen Spitzenausgleich zahlte – folgenden Standpunkt vertreten:

▶ Zahlt bei einer Realteilung mit Buchwertfortführung ein Realteiler dem anderen einen Spitzenausgleich, steht dies der gewinnneutralen Realteilung des Gesellschaftsvermögens (im Übrigen) nicht entgegen.

▶ Der Spitzenausgleich führt allerdings zur Realisierung eines nicht begünstigten Veräußerungsgewinns i. H. d. Ausgleichsbetrags (ohne Gegenrechnung eines anteiligen Buchwerts).

B entsteht nach Ansicht des BFH i. H. d. Spitzenausgleichs von 100.000 € ein – nicht begünstigter – laufender Veräußerungsgewinn (BFH VIII R 57/90, BStBl 1994 II 607), der allerdings nicht der Gewerbesteuer unterliegt (BFH VIII R 13/94, BStBl 1994 II 809). A und B müssen in ihren Fortführungseröffnungsbilanzen ihre Kapitalkonten erfolgsneutral an die Buchwerte der übernommenen Teilbetriebe angleichen (Kapitalkonto A nach Angleichung 100.000 €, Kapitalkonto B nach Angleichung 80.000 €). Anschließend hat der leistungsverpflichtete A die Buchwerte der von ihm übernommenen Wirtschaftsgüter um die nachträglichen Anschaffungskosten i. H. d. Ausgleichszahlung von 100.000 € aufzustocken.

Die Finanzverwaltung hat das genannte BFH-Urteil zum Teil mit einem Nichtanwendungserlass belegt (BMF, BStBl 1994 I 601). Nach ihrer Ansicht und der h. M. wird nur im Verhältnis der Ausgleichszahlung zum Wert der übernommenen Wirtschaftsgüter entgeltlich angeschafft und veräußert und nur insoweit Gewinn realisiert (BMF, BStBl 2019 I 6, Rn. 17). Zur Ermittlung des Gewinns aus der Ausgleichszahlung ist danach eine anteilige Gegenrechnung der Buchwerte vorzunehmen. In Höhe des um den anteiligen Buchwert verminderten Spitzenausgleichs entsteht ein laufender, nicht begünstigter Gewinn für den veräußernden Realteiler. Der Spitzenausgleich-Gewinn unterliegt auch nicht der Gewerbesteuer (BFH VIII R 13/94, BStBl 1994 II 809; BMF, BStBl 2019 I 6, Rn. 18), rechnet also nicht zum Gewerbeertrag, weil die Realteilung auch nach Gewerbesteuerrecht ein betriebsbeendender Vorgang (eine Betriebsaufgabe) ist. Der Gewinn aus der Aufdeckung der stillen Reserven ist aber nach § 7 Satz 2 GewStG als Gewerbeertrag zu erfassen, soweit er nicht auf eine natürliche Person als unmittelbar beteiligter Mitunternehmer entfällt.

Nach Ansicht der Finanzverwaltung ist der Fall wie folgt zu lösen (BMF, BStBl 2019 I 6, Rn. 20 ff.):

A steht wertmäßig am Gesellschaftsvermögen die Hälfte von 1 800.000 € = 900.000 € zu. Da er aber Wirtschaftsgüter im Wert von 1 Mio. € erhält, also 100.000 € mehr, zahlt er diese 100.000 € für 1/10 des Betriebsvermögens 1, das er mehr erhält. A erwirbt also 9/10 der Wirtschaftsgüter des Teilbetriebs 1 unentgeltlich und 1/10 entgeltlich. Auf dieses Zehntel entfällt ein Buchwert von 1/10 von 100.000 € = 10.000 €, so dass A die Aktivwerte um 100.000 € ./. 10.000 € = 90.000 € aufstocken muss und B einen Veräußerungsgewinn i. H. v. 90.000 € erzielt. Der von B erzielte Veräußerungsgewinn ist als laufender Gewinn nicht begünstigt zu versteuern, er unterliegt aber nicht der Gewerbesteuer. B muss die Buchwerte der von ihm übernommenen Wirtschaftsgüter i. H. v. 80.000 € fortführen.

FALL 200

Gewinnermittlung bei einer Realteilung ohne Spitzenausgleich bei Buchwertfortführung

Sachverhalt:

Die X-GbR, an der A und B zu je 50 % beteiligt sind, betreibt eine Steuerberatungspraxis. Sie ermittelt ihren Gewinn durch Einnahmenüberschussrechnung (§ 4 Abs. 3 EStG). Gesellschafter der GbR sind die Steuerberater A und B.

A kündigte den Gesellschaftsvertrag zum 31.12.01. Dadurch wurde die GbR aufgelöst. Jeder Realteiler erhielt den von ihm betreuten Mandantenstamm zugewiesen. Forderungen und Verbindlichkeiten wurden so aufgeteilt, dass kein Spitzenausgleich erforderlich wurde. A und B führen die von ihnen übernommenen Wirtschaftsgüter mit dem Buchwert in ihren Einzelpraxen ab 1.1.02 fort. Beide ermitteln ihren Gewinn ab 02 durch Einnahmenüberschussrechnung.

AUFGABE

Besteht für die GbR zum 31.12.01 die Verpflichtung zur Erstellung einer Realteilungsbilanz nebst sog. Übergangsermittlung?

LÖSUNG

Veräußert ein Stpfl., der seinen Gewinn nach § 4 Abs. 3 EStG ermittelt, seinen Betrieb, oder gibt er ihn auf, ist er grundsätzlich so zu behandeln, als wäre er im Augenblick der Veräußerung oder Aufgabe zunächst zur Gewinnermittlung nach § 4 Abs. 1 EStG übergegangen (BFH III R 30-31/85, BStBl 1990 II 287). In diesen Fällen ist grundsätzlich ein Wechsel der Gewinnermittlungsart vorzunehmen und ein Übergangsgewinn oder -verlust anzusetzen. Ein sich dabei ergebender Übergangsgewinn ist laufender, nicht begünstigter Gewinn.

Die Realteilung ist nach herrschendem Verständnis durch den Tatbestand der Betriebsaufgabe auf der Ebene der Gesellschaft gekennzeichnet (BFH VIII R 28/08, BStBl 2014 II 299). Die „echte" Realteilung i. S. d. § 16 Abs. 3 Satz 2 und 3 EStG ist durch den auf der Ebene der Mitunternehmerschaft verwirklichten Tatbestand der Betriebsaufgabe i. S. d. § 16 Abs. 3 Satz 1 EStG gekennzeichnet (BFH IV R 31/14, BStBl 2019 II 24; BMF v. 18.12.2018, BStBl 2019 I 6, Rn. 1). Jedoch ordnet § 16 Abs. 3 Satz 2 i. V. m. § 18 Abs. 3 Satz 2 EStG für den Sonderfall der Realteilung gerade nicht die Aufdeckung der stillen Reserven an, sondern zwingt trotz Betriebsaufgabe zur Fortführung der Buchwerte, weil das unternehmerische Engagement fortgeführt wird.

Fraglich war daher vor diesem Hintergrund, ob bei der Realteilung einer Mitunternehmerschaft, die ihren Gewinn durch Einnahmenüberschussrechnung ermittelt, im Zeitpunkt der Realteilung zum Bestandsvergleich nach § 4 Abs. 1 EStG übergegangen werden muss (R 4.5 Abs. 6 EStR 2012). Bejaht man diese Frage, käme es im Jahr 01 bei der GbR zu einer Übergangsbesteuerung. Der BFH (III R 32/12, BStBl 2014 II 242) vertritt jedoch die Auffassung, dass im Fall der Realteilung einer freiberuflichen Mitunternehmerschaft ohne Spitzenausgleich keine Verpflichtung zur Erstellung einer Realteilungsbilanz nebst Übergangsgewinnermittlung besteht, wenn die Buchwerte fortgeführt werden und die Mitunternehmer unter Aufrechterhaltung der Gewinnermittlung durch Einnahmenüberschussrechnung ihre berufliche Tätigkeit in Einzelpraxen weiterbetreiben.

Eine Verpflichtung zur Erstellung einer Realteilungsbilanz nebst Übergangsgewinnermittlung hat ihre Rechtfertigung darin, dass gewährleistet werden soll, dass die Gewinnermittlung durch Einnahmenüberschussrechnung nach § 4 Abs. 3 EStG letztlich zu dem gleichen laufenden Gesamtgewinn führt, wie er auch bei einer Gewinnermittlung durch Bestandsvergleich nach § 4 Abs. 1 EStG angefallen wäre. Nach Ansicht des BFH ist dem Grundsatz der Gesamtgewinngleichheit dadurch genügt, dass die Mitunternehmer der realgeteilten Mitunternehmerschaft in ihren Einzelpraxen weiterhin den Gewinn durch Einnahmenüberschussrechnung ermitteln.

HINWEIS

Die Finanzverwaltung hält an ihrer entgegenstehenden Auffassung nicht mehr fest. Denn das genannte BFH-Urteil ist im BStBl veröffentlicht worden (OFD Niedersachsen v. 30.6.2015, S 1978d-10-St 243, BeckVerw 312468). Auch verwaltungsseitig wird daher jetzt die Auffassung vertreten, dass bei Einbringung eines Betriebs, Teilbetriebs oder Mitunternehmeranteils, für den die Gewinnermittlung bisher durch Einnahmenüberschussrechnung nach § 4 Abs. 3 EStG vorgenommen wurde, ein Übergang zur Gewinnermittlung durch Betriebsvermögensvergleich nach § 4 Abs. 1 EStG nicht erforderlich ist, sofern der Vermögensübergang zu Buchwerten erfolgt (OFD Frankfurt/M., DStR 2015, 1312; OFD NRW, DStR 2016, 1031). Es ist also keine Übergangsbesteuerung durchzuführen, wenn nach der Realteilung einer den Gewinn nach § 4 Abs. 3 EStG ermittelnden Personengesellschaft ohne Spitzenausgleich die bisherigen Mitunternehmer die betriebliche Tätigkeit jeweils als Einzelunternehmer mit Gewinnermittlung nach § 4 Abs. 3 EStG fortsetzen.

FALL 201

Betriebsübertragung im Wege der vorweggenommenen Erbfolge bei negativem Kapitalkonto

Sachverhalt:

Der 60 Jahre alte Einzelgewerbetreibende V betreibt ein Bauunternehmen. Mit notariell beurkundetem Vertrag vom 28.12.01 überträgt er zum 31.12.01 seinen Betrieb auf seinen Sohn A. Im Gegenzug übernimmt A die betrieblichen Verbindlichkeiten und verpflichtet sich zur Zahlung eines einmaligen Geldbetrags an seine Schwester B i. H. v. 100.000 €. Im Vertrag ist festgehalten, dass der Betrag von 100.000 € der Gleichstellung der B dienen soll. A finanziert die Abfindung seiner Schwester mit eigenen privaten Mitteln, d. h. einem Veräußerungserlös, den er anlässlich der Veräußerung eines privaten Bauplatzes erzielt hat.

Die von V zum 31.12.01 aufgestellte Bilanz hat folgendes Aussehen:

Aktiva	Bilanz zum 31.12.01		Passiva
Grund und Boden	60.000 €	Darlehen	400.000 €
Gebäude	300.000 €	Verbindlichkeiten	100.000 €
Betriebsausstattung	100.000 €	Rückstellungen	20.000 €
Sonstige Aktiva	40.000 €	Sonstige Passiva	30.000 €
Kapital	50.000 €		
	550.000 €		550.000 €

Im Betriebsvermögen sind stille Reserven i.H.v. 500.000 € enthalten (Grund und Boden 50.000 €, Gebäude 250.000 €, Geschäftswert 200.000 €).

AUFGABE

Welche Steuerfolgen ergeben sich für V und A?

LÖSUNG

Wird ein Betrieb unentgeltlich übertragen, sind vom Übernehmer zwingend die Buchwerte fortzuführen (§ 6 Abs. 3 EStG); ein Veräußerungsgewinn fällt nicht an. Eine unentgeltliche Betriebsübertragung i.S.v. § 6 Abs. 3 EStG liegt auch vor, wenn der Übernehmer die Betriebsschulden mit übernimmt. Im Übergang der betrieblichen Verbindlichkeiten ist nach dem Beschluss des Großen Senats des BFH (GrS 4-6/89, BStBl 1990 II 847) kein Entgelt zu sehen. Der Grundsatz, dass die Übernahme der betrieblichen Verbindlichkeiten bei der Übertragung des Betriebs kein Entgelt darstellt, findet auch Anwendung, wenn das steuerliche Kapitalkonto des Betriebsübergebers negativ ist (BFH IV 201/65, BStBl 1971 II 686; VIII R 36/66, BStBl 1973 II 111; GrS 4-6/89, BStBl 1990 II 847; VI R 188/87, BStBl 1990 II 854).

Dagegen kann bei einer teilentgeltlichen Betriebsübertragung ein Veräußerungsgewinn entstehen. Eine teilentgeltliche Betriebsübertragung liegt nach dem Beschluss des Großen Senats (BFH GrS 4-6/89, BStBl 1990 II 847) vor, wenn der Betriebsübernehmer seinen Geschwistern sog. Gleichstellungsgelder zahlt. In diesem Fall ergibt sich für den bisherigen Betriebsinhaber ein Veräußerungsvorgang und für den Betriebsübernehmer ein Anschaffungsvorgang.

Zu der Frage, wie der Veräußerungsgewinn zu ermitteln ist, wenn der Betriebsübergeber – wie vorliegend V – ein negatives Kapitalkonto hat, hat der BFH in seiner Entscheidung v. 16.12.1992 (XI R 34/92, BStBl 1993 II 436; ebenso BFH IX R 3/93, BStBl 1995 II 357) Stellung genommen. Der BFH betont, dass auch bei einer teilentgeltlichen Veräußerung die Ermittlung des Veräußerungsgewinns nach § 16 Abs. 2 EStG vorzunehmen ist. Dementsprechend ist dem Veräußerungserlös der Buchwert als Resultante des nach § 5 EStG ermittelten Betriebsvermögens gegenüberzustellen. Dabei ist unerheblich, ob der Buchwert (rechnerisch im Kapitalkonto erfasst) einen positiven oder negativen Wert hat. Der Veräußerungsgewinn des V errechnet sich danach wie folgt:

Veräußerungspreis (Gleichstellungsgeld)	100.000 €
negatives Kapitalkonto zum 31.12.01	+ 50.000 €
Veräußerungsgewinn	150.000 €

Vom Veräußerungsgewinn bleiben auf Antrag 45.000 € ./. 14.000 € = 31.000 € steuerfrei, da der Veräußerungsgewinn die Freibetragsgrenze von 136.000 € um 14.000 € übersteigt (§ 16 Abs. 4 EStG). Der verbleibende Veräußerungsgewinn i. H. v. 119.000 € kann begünstigt besteuert werden (§ 34 Abs. 1 oder 3 EStG).

Die Abfindung seiner Schwester und die Übernahme des negativen Kapitalkontos stellten für A ein Anschaffungsgeschäft dar. A muss seine Anschaffungskosten i. H. v. 150.000 € (Abfindung 100.000 € + negatives Kapitalkonto 50.000 €) anteilig bei den Wirtschaftsgütern hinzuaktivieren, die stille Reserven enthalten. Dabei ist zu beachten, dass eine Aufdeckung der im originären Geschäftswert enthaltenen stillen Reserven erst in Betracht kommt, wenn die stillen Reserven, die in den übrigen Wirtschaftsgütern enthalten sind, vollständig aufgedeckt sind (BMF, BStBl 1993 I 80, Rn. 35). Diese Betrachtung hat zur Folge, dass nur die Buchwerte des Grund und Bodens und des Gebäudes aufzustocken sind; zu einer Aufdeckung der im Geschäftswert enthaltenen stillen Reserven kommt es nicht. Die Aufstockung hat anteilig – im Verhältnis der stillen Reserven – zu erfolgen:

Stille Reserven Grund und Boden	50.000 €
Stille Reserven Gebäude	250.000 €
	300.000 €
Aufgedeckte stille Reserven (= 50 %)	150.000 €
Buchwert Grund und Boden bisher	60.000 €
Aufstockung: 50 % von 50.000 € =	25.000 €
Buchwert Grund und Boden nach Aufstockung	85.000 €
Buchwert Gebäude bisher	300.000 €
Aufstockung: 50 % von 250.000 € =	125.000 €
Buchwert Gebäude nach Aufstockung	425.000 €

FALL 202

Veräußerung eines Erbteils an einer gewerblich tätigen Personengesellschaft

Sachverhalt:

Der Nachlass des Erblassers V besteht aus einem gewerblichen Einzelunternehmen. Das Kapitalkonto des Erblassers betrug 300.000 €. Erben sind A, B und C zu je ¹/₃. Jeder Erbe hat somit ein Kapitalkonto i. H. v. ¹/₃ von 300.000 € = 100.000 €. Der 40 Jahre alte A veräußert seinen Erbteil und damit seinen Mitunternehmeranteil für 250.000 € an D.

AUFGABE

Wie hoch ist der von A erzielte Veräußerungsgewinn und welche Steuerfolgen ergeben sich für D?

LÖSUNG

Die Veräußerung eines Erbanteils an einer gewerblich tätigen Erbengemeinschaft hat die gleichen einkommensteuerlichen Folgen wie die Veräußerung eines Gesellschaftsanteils (§ 16 Abs. 1 Nr. 2 EStG) an einer gewerblich tätigen Personengesellschaft, z. B. einer OHG oder KG. Der weichende Miterbe veräußert seinen Mitunternehmeranteil und erzielt dabei einen begünstigten Veräußerungsgewinn (§§ 16, 34 EStG); der übernehmende Miterbe hat Anschaffungskosten i. H. seiner Abfindung. Anschaffungskosten und Veräußerungsgewinn errechnen sich wie bei der Übertragung eines Gesellschaftsanteils (BFH, GrS 2/89, BStBl 1990 II 837, 843; VIII R 172/85, BFH/NV 1991, 738; BMF, BStBl 2006 I 253, Rn. 39). Für diese Betrachtung ist es ohne Bedeutung, ob es sich bei dem Erwerber um einen Dritten oder einen Miterben handelt.

A entsteht demzufolge aus der Veräußerung seines Mitunternehmeranteils (§ 16 Abs. 1 Nr. 2 EStG) ein nach § 34 Abs. 1 EStG progressionsbegünstigter bzw. auf Antrag ein nach § 34 Abs. 3 EStG tarifbegünstigter Veräußerungsgewinn i. H. v. (250.000 € ./. Kapitalkonto von 100.000 € =) 150.000 €. D hat Anschaffungskosten i. H. v. 250.000 €, mit denen er seinen Mitunternehmeranteil bilanzieren muss. Dies geschieht in der Weise, dass in der Bilanz der Personengesellschaft, also in der Hauptbilanz, das Kapitalkonto des A i. H. v. 100.000 € auf D übertragen wird, während der Mehrbetrag von 150.000 € in einer für D aufzustellenden Ergänzungsbilanz ausgewiesen wird.

FALL 203

Abfindung eines weichenden Miterben mit einem zum geerbten Betrieb gehörenden Wirtschaftsgut (Sachwertabfindung)

Sachverhalt:

A und der 45 Jahre alte B sind Miterben zu je 50 %. Zum Nachlass gehört ein gewerbliches Einzelunternehmen mit einem Wert von 600.000 € (Buchwert 200.000 €). Das Kapitalkonto jedes Miterben beläuft sich demnach auf (50 % von 200.000 € =) 100.000 €. Im Betriebsvermögen sind stille Reserven von insgesamt 400.000 € enthalten, die zur Hälfte (200.000 €) auf ein zum gewillkürten Betriebsvermögen entfallendes Grundstück und zur anderen Hälfte (200.000 €) auf die sonstigen Aktiva entfallen.

B scheidet aus der Erbengemeinschaft aus, das Unternehmen wird von A allein fortgeführt. B erhält als Abfindung das zum gewillkürten Betriebsvermögen gehörende Grundstück mit einem Verkehrswert (= gemeiner Wert) von 300.000 € (Buchwert 100.000 €), das er in sein Privatvermögen überführt.

Welche Steuerfolgen löst die Sachwertabfindung bei A und B aus?

Der weichende Miterbe kann auch mit einem Sachwert abgefunden werden, der zum Betriebsvermögen des geerbten Unternehmens gehört. Hinsichtlich der sich hierbei ergebenden Rechtsfolgen verweist der Große Senat (BFH GrS 2/89, BStBl 1990 II 837, 843) auf die zum Ausscheiden aus einer Personengesellschaft gegen Sachwertabfindung ergangene BFH-Rechtsprechung (IV R 64/70, BStBl 1973 II 655). Danach gehört der gemeine Wert des empfangenen Wirtschaftsgutes beim weichenden Miterben zu seinem Veräußerungserlös, bei ihm entsteht wie im Fall der Geldabfindung ein Veräußerungsgewinn. Dem aus der Erbengemeinschaft ausscheidenden B entsteht danach ein progressions- bzw. auf Antrag tarifbegünstigter Gewinn (§ 34 Abs. 1 oder 3 EStG) aus der Veräußerung seines Mitunternehmeranteils (§ 16 Abs. 1 Satz 1 Nr. 2 EStG) i. H. der Differenz zwischen dem gemeinen Wert des Abfindungsguts (300.000 €) und dem Buchwert seines Kapitalkontos (100.000 €), also von 200.000 €. Das sind 1/2 der stillen Reserven des Grundstücks (= 100.000 €) und 1/2 der stillen Reserven der sonstigen Aktiva (= 100.000 €). Zusätzlich führt die Sachwertabfindung bei dem verbliebenen Erben A i. H. seiner stillen Reserven an dem hingegebenen Wirtschaftsgut zur Entstehung eines Veräußerungsgewinns (BMF, BStBl 2006 I 253, Rn. 51).

Der weitere Abfindungsvorgang ist gedanklich in zwei Phasen zu zerlegen. Zum einen stellt der Erwerb des Mitunternehmeranteils des B für den verbleibenden Miterben A ein Anschaffungsgeschäft dar: A muss deshalb die Abfindungsschuld i. H. v. 300.000 € passivieren und den über das Kapitalkonto des B hinausgehenden Abfindungsbetrag von 200.000 € aktivieren, und zwar durch Teilaufstockung bei den Wirtschaftsgütern, die stille Reserven enthalten. Da die in dem Grundstück enthaltenen stillen Reserven (200.000 €) 50 % der insgesamt im Betriebsvermögen enthaltenen stillen Reserven (400.000 €) ausmachen, kommt es beim Grundstück zu einer anteiligen Teilaufstockung i. H. v. (50 % von 200.000 € =) 100.000 €; neuer Buchwert somit 200.000 €. Die Teilaufstockung bei den sonstigen Aktiva beträgt ebenfalls (50 % von 200.000 € =) 100.000 €.

In einem zweiten Schritt wird die passivierte Abfindungsschuld i. H. v. 300.000 € durch Übertragung des Grundstücks auf B getilgt. Die auf A entfallenden stillen Reserven des Grundstücks i. H. v. 100.000 € werden dadurch zwangsläufig realisiert: A entsteht ein laufender Gewinn i. H. v. 100.000 € (BMF, BStBl 2006 I 253, Rn. 51).

Wenn B das übernommene Grundstück in ein eigenes Betriebsvermögen überführt, z. B. seines gewerblichen Einzelunternehmens, liegt ein Fall der echten Realteilung (BMF v. 19.12.2018, BStBl 2019 I 6, Rn. 1) vor. B hat nach § 16 Abs. 3 Satz 2 EStG den Buchwert des Grundstücks (100.000 €) fortzuführen. Er muss das Wirtschaftsgut in seinem eigenen Betrieb mit 100.000 € erfolgsneutral unter Erhöhung seines Kapitalkontos erfassen. Für B entsteht weder ein Entnahme- noch ein Veräußerungsgewinn. Auch für A ergeben sich keine Gewinnauswirkungen (BMF, BStBl 2019 I 11).

FALL 204

Vererbung eines Mitunternehmeranteils bei einfacher Nachfolgeklausel

Sachverhalt:

An der X-OHG sind A und B zu je 50 % als Gesellschafter beteiligt. Der Gesellschaftsvertrag enthält die Bestimmung, dass für den Fall des Todes eines Gesellschafters die Gesellschaft mit sämtlichen Erben fortzuführen ist. A stirbt am 1.7.01. Er wird von seinen beiden Söhnen C und D zu je 50 % beerbt. Das Kapitalkonto des A beträgt in der Bilanz der Personengesellschaft 120.000 €. Zum Sonderbetriebsvermögen des A gehört ein bebautes Grundstück mit einem Buchwert von 180.000 €.

AUFGABE

Welche Steuerfolgen löst die Vererbung des Mitunternehmeranteils bei C und D aus?

LÖSUNG

Der Gesellschaftsvertrag einer Personengesellschaft kann vorsehen, dass die Gesellschaft nach dem Tod eines Gesellschafters mit „den Erben" fortzusetzen ist (einfache Nachfolgeklausel). Der Erblasser entscheidet in diesem Fall mit der testamentarischen Berufung zum Erben auch über die Gesellschafter-Nachfolge. Belässt er es bei der gesetzlichen Erbfolge, nehmen die gesetzlichen Erben die Rechtsstellung des Verstorbenen ein.

Dem Prinzip der Gesamtrechtsnachfolge würde es an sich entsprechen, die Erbengemeinschaft als Gesellschafterin anzusehen. Das würde jedoch dem gesellschaftsrechtlichen Grundsatz entgegenstehen, dass eine Erbengemeinschaft nicht Gesellschafter einer werbend tätigen Personengesellschaft sein kann. Der Gesellschaftsanteil geht demnach nicht auf die Erbengemeinschaft als solche über, er wird also nicht Gesamthandsvermögen der Erbengemeinschaft, sondern jeder einzelne Miterbe wird entsprechend seiner Erbquote unmittelbar Gesellschafter. Es handelt sich um eine quotale Sonderrechtsnachfolge, d. h., der Gesellschaftsanteil geht geteilt auf die Miterben über. Bestandteil des ungeteilten Nachlassvermögens werden jedoch die Wirtschaftsgüter des Sonderbetriebsvermögens. Diese werden Gesamthandsvermögen der Erbengemeinschaft (§§ 1922, 2032 BGB).

Daraus folgt, dass C und D mit dem Erbfall automatisch Mitunternehmer der X-OHG werden: Der Gesellschaftsanteil des A geht im Wege der Sondererbfolge unmittelbar und unentgeltlich und nach der Erbquote geteilt auf C und D als Erben über (BFH VIII R 51/84, BStBl 1992 II 512).

Auch das gesamthänderisch gebundene Sonderbetriebsvermögen geht unentgeltlich auf die Erben über. Diese müssen den Buchwert des Kapitalkontos (120.000 €) und des Sonderbetriebsvermögens (180.000 €) je zur Hälfte fortführen (§ 6 Abs. 3 EStG).

Vererbung eines Mitunternehmeranteils bei qualifizierter Nachfolgeklausel

Sachverhalt:

Erblasser V war Gesellschafter der X-OHG. Er wurde von seinen Kindern A und B zu je 50 % beerbt. Das Kapitalkonto des V beträgt zum Todeszeitpunkt 100.000 €. Der Gesellschaftsanteil hat einen wirklichen Wert von 200.000 €. Der Gesellschaftsvertrag der OHG enthält eine qualifizierte Nachfolgeklausel, wonach nur A in die Gesellschafterstellung des V nachrückt. Zum Sonderbetriebsvermögen des V gehörte ein Grundstück, das einen Teilwert von 100.000 € und einen Buchwert von 50.000 € hat.

AUFGABEN

1. Kann A den Buchwert des Kapitalkontos des Erblassers in der Gesellschaftsbilanz fortführen?

2. Welche Steuerfolgen löst der Übergang des Sonderbetriebsvermögens auf die Miterben A und B aus?

LÖSUNG

Zu 1.:

Ist im Gesellschaftsvertrag einer Personengesellschaft – wie vorliegend – geregelt, dass beim Tod eines Gesellschafters, der von mehreren Personen beerbt wird, die Gesellschaft nur mit einem oder einigen Miterben, z. B. dem ältesten Sohn, fortgeführt wird, spricht man von einer qualifizierten Nachfolgeklausel. Erbrechtliche Grundsätze stehen einer solchen Gestaltung nicht entgegen. Eine qualifizierte Nachfolgeklausel führt zivilrechtlich dazu, dass der Gesellschaftsanteil des Verstorbenen nicht nur i. H. der auf den bevorzugten (qualifizierten) Miterben entfallenden Erbquote, sondern insgesamt im Wege der Sonderrechtsnachfolge auf den Nachfolger-Erben übergeht (BFH VIII R 51/84, BStBl 1992 II 512; IV R 10/99, BStBl 2002 II 850). Der gesellschaftsvertraglich allein zugelassene Miterbe erhält die Gesellschafterposition des Erblassers in vollem Umfang.

Die nicht zu Nachfolgern berufenen Erben werden nicht Gesellschafter. Sie erlangen auch keinen Abfindungsanspruch gegen die Gesellschaft selbst, sondern werden auf einen auf dem Erbrecht beruhenden Wertausgleichsanspruch gegen den qualifizierten Gesellschafter-Nachfolger mit der Begründung verwiesen, dass zwar die Mitgliedschaft unmittelbar und in vollem Umfang auf den Gesellschafter-Nachfolger übergegangen sei, dagegen der Wert des Gesellschaftsanteils zum Nachlassvermögen gehöre.

Einkommensteuerlich rückt allein der durch die Klausel begünstigte Miterbe in die Mitunternehmerstellung des Erblassers ein. Die nicht qualifizierten Miterben werden keine Gesellschafter und demgemäß auch keine Mitunternehmer (BMF, BStBl 2006 I 253 Rz. 72; BFH IV R 107/89, BStBl 1992 II 510). Der Nachfolger-Miterbe A muss das Kapitalkonto des Erblassers in der Gesellschaftsbilanz von 100.000 € fortführen (§ 6 Abs. 3 EStG), dem Erblasser entsteht kein Veräußerungsgewinn. Die Anteile am laufenden Gewinn der Gesellschaft stehen dem qualifizierten Miterben bereits ab dem Erbfall zu.

Zu 2.:

Das Sonderbetriebsvermögen des Erblassers wird – wie im Falle der einfachen Nachfolgeklausel – zivilrechtlich Gesamthandsvermögen der Erbengemeinschaft, fällt also in das ungeteilte Nachlassvermögen. Das gilt auch, wenn bei einer zeitnahen Auseinandersetzung das Sonderbetriebsvermögen auf den qualifizierten Miterben übergeht (BMF, BStBl 2006 I 253, Rn. 73).

Da das Sonderbetriebsvermögen nur zur Hälfte auf den qualifizierten Nachfolger übergeht, ein Mitunternehmeranteil aber auch das funktional wesentliche Sonderbetriebsvermögen umfasst, wird im Schrifttum (Geck, DStR 2000, 2031) die Befürchtung geäußert, die Rechtsprechung des BFH (XI R 35/99, BStBl 2001 II 26; IV R 51/98, BStBl 2005 II 173) zur disquotalen Übertragung von Gesellschaftsanteil und Sonderbetriebsvermögen führe auch in diesen Erbfällen zur Realisierung der stillen Reserven im Gesellschaftsanteil. Danach käme es zu einer Aufgabe des Mitunternehmeranteils, da dieser nicht vollständig übertragen wurde. Dieser Auffassung ist m. E. nicht zuzustimmen. Da das bisherige Sonderbetriebsvermögen nach der Rechtsprechung des BFH im Hinblick auf die qualifizierte Nachfolgeklausel seine Betriebsvermögenseigenschaft anteilig noch in der Person des Erblassers, gedanklich also vor Eintritt des Erbfalls, verloren hat, gehört im Zeitpunkt des Erbfalls nur noch das verbliebene Sonderbetriebsvermögen zum Mitunternehmeranteil des V. Damit geht der Mitunternehmeranteil des V komplett einschließlich Sonderbetriebsvermögen unentgeltlich auf A über, was nach der bisherigen Rechtsprechung des BFH zur Buchwertfortführung sowohl des Gesellschaftsanteils als auch des anteiligen Sonderbetriebsvermögens zwingt (ebenso wohl Sorg, DStR 2002, 1384).

Diese Betrachtung hat zur Folge, dass der qualifizierte Gesellschafter-Nachfolger A den seiner Erbquote entsprechenden Anteil am Sonderbetriebsvermögen als eigenes Sonderbetriebsvermögen zum Buchwert fortzuführen hat (§ 6 Abs. 3 EStG), während i. H. der Erbquote des nicht qualifizierten Miterben B das Sonderbetriebsvermögen Privatvermögen wird. Insoweit entsteht ein laufender, nicht begünstigter Entnahmegewinn, der dem Erblasser zuzurechnen ist (BMF, BStBl 2006 I 253, Rn. 74), da er es war, der mit der gesellschaftsvertraglichen Regelung der qualifizierten Nachfolgeklausel den teilweisen Übergang des Sonderbetriebsvermögens in das Privatvermögen ausgelöst hat.

Wendet man diese Rechtsgrundsätze hier an, so ergibt sich Folgendes:

A muss den Buchwert des Grundstücks i. H. v. ($^1/_2$ von 50.000 € =) 25.000 € in einer Sonderbilanz fortführen (§ 6 Abs. 3 EStG). Da B an der X-OHG als Gesellschafter nicht beteiligt ist, ist die Hälfte des Grundstücks mit dem Erbfall entnommen. Es entsteht ein laufender Entnahmegewinn i. H. v. 25.000 € (Differenz zwischen $^1/_2$ des Teilwertes = 50.000 € und $^1/_2$ des Buchwertes = 25.000 €), der noch dem Erblasser V zuzurechnen ist. Der bei einer Sonderrechtsnachfolge in den Mitunternehmeranteil beim Erblasser entstehende Gewinn aus der Entnahme des Sonderbetriebsvermögens unterliegt jedoch nicht der Gewerbesteuer (BFH, VIII R 51/98, BStBl 2000 II 316).

Veräußerung einer freiberuflichen Praxis

Sachverhalt:

Der 56 Jahre alte A ist seit Jahren in Köln als selbständiger Steuerberater tätig. Mit Vertrag vom 30.6.01 veräußert er aus gesundheitlichen Gründen seine Steuerberaterpraxis an seinen Berufskollegen B. Der Käufer übernimmt das gesamte Inventar, die EDV-Anlage und den weit überwiegenden Teil der 110 Mandate. A behält drei Mandate zurück und betreut sie seitdem von seiner ca. 2 km von der alten Praxis gelegenen Wohnung aus, in welcher er einen Büroraum einrichtet und diesen mit Büromaterial sowie einem PC ausstattet. Die Honorareinnahmen aus den zurückbehaltenen drei Mandaten belaufen sich in den letzten drei Jahren vor der Praxisveräußerung auf jeweils rund 15 % des früheren jährlichen Praxisumsatzes des A.

Der von A aufgrund der Praxisveräußerung erzielte Gewinn beträgt 150.000 €.

Ist der von A im Zusammenhang mit der Praxisveräußerung erzielte Gewinn begünstigt nach §§ 16, 34 EStG?

Zu den Einkünften aus selbständiger Arbeit gehört auch der Gewinn, der bei der Veräußerung einer freiberuflichen Praxis erzielt wird (§ 18 Abs. 3 EStG). Der Veräußerungsgewinn wird – soweit er nicht steuerfrei bleibt (§ 16 Abs. 4 EStG) –

► entweder nach der Fünftel-Regelung (§ 34 Abs. 1 EStG) oder

► auf Antrag mit 56 % des durchschnittlichen Steuersatzes, mindestens jedoch 14 % besteuert (§ 34 Abs. 3 EStG); die zuletzt genannte Vergünstigung setzt aber voraus, dass der Veräußerer das 55. Lebensjahr vollendet hat oder im sozialversicherungsrechtlichen Sinne dauernd berufsunfähig ist.

Eine steuerbegünstigte Praxisveräußerung liegt nur vor, wenn der freiberuflich Tätige die wesentlichen wirtschaftlichen Grundlagen seiner freiberuflichen Praxis entgeltlich auf einen anderen überträgt. Zu den wesentlichen wirtschaftlichen Grundlagen gehören insbesondere die immateriellen Wirtschaftsgüter der Praxis, wie Mandantenstamm und Praxiswert (BFH IV R 78/71, BStBl 1975 II 661). Nach ständiger Rechtsprechung des BFH ist bei Praxisübertragungen eine Veräußerung dieser wesentlichen Betriebsgrundlagen nur anzunehmen, wenn der Veräußerer seine freiberufliche Tätigkeit in dem bisherigen örtlichen Wirkungskreis wenigstens für eine „gewisse" Zeit einstellt (BFH IV R 44/83, BStBl 1986 II 335; IV R 14/90, BStBl 1992 II 457; BFH VIII R 2/15, BStBl 2019 II 64, Rn. 15, 16; H 18.3 EStH 2019).

Unschädlich ist die Fortführung der freiberuflichen Tätigkeit, wenn diese nur noch in geringem Umfang ausgeübt wird. Von einer Veräußerung der wesentlichen Grundlagen einer freiberuflichen Praxis ist auch dann auszugehen, wenn einzelne Mandate zurückbehalten werden, auf die weniger als 10 % der durchschnittlichen Jahreseinnahmen aus den drei VZ vor der Praxisveräußerung entfielen (BFH IV R 14/90, BStBl 1992 II 457; IV R 16/91, BStBl 1993 II 182; I R 109/93, BStBl 1994 II 925). Wie sich diese zurückbehaltenen Mandanten-Beziehungen nach der Veräußerung entwickeln und ob sie in vollem Umfang genutzt werden, ist unerheblich (BFH XI B 5/00, BFH/NV 2001, 1561).

Die zurückbehaltenen Mandanten-Beziehungen zählen also nicht zu den wesentlichen Betriebsgrundlagen, wenn darauf in den letzten drei Jahren vor der Praxisveräußerung weniger als 10 % der gesamten Einnahmen entfielen. In diesem Fall kann eine begünstigte Praxisveräußerung anerkannt werden.

Ist die 10 %-Grenze jedoch – wie vorliegend – überschritten, kann die Steuerbegünstigung der §§ 16, 34 EStG nicht in Anspruch genommen werden. Der von A erzielte Gewinn i. H. v. 150.000 € ist daher kein steuerbegünstigter, sondern Teil des laufenden Gewinns des A, der dem gewöhnlichen Steuersatz unterliegt.

HINWEIS

Die Finanzverwaltung hielt die Hinzugewinnung neuer Mandanten/Patienten innerhalb der „gewissen Zeit" – eine Zeitspanne von mehr als 3 Jahren ist nach ihrer Auffassung i. d. R. ausreichend – nach Praxisaufgabe in jedem Fall für schädlich, auch wenn die 10 %-Grenze nicht überschritten wird (BMF, DB 2003, 2522). Die Steuer- bzw. Feststellungsbescheide sollten im Fall vermeintlich schädlicher Tätigkeitsneuaufnahme nach § 175 Abs. 1 Satz 1 Nr. 2 AO geändert werden. Der BFH lehnt jedoch in einem Aussetzungsfall die Auffassung ab, dass die Hinzugewinnung neuer Mandate/Patienten innerhalb der „gewissen" Zeit nach Betriebsaufgabe auch ohne Überschreiten der 10 %-Grenze in jedem Fall – und damit ohne Berücksichtigung der Umstände des Einzelfalls – schädlich sei (BFH v. 11.2.2020, VIII B 131/19, BFH/NV 2020, 507, Rn. 27 u. a. unter Hinweis auf Schoor, DStZ 2007, 445, 447). Wird die sog. Geringfügigkeitsgrenze nicht überschritten, schließt die Tatsache, dass der Stpfl. im Rahmen dieser geringfügigen Tätigkeit auch neue Mandate betreut, das Vorliegen einer begünstigten Praxisveräußerung nicht automatisch aus. Verwaltungsseitig wird die Auffassung des BFH akzeptiert. Nach einer Abstimmung auf Bund-Länder-Ebene ist die vom BFH in dem genannten Beschluss v. 11.2.2020 vertretene Rechtsauffassung in allen offenen Fällen anzuwenden (Senatsverwaltung für Finanzen Berlin, 11.8.2020, III B-S 2242-3/2019-1).

FALL 207

Die Aufgabe einer freiberuflichen Praxis

Sachverhalt:

Der 40 Jahre alte A betreibt als selbständiger Zahnarzt in Frankfurt in gemieteten Räumen eine eigene Praxis. Da der Mietvertrag am 31.12.01 ausläuft, gibt A die Zahnarztpraxis zu diesem Zeitpunkt auf. Inventar und Geräte verkauft er teils an mehrere Berufskollegen, zum Teil überführt er das Praxisvermögen auch in eine neue Praxis, die er ab 1.1.02 in Wiesbaden zusammen mit einem anderen Zahnarzt in Form einer Gemeinschaftspraxis betreibt. Aus der Veräußerung des Inventars und der Geräte hat A einen Gewinn i. H. v. 80.000 € erzielt.

AUFGABE

Ist der anlässlich der Praxisaufgabe erzielte Gewinn i. H. v. 80.000 € begünstigt nach § 34 EStG?

LÖSUNG

Die Aufgabe der selbständigen Tätigkeit gilt als Veräußerung (§ 18 Abs. 3 Satz 2 EStG). Daraus folgt, dass Gewinne anlässlich der Aufgabe einer freiberuflichen Tätigkeit grds. ebenso steuerbegünstigt sind wie Gewinne aus der Praxisveräußerung. Der Aufgabegewinn wird also – soweit er nicht steuerfrei bleibt (§ 16 Abs. 4 EStG) –

► entweder nach der Fünftel-Regelung (§ 34 Abs. 1 EStG) oder

► auf Antrag mit 56 % des durchschnittlichen Steuersatzes, mindestens jedoch 14 % besteuert (§ 34 Abs. 3 EStG); der begünstigte Steuersatz wird aber nur gewährt, wenn der die Praxis aufgebende Stpfl. das 55. Lebensjahr vollendet hat oder im sozialversicherungsrechtlichen Sinne dauernd berufsunfähig ist.

Nach ständiger Rechtsprechung des BFH setzt die Veräußerung/Aufgabe einer Praxis voraus, dass der Stpfl. die für die Ausübung der selbständigen Tätigkeit wesentlichen vermögensmäßigen Grundlagen entgeltlich und definitiv auf einen anderen überträgt. Hierzu gehören insbesondere die immateriellen Wirtschaftsgüter der Praxis wie Mandantenstamm bzw. Praxiswert (BFH I R 109/93, BStBl 1994 II 925; I R 105/93, BFH/NV 1995, 109; IV R 11/99, BFH/NV 1999, 1594).

Eine steuerbegünstigte Praxisaufgabe setzt – ebenso wie eine steuerbegünstigte Praxisveräußerung – darüber hinaus voraus, dass die selbständige Tätigkeit in dem bisherigen örtlichen Wirkungskreis zumindest für eine gewisse Zeit eingestellt wird (BFH I R 109/93, BStBl 1994 II 925; I R 105/93, BFH/NV 1995, 109). Diese Forderung nach einer zeitweiligen Einstellung der freiberuflichen Tätigkeit beruht auf der Überlegung, dass bei fortdauernder Tätigkeit des Freiberuflers in seinem bisherigen örtlichen Wirkungskreis eine weitere Nutzung der persönlichen Beziehungen zu den früheren Mandanten auf eigene Rechnung des „Veräußerers" nahe liegt und es dadurch nicht zu einer definitiven Übertragung der wesentlichen Betriebsgrundlagen der Praxis auf den Erwerber kommt. Dabei ist zu beachten, dass an einer Fortführung der freiberuflichen Tätigkeit in unbedeutendem Umfang (10 %-Grenze) auch im Fall der Praxisaufgabe die Begünstigung des Aufgabegewinns nicht scheitert. Eine Tätigkeit von geringem Umfang ist anzunehmen, wenn die darauf entfallenden Umsätze in den letzten drei Jahren vor der Veräußerung weniger als 10 % der gesamten Einnahmen ausmachten (BFH VIII B 58/08, BFH/NV 2009, 756; VIII B 131/19, BFH/NV 2020, 507). Dass der bisherige Praxisinhaber künftig überhaupt keine freiberufliche Tätigkeit mehr ausübt, kann also nicht verlangt werden.

A hat seine freiberufliche Tätigkeit im bisherigen örtlich begrenzten Wirkungskreis eingestellt. Es kann nicht davon ausgegangen werden, dass er seine alte Praxis in Wiesbaden fortführt; denn beide Praxen unterscheiden sich in wesentlichen Punkten: nämlich in den Praxisräumen, dem Praxisort und dem Patientenstamm. Der Gewinn i. H. v. 80.000 € ist daher als nach § 34

Abs. 1 oder 3 EStG begünstigter Aufgabegewinn zu behandeln. Der Umstand, dass A in Wiesbaden eine neue Praxis in Form einer Gemeinschaftspraxis eröffnet hat, steht dem nicht entgegen.

HINWEIS

Eine zunächst als „definitiv" anzusehende Übertragung der wesentlichen Praxisgrundlagen einer Steuerberaterpraxis auf den Erwerber kann sich im Nachhinein als – der Tarifbegünstigung des Gewinns aus der Praxisveräußerung entgegenstehende – bloße Unterbrechung der bisherigen freiberuflichen Tätigkeit erweisen, wenn der Steuerberater 22 Monate nach der Veräußerung in derselben Stadt unter weitgehender Mitnahme seiner zuvor eingebrachten Mandate und teilweiser (Wieder-)Einstellung des bereits vor der Praxisübertragung bei ihm beschäftigt gewesenen Personals im Rahmen einer Einzelpraxis tätig wird (BFH VIII R 2/15, BStBl 2019 II 64). Das gilt auch, wenn die Wiederaufnahme zum Zeitpunkt der Übertragung der Praxis nicht geplant war.

In einem Aussetzungsfall hat BFH zudem klargestellt, dass eine starre zeitliche Grenze, nach der die Tätigkeit steuerunschädlich wieder aufgenommen werden kann, nicht besteht. Dementsprechend sei keine „Wartezeit" von mindestens drei Jahren einzuhalten. Je nach den Umständen des Einzelfalls könne ein Zeitraum von etwa zwei bis drei Jahren ausreichend sein (BFH VIII B 131/19, BFH/NV 2020, 507).

FALL 208

Teilpraxisveräußerung

Sachverhalt:

Der 60 Jahre alte A betreibt eine Fahrschule in zwei Orten. Er schloss im Jahr 2020 mit einem angestellten Fahrlehrer einen Veräußerungsvertrag ab, wonach dieser zum 1.7.2020 den Betriebsteil in einem Ort übernehmen sollte. Mit der Übertragung sollte der Erwerber keines der vorhandenen Schulungsfahrzeuge erhalten. A erzielt aus der Veräußerung des Mobiliars, der Unterrichtsausstattung und des Kundenstamms der veräußerten Fahrschul-Filiale einen Gewinn von 60.000 €.

AUFGABE

Ist der Veräußerungsgewinn nach §§ 16, 34 EStG steuerbegünstigt?

LÖSUNG

Die steuerbegünstigte Veräußerung einer Teilpraxis setzt eine vor der Veräußerung ausgeübte freiberufliche Tätigkeit voraus, die sich von der übrigen Tätigkeit abgrenzbar unterscheidet (BFH I R 62/93, BStBl 1994 II 352). Die Unterscheidung kann nach sachlichen oder nach örtlichen Gesichtspunkten vorzunehmen sein. Eine sachliche Abgrenzung besteht, wenn

► ein Freiberufler zwei der Sache nach verschiedenartige freiberufliche Tätigkeiten mit verschiedenen Mandantenkreisen ausübt und

► beide Praxisteile organisatorisch und hinsichtlich der Mandantschaft getrennt sind, z. B. ein Rechtsanwalt, der zugleich als Steuerberater tätig ist.

Handelt es sich hingegen um eine einheitliche gleichartige freiberufliche Tätigkeit, kann regelmäßig ausgeschlossen werden, dass Teile der Praxis eine so weitgehende organisatorische Selbständigkeit erreicht haben, dass sie Teilbetrieben im gewerblichen Bereich gleichgestellt werden können (BFH IV R 17/03, BStBl 2005 II 208). Bei sachlich gleichartigen Tätigkeiten kann ausnahmsweise von Teilpraxen ausgegangen werden, wenn die Tätigkeiten im Rahmen **selbständiger Büros,** die sich nicht unbedingt an verschiedenen Orten befinden müssen, mit besonderem Personal in **voneinander entfernten örtlichen Wirkungskreisen mit getrennten Mandantenkreisen** ausgeübt werden.

Unter diesem Gesichtspunkt hat der BFH Teilpraxen bei einem Fahrschulinhaber bejaht, der eine seiner beiden in verschiedenen Orten gelegenen Niederlassungen samt Mobiliar, Unterrichtsausstattung und Kundenstamm veräußerte (BFH IV R 120/88, BStBl 1990 II 55). Die Veräußerung einer Fahrschul-Filiale kann auch eine begünstigte Teilpraxisveräußerung i. S. v. § 18 Abs. 3, §§ 16, 34 EStG sein, wenn kein Schulungsfahrzeug mitübertragen wird. Denn das Schulungsfahrzeug gehört nach Meinung des BFH nicht notwendig zu den wesentlichen Betriebsgrundlagen einer Fahrschule, sondern ist wegen der raschen Abnutzung und Austauschbarkeit wirtschaftlich nur von untergeordneter Bedeutung (BFH IV R 18/02, BStBl 2003 II 838).

Nach alledem kann vorliegend von einer steuerbegünstigten Teilpraxisveräußerung ausgegangen werden. Für den Gewinn wird auf Antrag ein Freibetrag von 45.000 € gewährt (§ 16 Abs. 4 EStG), der steuerpflichtige Teil des Gewinns wird nach der Fünftel-Regelung des § 34 Abs. 1 EStG oder auf Antrag mit dem begünstigten Steuersatz des § 34 Abs. 3 EStG besteuert.

HINWEIS

Der BFH hat in seiner jüngeren Rechtsprechung die Voraussetzungen, unter denen eine steuerbegünstigte Teilpraxisveräußerung angenommen werden kann, erweitert. Er hat entschieden, dass eine begünstigte Teilpraxisveräußerung auch dann vorliegen kann, wenn ein Steuerberater eine Beratungspraxis veräußert, die er – neben anderen Praxen – als selbständigen Betrieb erworben und bis zu ihrer Veräußerung im Wesentlichen unverändert fortgeführt hat. Dann kommt es nicht entscheidend darauf an, ob die Tätigkeit in voneinander getrennten örtlich abgegrenzten Bereichen ausgeübt worden ist, sofern die beim Erwerb zu bejahende Selbständigkeit der Büros beibehalten und nicht durch organisatorische (eingliedernde) Maßnahmen aufgegeben worden ist (BFH VIII R 22/09, BStBl 2012 II 777).

FALL 209

Teilentgeltliche Betriebsveräußerung

Sachverhalt:

Der 60 Jahre alte A überträgt seinen Gewerbebetrieb im Wege einer gemischten Schenkung auf seinen Sohn B. Der Buchwert des Kapitalkontos beträgt im Zeitpunkt der Betriebsübertragung 260.000 €. Das Betriebsvermögen enthält stille Reserven i. H. v. 260.000 €. B hat als Gegenleistung für die Übertragung des Betriebs

a) 300.000 €,

b) 200.000 € an A auszuzahlen.

AUFGABE

Welche einkommensteuerlichen Folgen ergeben sich für A und B?

LÖSUNG

Die teilentgeltliche Betriebsübertragung ist ein „Mittelding" zwischen einer voll entgeltlichen und einer unentgeltlichen Übertragung. Der Veräußerer will seinen Betrieb zwar an einen nahen Angehörigen verkaufen, gleichzeitig verlangt er aber mit Rücksicht auf die familiären Beziehungen einen Kaufpreis, zu dem er den Betrieb einem Fremden nie verkaufen würde. Bei teilentgeltlicher Veräußerung eines Betriebs ist der Veräußerungspreis also niedriger als dessen gemeiner Wert (BFH X R 52/13, BStBl 2016 II 710, Rn. 30).

Die teilentgeltliche Übertragung eines ganzen Gewerbebetriebs, d. h. die Übertragung im Wege einer gemischten Schenkung, ist eine Veräußerung i. S. v. § 16 Abs. 1 Nr. 1 EStG. Dabei entsteht nach der sog. Einheitstheorie, die die Rechtsprechung auf die teilentgeltliche Übertragung betrieblicher Einheiten anwendet, (nur) insoweit ein Veräußerungsgewinn, als die Gegenleistung des Betriebserwerbers das Kapitalkonto des Veräußerers übersteigt. Der Veräußerungsgewinn kann begünstigt besteuert werden, obwohl nicht alle stillen Reserven aufgelöst werden (BFH IV R 12/81, BStBl 1986 II 811; XI R 34/92, BStBl 1993 II 436; VIII R 36/93, BStBl 1995 II 770; VIII R 64/93, BFH/NV 2002, 10; BFH X R 52/13, BStBl 2016 II 710, Rn. 30).

Im Fall a) entsteht A ein nach § 16, § 34 Abs. 1 oder Abs. 3 EStG begünstigter Veräußerungsgewinn i. H. v. (300.000 € ./. 260.000 € =) 40.000 €. Der Veräußerungsgewinn bleibt auf Antrag in voller Höhe steuerfrei, weil er nicht höher ist als der Freibetrag des § 16 Abs. 4 EStG von 45.000 € (BMF, BStBl 2006 I 7). B hat seine Anschaffungskosten i. H. v. 300.000 €, soweit sie über das Kapitalkonto des A hinausgehen, also i. H. v. 40.000 €, anteilig bei den Wirtschaftsgütern hinzuzuaktivieren, die stille Reserven enthalten.

Erreicht das Entgelt höchstens den Buchwert des Betriebs, werden keinerlei stille Reserven aufgedeckt. Ist die Gegenleistung also – wie im Fall b) – niedriger als der Buchwert des Kapitalkontos, muss der Übernehmer die Buchwerte fortführen (§ 6 Abs. 3 EStG). Beim Betriebsübergeber entsteht somit weder ein Gewinn noch ein Verlust, wenn der Betrieb im Wege vorweggenommener Erbfolge übertragen und dabei ein „Veräußerungserlös" vereinbart wird, der nicht höher als der Buchwert des Kapitalkontos des Betriebs ist. In diesem Fall verbleibt es bei der Anwendung des § 6 Abs. 3 EStG und dabei, dass die stillen Reserven in vollem Umfang auf den Betriebsübernehmer übergehen (BFH IV R 61/93, BStBl 1995 II 367; BFH X R 52/13, BStBl 2016 II 710, Rn. 30; BMF, BStBl 1993 I 80, Rn. 38).

FALL 210

Entgeltliche Veräußerung eines Mitunternehmeranteils

Sachverhalt:

An der X-OHG sind A und B je zur Hälfte als Gesellschafter beteiligt. Das Kapitalkonto des 60 Jahre alten A beläuft sich am Bilanzstichtag 31.12.01 auf 100.000 €. Das Betriebsvermögen der OHG enthält stille Reserven i. H. v. 350.000 € (Grund und Boden 50.000 €, Gebäude 300.000 €), der originäre Geschäftswert beträgt 150.000 €. Am 31.12.01 veräußert A seinen Gesellschaftsanteil an den neu in die Gesellschaft eintretenden C für 350.000 €.

AUFGABE

Welche Steuerfolgen ergeben sich für A und C?

LÖSUNG

A entsteht infolge der Veräußerung seines (ganzen) Mitunternehmeranteils i. S. d. § 16 Abs. 1 Satz 1 Nr. 2 EStG ein Veräußerungsgewinn i. H. v. 250.000 € (Veräußerungserlös 350.000 € ./. Kapitalkonto 100.000 €), der begünstigt zu versteuern ist (§ 34 Abs. 1 oder 3 EStG).

C hat für den in der Bilanz mit 100.000 € ausgewiesenen Anteil des A am Betriebsvermögen der X-OHG 350.000 € bezahlt oder – genau ausgedrückt – für die von ihm erworbenen Anteile an den einzelnen zum Gesellschaftsvermögen gehörenden Wirtschaftsgütern, wie sie sich im Kapitalkonto darstellen (BFH VIII R 40/84, BStBl 1990 II 561); denn ein Mitunternehmeranteil ist kein selbständiges Wirtschaftsgut. C darf die von ihm erworbenen Anteile an den Wirtschaftsgütern der X-OHG nicht – wie bisher A – mit 100.000 €, sondern er muss seine Anschaffungskosten i. H. v. 350.000 € ausweisen. Das geschieht in der Weise, dass in der Bilanz der X-OHG das Kapitalkonto des A von 100.000 € auf C übertragen wird, während der Mehrbetrag von 250.000 € in einer positiven Ergänzungsbilanz des C anteilig auf die Wirtschaftsgüter, die stille Reserven enthalten, und den Geschäftswert verteilt wird. Die Ergänzungsbilanz des C hat danach folgendes Aussehen:

Aktiva	Ergänzungsbilanz C		Passiva
Grund und Boden	25.000 €	Mehrkapital C	250.000 €
Gebäude	150.000 €		
Geschäftswert	75.000 €		
	250.000 €		250.000 €

Die Ergänzungsbilanz ist zu den nachfolgenden Bilanzstichtagen fortzuführen. Soweit die ausgewiesenen Mehrwerte auf abnutzbare Anlagegüter entfallen (hier: Gebäude und Geschäftswert), sind sie im Wege der AfA abzusetzen. Insoweit handelt es sich um Sonderbetriebsausgaben des C, die im Rahmen der gesonderten und einheitlichen Gewinnfeststellung zu berücksichtigen sind (§§ 179, 180 AO).

In der Ergänzungsbilanz erfasste Anschaffungskosten des Anteilserwerbers sind so fortzuführen, dass der Gesellschafter soweit wie möglich einem Einzelunternehmer, dem Anschaffungskosten für entsprechende Wirtschaftsgüter entstanden sind, gleichgestellt wird. Deshalb sind AfA auf die im Zeitpunkt des Anteilserwerbs geltende Restnutzungsdauer eines abnutzbaren Wirtschaftsguts des Gesellschaftsvermögens vorzunehmen. Zugleich stehen dem Gesellschafter die Abschreibungswahlrechte zu, die auch ein Einzelunternehmer in Anspruch nehmen könnte, wenn er ein entsprechendes Wirtschaftsgut im Zeitpunkt des Anteilserwerbs angeschafft hätte. Im Hinblick auf den Zweck der Ergänzungsbilanz, den Mitunternehmer möglichst einem Einzelunternehmer gleichzustellen, kann die Auflösung der in der Ergänzungsbilanz ausgewiesenen Anschaffungskosten nicht von der Handhabung in der Gesamthandsbilanz abhängig sein, sondern muss die steuerlichen Verhältnisse in der Person des Mitunternehmers berücksichtigen. Der BFH folgt nicht der im Schrifttum vertretenen Meinung, der Grundsatz der Einheitlichkeit der Gesellschaftsbilanz erfasse auch die Ergänzungsbilanz mit der Folge, dass AfA für dieselbe Restnutzungsdauer und nach derselben Methode vorzunehmen seien wie in der Gesellschaftsbilanz. Die Restnutzungsdauer der Wirtschaftsgüter, für die in der Ergänzungsbilanz Mehrwerte ausgewiesen sind, ist neu zu schätzen (BFH IV R 1/11, BStBl 2017 I 34).

Die Finanzverwaltung hat sich in einem BMF-Schreiben (mit Berechnungsbeispielen) zu dieser Rechtsprechung geäußert (BMF v. 19.12.2016, BStBl 2017 I 34). In der Literatur werden – m. E. berechtigte – Zweifel geäußert, ob die Finanzverwaltung das BFH-Urteil richtig ausdeutet (kk, KÖSDI 2017, 20118, Tz. 15).

Veräußerung einer Kommanditbeteiligung bei abweichendem Wirtschaftsjahr

Sachverhalt:

A ist zu 50 % als Kommanditist an der X-GmbH & Co. KG beteiligt. Die KG hat als Wirtschaftsjahr den Zeitraum vom 1.4.–31.3. bestimmt.

A veräußerte seine Kommanditbeteiligung mit Wirkung vom 1.11.2020 an einen bisher zu 30 % beteiligten Mitgesellschafter und erzielte dabei einen Veräußerungsgewinn von 100.000 €.

AUFGABE

In welchem Jahr – 2020 oder 2021 – muss A seinen laufenden Gewinnanteil und den Veräußerungsgewinn versteuern?

LÖSUNG

Die Einkommensteuer bemisst sich nach dem zu versteuernden Einkommen, das der Stpfl. im Kalenderjahr bezogen hat (§ 25 Abs. 1 EStG). Eine Ausnahme gilt, wenn der Stpfl. als Gewerbetreibender tätig ist. Bei Gewerbetreibenden wird der Gewinn nach dem Wirtschaftsjahr ermittelt (§ 4a Abs. 1 Satz 1 EStG). Wirtschaftsjahr ist bei Gewerbetreibenden, deren Firma im Handelsregister eingetragen ist, der Zeitraum, für den sie regelmäßig Abschlüsse machen (§ 4a Abs. 1 Satz 2 Nr. 2 Satz 1 EStG).

Weicht das Wirtschaftsjahr vom Kalenderjahr ab, fallen Gewinnermittlungszeitraum und VZ auseinander. In diesem Fall gilt bei Gewerbetreibenden, die im Handelsregister eingetragen sind, der Gewinn des vom Kalenderjahr abweichenden Wirtschaftsjahrs als in dem Kalenderjahr bezogen, in dem das Wirtschaftsjahr endet (§ 4a Abs. 2 Nr. 2 EStG).

Die Finanzverwaltung vertritt die Auffassung, dass bei Veräußerung eines Mitunternehmeranteils der Gewinn oder Verlust auch dann im Jahr der Veräußerung oder Aufgabe zu versteuern ist, wenn die Mitunternehmerschaft ein vom Kalenderjahr abweichendes Wirtschaftsjahr hat (R 4.a Abs. 5 EStR 2012). A muss danach sowohl den Anteil am laufenden Gewinn für die Zeit vom 1.4.–1.11.2020 als auch den Veräußerungsgewinn bereits im Kalenderjahr 2020 versteuern.

Der BFH hat sich dieser Auffassung angeschlossen (BFH X R 8/07, BStBl 2010 II 1043; IV R 15/15, BStBl 2018 II 539, Rn. 35). Die Fiktion des § 4a Abs. 2 Nr. 2 EStG ist danach auf ausscheidende Mitunternehmer nicht anwendbar. Deren Gewinne sind im Jahr des Ausscheidens zu erfassen. Der „Gewinnermittlungszeitraum" für den einzelnen Mitunternehmer wird durch den „Einkunftserzielungszeitraum" bestimmt, der durch die Dauer der Beteiligung begrenzt ist und der für den im Lauf des Wirtschaftsjahrs ausscheidenden Mitunternehmer mit dessen Ausscheiden endet. Für ausscheidende Mitunternehmer ist § 4a Abs. 2 Nr. 2 EStG nicht anzuwenden, da diese Norm von dem Fortbestand der „Einkunftsquelle" ausgeht; der Gewinnbezug endet aber spätestens mit dem Wegfall der „Einkunftsquelle".

FALL 212

Gesellschafterwechsel bei einer Personengesellschaft: Kaufpreis unter Buchwert

Sachverhalt:

Gesellschafter der X-KG sind A als Komplementär und B als Kommanditist zu je 50 %. B veräußert am 31.12.01 seinen Kommanditanteil an den an seine Stelle in die Gesellschaft eintretenden C für 100.000 €. Das Kapitalkonto des B beträgt im Veräußerungszeitpunkt 150.000 €.

Die hinter dem Buchwert zurückbleibende Abfindung beruht auf einer Überbewertung des Anlagevermögens der KG.

AUFGABE

Welche Steuerfolgen ergeben sich für B und C?

LÖSUNG

B entsteht aus der Veräußerung seiner Gesellschaftsbeteiligung ein Veräußerungsverlust i. H. v. 50.000 € (Veräußerungserlös 100.000 € ./. Kapitalkonto 150.000 €). C hat Anschaffungskosten i. H. v. 100.000 €, die nach Maßgabe des § 6 EStG zu aktivieren sind. Dies geschieht in der Weise, dass in der Gesellschaftsbilanz das Kapitalkonto des B von 150.000 € auf C übertragen wird. Für den Minderbetrag von 50.000 € wird eine negative Ergänzungsbilanz aufgestellt, auf deren Passivseite die Buchwerte der überbewerteten Anlagegüter anteilig abgestockt werden, auf der Aktivseite der Ergänzungsbilanz ist ein Minderkapital von 50.000 € auszuweisen. Die erforderliche Abstockung der Buchwerte kann nicht dadurch vermieden werden, dass der Minderbetrag als „negativer Geschäftswert" aktiviert wird; denn ein negativer Geschäftswert ist kein bilanzierungsfähiges Wirtschaftsgut (BFH III R 95/87, BStBl 1989 II 893; IV R 70/92, BStBl 1994 II 745). Die Ergänzungsbilanz hat danach folgendes Aussehen:

Aktiva	Ergänzungsbilanz C		Passiva
Minderkapital	50.000 €	Minderwert	50.000 €
	50.000 €	Anlagevermögen	50.000 €

Die negative Ergänzungsbilanz ist an den nachfolgenden Bilanzstichtagen fortzuführen. Dabei ist zu prüfen, ob und ggf. inwieweit die Wirtschaftsgüter, für die ein Minderwert in der Ergänzungsbilanz ausgewiesen worden ist, noch im Betriebsvermögen enthalten sind. Haben sich die Wirtschaftsgüter durch AfA gemindert oder sind sie ganz oder teilweise z. B. durch Verkauf weggefallen, so sind die Minderwerte in der Ergänzungsbilanz entsprechend zu mindern oder aufzulösen. Ein dem C durch Auflösung des Minderwertes entstehender Gewinn ist bei der gesonderten und einheitlichen Gewinnfeststellung (§§ 179, 180 AO) seinem Anteil am Gesellschaftsgewinn hinzuzurechnen.

HINWEIS

In den Fällen, in denen auch nach der Abstockung noch eine Differenz zwischen Kapitalkonto und Anschaffungspreis verbleibt, stellt diese keinen Erwerbsgewinn dar, sondern ist als Ausgleichsposten in der Ergänzungsbilanz des Erwerbers zu passivieren. Der Ausgleichsposten ist gegen künftige Verlustanteile des Gesellschafters sowie bei gänzlicher oder teilweiser Beendigung der Beteiligung gewinnerhöhend aufzulösen (so der IV. Senat des BFH IV R 70/92, BStBl 1994 II 745; IV R 59/96, BStBl 1999 II 266; vgl. hierzu auch das Urteil des VIII. Senats in BStBl 1995 II 246, wonach ein „Merkposten" außerhalb der Bilanz genügt, der demselben Zweck dient).

Veräußerung eines Teils eines Mitunternehmeranteils

Sachverhalt:

An der X-GbR, einer Steuerberater-Sozietät, sind A zu 90 % und B zu 10 % beteiligt. A veräußert im Jahr 01 40 % Praxisanteil an B, so dass sich das Beteiligungsverhältnis auf 50 % zu 50 % verändert. Bei der Veräußerung des 40 %igen Praxisanteils erzielt A einen Veräußerungsgewinn i. H. v. 200.000 €.

AUFGABE

Ist der von A erzielte Veräußerungsgewinn begünstigt?

LÖSUNG

Durch § 16 Abs. 1 Satz 2 EStG werden ausdrücklich Gewinne aus der entgeltlichen Veräußerung eines Teils eines Mitunternehmeranteils als laufende Gewinne normiert, für die keine tarifäre Ermäßigung nach § 34 Abs. 1 oder 3 EStG in Betracht kommt. Begünstigt sind nach der genannten Vorschrift nur Gewinne aus der Veräußerung des „gesamten" Mitunternehmeranteils. Der Veräußerungsgewinn i. H. v. 200.000 € unterliegt daher dem regulären Steuersatz.

FALL 213A

Veräußerung eines Teils eines sukzessive zu verschiedenen Zeitpunkten und unterschiedlichen Anschaffungskosten erworbenen Mitunternehmeranteils

Sachverhalt:

An der X-OHG sind A zu 50 %, B zu 30 % und C zu 20 % als Gesellschafter beteiligt. Im Juni 2020 erwarb A den 30 %-Anteil des B für 300.000 €, ist also danach zu 80 % beteiligt. Im Dezember 2020 veräußerte A dem C einen 30 %-Anteil für 300.000 €, also zum gleichen Preis, zu dem er ein halbes Jahr zuvor 30 % der Beteiligung an der X-OHG von B erworben hat. Veräußerungskosten sind A keine entstanden. Das Kapitalkonto des A beträgt im Zeitpunkt der Veräußerung 400.000 €.

AUFGABE

Entsteht A aus der Veräußerung des 30 %-Anteils an C im Dezember 2020 ein Veräußerungsgewinn?

LÖSUNG

Wird ein Bruchteil, z.B. $1/2$ eines Mitunternehmeranteils (sog. Mitunternehmerteilanteil), veräußert, ist zur Ermittlung des Veräußerungsgewinns ein gleichartiger Bruchteil ($1/2$) des Kapitalkontos auch abzuziehen, wenn der Veräußerer den Mitunternehmeranteil nach und nach zu unterschiedlichen Anschaffungskosten erworben hat (BFH IV R 15/96, BStBl 1997 II 535). Dies beruht darauf, dass es nur einen Anteil an der Personengesellschaft für jeden Gesellschafter gibt und derart erworbene Teilanteile zusammenwachsen. Erwirbt ein an einer Personengesellschaft beteiligter Gesellschafter – wie hier A – einen weiteren Gesellschaftsanteil hinzu, vereinigen sich beide Anteile in seiner Person zu einem (BGH II ZR 259/86, BGHZ 101, 123, 129). Der Gesellschafter einer OHG ist also – wie groß oder klein seine Vermögensbeteiligung sein oder werden mag – für seine Person Gesellschafter dieser Personengesellschaft. Diese Stellung verschafft ihm die Beteiligung an dem unter der Firma erworbenen gemeinschaftlichen Vermögen. Ebenso wie die Person des Gesellschafters weder teilbar noch vervielfältigungsfähig ist, steht dem Gesellschafter stets nur ein „Anteil am Gesellschaftsvermögen" zu mit der Folge, dass eine Person nicht eine Mehrheit von Mitgliedschaftsrechten an einer Personengesellschaft haben kann (BFH II 141/65, BStBl 1970 II 99; II R 3/71, BStBl 1978 II 527).

Gegen eine Aufspaltung eines Gesellschaftsanteils an einer Personengesellschaft sprechen nach Ansicht des BFH neben theoretischen auch praktische Erwägungen. Wird nämlich ein Bruchteil veräußert, der mit keinem der sukzessiv erworbenen Teile prozentual genau übereinstimmt, lässt sich nicht nachprüfbar feststellen, aus welchem der verschiedenen „Kapitaltöpfe" er stammt. Da ein Anteil an einer Personengesellschaft – wie erwähnt – grundsätzlich unteilbar ist, muss also der Buchwert eines veräußerten Teilgesellschaftsanteils im Wege einer sog. Durchschnittsbewertung ermittelt werden. Der BFH hält in einer neuen Entscheidung an den Grundsätzen der Durchschnittsbewertung fest (BFH VIII R 12/16, BStBl 2020 II 378).

Mithin muss hier bei der Ermittlung des Veräußerungsgewinns vom Buchwert des gesamten Mitunternehmeranteils ausgegangen werden. Dieser Buchwert ist im Verhältnis des veräußerten Teils zum nicht veräußerten Teil aufzuteilen. Es ist wie folgt zu rechnen:

Veräußerungserlös		300.000 €
Buchwert Mitunternehmeranteil insgesamt	400.000 €	
auf den an C veräußerten 30 %-Anteil entfällt ein Buchwertanteil von:		
30/80 von 400.000 €		./. 150.000 €
Differenz = Veräußerungsgewinn		150.000 €

HINWEIS

Der BFH hat in einer neuen Entscheidung Folgendes klargestellt (BFH VIII R 12/16, BStBl 2020 II 378): Die Höhe des zu berücksichtigenden anteiligen Buchwerts ist bei der Veräußerung des Bruchteils eines Mitunternehmeranteils, der zuvor sukzessiv zu verschiedenen Zeitpunkten erworben worden sei, auch für die Rechtslage nach Inkrafttreten des § 16 Abs. 1 Satz 2 EStG im Wege der sog. Durchschnittsbewertung zu bestimmen. Das Buchkapital entfällt somit gleichmäßig auf den gesamten Mitunternehmeranteil. Dem veräußerten Bruchteil des Anteils sei quotal ein anteiliges Buchkapital in Höhe des veräußerten Bruchteils zuzuordnen. Bei der Ermittlung des Veräußerungsgewinns für einen (Teil-)Mitunternehmeranteil gem. § 16 Abs. 2 EStG sei auch das Mehrkapital aus einer positiven Ergänzungsbilanz oder -rechnung des Veräußerers zu berücksichtigen. Es bilde zusammen mit dem Kapitalanteil in der Gesellschaftsbilanz/Gesamthand den Buchwert des Mitunternehmeranteils.

FALL 214

Ausscheiden eines unbeschränkt haftenden Gesellschafters mit negativem Kapitalkonto aus einer Personengesellschaft ohne Abfindung

Sachverhalt:

An der X-OHG sind A, B und C zu je ⅓ beteiligt. A scheidet am 31.12.2020 aus der OHG aus. Sein Kapitalkonto beträgt zu diesem Zeitpunkt: ./. 20.000 €. Im Betriebsvermögen sind keine stillen Reserven enthalten.

AUFGABEN

1. Welche Steuerfolgen ergeben sich für die an der OHG Beteiligten?

2. Welche Steuerfolgen ergeben sich für die an der OHG Beteiligten, wenn A in Insolvenz geraten ist und sein negatives Kapitalkonto nicht ausgleicht?

LÖSUNG

Zu 1.:

Ist das Kapitalkonto des ausscheidenden unbeschränkt haftenden Gesellschafters negativ und wird das negative Kapitalkonto nicht durch den Anteil an den stillen Reserven ausgeglichen, besteht für den Ausscheidenden eine Nachschusspflicht (§ 105 Abs. 1, § 161 HGB i.V. m. § 735 Satz 2 BGB), die insoweit als Forderung der verbleibenden Gesellschafter anzusehen ist. B und C haben daher ihrem Sonderbetriebsvermögen eine Forderung gegenüber A i.H.v. je 10.000 € auszuweisen, die dessen negatives Kapitalkonto ausgleicht. Der Vorgang hat eine Gewinnauswirkung.

Zu 2.:

Kann die Forderung an den ausgeschiedenen (ausgleichspflichtigen) Gesellschafter nicht realisiert werden, weil das Insolvenzverfahren über sein Vermögen eröffnet worden ist, entsteht bei den verbleibenden Gesellschaftern infolge des Forderungsausfalls ein persönlicher Verlust (BFH VIII R 128/84, BStBl 1993 II 594, 597). B und C entsteht daher im Sonderbetriebsvermögen ein Verlust von je 10.000 €.

Der ausgeschiedene A erzielt in Höhe seines Minuskapitals von 20.000 € einen Veräußerungsgewinn von 20.000 €, obwohl der Ausgleichsanspruch der verbliebenen Gesellschafter wertlos ist (BFH IV 232/64, BStBl 1967 III 309).

Keine Auswirkung auf den Gewinn der Personengesellschaft ergibt sich, wenn der Verzicht auf die Ausgleichsforderung durch die verbliebenen Gesellschafter auf privaten Gründen beruht (BFH VIII R 36/66, BStBl 1973 II 111; VIII R 76/96, BStBl 1999 II 269). In diesem Fall wäre das negative Kapitalkonto des A i. H. v. jeweils 10.000 € erfolgsneutral auf die Kapitalkonten der verbliebenen Gesellschafter zu übertragen. Die beschriebenen Rechtsgrundsätze gelten auch, wenn das Kapitalkonto eines beschränkt haftenden Gesellschafters, z. B. Kommanditisten, durch rückzahlungspflichtige Entnahmen negativ geworden ist, weil auch in diesem Fall das negative Kapitalkonto eine Ausgleichspflicht zum Inhalt hat (Schmidt/Wacker, EStG, 40. Aufl. 2021, § 16 Rn. 473).

FALL 215

Ausscheiden eines unbeschränkt haftenden Gesellschafters mit negativem Kapitalkonto aus einer Personengesellschaft gegen Abfindung

Sachverhalt:

An der X-OHG sind A, B und C zu je $\frac{1}{3}$ beteiligt. A scheidet am 31.12.2020 aus der Personengesellschaft aus. Er braucht sein negatives Kapitalkonto von 50.000 € nicht auszugleichen, sondern erhält darüber hinaus von B und C aus deren Privatvermögen noch eine Abfindung von je 25.000 €. Im Betriebsvermögen der X-OHG sind nämlich stille Reserven von 300.000 € enthalten, an denen A zu $\frac{1}{3}$ von 300.000 € = 100.000 € beteiligt ist.

1. Welche Steuerfolgen ergeben sich für A?

2. Welche Steuerfolgen ergeben sich für B und C?

Zu 1.:

Scheidet ein Gesellschafter – wie hier A – aus einer mehrgliedrigen Personengesellschaft aus, so endet seine Beteiligung und sein Anteil am Gesellschaftsvermögen wächst kraft Gesetzes den verbliebenen Gesellschaftern im Verhältnis ihrer Beteiligung zu (§ 738 Abs. 1 Satz 1 BGB). Die verbliebenen Gesellschafter haben dem ausscheidenden Gesellschafter für seinen Anteil am Gesellschaftsvermögen abzufinden. Die Abfindung hat dem wirklichen Wert des Unternehmens einschließlich aller stillen Reserven und des Geschäftswerts zu entsprechen, wenn gesellschaftsvertraglich nichts anderes vereinbart ist.

Ist der kraft Gesetzes oder nach dem Gesellschaftsvertrag zustehende Abfindungsanspruch höher als der Buchwert des Kapitalkontos des ausscheidenden Gesellschafters, ist der Vorgang steuerrechtlich wie die Veräußerung eines Mitunternehmeranteils zu behandeln. Auf Seiten des ausscheidenden Mitunternehmers liegt ein Veräußerungsgeschäft und auf Seiten der verbleibenden Mitunternehmer ein Anschaffungsgeschäft vor.

A erzielt i. H. v. 100.000 € (= Unterschiedsbetrag zwischen der Barabfindung von 50.000 € und dem negativen Kapitalkonto von 50.000 €) einen nach §§ 16, 34 EStG steuerbegünstigten Veräußerungsgewinn von 100.000 €.

Zu 2.:

Die verbleibenden Gesellschafter B und C haben den Gesellschaftsanteil des A für 100.000 € (durch Übernahme des negativen Kapitalkontos von 50.000 € und Zahlung der Abfindung von 50.000 €) erworben. Die Anschaffungskosten sind daher in der Bilanz der Personengesellschaft anteilig bei denjenigen Wirtschaftsgütern hinzu zu aktivieren, die stille Reserven enthalten. Das negative Kapitalkonto des A fällt weg. Die Kapitalkonten von B und C sind um je 25.000 € zu erhöhen (Buchungssatz: Vd. WG mit stillen Reserven 100.000 € an Kapitalkonto A 50.000 €, Kapitalkonto B 25.000 € und Kapitalkonto C 25.000 €).

FALL 216

Ausscheiden eines lästigen Gesellschafters aus einer Personengesellschaft

Sachverhalt:

An der X-OHG sind A, B und C zu je ⅓ als Gesellschafter beteiligt. Die Kapitalkonten der Gesellschafter haben einen Buchwert von 100.000 €, im Betriebsvermögen der Personengesellschaft sind stille Reserven i. H. v. 450.000 € enthalten. Der 56 Jahre alte C, der als sog. lästiger Gesellschafter anzusehen ist, scheidet am 31.12.01 gegen eine Abfindung i. H. v. 350.000 € aus der Personengesellschaft aus. Die über das Kapitalkonto (100.000 €) sowie seinen Anteil an den stillen Reserven (150.000 €) hinausgehende Zahlung wird von A und B erbracht, um C zur vorzeitigen Vertragsauflösung und zum vorzeitigen Ausscheiden aus der Personengesellschaft zu bewegen.

AUFGABE

Welche Steuerfolgen ergeben sich für den ausscheidenden und die verbleibenden Gesellschafter?

LÖSUNG

Von einem lästigen Gesellschafter spricht man, wenn ein Mitunternehmer durch in seiner Person liegende Umstände (geschäftsschädigendes Verhalten, unlautere Konkurrenz usw.) der Personengesellschaft derart Schaden zufügt, dass es im betrieblichen Interesse ist, wenn er aus der Personengesellschaft ausscheidet. Im Allgemeinen wird sich der ausscheidende Gesellschafter – wie vorliegend – nicht mit der Auszahlung des ihm zivilrechtlich zustehenden Anteils am Gesellschaftsvermögen zufriedengeben. Die übrigen Gesellschafter werden ihm eine Abfindung bezahlen müssen, die den wirklichen Wert seines Gesellschaftsanteils übersteigt, um ihn „los zu werden" (BFH VIII R 4/12, BFH/NV 2015, 647, Rn. 21). Problematisch ist dann die steuerliche Beurteilung dieser „Mehrzahlung", die dazu dient, den lästigen Gesellschafter zum Ausscheiden aus der Gesellschaft zu bewegen.

Anzumerken ist, dass nicht ohne Weiteres der gesamte Betrag, um den die Abfindung das steuerliche Kapitalkonto des ausscheidenden lästigen Gesellschafters übersteigt, ein Aufwand der übernehmenden Gesellschafter ist. Auch beim Ausscheiden eines lästigen Gesellschafters spricht eine tatsächliche Vermutung dafür, dass der Buchwert der bilanzierten Wirtschaftsgüter des Betriebsvermögens stille Reserven enthält und/oder den Geschäftswert abgelten soll. Eine über das Kapitalkonto des lästigen Gesellschafters hinausgehende Abfindung kann nur insoweit bei den verbleibenden Gesellschaftern als sofort abzugsfähige Betriebsausgabe behandelt werden, als der Abfindungsbetrag nicht auf stille Reserven und den Geschäftswert entfällt (BFH VIII R 148/85, BStBl 1992 II 647; VIII R 63/91, BStBl 1993 II 706 f.). A und B müssen daher die Buchwerte der Wirtschaftsgüter des Gesellschaftsvermögens um die auf C entfallenden stillen Reserven von 150.000 € aufstocken. Die Mehrzahlung von 100.000 € stellt für A und B Sonderbetriebsausgaben dar, weil es sich um Aufwand handelt im Zusammenhang mit der Begründung bzw. Stärkung der eigenen Beteiligung, der dem Bereich des Sonderbetriebsvermögens II zuzurechnen ist (BFH VIII R 63/91, BStBl 1993 II 706, 708).

Beim lästigen Gesellschafter C gehört die Differenz zwischen der Abfindung und dem Buchwert seines Kapitalkontos zum nach §§ 16, 34 EStG begünstigten Veräußerungsgewinn. Dies gilt auch für den Betrag, den er über den wirklichen Wert seiner Beteiligung erhält (Schmidt/Wacker, EStG, 40. Aufl. 2021, § 16 Rn. 459). C entsteht demnach ein tarifbegünstigter Veräußerungsgewinn i. H. v. 250.000 €.

FALL 217

Veräußerung eines ganzen Gesellschaftsanteils unter Zurückbehaltung des Sonderbetriebsvermögens

Sachverhalt:

Gesellschafter der X-OHG sind A und B zu je 50 %. Zum Sonderbetriebsvermögen des A gehört ein Geschäftsgrundstück, das an die OHG vermietet ist und für diese eine wesentliche Betriebsgrundlage darstellt. Am 31.12.01 veräußert der 60 Jahre alte A seinen Mitunternehmeranteil an C und erzielt hierbei einen Veräußerungsgewinn i. H. v. 300.000 €. Das Grundstück wird weiterhin an die OHG vermietet. Sein gemeiner Wert beläuft sich zum 31.12.01 auf 600.000 €, sein Buchwert auf 350.000 €.

AUFGABE

Welche einkommensteuerlichen Folgen ergeben sich für A im Zusammenhang mit der Veräußerung des Mitunternehmeranteils?

LÖSUNG

Der Begriff des Mitunternehmeranteils umfasst nicht nur den Anteil des Mitunternehmers am Vermögen der Gesellschaft, sondern auch etwaiges Sonderbetriebsvermögen (BFH VII R 76/87, BStBl 1991 II 635; VIII B 21/93, BStBl 1995 II 890; XI R 35/99, BStBl 2000 II 26). Veräußert ein Gesellschafter (Mitunternehmer) seinen Anteil an der Gesellschaft (§ 16 Abs. 1 Satz 1 Nr. 2 EStG) und wird das zu den wesentlichen Betriebsgrundlagen gehörende Sonderbetriebsvermögen nicht mitveräußert, liegt keine begünstigte Anteilsveräußerung i. S. v. § 16 Abs. 1 Nr. 2 EStG vor, weil nicht der „gesamte" Mitunternehmeranteil veräußert worden ist.

Wesentliche Betriebsgrundlage i. S. d. § 16 EStG sind zum einen Wirtschaftsgüter des Sonderbetriebsvermögens, die für die Personengesellschaft funktional wesentlich sind (BFH VIII B 21/93, BStBl 1995 II 890), und zum anderen solche, die erhebliche stille Reserven enthalten (BFH IV R 84/96, BStBl 1998 II 104).

Wird das zu den wesentlichen Betriebsgrundlagen gehörende Sonderbetriebsvermögen nicht mitveräußert, so verliert es seine Eigenschaft als Betriebsvermögen. Es geht in das Privatvermögen des Gesellschafters über mit der Maßgabe, dass es entsprechend § 16 Abs. 3 Satz 7 EStG mit seinem gemeinen Wert anzusetzen ist. Durch Vergleich mit dem Buchwert ist der sich hieraus ergebende Gewinn zu ermitteln. Anteilsveräußerung und Auflösung des Sonderbetriebsvermögens sind als betriebsaufgabeähnlicher Vorgang anzusehen (BFH I R 5/82, BStBl 1983 II 771; IV R 52/87, BStBl 1988 II 829; VIII B 21/93, BStBl 1995 II 890; BMF, BStBl 2019 I 1291 Rn. 9). Die Deutung dieses Geschehens als betriebsaufgabeähnlicher Vorgang hat zur Folge, dass für den gesamten Vorgang (Anteilsveräußerung und Auflösung des Sonderbetriebsvermögens) die Steuervergünstigung des § 34 Abs. 1 oder 3 EStG eingreift. Der von A erzielte Gewinn ist daher nach der Fünftel-Regelung oder auf Antrag mit dem ermäßigten Steuersatz, mindestens mit 14 % zu versteuern:

Gewinn Anteilsveräußerung		300.000 €
Gewinn Auflösung Sonderbetriebsvermögen:		
Gemeiner Wert	600.000 €	
./. Buchwert	./. 350.000 €	250.000 €
Nach § 34 Abs. 1 oder 3 EStG begünstigter Gewinn		550.000 €

HINWEIS

Wird nur das Sonderbetriebsvermögen isoliert ohne den Gesellschaftsanteil veräußert, ist dies keine Veräußerung eines Mitunternehmeranteils, weil das Sonderbetriebsvermögen für sich betrachtet kein Mitunternehmeranteil ist (BFH VIII R 14/87, BStBl 1991 II 510; BMF, BStBl 2019 I 1291, Rn. 35).

FALL 218

Unentgeltliche Übertragung eines ganzen Gesellschaftsanteils unter Zurückbehaltung von Sonderbetriebsvermögen

Sachverhalt:

An der X-KG sind der 60 Jahre alte A als Komplementär und sein Sohn B als Kommanditist je zur Hälfte beteiligt. Die Personengesellschaft betreibt u. a. auf einer im Alleineigentum des A stehenden Lagerhalle, die eine wesentliche Betriebsgrundlage der KG darstellt, einen Großhandel mit sanitären Installationsartikeln.

Zum 1.1.01 überträgt A seine Gesellschafterstellung in der KG unentgeltlich auf B, der den Betrieb als Einzelunternehmen fortführt. Die Lagerhalle überführt A vom Sonderbetriebsvermögen ins Privatvermögen und vermietet sie an B. Die Lagerhalle hat einen Buchwert von 50.000 € und einen gemeinen Wert von 70.000 €. Das Gesellschaftsvermögen der KG enthält stille Reserven von 800.000 €.

AUFGABEN

1. Liegt eine unentgeltliche Anteilsübertragung i. S. v. § 6 Abs. 3 EStG vor mit der Folge, dass es bei A hinsichtlich der übertragenen Gesellschaftsbeteiligung zu keiner Gewinnrealisierung kommt?

2. Welche Steuerfolgen ergeben sich, wenn es sich bei dem von A zurückbehaltenen und ins Privatvermögen überführten Grundstück um keine wesentliche Betriebsgrundlage handelt?

LÖSUNG

Zu 1.:

Die unentgeltliche Übertragung eines Betriebs i. S. v. § 6 Abs. 3 EStG setzt voraus, dass sämtliche funktional wesentlichen Betriebsgrundlagen auf den Erwerber übergehen (BFH X R 74-75/90, BStBl 1994 II 15). Werden anlässlich der unentgeltlichen Übertragung eines Betriebs Wirtschaftsgüter vom Übertragenden zurückbehalten, die zu den funktional wesentlichen Betriebsgrundlagen gehören, liegt keine Betriebsübertragung im Ganzen, sondern eine Betriebsaufgabe vor (BFH IV R 8/99, BStBl 1990 II 428).

Auch für die unentgeltliche Übertragung eines Mitunternehmeranteils i. S. v. § 6 Abs. 3 EStG ist zu fordern, dass alle diejenigen Wirtschaftsgüter des Sonderbetriebsvermögens auf den Erwerber mitübertragen werden, die für die Mitunternehmerschaft funktional wesentlich sind (BFH VIII B 21/93, BStBl 1995 II 890; BMF, BStBl 2019 I 1291, Rn. 6). Der Begriff des Mitunternehmeranteils i. S. v. § 16 Abs. 1 EStG, § 6 Abs. 3 EStG umfasst nach der Rechtsprechung des BFH nicht nur den Anteil des Mitunternehmers am Vermögen der Gesellschaft, sondern auch etwaiges

Sonderbetriebsvermögen (BFH VIII R 76/87, BStBl 1991 II 635). Daraus folgt, dass eine (gewinn-realisierende) Aufgabe eines Mitunternehmeranteils anzunehmen ist, wenn – wie vorliegend – anlässlich der unentgeltlichen Übertragung eines Gesellschaftsanteils Wirtschaftsgüter des Sonderbetriebsvermögens, die zu den wesentlichen Betriebsgrundlagen der Mitunternehmer-schaft gehören, nicht auf den Erwerber des Gesellschaftsanteils übergehen, sondern vom aus-scheidenden Gesellschafter in das Privatvermögen überführt werden. A entsteht somit ein Auf-gabegewinn i. H. v. 420.000 €:

Anteilige stille Reserven Gesellschaftsvermögen:

$^{1}/_{2}$ von 800.000 € =	400.000 €
stille Reserven Sonderbetriebsvermögen	+ 20.000 €
	420.000 €

Der Aufgabegewinn des A ist begünstigt zu versteuern (§ 34 Abs. 1 oder 3 EStG).

Beim Erwerber S liegt spiegelbildlich Anschaffungsaufwand vor, soweit die auf ihn übergegan-genen Wirtschaftsgüter des Betriebsvermögens betroffen sind. Der das steuerliche Buchkapital des A übersteigende Betrag, d. h. die anteiligen stillen Reserven im Anlagevermögen von 400.000 €, sind als anschaffungsähnliche Aufwendungen (sinngemäße Anwendung des § 6 Abs. 1 Nr. 6 EStG) als Einlage in einer steuerlichen Ergänzungsbilanz des B auszuweisen. Über Abschreibungen oder Buchwertabgänge führen sie künftig zu Gewinnminderungen, die auch die Gewerbesteuer treffen (Strahl, KÖSDI 2013, 18216, Tz. 5)

Zu 2.:

Die Aufgabe eines Mitunternehmeranteils liegt im Falle der unentgeltlichen Anteilsübertragung nicht vor, wenn der bisherige Gesellschafter aus diesem Anlass einzelne Wirtschaftsgüter, die nicht zu den wesentlichen Betriebsgrundlagen gehören, veräußert oder in sein Privatvermögen übernimmt (BFH IV R 116/77, BStBl 1981 II 566). Die Entnahme des Grundstücks steht also der Wertung des Vorgangs als unentgeltliche Anteilsübertragung i. S. v. § 6 Abs. 3 EStG in diesem Fall nicht entgegen. Das bedeutet, dass es bei A hinsichtlich des übertragenen Gesellschaftsver-mögens zu keiner Gewinnrealisierung kommt, B muss den Buchwert des Gesellschaftsanteils des A fortführen (§ 6 Abs. 3 EStG).

Durch die Entnahme des nicht zu den wesentlichen Betriebsgrundlagen gehörenden Grund-stücks entsteht A indes ein Gewinn. Bei diesem Gewinn handelt es sich um einen laufenden Gewinn, für den die tarifäre Ermäßigung (§ 34 EStG) nicht gewährt werden kann (BFH IV R 12/89, BStBl 1991 II 566). Obwohl es sich um einen nicht begünstigten Gewinn handelt, un-terliegt dieser nicht der Gewerbesteuer (BFH IV R 93/85, BStBl 1988 II 374).

Unentgeltliche Übertragung eines Mitunternehmeranteils bei gleichzeitiger erfolgsneutraler Ausgliederung von Sonderbetriebsvermögen

Sachverhalt:

Vater V war Kommanditist bei der X-KG, an die er ein Grundstück (wesentliche Betriebsgrundlage) vermietet hatte. Er übertrug im Dezember 2020 seinen Kommanditanteil, der stille Reserven von 200.000 € enthielt, unentgeltlich auf seinen Sohn S. Bereits im November 2020 hat V das Grundstück nach § 6 Abs. 5 Satz 3 Nr. 2 EStG zum Buchwert auf die von ihm neu gegründete gewerblich geprägte Y-GmbH & Co. KG übertragen.

AUFGABE

Muss S die Buchwerte des Kommanditanteils fortführen?

LÖSUNG

Wenn im zeitlichen Zusammenhang (auch zeitgleich) funktional wesentliche Wirtschaftsgüter des Sonderbetriebsvermögens zum Buchwert nach § 6 Abs. 5 Satz 3 EStG übertragen oder nach § 6 Abs. 5 Satz 1 oder 2 EStG in ein anderes Betriebsvermögen bzw. Sonderbetriebsvermögen des Stpfl. überführt werden, steht dies der Buchwertfortführung für die Übertragung des Mitunternehmeranteils nicht entgegen (Aufgabe der Gesamtplanbetrachtung im Zusammenhang mit der vorweggenommenen Erbfolge; BMF, BStBl 2019 I 1291, teilweise ersetzt durch BMF v. 5.5.2021, BStBl 2021 I 696, Rn. 10).

Die gleichzeitige Anwendung der beiden Buchwertprivilegien nach § 6 Abs. 5 EStG (Auslagerung von funktional wesentlichem Betriebsvermögen bzw. Sonderbetriebsvermögen) und § 6 Abs. 3 EStG ist möglich. Der Anwendung des § 6 Abs. 3 EStG steht nicht entgegen, dass im Zeitpunkt der Übertragung nach § 6 Abs. 3 EStG zum Betriebsvermögen/Sonderbetriebsvermögen der Mitunternehmerschaft gehörende Wirtschaftsgüter zeitgleich oder taggleich oder wie hier vorher nach § 6 Abs. 5 EStG überführt oder übertragen werden (BFH IV R 41/11, BStBl 2019 II 715; IV R 12/15, BStBl 2019 II 726).

Die gleichzeitige Anwendung der beiden Buchwertprivilegien nach § 6 Abs. 5 und § 6 Abs. 3 EStG darf jedoch keine Betriebszerschlagung zur Folge haben. Vielmehr muss auch nach Auslagerung von funktional wesentlichem Betriebsvermögen/Sonderbetriebsvermögen noch weiterhin eine funktionsfähige betriebliche Einheit bestehen und die Besteuerung der stillen Reserven sichergestellt sein (BMF, BStBl 2019 I 1291, Rn. 11, 12).

Der BFH begründet seine Ansicht u. a. damit, dass vorliegend die Grundstücksübertragung auf die Y-GmbH & Co. KG nach § 6 Abs. 5 Satz 3 Nr. 2 EStG zwingend zum Buchwert zu erfolgen hat. Unabhängig davon muss die in zeitlichen und sachlichen Zusammenhang vorgenommene Übertragung der Kommanditbeteiligung auf S nach § 6 Abs. 3 Satz 1 Halbsatz 1 EStG ebenfalls zum Buchwert erfolgen. Die Privilegierungen des § 6 Abs. 3 und § 6 Abs. 5 EStG stehen nach dem Gesetzeswortlaut gleichberechtigt nebeneinander. Ein Rangverhältnis ist weder ausdrücklich gesetzlich geregelt noch lässt es sich durch Auslegung ermitteln. Sind – wie hier – die Tatbestandsvoraussetzungen des § 6 Abs. 3 und § 6 Abs. 5 EStG gleichzeitig erfüllt, sind die Vorschriften prinzipiell nebeneinander anzuwenden. Es sind also gleichzeitige Buchwerttransfers nach § 6 Abs. 3 und 5 EStG möglich. S muss den Buchwert des Kommanditanteils des V nach § 6 Abs. 3 Satz 1 EStG unverändert fortführen, zu einer Aufdeckung der stillen Reserven kommt es nicht.

HINWEIS

Für die Buchwertfortführung gem. § 6 Abs. 3 EStG ist jeweils zeitpunktbezogen zu prüfen, ob auch nach der Auslagerung gem. § 6 Abs. 5 EStG noch eine funktionsfähige betriebliche Einheit nach § 6 Abs. 3 EStG übertragen werden kann. Stellt das nach der Auslagerung nach § 6 Abs. 5 EStG verbleibende „Restbetriebsvermögen" keine funktionsfähige betriebliche Einheit mehr dar, liegt hinsichtlich des verbleibenden „Restbetriebsvermögens" eine Betriebszerschlagung und damit grundsätzlich eine nicht nach §§ 16, 34 EStG steuerbegünstigte Betriebsaufgabe vor. Die Tarifvergünstigung nach § 34 EStG greift nicht, weil nicht sämtliche stille Reserven im Mitunternehmeranteil wegen der Übertragung oder Überführung zu Buchwerten nach § 6 Abs. 5 EStG realisiert worden sind (BMF, BStBl 2019 I 1291, Rn. 12, 16).

FALL 219A

Unentgeltliche Übertragung eines Gesellschaftsanteils bei vorgelagerter Veräußerung von Sonderbetriebsvermögen

Sachverhalt:

Vater V war Kommanditist bei der X-KG, an die er ein Grundstück (wesentliche Betriebsgrundlage) vermietet hatte. Er übertrug Ende Dezember 2020 seinen Kommanditanteil, der stille Reserven von 200.000 € enthielt, unentgeltlich auf seinen Sohn S. Bereits im November 2020 hat V sein zum (funktional notwendigen) Sonderbetriebsvermögen gehörendes Grundstück zu fremdüblichen Bedingungen an seine Ehefrau veräußert und insoweit die stillen Reserven realisiert.

AUFGABE

Muss S die Buchwerte des Kommanditanteils fortführen?

LÖSUNG

Wird aufgrund einheitlicher Planung und im zeitlichen Zusammenhang mit der unentgeltlichen Übertragung eines Gesellschaftsanteils Sonderbetriebsvermögen unter Aufdeckung der stillen Reserven zum Verkehrswert veräußert, schließt dies eine Buchwertübertragung des Gesellschaftsanteils nach § 6 Abs. 3 EStG nicht aus. Der Gesellschaftsanteil kann gleichwohl nach § 6 Absatz 3 EStG zum Buchwert übertragen werden, sofern es sich bei dem verbleibenden „Restbetriebsvermögen" weiterhin um eine funktionsfähige betriebliche Einheit handelt (BFH IV R 29/14, BStBl 2019 II 723). S muss daher den Buchwert des Kommanditanteils fortführen.

HINWEIS

Zeitgleiche Veräußerungen oder Entnahmen sind dagegen – mit Ausnahme von Überführungen und Übertragungen nach § 6 Abs. 5 EStG – für eine Buchwertfortführung nach § 6 Abs. 3 EStG schädlich (BFH I R 7/16, BStBl 2019 II 738; BFH v. 10.9.2020, IV R 14/18, BFH/NV 2021, 406; BMF v. 5.5.2021, BStBl 2021 I 696, Rn. 13). Es ist also eine zeitpunktbezogene, keine zeitraumbezogene und damit auch keine tageweise Prüfung vorzunehmen. Für die Buchwertübertragung des Gesellschaftsanteils nach § 6 Abs. 3 EStG ist es erforderlich, dass alle in der (juristischen) Sekunde des wirtschaftlichen Übergangs des Gesellschaftsanteils zu ihm gehörende wesentlichen Betriebsgrundlagen auf denselben Empfänger übertragen werden. Eine zeitgleiche (d. h. in derselben juristischen Sekunde erfolgte) Veräußerung oder Entnahme des funktional Sonderbetriebsvermögens ist also schädlich für die Buchwertübertragung (BMF v. 5.5.2021, BStBl 2021 I 696, Rn. 9a). Voraussetzung für die Anwendung des § 6 Abs. 3 EStG ist aber stets, dass es sich bei dem verbleibenden „Restbetriebsvermögen" weiterhin um eine funktionsfähige betriebliche Einheit handelt.

FALL 220

Unentgeltliche Übertragung eines Teils eines Mitunternehmeranteils und quotale Übertragung des Sonderbetriebsvermögens

Sachverhalt:

V ist alleiniger Kommanditist der X-GmbH & Co. KG. Die X-GmbH ist als Komplementärin nicht am Vermögen der KG beteiligt. Die Personengesellschaft betreibt in einem im Alleineigentum des V stehenden Fabrikationsgebäude, das eine wesentliche Betriebsgrundlage der KG darstellt, eine Zimmerei. Das Grundstück gehört zum notwendigen Sonderbetriebsvermögen des V. Es hat einen Buchwert von 300.000 € (Grund und Boden: 60.000 €, Gebäude: 240.000 €) und enthält stille Reserven von 100.000 € (Grund und Boden: 20.000 €, Gebäude: 80.000 €).

Zum 1.1.01 überträgt V einen 50 %igen KG-Anteil unentgeltlich auf seinen Sohn S, ist also anschließend selbst nur noch zu 50 % an der KG beteiligt. Das Kapitalkonto des V beträgt im Zeitpunkt der Übertragung des hälftigen KG-Anteils insgesamt 100.000 €. Das Gesellschaftsvermögen der KG enthält stille Reserven von 1 Mio. €.

Das Fabrikationsgebäude wird zu 50 % mitübertragen.

AUFGABE

Liegt eine unentgeltliche Anteilsübertragung i. S. v. § 6 Abs. 3 EStG vor?

LÖSUNG

Aus § 6 Abs. 3 Satz 2 EStG ergibt sich, dass das Sonderbetriebsvermögen nicht mitübertragen werden muss, allerdings dann die Folge eintritt, dass die Behaltefrist für den Übertragungsempfänger läuft (BFH IV R 41/11, BStBl 2019 II 715). In diesem Urteil hat der BFH auch geklärt, wie viel Sonderbetriebsvermögen mitübertragen werden muss, um die Behaltefrist zu vermeiden: nämlich prozentual so viel, wie Anteile der Beteiligung am Gesellschaftsvermögen übertragen werden (BMF, BStBl 2019 I 1291, Rn. 22). Dabei ist es nach Meinung des BFH nicht erforderlich, bei mehreren Wirtschaftsgütern des Sonderbetriebsvermögens jeweils einen entsprechenden Anteil zu übertragen; es reicht eine wertmäßig anteilige Übertragung. Der Wortlaut des § 6 Abs. 3 Satz 2 EStG ist im Sinne einer wertbezogenen, nicht einer gegenständlichen (wirtschaftsgutbezogenen) Betrachtung auszulegen (BMF, BStBl 2019 I 1291, Rn. 24, 29).

Hier liegt eine quotale (d. h. 50 %ige) Übertragung des Sonderbetriebsvermögens vor. Die Behaltefrist nach § 6 Abs. 3 Satz 2 EStG kommt nicht zur Anwendung, weil V (wertmäßig) einen Anteil am Sonderbetriebsvermögen übertragen hat (nämlich 50 %), der dem übertragenen Teil des Anteils am Gesamthandsvermögen des Übertragenden entspricht.

FALL 220A

Unentgeltliche Übertragung eines Teils eines Mitunternehmeranteils und unterquotale Übertragung des Sonderbetriebsvermögens

Sachverhalt:

V ist alleiniger Kommanditist der X-GmbH & Co. KG. Die Komplementär-GmbH ist nicht am Vermögen der KG beteiligt. Die Personengesellschaft betreibt in einem im Alleineigentum des V stehenden Fabrikationsgebäude, das eine wesentliche Betriebsgrundlage der KG darstellt, einen Einzelhandel. Das Grundstück gehört zum notwendigen Sonderbetriebsvermögen des V. Es hat einen Buchwert von 300.000 € (Grund und Boden: 60.000 €, Gebäude: 240.000 €) und enthält stille Reserven von 100.000 € (Grund und Boden: 20.000 €, Gebäude: 80.000 €).

Zum 1.1.01 überträgt V einen 50 %igen KG-Anteil unentgeltlich auf seinen Sohn S, ist also anschließend selbst nur noch zu 50 % an der KG beteiligt. Das Kapitalkonto des V beträgt im Zeitpunkt der Übertragung des hälftigen KG-Anteils insgesamt 100.000 €. Das Gesellschaftsvermögen der KG enthält stille Reserven von 1 Mio. €.

Das Fabrikationsgebäude wird von V zu 10 % mitübertragen.

AUFGABE

Liegt eine unentgeltliche Anteilsübertragung i. S. v. § 6 Abs. 3 EStG vor?

Wird im Zeitpunkt der unentgeltlichen Übertragung eines Teils des Anteils am Gesamthandsvermögen funktional wesentliches Sonderbetriebsvermögen nicht oder in geringerem Umfang (unterquotal) übertragen, als es dem übertragenen Teil des Einzelunternehmens oder des Anteils am Gesamthandsvermögen entspricht, liegt insgesamt eine Übertragung nach § 6 Abs. 3 Satz 2 EStG vor (BMF, BStBl 2019 I 1291, Rn. 25). Voraussetzung für die Buchwertübertragung ist dann, dass der Übernehmer den übernommenen Mitunternehmeranteil über einen Zeitraum von mindestens fünf Jahren nicht veräußert oder aufgibt. Der Veräußerung des Mitunternehmeranteils steht die Veräußerung nur des Anteils am Gesamthandsvermögen oder eines Teils davon und/oder des mit dem Mitunternehmeranteil übernommenen funktional wesentlichen Sonderbetriebsvermögens oder eines Teils davon innerhalb der Fünf-Jahresfrist gleich (BMF, BStBl 2019 I 1291, Rn. 26).

Nach § 6 Abs. 3 Satz 2 EStG kann also bei einer unterquotalen Übertragung sowohl der Buchwert des Gesellschaftsteilanteils als auch des Sonderbetriebsvermögens fortgeführt werden. werden. S muss den Buchwert des übernommenen Gesellschaftsteilanteils von $^1/_2$ von 100.000 € = 50.000 € sowie den Buchwert des Betriebsgrundstücks von 1/10 von 300.000 € = 30.000 € (Grund und Boden: 6.000 €, Gebäude: 24.000 €) fortführen. Allerdings wird die Behaltefrist des § 6 Abs. 3 Satz 2 EStG in Lauf gesetzt.

FALL 220B

Unentgeltliche Übertragung eines Teils eines Mitunternehmeranteils und überquotale Übertragung des Sonderbetriebsvermögens

Sachverhalt:

V ist alleiniger Kommanditist der X-GmbH & Co. KG. Die Komplementär-GmbH ist nicht am Vermögen der KG beteiligt. Zum Sonderbetriebsvermögen I des V gehört ein Gebäudegrundstück, das V der KG vermietet hat. Das Grundstück hat einen Buchwert von 300.000 € (Grund und Boden: 60.000 €, Gebäude: 240.000 €) und enthält stille Reserven von 100.000 € (Grund und Boden: 20.000 €, Gebäude: 80.000 €).

Zum 1.1.01 überträgt V einen 50 %igen KG-Anteil unentgeltlich auf seinen Sohn S, ist also anschließend selbst nur noch zu 50 % an der KG beteiligt. Das Kapitalkonto des V beträgt im Zeitpunkt der Übertragung des hälftigen KG-Anteils insgesamt 100.000 €. Das Gesellschaftsvermögen der KG enthält stille Reserven von 1 Mio. €.

Das Fabrikationsgebäude wird von V zu 100 % auf S mitübertragen.

AUFGABE

Liegt eine unentgeltliche Anteilsübertragung i. S. v. § 6 Abs. 3 EStG vor?

LÖSUNG

Wird im Zeitpunkt der unentgeltlichen Übertragung eines Teils des Anteils am Gesamthandsvermögen funktional wesentliches Sonderbetriebsvermögen in größerem Umfang (überquotal) übertragen, als es dem übertragenen Teil des Anteils am Gesamthandsvermögen entspricht, ist der Vorgang nicht in eine Übertragung nach § 6 Abs. 3 Satz 1 EStG für den quotalen Teil des Sonderbetriebsvermögens (ohne Lauf einer Sperrfrist) und eine Übertragung nach § 6 Abs. 5 EStG für den überquotalen Teil des Sonderbetriebsvermögens (mit Lauf einer Sperrfrist) aufzuteilen.

Denn in diesem Fall handelt es sich ausschließlich (und einheitlich) um eine unentgeltliche Übertragung eines Mitunternehmerteilanteils nach § 6 Abs. 3 Satz 1 EStG ohne Lauf einer Behaltefrist. In den Anwendungsbereich des § 6 Abs. 3 EStG fällt auch der überquotale Teil des Sonderbetriebsvermögens (BMF, BStBl 2019 I 1291, Rn. 32). Ihre abweichende Auffassung hat die Finanzverwaltung aufgegeben.

FALL 221

Ermittlung des begünstigten Gewinns bei Einbringung eines Einzelunternehmens in eine Personengesellschaft zum gemeinen Wert

Sachverhalt:

A und B gründen eine OHG. Jeder verpflichtet sich, eine Einlage i. H. v. 300.000 € zu erbringen. A erfüllt seine Einlageverpflichtung, indem er seinen Gewerbebetrieb – mit Ausnahme seines Pkw – im Wert von 300.000 € (Buchwert: 100.000 €) in das Gesamthandsvermögen einbringt, B zahlt 300.000 € in bar ein.

Die aufnehmende Personengesellschaft setzt das eingebrachte Betriebsvermögen mit dem Teilwert = gemeiner Wert an, so dass die Eröffnungsbilanz wie folgt aussieht:

Aktiva	Eröffnungsbilanz OHG		Passiva
Von A eingebrachtes		Kapitalkonto A	300.000 €
Betriebsvermögen	300.000 €	Kapitalkonto B	300.000 €
Bareinlage B	300.000 €		
	600.000 €		600.000 €

Seinen bisher zum Betriebsvermögen gehörenden Pkw, der einen Buchwert von 1 € hat, bringt A mit dem Teilwert von 10.000 € in sein Sonderbetriebsvermögen ein. Der Pkw wird in einer Sonderbilanz mit dem Teilwert = gemeiner Wert von 10.000 € aktiviert.

AUFGABE

In welcher Höhe ist der A entstehende Veräußerungsgewinn steuerbegünstigt?

LÖSUNG

Für die Höhe des Veräußerungsgewinns des Einbringenden ist maßgebend, mit welchem Wert das eingebrachte Betriebsvermögen „in der Bilanz" der Personengesellschaft und in den Ergänzungsbilanzen der Gesellschafter angesetzt wird (§ 24 Abs. 3 Satz 1 UmwStG). Zu einer Gewinnrealisierung kommt es, wenn die aufnehmende Personengesellschaft – wie vorliegend – das eingebrachte Betriebsvermögen mit dem gemeinen Wert ansetzt. Der Ansatz zum gemeinen Wert erfordert, dass sämtliche stille Reserven, auch der selbst geschaffene (originäre) Geschäfts- oder Praxiswert, aufgedeckt werden (BFH I R 2/78, BStBl 1982 II 62). Einzubeziehen in den Ansatz der Sacheinlage sind auch die Wirtschaftsgüter, die bei der aufnehmenden Personengesellschaft Sonderbetriebsvermögen werden. Ein Ansatz zum gemeinen Wert liegt nur vor, wenn auch diese Wirtschaftsgüter mit dem gemeinen Wert angesetzt werden (BFH VIII R 32/77, BStBl 1981 II 419). Der Einbringungsgewinn muss auf der Grundlage einer Einbringungs- und einer Eröffnungsbilanz ermittelt werden (BFH IV R 88/80, BStBl 1984 II 518; IV R 13/01, BStBl 2002 II 287).

Ein durch Ansatz des gemeinen Werts entstehender Gewinn gilt als laufender Gewinn, soweit der Einbringende selbst an der Personengesellschaft beteiligt ist (§ 24 Abs. 3 Satz 3 UmwStG, § 16 Abs. 2 Satz 3 EStG); im Übrigen ist der Einbringungsgewinn steuerbegünstigt (§§ 16, 34 EStG). Im Beispielsfall gilt der Einbringungsgewinn i. H. v. 200.000 €, der A bei der Einbringung des Betriebsvermögens in das Gesamthandsvermögen der OHG entsteht, i. H. v. ¹/₂ von 200.000 € = 100.000 € als laufender Gewinn und i. H. v. 100.000 € als begünstigter Gewinn.

Ein bei der Einbringung zum gemeinen Wert im Sonderbetriebsvermögen des Einbringenden entstehender Gewinn ist nach § 24 Abs. 3 Satz 3 UmwStG nicht tarifbegünstigt (BFH IV R 54/99, BStBl 2001 II 178). Der Einbringungsgewinn i. H. v. 9.999 €, der A durch Einbringung seines Pkw in das Sonderbetriebsvermögen bei der aufnehmenden Personengesellschaft entsteht, gilt also in vollem Umfang als laufender Gewinn (§ 24 Abs. 3 Satz 3 UmwStG), da das hierdurch geschaffene zusätzliche Abschreibungsvolumen in vollem Umfang dem Einbringenden zugutekommt.

Anzumerken ist, dass der als „laufender Gewinn" geltende Teil des Einbringungsgewinns der Gewerbesteuer unterliegt (BFH VIII R 7/01, BStBl 2004 II 754).

FALL 222

Auflösung von steuerfreien Rücklagen anlässlich einer Betriebsveräußerung

Sachverhalt:

Der 60 Jahre alte A veräußert am 31.12.01 seinen Gewerbebetrieb an B und erzielt hierbei einen Veräußerungsgewinn i. H. v. 140.200 €. Im Zeitpunkt der Betriebsveräußerung löst A eine im Vorjahr gebildete Rücklage für Ersatzbeschaffung i. H. v. 30.000 € gewinnerhöhend auf.

AUFGABE

Erhöht die Auflösung der steuerfreien Rücklage den laufenden Gewinn oder den steuerbegünstigten Veräußerungsgewinn des A?

LÖSUNG

Steuerfreie Rücklagen (z. B. Rücklage für Ersatzbeschaffung, Rücklage nach § 6b EStG), die im Zeitpunkt der Betriebsveräußerung aufgelöst werden, erhöhen den steuerbegünstigten Veräußerungsgewinn und nicht etwa den laufenden Gewinn (BFH I R 201/73, BStBl 1975 II 848; IV R 97/89, BStBl 1992 II 392). Sie wirken sich demnach auch auf die Höhe des Freibetrags nach § 16 Abs. 4 EStG aus. Da der Veräußerungsgewinn des A demnach (140.200 € + 30.000 € =) 170.200 € beträgt, errechnet sich für A folgender Freibetrag nach § 16 Abs. 4 EStG:

Uneingeschränkter Freibetrag	45.000 €
Ermäßigung um den Betrag, um den der Veräußerungsgewinn die Freibetragsgrenze von 136.000 € übersteigt: 170.200 € ./. 136.000 € =	34.200 €
zu gewährender Freibetrag	10.800 €

Der nach Abzug des Freibetrags verbleibende Veräußerungsgewinn i. H. v. (170.200 € ./. 10.800 € =) 159.400 € ist nach der Fünftel-Regelung oder auf Antrag mit dem ermäßigten Steuersatz zu versteuern (§ 34 Abs. 1 oder 3 EStG).

FALL 223

Bildung einer Rücklage nach § 6b EStG anlässlich einer Betriebsveräußerung

Sachverhalt:

Ein 58 Jahre alter Gewerbetreibender erzielt aus der Veräußerung seines Betriebs einen Gewinn i. H. v. 160.000 €. I. H. v. 90.000 € bildet er zulässigerweise eine Rücklage nach § 6b EStG, so dass sich ein Restveräußerungsgewinn i. H. v. 70.000 € ergibt.

AUFGABE

Ist der Veräußerungsgewinn – ggf. in welcher Höhe – steuerbegünstigt nach §§ 16, 34 EStG?

LÖSUNG

Bildet ein Stpfl. anlässlich der Betriebsveräußerung eine Rücklage nach § 6b EStG, kann er die Rücklage unter bestimmten Voraussetzungen noch für die Zeit weiterführen, in der sie ohne Veräußerung des Betriebs zulässig gewesen wäre (R 6b Abs. 10 Satz 1 EStR 2012). Die Fünftel-Regelung oder der ermäßigte Steuersatz kann aber in einem solchen Fall für den (verbleibenden) Veräußerungsgewinn nicht gewährt werden (§ 34 Abs. 1 Satz 4 und Abs. 3 Satz 6 EStG). Der Freibetrag nach § 16 Abs. 4 EStG steht dem Stpfl. jedoch zu. Zu beachten ist, dass im Hinblick auf die Grenze von 136.000 € auch der Teil des Freibetrags berücksichtigt werden muss, für den § 6b EStG in Anspruch genommen worden ist (BMF v. 22.8.1972, StEK § 6b EStG Nr. 29).

Da der von A erzielte Veräußerungsgewinn von 160.000 € die Grenze von 136.000 € um 24.000 € überschritten hat, kann A nur ein Freibetrag nach § 16 Abs. 4 EStG von (45.000 € ./.

24.000 € =) 21.000 € gewährt werden. Der Restveräußerungsgewinn von 70.000 € bleibt daher auf Antrag i.H.v. 21.000 € steuerfrei. Der steuerpflichtige Teil des Veräußerungsgewinns i.H.v. 49.000 € unterliegt der Einkommensteuer zum Normaltarif.

FALL 224

Veräußerung eines Teilbetriebs unter Zurückbehaltung des Betriebsgrundstücks

Sachverhalt:

V ist Inhaber eines Gewerbebetriebs, der aus zwei Teilbetrieben besteht. Das Unternehmen wird in einem eigenen Gebäude des V betrieben. V verkauft den im Erdgeschoss befindlichen Teilbetrieb 1 einschließlich des Inventars und erzielt dabei einen Gewinn von 200.000 €. Er belässt jedoch das beiden Teilbetrieben als gemeinsame Grundlage dienende Grundstück in vollem Umfang im Betriebsvermögen, also im Betriebsvermögen des bisherigen Teilbetriebs 2. Das Erdgeschoss wird an den neuen Betreiber des Teilbetriebs 1 nur verpachtet.

AUFGABE

Ist der Gewinn aus der Veräußerung des Teilbetriebs 1 steuerbegünstigt nach §§ 16, 34 EStG?

LÖSUNG

Steuerbegünstigt ist auch der Gewinn, der bei der Veräußerung eines Teilbetriebs erzielt wird (§ 16 Abs. 1 Satz 1 Nr. 1 EStG). Unter einem Teilbetrieb ist ein organisch geschlossener, mit einer gewissen Selbständigkeit ausgestatteter Teil eines Gesamtbetriebs zu verstehen, der – für sich betrachtet – alle Merkmale eines Betriebs aufweist und als solcher lebensfähig ist. Es muss eine Untereinheit des Gesamtbetriebs, d.h. ein selbständiger Zweigbetrieb im Rahmen eines Gesamtunternehmens vorliegen.

Auch bei Erfüllung der Voraussetzungen für einen Teilbetrieb, liegt keine steuerbegünstigte Veräußerung bzw. Aufgabe vor, wenn erhebliche stille Reserven nicht aufgelöst werden. Das ist der Fall, wenn nach Einstellung des Teilbetriebs Wirtschaftsgüter mit erheblichen stillen Reserven im Betriebsvermögen des verbleibenden Restbetriebs zurückbehalten werden. Keine steuerbegünstigte Teilbetriebsveräußerung liegt also vor, wenn ein Gewerbetreibender – wie hier V – einen von mehreren auf demselben Betriebsgrundstück unterhaltenen Teilbetrieben veräußert, dabei aber das allen Teilbetrieben dienende Betriebsgrundstück in vollem Umfang im Betriebsvermögen belässt (BFH VIII R 39/92, BStBl 1996 II 409; IV B 146/10, BFH/NV 2012, 410).

Eine steuerlich begünstigte Teilbetriebsveräußerung liegt hier nicht vor, weil keine Mitveräußerung des Grundstücksanteils erfolgt und demgemäß die im Grundstück enthaltenen stillen Reserven nicht anteilig aufgedeckt wurden (BFH I R 40/72, BStBl 1975 II 232; BFH 19.4.2004 X B 123/03). Selbst wenn dem V aus rechtlichen oder sonstigen Gründen eine Mitveräußerung des Grundstücksanteils nicht möglich oder für ihn nicht sinnvoll ist, rechtfertigt dies keine andere Beurteilung. Wird auch nur eine wesentliche Betriebsgrundlage des veräußerten Teilbetriebs im

Restbetrieb zurückbehalten, liegt keine steuerlich begünstigte Teilbetriebsveräußerung vor. Der Veräußerungsgewinn von 200.000 € unterliegt dem regulären Steuersatz.

FALL 225

Verkauf eines gewerblichen Einzelunternehmens an eine GmbH

Sachverhalt:

A betreibt ein Modehaus als Einzelunternehmer. Durch notariellen Vertrag vom 22.12.01 gründet er zusammen mit seiner Ehefrau die X-GmbH. Die GmbH-Anteile gehören zum Privatvermögen. Mit einem weiteren Vertrag vom 22.12.01 verkauft A seinen Gewerbebetrieb zum 1.1.02 an die X-GmbH mit allen Aktiva und Passiva. Als Kaufpreis wird der Saldo zwischen den Buchwerten der Aktiva (400.000 €) und Passiva (340.000 €) vereinbart, also das Kapitalkonto von 60.000 €, erhöht um 50.000 € als Entgelt für die im Anlagevermögen enthaltenen stillen Reserven. Der Kaufpreis von 110.000 € wird dem A auf einem Darlehenskonto gutgeschrieben und verzinst. Für den im Betriebsvermögen des Einzelunternehmens enthaltenen selbst geschaffenen Geschäftswert i. H. v. 80.000 € wird kein Kaufpreis vereinbart.

A ist im Zeitpunkt der Betriebsveräußerung 56 Jahre alt.

AUFGABE

Welche einkommensteuerlichen Folgen hat die Betriebsveräußerung für A?

LÖSUNG

Wird ein Betrieb an eine Kapitalgesellschaft veräußert und erhält der veräußernde Gesellschafter von der Kapitalgesellschaft keine Vergütung für den übergehenden Geschäftswert, ist von einer Betriebsveräußerung auszugehen, bei der das Wirtschaftsgut „Geschäfts-/Firmenwert" nicht an die Kapitalgesellschaft veräußert, sondern aus dem bisherigen Betriebsvermögen entnommen und sogleich verdeckt in die Kapitalgesellschaft eingelegt wird (§ 6 Abs. 6 Satz 2 EStG; BFH VIII R 17/85, BStBl 1991 II 512; IV R 121/91, BFH/NV 1993, 525). Eine verdeckte Einlage liegt vor, wenn ein Gesellschafter oder eine ihm nahestehende Person der Kapitalgesellschaft einen einlagefähigen Vermögensvorteil gegenleistungslos oder verbilligt zuwendet und dies durch das Gesellschaftsverhältnis veranlasst ist, d. h., wenn ein Nichtgesellschafter bei Anwendung der Sorgfalt eines ordentlichen Kaufmanns der Gesellschaft den Vermögensvorteil nicht eingeräumt hätte (BFH IX R 4/16, BFH/NV 2017, 1309, Rn. 29).

Die Folge dieser Betrachtungsweise ist, dass der eingelegte Geschäftswert i. H. v. 80.000 € aufzudecken und von A gem. § 16 Abs. 3 Satz 1 EStG zu versteuern ist. Der Annahme der Veräußerung des ganzen Gewerbebetriebs steht nicht entgegen, wenn einzelne Wirtschaftsgüter in zeitlichem Zusammenhang mit der Veräußerung in das Privatvermögen überführt oder – wie im vorliegenden Fall – anderen betriebsfremden Zwecken zugeführt werden. Die Vorschrift über die Betriebsaufgabe ergänzt insoweit den Veräußerungstatbestand des § 16 Abs. 1 EStG. Der von A realisierte Gewinn beläuft sich daher auf (50.000 € + 80.000 € =) 130.000 €. In Höhe von

45.000 € bleibt er auf Antrag steuerfrei (§ 16 Abs. 4 EStG); der steuerpflichtige Teil von 85.000 € ist entweder nach der Fünftel-Regelung oder auf Antrag mit dem ermäßigten Steuersatz zu versteuern (§ 34 Abs. 1 oder 3 EStG).

FALL 226

Behandlung des Firmenwerts bei Aufgabe eines verpachteten Betriebs

Sachverhalt:

A betreibt einen Gewerbebetrieb. Ab dem 1.1.02 verpachtet er sein Unternehmen an B. A teilt dem FA mit, dass er die Verpachtung als Betriebsaufgabe (§ 16 Abs. 3 EStG) behandelt sehen will (§ 16 Abs. 3b EStG). Im Zeitpunkt der Betriebsaufgabe sind im Betriebsvermögen des A folgende stillen Reserven enthalten:

Abnutzbares Anlagevermögen	50.000 €
Betriebsgrundstück	200.000 €
	250.000 €

Der originäre Firmenwert beträgt 150.000 €.
A ist im Zeitpunkt der Betriebsaufgabe 54 Jahre alt.

AUFGABE

Wie hoch ist der Betriebsaufgabegewinn des A?

LÖSUNG

Ein Betriebsverpächter kann wählen, ob er die Verpachtung als Betriebsaufgabe i. S. d. § 16 Abs. 3 EStG oder ob er den Betrieb als fortbestehend behandelt sehen will (§ 16 Abs. 3b EStG). Da A eine Betriebsaufgabeerklärung abgegeben hat, sind die Wirtschaftsgüter – soweit privatisierbar – in das Privatvermögen überführt. Vorliegend entsteht ein nach §§ 16, 34 EStG begünstigter Aufgabegewinn. Bei der Ermittlung des Aufgabegewinns ist jedoch nach der Rechtsprechung des BFH der selbst geschaffene Firmenwert nicht anzusetzen, auch wenn dieser mitverpachtet wird (BFH VIII R 158/73, BStBl 1979 II 99; X R 49/87, BStBl 1989 II 606; X R 56/99, BFH/NV 1998, 314; X R 58/93, BStBl 2002 II 387; BMF, BStBl 1984 I 461). Der Geschäftswert ist nicht privatisierbar. Er kann nicht durch Erklärung des Stpfl. in das Privatvermögen überführt werden, weil er nur im Rahmen eines gewerblichen Betriebs denkbar ist. Der von A erzielte Betriebsaufgabegewinn beläuft sich daher auf 250.000 €; er ist begünstigt zu versteuern (§ 34 Abs. 1 oder 3 EStG).

Veräußert ein Stpfl. einen zunächst verpachteten Gewerbebetrieb, für den im Zeitpunkt der Verpachtung die Betriebsaufgabe erklärt worden ist, ist der auf den Geschäftswert entfallende Veräußerungspreis im Jahr der Veräußerung als laufender nachträglicher Gewinn aus Gewerbebetrieb (§ 24 Nr. 2, § 15 EStG) zu versteuern (BMF, BStBl 1984 I 461; BFH X R 56/99, BStBl 2002 II 387).

Verpächterwahlrecht bei einem Gebäudegrundstück im Sonderbetriebsvermögen

Sachverhalt:

An der X-KG sind zu je $^1/_2$ die 75 Jahre alte Frau M als Komplementärin und ihr 48 Jahre alter Sohn S als Kommanditist beteiligt. Die KG betreibt ihr Juweliergeschäft in einem S allein gehörenden Gebäude. Das Gebäude ist in einer Sonderbilanz des S ausgewiesen. Die KG gab ihren Betrieb am 31.12.2020 auf. Sie wurde aufgelöst, die Einrichtungsgegenstände und der Warenbestand wurden veräußert. Dabei wurde ein Veräußerungsgewinn von 40.000 € erzielt, der je zur Hälfte auf M und S entfällt.

Das Betriebsgebäude, in dem stille Reserven von 300 000 € ruhen, wird ab 1.1.2021 von S an die Y-GmbH vermietet, die darin ein Textileinzelhandelsgeschäft betreibt. Die Anteile an der Y-GmbH halten S und seine Ehefrau zur Hälfte. S will die stillen Reserven des Betriebsgebäudes zunächst nicht versteuern, sondern das verpachtete Unternehmen als „ruhender" verpachteter Betrieb fortführen.

Welche Rechtsfolgen ergeben sich für A im Hinblick auf die Umgestaltung der Betriebsräume?

In einer Grundsatzentscheidung vertritt der BFH (X R 20/06, BStBl 2010 II S. 222) die Auffassung, dass im Falle der Liquidation einer Personengesellschaft ein Grundstück im Sonderbetriebsvermögen, das alleinige wesentliche Betriebsgrundlage war, Gegenstand einer Betriebsverpachtung sein kann. Danach müssen sich die wesentlichen Grundlagen eines Betriebs nicht im Gesellschafts- bzw. Gesamthandsvermögen befinden. Einem Betriebsgebäude, das die alleinige wesentliche Betriebsgrundlage des Betriebs einer Mitunternehmerschaft ist, kann diese Eigenschaft nicht deshalb abgesprochen werden, weil es sich im Sonderbetriebsvermögen eines Mitunternehmers befindet.

Maßgebend für die Bejahung einer gewerblichen Betriebsverpachtung ist, ob der Verpächter den Betrieb der vormaligen Gesellschaft mit dem überlassenen Betriebsvermögen hätte fortführen können. Ist diese Frage zu bejahen, liegt eine gewerbliche Betriebsverpachtung auch dann vor, wenn das überlassene Betriebsvermögen ausschließlich ehemaliges Sonderbetriebsvermögen darstellte. Nach Meinung des BFH besteht kein sachlicher Grund, die Einräumung des Verpächterwahlrechts davon abhängig zu machen, ob es sich bei der überlassenen wesentlichen Betriebsgrundlage um ehemaliges Gesamthands- oder Sonderbetriebsvermögen handelt.

Konsequenz dieser Betrachtung ist, dass es sich bei dem Gewinn, den die KG aus der Veräußerung der Einrichtungsgegenstände und des Warenbestandes im Jahr 2020 erzielt hat, um einen laufenden Gewinn handelt, für den die Tarifprivilegien der §§ 16, 34 EStG nicht gewährt werden können. Die im Gebäudegrundstück enthaltenen stillen Reserven sind jedoch nicht aufzudecken. Aus dieser Rechtsprechung folgt, dass es zur Verpachtung eines von einer PersGes aktiv geführten Betriebs kommen kann, wenn die einzige wesentliche Betriebsgrundlage im Eigentum eines Mitunternehmers steht und deshalb Sonderbetriebsvermögen ist. Den verpachteten (ruhenden) Betrieb führt dann ohne zivilrechtlichen Rechtsträgerwechsel der Eigentümer der verpachteten Betriebsgrundlage. Die Vollbeendigung der Mitunternehmerschaft steht der Fortsetzung der Betriebsverpachtung durch den Mitunternehmer nicht entgegen. Nach allem steht S das Verpächterwahlrecht des § 16 Abs. 3b EStG zu.

FALL 226B

Verpächterwahlrecht bei Beendigung einer Betriebsaufspaltung

Sachverhalt:

V und sein Sohn S sind zu je ½ Gesellschafter der X-GbR, die ein Gebäudegrundstück zur betrieblichen Nutzung an die Y-GmbH vermietet hat. An der Y-GmbH, die ein Großhandelsunternehmen betreibt, sind V und S ebenfalls zu je 50 % beteiligt. Am 1.7.2020 übertrug V seinen Anteil an der Y-GmbH unentgeltlich auf seinen Sohn S.

Nach Durchführung einer Außenprüfung bei der X-GbR vertritt das FA die Auffassung, die Betriebsaufspaltung zwischen der X-GbR und der Y-GmbH habe zum 1.7.2020 wegen Wegfalls der personellen Verflechtung geendet. Dadurch sei es zu einer Betriebsaufgabe für die X-GbR gekommen, die zu einem Aufgabegewinn in Höhe der stillen Reserven in den Anteilen an der Y-GmbH und der stillen Reserven des Grundstücks geführt habe.

AUFGABE

Kommt es bei der X-GbR zum 1.7.2020 zu einer Zwangsbetriebsaufgabe, oder ist der X-GbR das Verpächterwahlrecht i. S. d. § 16 Abs. 3b EStG zu gewähren?

LÖSUNG

Eine Betriebsaufspaltung liegt vor, wenn einem Betriebsunternehmen wesentliche Grundlagen für seinen Betrieb von einem Besitzunternehmen überlassen werden und die hinter dem Betriebs- und dem Besitzunternehmen stehenden Personen einen einheitlichen geschäftlichen Betätigungswillen haben; dieser ist anzunehmen, wenn die Person oder Personengruppe, die das

Besitzunternehmen beherrscht, auch in der Betriebsgesellschaft ihren Willen durchsetzen kann (sog. personelle und sachliche Verflechtung). Rechtsfolge einer Betriebsaufspaltung ist, dass die Vermietungs- oder Verpachtungstätigkeit des Besitzunternehmens als gewerblich i. S. v. § 15 Abs. 1 Satz 1 Nr. 1, Abs. 2 EStG qualifiziert wird.

Zwischen der X-GbR und der Y-GmbH bestand bis zum 1.7.2020 eine personelle Verflechtung, weil V und S sowohl die X-GbR als auch die Y-GmbH beherrschten, Eine sachliche Verflechtung liegt aufgrund der Überlassung des Gebäudegrundstücks ebenfalls vor. Für eine sachliche Verflechtung i. S. einer Betriebsaufspaltung reicht es aus, wenn das Besitzunternehmen dem Betriebsunternehmen wenigstens eine wesentliche Betriebsgrundlage zur Nutzung überlässt (BFH IV R 9/13, BStBl 2016 II 154).

Die personelle Verflechtung zwischen der X-GbR und der Y-GmbH bestand jedoch nur bis zur Übertragung der Gesellschaftsanteile an der Y-GmbH von V auf S am 1.7.2020. Denn nach der Übertragung der GmbH-Anteile konnte allein S in der Y-GmbH seinen Willen durchsetzen. Wird eine Betriebsaufspaltung beendet, bewirkt dies grundsätzlich die Betriebsaufgabe des Besitzunternehmens (§ 16 Abs. 3 EStG).

Eine Ausnahme hiervon und von der dadurch ausgelösten Zwangsprivatisierung des bisherigen Betriebsvermögens des Besitzunternehmens ist jedoch aufgrund einer zweckgerecht einschränkenden Auslegung des in § 16 Abs. 3 EStG normierten Betriebsaufgabetatbestandes u. a. dann geboten, wenn im Zeitpunkt der Beendigung der Betriebsaufspaltung die Voraussetzungen einer Betriebsverpachtung im Ganzen vorgelegen haben. Handelt es sich um eine Betriebsverpachtung im Ganzen i. S. d. § 16 Abs. 3b EStG, muss eine ausdrückliche Betriebsaufgabeerklärung des Stpfl. hinzukommen.

Wird lediglich ein Betriebsgrundstück, ggf. in Verbindung mit Betriebsvorrichtungen, verpachtet, so liegt nur dann eine Betriebsverpachtung vor, wenn das Grundstück die alleinige wesentliche Betriebsgrundlage darstellt. Für Groß- und Einzelhandelsunternehmen sowie bei Hotel- und Gaststättenbetrieben wird nach der BFH-Rechtsprechung angenommen, dass die gewerblich genutzten Räume regelmäßig den wesentlichen Betriebsgegenstand bilden und dem Gewerbe das Gepräge geben – anders als etwa bei dem produzierenden Gewerbe (BFH X R 30/04, BStBl 2008 II 220, Rn. 15). Danach erfüllt die Tätigkeit der X-GbR nach Ende der Betriebsaufspaltung die Voraussetzungen einer Betriebsverpachtung. Denn die X-GbR vermietete ihre einzige wesentliche Betriebsgrundlage – das Betriebsgrundstück – weiterhin an die Y-GmbH, ohne eine Betriebsaufgabeerklärung abzugeben.

Dem steht nach einer neueren Entscheidung des BFH (IV R 12/16, BStBl 2019 II 745) nicht entgegen, dass die zuvor bestehende Betriebsaufspaltung eine sog. „unechte" Betriebsaufspaltung war. Während bei einer „echten" Betriebsaufspaltung ein ursprünglich einheitlicher Betrieb des Stpfl. in ein operativ tätiges Betriebsunternehmen und ein Besitzunternehmen, das dem Betriebsunternehmen wesentliche Teile des Anlagevermögens zur Nutzung überlässt, aufgespalten wird, sind im Fall der „unechten" Betriebsaufspaltung Besitz- und Betriebsunternehmen nicht aus einem einheitlichen Betrieb hervorgegangen.

Beide Arten der Betriebsaufspaltung werden steuerrechtlich gleich behandelt. Das gilt auch für die Anwendung der Grundsätze zur Betriebsverpachtung und dem daraus folgenden Recht, den Betrieb ungeachtet der Einstellung der gewerblichen Tätigkeit fortzuführen und es zu einer Betriebsaufgabe nur bei ausdrücklicher Erklärung kommen zu lassen. Nach Meinung des BFH ist es vor dem Gleichheitssatz nicht zu rechtfertigen, das sog. Verpächterwahlrecht bei Wegfall der Voraussetzungen der echten Betriebsaufspaltung zu gewähren, es dagegen nur deshalb zu versagen, weil die Voraussetzungen einer unechten („qualifizierten") Betriebsaufspaltung entfallen sind (so bereits BFH X R 8/00, BStBl 2002 II 527).

Die Annahme einer Betriebsverpachtung durch das Besitzunternehmen nach Beendigung einer unechten Betriebsaufspaltung scheidet auch nicht deshalb aus, weil das Besitzunternehmen keinen Betrieb unterhalten hat, den es verpachten könnte. Denn die Betriebsaufspaltung hat zur Folge, dass die Tätigkeit des Besitzunternehmens, die über das Betriebsunternehmen auf Ausübung einer gewerblichen Tätigkeit gerichtet ist, ihrerseits als eigenständige gewerbliche Tätigkeit beurteilt wird (BFH IV R 26/13, BStBl 2016 II 408). Folglich kommt es zu keiner Zwangsbetriebsaufgabe bei der X-GbR. Auch die Übertragung der zum Sonderbetriebsvermögen des V gehörenden GmbH-Anteile führt nicht zu einem Gewinn, weil die Übertragung unentgeltlich und daher nach § 6 Abs. 5 Satz 3 Nr. 3 EStG zum Buchwert stattgefunden hat. Die Grundsätze über das Verpächterwahlrecht gelten nicht nur bei Beendigung einer „echten Betriebsaufspaltung", sondern auch dann, wenn eine „unechte Betriebsaufspaltung" beendet wird.

FALL 227

Umgestaltung der Betriebsräume bei Betriebsverpachtung

Sachverhalt:

Kaufmann A hat sein Einzelhandelsgeschäft seit Jahren verpachtet, aber keine Betriebsaufgabe erklärt. Der Betrieb wurde als sog. ruhender Gewerbebetrieb fortgeführt. Nach einem Pächterwechsel im Jahr 2020 gestaltet der neue Pächter durch Umbaumaßnahmen die Betriebsräume in einer Weise um, dass sie nicht mehr für den Einzelhandel des A genutzt werden können. Der Pächter betreibt in dem gepachteten Gebäude eine Diskothek. Diese Tatsachen werden dem FA im Jahr 2021 nach Abgabe der Einkommensteuererklärung 2020 bekannt. Im Betriebsvermögen des verpachteten Betriebs sind im Zeitpunkt der Umgestaltung der Betriebsräume stille Reserven i. H.v. 100.000 € enthalten, deren Höhe sich bis zum Zeitpunkt der Abgabe der Steuererklärung 2020 im Jahr 2021 nicht verändert hat.

AUFGABE

Welche Rechtsfolgen ergeben sich für A im Hinblick auf die Umgestaltung der Betriebsräume?

LÖSUNG

Der Verpächter eines Gewerbebetriebs hat steuerlich ein außerordentlich interessantes Wahlrecht. Er kann bei Beginn der Verpachtung oder später erklären, dass er den Betrieb verpachtet habe, weil er ihn aufgeben wolle. Dann ist die Verpachtung eine Betriebsaufgabe, die Wirtschaftsgüter des Betriebs werden mit der Aufgabeerklärung prinzipiell Privatvermögen, die hierbei aufgedeckten stillen Reserven werden als Betriebsaufgabegewinn erfasst und auf Antrag begünstigt versteuert (§§ 16, 34 EStG).

Gibt der Verpächter anlässlich der Verpachtung keine Betriebsaufgabeerklärung ab oder erklärt er ausdrücklich, dass er den Betrieb nicht aufgeben wolle, gilt der bisherige Betrieb einkommensteuerrechtlich als fortbestehend, er wird nur in anderer Form als bisher genutzt (§ 16 Abs. 3b EStG). Es wird dann unterstellt, dass er sich für die Betriebsfortführung entschieden hat. In diesem Fall bleiben die verpachteten Wirtschaftsgüter auch nach der Einstellung der gewerblichen Betätigung gewerbliches Betriebsvermögen des bisherigen Betriebsinhabers (sog. gewerbliche Betriebsverpachtung; zu diesem Begriff vgl. BFH IV R 12/16, BStBl 2019 II 745, Rn. 41). Der Verpächter bezieht weiterhin gewerbliche Einkünfte (§ 15 EStG), die allerdings nicht mehr der Gewerbesteuer unterliegen, weil die Gewerbesteuer nur „werbende" Betriebe erfasst und mit der Betriebsverpachtung die „werbende" Tätigkeit des bisherigen Betriebsinhabers beendet ist. Die im verpachteten Betriebsvermögen enthaltenen stillen Reserven unterliegen erst der Einkommensteuer, wenn der Betrieb veräußert oder aufgegeben wird.

Die Betriebsfortführung als sog. ruhender Gewerbebetrieb setzt in sachlicher Hinsicht voraus, dass der Stpfl. seinen Betrieb im Ganzen oder zumindest die wesentlichen Betriebsgrundlagen einem anderen zur Nutzung überlässt. Auch muss er oder sein unentgeltlicher Rechtsnachfolger in der Lage sein, diesen Betrieb im Wesentlichen identitätswahrend fortzuführen. Eine Verpachtung wesentlicher Wirtschaftsgüter kann nur dann einer Betriebsverpachtung im Ganzen gleichstehen, wenn der Verpächter bei Beendigung des Pachtverhältnisses den Betrieb wieder in bisheriger Weise fortsetzen könnte (BFH IV R 12/16, BStBl 2019 II 745, Rn. 41).

Wesentliche Betriebsgrundlagen sind in diesem Zusammenhang diejenigen Wirtschaftsgüter, die zur Erreichung des Betriebszwecks erforderlich und bei wertender Betrachtungsweise auch von Gewicht sind. Welchen Wirtschaftsgütern diese Bedeutung zukommt, hängt nach der höchstrichterlichen Rechtsprechung von der jeweiligen Branche, der Eigenart des Betriebs und den besonderen Umständen des Einzelfalls ab (BFH X R 13/05, BFH/NV 2008, 1306; X R 34/15, BFH/NV 2018, 48,4 Rn. 70). Der Begriff der wesentlichen Betriebsgrundlagen ist bei der Betriebsverpachtung ausschließlich funktional zu verstehen (BFH IV R 51/07, BStBl 2009 II 303). Bei einem – wie hier in Rede stehenden – Einzelhandelsbetrieb bildet regelmäßig das Betriebsgrundstück die alleinige wesentliche Betriebsgrundlage, wenn ihm durch seine Lage, dem hierdurch bedingten örtlichen Wirkungskreis und dem dadurch wiederum bestimmten Kundenkreis im Verhältnis zu den übrigen Wirtschaftsgütern besondere Bedeutung zukommt (BFH III R 5/92, BFH/NV 1993, 233; IV R 45/06, BStBl 2009 II 902).

Ein freies Wahlrecht auf Fortführung „ewigen Betriebsvermögens" besteht allerdings nicht (BFH X R 36/17, BFH/NV 2019, 195). Grundsätzlich ist ohne zeitliche Begrenzung nur so lange von einer Fortführung des Betriebs auszugehen, wie eine Betriebsaufgabe nicht erklärt worden ist und objektiv die Möglichkeit besteht, den „vorübergehend" eingestellten Betrieb als solchen wieder aufzunehmen und fortzuführen (BFH IV R 45/06, BStBl 2009 II 902; X R 16/10, BFH/NV 2014, 1038, Rn. 22). Eine – die Annahme einer Zwangsbetriebsaufgabe vermeidende – Betriebsunterbrechung liegt also nur vor, solange die Fortsetzung der gewerblichen Tätigkeit objektiv möglich ist, der Stpfl. keine Aufgabeerklärung abgibt und die wesentlichen Betriebsgrundlagen zurückbehalten und nicht wesentlich umgestaltet werden. (BFH X R 36/17, BFH/NV 2019, 195).

Die Annahme einer Betriebsverpachtung im Fall der Verpachtung nur des Betriebsgebäudes scheitert nicht bereits daran, dass das mietende Unternehmen einer anderen Branche angehört (BFH IV R 20/02, BStBl 2004 II 10; III R 1/03, BFH/NV 2004, 1231). Das gilt jedenfalls bei Groß- und Einzelhandelsunternehmen sowie bei Hotel- und/oder Gaststättenbetrieben – im Gegensatz zum produzierenden Gewerbe –, weil bei diesen Unternehmen das Betriebsgrundstück die alleinige Betriebsgrundlage darstellt (BFH III R 112/96, BFH/NV 1999, 1198 betr. Großhandel; XI R 26/00, BFH/NV 2001, 1106 betr. Hotel und Gaststätte; IV B 9/95, BFH/NV 1996, 213; III R 9/03, BStBl 2005 II 160 betr. Gaststätte; X R 16/10, BFH/NV 2014, 1038). Auch bei einer handwerklich betriebenen Bäckerei kann das bebaute Grundstück die alleinige wesentliche Betriebsgrundlage darstellen (BFH X R 13/05, BFH/NV 2008, 1306). Wird also in diesen Fällen das Betriebsgrundstück – ohne wesentliche Umgestaltung – an ein branchenfremdes Unternehmen vermietet, steht dem Stpfl. das Verpächterwahlrecht zu. Auch an der Dauer der Verpachtung scheitert das Verpächterwahlrecht nicht. Dass zwischenzeitlich Generationennachfolge eingetreten ist, steht der Betriebsverpachtung nicht entgegen. Es reicht aus, wenn ein Rechtsnachfolger den Betrieb objektiv wieder aufnehmen kann (BFH IV R 45/06, BStBl 2009 II 902).

Eine Wiederaufnahmemöglichkeit soll nach bisheriger Rechtsprechung fehlen oder entfallen, wenn der Betrieb als Ganzes oder hinsichtlich seiner wesentlichen Betriebsgrundlagen in tatsächlicher Hinsicht derart umgestaltet wird, dass eine Nutzung durch den Verpächter in der bisherigen Form nicht mehr möglich ist (BFH IX R 22/98, BFH/NV 2002, 16; IV R 35/03, BFH/NV 2005, 1046). Werden also bei Pachtbeginn oder während der Pachtzeit die wesentlichen Betriebsgrundlagen des verpachteten Gewerbebetriebs so umgestaltet, dass sie nicht mehr in der bisherigen Form genutzt werden können, ist eine Aufgabe des Gewerbebetriebs anzunehmen (BFH I R 84/79, BStBl 1983 II 412). Die Umgestaltung ist als Betriebsaufgabehandlung anzusehen. Die identitätswahrende Fortführung des Betriebs ist an den Fortbestand verpachteter wesentlicher Betriebsgrundlagen gebunden. Werden diese so umgestaltet, dass sie nicht mehr in der bisherigen Form genutzt werden können, entfällt die Möglichkeit der Betriebsfortführung; der Verpächter stellt die unternehmerische Tätigkeit endgültig ein; der Pächter eröffnet dann einen neuen Betrieb (BFH X R 31/95, BStBl 1997 II 561; IV R 20/02, BFH/NV 2001, 16). Ohne Bedeutung ist, ob die Umgestaltung durch den Pächter oder durch den Verpächter im Interesse des Pächters vorgenommen wird.

Vorliegend hat die Umgestaltung der Betriebsräume steuerlich zur Folge, dass es aufgrund der Umgestaltung der Betriebsräume zur Betriebsaufgabe kommt (§ 16 Abs. 3 i.V. m. § 16 Abs. 3b EStG). Erfolgt die schädliche Umgestaltung der wesentlichen Betriebsgrundlagen – wie vorliegend – nach dem 4.1.2011, setzt die Annahme einer Zwangsbetriebsaufgabe in den Fällen der Betriebsunterbrechung und der Betriebsverpachtung voraus, dass dem FA Tatsachen bekannt werden, aus denen sich ergibt, dass die Voraussetzungen einer Betriebsaufgabe i.S.d. § 16 Abs. 3 Satz 1 EStG erfüllt sind (§ 16 Abs. 3b Satz 1 Nr. 2 EStG). Das Gesetz fingiert den Betriebsfortbestand bis zu dem Zeitpunkt, zu dem das Finanzamt Kenntnis davon erhält, dass die Möglichkeit der Betriebsfortführung entfallen ist, weil die wesentlichen Betriebsgrundlagen in schädlicher Weise umgestaltet worden sind (Schmidt/Wacker, EStG, 40, Aufl. 2021, § 16 Rn. 700, 712). Es gelten die zu § 173 Abs. 1 Nr. 1 AO entwickelten Grundsätze. A entsteht daher im Jahr 2021 ein steuerbegünstigter Betriebsaufgabegewinn i.H.v. 100.000 € (§ 16 Abs. 3b Nr. 2 EStG, § 34 EStG).

HINWEIS

Nach einer Entscheidung des BFH erscheint es zweifelhaft, ob Umbau- bzw. Umgestaltungsmaßnahmen an verpachteten Betriebsgebäuden, die einer identitätswahrenden Betriebsfortführung entgegenstehen, stets zu einer Zwangsbetriebsaufgabe führen (BFH IV R 65/01, BFH/NV 2007, 1004), sobald diese Tatsachen dem FA bekannt werden.

FALL 228

Verpächterwahlrecht bei teilentgeltlicher Betriebsübertragung

Sachverhalt:

V (65 Jahre alt) hat seinen Einzelhandelsbetrieb an einen fremden Dritten verpachtet. Die Betriebsaufgabe gegenüber dem Finanzamt hat V bislang nicht erklärt hat. Daher werden die Pachteinkünfte als nicht gewerbesteuerbare Einkünfte aus Gewerbebetrieb versteuert. Am 1.8.2021 überträgt V seinen Betrieb auf seinen Sohn S, der an seine Schwester ein sog. Gleichstellungsgeld von 100.000 € zahlt. Das Kapitalkonto des V beträgt im Zeitpunkt der Übertragung 50.000 €. Im Betriebsvermögen sind stille Reserven von 250.000 € enthalten, sodass der Betrieb einen wahren Wert von 300.000 € hat.

AUFGABE

Geht das Verpächterwahlrecht nach § 16 Abs. 3b EStG auf S über?

LÖSUNG

Die Verpachtung eines ganzen Gewerbebetriebs führt zur Einstellung der werbenden betrieblichen Tätigkeit des bisherigen Betriebsinhabers. Das bedeutet aber nicht, dass hierin bereits notwendigerweise eine Betriebsaufgabe i. S. d. § 16 Abs. 3 EStG zu sehen ist, sodass die im Betriebsvermögen enthaltenen stillen Reserven versteuert werden müssten. Bei einer Betriebsverpachtung im Ganzen besteht nach § 16 Abs. 3b Satz 1 EStG das sog. Verpächterwahlrecht. Der Betrieb gilt als nicht aufgegeben, bis der Stpfl. die Aufgabe ausdrücklich gegenüber dem Finanzamt erklärt hat oder dem Finanzamt Tatsachen bekannt werden, aus denen sich ergibt, dass die Voraussetzungen für eine Betriebsaufgabe erfüllt sind.

Gegenstand einer Betriebsverpachtung kann nur ein von Verpächter vor der Verpachtung selbst geführter Betrieb sein. Wer einen Betrieb vollentgeltlich erwirbt und im unmittelbaren Anschluss daran verpachtet, erzielt Einkünfte aus Vermietung und Verpachtung. Dasselbe gilt für den Erwerber eines bereits verpachteten Betriebes, der die Verpachtung fortsetzt. Auch ihm steht kein Verpächterwahlrecht zu.

Da der Kaufpreis vorliegend nicht dem wahren Wert des Betriebs entspricht, handelt es sich um eine teilentgeltliche Übertragung. V erzielt dennoch einen nach §§ 16, 34 EStG begünstigten Veräußerungsgewinn von 50.000 € (Gleichstellungsgeld 100.000 € abzüglich Kapitalkonto 50.000 €). S hat Anschaffungskosten für den Betrieb von 100.000 €. Er muss das Kapitalkonto des V um 50.000 € aufstocken.

Geht ein bereits verpachteter, nicht aufgegebener Gewerbebetrieb unentgeltlich durch Erbfolge oder Schenkung unter Fortbestand des Pachtvertrags auf einen Dritten über, muss der neue Betriebsinhaber nicht nur die Buchwerte seines Rechtsvorgängers fortführen (§ 6 Abs. 3 EStG), sondern er tritt auch hinsichtlich des Verpächterwahlrechts in die Rechtsstellung des Erblassers oder Schenkers ein. Der Rechtsnachfolger kann also zwischen Betriebsaufgabe und Fortführung des Gewerbebetriebs, d. h. der gewerblichen Betriebsverpachtung ohne Gewerbesteuerpflicht, wählen (BFH IV R 97/80, BStBl 1992 II 392; X R 10/05, BFH/NV 2006, 2072).

Bei einem teilentgeltlichen Erwerb tritt der Erwerber hinsichtlich des Wahlrechts in die Rechtsstellung des bisherigen Betriebsinhabers ein, wenn das Teilentgelt, z. B. Gleichstellungsgelder an Geschwister, nicht höher ist als der Buchwert des Kapitalkontos des Übertragenden. Steuerlich hat eine solche Übertragung im Hinblick auf die sog. Einheitstheorie insoweit die gleichen Rechtsfolgen wie eine voll unentgeltliche Übertragung (BFH IV R 61/93, BStBl 1995 II 367).

Umstritten war, ob der Käufer das Verpächterwahlrecht fortführen kann, wenn er – wie hier – einen verpachteten Betrieb teilentgeltlich erwirbt, bei dem das Teilentgelt das Kapitalkonto des Übertragenden übersteigt. Nach einer neueren Entscheidung des BFH geht das Verpächterwahlrecht auch bei einem teilentgeltlichen Erwerb über, bei dem ein „Veräußerungserlös" vereinbart wird, der höher ist als der Buchwert des Kapitalkontos des Betriebs (BFH X R 52/13, BStBl 2016 II 710). Gibt also S keine Betriebsaufgabeerklärung gegenüber dem FA ab, erzielt er aus der Betriebsverpachtung – ebenso wie zuvor sein Vater V – nicht gewerbesteuerbare Einkünfte aus Gewerbebetrieb. Nur wenn er nach § 16 Abs. 3b Satz 1 EStG ausdrücklich die Betriebsaufgabe gegenüber dem FA erklärt, kommt es zur Aufdeckung der noch verbliebenen – auf S übergegangenen stillen Reserven – von 200.000 €. Der Aufgabegewinn ist begünstigt zu versteuern. Die Pachteinkünfte unterliegen dann als Einkünfte aus Vermietung und Verpachtung der Einkommensteuer.

FALL 229

Freibetrag bei einer sich über zwei VZ erstreckenden Betriebsaufgabe

Sachverhalt:

Der im Juni 1965 geborene A betreibt einen Handwerksbetrieb. Am 31.5.2020 stellte er seinen Betrieb ein. Zum Betriebsvermögen gehörten zwei bebaute Grundstücke, die als wesentliche Betriebsgrundlagen anzusehen sind. A veräußerte das Grundstück 1 im Dezember 2020 an den Gewerbetreibenden B, das Grundstück 2 im Januar 2021 an den Kaufmann C. A erzielt anlässlich der Betriebsaufgabe, vor allem aus dem Verkauf der beiden Grundstücke, einen Gewinn i. H. v. insgesamt 120.000 €, der i. H. v. 40.000 € auf das Jahr 2020 und i. H. v. 80.000 € auf das Jahr 2021 entfällt.

AUFGABE

Steht A ein Freibetrag nach § 16 Abs. 4 EStG zu?

LÖSUNG

Eine Betriebsaufgabe (§ 16 Abs. 3 EStG) kann sich – prinzipiell anders als die punktuelle Veräußerung eines Gewerbebetriebs (§ 16 Abs. 1 EStG) – auch über einen Zeitraum erstrecken, so dass die Gewinne aus einer Betriebsaufgabe in mehreren VZ anfallen können (BFH IV R 97/89, BStBl 1992 II 392). Es darf sich jedoch nur um einen „kurzen" Zeitraum handeln, wenn noch eine steuerbegünstigte Betriebsaufgabe angenommen werden soll. Fraglich ist, zu welchem Zeitpunkt bei einer sich auf mehrere Monate erstreckenden Betriebsaufgabe das 55. Lebensjahr vollendet sein muss.

Der BFH hat stets anerkannt, dass die Betriebsaufgabe einer gewissen Zeit bedarf und daher der anzuerkennende Zeitraum nicht zu eng bemessen werden darf (BFH VI 118-199/65, BStBl 1967 III 70, 72). Welcher Zeitraum noch kurz ist, lässt sich nicht schematisch bestimmen, sondern hängt von den Umständen des Einzelfalls ab. Eine Frist von sechs Monaten ist auf jeden Fall unschädlich (BFH IV R 19/92, BFH/NV 1994, 540).

Verwaltungsseitig wird eine Betriebsaufgabe anerkannt, wenn die Betriebsaufgabe innerhalb eines Zeitraums von bis zu 18 Monaten erfolgt (BMF, BStBl 2019 I 1291, Rn. 15). Der gesetzte Zeitrahmen von 18 Monaten bringt Rechts- und Planungssicherheit. Dennoch sind stets die Umstände des Einzelfalls, insbesondere Struktur und Umfang des betrieblichen Vermögens, zu berücksichtigen und im Ausnahmefall kürzere oder längere Zeitspannen denkbar (so Viskorf/Wegener, ZEV 2020, 85 unter 3.1.2).

Bei einer Betriebsaufgabe muss der Stpfl. im Zeitpunkt der Beendigung der Betriebsaufgabe das 55. Lebensjahr vollendet haben (so m. E. zutreffend Kanzler, FR 1995, 851 und Wendt, FR 2000, 1199, 1201). Die Betriebsaufgabe ist in dem Zeitpunkt beendet, in dem das letzte Wirtschaftsgut, das zu den wesentlichen Betriebsgrundlagen gehört, veräußert oder in das Privatvermögen überführt wird (BFH X R 77-79/90, BFH/NV 1992, 659; IV R 17/02, BStBl 2005 II 637). Da A im Zeitpunkt der Veräußerung der letzten wesentlichen Betriebsgrundlage, d. h. des Grundstücks 2, das 55. Lebensjahr vollendet hat, kann ihm auf Antrag ein Freibetrag von 45.000 € gewährt werden. Der Freibetrag ist insgesamt nur einmal zu gewähren (BFH, GrS 2/92, BStBl 1993 II 897, 902).

Fraglich ist, in welchem VZ der Freibetrag zu berücksichtigen ist. In der Literatur wird hierzu die Ansicht vertreten, nach der h. M. sei im Fall einer jahresübergreifenden Betriebsaufgabe der Freibetrag zunächst von dem im ersten VZ angefallenen Veräußerungs- oder Aufgabegewinn und – soweit noch nicht verbraucht – im folgenden VZ abzuziehen (Schmidt/Wacker, EStG, 40. Aufl. 2021, § 16 Rn. 584). Nach anderer Auffassung ist der Freibetrag nach dem Verhältnis der in den einzelnen VZ erzielten Teile des Gesamtgewinns oder antragsgemäß aufzuteilen (Kanzler, FR 1995, 851 f.). Höchstrichterlich ist diese Frage – soweit ersichtlich – noch nicht entschieden. Die Finanzverwaltung stellt sich auf den Standpunkt, dass der Freibetrag anteilig aufzuteilen ist (BMF, BStBl 2005 I 7 zu I.). Diese Lösung hat den Vorteil, Progressionsspitzen abzubauen. Der Freibetrag ist danach wie folgt auf die Jahre 2020 und 2021 aufzuteilen:

Freibetrag 2020: $^1/_3$ von 45.000 €	15.000 €
Freibetrag 2021: $^2/_3$ von 45.000 €	30.000 €
Freibetrag insgesamt	45.000 €

Einmalige Gewährung des Freibetrags

Sachverhalt:

Der 60 Jahre alte Einzelgewerbetreibende A hat im Jahr 2020

▶ einen gewerblichen Teilbetrieb (Veräußerungsgewinn: 40.000 €) und

▶ einen Mitunternehmeranteil an der X-KG (Veräußerungsgewinn: 30.000 €) veräußert.

Er beantragt, den Gewinn aus der Veräußerung des Teilbetriebs i.H.v. 40.000 € sowie 5.000 € des Gewinns aus der Veräußerung des Mitunternehmeranteils steuerfrei zu lassen.

AUFGABE

In welcher Höhe steht A der Freibetrag nach § 16 Abs. 4 EStG zu?

LÖSUNG

Der Freibetrag nach § 16 Abs. 4 EStG ist dem Stpfl. nur einmal zu gewähren (§ 16 Abs. 4 Satz 2 EStG). „Einmal" bedeutet in diesem Zusammenhang: Nur einmal im Leben für ein „Objekt", auch wenn der Stpfl. mehrere Betriebe, Teilbetriebe hat (BFH X R 44/13, BStBl 2016 II 278, Rn. 30; X R 12/14, BFH/NV 2017, 1485, Rn. 72; OFD Saarbrücken, DStR 1997, 1165) oder an mehreren Personengesellschaften als Mitunternehmer beteiligt ist. Ein Verbrauch des Freibetrags tritt auch ein, wenn der Freibetrag in einem früheren VZ zu Unrecht gewährt wurde (BFH X R 2/09, BStBl 2009 II 963; H X B 111/15, BFH/NV 2016, 199).

Der Freibetrag kann nur einmal im Leben gewährt werden, dafür aber in voller Höhe, auch wenn „nur" ein Teilbetrieb oder Mitunternehmeranteil veräußert wird. Veräußerungs- und Aufgabefreibeträge, die für Veräußerungen oder Aufgaben vor dem 1.1.1996 in Anspruch genommen wurden, werden nicht angerechnet (§ 52 Abs. 34 Satz 5 EStG). Hat der Stpfl. in einem VZ mehrere selbständige Betriebe oder einen Teilbetrieb und einen Mitunternehmeranteil veräußert, kann er dennoch den Freibetrag nur einmal beanspruchen, er hat jedoch ein Wahlrecht, bei welchem Objekt er den Freibetrag abziehen will (R 16 Abs. 13 Satz 7 EStR 2012). Nicht verbrauchte Teile des Freibetrags können nicht bei einer anderen Veräußerung in Anspruch genommen werden (R 16 Abs. 13 Satz 4 EStR 2012). A kann daher nur ein Freibetrag von maximal 40.000 € gewährt werden; der Gewinn aus der Teilbetriebsveräußerung bleibt bei einem entsprechenden Antrag des A komplett steuerfrei.

Bei mehreren – zeitlich zusammenhängenden – privilegierten Veräußerungsvorgängen kann also der Teil des Freibetrags, der bei einer Veräußerung noch nicht ausgeschöpft worden ist, bei dem anderen Veräußerungsvorgang nicht berücksichtigt werden. Der BFH ist der Verwaltungsauffassung gefolgt (BFH X R 12/14, BFH/NV 2017, 1485). Eine erweiternde Auslegung des § 16 Abs. 4 EStG dahingehend, dass der Höchstbetrag bei mehreren Veräußerungen auf die einzelnen Veräußerungen aufgeteilt wird bzw. dass wirtschaftlich (oder zeitlich) zusammenhängende Veräußerungen als lediglich eine Veräußerung angesehen werden, kommt nicht in Betracht.

FALL 230A

Geänderte Ausübung des Wahlrechts auf Gewährung des Freibetrags

Sachverhalt:

Der 65 Jahre alte A erzielte 2020 sowohl als Einzelunternehmer als auch durch eine Kommanditbeteiligung an der X-KG Einkünfte aus Gewerbebetrieb. Am 30.6.2020 gab A den Betrieb seines Einzelunternehmens auf. Zum 31.12.2020 schied er aus der KG aus.

Er beantragte in seiner Einkommensteuererklärung 2020 zunächst den Freibetrag für den Aufgabegewinn aus seinem Einzelunternehmen i. H. v. 5.000 €. Nach Rechtskraft des Einkommensteuerbescheids 2020 änderte das Finanzamt diesen nach § 175 Abs. 1 Satz 1 AO, weil das für die KG zuständige Betriebsstättenfinanzamt dem Wohnsitzfinanzamt des A im Feststellungsverfahren mitgeteilt hat, dieser habe aufgrund seines Ausscheidens aus der KG zum 31.12.2020 einen Veräußerungsgewinn i. H. v. 40.000 € erzielt.

A legt gegen den geänderten Einkommensteuerbescheid 2020 fristgerecht Einspruch ein und beantragt, den Freibetrag „auszuwechseln", d. h. ihm für den Gewinn aus der Veräußerung des Kommanditanteils den Freibetrag nach § 16 Abs. 4 EStG von 40.000 € zu gewähren.

AUFGABE

Kann A ein Freibetrag von 40.000 € gewährt werden?

LÖSUNG

Der Freibetrag nach § 16 Abs. 4 EStG wird personenbezogen und nur auf Antrag gewährt. Er ist dem Stpfl. für alle Gewinneinkunftsarten (Gewerbebetrieb, Betrieb eines selbständig Tätigen sowie land- und forstwirtschaftlicher Betrieb) nur einmal im Leben zu gewähren (BFH X R 2/09, BStBl 2009 II 963). Hat der Stpfl. in einem Veranlagungszeitraum mehrere selbständige Betriebe oder einen Teilbetrieb und einen Mitunternehmeranteil veräußert, kann er dennoch den Freibetrag nur einmal beanspruchen, er kann jedoch wählen, bei welchem Objekt er den Freibetrag abziehen will (R 16 Abs. 13 Satz 7 EStR). Der Freibetrag ist auch dann voll verbraucht, wenn der Veräußerungs- oder Aufgabegewinn niedriger als der Freibetrag ist, dieser also nicht voll ausgeschöpft wurde. Nicht verbrauchte Teile des Freibetrags können nicht bei einer anderen Veräußerung oder Aufgabe in Anspruch genommen werden (R 16 Abs. 13 Satz 4 EStR 2012).

Fraglich und praxisrelevant ist, ob ein Stpfl., der in einem Kalenderjahr mehrere Veräußerungsgewinne erzielt hat, den Antrag auf Gewährung des Freibetrags nach bereits ausgeübtem Wahlrecht und Bestandskraft dieses Bescheids noch ändern kann, wenn im Rahmen einer Änderungsveranlagung ein weiterer – höherer – Veräußerungsgewinn berücksichtigt wird.

Nach der Rechtsprechung des BFH (X R 44/13, BStBl 2016 II 278) kann A sein durch § 16 Abs. 4 EStG eröffnetes Antragsrecht im Einspruchsverfahren gegen den Änderungsbescheid 2020 anderweitig ausüben. Damit steht ihm der Freibetrag nunmehr für den Gewinn aus der Veräußerung der KG-Beteiligung (40.000 €) zu.

Im hier vorliegenden Fall wird die zeitliche Grenze für die Möglichkeit der erstmaligen oder geänderten Ausübung eines Antrags- oder Wahlrechts nach Auffassung des BFH nicht durch die formelle Bestandskraft des Erstbescheids, sondern erst durch die formelle Bestandskraft des steuererhöhenden Änderungsbescheids gezogen, sofern die steuerlichen Auswirkungen der Ausübung des Antrags- oder Wahlrechts nicht über den durch § 351 Abs. 1 AO gezogenen Rahmen hinausgehen. Danach ist die Anfechtbarkeit des geänderten Einkommensteuerbescheids auf den Umfang der Änderung beschränkt ist, d. h. die unter Berücksichtigung der geänderten Wahlrechtsausübung festzusetzende Steuer darf nicht die im ursprünglichen Steuerbescheid festgesetzte Steuer unterschreiten (Korn, KÖSDI 2017, 20128, 20129).

A steht daher für den Gewinn aus der Veräußerung seiner KG-Beteiligung ein Freibetrag nach § 16 Abs. 4 EStG von 40.000 € zu. Der bisher für den Gewinn aus der Aufgabe des Einzelunternehmens von 5.000 € gewährte Freibetrag muss jedoch gegengerechnet werden. Genau genommen muss m. E. der Freibetrag von 5.000 € rückgängig gemacht und der Freibetrag von 40.000 € neu gewährt werden.

FALL 231

Veräußerung eines Einzelunternehmens mitsamt GmbH-Beteiligung bei Betriebsaufspaltung

Sachverhalt:

Zwischen dem 65 Jahre alten Einzelunternehmer A (Besitzunternehmen) und der X-GmbH (Betriebsunternehmen) besteht eine Betriebsaufspaltung. A hat der GmbH, deren Anteile er allein hält, ein Gebäudegrundstück vermietet. Zum notwendigen Betriebsvermögen des Besitzunternehmens gehören das Gebäudegrundstück und die GmbH-Beteiligung.

A veräußerte am 1.10.2020 sein Einzelunternehmen mitsamt der GmbH-Beteiligung. Der gesamte Veräußerungsgewinn beträgt 160.000 €, davon entfallen auf die GmbH-Beteiligung 100.000 € und auf das übrige Betriebsvermögen (Betriebsgrundstück) 60.000 €:

Veräußerungsgewinn GmbH-Anteile	100.000 €
davon steuerfrei nach § 3 Nr. 40, § 3c Abs. 2 EStG: 40 %	./. 40.000 €
Steuerpflichtiger Teil des Veräußerungsgewinns	60.000 €
Veräußerungsgewinn Gebäudegrundstück	60.000 €
Steuerpflichtiger Veräußerungsgewinn insgesamt	120.000 €

In welcher Höhe steht A der Freibetrag nach § 16 Abs. 4 EStG zu?

Gewinne aus der Veräußerung von Anteilen an einer Kapitalgesellschaft unterliegen vorrangig dem Teileinkünfteverfahren und sind daher insoweit von einer tarifermäßigten Besteuerung ausdrücklich ausgenommen (§ 3 Nr. 40 Satz 1 Buchst. b i.V. m. § 34 Abs. 2 Nr. 1 EStG). Für Gewinne aus der Veräußerung von Anteilen an Kapitalgesellschaften, die dem Teileinkünfteverfahren unterliegen, werden weder die Fünftel-Regelung nach § 34 Abs. 1 EStG noch der begünstigte Steuersatz nach § 34 Abs. 3 EStG gewährt. Bei Vorliegen der entsprechenden Voraussetzungen kann jedoch der Freibetrag nach § 16 Abs. 4 EStG beantragt werden.

Vorliegend beträgt der Gesamtgewinn aus der Betriebsveräußerung 160.000 €, davon entfallen auf die GmbH-Beteiligung 100.000 €. Der Gewinn aus der Veräußerung der GmbH-Anteile bleibt i. H. v. 40 % (40.000 €) steuerfrei und ist daher auch bei der Frage, ob die 136.000 €-Grenze des § 16 Abs. 4 Satz 3 EStG überschritten ist, nicht einzubeziehen (R 16 Abs. 13 Satz 10 EStR 2012). A steht daher der volle Freibetrag von 45.000 € zu.

Umfasst der Veräußerungsgewinn auch dem Teileinkünfteverfahren unterliegende Gewinne, ist nach früherer Meinung der Finanzverwaltung der Freibetrag nach § 16 Abs. 4 EStG entsprechend den Anteilen der Gewinne, die dem ermäßigten Steuersatz nach § 34 EStG unterliegen, und der Gewinne, die im Halb- bzw. jetzt Teileinkünfteverfahren zu versteuern sind, am Gesamtgewinn aufzuteilen (BMF, BStBl 2006 I 7 zu II.).

Der BFH hat der Auffassung der Finanzverwaltung eine Absage erteilt (BFH X R 61/08, BStBl 2010 II 1011). Mit dem Freibetrag und der Tarifermäßigung soll nach Meinung des BFH eine Meistbegünstigung der Steuerpflichtigen erreicht werden. Der Grundsatz der Meistbegünstigung gebietet, dass der Freibetrag vorrangig mit nicht tarifbegünstigten Veräußerungsgewinnen verrechnet wird. Der Freibetrag von 45.000 € muss also hier vorrangig mit dem steuerpflichtigen Teil des Veräußerungsgewinns von 60.000 € verrechnet werden, der dem Teileinkünfteverfahren unterliegt:

Steuerpflichtiger Veräußerungsgewinn Teileinkünfteverfahren	60.000 €
voller Freibetrag	./. 45.000 €
Mit dem regulären Steuersatz zu versteuern	15.000 €
Veräußerungsgewinn übriges Betriebsvermögen	60.000 €
Freibetrag	./. 0 €
Nach § 34 Abs. 3 EStG auf Antrag tarifbegünstigt zu versteuern	60.000 €

Freibetrag bei Veräußerung des ganzen Gewerbebetriebs einer Personengesellschaft

Sachverhalt:

Die X-OHG, an der A und B zu je 50 % beteiligt sind, veräußert am 31.12.01 ihren Gewerbebetrieb und erzielt hierbei einen Veräußerungsgewinn i. H. v. 160.000 €, der je zur Hälfte auf A und B entfällt. Zum Zeitpunkt der Betriebsveräußerung hat nur B das 55. Lebensjahr vollendet.

1. Wie hoch sind die A und B zu gewährenden Freibeträge nach § 16 Abs. 4 EStG?

2. Ist im Rahmen der gesonderten und einheitlichen Gewinnfeststellung der OHG oder im Rahmen der Einkommensteuerveranlagungen der Gesellschafter über die Höhe des Freibetrags zu entscheiden?

Zu 1.:

Bei der Veräußerung des ganzen Gewerbebetriebes einer Personengesellschaft steht den einzelnen Mitunternehmern für ihren Anteil am Veräußerungsgewinn ein Freibetrag nur zu, wenn sie in ihrer Person die Voraussetzungen für die Gewährung des Freibetrags erfüllen (§ 16 Abs. 4 EStG). Erfüllt – wie hier – nur einer der Mitunternehmer die Voraussetzungen für den Freibetrag, kann der Freibetrag auch nur diesem Mitunternehmer gewährt werden:

Freibetrag A: 0 €

Der Veräußerungsgewinnanteil des A i. H. v. 80.000 € wird nach der Fünftel-Regelung besteuert (§ 34 Abs. 1 EStG).

Freibetrag B: 45.000 €

Vom Veräußerungsgewinnanteil des B i. H. v. 80.000 € bleiben auf Antrag 45.000 € steuerfrei, der steuerpflichtige Teil i. H. v. 80.000 € ./. 45.000 € = 35.000 € wird nach der Fünftel-Regelung oder auf Antrag mit dem ermäßigten Steuersatz besteuert (§ 34 Abs. 1 oder 3 EStG).

Zu 2.:

In der Praxis der FÄ wird im Rahmen der gesonderten und einheitlichen Gewinnfeststellung nur die Höhe des auf den Gesellschafter entfallenden Veräußerungsgewinns festgestellt. Der steuerfrei bleibende Teil des Veräußerungsgewinns wird dann bei der Einkommensteuerveranlagung des Gesellschafters nach Maßgabe seiner persönlichen Verhältnisse berücksichtigt (R 16 Abs. 13

Satz 1 und 2 EStR 2012). Dieses Verfahren ist von der Rechtsprechung ausdrücklich gebilligt worden (BFH IV R 12/81, BStBl 1986 II 811).

HINWEIS

Die Entscheidung, ob mit Blick auf den Charakter eines festgestellten Veräußerungsgewinns ein Freibetrag nach § 16 Abs. 4 EStG zu gewähren ist – d. h. ob die festgestellten Einkünfte den Ansatz eines Freibetrags in sachlicher Hinsicht rechtfertigen – zählt zu einer für die Einkommensteuerveranlagung bindenden Entscheidung des Feststellungsfinanzamts. Das Veranlagungsfinanzamt darf nur über die persönlichen Voraussetzungen des Freibetrags (Alter, Berufsunfähigkeit, Objektbeschränkung) eigenständig entscheiden (BFH X R 6/13, BStBl 2016 II 216, Rn. 16; FG Köln 11 K 441/14, EFG 2016, 1148, Rn. 33).

FALL 233

Freibetrag bei dauernder Berufsunfähigkeit

Sachverhalt:

A ist die Alleinerbin ihres am 31.1.02 im Alter von 56 Jahren verstorbenen Ehemannes. Dieser war selbständig als Steuerberater tätig gewesen. Im Januar 02 hat er einen Herzinfarkt erlitten, an dessen Folgen er verstarb. Die 50 Jahre alte A, die selbst nicht über die berufsrechtlichen Voraussetzungen zur Fortführung der Steuerberaterpraxis verfügt, veräußerte diese Praxis mit Wirkung vom 1.5.02 an einen anderen Steuerberater; sie erzielte einen Veräußerungsgewinn i. H. v. 130.000 €.

AUFGABE

Steht A der Freibetrag nach § 16 Abs. 4 EStG für den Veräußerungsgewinn zu?

LÖSUNG

Der Freibetrag wird – unabhängig vom Lebensalter des Stpfl. – auch gewährt, wenn der Stpfl. im Zeitpunkt der Veräußerung oder Aufgabe „im sozialversicherungsrechtlichen Sinne" dauernd berufsunfähig ist (§ 16 Abs. 4 Satz 1 EStG). Der Gesetzgeber will mit dem Freibetrag wegen dauernder Berufsunfähigkeit bei solchen Stpfl. Härten mildern, die infolge dauernder Berufsunfähigkeit ihren Betrieb, Teilbetrieb oder Mitunternehmeranteil veräußern. Die Gewährung des Freibetrags setzt voraus, dass der veräußernde Stpfl. (Unternehmer, Freiberufler) im Zeitpunkt der Veräußerung dauernd berufsunfähig im sozialversicherungsrechtlichen Sinne ist.

Das Ableben eines Freiberuflers führt weder zu einer Betriebsaufgabe (§ 16 Abs. 3 EStG, § 18 Abs. 3 EStG) noch geht das der freiberuflichen Tätigkeit dienende Betriebsvermögen durch Erbfall in das Privatvermögen der Erben über (BFH IV R 29/91, BStBl 1993 II 36; II R 5/09, BFH/NV 2011, 1147, Rn. 30). Vorliegend hat A die Praxis veräußert, daher ist ihr auch der Veräußerungsgewinn zuzurechnen. Die Entstehung des Freibetrags knüpft an das dingliche Erfüllungsgeschäft an (BFH X R 6/13, BStBl 2016 II 216, Rn. 17). A steht kein Freibetrag zu, weil weder die Altersvoraussetzung noch die Voraussetzung der dauernden Berufsunfähigkeit in ihrer Person vorliegen; rechtlich unerheblich ist, dass A aus rechtlichen oder tatsächlichen Gründen nicht in der Lage ist, die freiberufliche Praxis selbst weiterzuführen (BFH X R 26/90, BFH/NV 1991, 813).

FALL 234

Ausfall der aufgrund einer Betriebsveräußerung entstandenen Kaufpreisforderung

Sachverhalt:

Der 62 Jahre alte Einzelgewerbetreibende A veräußert am 31.12.01 seinen Gewerbebetrieb für 320.000 € an B. Das steuerliche Kapitalkonto des A beträgt im Zeitpunkt der Veräußerung 100.000 €. Käufer und Verkäufer vereinbaren, dass der Kaufpreis i.H.v. 320.000 € in zwei Jahresraten von je 160.000 € entrichtet werden kann: Die erste Rate wird am 31.12.01 fällig, die zweite Rate am 31.12.02. Auf eine Verzinsung der zweiten Rate wird verzichtet.

Das FA setzt bei der Einkommensteuerveranlagung 01 den Veräußerungsgewinn auf Antrag des A wie folgt an:

Veräußerungspreis	320.000 €
./. Kapitalkonto	./. 100.000 €
Nach § 34 Abs. 3 EStG tarifermäßigt zu besteuernder Veräußerungsgewinn	220.000 €

Ende 02 beantragt der Käufer des Betriebs die Eröffnung des Insolvenzverfahrens. A fällt mit der am 31.12.02 fälligen Restkaufpreisforderung von 160.000 € aus.

AUFGABE

Wie wirkt sich der Ausfall der Restkaufpreisforderung bei A steuerlich aus?

LÖSUNG

Der nachträgliche Ausfall der aufgrund einer Betriebsveräußerung entstandenen Kaufpreisforderung führt nach dem Beschluss des Großen Senats des BFH (GrS 2/92, BStBl 1993 II 897) zu einer rückwirkenden Änderung des Veräußerungsgewinns. Der Große Senat ist der Ansicht, dass in den Fällen, in denen die gestundete Kaufpreisforderung für die Veräußerung eines Gewerbebetriebs in einem späteren VZ ganz oder teilweise uneinbringlich wird, dies ein Ereignis mit steuerlicher Rückwirkung auf den Zeitpunkt der Veräußerung darstellt (§ 175 Abs. 1 Satz 1 Nr. 2 AO). Der Vorgang ist danach noch dem betrieblichen Bereich zuzuordnen.

Diese Betrachtung hat hier zur Folge, dass die Einkommensteuerveranlagung 01 des A nach der genannten Vorschrift zu ändern ist. Bei der geänderten Veranlagung ist der Veräußerungsgewinn – ausgehend von einem Veräußerungserlös i.H.v. nur 160.000 € – wie folgt anzusetzen:

Berichtigter Veräußerungspreis	160.000 €
./. Kapitalkonto	./. 100.000 €
Berichtigter Veräußerungsgewinn	60.000 €
./. Freibetrag (§ 16 Abs. 4 EStG)	./. 45.000 €
Nach § 34 Abs. 3 EStG tarifermäßigt zu besteuernder Veräußerungsgewinn	15.000 €

10.5 Veräußerung von Anteilen an Kapitalgesellschaften (§ 17 EStG)

FALL 235

Veräußerung einer GmbH-Beteiligung nach unentgeltlichem Erwerb

Sachverhalt:

A ist an der X-GmbH (Stammkapital 100.000 €), deren Wirtschaftsjahr mit dem Kalenderjahr übereinstimmt, seit deren Gründung im Jahr 2009 zu 50 % beteiligt. Die Anschaffungskosten der GmbH des A haben 50.000 € betragen. Im Jahr 2019 übertrug A einen 0,5 %igen Anteil mit Anschaffungskosten von (50.000 € : 100 =) 500 € unentgeltlich auf seinen Sohn B. A ist danach noch zu 49,5 % an der GmbH beteiligt. B veräußerte den – zu seinem Privatvermögen gehörenden – 0,5 %igen Anteil im Jahr 2020 für 10.000 € an C. Die B entstandenen Veräußerungskosten betragen 1.000 €.

AUFGABE

Welche einkommensteuerlichen Folgen ergeben sich für B aufgrund der Anteilsveräußerung?

LÖSUNG

Zu den Einkünften aus Gewerbebetrieb gehört auch der Gewinn aus der Veräußerung von Anteilen an einer Kapitalgesellschaft, wenn

► die Anteile zum Privatvermögen gehören und

► der Veräußerer in den letzten fünf Jahren am Kapital der Gesellschaft unmittelbar oder mittelbar zu mindestens 1 % beteiligt war (§ 17 Abs. 1 Satz 1 EStG).

Hat der Veräußerer den veräußerten Anteil innerhalb der letzten fünf Jahre vor der Veräußerung – wie hier B – unentgeltlich erworben, genügt es für die Anwendung des § 17 Abs. 1 Satz 1 EStG, wenn der Veräußerer zwar nicht selbst, aber sein Rechtsvorgänger innerhalb der letzten fünf Jahre an der Kapitalgesellschaft zu mindestens 1 % beteiligt war (§ 17 Abs. 1 Satz 4 EStG).

Gewinne aus der Veräußerung von Anteilen an einer inländischen Kapitalgesellschaft unterliegen dem Teileinkünfte- bzw. Teilabzugsverfahren (§ 3 Nr. 40 Satz 1 Buchst. c i.V. m. § 3c Abs. 2

EStG), wenn die Anteile einer natürlichen Person zuzurechnen sind. Für Veräußerungsgewinne, die dem Teileinkünfte- bzw. Teilabzugsverfahren unterliegen, gibt es zwar den Steuerfreibetrag nach § 17 Abs. 3 EStG, aber nicht die Tarifbegünstigung nach § 34 Abs. 1 oder 3 EStG (§ 34 Abs. 2 Nr. 1 EStG). Der Freibetrag bezieht sich auf den steuerpflichtigen Gewinn (R 17 Abs. 9 EStR 2012).

B entsteht aufgrund der Veräußerung des 0,5 %igen Anteils im Jahr 2020 folgender Veräußerungsgewinn:

Veräußerungspreis	10.000 €	
steuerfrei nach § 3 Nr. 40 Satz 1 Buchst. c EStG: 40 %	./. 4.000 €	
steuerpflichtig	6.000 €	6.000 €
Veräußerungskosten	1.000 €	
nicht abziehbar: 40 %	./. 400 €	
abziehbar nach § 3c Abs. 2 EStG: 60 %	600 €	./. 600 €
		5.400 €
Anschaffungskosten der 0,5%-GmbH-Beteiligung	500 €	
nicht abziehbar: 40 %	./. 200 €	
abziehbar nach § 3c Abs. 2 EStG: 60 %	300 €	./. 300 €
steuerpflichtiger Veräußerungsgewinn B nach § 17 Abs. 2 Satz 1 EStG		5.100 €

Der steuerpflichtige Veräußerungsgewinn wird zur Einkommensteuer nur herangezogen, soweit er den Teil von 9.060 € übersteigt, der dem veräußerten Anteil an der Kapitalgesellschaft entspricht (§ 17 Abs. 3 Satz 1 EStG). Der Freibetrag ermäßigt sich um den Betrag, um den der Veräußerungsgewinn den Teil von 36.100 € übersteigt, der dem veräußerten Anteil an der Kapitalgesellschaft entspricht (§ 17 Abs. 3 Satz 2 EStG). Da B nur eine 0,5 %ige Beteiligung veräußert hat, beläuft sich der Freibetrag auf 0,5 % von 9.060 € = rund 46 €. Eine Kürzung des Freibetrags nach § 17 Abs. 3 Satz 2 EStG von 46 € ist erforderlich, weil der steuerpflichtige Veräußerungsgewinn i. H. v. 5.100 € die Freibetragsgrenze von 0,5 % von 36.100 € = 181 € um 4.919 € übersteigt. Der Freibetrag beträgt somit 0 €. Der Veräußerungsgewinn ist i. H. v. 5.100 € als Einkünfte aus Gewerbebetrieb zu versteuern.

FALL 236

Relevante Beteiligung bei eigenen Anteilen der Kapitalgesellschaft

Sachverhalt:

A ist mit 5.000 € am Stammkapital der X-GmbH von 1 Mio. € beteiligt. Einen Geschäftsanteil i. H. v. 500.000 € besitzt die GmbH als eigenen Anteil. Der von A gehaltene Anteil, dessen Anschaffungskosten 5.000 € betragen haben, gehört zum Privatvermögen. A veräußerte 2020 seinen GmbH-Anteil für 8.000 €.

AUFGABE

Führt die Veräußerung des Gesellschaftsanteils bei A zu Einkünften aus Gewerbebetrieb?

LÖSUNG

Werden von einer Kapitalgesellschaft eigene Anteile gehalten, ist bei der Entscheidung, ob ein Stpfl. zu mindestens 1 % beteiligt ist, von dem um die eigenen Anteile der Kapitalgesellschaft verminderten Nennkapital auszugehen, weil die eigenen Anteile die Rechtsstellung der übrigen Anteilsinhaber nicht schmälern (BFH IV R 138/69, BStBl 1971 II 89; VIII R 36/96, BFH/NV 1998, 691; H 17 Abs. 2 „Eigene Anteile" EStH 2019). An dem um die eigenen Anteile der GmbH verminderten Nennkapital von (1 Mio. € ./. 500.000 € =) 500.000 € ist A zu 1 % beteiligt. Der von ihm erzielte Veräußerungsgewinn unterliegt deshalb als Einkünfte aus Gewerbebetrieb der Einkommensteuer. Der steuerpflichtige Veräußerungsgewinn, der dem Teileinkünfteverfahren unterliegt, errechnet sich wie folgt:

Veräußerungspreis	8.000 €	
steuerfrei nach § 3 Nr. 40 Satz 1 Buchst. c EStG: 40 %	./. 3.200 €	
steuerpflichtig 60 %	4.800 €	4.800 €
Anschaffungskosten der GmbH-Beteiligung	5.000 €	
nicht abziehbar: 40 %	./. 2.000 €	
abziehbar nach § 3c Abs. 2 EStG: 60 %	3.000 €	./. 3.000 €
steuerpflichtiger Veräußerungsgewinn A nach § 17 Abs. 2 Satz 1 EStG		1.800 €

HINWEIS

Von den dispositiven Vorschriften des GmbHG abweichende Vereinbarungen der Gesellschafter über das Stimmrecht, das Gewinnbezugsrecht oder die Beteiligung am Liquidationserlös beeinflussen die Höhe der Beteiligung nicht. Dies führt zu einer kapitalmäßigen Bestimmung des Begriffs der wesentlichen Beteiligung. Für die Beteiligung am Kapital der Gesellschaft ist danach grundsätzlich der nominelle Anteil an deren Stammkapital maßgebend (BFH VIII R 49/04, BStBl 2006 II 746).

Zeitpunkt der Entstehung eines Veräußerungsgewinns nach § 17 EStG

Sachverhalt:

A ist an der X-GmbH, deren Stammkapital 100.000 € beträgt, zu 30 % beteiligt. Das Wirtschaftsjahr der GmbH ist mit dem Kalenderjahr identisch. Die Anschaffungskosten des Gesellschaftsanteils, der zum Privatvermögen des A gehört, haben 30.000 € betragen. A hat den GmbH-Anteil am 1.7.2015 erworben.

Mit notariellem Vertrag vom 28.12.2020 verkaufte und übertrug A seinen Anteil an der X-GmbH auf B. Als Kaufpreis wurden 60.000 € vereinbart, die der Erwerber am 22.1.2021 an A ausgezahlt hat.

AUFGABE

In welchem Kalenderjahr muss A den Veräußerungsgewinn versteuern?

LÖSUNG

Nach § 17 Abs. 1 EStG gehört zu den Einkünften aus Gewerbebetrieb auch der Gewinn aus der Veräußerung von Anteilen an Kapitalgesellschaften, wenn der Gesellschafter innerhalb der letzten fünf Jahre am Kapital der Gesellschaft qualifiziert beteiligt war und er die Beteiligung in seinem Privatvermögen gehalten hat. Veräußerungsgewinn i. S. v. § 17 Abs. 1 EStG ist gem. § 17 Abs. 2 Satz 1 EStG der Betrag, um den der Veräußerungspreis nach Abzug der Veräußerungskosten die Anschaffungskosten übersteigt.

Nach der ständigen Rechtsprechung des BFH ist die Gewinnermittlung nach § 17 Abs. 2 EStG nicht nach dem Zuflussprinzip des § 11 EStG vorzunehmen. Es handelt sich um eine Gewinnermittlung eigener Art (BFH VIII R 114/77, BStBl 1980 II 494, 497). Da Gewinne nach § 17 EStG gewerbliche Einkünfte darstellen, gelten hinsichtlich der Gewinnrealisierung die allgemeinen Gewinnermittlungsvorschriften. Maßgebender Zeitpunkt der Gewinn- oder Verlustrealisierung ist derjenige, zu dem bei einer Gewinnermittlung durch Betriebsvermögensvergleich gem. § 4 Abs. 1, § 5 EStG nach handelsrechtlichen Grundsätzen ordnungsmäßiger Buchführung der Gewinn oder Verlust realisiert wäre (BFH IX R 43/14, BStBl 2016 II 212). Daher ist ausgeschlossen, bei der Besteuerung eines Veräußerungsgewinns i. S. v. § 17 EStG auf den Zeitpunkt der Zahlung des Kaufpreises abzustellen, also auf den Zeitpunkt, der bei den Überschusseinkünften und bei der Gewinnermittlung durch Gegenüberstellung der Betriebseinnahmen und Betriebsausgaben nach § 4 Abs. 3 EStG prinzipiell maßgeblich ist.

Maßgebender Zeitpunkt der Gewinn- oder Verlustrealisierung ist derjenige, zu dem bei einer Gewinnermittlung durch Betriebsvermögensvergleich nach handelsrechtlichen Grundsätzen ordnungsmäßiger Buchführung der Gewinn oder Verlust realisiert wäre. Der Gewinn aus der Veräußerung von Anteilen an einer Kapitalgesellschaft i. S. v. § 17 Abs. 1 EStG ist grundsätzlich für den Zeitpunkt zu ermitteln, in dem er entstanden ist. Dies ist regelmäßig der Zeitpunkt der Veräußerung, d. h. der Zeitpunkt, zu dem das rechtliche oder zumindest das wirtschaftliche Eigentum an den veräußerten Anteilen auf den Erwerber übergegangen ist (BFH IX R 45/09, BStBl 2010 II 969; IX R 32/11, BStBl 2012 II 675; IX R 35/16, BFH/NV 2018, 936). Der A muss daher den Veräußerungsgewinn bereits im Jahr 2020 versteuern. Auf den Veräußerungsgewinn ist das Teileinkünfteverfahren anzuwenden:

Veräußerungspreis	60.000 €	
steuerfrei nach § 3 Nr. 40 Satz 1 Buchst. c EStG: 40 %	./. 24.000 €	
steuerpflichtig 60 %	36.000 €	36.000 €
Anschaffungskosten der GmbH-Beteiligung	30.000 €	
nicht abziehbar: 40 %	./. 12.000 €	
abziehbar nach § 3c Abs. 2 EStG: 60 %	18.000 €	./. 18.000 €
steuerpflichtiger Veräußerungsgewinn A nach § 17 Abs. 2 Satz 1 EStG		18.000 €

FALL 238

Kauf und Verkauf einer GmbH-Beteiligung in Fremdwährung

Sachverhalt:

A hat am 1.7.01 eine 100 %ige Beteiligung an der X-GmbH für 100.000 Schweizer Franken (SFR) erworben. Der Kurs des SFR betrug im Zeitpunkt der Anschaffung 0,6312 €. Der Kaufpreis wurde über das Fremdwährungskonto des A bezahlt.

Am 1.7.02 hat A die GmbH-Beteiligung für 100.000 SFR verkauft, also zum gleichen Preis wie er die Beteiligung gekauft hat. Der Kurs des SFR betrug im Zeitpunkt der Veräußerung 0,9324 €. Veräußerungskosten sind A keine entstanden. Der Erlös ist dem Fremdwährungskonto des A gutgeschrieben worden.

AUFGABE

Ist A ein nach § 17 EStG zu erfassender Veräußerungsgewinn entstanden?

LÖSUNG

Bei einer in Fremdwährung angeschafften „oder" veräußerten Beteiligung i. S. d. § 17 Abs. 1 Satz 1 EStG sind die die für die Ermittlung des Veräußerungsgewinns maßgeblichen Bemessungsgrundlagen (Anschaffungskosten, Veräußerungspreis und Veräußerungskosten) im Zeitpunkt ihrer jeweiligen Entstehung aus der Fremdwährung in Euro umzurechnen (R 17 Abs. 7 Satz 1 EStR 2012; ebenso BFH IX R 73/04, BFH/NV 2008, 1658; IX R 30/13, BFH/NV 2015, 489). Nicht zulässig ist es, lediglich den Saldo des in ausländischer Währung errechneten Veräußerungsgewinns/Veräußerungsverlustes zum Zeitpunkt der Veräußerung in Euro umzurechnen (BFH IX R 62/10, BStBl 2012 II 564; IX B 54/15, BFH/NV 2016, 194).

Das bedeutet: Hat der Verkäufer der wesentlichen Beteiligung seine Anschaffungskosten in einer Fremdwährung bezahlt, sind diese im Rahmen der Ermittlung des Veräußerungsgewinns mit dem betreffenden Kurs im Zeitpunkt der Anschaffung in Euro umzurechnen. Maßgeblich ist grundsätzlich der amtliche Umrechnungskurs im Bewertungszeitpunkt (BFH IX R 62/10, BStBl 2012 II 564). Fließt dem Verkäufer beim Verkauf ein Fremdwährungsbetrag zu, ist auch dieser unter Zugrundelegung des Kurses am Tag der Übertragung des wirtschaftlichen Eigentums in Euro umzurechnen. Verwaltungsseitig nicht ausdrücklich geregelt ist der Fall, dass die wesentliche Beteiligung in Fremdwährung angeschafft „und" veräußert wurde. Ob auch in diesem Fall die für die Ermittlung des Veräußerungsgewinns maßgebenden Bemessungsgrundlagen (Anschaffungskosten, Veräußerungspreis, Veräußerungskosten) im Zeitpunkt ihrer jeweiligen Entstehung nach dem amtlichen Umrechnungskurs in Euro umzurechnen sind, ist in der Literatur umstritten. Der BFH hat Klarheit geschaffen (BFH IX R 62/10, BStBl 2012 II 564; IX R 30/13, BFH/NV 2015, 489, Rn. 20; IX B 54/15, BFH/NV 2016, 194, Rn. 6). Danach sind zur Berechnung des Gewinns aus einer in ausländischer Währung angeschafften und veräußerten Beteiligung an einer Kapitalgesellschaft sowohl die Anschaffungskosten als auch der Veräußerungspreis zum Zeitpunkt ihres jeweiligen Entstehens in Euro umzurechnen und nicht lediglich der Saldo des in ausländischer Währung errechneten Veräußerungsgewinns/Veräußerungsverlustes zum Zeitpunkt der Veräußerung. Der Veräußerungsgewinn errechnet sich wie folgt:

Veräußerungserlös:	100.000 SFR × 0,9324	93.240 €
Anschaffungskosten:	100.000 SFR × 0,6312	63.120 €
Veräußerungsgewinn		30.120 €
im Teileinkünfteverfahren anzusetzen	60 % von 30.120 €	18.072 €

FALL 238A

Veräußerung eines Teils von zu verschiedenen Preisen erworbenen GmbH-Anteilen

Sachverhalt:

A und B sind zu je 50 % an der X-GmbH beteiligt, die 2008 mit einem Stammkapital von 100.000 € gegründet wurde. Die Anschaffungskosten der zum Privatvermögen gehörenden Anteile des A und B haben je 50.000 € betragen. Im Dezember 2020 hat A den Anteil des B für 150.000 € erworben, sodass er alleiniger Gesellschafter der X-GmbH ist. Im Oktober 2021 veräußert A einen 50 %igen GmbH-Anteil für 150.000 € an C, der danach – ebenso wie A – zu 50 % an der X-GmbH beteiligt ist. Im Kaufvertrag ist festgelegt, dass es sich bei dem an C veräußerten GmbH-Anteil um den von A 2020 erworbenen 50 %igen GmbH-Anteil handelt, der früher dem B zuzurechnen war.

1. Ist A ein nach § 17 EStG zu erfassender Veräußerungsgewinn entstanden?

2. Ist A ein nach § 17 EStG zu erfassender Veräußerungsgewinn entstanden, wenn im Kaufvertrag nicht bestimmt worden ist, dass es sich bei dem an C veräußerten GmbH-Anteil um den von A 2020 erworbenen 50 %igen GmbH-Anteil handelt??

Zu 1.:

Zu den Einkünften aus Gewerbebetrieb gehört auch der Gewinn aus der Veräußerung von Anteilen an einer Kapitalgesellschaft, wenn der Veräußerer innerhalb der letzten 5 Jahre am Kapital der Gesellschaft unmittelbar oder mittelbar zu mindestens 1 % beteiligt war (§ 17 Abs. 1 Satz 1 EStG). Veräußerungsgewinn ist der Betrag, um den der Veräußerungspreis nach Abzug der Veräußerungskosten die Anschaffungskosten übersteigt (§ 17 Abs. 2 Satz 1 EStG).

Wird ein Bruchteil eines Mitunternehmeranteils (Mitunternehmerteilanteil) veräußert, ist zur Ermittlung des Veräußerungsgewinns ein gleichartiger Bruchteil des Kapitalkontos auch abzuziehen, wenn der Verkäufer den Mitunternehmeranteil nach und nach zu unterschiedlichen Anschaffungskosten erworben hat (BFH IV R 15/96, BStBl 1997 II 535, Rn. 25; IV R 34/12, BFH/NV 2016, 41, Rn. 19). Da ein Anteil an einer Personengesellschaft grundsätzlich unteilbar ist, muss nach der Rechtsprechung des BFH der Buchwert eines veräußerten Teilgesellschaftsanteils im Wege einer Durchschnittsbewertung ermittelt werden. Bei Veräußerung eines Teilanteils an einer Personengesellschaft ist die Berücksichtigung der konkreten Anschaffungskosten für diesen Anteil also auch dann zu versagen, wenn er kurz zuvor erworben wurde.

Anders als bei Personengesellschaften behalten die Geschäftsanteile, die ein GmbH-Gesellschafter zu seinem ursprünglichen Anteil hinzuerwirbt, nach § 15 Abs. 2 GmbHG ihre Selbständigkeit. Besitzt ein Stpfl. mehrere Anteile an einer unter die Bestimmungen des § 17 Abs. 1 EStG fallenden GmbH-Anteile, die er zu verschiedenen Zeiten und/oder zu unterschiedlichen Anschaffungskosten erworben hat, kann er im „Veräußerungsfall" bestimmen, welche Anteile er „veräußert". Für die Ermittlung eines Veräußerungsgewinns oder -verlusts i. S. v. § 17 EStG sind dann die Anschaffungskosten des jeweils veräußerten Anteils maßgebend (BFH VIII R 126/75, BStBl 1979 II 77; IV R 15/76, BStBl 1981 II 11; IX R 5/18, BFH/NV 2020, 698, Rn. 29).

Die Identifizierung geschieht in einem solchen Fall durch die Bezugnahme auf den notariellen Erwerbsakt. Wird nach § 15 Abs. 2 GmbHG nur ein Teil eines Anteils abgetreten, so muss angegeben werden, von welchem Anteil die Absplitterung erfolgt. Da im Kaufvertrag mit C auf den notariellen Erwerbsakt des GmbH-Anteils Bezug genommen worden ist, den A von B für 150.000 € erworben hat, entsteht kein Veräußerungsgewinn. Denn dem Veräußerungserlös von 150.000 € stehen dann Anschaffungskosten von 150.000 € gegenüber.

Zu 2.:

Da A bei der Veräußerung, z. B. durch die Bezugnahme auf den Erwerbsakt, nicht bestimmt hat, welche Anteile er veräußert, und damit diese Anteile nicht identifiziert hat, ist nach einer neuen

Entscheidung des BFH von den durchschnittlichen Anschaffungskosten des Veräußerers aus-zugehen (BFH IX R 18/19, BFH/NV 2020, 867). Zur Ermittlung des Veräußerungsgewinns ist wie folgt zu rechnen:

Anschaffungskosten des A:	50 %-Anteil aus 2008 (bei Gründung)	50.000 €
	50 %-Anteil aus 2020 (Erwerb von B)	150.000 €
Anschaffungskosten des A insgesamt		200.000 €
Durchschnittliche Anschaffungskosten eines 50%-Anteils: ½ von 200.000 €		100.000 €
Veräußerungserlös 2021 für 50 %-Anteil		150.000 €
Anschaffungskosten		100.000 €
Veräußerungsgewinn		50.000 €

Der Veräußerungsgewinn unterliegt dem Teileinkünfteverfahren (§ 3 Nr. 40 Satz 1 Buchst. c i.V. m. § 3c Abs. 2 EStG), ist also nur zu 60 % = 30.000 € steuerpflichtig. Ein anteiliger Freibetrag nach § 17 Abs. 3 EStG ist nicht zu gewähren, da der steuerpflichtige Veräußerungsgewinn von 30.000 € die anteilige Freibetragsgrenze i.H.v. 50 % von 36.100 € = 18.050 € um mehr als 4.530 € (50 % des Freibetrags von 9.060 €) übersteigt.

FALL 239

Höhe des Freibetrags bei Gewinnen aus der Veräußerung von Anteilen an Kapitalgesellschaften

Sachverhalt:

A ist seit dem Jahr 2016 zu 50 % an der X-GmbH beteiligt. Die Anschaffungskosten des zum Pri-vatvermögen gehörenden Gesellschaftsanteils haben 50.000 € betragen. Das Stammkapital der X-GmbH beläuft sich auf 100.000 €. Im Jahr 2020 veräußerte A seinen Gesellschaftsanteil

a) für 80.000 € an C,

b) für 85.000 € an C,

c) für 90.000 € an C (die X-GmbH besitzt im Fall c) einen Geschäftsanteil i.H.v. 20.000 € als eigenen Anteil).

AUFGABE

Wie hoch ist der Freibetrag nach § 17 Abs. 3 EStG bzw. der zu versteuernde Veräußerungs-gewinn?

LÖSUNG

Ein Veräußerungsgewinn nach § 17 EStG ist grds. steuerpflichtig. Er ist jedoch insofern begünstigt, als für ihn ein Freibetrag von maximal 9.060 € gewährt werden kann (§ 17 Abs. 3 EStG).

Ob und in welcher Höhe ein Freibetrag gewährt werden kann, hängt davon ab, in welchem Verhältnis die veräußerten Anteile zum gesamten Kapital der Gesellschaft stehen. Der Freibetrag beträgt bei Veräußerung einer 100 %igen Beteiligung prinzipiell 9.060 €. Wird – wie im vorliegenden Fall – nur ein Teil der Anteile an der Kapitalgesellschaft veräußert, beläuft sich der Freibetrag auf den Teil von 9.060 €, der dem veräußerten Anteil an der Kapitalgesellschaft entspricht (§ 17 Abs. 3 Satz 1 EStG).

Der Freibetrag von 9.060 € bzw. des entsprechenden Teils von 9.060 € ermäßigt sich bei höheren Veräußerungsgewinnen um den Betrag, um den der Veräußerungsgewinn 36.100 € bzw. den Teil von 36.100 € übersteigt, der dem veräußerten Anteil an der Kapitalgesellschaft entspricht (§ 17 Abs. 3 Satz 2 EStG). Der Freibetrag bezieht sich bei dem Teileinkünfteverfahren unterliegenden Veräußerungsgewinnen auf den steuerpflichtigen Teil des Veräußerungsgewinns (R 17 Abs. 9 EStR 2012). Der Freibetrag ist – anders als der Freibetrag des § 16 Abs. 4 EStG – unabhängig vom Lebensalter oder der Berufsunfähigkeit des Veräußerers von Amts wegen zu gewähren.

Wendet man diese Grundsätze hier an, so ergibt sich im Fall a) folgender Freibetrag bzw. folgender steuerpflichtiger Veräußerungsgewinn:

Veräußerungspreis	80.000 €	
steuerfrei nach § 3 Nr. 40 Satz 1 Buchst. c EStG: 40 %	./. 32.000 €	
steuerpflichtig: 60 %	48.000 €	48.000 €
Anschaffungskosten der GmbH-Beteiligung	50.000 €	
nicht abziehbar: 40 %	./. 20.000 €	
abziehbar nach § 3c Abs. 2 EStG: 60 %	30.000 €	./. 30.000 €
steuerpflichtiger Veräußerungsgewinn nach § 17 Abs. 2 Satz 1 EStG		18.000 €
anteiliger Freibetrag: 50 % von 9.060 € =		4 530 €
zu versteuern		13 470 €

Im Fall b) ist wie folgt zu rechnen:

Veräußerungspreis	85.000 €	
steuerfrei nach § 3 Nr. 40 Satz 1 Buchst. c EStG: 40 %	./. 34.000 €	
steuerpflichtig: 60 %	51.000 €	51.000 €
Anschaffungskosten der GmbH-Beteiligung	50.000 €	
nicht abziehbar: 40 %	./. 20.000 €	
abziehbar nach § 3c Abs. 2 EStG: 50 %	30.000 €	./. 30.000 €
steuerpflichtiger Veräußerungsgewinn nach § 17 Abs. 2 Satz 1 EStG		21.000 €

Schoor   457

anteiliger Freibetrag: 50 % von 9.060 € =		4.530 €

zu kürzen um den Betrag, um den der steuerpflichtige Veräußerungsgewinn i. H. v. 21.000 € die anteilige Freibetragsgrenze i. H. v. 50 % von 36.100 € = 18.050 € übersteigt, also um 21.000 € ./.

18.050 € =	2.950 €	./. 1.580 €
zu versteuern		19.420 €

Der Fall c) weist die Besonderheit auf, dass die GmbH eigene Anteile i. H. v. 20.000 € besitzt. In diesem Fall müssen die von der X-GmbH gehaltenen eigenen Anteile bei der nach § 17 Abs. 3 Satz 1 und 2 EStG gebotenen Verhältnisrechnung vom gezeichneten Kapital abgezogen werden (BFH IV R 138/69, BStBl 1971 II 89; VIII R 36/96, BFH/NV 1998, 691, Rn. 34):

Stammkapital	100.000 €
./. eigene Anteile	./. 20.000 €
maßgebliches Stammkapital	80.000 €

Der von A veräußerte Anteil im Nennwert von 50.000 € macht $^5/_8$ des maßgeblichen Kapitals aus, so dass sich folgende Berechnung ergibt:

Veräußerungspreis	90.00,00 €	
steuerfrei nach § 3 Nr. 40 Satz 1 Buchst. c EStG: 40 %	./. 36.000,00 €	
steuerpflichtig: 60 %	54.000,00 €	54.000,00 €
Anschaffungskosten der GmbH-Beteiligung	50.000,00 €	
nicht abziehbar: 40 %	./. 20.000,00 €	
abziehbar nach § 3c Abs. 2 EStG: 60 %	30.000,00 €	./. 30.000,00 €
steuerpflichtiger Veräußerungsgewinn nach § 17 Abs. 2 Satz 1 EStG		24.000,00 €
anteiliger Freibetrag: $^5/_8$ von 9.060 € =	5.662,50 €	

zu kürzen um den Betrag, um den der steuerpflichtige Veräußerungsgewinn i. H. v. 24.000 € die anteilige Freibetragsgrenze von $^5/_8$ von 36.100 € = 22.562,50 € übersteigt, also

	1.437,50 €	4.225,00 €
zu versteuern		19.775,00 €

FALL 240

Verdeckte Einlage einer GmbH-Beteiligung in eine Kapitalgesellschaft

Sachverhalt:

A ist seit dem Jahr 2006 zu 40 % an der X-GmbH beteiligt, deren Stammkapital 100.000 € beträgt. Die Anschaffungskosten des Gesellschaftsanteils, der zum Privatvermögen des A gehört, entsprechen ihrem Nennwert von 40.000 €. Die GmbH hat ein mit dem Kalenderjahr übereinstimmendes Wirtschaftsjahr.

A ist zugleich Alleingesellschafter der im Jahr 2009 gegründeten Y-GmbH. Am 30.6.2020 übertrug A seinen 40 %-Geschäftsanteil an der X-GmbH, dessen Verkehrswert zu diesem Zeitpunkt 240.000 € beträgt, auf die Y-GmbH. A erhält von der Y-GmbH keinerlei Vergütung (reine verdeckte Einlage).

AUFGABE

Führt die Übertragung der wesentlichen Beteiligung im Wege der verdeckten Einlage bei A zu einem Veräußerungsgewinn i. S. v. § 17 EStG?

LÖSUNG

Werden Anteile auf eine andere Kapitalgesellschaft übertragen, an der der Stpfl. (oder eine nahe stehende Person) bereits beteiligt ist, und erhält der Stpfl. – wie vorliegend – keine neuen Gesellschaftsanteile und auch keine nach dem Wert der übertragenen Anteile bemessene Bar- oder Sachvergütung, ist dies eine verdeckte Einlage. Die verdeckte Einlage von Anteilen an einer Kapitalgesellschaft auf eine andere Kapitalgesellschaft ist für die Anwendung des § 17 EStG ausdrücklich einer entgeltlichen Veräußerung unter Ansatz des gemeinen Wertes der eingebrachten Anteile als Veräußerungspreis gleichgestellt (§ 17 Abs. 1 Satz 2 und Abs. 2 Satz 2 EStG). Der dem Teileinkünfteverfahren unterliegende Gewinn errechnet sich wie folgt:

Gemeiner Wert des 40 %-Anteils an der X-GmbH	240.000 €	
steuerfrei nach § 3 Nr. 40 Satz 1 Buchst. c EStG: 40 %	./. 96.000 €	
steuerpflichtig: 60 %	144.000 €	144.000 €
Anschaffungskosten der GmbH-Beteiligung	40.000 €	
nicht abziehbar: 40 %	./. 16.000 €	
abziehbar nach § 3c Abs. 2 EStG: 60 %	24.000 €	./. 24.000 €
steuerpflichtiger Veräußerungsgewinn nach § 17 Abs. 2 Satz 1 und 2 EStG		120.000 €

FALL 241

Unmittelbare und mittelbare Beteiligung an einer Kapitalgesellschaft

Sachverhalt:

A ist zu 0,5 % an der X-GmbH beteiligt, deren Wirtschaftsjahr mit dem Kalenderjahr übereinstimmt. Das Stammkapital der X-GmbH beträgt 1 Mio. €. Die Anschaffungskosten des A für die Beteiligung an der X-GmbH betragen 5.000 €. A ist außerdem zu 5 % an der Y-GmbH beteiligt, die ihrerseits zu 50 % an der X-GmbH beteiligt ist.

A veräußert im Jahr 04 seine 0,5 %-Beteiligung an der X-GmbH für 10.000 €.

Fällt die Veräußerung des 0,5 %-Anteils an der X-GmbH unter § 17 EStG?

Zu den Einkünften aus Gewerbebetrieb gehört auch der Gewinn aus der Veräußerung von Anteilen an einer Kapitalgesellschaft, wenn der Veräußerer innerhalb der letzten fünf Jahre am Kapital der Gesellschaft „unmittelbar" oder „mittelbar" zu mindestens 1 % beteiligt war (§ 17 Abs. 1 Satz 1 EStG). Mittelbar beteiligt ist der Veräußerer, soweit eine andere Kapitalgesellschaft, an der der Veräußerer seinerseits unmittelbar beteiligt ist, Anteilseigner ist. Für die Frage, ob der Veräußerer an der Kapitalgesellschaft, deren Anteile veräußert werden, zu mindestens 1 % beteiligt ist, sind die unmittelbare und die mittelbare Beteiligung zusammenzurechnen (BFH IV R 128/77, BStBl 1980 II 646; VIII R 41/99, BStBl 2000 II 686). Vorliegend ist A zu 0,5 % unmittelbar und zu 5 % von 50 % = 2,5 %, insgesamt also zu 3 % an der X-GmbH beteiligt. Deshalb ist die Veräußerung der 0,5 %-Beteiligung an der X-GmbH nach § 17 EStG steuerpflichtig. Der Veräußerungsgewinn errechnet sich wie folgt:

Veräußerungspreis	10.000 €	
steuerfrei nach § 3 Nr. 40 Satz 1 Buchst. c EStG: 40 %	./. 4.000 €	
steuerpflichtig: 60 %	6.000 €	6.000 €
Anschaffungskosten der GmbH-Beteiligung	5.000 €	
nicht abziehbar: 40 %	./. 2.000 €	
abziehbar nach § 3c Abs. 2 EStG: 60 %	3.000 €	./. 3.000 €
steuerpflichtiger Veräußerungsgewinn nach § 17 Abs. 2 Satz 1 EStG		3.000 €

10.6 Einkünfte aus nichtselbständiger Arbeit (§ 19 EStG)

Vorbemerkungen

Einnahmen aus nichtselbständiger Arbeit bezieht, wer **Arbeitnehmer** ist. Arbeitnehmer ist gem. § 1 LStDV eine natürliche Person, die im öffentlichen oder privaten Dienst angestellt oder beschäftigt ist oder war und **Arbeitslohn** aus einem

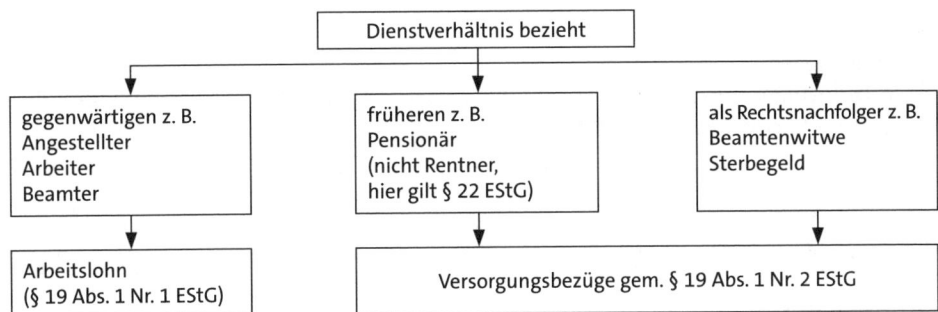

Abgrenzungsmerkmale sind:

▶ Der Arbeitnehmer schuldet seine Arbeitskraft, nicht den Erfolg,

▶ kein Unternehmerrisiko,

▶ weisungsgebunden und in den Betrieb des Arbeitgebers eingegliedert,

▶ feste Bezahlung (nach Arbeitszeit, Umsatz etc.),

▶ Urlaubsregelung,

▶ feste Arbeitszeit und Arbeitsplatz,

▶ Lohnfortzahlung im Krankheitsfall.

Maßgebend dafür, ob eine Person selbständig oder nichtselbständig tätig ist, ist das Gesamtbild der Verhältnisse.

Die vorgenannten Merkmale sind zu prüfen und gegeneinander abzuwägen.

Die Einkommensteuer wird bei Einnahmen aus nichtselbständiger Arbeit durch Abzug der Lohnsteuer vom Arbeitslohn erhoben. Hierbei handelt es sich lediglich um eine besondere Erhebungsform der Einkommensteuer. Die Pflicht zum Einbehalten der Lohnsteuer, zur Anmeldung und Abführung an das Finanzamt hat nach § 38 Abs. 3 und § 41a EStG der Arbeitgeber zu erfüllen. Die Einkommensteuer ist durch den Lohnsteuerabzug abgegolten (§ 46 Abs. 4 EStG). Unter bestimmten Voraussetzungen ist eine Veranlagung gem. § 46 Abs. 2 EStG durchzuführen. Auf Antrag kann in anderen Fällen eine Veranlagung gem. § 46 Abs. 2 Nr. 8 EStG durchgeführt werden.

Arbeitslohn sind alle Einnahmen in Geld oder Geldeswert (§ 2 Abs. 1 LStDV), die der Arbeitnehmer im weitesten Sinne als Gegenleistung für die Zurverfügungstellung seiner Arbeitskraft erhält. Dazu gehören einmalige oder laufende Zuflüsse und auch Sachbezüge. Nicht zum Arbeitslohn rechnen Annehmlichkeiten, dagegen sind Gelegenheitsgeschenke grds. steuerpflichtig (H 19.6 LStH). Im Übrigen enthält § 3 EStG Befreiungsvorschriften für bestimmte Leistungen.

Ermittlungsschema:

Einnahmen aus nichtselbständiger Arbeit gem. § 19 Abs. 1 Nr. 1 EStG i. V. m. § 8 EStG

+ Versorgungsbezüge (§ 19 Abs. 1 Nr. 2 EStG)

= Summe

./. Versorgungsfreibetrag gem. § 19 Abs. 2 EStG: 40 % der Versorgungsbezüge max. 3.000 € (bei Versorgungsbeginn bis 2005) + Zuschlag 900 € (2005, stufenweise Abschmelzung ab 2006)

./. Werbungskosten

mind. Arbeitnehmer-Pauschbetrag i. H. v. 1.000 € (§ 9a Nr. 1a EStG), bei Versorgungsbezügen gem. § 9a Nr. 1 Buchst. b EStG nur 102 €

→ Einkünfte aus nichtselbständiger Arbeit

FALL 242

Leistungen des Arbeitgebers

Sachverhalt:

Der Arbeitnehmer erhält in 01 folgende Leistungen:

Monatliches Gehalt 2.000 €, Tantiemen 3.500 €, Weihnachtsgeld als 13. Monatsgehalt 2.000 €, Urlaubsgeld im Juli 1.300 €, vermögenswirksame Leistungen 480 €, Arbeitgeberanteil zur Sozialversicherung insgesamt 6.100 €, unentgeltliches Mittagessen.

AUFGABE

Wie hoch sind der steuerpflichtige Arbeitslohn des Arbeitnehmers und die abzugsfähigen Betriebsausgaben des Arbeitgebers?

LÖSUNG

Steuerliche Behandlung beim	Arbeitnehmer Arbeitslohn	Arbeitgeber Betriebsausgabe
Laufende Bezüge 12 × 2.000 € =	24.000 €	24.000 €
Einmalige Bezüge Tantiemen	3.500 €	3.500 €
Weihnachtsgeld	2.000 €	2.000 €
Urlaubsgeld	1.300 €	1.300 €
Vermögenswirksame Leistungen werden vom Arbeitslohn einbehalten und eingezahlt	480 €	480 €
Arbeitgeberanteil zur Sozialversicherung, steuerfrei gem. § 3 Nr. 62 EStG. Der Arbeitnehmeranteil wird vom Arbeitslohn einbehalten und an die Versicherungsanstalt abgeführt, er ist im obigen Betrag enthalten.	0 €	6.100 €

Das unentgeltliche Mittagessen ist ein geldwerter Vorteil und damit steuerpflichtig. Die Bewertung erfolgt mit dem Sachbezugswert der Mahlzeit gem. § 8 Abs. 2 EStG, z. B. 3,30 € (ab 2019) × 210 Tage =

693 € tatsächliche Kosten

(s. Sachbezugsverordnung; R 8.1 Abs. 4 LStR)

steuerpflichtiger Arbeitslohn   **31.973 €**

Betriebsausgabe   **37.380 €**

zzgl. tatsächliche Kosten für das Mittagessen

FALL 243

Werbungskosten/Einkunftsermittlung

Sachverhalt:

Der ledige Arbeitnehmer Egon Freund wohnt in Neustadt zur Miete und führt einen eigenen Haushalt. Er ist bei einem Tierarzt in Speyer beschäftigt und erhält einen Arbeitslohn i. H. v. 21.000 € brutto. Ihm sind folgende Kosten entstanden:

▶ Fahrten zwischen Wohnung und Arbeitsstätte in Speyer mit dem eigenen Pkw an 210 Tagen, einfache Entfernung 25 km.

▶ Auf der Heimfahrt von Speyer entstanden ihm Unfallkosten, als ein Tier auf die Fahrbahn lief.

▶ Reparaturkosten des Pkw = 1.860 €.

▶ Abschleppkosten = 114 €.

▶ Reparatur des fremden Pkw, die Kosten belaufen sich auf 1.710 €. Sie wurden von der Kfz-Haftpflichtversicherung des Freundes bezahlt.

▶ Minderung des Schadenfreiheitsrabatts aufgrund der Versicherungsleistung durch den Unfall = 100 €.

▶ 2 Arbeitskittel, um die Kleidung bei der Behandlung der Tiere zu schonen = 55 €.

Die Kosten wurden im Einzelnen belegt.

AUFGABE

Ermitteln Sie die Einkünfte lt. aktuellem Rechtsstand.

LÖSUNG

Egon Freund erzielt Einnahmen gem. § 19 Abs. 1 Nr. 1 EStG.

Brutto-Arbeitslohn =	21.000 €
Werbungskosten gem. § 9 EStG:	
Fahrtkosten gem. § 9 Abs. 1 Nr. 4 EStG	
25 km × 210 Tage × 0,30 € =	1.575 €
Unfallkosten: H 9.10 „Unfallschäden" LStH	
1.860 € + 114 €, § 9 Abs. 2 Satz 1 EStG, BMF v. 31.10.2013,	
BStBl 2013 I 1376 ff.	1.974 €

Die Kosten sind als außergewöhnliche Kosten nicht mit dem Ansatz der Pauschbeträge abgegolten.

Der Betrag von 1.710 € für die Reparatur des anderen Pkw ist nicht zu berücksichtigen, da die Versicherung insoweit Ersatz geleistet hat. Ebenso ist die Erhöhung der Versicherungsprämie nicht als Werbungskosten abzugsfähig. Die erhöhten Versicherungsprämien sind ggf. als Sonderausgaben abzugsfähig gem. § 10 Abs. 1 Nr. 3a EStG.

Arbeitskittel (§ 9 Abs. 1 Nr. 6 EStG) =	55 €
Summe der Werbungskosten =	3.604 €

Der Pauschbetrag gem. § 9a Nr. 1a EStG von 1.000 € wird überschritten, so dass die tatsächlichen Kosten abzugsfähig sind.

	./. 3.604 €
Einkünfte aus nichtselbständiger Arbeit =	**17.396 €**

FALL 244

Einkünfte/Werbungskosten (insbesondere Reisekosten)

Sachverhalt:

Albert H. ist Angestellter in einer Modeboutique in Neustadt. Er erhielt ein Gehalt von insgesamt 21.800 €. Das Weihnachtsgeld i. H.v. 500 € wurde ihm irrtümlich erst am 12.1. des folgenden Jahres überwiesen. Als vermögenswirksame Leistung erhielt er 480 €.

Albert macht folgende Aufwendungen geltend:

► Kraftfahrzeugkosten inkl. Abschreibungen 6.690 €. Die Gesamtfahrleistung beträgt 18.600 km, davon entfallen auf die täglichen Fahrten zu seiner Arbeitsstätte (neu ab 2014: erste Tätigkeitsstätte – Entfernung zur Arbeitsstätte) 15 km an 230 Tagen.

► Kosten für Kleidung 1.385 €. Als Angestellter in einer Boutique ist es unbedingt notwendig, sich nach der neuesten Mode zu kleiden, um den Kunden eine Vorstellung über die Tragbarkeit der Modelle geben zu können. In seiner Freizeit kleidet Albert sich aber lieber bequem (Jeans, Jogginganzüge etc.).

► In der Zeit vom 15.10. bis 19.10. war Albert auf einer Modemesse in München. Er fuhr mit seinem eigenen Pkw, einfache Entfernung 375 km.

   Abfahrt: 15.10. um 20.00 Uhr von Neustadt

   Rückkehr: 19.10. um 10.00 Uhr in Neustadt

Verpflegungskosten lt. Belege insgesamt 141,40 €

Hotelkosten 230 € für 4 Übernachtungen inkl. Frühstück

Parkgebühren: 10 €

Ersatz durch den Arbeitgeber: 200 €

AUFGABE

Ermitteln Sie die Einkünfte nach der aktuell geltenden Rechtslage.

LÖSUNG

Als Angestellter erzielt er Einkünfte aus nichtselbständiger Arbeit.	21.800 €

Zum Arbeitslohn gehören:

	Vermögenswirksame Leistungen	
+	(diese Beträge werden aus dem Einkommen geleistet)	+ 480 €
	die Arbeitnehmer-Sparzulage wird ggf. vom Finanzamt ausgezahlt;	

das am 12.1. des Folgejahres überwiesene Weihnachtsgeld ist nach § 11 Abs. 1 Satz 1 EStG i.V. m. § 38a Abs. 1 Satz 3 EStG im Zeitpunkt des Zuflusses erst im Folgejahr zu erfassen

Einnahmen (§ 19 Abs. 1 Nr. 1 EStG)	22.280 €

Werbungskosten (§ 9 EStG):

Fahrten zwischen Wohnung und erster Tätigkeitsstätte (§ 9 Abs. 1 Nr. 4 EStG) = 230 Tage × 15 km × 0,30 €	./. 1.035 €

die übrigen Kfz-Kosten sind nicht zu berücksichtigen

Kleidung kann, wenn es sich um typische Berufskleidung handelt, nach § 9 Abs. 1 Nr. 6 EStG abgezogen werden. Die bürgerliche Kleidung ist üblicherweise nach § 12 Nr. 1 EStG vom Abzug ausgeschlossen (Typisierung). Das gilt auch dann, wenn sie nur am Arbeitsplatz getragen wird. Insoweit greift das Aufteilungsverbot des § 12 Nr. 1 Satz 2 EStG (H 12.1 „Kleidung" EStH).

Dienstreise vom 15.10.–19.10.

Bei der Reise zur Modemesse handelt es sich um eine Auswärtstätigkeit, deren Kosten im Rahmen der R 9.4–9.8 LStR abzugsfähig sind.

Fahrtkosten: 375 km × 2 = 750 km

750 km × 0,30 € = 225 €
(H 9.5 „Pauschale Kilometersätze" LStH)

oder besser die tatsächlichen Kosten

6.690 € : 18.600 km = 0,36 € pro km

750 km × 0,36 € = 270 €

(H 9.5 „Einzelnachweis" LStH)	./. 270 €
Parkgebühren (R 9.8 Abs. 1 Nr. 3 LStR)	./. 10 €

Übernachtungskosten (R 9.7 Abs. 1 LStR), aber ohne Frühstück
§ 9 Abs. 1 Nr. 5a EStG, § 4 Abs. 6a EStG

Minderung um 20 % des für den Unterkunftsort maßgebenden
Verpflegungspauschbetrages

Kosten Hotel = 230 €

./. 20 % von 24 € = 4,80 € × 4 = 19,20 €

insgesamt = 211 €   ./. 211 €

Verpflegungsmehraufwand:

R 9.6 Abs. 1 LStR

Abzugsfähig sind die Kosten nur durch Ansatz der Pauschbeträge
§ 9 Abs. 4a EStG

	Pauschbeträge:
15.10.: 4 Stunden	14 €
16.10.: 24 Stunden	28 €
17.10.: 24 Stunden	28 €
18.10.: 24 Stunden	28 €
19.10.: 10 Stunden	14 €
Summe Pauschbeträge	112 €

Es sind für den Verpflegungsmehraufwand anlässlich der Auswärtstätigkeit abzugsfähig (Ab VZ 2020 erhöhte PB.)	./.112 €
Die Erstattung des Arbeitgebers ist von den Werbungskosten zu kürzen, 200 €.	+ 200 €

Die Werbungskosten von insgesamt 1.438 € übersteigen den Pauschbetrag gem. § 9a Nr. 1a EStG von 1.000 €

Einkünfte aus nichtselbständiger Arbeit 22.280 € ./. 1.438 € = 20.842 €	**= 20.842 €**

FALL 245

Einkünfte/Sachbezug/Arbeitszimmer

Sachverhalt:

Harald N. ist Gesellschafter und Geschäftsführer der Neubau Wohnungsbau-GmbH. Er ist mit 60 % an der GmbH beteiligt. Er erhält zu Beginn eines Monats ein Gehalt i. H. v. 3.500 € als Geschäftsführer der Gesellschaft für insgesamt 13 Monate. Außerdem erhält er eine gewinnabhängige Tantieme. Es wurden ihm am 15.5.09 14.800 € gutgeschrieben. Laut Arbeitsvertrag steht ihm ein Firmenwagen zur Verfügung, den er wie folgt nutzte (lt. **Fahrtenbuch Kosten pro km 0,30 €**):

► Für Dienstreisen und Geschäftsfahrten: 11.300 km,

► für Fahrten zwischen Wohnung und ab 2014 erster Tätigkeitsstätte (Entfernung 10 km): 2.800 km,

► für Privatfahrten: 4.100 km.

► Am 25.3. erhielt Harald einen neuen Schreibtisch für 420 € inkl. Umsatzsteuer und einen Aktenschrank für 1.955 € geliefert (ND = 10 Jahre). Die Beträge überwies er 10 Tage später. Diese nutzt er in seinem häuslichen Arbeitszimmer, das er neben seinem Büro im Unternehmen nutzt.

AUFGABE

Wie hoch sind die Einkünfte aus nichtselbständiger Arbeit des Harald N. für 09?

LÖSUNG

Als Geschäftsführer der GmbH erzielt Harald N. Einkünfte nach § 19 Abs. 1 Nr. 1 EStG.

Der steuerpflichtige Arbeitslohn beträgt 3.500 € × 13 =	45.500 €
Die Tantieme sind kein lfd. Bezug und deshalb nach § 11 Abs. 1 Satz 1 i.V. m. § 38a Abs. 1 Satz 3 EStG bei Zufluss in 09 zu versteuern.	+ 14.800 €

Die Pkw-Gestellung für Privatfahrten ist ein Sachbezug und gem. § 8 Abs. 2 EStG zu bewerten (R 8.1 Abs. 9 LStR).

Die Fahrten wurden durch Fahrtenbuch nachgewiesen. Die Pkw-Kosten sind lt. Fahrtenbuchmethode mit 0,30 € je km (siehe SV) anzusetzen (R 8.1 Abs. 9 Nr. 2 LStR). (2.800 km + 4 100 km × Preis pro km lt. Einzelnachweis, hier 0,30 €).	+ 2.070 €

Die privaten Fahrten sind mit den nachgewiesenen tatsächlichen Kosten pro km zu berücksichtigen (§ 8 Abs. 2 Satz 4 EStG).

Statt Fahrtenbuch und Belegnachweis sind aber grds. als Sachbezug gem. § 8 Abs. 2 Satz 2 und 3 EStG i.V. m. § 6 Abs. 1 Nr. 4 Satz 2 EStG 1 % des Listenpreises + 0,03 % × Listenpreis × Entfernungs-km/Monat, also × 12 anzusetzen.

Hinsichtlich der dienstlichen Fahrten ist kein geldwerter Vorteil anzusetzen.

Gemäß § 40 Abs. 2 Satz 2 EStG kann der Arbeitgeber den Betrag bis zur Höhe des Werbungskostenabzugs pauschal mit 15 % versteuern.

Brutto-Arbeitslohn =	**62.370 €**

./. **Werbungskosten**

Fahrten zwischen Wohnung und erster Tätigkeitsstätte (§ 9 Abs. 1 Nr. 4 EStG) sind berücksichtigungsfähig, da Harald durch die Pkw-Gestellung stpfl. Sachbezüge entstanden sind.

2.800 km davon ½ da nur Entfernungs-Km × 0,30 €	./. 420 €

Die Kosten für Arbeitszimmer sind gem. § 9 Abs. 5 i.V. m. § 4 Abs. 5 Nr. 6 b EStG dann nicht abzugsfähig, wenn der AN einen anderen Arbeitsplatz hat. Die Arbeitsmittel und die Einrichtungsgegenstände, die ausschließlich beruflich genutzt werden, sind aber gem. § 9 Abs. 1 Nr. 6 EStG zu berücksichtigen. Die Aufwendungen sind unabhängig von der Abzugsfähigkeit der Kosten für das Arbeitszimmer zu berücksichtigen. Gem. § 9 Abs. 1 Nr. 7 Satz 2 EStG sind die Anschaffungskosten bis 800 € sofort als Werbungskosten abzugsfähig. Übersteigen sie aber den Betrag von 800 € ohne USt (gültig ab 2019), kann eine Berücksichtigung nur über die AfA nach § 9 Abs. 1 Nr. 7 i.V. m. § 7 Abs. 1 EStG erfolgen (R 9.12 Satz 1 LStR).

Schreibtisch 420 €, die Kosten sind im Zeitpunkt der Zahlung nach § 11 Abs. 2 EStG abzugsfähig.	./. 420 €

Aktenschrank 1.955 €: Die Kosten sind auf die ND von 10 Jahren zu verteilen. Die AfA ist grds. zeitanteilig zu gewähren, § 7 Abs. 1 Satz 4 EStG.

10 % von 1.955 €, da im März angeschafft 10/12: Die Arbeitnehmerpauschale von 1.000 € nach § 9a Nr. 1a EStG wird überschritten, deshalb sind die tatsächlichen Kosten abzugsfähig.	./. 163 €
Einkünfte aus nichtselbständiger Arbeit =	**61.367 €**

FALL 246

Doppelte Haushaltsführung

Sachverhalt:

Ein verheirateter Arbeitnehmer wird ab 1.11.01 nach Stuttgart versetzt. Er hat weiterhin einen eigenen Hausstand in Bingen, die Entfernung nach Stuttgart beträgt 250 km. Die Miete für das möblierte Zimmer in Stuttgart beträgt lt. Nachweis 280 €. Er ist an 37 Tagen in Stuttgart anwesend. Am Wochenende fährt er jeweils nach Hause. Über die Weihnachtsfeiertage bis zum 31.12.01 hat er Urlaub. Verpflegungsmehraufwendungen werden nicht nachgewiesen. Sein Bruttolohn beträgt im Kalenderjahr 43.800 €. Vom Arbeitgeber erhielt er keinen Ersatz.

AUFGABE

In welcher Höhe sind die Kosten abzugsfähig?

LÖSUNG

Bei einer beruflich veranlassten doppelten Haushaltsführung können nach § 9 Abs. 1 Nr. 5 EStG folgende Kosten abgezogen werden (R 9.11 LStR): Danach ist ein Abzug wie Werbungskosten gem. Satz 4 für eine Familienheimfahrt wöchentlich pro Entfernungskilometer möglich.

Fahrtkosten (R 9.11 Abs. 6 LStR)

1. Für die erste Fahrt zum Beschäftigungsort (wie Dienstreise)
250 km × 0,30 € oder tatsächliche Kosten =   75 €

2. Familienheimfahrten, soweit diese tatsächlich durchgeführt werden,
max. einmal pro Woche.
Es gelten die Pauschalen des § 9 Abs. 1 Nr. 4 EStG
7 × 250 km × 0,30 € =   525 €

1 × 250 km × 0,15 € = 37,50 €   38 €

Die letzte Familienheimfahrt findet am 23.12.01 statt. Da er anschließend Urlaub
hat, fährt er erst wieder am 2.1.02 zurück.

Familienheimfahrt ist in § 9 Abs. 1 Nr. 5 Satz 5 EStG als Weg von ersten Tätigkeitsstätte
zum Ort des eigenen Hausstands und zurück definiert. Verpflegungsaufwendungen sind
pauschal abzugsfähig (R 9.11 Abs. 7 LStR), das gilt aber nur für die ersten 3 Monate, § 9
Abs. 4a S. 6 EStG.

November + Dezember 01
37 Tage × 28 € (ab VZ 2020) =   1.036 €

§ 4 Abs. 5 Nr. 5: § 9 Abs. 4a EStG bei Abwesenheit von
mind. 24 Stunden

Übernachtungskosten (R 9.11 Abs. 8 LStR) in nachgewiesener Höhe

2 Monate × 280 € =   560 €

Summe der Werbungskosten (§ 9 Abs. 1 Nr. 5 EStG) =   **2.234 €**

HINWEIS

Das Reisekostenrecht wurde ab 2014 geändert. An die Stelle der regelmäßigen Arbeitsstätte
tritt die neue Definition der ersten Tätigkeitsstätte. Außerdem gibt es Änderungen bei der Verpflegungspauschale, § 9 Abs. 4a EStG, diese Beträge werden ab VZ 2020 erhöht.

10.7 Einkünfte aus Kapitalvermögen (§ 20 EStG)

FALL 247

Besteuerung von Dividenden

Sachverhalt:

Einzelgewerbetreibender A hat in seinem Depot bei der Deutschen Bank AG 100 Aktien der
X-AG. Die X-AG schüttete im April 2020 eine Brutto-Dividende von 1.000 € an A aus. Die Auszahlung erfolgt über die Depotbank. A hat seinen Freistellungsauftrag einer anderen Bank erteilt. Er
gehört keiner Konfession an.

1. Wie hoch ist die von der Deutschen Bank AG einzubehaltende sog. Abgeltungsteuer?

2. Muss A die Dividenden in seiner Einkommensteuererklärung 2020 angeben?

3. Kann A die Dividenden in seiner Einkommensteuererklärung 2020 angeben, um eine niedrigere Besteuerung zu erreichen, weil sein persönlicher Steuersatz unter 25 % liegt?

Zu 1.:

Ab 2009 gibt es eine neuartige Regelung zur Besteuerung von Kapitalerträgen und bestimmten Spekulationsgewinnen: die sog. Abgeltungsteuer. Diese betrifft Sparer und Kapitalanleger, die in Deutschland ihren Wohnsitz haben, also unbeschränkt einkommensteuerpflichtig sind. Bei beschränkter Steuerpflicht wird dagegen von den in Deutschland erzielten Kapitalerträgen nur ausnahmsweise Abgeltungsteuer einbehalten, nämlich bei Erträgen i. S. d. § 49 Abs. 1 Nr. 5 EStG.

Die Abgeltungsteuer führte zu einem Systemwechsel bei der Besteuerung von Kapitalerträgen. Statt die Einkünfte progressiv zu besteuern, werden ab dem 1.1.2009 Zinsen, Dividenden und realisierte Kursgewinne bei inländischen Konten und Depots linear mit einem Steuersatz von 25 % besteuert. Hinzu kommen noch der Solidaritätszuschlag von 5,5 % und ggf. die Kirchensteuer. Der Steuersatz von 25 % sieht auf den ersten Blick moderat aus. Es darf jedoch nicht übersehen werden, dass die Abgeltungsteuer mit dem Wegfall des damaligen Halbeinkünfteverfahrens, der Streichung der einjährigen Spekulationsfrist und dem Verbot des Werbungskostenabzugs verbunden ist.

Da A keiner Konfession angehört, muss die Bank von den im Jahr 2020 zugeflossenen Dividenden folgende „Abgeltungsteuer" einbehalten:

Kapitalertragsteuer als Abgeltungsteuer:

25 % von 1.000 € =	250,00 €
Solidaritätszuschlag: 5,5 % von 250 € =	13,75 €
Summe	263,75 €

A erhält von seiner Bank eine Netto-Dividende von 1.000 € ./. 263,75 € = 736,25 € ausgezahlt.

Zu 2.:

Mit dem unterjährigen Abzug der Kapitalertragsteuer von 25 % ist die Einkommensteuer prinzipiell abgegolten (§ 43 Abs. 5 Satz 1 EStG). Da mit dem Abzug der Kapitalertragsteuer an der Quelle die Einkommensteuer auf die Kapitalerträge abgegolten ist, müssen diese nicht mehr in der Steuererklärung angegeben werden. Die Kapitaleinkünfte bleiben daher bei der Berechnung des zu versteuernden Einkommens außer Betracht (§ 2 Abs. 5b Satz 1 EStG). Das führt meist zu einem Steuerentlastungseffekt, weil wegen des gesunkenen zu versteuernden Einkommens die übrigen Einkünfte des Stpfl., z. B. Einkünfte aus Gewerbebetrieb, nicht mehr in dem Maße der Steuerprogression unterliegen wie bisher.

Zu 3.:

Liegt der persönliche Steuersatz des Stpfl. unter 25 %, führt die Abgeltungsteuer für ihn zu einer höheren steuerlichen Belastung. Dann darf der Stpfl. die Kapitalerträge in der Steuererklärung angeben, um vom FA eine Günstigerprüfung vornehmen zu lassen (§ 32d Abs. 6 Satz 1 EStG).

Bei der Einkommensteuerveranlagung werden dann die Kapitalerträge in das zu versteuernde Einkommen einbezogen und dieses nach der Grund- oder Splittingtabelle versteuert. Die bereits einbehaltene Kapitalertragsteuer wird dann auf die tarifliche Einkommensteuer angerechnet. Gleiches gilt für den von der Bank abgezogenen Solidaritätszuschlag. Die Option zur Günstiger-prüfung im Rahmen der Einkommensteuererklärung ist nur einheitlich für sämtliche Kapital-erträge des Kalenderjahres möglich, kann also nicht auf einzelne Kapitalerträge beschränkt wer-den. Bei zusammenveranlagten Ehegatten müssen sämtliche Kapitalerträge beider Ehegatten in die Prüfung einbezogen werden, insoweit gibt es nur ein einheitliches Ehegattenwahlrecht (§ 32d Abs. 6 Satz 3 EStG). Ein Werbungskostenabzug von den Kapitalerträgen ist nicht möglich (§ 20 Abs. 9 Satz 1 Halbsatz 2 EStG). Der Sparer-Pauschbetrag nach § 20 Abs. 9 EStG von 801 € (Alleinstehende) bzw. 1.602 € (Verheiratete) findet dagegen Anwendung. Der BFH hat bestätigt, dass auch bei der Günstigerprüfung nach § 32d Abs. 6 Satz 1 EStG die Vorschrift des § 20 Abs. 9 EStG Anwendung findet; ein Abzug der tatsächlich entstandenen Aufwendungen ist aus-geschlossen (BFH VIII R 13/13, BStBl 2015 II 393).

HINWEIS

Ab 2021 ist für die meisten Stpfl. der Solidaritätszuschlag weggefallen. Die Banken führen aller-dings den Solidaritätszuschlag weiterhin automatisch ab, sobald ein Anleger seinen Sparer-pauschbetrag (801 € pro Person) ausgeschöpft hat. Doch es gibt für Anleger mit vergleichsweise geringem Einkommen einen Ausweg. Sie können über die Steuererklärung die sog. Günstigerprü-fung beantragen. Werden durch die Günstigerprüfung die Kapitaleinkünfte mit dem niedrigeren individuellen Einkommensteuersatz besteuert, wird neben der zu viel einbehaltenen Kapital-ertragsteuer dann auch der entsprechende Solidaritätszuschlag erstattet.

FALL 248

Option zur tarifären Besteuerung bei Beteiligung an einer Kapitalgesellschaft

Sachverhalt:

Kaufmann A hat Anfang 2020 eine 50 %ige Beteiligung an der X-GmbH für 500.000 € erworben. Die Anschaffungskosten hat er in Höhe eines Teilbetrags von 300.000 € mittels eines Bankkre-dits finanziert. Die im Jahr 2020 angefallenen Schuldzinsen betragen 15.000 €. Die GmbH hat im Jahr 2020 keine Gewinnausschüttungen vorgenommen. A stellt im Rahmen seiner Einkom-mensteuererklärung 2020 den Antrag, seine Dividenden aus der X-GmbH der tarifären Besteue-rung zu unterwerfen.

Muss das FA dem Antrag des A entsprechen?

LÖSUNG

Mit der Einführung der Abgeltungsteuer ab 2009 wird der Steueranspruch bei den Einkünften aus Kapitalvermögen prinzipiell durch Erhebung der Abgeltungsteuer abgegolten. Das gilt auch für Dividenden, die eine Kapitalgesellschaft ihrem Anteilseigner zahlt, der seine Gesellschaftsanteile im Privatvermögen hält. Auch dafür kommt der besondere Steuersatz von 25 % nach § 32d Abs. 1 Satz 1 EStG zuzüglich Solidaritätszuschlag, mithin 26,375 % zur Anwendung – hinzu tritt ggf. noch die Kirchensteuer.

Im Einzelfall kann durchaus ein Interesse bestehen, dass die Dividende der tarifären Besteuerung unterworfen wird. Das Gesetz enthält eine Möglichkeit, zur tarifären Besteuerung bei Beteiligung an einer Kapitalgesellschaft zu optieren. Der Abgeltungsteuersatz gilt nach § 32d Abs. 2 Nr. 3 EStG auf Antrag nicht für Kapitalerträge i. S. d. § 20 Abs. 1 Nr. 1 und 2 EStG aus einer Beteiligung an einer Kapitalgesellschaft, wenn der Steuerpflichtige im VZ, für den der Antrag erstmals gestellt wird, unmittelbar oder mittelbar

► zu mindestens 25 % an der Kapitalgesellschaft beteiligt ist oder

► zu mindestens 1 % an der Kapitalgesellschaft beteiligt ist und durch eine berufliche Tätigkeit für diese maßgeblichen unternehmerischen Einfluss auf deren wirtschaftliche Tätigkeit nehmen kann.

Die Vorteilhaftigkeit dieser Optionsmöglichkeit besteht darin, dass die Verlustbeschränkungsmöglichkeit nach § 20 Abs. 6 EStG sowie das Werbungskostenabzugsverbot des § 20 Abs. 9 EStG keine Anwendung finden (§ 32d Abs. 3 Satz 2 EStG). Andererseits hat diese Option den Nachteil, dass der Abgeltungsteuersatz keine Anwendung findet, sondern die Dividenden nach Maßgabe des Teileinkünfteverfahrens dem individuellen Steuersatz unterliegen.

Die Finanzverwaltung vertritt erfreulicherweise und zutreffend die Auffassung, für die Option sei nicht erforderlich, dass in dem betreffenden Kalenderjahr tatsächlich Kapitalerträge realisiert werden. Die Option kann auch nur dazu dienen, die tatsächlich entstandenen Werbungskosten zu 60 % im Rahmen der Veranlagung zu berücksichtigen (BMF v. 18.1.2016, BStBl 2016 I 85, Rn. 143; das BMF-Schreiben wurde durch mehrere nachfolgende BMF-Schreiben teilweise geändert oder ergänzt). Das bedeutet, dass die Option auch bei – zunächst ertraglosen – Beteiligungen mit der alleinigen Zielsetzung ausgesprochen werden kann, den Werbungskostenabzug der Schuldzinsen für einen Kredit, dessen Valuta zum Erwerb der Beteiligung verwendet wird, zu eröffnen (BFH VIII R 234/84, BStBl 1986 II 596). Konsequenz: A kann seine Schuldzinsen i. H. v. 60 % von 15.000 € = 9.000 € als Werbungskosten bei den Einkünften aus Kapitalvermögen abziehen. Der dadurch entstehende Verlust ist von der Verlustverrechnungsbeschränkung des § 20 Abs. 6 EStG ausgenommen.

FALL 249

Gewinn- und Verlustbeteiligung eines stillen Gesellschafters

Sachverhalt:

A ist stiller Gesellschafter am gewerblichen Unternehmen des B mit einer Einlage i. H. v. 300.000 €. Laut Gesellschaftsvertrag ist er mit 20 % am Gewinn und Verlust beteiligt. A hält die stille Beteiligung in seinem Privatvermögen.

a) Der Gewinn des Unternehmens für das Jahr 2019 betrug 200.000 €. Bei Bilanzerstellung im Jahr 2020 wurde der Gewinnanteil des A dessen Verrechnungskonto wie folgt gutgeschrieben:

Gewinnanteil 2019: 20 % von 200.000 € =	40.000 €
./. einbehaltene KapESt (§ 43 Abs. 1 Nr. 3, § 43a Abs. 1 Nr. 1 EStG): 25 % von 40.000 € =	./. 10.000 €
./. einbehaltener Solidaritätszuschlag: 5,5 % von 10.000 € =	./. 550 €
Gutschrift auf dem Verrechnungskonto	29.450 €

b) Der Verlust des Unternehmens für das Jahr 2020 betrug 150.000 €. Bei Bilanzerstellung im Jahr 2021 wurde der Verlustanteil des A von dessen Einlagekonto i. H. v. 300.000 € abgebucht, so dass dieses nur noch 270.000 € betrug:

Einlagekonto A	300.000 €
./. Verlustanteil 22020: 20 % von 150.000 € =	./. 30.000 €
Einlagekonto A nach Verrechnung	270.000 €

AUFGABE

Wie ist die Gewinn- bzw. Verlustbeteiligung des A einkommensteuerrechtlich zu behandeln?

LÖSUNG

Zu a):

Zu den Einkünften aus Kapitalvermögen zählen auch die Einnahmen aus einer zum Privatvermögen gehörenden stillen Beteiligung (§ 20 Abs. 1 Nr. 4 EStG). Daran hat sich durch die Einführung der Abgeltungsteuer nichts geändert. Der Gewinnanteil des stillen Gesellschafters aus der Beteiligung ist im Zeitpunkt des Zuflusses bei ihm zu erfassen (§ 11 Abs. 1 Satz 1 EStG). Zugeflossen und damit zu versteuern ist der Gewinnanteil grds. bei Zahlung oder Gutschrift (z. B. auf ein Verrechnungskonto).

Der Gewinnanteil 2019 von 40.000 € ist daher von A im Jahr 2020 als Einnahmen aus Kapitalvermögen zu versteuern. Die Erträge unterliegen mit 25 % der Abgeltungsteuer (§ 32d Abs. 1 Satz 1 EStG). Der Schuldner der Kapitalerträge (hier: B) ist zum Abzug der 25 %igen Kapitalertragsteuer verpflichtet (§ 43 Abs. 1 Nr. 3 i. V. m. § 43a Abs. 1 Nr. 1 und § 44 Abs. 1 Satz 3 EStG). Mit dem Steuerabzug ist die Einkommensteuer 2020 für A abgegolten (§ 43 Abs. 5 EStG).

Der besondere Abgeltungsteuersatz gilt nicht für Kapitalerträge aus typisch stillen Beteiligungen i.S.v. § 20 Abs. 1 Nr. 4 EStG, wenn Gläubiger und Schuldner einander nahe stehende Personen sind (§ 32d Abs. 2 Satz 1 Nr. 1 Buchst. a EStG). Solche Kapitalerträge werden mit dem regulären Steuersatz versteuert, unterliegen also dem progressiven Einkommensteuertarif. Es gelten dann die allgemeinen einkommensteuerlichen Verlustverrechnungs- und Verlustausgleichsregeln. Der Sparer-Pauschbetrag nach § 20 Abs. 9 EStG ist nicht anzuwenden (§ 32d Abs. 2 Nr. 1 Satz 2 EStG), der Abzug der tatsächlichen Werbungskosten ist jedoch zulässig.

Das Hessische FG hat entschieden , dass die Besteuerung von Einnahmen aus einer 20 %igen stillen Beteiligung an einer GmbH, an der der stille Beteiligte der Sohn des alleinigen Gesellschafter-Geschäftsführers der GmbH und zugleich leitender Angestellter ist, mit dem Abgeltungsteuersatz nach § 32d Abs. 1 Satz 1 EStG zu erfolgen habe. Trotz des vorliegenden Vater-Sohn-Verhältnisses mangele es an einem tatbestandlichen Näheverhältnis i.S.v. § 32d Abs. 2 Satz 1 Nr. 1 Buchst. b EStG, solange nicht eine der in der Gesetzesbegründung formulierten besonderen Umstände vorliegt, insbesondere eine Beherrschungssituation gegeben sei. Gegen das Urteil wurde die zugelassene Revision eingelegt (Az. des BFH: VIII R 46/18).

Zu b):

Negative Einkünfte aus Kapitalvermögen aus einer Beteiligung an einem Handelsgewerbe als stiller Gesellschafter sind nach der Rechtsprechung bis zur Höhe der Einlage als Werbungskosten i. S. d. § 9 EStG berücksichtigungsfähig (BFH VIII R 21/06, BStBl 2008 II 126). Der Verlustanteil des stillen Gesellschafters ist in dem Jahr als Werbungskosten abzugsfähig, in dem er geleistet wird (§ 11 Abs. 2 EStG). Dies setzt i. d. R. die Feststellung der Höhe des Verlustes, also die Feststellung der Bilanz des Unternehmens voraus (BFH VIII R 40/97, BStBl 2002 II 858; VIII R 5/11, BFH/NV 2014, 1193). Das bedeutet, dass die Verrechnung des Verlustes mit anderen Einkünften grds. erst nach Bilanzaufstellung und im Jahr der Abbuchung von der Einlage vorgenommen werden kann.

Seit Einführung der Abgeltungsteuer gibt es jedoch ein Werbungskostenabzugsverbot. Danach ist der Abzug der tatsächlichen Werbungskosten ausgeschlossen (§ 20 Abs. 9 Satz 1 Halbsatz 2 EStG). Bei der Ermittlung der Einkünfte aus Kapitalvermögen ist ab 2009 ausschließlich der neu eingeführte Sparer-Pauschbetrag von 801 € (Alleinstehende) bzw. 1.602 € (zusammenveranlagte Ehegatten) abzuziehen. Damit wäre eigentlich auch der Abzug der früher als Werbungskosten abziehbaren Verlustanteile des stillen Gesellschafters nicht mehr möglich.

Die Finanzverwaltung vertritt indes die Ansicht, dass im Anwendungsbereich der Abgeltungsteuer die Verlustanteile des typisch stillen Gesellschafters – unabhängig davon, ob der stille Gesellschafter eine nahe stehende Person i. S. d. § 32d Abs. 2 Nr. 1 EStG ist – als Verlust i. S. d. § 20 Abs. 1 Nr. 4 EStG zu berücksichtigen sind (BMF v. 18.1.2016, BStBl 2016 I 85, Rn. 4). Vonseiten der Verwaltung wird also nicht mehr daran festgehalten, dass Verluste eines typisch stillen Gesellschafters Werbungskosten darstellen. Damit unterliegen diese Verluste ab 2009 nicht dem Abzugsverbot des § 20 Abs. 9 EStG.

Der Verlustanteil für das Jahr 2020 des A von 40.000 € ist daher im Jahr 2021, d. h. im Zeitpunkt der Abbuchung von der Einlage, als negative Einnahme aus Kapitalvermögen berücksichtigungs-fähig. Der Verlust ist mit positiven Einnahmen aus Kapitalvermögen im Jahr 2021 des A zu ver-rechnen (Czisz/Krane, DStR 2010, 2226, 2229). Ausgeschlossen ist eine Verrechnung mit Ein-künften aus anderen Einkunftsarten sowie ein Verlustabzug nach § 10d EStG (§ 20 Abs. 6 Satz 2 EStG). Ein vorzutragender Verlustanteil mindert in den Folgejahren erzielte Einkünfte aus Kapi-talvermögen (§ 20 Abs. 6 Satz 3 EStG).

HINWEIS

Diese Verlustbeschränkungsmöglichkeiten gelten jedoch nicht in den Fällen, in denen Gläubiger und Schuldner einander nahe stehende Personen i. S. d. § 32d Abs. 2 Nr. 1 Buchst. a EStG sind (§ 32d Abs. 1 Nr. 1 Satz 2 EStG).

FALL 250

Verdeckte Gewinnausschüttung wegen Vorteilsgewährung an nahe stehende Person

Sachverhalt:

A ist zu 80 % am Stammkapital der X-GmbH beteiligt. Die X-GmbH hat im Jahr 2020 eine in ih-rem Betriebsgebäude gelegene Wohnung der Tochter des A für einen Mietzins i. H. v. monatlich 500 € vermietet. Der übliche Mietzins für eine vergleichbare Wohnung beträgt monatlich 1.500 €.

AUFGABE

Welche einkommensteuerlichen Folgen ergeben sich für A im Hinblick auf den zu niedrigen Mietzins?

LÖSUNG

Zu den Einkünften aus Kapitalvermögen gehören auch verdeckte Gewinnausschüttungen (§ 20 Abs. 1 Nr. 1 Satz 2 EStG). Unter einer verdeckten Gewinnausschüttung sind alle Vorgänge zu ver-stehen, durch die eine Kapitalgesellschaft einem Gesellschafter bzw. einer diesem nahe stehen-den Person geldwerte Güter in einer Form zuführt, in der sie nicht als Ausschüttung erscheinen, sondern eine solche verdecken. Das Näheverhältnis kann familien-, gesellschafts- oder schuld-rechtlicher oder auch rein tatsächlicher Art sein. Im Allgemeinen ist eine verdeckte Gewinnaus-schüttung i. S. d. § 20 Abs. 1 Nr. 1 Satz 2 EStG gegeben, wenn eine Kapitalgesellschaft ihrem Ge-sellschafter außerhalb der gesellschaftsrechtlichen Gewinnverteilung einen Vermögensvorteil zuwendet, diese Zuwendung ihren Anlass im Gesellschaftsverhältnis hat und der Vermögens-vorteil dem Gesellschafter zugeflossen ist (BFH I R 73/85, BStBl 1989 II 522; I R 137/93, BStBl 2002 II 366).

Wird eine Wohnung – wie im vorliegenden Fall – an eine dem beherrschenden Gesellschafter nahe stehende Person zu einem unangemessen niedrigen Mietzins vermietet, ist demgemäß davon auszugehen, dass die Vorteilsgewährung im Gesellschaftsverhältnis begründet ist. Es liegt eine verdeckte Gewinnausschüttung vor, die nicht der nahe stehenden Person (also der Tochter), sondern dem Gesellschafter A zuzurechnen ist. Einkommensteuerrechtlich können Kapitaleinkünfte nämlich nicht einer Person zugerechnet werden, die an der Kapitalgesellschaft nicht beteiligt ist (BFH I R 139/94, BStBl 1997 II 301; VIII R 24/03, BFH/NV 2005, 1266; VIII R 54/05, BStBl 2007 II 830; BMF, BStBl 1999 I 514). Grundlage für die Bewertung der verdeckten Gewinnausschüttung ist § 8 EStG. Das bedeutet, dass A in Höhe des Unterschiedsbetrages zwischen der angemessenen Miete und der berechneten Miete Einnahmen i. S. v. § 20 Abs. 1 Nr. 1 Satz 2 EStG erzielt hat. Für verdeckte Gewinnausschüttungen gilt das Teileinkünfteverfahren. A muss daher folgenden Betrag im Jahr 2020 bei seinen Einkünften aus Kapitalvermögen versteuern:

Angemessene Miete: 12 × 1.500 € =	18.000 €
./. berechnete Miete: 12 × 500 € =	./. 6.000 €
Differenz = verdeckte Gewinnausschüttung	12.000 €
steuerfrei nach § 3 Nr. 40 Satz 1 Buchst. d EStG: 40 %	./. 4.800€
Steuerpflichtig	7.200 €

HINWEIS

Verdeckte Gewinnausschüttungen sind ab 2009 prinzipiell unter Anwendung des Teileinkünfteverfahrens mit dem pauschalen Abgeltungsteuersatz von 25 % zu versteuern (§ 43 Abs. 1 Nr. 1 Satz 1 i. V. m. § 20 Abs. 1 Nr. 1 Satz 2, § 32d Abs. 1 EStG). Wenn der Anteilseigner der zum Privatvermögen gehörenden Beteiligung einen Antrag auf Suspendierung des Abgeltungsverfahrens gem. § 32d Abs. 2 Nr. 3 EStG stellt, unterliegen vGA im Rahmen eines Veranlagungsverfahrens der tariflichen ESt (Fuhrmann, KÖSDI 2009, 16614, 16616). Eine tarifäre Besteuerung ist auch geboten, soweit die vGA das Einkommen der leistenden GmbH – entgegen § 8 Abs. 3 Satz 2 KStG – gemindert hat (§ 32d Abs. 2 Nr. 4 EStG). Eine tarifäre Besteuerung kommt darüber hinaus in Betracht, wenn der persönliche Steuersatz des Gesellschafters unter 25 % liegt und die Günstigerprüfung (sog. Veranlagungsoption) nach § 32d Abs. 6 EStG beantragt wird (Binz, DStR 2008, 1820). Die für „normale" Ausschüttungen geltende Vorschrift des § 32d Abs. 2 Satz 1 Nr. 1 Buchst. b EStG ist auf vGA nicht anwendbar. Steuerpflichtige Kapitalerträge, die aus rechtlichen oder tatsächlichen Gründen nicht dem Kapitalertragsteuerabzug unterlegen haben (z. B. verdeckte Gewinnausschüttungen), hat der Stpfl. nach § 32d Abs. 3 Satz 1 EStG in seiner Einkommensteuererklärung anzugeben (BMF, BStBl 2019 I 51, Rn. 144).

FALL 251

Gewährung eines zinslosen Darlehens durch eine GmbH als verdeckte Gewinnausschüttung

Sachverhalt:

A ist Alleingesellschafter der X-GmbH und zugleich deren Geschäftsführer. Das Wirtschaftsjahr der GmbH stimmt mit dem Kalenderjahr überein. Die Geschäftsanteile gehören zum Privatvermögen des A. Bei einer Außenprüfung der X-GmbH wird festgestellt, dass die GmbH dem Gesellschafter-Geschäftsführer im Jahr 2020 ein unverzinsliches Darlehen gewährt hat, das A zur Finanzierung eines vermieteten Mietwohnhauses verwendet hat. Die angemessenen Zinsen für die Kapitalüberlassung belaufen sich auf 6.000 € im Jahr.

AUFGABE

Handelt es sich bei dem Zinsvorteil, den die GmbH dem A gewährt hat, um eine verdeckte Gewinnausschüttung, und wie wirkt sich der Zinsvorteil auf das Einkommen der A aus?

LÖSUNG

Nach § 20 Abs. 1 Nr. 1 Satz 2 EStG gehören zu den Einkünften aus Kapitalvermögen auch sonstige Bezüge in Form von verdeckten Gewinnausschüttungen, wenn die Beteiligung zum Privatvermögen gehört. Sie sind bei Zufluss (§ 11 Abs. 1 Satz 1 EStG) zu versteuern. Eine verdeckte Gewinnausschüttung i. S. v. § 20 Abs. 1 Nr. 1 Satz 2 EStG ist anzunehmen, wenn die Kapitalgesellschaft ihren Gesellschaftern außerhalb eines gesellschaftsrechtlich wirksamen Gewinnverteilungsbeschlusses einen Vermögensvorteil zuwendet und diese Zuwendung ihre Ursache im Gesellschaftsverhältnis hat. Das ist der Fall, wenn ein ordentlicher und gewissenhafter Geschäftsführer den Vorteil einem Nichtgesellschafter nicht zugewendet hätte.

Gewährt die Kapitalgesellschaft ihrem beherrschenden Gesellschafter Nutzungsvorteile ohne Entgelt oder gegen ein unangemessen niedriges Entgelt, besteht die Vorteilszuwendung für den Gesellschafter darin, dass er Aufwendungen erspart hat. Das Vermögen der GmbH wird in diesem Fall gemindert und das des Gesellschafters erhöht (BFH I R 10/00, BFH/NV 2001, 584).

Bei der Gewährung eines zinslosen Darlehens wird eine verdeckte Gewinnausschüttung in Höhe der angemessenen Zinsen angenommen (BFH I R 83/87, BStBl 1990 II 649; I B 43/02, BFH/NV 2003, 1027). In diesem Fall muss beim Gesellschafter untersucht werden, wie sich die fiktiven Zinsen einkommensteuerlich auswirken (sog. Fiktionstheorie). Danach wird die Besteuerung nach allgemein anerkannter Auffassung so vorgenommen, als wenn der Gesellschafter an die Kapitalgesellschaft angemessene Zinsen gezahlt und diese dann im Wege der verdeckten Gewinnausschüttung zurückerhalten hätte (BFH VI R 122/67, BStBl 1971 II 53; I R 137/73, BStBl 1975 II 722; IX R 47/89, BFH/NV 1995, 294; XI B 123/01, BFH/NV 2002, 542). Es wird also so verfahren, als ob ein steuerlich anerkannter Leistungsaustausch stattgefunden hätte und die ersparten Zinsen dem Gesellschafter tatsächlich entstanden wären (BFH IV R 30/71, BStBl 1976 II 88; X R 7/82, BStBl 1988 II 384; I R 335/83, BStBl 1989 II 510).

Vorliegend sind die Zinsen i.H.v. 6.000 € im Jahr der verdeckten Gewinnausschüttung (2020) als Werbungskosten bei den Einkünften aus Vermietung und Verpachtung des A abziehbar. Andererseits sind die Zinsen bei den Einkünften aus Kapitalvermögen des A zu erfassen. Sie unterliegen nicht der Abgeltungsteuer, sondern der tarifären Besteuerung, weil A zu mindestens 10 % an der GmbH beteiligt ist (§ 32d Abs. 2 Nr. 1 Buchst. b EStG).

HINWEIS

Ist davon auszugehen, dass der Stpfl. nicht betrieblich, sondern privat veranlasste Darlehenszinsen durch die zinslose Darlehensgewährung der GmbH erspart hat, scheidet ein (fiktiver) steuerlich anzuerkennender Zinsaufwand aus (BFH XI B 123/01, BFH/NV 2002, 542, Rn. 9).

FALL 252

Behandlung von Schuldzinsen bei kreditfinanziertem Wertpapierkauf

Sachverhalt:

Die Eheleute M erhalten 2020 Zinserträge aus Bundesanleihen i.H.v. brutto 2.000 € (2 % von 100.000 €) ausgezahlt. Weitere Kapitalerträge haben die Eheleute nicht. Für die mittels eines Kredits angeschafften Anleihen fallen 2020 noch Schuldzinsen von 1.000 € an. Der Depotbank wurde für 2020 ein Freistellungsauftrag über 1.602 € erteilt.

AUFGABE

Sind die Schuldzinsen als Werbungskosten bei den Einkünften aus Kapitalvermögen 2019 absetzbar?

LÖSUNG

Nach § 20 Abs. 9 Satz 1 EStG können Werbungskosten, also auch Kreditzinsen, bei den Einkünften aus Kapitalvermögen ab dem VZ 2009 grundsätzlich nicht mehr abgezogen werden. Abziehbar ist lediglich ein Sparer-Pauschbetrag i.H.v. 801 €, der bei Ehegatten, die zusammen veranlagt werden, auf 1.602 € verdoppelt wird (BFH VIII R 12/14, BStBl 2016 II 199). Das gilt auch, wenn die Wertpapiere vor dem 1.1.2009 erworben wurden. Es ist daher wie folgt zu rechnen:

Zinsen	2.000 €
./. Sparer-Pauschbetrag	1.602 €
Einkünfte aus Kapitalvermögen	398 €

Die Kapitaleinkünfte von 398 € unterliegen der Abgeltungsteuer. Hinzu kommen noch der Solidaritätszuschlag und ggf. die Kirchensteuer.

Das Werbungskosten-Abzugsverbot des § 20 Abs. 9 Satz 1 EStG gilt auch bei einer Besteuerung der Kapitaleinkünfte zum Regeltarif aufgrund der Günstigerprüfung gem. § 32d Abs. 6 EStG (BFH VIII R 34/13, BStBl 2015 II 387).

FALL 252A

Insolvenzbedingter Ausfall einer privaten Darlehensforderung

Sachverhalt:

Herr A gewährte einem Dritten am 11.8.2018 ein mit 5 % verzinsliches Darlehen i. H. v. 40.000 €. Seit dem 1.8.2019 stellte der Darlehensschuldner die vereinbarten Darlehensrückzahlungen ein, weil er in eine finanzielle Schieflage geriet. Über das Vermögen des Darlehensnehmers wurde 2020 das Insolvenzverfahren eröffnet. A meldete die noch offene Darlehensforderung i. H. v. 30.000 € zur Insolvenztabelle an. Die Eröffnung des Insolvenzverfahrens über das Vermögen des Darlehensschuldners wurde noch 2020 mangels Masse abgelehnt. Die noch offene Darlehensforderung von 30.000 € wurde nicht an A zurückgezahlt.

AUFGABE

Führt der Ausfall der verbliebenen privaten Darlehensforderung von 30.000 € bei A zu einem steuerlich relevanten Verlust in Form von negativen Einkünfte aus Kapitalvermögen nach § 20 Abs. 2 Satz 1 Nr. 7, Satz 2, Abs. 4 EStG?

LÖSUNG

Zu den Einkünften aus Kapitalvermögen gehören nach § 20 Abs. 2 Satz 1 Nr. 7 EStG auch der Gewinn aus der Veräußerung von sonstigen Kapitalforderungen jeder Art i. S. d. § 20 Abs. 1 Nr. 7 EStG. Die Vorschrift enthält einen Auffangtatbestand für die Besteuerung von Wertzuwächsen aus der Veräußerung, Abtretung oder Endeinlösung von Finanzanlagen, deren volle oder teilweise Rückzahlung zugesagt oder nicht zugesagt ist.

Der BFH hat in einem Grundsatzurteil (VIII R 13/15, BStBl 2020 II 831; bestätigt durch BFH VIII R 20/18, DStR 2021, 599, Rn. 34 f.) entschieden, dass der endgültige Ausfall einer Kapitalforderung i. S. d. § 20 Abs. 1 Nr. 7 EStG in der privaten Vermögenssphäre (sog. Rückzahlungsverlust) zu einem steuerlich anzuerkennenden Verlust i. S. d. § 20 Abs. 2 Satz 1 Nr. 7 i. V. m. Satz 2 und Abs. 4 EStG führen kann. Ab der Einführung der Abgeltungsteuer zum 1.1.2009 werden alle – positiven wie negativen – Wertveränderungen im Zusammenhang mit Kapitalanlagen steuerrechtlich erfasst. Dafür wurde die traditionelle quellentheoretische Trennung von Vermögens- und Ertragsebene für Einkünfte aus Kapitalvermögen aufgegeben. Die Abgeltungsteuer bezweckt die parallele Steuerbarkeit laufender Erträge und realisierter Wertänderungen, so dass insoweit für nach 2008 erworbene Kapitalforderungen eine „steuerlich unbeachtliche Vermögensebene" nicht mehr vorliegt, erst recht nicht nur im Verlustfall. Nach Auffassung des BFH ist Folge dieses Paradigmenwechsels, dass nach Einführung der Abgeltungsteuer der endgültige Ausfall einer Kapitalforderung i. S. d. § 20 Abs. 1 Nr. 7 EStG zu einem gem. § 20 Abs. 2 Satz 1 Nr. 7, Satz 2, Abs. 4 EStG steuerlich zu berücksichtigenden Verlust führt. Unterliegen Wertsteigerungen ausnahmslos der Besteuerung, sind Wertverluste ebenso steuerlich zu berücksichtigen.

Ein Verlust i. S. d. § 20 Abs. 4 EStG liegt vor, wenn die Rückzahlung der Kapitalforderung abzüglich aller in diesem Zusammenhang entstandenen Aufwendungen unter dem Nennwert des hingegebenen Darlehens bleibt. Nicht zu berücksichtigen sind dabei die gem. § 20 Abs. 1 Nr. 7 EStG gesondert erfassten Zinszahlungen. Zwar fehlt es bei einem Forderungsausfall an dem für eine Veräußerung in diesem Sinne notwendigen Rechtsträgerwechsel. Aus der Gleichstellung der Rückzahlung mit dem Tatbestand der Veräußerung einer Kapitalforderung in § 20 Abs. 2 Satz 2 EStG folgt jedoch, dass auch eine endgültig ausbleibende Rückzahlung zu einem Verlust i. S. d. § 20 Abs. 4 Satz 1 EStG führt, wenn endgültig feststeht, dass keine (weiteren) Rückzahlungen mehr erfolgen werden.

Es muss feststehen, dass (über bereits gezahlte Beträge hinaus) keine (weiteren) Rückzahlungen mehr erfolgen werden. Die Eröffnung eines Insolvenzverfahrens über das Vermögen des Schuldners reicht zwar hierfür i. d. R. nicht aus. Etwas anderes gilt jedoch, wenn – wie hier – die Eröffnung des Insolvenzverfahrens mangels Masse abgelehnt wird oder aus anderen Gründen feststeht, dass eine Rückzahlung nicht mehr zu erwarten ist. Der BFH weist auf die Vergleichbarkeit des Forderungsausfalls mit der Konstellation, dass der Stpfl. die wertlos gewordene Forderung zu einem Kaufpreis weit unter dem Nominalwert oder von 0 € veräußert. Für A stellt daher die entsprechende Vermögensminderung aufgrund des Forderungsausfalls im Jahr 2020 einen steuerbaren Verlust i. S. d. § 20 Abs. 2 Satz 1 Nr. 7 i. V. m. Satz 2 und Abs. 4 EStG i. H. v. 30.000 € dar. Denn im Zeitpunkt der Tatbestandsverwirklichung errechnet sich die Höhe des Rückzahlungsverlusts nach § 20 Abs. 4 EStG als Unterschied zwischen den Einnahmen aus den Rückzahlungen nach Abzug der Aufwendungen, die im unmittelbaren Zusammenhang mit dem Ausfall der Forderung stehen, und den Anschaffungskosten.

Die steuerliche Berücksichtigung von Forderungsausfällen wird allerdings durch die Verlustverrechnungsbeschränkung nach § 20 Abs. 6 EStG begrenzt. Danach dürfen Verluste aus Kapitalvermögen

▶ nicht mit Einkünften aus anderen Einkunftsarten ausgeglichen werden; sie dürfen auch nicht nach § 10d abgezogen werden (§ 20 Abs. 6 Satz 1 EStG);

▶ sie mindern jedoch die die Einkünfte, die der Stpfl. in den folgenden Veranlagungszeiträumen aus Kapitalvermögen erzielt (§ 20 Abs. 6 Satz 2 EStG);

▶ § 20 Abs. 6 Satz 3 EStG erklärt § 10d Abs. 4 EStG sinngemäß für anwendbar.

Nach § 20 Abs. 6 Satz 6 EStG dürfen Verluste aus Kapitalvermögen aus der ganzen oder teilweisen Uneinbringlichkeit einer Kapitalforderung nur i. H. v. 20.000 € mit Einkünften aus Kapitalvermögen ausgeglichen werden; die Sätze 2 und 3 des § 20 Abs. 6 EStG gelten sinngemäß mit der Maßgabe, dass nicht verrechnete Verluste je Folgejahr nur bis zur Höhe von 20.000 € mit Einkünften aus Kapitalvermögen verrechnet werden dürfen. Die Regelung des § 20 Abs. 6 Satz 6 EStG ist auf Verluste anzuwenden, die nach dem 31.12.2020 entstehen (§ 52 Abs. 28 Satz 26 EStG i. d. F. des JStG 2020 v. 21.12.2020, BGBl 2020 I 3096).

FALL 253

Verkauf von nach dem 31.12.2008 erworbenen Aktien

Sachverhalt:

A hat bei einer Direktbank außerbörslich folgende Wertpapiergeschäfte getätigt:

Ordertag	Kauf von Aktien der X-AG	Anschaffungs- kosten	Verkauf von Aktien der X-AG	
4.9.2020	100 Stück × 50 €	5.000 €		
11.9.2020	200 Stück × 40 €	8.000 €		
8.10.2020			150 Stück × 60 €	9.000 €

AUFGABE

Ist der Gewinn aus dem Verkauf der Aktien steuerpflichtig?

LÖSUNG

Zu den Einkünften aus Kapitalvermögen gehört ab 2009 auch der Gewinn aus der Veräußerung von Aktien (§ 20 Abs. 2 Satz 1 Nr. 1 EStG). Gewinn ist der Unterschied zwischen den Einnahmen aus der Veräußerung nach Abzug der Aufwendungen, die im unmittelbaren sachlichen Zusammenhang mit dem Veräußerungsgeschäft stehen (§ 20 Abs. 4 Satz 1 EStG). Die Neuregelung bedeutet einen Systemwechsel. Unabhängig von der Haltedauer, also zeitlich unbegrenzt, werden Gewinne aus Wertpapiergeschäften als Kapitalerträge erfasst. Die Gewinne unterliegen der Abgeltungsteuer nach § 32d Abs. 1 EStG.

Diese Regelung ist erstmals auf Gewinne aus der Veräußerung von Aktien anzuwenden, die nach dem 31.12.2008 erworben und veräußert wurden (§ 52a Abs. 10 Satz 1 EStG). Nach § 20 Abs. 4 Satz 7 EStG ist bei Aktien des gleichen Unternehmens, die einem Verwahrer zur Sammelverwahrung anvertraut worden sind, zur Ermittlung des unter § 20 Abs. 2 Satz 1 Nr. 1 EStG fallenden Veräußerungsgewinns zu unterstellen, dass die zuerst angeschafften Wertpapiere zuerst veräußert wurden (FiFo – „First in, First out"). Der steuerpflichtige Gewinn, der nach § 20 Abs. 2 Satz 1 Nr. 1 EStG steuerpflichtig ist, ist wie folgt zu ermitteln:

Veräußerungserlös für 150 Aktien – Verkauf 8.10.2020	9.000 €
hiervon sind abzuziehen:	
Die Anschaffungskosten der am 4.9.2020 angeschafften 100 Aktien;	./. 5.000 €
sowie die Anschaffungskosten von 50 der am 11.9.2020 angeschafften Aktien: 50 × 40 €	./. 2.000 €
steuerpflichtiger Gewinn nach § 20 Abs. 2 Satz 1 Nr. 1 EStG	2.000 €

Steuerliche Behandlung einer Depotwechselprämie

Sachverhalt:

A hat ein Depot bei der X-Bank. Außerdem hat er ein Depot bei der Y-Bank. Die X-Bank macht ihren (potenziellen) Kunden das Angebot, ihnen für den Übertrag von Depotvolumen von mindestens 5.000 € auf ein Depot bei der X-Bank eine Vergütung von 0,5 % des Volumens zu zahlen.

A überträgt 2020 seinen Wertpapierbestand bei der Y-Bank mit einem Volumen von 300.000 € in sein Depot bei der X-Bank. Das Depot bei der Y-Bank wird geschlossen. A erhielt im Oktober 2020 von der X-Bank eine Depotwechselprämie von 0,5 % von 300.000 € = 1.500 €.

Ist die Depotwechselprämie steuerbar?

Zu den Einkünften aus Kapitalvermögen gehören auch besondere Entgelte oder Vorteile, die neben den in § 20 Abs. 1 und 2 EStG bezeichneten Einnahmen oder an deren Stelle gewährt werden (§ 20 Abs. 3 EStG). Die Vorschrift statuiert keinen eigenen Besteuerungstatbestand, sondern stellt nur klar, dass der Umfang der steuerbaren Entgelte von zivilrechtlichen Begriffen unabhängig ist. Werden besondere Entgelte und Vorteile neben oder an Stelle von Einnahmen i. S. d. § 20 Abs. 1 oder 2 EStG gewährt, so sind diese den betreffenden Tatbeständen zuzuordnen, nach welchen sich die Rechtsfolgen bestimmen.

Verwaltungsseitig wird § 20 Abs. 3 EStG weit ausgelegt. Danach sollen selbst „Entschädigungszahlungen für Verluste, die auf Grund von Beratungsfehlern im Zusammenhang mit einer Wertpapier-Kapitalanlage geleistet werden" von § 20 Abs. 3 EStG i. V. m. § 20 Abs. 1 und 2 EStG erfasst werden, und zwar auch dann, wenn die Zahlung ohne rechtliche Verpflichtung erfolgt (BMF v. 18.1.2016, BStBl 2016 I 85, Rn. 83).

Ob auch eine Depotwechselprämie unter § 20 Abs. 3 EStG i. V. m. § 20 Abs. 1 und 2 EStG fällt, ist – soweit ersichtlich – bislang noch nicht Gegenstand einer gerichtlichen Entscheidung. In der Praxis verhält es sich so, dass die Banken von der Depotwechselprämie Abgeltungsteuer i. H. v. 25 % (zuzüglich 5,5 % Solidaritätszuschlag und ggf. Kirchensteuer) einbehalten, wenn der Sparer-Pauschbetrag ausgeschöpft ist. Wer damit nicht einverstanden ist, muss den Rechtsweg beschreiten.

FALL 255

Erstattungszinsen und Nachzahlungszinsen

Sachverhalt:

Einzelgewerbetreibender A wurde mit Bescheid vom 16.8.09 für 07 zur Einkommensteuer veranlagt. Das Finanzamt hat Nachzahlungszinsen i. S. v. § 233a AO von 3.730 € festgesetzt.

Mit Änderungsbescheid vom 25.4.10 wurden für 07 Erstattungszinsen von 4.800 € festgesetzt. A wurden im Jahr 10 vom Finanzamt Steuerzinsen i. H. v. 8.530 € ausgezahlt; es handelt sich dabei um die im Jahr 09 an das Finanzamt gezahlten Nachzahlungszinsen von 3.730 € sowie die Erstattungszinsen von 4.800 €.

Mit erneutem Änderungsbescheid vom 12.6.11 wurden für 07 Erstattungszinsen von nur noch 3.344 € festgesetzt. Den Differenzbetrag zwischen den im Jahr 10 überwiesenen Erstattungszinsen von 4.800 € und den im Jahr 11 festgesetzten Erstattungszinsen von 3.344 €, d. h. 1.456 €, hat A im Jahr 11 an das Finanzamt zurückgezahlt.

Im Überblick lassen sich die Erstattungen und Zahlungen der Steuerzinsen wie folgt darstellen:

Jahr 09: ESt-Bescheid 07 vom 16.8.09: festzusetzende Zinsen (Nachzahlungszinsen)	3.730 €
Jahr 10: Änderungsbescheid 07 vom 25.4.10: festzusetzende Zinsen (Erstattungszinsen)	./. 4.800 €
Erstattungsbetrag im Jahr 10: 3.730 € + 4.800 € =	8.530 €
Jahr 11: Änderungsbescheid 07 vom 12.6.11: festzusetzende Zinsen (Erstattungszinsen)	./. 3.344 €
Rückforderungsbetrag im Jahr 11: 4.800 € ./. 3.344 € =	1.456 €

AUFGABEN

1. Wie sind die im Jahr 09 von A gezahlten Nachzahlungszinsen 07 von 3.730 € steuerlich zu behandeln?

2. Wie ist der im Jahr 10 zugeflossene Erstattungsbetrag von insgesamt 8.530 € steuerlich zu behandeln?

3. Wie ist der im Jahr 11 an das Finanzamt zurückgezahlte Betrag von 1.456 € steuerlich zu behandeln?

LÖSUNG

Zu 1.:

Wer seinen Einkommensteuerbescheid später als 15 Monate nach Ablauf des Steuerjahrs erhält, der muss an das Finanzamt auf die Steuernachzahlung noch Zinsen bezahlen (sog. Nachzahlungszinsen nach § 233a AO). Für sämtliche Steuerzinsen beträgt der Zinssatz einheitlich 0,5 %

pro Monat, also 6 % pro Jahr (§ 238 Abs. 1 Satz 1 AO). Nach § 239 Abs. 1 Satz 1 AO finden auf die Zinsen die für die Steuern geltenden Vorschriften (über die Festsetzung) entsprechende Anwendung. Folglich richtet sich die Festsetzung der Zinsen nach den §§ 155 ff. AO. Die Steuerzinsen nach §§ 233a bis 237 AO werden somit durch Bescheid festgesetzt (§ 239 Abs. 1 Satz 1 i. V. m. § 155 Abs. 1 AO)

§ 12 Nr. 3 EStG enthält ein Abzugsverbot u. a. für die Steuern vom Einkommen und sonstige Personensteuer; das gilt auch für die auf diese Steuern entfallende Nebenleistungen. Unter das Abzugsverbot fallen danach auch Zinsen auf Steuernachforderungen i. S. d. § 233a AO. Bei den im Jahr 09 entrichteten Nachzahlungszinsen 07 von 3.730 € handelt es steuerlich um nicht berücksichtigungsfähige private Schuldzinsen i. S. d. § 12 Nr. 3 EStG.

Zu 2.:

Auch Einkommensteuererstattungen müssen vom Finanzamt verzinst werden, wenn seit Ende des Kalenderjahrs, für das der Steuerbescheid gilt, mehr als 15 Monate vergangen sind (§ 233a AO). Erstattungszinsen sind als Einnahmen aus Kapitalvermögen steuerbar und werden in der Anlage KAP gesondert abgefragt Unter Änderung seiner früheren Rechtsprechung hat der BFH entschieden, dass Steuerzinsen gem. § 233a AO, die der Stpfl. auf die Erstattung nach § 12 Nr. 3 EStG nicht abziehbarer Steuern, z. B. auf die Einkommensteuer, erhält, nicht der Besteuerung unterliegen (BFH VIII R 33/07, BStBl 2011 II 503).

Rechtsprechungsbrechend hat der Gesetzgeber durch § 20 Abs. 1 Nr. 7 EStG i. d. F. des JStG 2010 (v. 8.12.2010, BGBl 2010 I 1768) bestimmt, dass Erstattungszinsen i. S. d. § 233a AO zu den Kapitaleinkünften gehören. Die Neuregelung ist in allen Fällen anzuwenden, in denen die Steuer noch nicht bestandskräftig festgesetzt ist (§ 52a Abs. 8 Satz 2 EStG). Die Regelung in § 20 Abs. 1 Nr. 7 Satz 3 EStG i. d. F. des Jahressteuergesetzes 2010 verstößt nach Auffassung des BFH – auch im Hinblick auf ihre rückwirkende Geltung – nicht gegen Verfassungsrecht (BFH VIII R 36/10, BStBl 2014 II 168; VIII R 1/11, BFH/NV 2014, 830). Die im Jahr 10 zugeflossenen Erstattungszinsen von 4.800 € müssen daher als Einnahmen aus Kapitalvermögen i. S. d. § 20 Abs. 1 Nr. 7 EStG erfasst werden. Gegen das Urteil VIII R 1/11 wurde 2014 Verfassungsbeschwerde eingelegt (Az. des BVerfG: 2 BvR 482/14), über die bis heute leider noch nicht entschieden worden ist.

Anders verhält es sich bei zurückgezahlten Nachzahlungszinsen. Nachzahlungszinsen gehören – wie erwähnt – zu den nicht abziehbaren Aufwendungen i. S. d. § 12 Nr. 3 EStG. Wird die Veranlagung zugunsten des Stpfl. geändert und erhält der Stpfl. – wie vorliegend – die von ihm zuvor bezahlten Nachzahlungszinsen vom Finanzamt erstattet (hier: 3.730 €), handelt es sich bei dem Erstattungsbetrag nicht um steuerpflichtige Erstattungszinsen, sondern um die Minderung zuvor festgesetzter Nachzahlungszinsen, die nicht nach § 20 Abs. 1 Nr. 7 EStG als Einnahmen aus Kapitalvermögen erfasst werden dürfen. Zur Vermeidung von Steuernachteilen muss auf die richtige Zuordnung geachtet werden. Die im Jahr 10 erstatteten (im Jahr 09 bezahlten) Nachzahlungszinsen von 3.730 € gehören daher nicht zu den Einnahmen aus Kapitalvermögen.

Zu 3.:

Hat ein Stpfl. zunächst Erstattungszinsen erhalten und wird dann die zugrunde liegende Veranlagung z. B. nach einer Außenprüfung zuungunsten des Stpfl. geändert, kommt es auch zu einer niedrigeren Festsetzung der Erstattungszinsen. In Höhe der Differenz muss der Stpfl. die vorher zu viel erhaltenen Erstattungszinsen (hier: 1.453 €) an das Finanzamt zurückzahlen. Bei dem zurückgezahlten Betrag von 1.453 € handelt es sich nicht um nicht abzugsfähige Nachzahlungszinsen, sondern um die Rückzahlung der zuvor erhaltenen Erstattungszinsen. Begrifflich liegen insoweit negative Einnahmen aus Kapitalvermögen i. S. d. § 20 Abs. 1 Nr. 7 EStG vor (BayLfSt v. 18.2.2011, DStR 2011, 411). Diese sind im Zeitpunkt der Zahlung, d. h. im Jahr 11, einkommensteuerlich zu berücksichtigen (§ 11 Abs. 2 Satz 1 EStG). Sie müssen in der Anlage KAP für das Jahr 11 als negative Einnahmen eingetragen werden.

Das kann im Einzelfall dazu führen, dass die ursprünglichen Erstattungszinsen nicht versteuert werden müssen, weil sie den Sparer-Pauschbetrag von 801 € für Alleinstehende bzw. 1.602 € für Verheiratete nicht überstiegen haben (§ 20 Abs. 9 EStG). Die Rückzahlung der Erstattungszinsen führt dagegen zu einer Minderung der Einnahmen aus Kapitalvermögen im Rückzahlungsjahr, evtl. sogar zu einem vortragsfähigen Verlust aus Kapitalvermögen (§ 20 Abs. 6 Satz 2 EStG).

HINWEIS

Die Besteuerung von Erstattungszinsen als Einnahmen aus Kapitalvermögen nach § 20 Abs. 1 Nr. 7 Satz 3 EStG verstößt im Vergleich zur Nichtabziehbarkeit der Nachzahlungszinsen weder gegen den Gleichheitssatz des Art. 3 GG noch das daraus folgende, an den Gesetzgeber gerichtete Folgerichtigkeitsgebot (so BFH v. 15.4.2015, VIII R 30/13). Gegen das Urteil wurde ebenfalls Verfassungsbeschwerde eingelegt (Az. des BVerfG: 2 BvR 1711/15). Es bleibt abzuwarten, ob das BVerfG die Besteuerung von Erstattungszinsen bei gleichzeitiger Irrelevanz von Nachzahlungszinsen für rechtmäßig hält.

Die unterschiedliche steuerliche Behandlung von Nachzahlungs- und Erstattungszinsen führt nach Meinung der Finanzverwaltung regelmäßig nicht zu einer sachlichen Unbilligkeit. Die Regelung kann jedoch in Einzelfällen zu einem sachlich unbilligen Ergebnis führen, wenn − bezogen auf die Steuerbemessungsgrundlage der Einkommen- oder Körperschaftsteuer − sowohl Steuernachforderungen als auch Steuererstattungen gegenüber demselben Stpfl. auf ein und demselben Ereignis beruhen. Für bestimmte Fallkonstellationen gibt es daher eine Billigkeitsregelung (BMF v. 16.3.2021, EStG-Kartei NW § 20 EStG Fach 3 Nr. 22).

10.8 Einkünfte aus Vermietung und Verpachtung (§ 21 EStG)

Vorbemerkungen

Einkünfte aus Vermietung und Verpachtung liegen vor bei:

▶ Vermietung und Verpachtung von unbeweglichem Vermögen, insbesondere von Grundstücken, Gebäuden, Gebäudeteilen etc.,

▶ Vermietung von Sachinbegriffen, insbesondere von beweglichem Betriebsvermögen,

▶ Einkünfte aus zeitlich begrenzter Überlassung von Rechten, insbesondere von schriftstellerischen, künstlerischen und gewerblichen Urheberrechten,

▶ Veräußerung von Miet- und Pachtzinsforderungen.

§ 21 EStG ist nach Abs. 3 subsidiär zu den §§ 13, 15, 18 und 19 EStG, d. h., dass in den Fällen, in denen bei einer Vermietung und Verpachtung die Voraussetzungen des § 21 EStG und die einer anderen Einkunftsart gegeben sind, grundsätzlich die andere Einkunftsart vorgeht. Dies gilt aber nicht im Verhältnis zu § 20 und § 22 EStG. Die Einnahmen sind um die durch die Vermietung und Verpachtung verursachten Kosten gem. § 9 EStG zu mindern.

FALL 256

Veräußerung von Miet- und Pachtzinsforderungen

Sachverhalt:

A verkauft am 10.6.01 sein Mietshaus für 400.000 €, welches er vor 20 Jahren erworben hatte. Bezüglich der rückständigen Mieten i. H. v. 10.000 € vereinbart A mit dem Erwerber Z, dass dieser die Mieten einziehen solle.

AUFGABE

Nehmen Sie Stellung.

LÖSUNG

Einkünfte des A:

Die Veräußerung des privaten Mietshauses ist steuerlich nicht relevant. A erzielt aber Einnahmen gem. § 21 Abs. 1 Nr. 4 EStG i. H. v. 10.000 €. Die Mieteinnahmen betreffen einen Zeitraum, in welchem A noch Eigentümer war, sie stehen ihm also zu. A hat als Veräußerungspreis lediglich 400.000 € ./. 10.000 € = 390.000 € erhalten. Er erhält diese Mieten vorweg von Z vergütet. Hätte A, wie es ihm zustand, die Mieten selbst eingetrieben, so hätte er i. H. v. 10.000 € Mieteinnahmen nach § 21 Abs. 1 Nr. 1 EStG zu versteuern.

Erwerber Z:

Für das Haus wendet Z lediglich 390.000 € auf. Dieser Betrag stellt für ihn nach Abzug des Grund und Bodens die AfA-Bemessungsgrundlage für das Gebäude dar.

Die Zahlung von 10.000 € an A ist eine Vorauszahlung von Beträgen, die bereits fällig waren; diese zieht er dann von den Mietern ein. Die Einziehung der Mieten löst bei ihm keine Einkommensteuerpflicht aus. Die Mieteinnahmen hat er erst für den Zeitraum ab der Eigentumsübertragung gem. § 21 Abs. 1 Nr. 1 EStG zu versteuern.

Kann Z die Mieten nur teilweise einziehen, hat er in Höhe des ausgefallenen Betrages einen privaten Vermögensverlust erlitten, der steuerlich nicht berücksichtigungsfähig ist.

FALL 257

Herstellungskosten

Sachverhalt:

A erwirbt im Februar 01 einen Bauplatz und lässt darauf ein Mietwohnhaus errichten. Der Antrag auf Baugenehmigung wurde im März 02 gestellt, mit den Bauarbeiten wurde im August 02 begonnen. Die Wohnungen wurden nach Fertigstellung ab 1.10.03 vermietet. Es entstanden folgende Kosten:

1.	01 Kaufpreis Bauplatz	85.000 €
2.	01 Grunderwerbsteuer	2.975 €
3.	01 Notar- und Grundbuchkosten	1.200 €
4.	01 restliche Erschließungskosten	21.000 €
5.	02 Aushub der Baugrube	4.800 €
6.	02 Architektenleistungen	15.000 €
7.	02 Gebühr Baugenehmigung	480 €
8.	02/03 Rechnungen der Bauhandwerker insgesamt	250.000 €
9.	02 Kosten für Richtfest	600 €
10.	02 Zahlungen an Schwarzarbeiter ohne Belege	8.000 €
11.	Eigenleistungen geschätzt	4.000 €
12.	Getränke für die Bauarbeiter 02	300 €
13.	03 Strom und Wasseranschluss	12.000 €
14.	03 Hausanschlusskosten	4.500 €
15.	03 Spüle von je 800 € für jede der 3 Wohnungen	2.400 €
16.	03 Sanitäre Anlagen, Malerarbeiten	45.000 €
17.	03 Teppichboden auf Estrich verlegt	12.000 €
18.	Dezember 03 Reparatur der Wasserleitung	900 €
19.	03 Kosten für Hypothekenbestellung 03	3.400 €
20.	Zinsen für Hypotheken in 03	15.300 €
	Zinsen für Hypotheken in 04	16.400 €
21.	Fahrtkosten des A zur Baubetreuung lt. Nachweis	360 €
22.	04 Grundstücksumzäunung	4.800 €
23.	04 Außenputz	12.000 €
24.	Grundsteuer für 02	280 €
	Grundsteuer für 03	280 €
	Grundsteuer für 04	560 €

Teilen Sie die entstandenen Aufwendungen auf in Herstellungskosten, sofort abzugsfähige Werbungskosten, nicht abzugsfähige Kosten.

Da A das Gebäude insgesamt vermietet, erzielt er Einkünfte nach § 21 Abs. 1 Nr. 1 EStG.

Die o. g. Kosten sind wie folgt zu behandeln:

zu 1.–4. Anschaffungskosten Grund und Boden

zu 5.–9. Herstellungskosten Gebäude

zu 10. Die nicht belegten Kosten für Schwarzarbeiter können nach § 160 AO nicht berücksichtigt werden.

Zu 11. Die Eigenleistungen sind keine Herstellungskosten, da tatsächlich kein Abfluss erfolgte.

zu 12.–13. Herstellungskosten Gebäude

zu 14. Herstellungskosten Gebäude, H 6.4 „Hausanschlusskosten" EStH

zu 15. Die Kosten für die Spüle gehören zu den Herstellungskosten (H 6.4 „Einbauküche" EStH)

zu 16.–17. Herstellungskosten

zu 18.–20. Sofort abzugsfähige Werbungskosten (§ 9 Abs. 1 EStG)

zu 21. Herstellungskosten Gebäude mit den tatsächlichen Fahrtkosten

zu 22. Nachträgliche Herstellungskosten (H 6.4 „Umzäunung" EStH)

zu 23. Nachträgliche Herstellungskosten

zu 24. Sofort abzugsfähige Werbungskosten (§ 9 Abs. 1 Nr. 2 EStG)

Die sofort abzugsfähigen Werbungskosten sind im Zeitpunkt der Zahlung nach § 11 Abs. 2 EStG zu berücksichtigen. Die Herstellungskosten Gebäude sind nicht sofort abzugsfähig, sondern nach Fertigstellung des Gebäudes im Wege der AfA nach § 9 Abs. 1 Nr. 7 i.V. m. § 7 EStG zu berücksichtigen. Die nachträglichen Herstellungskosten erhöhen im Zeitpunkt ihrer Entstehung die AfA-Bemessungsgrundlage. Sie sind so zu berücksichtigen, als wären sie zu Beginn des Kj. aufgewendet worden, R 7.4 Abs. 9 EStR. Die Kosten für die Anschaffung des Grund und Bodens sind nicht zu berücksichtigen. Diese Kosten wären nur im Rahmen der Eigenheimzulage für eine selbstgenutzte Wohnung berücksichtigungsfähig.

FALL 258

Einkünfteermittlung

Sachverhalt:

Am 1.2.05 erwarb Frau B ein unbebautes Grundstück für 35.000 €. Die Kosten des notariellen Kaufvertrages i. H. v. brutto 520 € bezahlte sie am 20.2.05. Nachdem sie die Baugenehmigung beantragt hatte (in 05), Kosten 230 €, errichtete sie ein Zweifamilienhaus.

Baukosten Kellergeschoss	60.000 €
+ Umsatzsteuer	11.400 €
Fertighaus	230.000 €
+ Umsatzsteuer	43.700 €
Erschließungsbeiträge	12.000 €
Kosten des Hausanschlusses	4.500 €
Jägerzaun um das Grundstück	2.500 €

Zur Finanzierung des Bauvorhabens hat Frau B ein Darlehen i. H. v. 100.000 € aufgenommen, für das sie in 06 6.000 € Zinsen und 1.000 € Tilgung bezahlte. Damit bezahlte sie den Fertighaushersteller, den Restbetrag beglich sie aus Mitteln einer Erbschaft.

Das Haus wurde am 15.4.06 bezugsfertig. Eine Wohnung bezog das Ehepaar B sofort, die zweite Wohnung wurde ab 1.5.06 für monatlich 500 € vermietet. Beide Wohnungen sind gleich groß. Die restlichen Werbungskosten für das gesamte Gebäude belaufen sich auf 3.600 €.

AUFGABE

Ermitteln Sie die Höhe der Einkünfte (= aktuelle Rechtslage). Nehmen Sie Stellung zu sonstigen Abzugsbeträgen.

LÖSUNG

Frau B erzielt bezüglich der vermieteten Wohnung Einkünfte gem. § 21 Abs. 1 Nr. 1 EStG. Bezüglich der eigengenutzten Wohnung liegt kein Einkunftstatbestand vor. Deshalb sind die auf diese Wohnung entfallenden Kosten = 1/2 nicht als Werbungskosten abzugsfähig.

Einnahmen 500 € × 8 Monate =	4.000 €
Werbungskosten (§ 9 EStG):	
Schuldzinsen (§ 9 Abs. 1 Nr. 1 EStG) zu $^{1}/_{2}$	./. 3.000 €
Tilgungsbeträge sind nicht abzugsfähig	
Allgemeine Kosten zu $^{1}/_{2}$	./. 1.800 €

AfA gem. § 9 Abs. 1 Nr. 7 EStG: Frau B kann AfA gem. § 7 Abs. 4 Nr. 2a EStG mit 2 % geltend machen.

Herstellungskosten:

Baugenehmigung	230 €
Keller, brutto	+ 71.400 €
Fertighaus, brutto	+ 273.700 €
Hausanschlusskosten	+ 4.500 €
Einzäunung (H 6.4 EStH)	+ 2.500 €
Summe	352.330 €

Herstellungskosten zu 1/2 = 176.165 €

davon 2 % Jahres-AfA = 3.524, davon 9/12   ./. 2.643 €

Die lineare AfA von 2 % ist gem. § 7 Abs. 4 Satz 1 i.V. mit § 7 Abs. 1 Satz 4 EStG zeitanteilig für 9 Monate zu gewähren.

Falls die Voraussetzungen, z. B. Bauantrag nach dem 31.8.2018 etc., vorliegen, kann eine Sonderabschreibung gem. § 7b EStG mit bis zu 5 % der HK neben der linearen AfA beantragt werden.

Verlust aus Vermietung und Verpachtung   ./. 3.443 €

FALL 259

Einkunftsermittlung/Unentgeltlicher Erwerb/Werbungskosten

Sachverhalt:

Anne M. erbte zu Beginn des Jahres 12 von ihrer Tante ein Mietwohnhaus in Neustadt. Das Gebäude war nach 1924 aus solidem Sandstein errichtet worden und im Jahr 10 mit einem Kostenaufwand i. H. v. umgerechnet 60.000 € (HK) renoviert worden. Die damaligen Anschaffungskosten für das Gebäude betrugen umgerechnet 300.000 €, die Kosten für den Grund und Boden umgerechnet 50.000 €. Anfang 12 begann Anne M. mit der Renovierung des Gebäudes. Es entstanden folgende Kosten:

Erneuerung und Säuberung der Fassade	18.000 €
Einbau von schallgedämmten Fenstern	26.000 €
Neue Rollläden	13.400 €
Neue Teppichböden	14.800 €
Malerarbeiten in den Wohnungen	4.300 €

Außerdem wendete sie für Grundsteuer, Versicherungen, sonstige allgemeine Kosten von 5.800 € auf. Sie erzielte folgende Mieteinnahmen:

Erdgeschoss:	140 qm, ab 1.3. monatlich	500 €
	Im Januar und Februar stand die Wohnung leer.	

1. Obergeschoss:	2 Wohnungen à 70 qm jeweils monatlich	400 €
	Ab 1.4. beide Wohnungen neu vermietet für je	450 €
2. Obergeschoss:	2 Wohnungen à 70 qm, davon wurde eine für monatlich vermietet, die zweite wurde dem Bruder von Anne unentgeltlich überlassen.	450 €

AUFGABE

Ermitteln Sie die Einkünfte aus Vermietung und Verpachtung.

LÖSUNG

Anne M. erzielt aus ihrem Mietwohnhaus Einkünfte aus Vermietung und Verpachtung gem. § 21 Abs. 1 Nr. 1 EStG.

Einnahmen:

Erdgeschoss ab 1.3.	500 € × 10 Monate =	5.000 €
1. OG	2 Wohnungen	
	2 × 400 € × 3 Monate =	2.400 €
	2 × 450 € × 9 Monate =	8.100 €
2. OG	12 × 450 € =	5.400 €

Bei der Überlassung der Wohnung im 2. OG an den Bruder handelt es sich um eine unentgeltliche Überlassung. Ein Nutzungswert ist hierfür nicht zu versteuern.

Einnahmen insgesamt =	20.900 €

Werbungskosten:

Soweit die Kosten auf die unentgeltlich überlassene Wohnung entfallen, sind sie nicht abzugsfähig, da der Tatbestand der Einkunftserzielung nicht vorliegt. Auf die Wohnung des Bruders entfällt 1/6 der Nutzfläche des gesamten Gebäudes, die angefallenen Kosten sind deshalb nur zu 5/6 abzugsfähig.

Erhaltungsaufwand:

Bei den durchgeführten Maßnahmen mit einem Kostenaufwand i. H. v. insgesamt 76.500 € handelt es sich um sofort abzugsfähigen Erhaltungsaufwand. Es werden lediglich Teile ersetzt, die bereits in den Herstellungskosten enthalten waren (R 21.1 Abs. 1 EStR, H 21.1 EStH, BMF v. 18.7.03, BStBl 2003 I 386 ff. Tz 27 ff.). Es handelt sich auch nicht um anschaffungsnahe Aufwendungen i. S. d. § 255 Abs. 2 HGB (H 21.1 EStH; BMF, BStBl 2003 I 386 ff., Tz. 15), da es sich hier um einen unentgeltlichen Erwerb und nicht um eine Anschaffung handelt (es greift damit auch nicht § 6 Abs. 1 Nr. 1a EStG).

Kosten =	76.500 €

AfA gem. § 9 Abs. 1 Nr. 7 EStG:

Da Anne das Gebäude unentgeltlich erworben hat, muss sie die AfA-Bemessungsgrundlage und den AfA-Satz des Rechtsvorgängers übernehmen (§ 11d Abs. 1 EStDV).

AK des Gebäudes (ohne Grund und Boden) =	300.000 €
+ nachträgliche HK	+ 60.000 €
Maßgebende AfA-Basis des Rechtsvorgängers ab 10	360.000 €

Die AfA bemisst sich nach § 7 Abs. 4 Nr. 2a EStG mit 2 %, das sind 7.200 €.   **7.200 €**
Dabei ist zu beachten, dass das AfA-Volumen des Rechtsvorgängers maßgebend ist, d. h. das absetzbare Volumen ist zu mindern um die Beträge, die seit der Anschaffung von der Rechtsvorgängerin bereits abgesetzt worden sind. (Im Sachverhalt Anschaffungsdatum nicht angegeben.)

Allgemeine Werbungskosten 5.800 €   5.800 €

Die gesamten Werbungskosten betragen damit 89.500 €,

davon sind nur 5/6 abzugsfähig   ./. 74.584 €

Einkünfte gem. § 21 EStG:

Einnahmen	20.900 €
./. Werbungskosten	./. 74.584 €
Einkünfte	./. 53.684 €

FALL 260

Einkunftsermittlung/Werbungskosten

Sachverhalt:

Im Januar 06 erwarben Herbert und Berta zu je 1/2 ein Mehrfamilienhaus in Neustadt, Ortsteil Haardt (Baujahr nach 1925). Verkäufer ist die Stadt Neustadt. Der notarielle Kaufvertrag wurde am 10.1.06 geschlossen, die Grundbucheintragung erfolgte am 24.3.06. Nutzen und Lasten gehen vereinbarungsgemäß zum 1.3.06 über.

Der Kaufpreis belief sich auf 210.000 € (darin enthalten sind 20 % für den Grund und Boden) und wurde am 20.2.06 bezahlt.

Das Gebäude enthält insgesamt drei Mietwohnungen; die Wohnung im Erdgeschoss stand bereits seit Monaten leer. Die Wohnungen im 1. Stock und im Dachgeschoss waren vermietet. Die Eheleute übernahmen vereinbarungsgemäß die bestehenden Mietverträge.

Mieteinnahmen 06:

Wohnung 1. Stock: Monatliche Miete	400 €
zzgl. Unkostenpauschale (Heizung, Warmwasser, allg. Beleuchtung) monatlich	100 €
Wohnung Dachgeschoss: Monatliche Miete	300 €
zzgl. Unkostenpauschale monatlich	80 €

Wohnung Erdgeschoss: Die Wohnung wurde nach dem Erwerb renoviert und umgestaltet. Folgende Arbeiten wurden durchgeführt: Abreißen von zwei Trennwänden (nicht tragend), um größere Räume zu erhalten, durchgeführt in Eigenarbeit.

Geschätzter Arbeitslohn	=	5.000 €
Notwendiges Werkzeug HILTI-Bohrmaschine, Januar 06 (Nutzungsdauer = 4 Jahre), brutto	=	1.400 €
Erneuerung der Fußbodenbeläge	=	12.000 €
Neue doppelverglaste Fenster	=	8.000 €
Tapezierarbeiten, selbst ausgeführt, geschätzter Arbeitslohn	=	3.000 €
Material	=	2.000 €
Neues Bad; bisher war kein Bad in der Wohnung vorhanden	=	13.000 €

Die o. g. Beträge wurden alle in 06 bezahlt. Die Wohnung im Erdgeschoss stand bis zum Abschluss der Renovierungsarbeiten leer und wurde am 1.10.06 für monatlich 600 €

zzgl. einer Unkostenpauschale i. H. v. 100 €

vermietet.

Übrige in 06 angefallene Kosten:

Beiträge zur Gebäudehaftpflicht- und Brandversicherung, bezahlt im April 06, für die Zeit vom 1.4.06 – 31.3.07	300 €
Grundsteuer	250 €
Grunderwerbsteuer, bezahlt am 10.3.	10.500 €
Notargebühren betr. Kaufvertrag, bezahlt im Mai	600 €
Notargebühren betr. Hypothekenbestellung, bezahlt im Juni	120 €
Auf dem Grundstück lastet eine Hypothek i. H. v. 100.000 € zur Finanzierung des Hauserwerbs. Die Zinsen betragen am 1.3. monatlich Sie werden pünktlich vom Konto abgebucht.	540 €
Kosten für die Grundbucheintragung des Eigentumsübergangs	200 €
und der Hypothek	60 €
In 06 geleistete Zahlungen an die Stadtwerke für Heizung und Strom insgesamt	1.700 €

AUFGABE

Ermitteln Sie die Einkünfte der Eheleute für den VZ nach der aktuell geltenden Rechtslage.

LÖSUNG

Herbert und Berta erzielen Einkünfte aus Vermietung und Verpachtung gem. § 21 Abs. 1 Nr. 1 EStG.

Mieteinnahmen:

Die Eheleute haben die Mieten ab dem Zeitpunkt des Übergangs der Nutzen und Lasten erhalten und zu versteuern ab 1.3.06.

Wohnung 1. Stock:

400 € × 10 Monate =	4.000 €
+ Kostenpauschale 100 € × 10 Monate =	1.000 €

Wohnung Dachgeschoss:

300 € × 10 Monate =	3.000 €
+ Kostenpauschale 80 € × 10 Monate =	800 €

Wohnung Erdgeschoss:

Für die Zeit des Leerstehens ist keine Miete anzusetzen.

600 € × 3 Monate =	1.800 €
+ Unkostenpauschale 100 € × 3 Monate =	300 €
Einnahmen insgesamt	10.900 €

Werbungskosten:

Die Werbungskosten sind gem. § 9 Abs. 1 EStG abzugsfähig, das gilt auch für die Kosten, die auf die zeitweise leerstehende Erdgeschosswohnung entfallen. Da beabsichtigt ist, die Wohnung nach der Renovierung zu vermieten, stellen die angefallenen Kosten insoweit vorweggenommene Werbungskosten dar.

Die Renovierungskosten für die Erdgeschosswohnung stellen sofort abzugsfähigen Erhaltungsaufwand dar (R 21.1 Abs. 1 EStR, H 21.1 EStH).

Die eigene Arbeitsleistung i. H. v. 5.000 € und 3.000 € ist dabei nicht zu berücksichtigen, da es sich hier nicht um einen tatsächlichen Abfluss von Gütern handelt, sondern um ersparte Aufwendungen.

Kosten für Fußboden	12.000 €
Kosten für Fenster	8.000 €
Tapezierarbeiten, nur Material	2.000 €
Summe	22.000 €

Die Kosten für die HILTI-Bohrmaschine sind ebenfalls zu berücksichtigen (§ 9 Abs. 1 Nr. 6 EStG). Da die Nutzungsdauer länger als 1 Jahr beträgt und es sich nicht um ein geringwertiges WG handelt, ist lediglich die AfA abzugsfähig (§ 9 Abs. 1 Nr. 7 EStG), ND = 4 Jahre, gem. § 7 Abs. 1 Satz 4 EStG   350 €

Bei den o. g. Kosten handelt es sich nicht um anschaffungsnahe Aufwendungen, die zu den HK zu rechnen sind. Gemäß § 6 Abs. 1 Nr. 1a EStG betragen die og. Kosten weniger als 15 % von ca. 172.000 € AK Gebäude = 25.800 €, genaue Ermittlung s. unten mit 174.520 €;

Durch den Einbau des neuen Bades wird aber etwas Neues, bisher nicht Vorhandenes geschaffen (R 21.1 Abs. 2 EStR). Es handelt sich deshalb um nachträgliche Herstellungskosten, § 6 Abs. 1 Nr. 1a Satz 2 EStG.

Als Werbungskosten sind außerdem abzugsfähig:

Versicherungsbeiträge bei Zahlung (§ 11 Abs. 2 Satz 1 EStG)	300 €
Grundsteuer (§ 9 Abs. 1 Nr. 2 EStG)	250 €
Finanzierungskosten: Notargebühren	120 €
Grundbucheintragung Hypothek	60 €
Zinsen für Hypothek 10 × 540 € =	5.400 €
Zahlung Stadtwerke	1.700 €

Absetzung für Abnutzung:

§ 9 Abs. 1 Nr. 7 i.V. mit § 7 Abs. 4 Nr. 2a EStG

Anschaffungskosten: Kaufpreis	210.000 €	
+ Grunderwerbsteuer	10.500 €	
+ Notargebühren für Kaufvertrag	600 €	
+ Grundbucheintragung	200 €	
Summe	221.300 €	
./. 20 % Grund und Boden	./. 44.260 €	
	177.040 €	
+ Herstellungskosten Bad	13.000 €	
AfA-Bemessungsgrundlage	190.040 €	
davon 2 %	3.801 €	
zeitanteilig ab 1.3.06 10/12		3.167 €
Summe Werbungskosten		33.347 €
Einnahmen		10.900 €
./. Werbungskosten		./. 33.347 €
Einkünfte aus Vermietung und Verpachtung		./. 22.447 €

FALL 261

Zuwendungsnießbrauch/Werbungskosten

Sachverhalt:

Im Mai 01 hatten EK und sein Bruder MK von den verstorbenen Eltern ein Zweifamilienhaus in Neustadt zu je 1/2 geerbt. (Die verstorbenen Eltern hatten bisher lediglich die lineare AfA in Anspruch genommen.) Dieses Gebäude und ein Geldbetrag von 60.000 €, den der Enkel Franz erbte, waren der einzige Nachlass.

Das Zweifamilienhaus war vor 15 Jahren mit einem Kostenaufwand i. H. v. umgerechnet 150.000 € errichtet worden. Seither hatten die Eltern von EK und MK eine Wohnung selbst genutzt und die zweite Wohnung vermietet. Seit der Erbschaft war eine Wohnung fremdvermietet und die Obergeschosswohnung von EK und seiner Familie selbst genutzt worden. Die beiden Wohnungen haben eine Fläche von je 100 qm und sind in Art und Ausstattung vergleichbar.

Mit Vertrag vom 13.12.03 hatte EK mit Wirkung vom 1.1.04 den hälftigen Anteil seines Bruders MK gegen Zahlung eines Betrages von (umgerechnet) 120.000 € aus eigenen Mitteln hinzuerworben. (In diesem Betrag sind 20.000 € für den Grund und Boden enthalten.) Kurz danach, noch im Jahr 03, hatte EK das gesamte Gebäude für 80.000 € durchgreifend renoviert und den bisher sehr einfachen Standard gehoben. Dabei handelt es sich um folgende Aufwendungen:

Dach-Neueindeckung (20.000 €), Außenputz (15.000 €), neue Fenster (15.000 €), neue Heizungsanlage (30.000 €). Eine Nutzungsänderung ist nicht eingetreten. Die Kosten sind nach den bestehenden Regelungen insoweit als anschaffungsnahe Aufwendungen zu behandeln, als sie auf den entgeltlichen Erwerb entfallen (§ 6 Abs. 1 Nr. 1a EStG).

Mit notariellem Vertrag vom 20.12.05 vereinbaren EK und sein Sohn Franz für die Erdgeschosswohnung ab Januar 06 ein lebenslängliches Nießbrauchrecht zugunsten von Franz. Das Nießbrauchrecht wurde am 15.2.06 ins Grundbuch eingetragen. Die Nutzung der Wohnung verändert sich nicht. Die Miete für die Erdgeschosswohnung von monatlich 500 € erhält nunmehr Franz auf sein Konto in Brüssel überwiesen. Franz ist 24 Jahre alt, studiert in Brüssel Medizin und hat dort seit 4 Jahren eine eigene Wohnung. Die zweite, unbelastete Wohnung wird weiterhin von den Eheleuten K genutzt.

Als Gegenleistung zahlt Franz seinem Vater 73.000 € im Voraus für 10 Jahre, die z. T. aus der Erbschaft seiner Großeltern stammen. Der Marktwert des Zweifamilienhauses beläuft sich in 06 auf 350.000 € (inkl. 20 % für Grund und Boden). Die Aufwendungen (z. B. Grundsteuer, Reparaturen, Versicherungen etc.) belaufen sich für 06 für das gesamte Gebäude auf insgesamt 7.000 €. Die Aufwendungen werden vereinbarungsgemäß von EK getragen.

AUFGABE

Ermitteln Sie die Höhe der Einkünfte aus Vermietung und Verpachtung des EK für den VZ 06 (aktuelle Rechtslage).
Notar- und Grundbuchgebühren und Grunderwerbsteuer wurden aus Vereinfachungsgründen außer Acht gelassen.

LÖSUNG

Das Zweifamilienhaus in Neustadt ging in 01 im Wege der Erbfolge unentgeltlich auf die Erbengemeinschaft EK und MK über. Bis zur Auseinandersetzung in 03 waren die Einkünfte aus dem Zweifamilienhaus einheitlich und gesondert festzustellen und auf die beiden Beteiligten zu verteilen. Im Rahmen der Erbauseinandersetzung erwarb EK den Anteil von MK entgeltlich. Es liegen insoweit Anschaffungskosten i. H. v. 120.000 € vor (s. a. BMF-Erlass v. 14.3.2006, BStBl 2006 I 253 ff.).

Im VZ 06 erzielt EK aus dem Gebäude in Neustadt Einkünfte aus Vermietung und Verpachtung. An diesem Zweifamilienhaus hat EK ab 1.1.06 seinem Sohn Franz einen Zuwendungsnießbrauch bestellt. Da das Nießbrauchrecht notariell beurkundet und ins Grundbuch eingetragen wurde, ist es zivilrechtlich wirksam entstanden. Da Franz die Mieteinnahmen in Brüssel tatsächlich erhält, ist das Nießbrauchrecht auch tatsächlich durchgeführt und ernsthaft gewollt. Es ist somit steuerlich anzuerkennen. Franz erbringt eine Gegenleistung i. H.v. 73.000 €, es liegt deshalb ein teilentgeltlich bestellter Zuwendungsnießbrauch vor (BMF v. 30.9.2013, BStBl 2013 I 1184 ff.).

Kapitalwert des Nießbrauchrechts

Jahreswert 500 € (Erdgeschossmiete) × 12 = 6.000 €

Kapitalisierungsfaktor lt. § 14 BewG (Franz ist 24 Jahre alt) aktuelle Sterbetafeln zu § 14 BewG, für 2019; BMF v. 22.11.2019 Faktor = 17,695 (ab 2020 = 17,702).

6.000 € × 17,702 =	106 212 €
Gegenleistung =	73.000 €

Der Zuwendungsnießbrauch ist zu 68,7 % entgeltlich und zu 31,3 % unentgeltlich bestellt. Da Franz vereinbarungsgemäß keine Aufwendungen zu tragen hat, ist das Nießbrauchrecht als Bruttonießbrauch ausgestaltet (Tz. 26 bis 31 Nießbrauch-Erlass v. 30.9.2013, a. a. O.).

Einkunftsermittlung EK Erdgeschosswohnung

Es wurde zu 31,3 % ein unentgeltlicher Zuwendungsnießbrauch an der Erdgeschosswohnung bestellt. Eine Aufteilung der Werbungskosten auf den entgeltlichen und unentgeltlichen Teil unterbleibt aber nach § 21 Abs. 2 EStG. Laut Steuervereinfachungsgesetz 2011, § 21 Abs. 2 Satz 2 EStG gilt bei einem Entgelt von mind. 66 % die Vermietung als entgeltlich, ab 2021 gilt die Grenze von 50 %.

Soweit die Kosten auf die EG-Wohnung entfallen, sind sie voll abzugsfähig.

EK erzielt Einnahmen gem. § 21 Abs. 1 Nr. 1 EStG grds. im Jahr des Zuflusses der Gegenleistung i. H.v. 73.000 €. Bei Vorausleistung für mehr als fünf Jahre kann hier auf 10 Jahre verteilt werden (Tz. 28 Nießbrauch-Erlass).

06 zu versteuern 1/10	= 7.300 €

Werbungskosten

Aufwendungen i. H.v. 7.000 €, davon entfällt auf die EG-Wohnung die Hälfte = 3.500 €, diese sind voll abzugsfähig	./. 3.500 €

Absetzung für Abnutzung

EK hatte den hälftigen Anteil des Zweifamilienhauses unentgeltlich durch Erbfall erworben (siehe vor). Den Anteil seines Bruders MK hatte er entgeltlich im Rahmen der Erbauseinandersetzung erworben. Die AK für diesen Gebäudeteil betragen 100.000 €. Insofern handelt es sich um einen entgeltlichen Erwerb.

Berechnung der AfA-Bemessungsgrundlage

Bezüglich des unentgeltlich erworbenen Anteils sind die Bemessungsgrundlage und der AfA-Satz der verstorbenen Eltern zu übernehmen gem. § 11d EStDV.

Herstellungskosten = 150.000 €

davon 1/2 für den unentgeltlich erworbenen Teil = 75.000 €

AfA nach § 9 Abs. 1 Nr. 7 i. V. m. § 7 Abs. 4 Nr. 2a EStG 2 % = 1.500 €

davon für die Erdgeschosswohnung 1/2 abzugsfähig ./. 750 €

AK für den von MK entgeltlich erworbenen Teil = 100.000 €

+ anschaffungsnahe Aufwendungen = 40.000 €

Bei den in 03 getätigten Aufwendungen i. H. v. 80.000 € handelt es sich grds. um sofort abzugsfähigen Erhaltungsaufwand nach R 21.1 Abs. 1 EStR.

Die Aufwendungen wurden aber im Anschluss an eine teilweise Anschaffung getätigt (H 21.1 „Anschaffungsnaher Aufwand" EStH, § 6 Abs. 1 Nr. 1 a EStG).

Insofern war 03 für die Hälfte der Aufwendungen zu prüfen (Anteil der Kosten, soweit sie auf den entgeltlich erworbenen Teil entfallen), ob HK vorlagen, die zu einer über den bisherigen Zustand hinausgehenden wesentlichen Verbesserung führen (Tz. 9 – 14, 25, BMF, a. a. O.). Da die 15 %-Grenze gem. § 6 Abs. 1 Nr. 1a EStG überschritten wurde, 15 % von 100.000 € = 15.000 €, und lt. Sachverhalt die auf den entgeltlichen Teil entfallenden Aufwendungen als anschaffungsnah behandelt wurden, sind 40.000 € den AK des Gebäudes als nachträgliche HK zuzurechnen (da 1/2 = 40.000 € sich auf den entgeltlich erworbenen Teil beziehen).

AfA-Bemessungsgrundlage für den entgeltlichen Teil = 140.000 €

Die restlichen 40.000 € waren im Jahr 03 als Erhaltungsaufwand sofort abzugsfähig.

Die AfA für den entgeltlichen Teil beginnt neu (§ 7 Abs. 4 Nr. 2a EStG).

2 % von 140.000 € = 2.800 €

davon 1/2 für die EG-Wohnung ./. 1.400 €

Einkünfte aus der Erdgeschosswohnung + 1.650 €

Obergeschosswohnung

Diese Wohnung wird von den Eheleuten EK seit der Erbschaft in 01 selbst genutzt. Es liegt insoweit kein Einkunftstatbestand vor.

FALL 262

Entgeltlicher Erwerb/Vorbehaltswohnrecht

Sachverhalt:

Antonia Lustig erzielt Einkünfte aus einem gemischt genutzten Grundstück (Baujahr 1950) in Speyer. Sie hatte das Grundstück (Größe 2,76 Ar) im Juni 04 von Frau Anna Reich (Alter 66 Jahre), zu der sie keinerlei persönliche Beziehungen hat, erworben (Nutzfläche insgesamt 535 qm).

Sie bezahlte:

In bar (umgerechnet in €)	180.000 €
Rentenzahlung an Anna Reich ab 1.7.04 monatlich auf Lebenszeit	800 €

Wohnrecht zugunsten von Anna Reich auf Lebenszeit an einer Wohnung von 70 qm im Hinterhaus. Das Wohnrecht wurde im Grundbuch eingetragen. Die anfallenden Kosten trägt Anna Reich selbst, Kapitalwert Wohnrecht = 43.226 €.

Die Notar- und Gerichtskosten betragen 9.441 €, die Grunderwerbsteuer 5 % des Kaufpreises.

Der Verkehrswert beträgt ca. 350.000 €, davon Wert des Grund und Bodens 150 €/qm, die übliche Miete für Wohnungen im Vorderhaus 6 €/qm.

Mieteinnahmen:

Erdgeschoss	12.960 €
1. Obergeschoss	8.260 €
2. Obergeschoss	5.810 €
Umlagen	2.618 €
Hinterhaus	Wohnrecht
Werbungskosten:	
Schuldzinsen	72 €
Erhaltungsaufwand	3.158 €
Grundsteuer, Müll, Heizung etc.	7.595 €

AUFGABE

Ermitteln Sie die Höhe der Einkünfte aus Vermietung und Verpachtung für 04, insbesondere die AfA und die abzugsfähigen Renten.

LÖSUNG

Antonia Lustig hat in 04 ein gemischt genutztes Grundstück erworben gegen Zahlung eines festen Kaufpreises, Einräumung einer lebenslänglichen Rente und eines lebenslänglichen Wohnrechts an einer Wohnung im Hinterhaus. Es handelt sich bzgl. des Wohnrechts um ein Vorbehaltswohnrecht. Das Wohnrecht ist keine Gegenleistung für die Grundstücksübertragung. Anna Reich hat insoweit einen Teil ihres Eigentumsrechts zurückbehalten. Das gilt auch, wenn der Wert des Nießbrauchs auf den Kaufpreis angerechnet wird. Da Antonia insoweit keine Einnahmen erzielt, kann sie auch keine Werbungskosten geltend machen. Die geltend gemachten Werbungskosten sind gem. § 9 EStG abzugsfähig, da sie nur die vermieteten Teile des Gebäudes betreffen (Nießbrauch-Erlass v. 30.9.2013, BStBl 2013 I 1184 ff., Tz 39–44).

Ermittlung der AfA-Bemessungsgrundlage

Das Grundstück wurde in 04 für einen Kaufpreis i. H. v. 180.000 € erworben. Bestandteil des Kaufpreises ist auch die Rentenvereinbarung i. H. v. monatlich 800 €.

Es handelt sich hier um eine Kaufpreisrente, da der Vertrag zwischen fremden Personen geschlossen wurde. Es ist davon auszugehen, dass sich Leistung und Gegenleistung entsprechen (Rente zzgl. 180.000 € entspricht etwa dem Verkehrswert ./. Wohnrecht). Das Grundstück wurde demnach entgeltlich übertragen (Rentenerlass v. 11.3.2010, BStBl 2010 I 227., Tz. 5 und 6). Bei der Rente handelt es sich um eine Leibrente, da ihre Dauer von der Lebenszeit einer Person abhängt. Der Kapitalwert der Rente ergibt sich nach den Grundsätzen des Bewertungsrechts (§ 14 Abs. 1 BewG ab 2009 gilt statt der Anlage 9 eine aktuelle Sterbetafel zu § 14 BewG, betr. Stand 1.1.2019, BMF v. 22.11.2019).

Jahreswert 800 € × 12 = 9.600 €

× 12,357 (66 Jahre ab 2020) =	118.627 €
+ Kaufpreis	180.000 €
+ Notar- und Gerichtskosten	9.441 €
+ Grunderwerbsteuer 5 % von 298.627 € =	14.931 €
Summe	322.999 €
./. Wert des Grund und Bodens	
2,76 Ar × 150 €/qm	./. 41.400 €
Zzgl. anteilige Kosten 9.441 + 14.931 = 24.372 davon 11,83 % (41.400 : 350.000)	./. 2.883 €
Gebäudewert	278.716 €

Es ist davon auszugehen, dass Antonia für den belasteten Teil weniger bezahlt hat als für den unbelasteten Teil, da sie insoweit noch keine Nutzungsmöglichkeit hat, Tz. 50 des Nießbrauch-Erlasses (a. a. O.).

Aufteilung des Verkehrswertes i. H. v. 350.000 €:

Auf Grund und Boden 41.400 €

Auf Gebäude 308.600 € ./. Wohnrecht 43.226 € = Nettogebäudewert = 265.374 €.

Aufteilung der AK des Gebäudes i. H. v. 278.716 € auf den belasteten und den unbelasteten Teil:

Gesamte Fläche: 535 qm

Belastete Fläche: 70 qm → 13 % vom Verkehrswert des Gebäudes 308.600 € = 40.118 € ./. Wohnrecht 43.226 € = 0

Unbelastete Fläche: 87 % von 308.600 € = 268.482 €

Der Kaufpreis für das Gebäude entfällt damit voll auf den unbelasteten Teil.

AfA gem. § 7 Abs. 4 Nr. 2a EStG 2 % von 278.716 € = 5.574 €, diese entfällt voll auf den unbelasteten Teil.

Die Rentenzahlungen sind, da es sich um eine private Veräußerungsleibrente handelt (Tz. 71 f. des Rentenerlasses v. 11.3.2010, a. a. O.), gem. § 9 Abs. 1 Nr. 1 Satz 1 EStG nur mit dem Zinsanteil abzugsfähig, der sich aus der Tabelle in § 22 Satz 3 Nr. 1 Buchst. a Doppelbuchst. bb EStG ergibt.

Der Ertragsanteil beträgt 18 % von 12 × 800 € = 1.728 €.

Einnahmen	29.648 €
./. Werbungskosten:	
AfA	./. 5.574 €
Rente	./. 1.728 €
übrige Werbungskosten	./. 10.825 €
Einkünfte	11.521 €

FALL 263

Nießbrauch

Sachverhalt:

Der Vater (V, 60 Jahre alt) besitzt ein in 01 selbst erstelltes Zweifamilienhaus (Bauantrag 00). Die Erdgeschosswohnung wird von der Familie eigengenutzt. Die Obergeschosswohnung ist fremdvermietet. Die Anschaffungskosten belaufen sich auf 360.000 € inkl. 20 % für den Grund und Boden.

Mit notariellem Vertrag vom 15.12.05 bestellt V seinem inzwischen 35 Jahre alten Sohn S mit Wirkung vom 1.1.06 ein lebenslängliches Nutzungsrecht an der Obergeschosswohnung. Diese wird auch von S ab 1.1.06 selbst genutzt. Die zivilrechtlichen Voraussetzungen sind erfüllt.

Die jährlichen Kosten für die EG-Wohnung betragen 4.000 € und werden von V getragen; die für die OG-Wohnung (2.000 €) werden von S getragen (z. B. Grundsteuer, Reparaturen, Müll etc.).

Die üblichen Mieten betragen:

EG 800 € monatlich
OG 600 € monatlich

Nutzfläche EG	=	156 qm
Nutzfläche OG	=	104 qm

AUFGABE

Ermitteln Sie die steuerlich relevanten Tatbestände für S und V für den Veranlagungszeitraum 06 (aktuelle Rechtslage).

Fallvariante 1: Die Bestellung des Nutzungsrechts erfolgt ohne Gegenleistung.

Fallvariante 2: S zahlt als Gegenleistung für die Bestellung des Nutzungsrechts 35.000 € aus eigenem Vermögen im Voraus (10 Jahre).

LÖSUNG

Zu Fallvariante 1:

Es handelt sich um einen unentgeltlichen Zuwendungsnießbrauch an einem Teil des Zweifamilienhauses (Nießbrauch-Erlass v. 30.9.2013, BStBl 2013 I 1184 ff., Tz. 10–25).

Einkunftsermittlung Vater V:

Der Vater gibt für die Dauer der Nießbrauchbestellung seine Einnahmeerzielungsabsicht auf. Er erzielt insoweit keine Einnahmen und kann demnach keine Werbungskosten abziehen. Das gilt auch bezüglich der Abschreibungen (Tz. 23, 24 Nießbrauch-Erlass, a. a. O.). Bis zur Nießbrauchbestellung Ende 05 lag ein Einkunftstatbestand nach § 21 Abs. 1 Nr. 1 EStG durch die Vermietung vor.

Auch betreffend die EG-Wohnung erzielt er keine Einnahmen, da die Wohnung selbstgenutzt wird. Die Kosten sind demnach nicht abzugsfähig.

Einkunftsermittlung S:

Da der Nießbraucher die OG-Wohnung selbst nutzt, liegt kein Einkunftstatbestand vor. Die Werbungskosten sind nicht abzugsfähig.

Zu Fallvariante 2:

Der Kapitalwert des Nießbrauchrechts beträgt:

Jahreswert: 12 × 600 € = 7.200 €

./. Kosten 2.000 € = 5.200 €

Faktor gem. BMF zu § 14 BewG = 16,934 (Faktor ab 2020 = 16,944).

5.200 € × 16,934 (2019) =	88.057 €
Gegenleistung des Sohnes =	35.000 €
das sind 39,7 %, gerundet 40 %.	

Es handelt sich demnach um einen teilweise entgeltlich bestellten Zuwendungsnießbrauch. Es erfolgt nach § 21 Abs. 2 EStG eine Aufteilung in einen entgeltlichen Teil und in einen unentgeltlichen Teil (Tz. 31 Nießbrauch-Erlass, a. a. O.), da das Entgelt weniger als 66 % beträgt.

Einkunftsermittlung Vater V:

OG:

Soweit der Nießbrauch unentgeltlich bestellt wurde, liegen keine Einnahmen vor, deshalb sind auch keine Werbungskosten abzugsfähig.

Soweit der Nießbrauch entgeltlich bestellt wurde, handelt es sich um einen Einkunftstatbestand nach § 21 Abs. 1 Nr. 1 EStG (Tz. 28 Nießbrauch-Erlass, a. a. O.).

Verteilung des Entgelts i. H. v. 35.000 € auf 10 Jahre (Tz. 30 Nießbrauch-Erlass, a. a. O.)	3.500 €
./. Kosten wurden von S getragen	0 €

./. Abschreibung gem. § 7 Abs. 4 Nr. 2a EStG ./. 922 €

AK = 288.000 € (360.000 € abzgl. 20 % Grund und Boden), davon 40 % für die

OG-Wohnung = 115.200 €

davon 2 % AfA = 2.304 €, davon 40 %, soweit entgeltlich

Einkünfte Obergeschoss 2.578 €

EG:

Da die Wohnung eigengenutzt wird, liegt kein Einkunftstatbestand vor. Es sind demnach auch keine Werbungskosten abzugsfähig.

Einkunftsermittlung Sohn S:

Bezüglich des entgeltlichen Teils hat er die Rechtsposition eines Mieters. Er erzielt keine Einnahmen und kann keine Werbungskosten abziehen.

Bezüglich des unentgeltlichen Teils sind keine Einnahmen zu versteuern und keine Werbungskosten abzugsfähig.

FALL 264

Vorbehaltsnießbrauch

Sachverhalt:

A ist Eigentümer eines Zweifamilienhauses. Das Gebäude hat A in 00 fertig gestellt (HK = umgerechnet 450.000 €). Seitdem bewohnt er die Wohnung im Erdgeschoss selbst. Die zweite Wohnung im Obergeschoss stand leer, da A bisher keinen geeigneten Mieter gefunden hatte. Die Wohnungen sind gleich groß und gleichwertig. Die übliche Miete beträgt je Wohnung 600 € monatlich.

Mit Vertrag vom 20.12.03 verkauft A das Grundstück an B mit Wirkung zum 1.1.04, der ab 31.3.04 die Obergeschosswohnung vermietet. A wurde ein lebenslängliches dingliches Wohnrecht an der Erdgeschosswohnung eingeräumt. Der Kaufpreis betrug 400.000 €. Er resultiert daraus, dass der Wert des unbelasteten Grundstücks 500.000 € betragen hätte und der Kapitalwert des Wohnrechtes 100.000 €. Der Wert des Grund und Bodens beträgt 100.000 €. B zahlte in der Zeit vom 2.1.–31.12.04 Schuldzinsen zur Finanzierung i. H. v. monatlich 2.000 €.

AUFGABE

Nehmen Sie für A und B für den VZ 04 Stellung. Gehen Sie auf alle steuerlich relevanten Tatbestände ein (aktuelle Rechtslage).

LÖSUNG

Das Gebäude ist zum 1.1.04 (Übergang von Nutzen und Lasten) im Wege eines entgeltlichen Erwerbs von A auf B übergegangen. A hat sich ein dinglich gesichertes Wohnrecht an der Erdgeschosswohnung vorbehalten. Es handelt sich um ein Vorbehaltswohnrecht, welches wie der Vorbehaltsnießbrauch zu behandeln ist. Beim Vorbehaltsnießbrauch wird, wirtschaftlich gesehen, ein mit dem Nießbrauch belastetes Grundstück übertragen. Das Nutzungsrecht verbleibt insoweit beim bisherigen Eigentümer (Nießbrauch-Erlass v. 30.9.2013, BStBl 2013 I 1184 ff. Tz. 39).

Einkunftsermittlung Nießbraucher A:

A nutzt die Erdgeschosswohnung – wie bisher – als Eigentümer aufgrund eines eigenen Nutzungsrechts ununterbrochen weiter. Der Ansatz eines Nutzungswertes unterbleibt. Da A keine Einnahmen erzielt, sind auch keine Werbungskosten abzugsfähig. Da der Nießbraucher aber das Gebäude – wie zuvor – als Eigentümer nutzt, so dass der Zusammenhang zwischen der Herstellung als Eigentümer und nun als Nießbraucher nicht unterbrochen wurde, wäre A in gleichem Umfang – wie bisher – als Eigentümer abschreibungsberechtigt, falls ein Einkunftstatbestand vorliegen würde (Tz. 42 Nießbrauch-Erlass, a. a. O).

Einkunftsermittlung Eigentümer B:

Bezüglich der mit dem Wohnrecht belasteten Wohnung erzielt B, solange das Nutzungsrecht besteht, keine Einnahmen und kann demnach auch keine Werbungskosten abziehen, das gilt insbes. für die AfA (Tz. 45, 47 Nießbrauch-Erlass, a. a. O.).

Bezüglich der vermieteten Wohnung liegen Einnahmen vor, deshalb sind auch Werbungskosten abzugsfähig, insbesondere AfA.

AK =	400.000 €

Der Wert des Wohnrechts bleibt unberücksichtigt, da dieser kein Entgelt des Erwerbers darstellt, auch dann nicht, wenn der Wert des Wohnrechtes auf den Kaufpreis angerechnet wird. Begünstigt sind nur die AK, die auf den unbelasteten Grundstücksteil entfallen. Dabei kann nicht von einer Aufteilung nach dem Nutzflächenverhältnis ausgegangen werden, da B für den mit dem Wohnrecht belasteten Teil weniger gezahlt hat als für den unbelasteten Teil.

Gebäude = Verkehrswert		400.000 €
Grund und Boden = 25 %		100.000 €
Verkehrswert Gebäude		400.000 €
Wohnrecht		./. 100.000 €
Verkehrswert – belastetes Gebäude		300.000 €
Gesamtwert des Grundstücks:		
Kaufpreis		400.000 €
+ Wohnrecht		+ 100.000 €
		500.000 €
davon 1/2 für den unbelasteten Teil =		250.000 €
Alternative:		
Unbelastete Wohnung 50 % von 400.000 €		= 200.000 €
Belastete Wohnung	200.000 €	
Wohnrecht	./. 100.000 €	= 100.000 €

Kaufpreisanteil i. H. v. 300.000 € (für Gebäude)
betr. unbelastete Wohnung   = 200.000 €

Kaufpreisrate belastete Wohnung 1/3   = 100.000 €

Grund und Boden je ¹⁄₂   = 50.000 €

Von den gesamten AK i. H. v. 400.000 € entfallen damit auf den unbelasteten
Teil 250.000 € und auf den belasteten Teil 150.000 € (Tz. 50 Nießbrauch-Erlass,
a. a. O.).

Anteilige AK für OG-Wohnung =   250.000 €

Bemessungsgrundlage ohne Grund und Boden   200.000 €

davon AfA gem. § 7 Abs. 4 Nr. 2a EStG 2 %   4.000 €

FALL 265

Obligatorische Nutzungsrechte

Sachverhalt:

A ist Eigentümer eines in 01 erworbenen Zweifamilienhauses (Baujahr 00). Die Erdgeschosswohnung wird selbst genutzt, die Obergeschosswohnung wird vermietet. A räumt ab 1.1.06 seinem volljährigen Sohn B an der Obergeschosswohnung lt. schriftlichem Vertrag ein Nutzungsrecht ein. Die Vereinbarungen werden tatsächlich durchgeführt. B nutzt die Obergeschosswohnung selbst. Die Wohnung im Erdgeschoss wird von A selbst genutzt.

Die ortsübliche Miete beträgt für die beiden vergleichbaren Wohnungen 600 € monatlich.

Die AK des Gebäudes betrugen 300.000 €, die AK des Grund und Bodens 100.000 €. Die Schuldzinsen i. H. v. 6.000 € trägt A allein. Die laufenden Kosten haben A und B hälftig mit jeweils 2.500 € jährlich zu tragen.

AUFGABE

Ermitteln Sie die maßgebenden Beträge für A und B in 06 im Falle, dass B folgende Beträge zahlt:

Fallvariante 1: 0 € (Festlegung für mind. 1 Jahr),

Fallvariante 2: 200 €,

Fallvariante 3: 400 €.

LÖSUNG

Es handelt sich hier um ein steuerlich wirksam bestelltes obligatorisches Nutzungsrecht, da der Vertrag schriftlich abgeschlossen und tatsächlich durchgeführt wurde (Tz. 3 Nießbrauch-Erlass, a. a. O.).

Fallvariante 1:

Es handelt sich um eine unentgeltliche Nutzungsüberlassung durch Abschluss eines steuerlich anzuerkennenden Leihvertrages. Das Nutzungsrecht soll nach den Voraussetzungen der Tz. 7 für einen festgelegten Zeitraum vereinbart worden sein (Tz. 7 Nießbrauch-Erlass, a. a. O.).

B: B erzielt hieraus keine Einnahmen und kann demnach auch keine Werbungskosten abziehen.

A: A erzielt weder bezüglich der selbstgenutzten Wohnung noch bezüglich der mit dem Nutzungsrecht belasteten Wohnung Einnahmen und kann demnach keine Werbungskosten abziehen.

Die Schuldzinsen und sonstigen WK sind nicht zu berücksichtigen.

Fallvariante 2:

Es liegt eine teilweise unentgeltliche Nutzungsüberlassung vor. Da weniger als 66 % der ortsüblichen Miete gezahlt wird, erfolgt eine Aufteilung gem. § 21 Abs. 2 EStG. (Ab 2021 greift die Grenze von 50 %, die ebenfalls unterschritten wird)

B:	Wie vor, keine Einnahmen und keine Werbungskosten.	
A:	A erzielt Mieteinnahmen gem. § 21 Abs. 1 Nr. 1 EStG: 200 € × 12 =	2.400 €
	Die Aufwendungen für diese Wohnung sind anteilig abzugsfähig zu 1/3	
	(200 €/600 €)	./. 1.000 €
	Schuldzinsen 1/2 betr. OG = 3.000 € davon 1/3	
	laufende Kosten sind nicht abzugsfähig, da sie von B getragen werden.	
	AfA gem. § 7 Abs. 4 EStG für das OG zu 1/2 2 % von 150.000 € = 3.000 €,	
	davon 1/3	./. 1.000 €
Einkünfte aus Vermietung und Verpachtung		+ 400 €

Fallvariante 3:

Da hier mind. 66 % (ab 2021 mind. 50 %) der ortsüblichen Miete gezahlt werden, kommt nach § 21 Abs. 2 Satz 2 EStG. Eine Aufteilung in eine entgeltliche und eine unentgeltliche Überlassung nicht in Betracht.

B:	Wie oben	
A:	Einnahmen nach § 21 Abs. 1 Nr. 1 EStG	
	400 € × 12 =	4.800 €
	./. Werbungskosten:	
	Schuldzinsen zu 1/2	./. 3.000 €
	Laufende Kosten für OG werden von B getragen	0 €
	AfA nach § 7 Abs. 4 EStG 2 % von 150.000 € = 3.000 €	./. 3.000 €
	Verlust	./. 1.200 €

FALL 266

Erbauseinandersetzung

Sachverhalt:

Der Vater V verstirbt im Februar 02, seine beiden Söhne A und B beerben ihn zu je 1/2. Zum Nachlass gehörten ein bebautes Grundstück 1 mit einem Verkehrswert von 1,2 Mio. € (AK des Rechtsvorgängers = 600.000 €) und ein bebautes Grundstück 2 mit einem Verkehrswert von 800.000 € (AK Rechtsvorgänger = 300.000 €). Grund- und Bodenanteil jeweils 20 %. Beide Gebäude sind insgesamt vermietet. Der Erblasser hat bisher nur die lineare AfA in Anspruch genommen.

Im Rahmen der Erbauseinandersetzung erhalten

Sohn A:

Haus 1 mit 1,2 Mio. €

Zahlung an B = 200.000 €

Sohn B:

Haus 2 mit 800.000 €

Ausgleichszahlung = 200.000 €

Für die Ausgleichszahlung nimmt A einen Kredit bei der Bank auf.

Fallvariante 1: Die Erbauseinandersetzung erfolgt im Mai 02.

Fallvariante 2: Die Erbauseinandersetzung erfolgt im Mai 03.

AUFGABE

Wie sind die Einkünfte aus den vermieteten Gebäuden zu ermitteln? Aktuelle Rechtslage!

LÖSUNG

Erbfall und Erbauseinandersetzung sind getrennte Vorgänge. Mit dem Tod des V tritt, wenn kein Testament besteht, die gesetzliche Erbfolge ein. Gemäß § 1924 BGB erben A und B zu gleichen Teilen. Das Nachlassvermögen geht gem. § 1922 Abs. 1 BGB auf die aus den beiden Miterben bestehende Erbengemeinschaft A/B über (§ 2032 BGB).

Allgemein zu Fallvariante 1:

Wird innerhalb von 6 Monaten ab dem Erbfall eine klare und rechtlich verbindliche Vereinbarung über die Auseinandersetzung getroffen, so wird diese so behandelt, als wenn sie unmittelbar nach dem Erbfall erfolgt wäre – Rückwirkung der Erbauseinandersetzung auf den Erbfall (Tz. 7–9, BMF v. 14.3.2006, BStBl 2006 I 253 ff.).

Die laufenden Einkünfte sind direkt dem die Einkunftsquelle übernehmenden Miterben zuzurechnen. Also A sind ab Februar 02 die Einkünfte aus Haus 1 und B die aus Haus 2 zuzurechnen, Berechnung s. u.

Fallvariante 2:

Die Einkünfte sind von Februar 02 bis Mai 03 im Rahmen einer einheitlichen und gesonderten Feststellung gem. § 179 Abs. 2 i.V. m. § 180 Abs. 1 Nr. 2a AO zu ermitteln und auf A und B zu je 1/2 zu verteilen. Im Mai 03 erwirbt A von der Erbengemeinschaft nach den Regeln betr. Rechtsgeschäfte unter Lebenden. Sobald einer der Miterben im Rahmen der Auseinandersetzung Ausgleichszahlungen leisten muss, weil er über seine Erbquote hinaus Nachlassgegenstände erhält, handelt es sich insoweit um ein Anschaffungsgeschäft und für den weichenden Erben ggf. um ein Veräußerungsgeschäft. Hierauf hat es keinen Einfluss, ob die Leistung aus dem erlangten Nachlassvermögen erbracht wird oder aus eigenen Mitteln. Die Schuldzinsen für Ausgleichszahlungen sind als Werbungskosten abzugsfähig (BMF v. 14.3.2006, a. a. O., Tz. 26).

A hat i.H.v. 200.000 € Anschaffungskosten für das Haus 1. Hiervon kann A AfA für den darin enthaltenen Gebäudeanteil erhalten, und zwar die lineare AfA gem. § 7 Abs. 4 Nr. 2a EStG.

Gebäudeanteil 160.000 €, davon 2 % =	3.200 €
davon zeitanteilig ab Mai 8/12 =	2.134 €

Den restlichen Anteil i. H.v. 5/6 (200.000 € zu 1,2 Mio. €) erwirbt A unentgeltlich und hat insoweit die AfA-BMG und die AfA des Rechtsvorgängers gem. § 11d EStDV fortzuführen.

5/6 von 600.000 € =	500.000 €
./. Grund und Boden 20 %	./. 100.000 €
Bemessungsgrundlage Rechtsvorgänger	400.000 €
davon 2 % des Rechtsvorgängers =	8.000 € davon 8/12 = 5.334 €

Die restlichen $^4/_{12}$ = 2.666 € sind bei der Einkunftsermittlung für 03 der Erbengemeinschaft zu berücksichtigen.

Außerdem kann A die Schuldzinsen für den Kredit i. H.v. 200.000 € in vollem Umfang als Werbungskosten abziehen.

B erwirbt insgesamt unentgeltlich und hat die AfA und AfA-Bemessungsgrundlage der Erbengemeinschaft = Rechtsvorgänger fortzuführen.

Bemessungsgrundlage	300.000 €
./. Grund und Boden	./. 60.000 €
	240.000 €
davon 2 % =	4.800 €
davon ab Mai 03 $^8/_{12}$ =	3.200 €

Die restliche AfA i. H.v. 1.600 € ist bei der Einkunftsermittlung der Erbengemeinschaft für 03 zu berücksichtigen.

Für den VZ 02 erfolgt die Einkunftermittlung für die Erbengemeinschaft unter Fortführung der AfA-Beträge des Erblassers ab Februar, denn es handelt sich hierbei insgesamt um einen unentgeltlichen Erwerb.

Fallvariante 1:

Wie oben – die entsprechende Ermittlung erfolgt aber bereits ab Februar 02. Eine Zurechnung auf die Erbengemeinschaft unterbleibt.

A: AfA für den entgeltlichen Teil von 3.200 €, davon $^{11}/_{12}$ AfA 2.934 € für den unentgeltlichen Teil von 8.000 €, davon $^{11}/_{12}$ = 7.334 € und die Schuldzinsen für den Kredit als WK.

B: AfA für das unentgeltlich erworbene Haus 2 von 4.800 €, davon $^{11}/_{12}$ = 4.400 €.

FALL 267

Vorweggenommene Erbfolge

Sachverhalt:

Durch notariellen Vertrag vom 11.11.01 überträgt der Vater V (59 Jahre alt) sein vermietetes Einfamilienhaus mit Wirkung vom 1.12.01 (Übergang von Nutzen und Lasten) auf seine Tochter T. Diese zahlt vereinbarungsgemäß für das Einfamilienhaus (Verkehrswert von 450.000 €, Gebäudeanteil 80 %) an V eine lebenslängliche Rente von monatlich 500 € (Mietwert der Wohnung 1.000 €), beginnend ab 1.12.01. Außerdem muss T ihrem Bruder S einen Betrag von 114.700 € zahlen, fällig am 31.10.02. Die Beträge werden pünktlich entrichtet. Die monatliche Miete beträgt 1.000 €.

AUFGABE

Welche steuerlichen Folgen ergeben sich für 01 und 02?

LÖSUNG

T hat das EFH durch obligatorischen Vertrag vom 11.11.01 von V erworben. Ab 1.12.01 erzielt sie Einkünfte aus Vermietung und Verpachtung gem. § 21 Abs. 1 Nr. 1 EStG.

T hat das EFH nicht voll entgeltlich erworben, da sich Leistung und Gegenleistung offensichtlich – und von V auch gewollt – nicht kaufmännisch abgewogen gegenüberstehen (vgl. Tz. 1 und 2, BMF v. 13.1.1993, Erlass zur vorweggenommenen Erbfolge, BStBl 1993 I 80).

Verkehrswert Haus   450.000 €

Gegenleistung:
Das Gleichstellungsgeld an S ist nicht abzuzinsen, da die Schuld zwar unverzinslich, aber die Fälligkeit weniger als 12 Monate später ist (Tz. 11, BMF v. 13.1.1993, a. a. O.):   114.700 €

Kapitalwert der wiederkehrenden Leistung:

12 × 500 € × 13,056 =

(Anlage lt. BMF, Stand 1.1.2019 zu § 14 Abs. 1 BewG:
Männer, 59 Jahre, Faktor 2020 = 13,078).   78.336 €

Leistungen der T zusammen   193.036 €

Es handelt sich hierbei um eine Vermögensübertragung unter vorweggenommener Erbfolge. Daher führt das Gleichstellungsgeld an S zu Anschaffungskosten (Tz. 7, BMF v. 13.1.1993, a. a. O.), hingegen ist bei der Rente zu prüfen, ob es sich um eine sogenannte Versorgungsrente handelt, die keine Anschaffungskosten darstellen würde (Tz. 4–6, BMF v. 13.1.1993, a. a. O.). Die Anschaffungskosten in Höhe des Gleichstellungsgeldes führen aber auf jeden Fall zu einem entgeltlichen bzw. teilentgeltlichen Erwerb i. H. v. 114.700 €/450.000 € = 25,48 %, ca. 26 %.

Rechtslage bei Vermögensübertragungen bis zum 31.12.2007 *(Weitergeltung des bisherigen Rechts § 52 Abs. 23 e EStG):*
Gemäß Tz. 7, 10 des BMF-Schreibens („Rentenerlass") v. 16.9.2004 (BStBl 2004 I 922) handelt es sich bei dem vermieteten EFH um eine existenzsichernde Wirtschaftseinheit.

Damit eine Versorgungsleistung vorliegt, muss es sich außerdem um eine ausreichend Ertrag bringende Wirtschaftseinheit handeln, Tz. 19 ff. BMF v. 16.9.2004.

Zur Überprüfung, ob die Nettoerträge ausreichen, ist der Ertrag des **unentgeltlich übertragenen** *Teils ohne Abzug von AfA (Tz. 24, 25 und 27 Rentenerlass), zu ermitteln. Die Miete der Wohnung beträgt 1.000 €, davon 74 % unentgeltlich = 740 €, Tz. 21 BMF, die monatliche Rente beträgt 500 €. Damit handelt es sich nach überschlägiger Berechnung um eine ausreichend Ertrag bringende Wirtschaftseinheit. Die Versorgungsleistungen sind demnach nach Tz. 47 zu beurteilen. Da die Leistungen abänderbar sind, handelt es sich um eine dauernde Last. Es handelt sich insoweit also nicht um Anschaffungskosten.*

Die Rente ist von V als Einnahme nach § 22 Nr. 1 Satz 1 EStG in voller Höhe zu versteuern, das sind in 01 1 × 500 € und in 02:

12 × 500 € = **6.000 €.**

T hat in gleicher Höhe 500 € in 01 bzw. 6.000 € in 02 Sonderausgaben gem. § 10 Abs. 1 Nr. 1a EStG.

T hat i. H. v. 114.700 € Anschaffungskosten und kann hierfür AfA gem. § 7 Abs. 4 Nr. 2a EStG mit 2 % von 80 % Gebäudeanteil = 91.760 € geltend machen. Die AfA beträgt damit in 01 1/12 von 1.836 € = 153 € und ab 02 = 1.836 € und ist als WK im Rahmen der Einkünfte aus Vermietung und Verpachtung abzugsfähig.

Für den unentgeltlichen Teil ist die AfA-Bemessungsgrundlage des Vaters mit 74 % fortzuführen, § 11d EStDV. In 01 allerdings zeitanteilig mit 1/12, da der Vater für den restlichen Zeitraum 01 selbst Einkünfte erzielt.

Rechtslage bei Vermögensübertragungen nach dem 31.12.2007:

Als Sonderausgaben abzugsfähige Versorgungsleistungen gem. § 10 Abs. 1a Nr. 2 EStG liegen aber nur vor bei Vermögensübertragungen in Zusammenhang mit der Übertragung eines Mitunternehmeranteils, Betriebes, Teilbetriebes, oder eines mind. 50 %igen Anteils an einer GmbH, wenn der Übergeber Geschäftsführer war und der Übernehmer diese Tätigkeit übernimmt. Diese Regelung gilt für Vermögensübertragungen nach dem 31.12.2007 (§ 52 Abs. 18) EStG. Wird anderes Vermögen übertragen – z. B. Übertragung eines Grundstücks- liegt keine begünstigte Vermögensübertragung in Zusammenhang mit Versorgungsleistungen vor, es gelten dann die Grundsätze über wiederkehrende Leistungen in Zusammenhang mit einer Gegenleistung, Tz. 21 und 65 ff., BMF, a. a. O.

Damit handelt es sich im vorliegenden Fall auch betreffend der Rentenvereinbarung um eine teilentgeltliche Übertragung. Das heißt, das Grundstück wird zu 193.036/450.000 = 42,9 % entgeltlich übertragen und zu 57,1 % unentgeltlich, insoweit ist die AfA-Bemessungsgrundlage des Rechtsvorgängers fortzuführen. 193.036 € stellen AK dar und sind mit 2 % von 154.429 € (80 % Gebäudeanteil) = 3.089 € abschreibungsfähig, d. h. in 01 1/12 = 257 €.
Der in der Rentenzahlung enthaltene Zinsanteil ist als Werbungskosten abzugsfähig. Er bemisst sich nach der Tabelle in § 22 Nr. 1 Satz 3 Buchst. a Doppelbuchst. bb EStG mit 23 % von 500 € (Monat Dezember 01) = 115 € und mit 23 % von 6.000 € = 1.380 € für 02. V hat die Rente entsprechend gem. § 22 Nr. 1 Satz 3 Buchst. a Doppelbuchst. bb EStG mit 115 € bzw. 1.380 € abzgl. WK-PB zu versteuern.

10.9 Sonstige Einkünfte (§ 22 EStG)

FALL 268

Veräußerung eines Wohnhauses gegen Leibrente

Sachverhalt:

Frau A ist Eigentümerin mehrerer Wohngrundstücke. Mit notariellem Vertrag vom 20.11.2019 veräußerte sie ein bis dahin vermietetes, vor 15 Jahren hergestelltes Wohnhaus an B. Besitz, Nutzen und Lasten des Hauses gingen am 1.1.2020 auf B über, der das Haus ab diesem Zeitpunkt vermietet.

Als Gegenleistung für die Übertragung des Hauses hat B ab Januar 2020 eine nach kaufmännischen Gesichtspunkten ermittelte monatliche Zahlung i. H.v. 5.000 € bis zum Lebensende der A zu erbringen. A ist bei Beginn der Rente 60 Jahre alt. Vom Kaufpreis entfallen 20 % auf den Grund und Boden.

AUFGABEN

1. Wie ist die A zufließende Rente i. H.v. 60.000 € jährlich einkommensteuerlich zu behandeln?

2. Ist die von B geleistete Rente einkommensteuerlich berücksichtigungsfähig?

3. Wie hoch ist die Bemessungsgrundlage für die von B vorzunehmende Gebäude-AfA?

Zu 1.:

A muss die ihr zufließende Rente i. H. v. (12 × 5.000 € =) 60.000 € im Jahr des Zuflusses als wiederkehrende Bezüge i. S. v. § 22 Nr. 1 Satz 3 Buchst. a EStG versteuern, und zwar in Höhe ihres Ertragsanteils. Da A zu Beginn der Rente das 60. Lebensjahr vollendet hat, beträgt der Ertragsanteil 22 % (§ 22 Nr. 1 Satz 3 Buchst. a Doppelbuchst. bb EStG), so dass sich folgende sonstige Einkünfte ergeben:

22 % von 60.000 € =	13.200 €
./. Werbungskosten-Pauschbetrag (§ 9a Nr. 3 EStG)	./. 102 €
Sonstige Einkünfte	13.098 €

Zu 2.:

B kann den Ertragsanteil seiner Rentenzahlungen im Jahr der Zahlung als Werbungskosten bei seinen Einkünften aus Vermietung und Verpachtung abziehen (§ 9 Abs. 1 Satz 3 Nr. 1 EStG). Der Ertragsanteil, der sich aus der Ertragsanteilstabelle (§ 22 Nr. 1 Satz 3 Buchst. a Doppelbuchst. bb EStG) ergibt, beträgt – wie dargelegt – 22 % von 60.000 € = 13.200 €.

Zu 3.:

Der Kapitalwert der Rente stellt für B die Anschaffungskosten für das erworbene Grundstück dar. Diese Anschaffungskosten müssen auf das Gebäude einerseits und den Grund und Boden andererseits aufgeteilt werden. Da das Gebäude bei einer Vermietung abgeschrieben wird, bilden die auf das Gebäude entfallenden Anschaffungskosten die Bemessungsgrundlage für die AfA. Der Kapitalwert (Barwert) der Rente errechnet sich nach den Vorschriften des Bewertungsgesetzes wie folgt (§ 14 Abs. 1 BewG):

Jahresbetrag der Rente: 12 × 5.000 € =	60.000 €
Vervielfältiger nach dem Lebensalter von Frau A lt. Tabelle 9 zu § 14 Abs. 1 BewG = 13,871 (BMF, BStBl 2019 I 1288 für Stichtage ab 1.1.2020):	
Barwert somit: 60.000 € × 13,871 =	832.260 €
./. Wert des Grund und Bodens: 20 % von 832.260 € =	166.452 €
	665.808 €
Gebäude-Anschaffungskosten = AfA-Bemessungsgrundlage	

Der Vervielfältiger für die Ermittlung des Kapitalwerts einer Leibrente wurde in den letzten Jahren an die gestiegene Lebenserwartung angepasst (BMF v. 26.10.2012, BStBl 2012 I 950 – für Stichtage ab 1.1.2013 und v. 21.10.2014, BStBl 2014 I 1576 – Weitergeltung für Stichtage ab 1.1.2015; BMF v. 2.12.2015, BStBl 2015 I 954 – für Stichtage ab 1.1.2016; BMF v. 4.11.2016, BStBl 2016 I 1166 für Stichtage ab 1.1.2017 – Weitergeltung für Stichtage ab 1.1.2018 lt. BMF v.

28.11.2017, BStBl 2017 I 1526; BMF v. 22.11.2018, BStBl 2018 I 1306 – für Stichtage ab 1.1.2019; BMF v. 2.12.2019, BStBl 2019 I 1288 – für Stichtage ab 1.1.2020; BMF v. 28.10.2020, BStBl 2020 I 1048 – für Stichtage ab 1.1.2021).

FALL 269

Veräußerung eines Mietwohngrundstücks gegen Leibrente mit Wertsicherungsklausel

Sachverhalt:

Herr A veräußert mit Wirkung vom 1.1.01 ein Mietwohngrundstück an B gegen eine auf Lebenszeit des A zu erbringende monatliche Zahlung i. H. v. 3.000 € (= jährlich 36.000 €). Der Kapitalwert der Rente entspricht dem Wert des Grundstücks. Der Vertrag enthält eine am Lebenshaltungskostenindex orientierte Wertsicherungsklausel. Aufgrund der Wertsicherungsklausel erhöhen sich die Rentenzahlungen ab 1.1.03 auf 3.300 € monatlich. A ist bei Beginn der Rente 64 Jahre alt. Vom Grundstückskaufpreis entfallen 20 % auf den Grund und Boden.

B nutzt das erworbene Grundstück durch Vermietung.

AUFGABEN

1. In welcher Höhe unterliegen die Rentenzahlungen der Jahre 01–03 beim Rentenberechtigten der Einkommensteuer?

2. In welcher Höhe sind die Rentenzahlungen der Jahre 01–03 beim Rentenverpflichteten einkommensteuerlich berücksichtigungsfähig?

3. Wie hoch ist die Bemessungsgrundlage für die von B vorzunehmende Gebäude-AfA?

LÖSUNG

Zu 1.:

Im vorliegenden Fall handelt es sich um eine (private) Veräußerungsleibrente, weil die Beteiligten von der Gleichwertigkeit von Leistung und Gegenleistung ausgegangen sind (BFH VIII R 286/81, BStBl 1986 II 55). Veräußerungsleibrenten unterliegen beim Berechtigten lediglich in Höhe des Ertragsanteils als sonstige Einkünfte der Einkommensteuer (§ 22 Nr. 1 Satz 3 Buchst. a Doppelbuchst. bb EStG).

Erhöht sich eine Veräußerungsleibrente aufgrund einer Wertsicherungsklausel, so ist auch der Mehrbetrag nur in Höhe des Ertragsanteils zu versteuern, d. h., der ursprünglich ermittelte Hundertsatz bleibt auch für den Erhöhungsbetrag maßgebend (einheitlicher Ländererlass, BB 1972, 1258).

Die Rentenzahlungen sind daher bei A mit folgenden Beträgen als sonstige Einkünfte einkommensteuerlich zu erfassen:

	01	02	03
Jahresbetrag der Rente	36.000 €	36.000 €	39.600 €
Ertragsanteil: 19 % =	6.840 €	6.840 €	7.524 €
./. Werbungskosten-Pauschbetrag (§ 9a Nr. 3 EStG)	102 €	102 €	102 €
Sonstige Einkünfte	6.738 €	6.738 €	7.422 €

Zu 2.:

Da B das erworbene Grundstück zur Erzielung von Einkünften aus Vermietung und Verpachtung nutzt, kann er den Ertragsanteil der Rente als Werbungskosten bei den Einkünften aus Vermietung und Verpachtung abziehen (§ 9 Abs. 1 Satz 3 Nr. 1 EStG). Das gilt auch für den Ertragsanteil, der auf den Erhöhungsbetrag der Rente entfällt.

	01	02	03
Jahresbetrag der Rente	36.000 €	36.000 €	39.600 €
als Werbungskosten abzugsfähig:			
19 % von 36.000 € bzw. 39.600 € =	6.840 €	6.840 €	7.524 €

Zu 3.:

Der Kapitalwert der Rente stellt für B die Anschaffungskosten für das erworbene Grundstück dar. Er bildet die Bemessungsgrundlage für die AfA, soweit er auf das Gebäude entfällt. Der Kapitalwert der Rente ist grds. nach den Vorschriften des Bewertungsgesetzes zu ermitteln (§ 14 Abs. 1 BewG). Die Erhöhung der Rente aufgrund der Wertsicherungsklausel bewirkt keine Änderung der so ermittelten Anschaffungskosten. Die Anschaffungskosten des B errechnen sich wie folgt:

Jahresbetrag der ursprünglichen Rente: 12 × 3.000 € =	36.000 €
Vervielfältiger nach dem Lebensalter des A lt. Tabelle zu § 14 Abs. 1 BewG für Bewertungsstichtage ab 1.1.2020 (BMF, BStBl 2019 I 1288)	
Kapitalwert somit: 36.000 € × 11,784 =	424.224 €
./. Wert des Grund und Bodens: 20 % von 424.224 €	./. 84.845 €
Gebäude-Anschaffungskosten = AfA-Bemessungsgrundlage	339.379 €

HINWEIS

Der Vervielfältiger für die Ermittlung des Kapitalwerts einer Leibrente wurde in den letzten Jahren an die gestiegene Lebenserwartung angepasst (BMF v. 26.10.2012, BStBl 2012 I 950 – für Stichtage ab 1.1.2013 und v. 21.10.2014, BStBl 2014 I 1576 – Weitergeltung für Stichtage ab 1.1.2015; BMF v. 2.12.2015, BStBl 2015 I 954 – für Stichtage ab 1.1.2016; BMF v. 4.11.2016, BStBl 2016 I 1166 für Stichtage ab 1.1.2017 – Weitergeltung für Stichtage ab 1.1.2018 lt. BMF v. 28.11.2017, BStBl 2017 I 1526; BMF v. 22.11.2018, BStBl 2018 I 1306 – für Stichtage ab

1.1.2019; BMF v. 2.12.2019, BStBl 2019 I 1288 – für Stichtage ab 1.1.2020; BMF v. 28.10.2020, BStBl 2020 I 1048 – für Stichtage ab 1.1.2021).

FALL 270

Veräußerung eines Mietwohngrundstücks gegen dauernde Last

Sachverhalt:

Der 54 Jahre alte A veräußerte Anfang 2020 an B ein Mietwohngrundstück, dessen Verkehrswert rund 340.000 € beträgt, gegen eine auf Lebenszeit des A zu erbringende monatliche Zahlung i. H. v. 2.500 €. Die Beteiligten vereinbaren, dass die Zahlungen nach § 323 ZPO jederzeit an veränderte wirtschaftliche Verhältnisse des Berechtigten oder des Verpflichteten angepasst werden können.

Nach den Vorstellungen der Vertragsparteien stehen sich Leistung und Gegenleistung gleichwertig gegenüber. Vom Kaufpreis entfallen 20 % auf den Grund und Boden. B nutzt das erworbene Grundstück durch Vermietung.

AUFGABEN

1. Ab wann und in welcher Höhe unterliegen die A zufließenden Zahlungen der Einkommensteuer?

2. Sind die von B zu leistenden Zahlungen – ggf. in welcher Höhe – einkommensteuerlich berücksichtigungsfähig?

3. Wie hoch ist die Bemessungsgrundlage für die von B vorzunehmende Gebäude-AfA?

LÖSUNG

Zu 1.:

Haben die Vertragsparteien in einem Grundstückskaufvertrag ausdrücklich eine Abänderbarkeit der Zahlungen entsprechend dem Rechtsgedanken des § 323 ZPO vereinbart, der eine jederzeitige Anpassung an veränderte individuelle Bedürftigkeit des Berechtigten oder die veränderte wirtschaftliche Leistungsfähigkeit des Verpflichteten vorsieht, entfällt die Gleichmäßigkeit der Leistungen. In einem solchen Fall sind die wiederkehrenden Leistungen nicht als Rente, sondern als dauernde Last zu beurteilen (BFH GrS 1/90, BStBl 1992 II 78; X R 104/94, BFH/NV 1998, 1563).

Bei der entgeltlichen Veräußerung eines Grundstücks gegen eine dauernde Last sind die wiederkehrenden Leistungen von Beginn an in einen Vermögensumschichtungs- und einen Zinsanteil zu zerlegen (BFH IX R 110/90, BStBl 1995 II 47; IX R 46/88, BStBl 1995 II 169; vgl. auch die Urteilsanmerkung von Ebling, DStR 1995, 13). Der Zinsanteil führt beim Veräußerer A zu Einnahmen aus Kapitalvermögen (§ 20 Abs. 1 Nr. 7 EStG). Was die Ermittlung des Zinsanteils betrifft, hat der BFH entschieden, dass dieser in entsprechender Anwendung der Ertragsanteilstabelle (§ 22 Nr. 1

Satz 3 Buchst. a Doppelbuchst. bb EStG) zu ermitteln ist (BFH IX R 46/88, BStBl 1995 II 169; offengelassen BFH X R 1-2/90, BStBl 1996 II 680).

Jährlicher Zinsanteil somit:

27 % von (12 × 2.500 € =) 30.000 € = 8.100 €

Zu 2.:

Da B das erworbene Grundstück zur Erzielung von Einkünften aus Vermietung und Verpachtung nutzt, kann er den in seinen Zahlungen enthaltenen Zinsanteil ab 2020 i. H. v. 8.100 € jährlich als Werbungskosten bei seinen Einkünften aus Vermietung und Verpachtung abziehen (§ 9 Abs. 1 Satz 3 Nr. 1 EStG).

Zu 3.:

Der nach den Vorschriften des BewG ermittelte Kapitalwert der dauernden Last bildet, soweit er auf das Gebäude entfällt, die Bemessungsgrundlage für die AfA:

Jahreswert der dauernden Last: 12 × 2.500 € =	30.000 €
Vervielfältiger nach dem Lebensalter von A lt. Tabelle zu § 14 Abs. 1 BewG = 14,182 (BMF, BStBl 2019 I 1288 für Stichtage ab 1.1.2020):	
Kapitalwert somit: 30.000 € × 14,204 =	426.120 €
./. Wert des Grund und Bodens: 20 % von 426.120 € =	./. 85.224 €
Anschaffungskosten Gebäude = AfA-Bemessungsgrundlage	340.896 €

HINWEIS

Der Vervielfältiger für die Ermittlung des Kapitalwerts einer Leibrente wurde in den letzten Jahren an die gestiegene Lebenserwartung angepasst (BMF v. 26.10.2012, BStBl 2012 I 950 – für Stichtage ab 1.1.2013 und v. 21.10.2014, BStBl 2014 I 1576 – Weitergeltung für Stichtage ab 1.1.2015; BMF v. 2.12.2015, BStBl 2015 I 954 – für Stichtage ab 1.1.2016; BMF v. 4.11.2016, BStBl 2016 I 1166 für Stichtage ab 1.1.2017 – Weitergeltung für Stichtage ab 1.1.2018 lt. BMF v. 28.11.2017, BStBl 2017 I 1526; BMF v. 22.11.2018, BStBl 2018 I 1306 – für Stichtage ab 1.1.2019; BMF v. 2.12.2019, BStBl 2019 I 1288 – für Stichtage ab 1.1.2020; BMF v. 28.10.2020, BStBl 2020 I 1048 – für Stichtage ab 1.1.2021).

FALL 271

Betriebsübertragung gegen private Versorgungsleibrente

Sachverhalt:

Der 60 Jahre alte A übertrug mit notariellem Vertrag vom 27.12.2019 zum 1.1.2020 seinen Gewerbebetrieb auf seinen Sohn B gegen eine – ab dem 1.1.2020 zahlbare – lebenslängliche Rente i. H. v. monatlich 2.000 €. Die Höhe der Rente ist nicht nach dem Verkehrswert des Betriebs, sondern nach den Versorgungsbedürfnissen des A ausgerichtet worden. Das steuerliche Kapitalkonto des A beläuft sich am 31.12.2019 auf 150.000 €. Im übertragenen Betriebsvermögen sind stille Reserven i. H. v. 400.000 € enthalten. Der Kapitalwert der Rente beträgt rund 305.000 €. Das übertragene Unternehmen wirft ausreichend Erträge ab, aus denen die Versorgungsleistungen an den Übergeber gezahlt werden können.

AUFGABEN

1. Welche einkommensteuerlichen Auswirkungen ergeben sich für A im Zusammenhang mit der Betriebsübertragung gegen Rente?

2. Welche einkommensteuerlichen Auswirkungen ergeben sich für B im Zusammenhang mit dem Betriebserwerb gegen Rente?

LÖSUNG

Zu 1.:

In der Praxis kommt es häufig vor, dass Stpfl. ihren Betrieb im Wege der vorweggenommenen Erbfolge gegen Zusage einer Rente auf die nachfolgende Generation übertragen. Die Rentenzahlungen orientieren sich – anders als bei Betriebsübertragungen zwischen fremden Dritten – i. d. R. nicht am Verkehrswert des Betriebs, sondern mehr an den Versorgungsbedürfnissen des Übertragenden, an der finanziellen Situation des Erwerbers oder an erbrechtlichen Überlegungen.

Die anlässlich einer Betriebsübergabe vereinbarten wiederkehrenden Leistungen, die der Versorgung des Empfängers dienen und dem Übernehmer das Nachrücken in eine die Existenz wenigstens teilweise sichernde Wirtschaftseinheit ermöglichen, stellen – der widerlegbaren Vermutung nach – sog. private Versorgungsleistungen dar. Der Unternehmensübergeber behält sich oder anderen in Gestalt der Versorgungsleistungen typischerweise Erträge seines Vermögens vor, die nunmehr allerdings vom Betriebsübernehmer erwirtschaftet werden müssen.

Steuerrechtlich handelt es sich prinzipiell um kein entgeltliches Rechtsgeschäft, sondern um eine unentgeltliche Betriebsübertragung mit der Folge, dass der Betriebsübernehmer die Buchwerte des Betriebsübergebers unverändert fortführen muss (§ 6 Abs. 3 EStG). Die Versorgungsleistungen werden beim Verpflichteten den Sonderausgaben (§ 10 Abs. 1a Nr. 2 EStG) und beim Empfänger den wiederkehrenden Bezügen (§ 22 Nr. 1a EStG) zugerechnet. Die Rechtsprechung bezeichnet diese Gestaltungen als „steuerrechtlich privilegierte Vermögensübertragung gegen Versorgungsleistungen" (BFH X R 54/94, BStBl 1997 II 813; vgl. auch die Beschlüsse des Großen Senats, GrS 1/00, BStBl 2004 II 95; GrS 2/00, BStBl 2004 II 100; BMF, BStBl 2004 I 922; BMF, BStBl 2010 I 227).

Das Rechtsinstitut der Vermögensübertragung gegen Versorgungsleistungen (§ 10 Abs. 1a Nr. 2 EStG bzw. § 22 Nr. 1a EStG) ist durch das JStG 2008 (BGBl 2007 I 3150 = BStBl 2008 I 218) eingeschränkt worden. Begünstigt sind nur noch Versorgungsleistungen im Zusammenhang mit der Übertragung eines

▶ Mitunternehmeranteils an einer Personengesellschaft, die eine Tätigkeit i. S. d. § 13, § 15 Abs. 1 Satz 1 Nr. 1 oder des § 18 Abs. 1 EStG ausübt (§ 10 Abs. 1a Nr. 2 Buchst. a EStG) – Anteile an gewerblich geprägten Gesellschaften sind nicht begünstigt,

▶ Betriebs oder Teilbetriebs (§ 10 Abs. 1a Nr. 2 Buchst. b EStG) sowie

▶ mindestens 50 % betragenden Anteils an einer GmbH, wenn der Übergeber als Geschäftsführer tätig war und der Übernehmer diese Tätigkeit nach der Übertragung übernimmt (§ 10 Abs. 1a Nr. 2 Buchst. c EStG).

Begünstigtes Vermögen war nach früherer Rechtslage jede ertragbringende Vermögenseinheit, z. B. ein Betrieb oder ein privates Mietwohnhaus, soweit dieses hinreichende Erträge abwarf, um die zu leistenden Zahlungen zu erwirtschaften (BMF, BStBl 2004 I 922, Rn. 10). Diese Rechtslage ist zum Teil obsolet. Die Neuregelung gilt für Versorgungsleistungen, die auf nach dem 31.12.2007 vereinbarten Vermögensübertragungen beruhen (§ 52 Abs. 23e EStG). Für zuvor vereinbarte Versorgungsleistungen gilt das bisherige Recht prinzipiell weiter.

Nach früher geltendem Recht hatte der Stpfl. de facto ein Wahlrecht, ob lebenslänglich wiederkehrende Leistungen zugunsten des Betriebsübergebers als dauernde Last einzustufen waren oder eine Leibrente darstellen sollten (BFH X R 66/98, BStBl 2004 II 830; BMF, BStBl 2004 I 922, Rn. 47 f.). Handelt es sich bei den Versorgungsleistungen um eine Leibrente, konnte der Übernehmer nach bisherigem Recht diese mit ihrem Ertragsanteil als Sonderausgaben abziehen, bei Vorliegen einer dauernden Last konnten die Leistungen in voller Höhe als Sonderausgaben abgezogen werden.

Das neue Recht hat diese Unterscheidung zwischen Renten und dauernden Lasten „aus Vereinfachungsgründen" aufgegeben (so der Regierungsentwurf zum JStG 2008, 86). Künftig sind daher die vollständigen Zahlungen beim Erwerber abzugsfähig und korrespondierend dazu in voller Höhe beim Übertragenden steuerbar. Eine Beschränkung des Sonderausgabenabzugs auf den Ertragsanteil ist nach neuem Recht nicht mehr möglich. A muss daher die ihm 2019 zufließenden Zahlungen i. H. v. 24.000 € als sonstige Einkünfte versteuern (§ 22 Nr. 1a EStG), ein Veräußerungsgewinn nach § 16 EStG entsteht ihm nicht:

Jährliche Rente: 12 × 2.000 € =	24.000 €
./. Werbungskosten-Pauschbetrag (§ 9a Nr. 3 EStG)	./. 102 €
Sonstige Einkünfte nach § 22 Nr. 1a EStG	23.898 €

HINWEIS

Die Finanzverwaltung hat mit einem umfangreichen BMF-Schreiben v. 11.3.2010 (BStBl 2010 I 227) ihre Verwaltungsanweisungen zur einkommensteuerrechtlichen Behandlung von wiederkehrenden Leistungen im Zusammenhang mit einer Vermögensübertragung neu gefasst und an die aktuelle Rechtslage angepasst.

Zu 2.:

B kann die Rentenzahlungen in voller Höhe von 24.000 € als Sonderausgaben abziehen (§ 10 Abs. 1a Nr. 2 Buchst. b EStG). Da von einer unentgeltlichen Betriebsübertragung auszugehen ist, muss er nach § 6 Abs. 3 EStG die Buchwerte des Rentenberechtigten fortführen (BFH GrS 4 - 6/89, BStBl 1990 II 847).

FALL 272

Kauf eines teils selbst genutzten und teils zum Vermieten bestimmten Hauses auf Rentenbasis

Sachverhalt:

A hat mit Kaufvertrag vom 2.12.2019 von der 60 Jahre alten Frau B ein Mietwohnhaus mit sechs gleich großen Wohnungen erworben, von denen er fünf vermietet hat und eine selbst bewohnt. Als Gegenleistung übernahm A die Verpflichtung, ab 1.1.2020 eine Rente an Frau B von monatlich 5.000 € bis zu deren Tod zu leisten. Der Kaufvertrag enthält eine am Lebenshaltungskostenindex orientierte Wertsicherungsklausel, der zufolge sich die Rentenzahlungen ab 1.1.2022 auf monatlich 5.200 € erhöhen. Der Wert des erworbenen Grund und Bodens beträgt 20 % des Kaufpreises.

AUFGABEN

1. Von welcher Bemessungsgrundlage kann A seine Gebäude-Abschreibungen vornehmen?

2. Kann A die Rentenzahlungen – ggf. in welcher Höhe – bei seinen Einkünften aus Vermietung und Verpachtung abziehen?

3. Kann A die auf die eigen genutzte Wohnung entfallenden Rentenzahlungen steuerlich geltend machen?

4. In welcher Höhe sind die Rentenzahlungen bei Frau B in den Jahren 2020–2022 steuerlich zu erfassen?

LÖSUNG

Zu 1.:

Der Kapitalwert/Barwert der Rente im Zeitpunkt der Anschaffung stellt für den Käufer A die Anschaffungskosten für das erworbene Mietwohngrundstück dar. Diese Anschaffungskosten müssen auf das Gebäude einerseits und den Grund und Boden andererseits aufgeteilt werden. Soweit die Gebäude-Anschaffungskosten auf die vermieteten Wohnungen entfallen, bilden sie die Bemessungsgrundlage für die bei den Einkünften aus Vermietung und Verpachtung abzugsfähige AfA.

Was die Ermittlung des Rentenbarwerts betrifft, ist zu beachten, dass im betrieblichen Bereich der Barwert üblicherweise nach versicherungsmathematischen Grundsätzen ermittelt wird (BFH IV R 126/76, BStBl 1980 II 491; VIII R 238/81, BFH/NV 1986, 597). Für den Bereich der Überschusseinkünfte, vor allem der Einkünfte aus Vermietung und Verpachtung, ergibt sich aus § 1 BewG, dass der Barwert nach den Vorschriften des BewG zu ermitteln ist (BFH VI R 162/61 S,

BStBl 1964 III 8; VIII R 231/80, BStBl 1984 II 109). Ob der Barwert wiederkehrender Leistungen auch im Rahmen der Überschusseinkünfte versicherungsmathematisch ermittelt werden kann, wenn der Stpfl. selbst diese Art der Berechnung den getroffenen Vereinbarungen zugrunde gelegt hat, oder wenn er darauf besteht, diese Schätzungsmethode als die exaktere anzuwenden, hat der BFH offengelassen (BFH IX R 110/90, BStBl 1995 II 47). Die Finanzverwaltung gewährt insoweit ein Wahlrecht (R 6.2 EStR 2012).

Frau B war bei Beginn der Rentenzahlungen 60 Jahre alt. Der Barwert errechnet sich nach den Vorschriften des BewG wie folgt (§ 14 Abs. 1 BewG):

Jahresbetrag ursprüngliche Rente: 12 × 5.000 € =	60.000 €
Vervielfältiger nach dem Lebensalter von Frau B lt. Tabelle zu § 14 Abs. 1 BewG = 13,871 (BMF, BStBl 2019 I 1288 für Stichtage ab 1.1.2020):	
Kapitalwert somit: 60.000 € × 13,871 =	832.260 €
./. Wert des Grund und Bodens: 20 % von 832.260 € =	166.452 €
Gebäude-Anschaffungskosten	665.808 €
davon entfallen auf die vermieteten Wohnungen = AfA-Bemessungsgrundlage:	
5/6 von 665.808 € =	554.840 €

Zu beachten ist, dass sich die so ermittelten Anschaffungskosten nicht ändern, obwohl sich die Rente aufgrund der Wertsicherungsklausel ab 1.1.2022 erhöht (BFH VIII R 231/80, BStBl 1984 II 109).

HINWEIS

Der Vervielfältiger für die Ermittlung des Kapitalwerts einer Leibrente wurde in den letzten Jahren an die gestiegene Lebenserwartung angepasst (BMF v. 26.10.2012, BStBl 2012 I 950 – für Stichtage ab 1.1.2013 und v. 21.10.2014, BStBl 2014 I 1576 – Weitergeltung für Stichtage ab 1.1.2015; BMF v. 2.12.2015, BStBl 2015 I 954 – für Stichtage ab 1.1.2016; BMF v. 4.11.2016, BStBl 2016 I 1166 für Stichtage ab 1.1.2017 – Weitergeltung für Stichtage ab 1.1.2019 lt. BMF v. 28.11.2017, BStBl 2017 I 1526; BMF v. 22.11.2018, BStBl 2018 I 1306 – für Stichtage ab 1.1.2019; BMF v. 2.12.2019, BStBl 2019 I 1288 – für Stichtage ab 1.1.2020; BMF v. 28.10.2020, BStBl 2020 I 1048 – für Stichtage ab 1.1.2021).

Zu 2.:

Nutzt der Käufer – wie vorliegend A – das erworbene Grundstück teilweise zur Erzielung von Einkünften aus Vermietung und Verpachtung, kann er den Ertragsanteil der Veräußerungsleibrente als Werbungskosten bei seinen Einkünften aus Vermietung und Verpachtung abziehen, soweit er auf die vermieteten Wohnungen entfällt (§ 9 Abs. 1 Satz 3 Nr. 1 EStG). Der Ertragsanteil hängt vom Lebensalter des Rentenberechtigten bei Beginn der Rente ab. Er braucht nicht individuell berechnet zu werden, sondern kann aus der gesetzlichen Ertragsanteilstabelle als Prozentsatz abgelesen werden (§ 22 Nr. 1 Satz 3 Buchst. a Doppelbuchst. bb EStG). Dieser Prozentsatz ist auf die zugeflossenen Rentenzahlungen anzuwenden. Die Höhe des Ertragsanteils wird nur einmal zu Beginn der Rente ermittelt und bleibt dann für den einzelnen Rentenfall unverändert (BFH IX R 110/90, BStBl 1995 II 47, 53), es sei denn, der Gesetzgeber beschließt eine neue Ertragsanteilstabelle.

Maßgebend für die Höhe des Ertragsanteils ist das vollendete Lebensjahr der Frau B bei Beginn der Rente (§ 22 Nr. 1 Satz 3 Buchst. a Doppelbuchst. bb EStG). Der Ertragsanteil beträgt somit 22 % der Rentenzahlungen, wobei zu beachten ist, dass die aufgrund der Wertsicherungsklausel eingetretenen Rentenerhöhungen ebenfalls nur mit dem Ertragsanteil von 22 % berücksichtigt werden dürfen. Der Mehrbetrag, der auf der Wertsicherungsklausel beruht, ist weder eine zusätzliche selbständige Rente (BFH VI R 267/66, BStBl 1970 II 9), noch handelt es sich um Schuldzinsen (BFH IX R 138/86, BFH/NV 1991, 227 unter 1.), er ist vielmehr Teil der Rente, der die Kontinuität deren inneren Wertes sicherstellt. Der auf der Wertsicherungsklausel beruhende Mehrbetrag der Rente kann daher einkommensteuerrechtlich nicht anders behandelt werden als der ursprünglich vereinbarte Betrag (BFH IX R 138/86, BFH/NV 1991, 227; VIII R 38/94, BStBl 1998 II 339). Es ist daher wie folgt zu rechnen:

	2020	2021	2022
2020: 22 % von 60.000 €	13.200 €		
2021: 22 % von 60.000 €		13.200 €	
2022: 22 % von 62.400 €			13.728 €
Auf die vermieteten Wohnungen entfallender, als Werbungskosten abzugsfähiger Ertragsanteil: 5/6	11.000 €	11.000 €	11.440 €

Zu 3.:

Soweit der Nutzungswert der eigenen Wohnung nicht mehr besteuert wird, können mangels steuerlich zu erfassender Einnahmen keine Werbungskosten abgezogen werden. Der Erwerber einer eigengenutzten Wohnung kann daher den Ertragsanteil einer Leibrente nicht als Werbungskosten abziehen. Der BFH hat diese Auffassung bestätigt (BFH X R 32-33/01, BStBl 2011 II 675).

Zu 4.:

Die Leibrentenzahlungen setzen sich hier aus zwei Komponenten zusammen: dem Kapitalanteil, der dem Verkehrswert des veräußerten Grundstücks entspricht, und dem Zinsanteil, sog. Ertragsanteil, der die Verzinsung des eingesetzten „Kapitals" widerspiegelt. Der Kapitalanteil der Rente wird steuerlich nicht erfasst, da kein privates Veräußerungsgeschäft vorliegt (§ 23 EStG). Der Ertragsanteil ist bei der Veräußerin B als sonstige Einkünfte steuerbar (§ 22 Nr. 1 Satz 3 Buchst. a Doppelbuchst. bb EStG), obwohl der Erwerber ihn nicht als Sonderausgaben abziehen kann, soweit er auf die eigengenutzte Wohnung entfällt (BFH X R 32-33/01, BStBl 2011 II 675):

	2020	2021	2022
2020: 22 % von 60.000 €	13.200 €		
2021: 22 % von 60.000 €		13.200 €	
2022: 22 % von 62.400 €			13.728 €
./. Werbungskosten-Pauschbetrag (§ 9a Nr. 3 EStG)	./. 102 €	./. 102 €	./. 102 €
Sonstige Einkünfte	13.098 €	13.098 €	13.626 €

Veräußerungsleibrente bei mehreren Rentenberechtigten

Sachverhalt:

A veräußert eine in seinem Alleineigentum stehende Eigentumswohnung an C gegen Zahlung einer lebenslänglichen Rente von monatlich 3.000 €. Die Rente steht A und seiner Ehefrau B gemeinsam zu mit der Maßgabe, dass sie beim Ableben des zuletzt Sterbenden erlöschen soll. Der Ehemann ist bei Beginn des Rentenbezugs 60, seine Ehefrau 55 Jahre alt.

In welcher Höhe unterliegen die jährlichen Rentenzahlungen bei A und B der Einkommensteuer?

Die steuerliche Behandlung der Rentenzahlungen als Veräußerungsleibrente wird nicht dadurch ausgeschlossen, dass die Ehefrau B nicht Eigentümerin bzw. Miteigentümerin der veräußerten Eigentumswohnung gewesen ist. Da die Rente den Eheleuten gemeinsam zusteht, ist der Ertragsanteil A und B je zur Hälfte zuzurechnen. Für die Ermittlung des Ertragsanteils ist das Lebensjahr der jüngsten Person maßgebend (§ 55 Abs. 1 Nr. 3 EStDV). Der Ertragsanteil beträgt somit 26 % (§ 22 Nr. 1 Satz 3 Buchst. a Doppelbuchst. bb EStG). Die sonstigen Einkünfte errechnen sich wie folgt:

		A	B
Jahresrente: 12 × 3.000 € =	36.000 €		
Ertragsanteil: 26 % von 36.000 € =	9.360 €		
Anteilige Einnahmen			
1/2 von 9.360 € =		4.680 €	4.680 €
./. Werbungskosten-Pauschbetrag (§ 9a Nr. 3 EStG)		./. 102 €	./. 102 €
Sonstige Einkünfte		4.578 €	4.578 €

Herabsetzung einer gemeinsamen Rente nach dem Tod eines Berechtigten

Sachverhalt:

Die Eheleute A und B beziehen aufgrund einer Grundstücksveräußerung eine gemeinsame lebenslängliche Rente i. H. v. 36.000 € jährlich. Die Rente soll beim Ableben des zuerst Sterbenden auf 30.000 € herabgesetzt werden. A ist zu Beginn des Rentenbezugs 60, seine Ehefrau B 55 Jahre alt.

AUFGABE

Wie hoch ist der Ertragsanteil der Rente?

LÖSUNG

Wird eine gemeinsame Rente nach dem Tod eines Berechtigten herabgesetzt, so ist der Ertragsanteil nach § 55 Abs. 1 Nr. 3 EStDV zu ermitteln. In diesem Fall ist bei der Ermittlung des Grundbetrags der Rente, d. h. des Betrags, auf den sie später herabgesetzt wird, das Lebensjahr der jüngsten Person zugrunde zu legen. Für den über den Grundbetrag hinausgehenden Rentenbetrag ist das Lebensjahr der ältesten Person maßgebend (H 22.4 „Ertragsanteil einer Leibrente" EStH 2018).

Ertragsanteil des Grundbetrags

Grundbetrag =	30.000 €
Ertragsanteil (maßgebend ist das Lebensalter der B): 26 % von 30.000 € =	7.800 €

Ertragsanteil des übersteigenden Rententeils

Über den Grundbetrag hinausgehender Rentenbetrag =	6.000 €
Ertragsanteil (maßgebend ist das Lebensalter des A): 22 % von 6.000 € =	1.320 €
Insgesamt	9.120 €

Der Ertragsanteil ist auf die Eheleute wie folgt aufzuteilen:

	A	B
Anteiliger Ertragsanteil		
je 1/2 von 9.120 € =	4.560 €	4.560 €
./. Werbungskosten-Pauschbetrag (§ 9a Nr. 3 EStG)	./. 102 €	./. 102 €
Sonstige Einkünfte	4.458 €	4.458 €

FALL 275

Ertragsanteil einer Ehegatten nacheinander zustehenden Rente

Sachverhalt:

A erhält im Zusammenhang mit einer Grundstücksveräußerung eine lebenslängliche Rente von jährlich 30.000 €. Die Beteiligten haben vereinbart, dass im Falle des Todes des A seine Ehefrau B eine lebenslängliche Rente von 24.000 € jährlich erhalten soll. A ist zu Beginn des Rentenbezugs 60, seine Ehefrau B 50 Jahre alt.

AUFGABE

Wie hoch ist der Ertragsanteil der Rente?

LÖSUNG

Im vorliegenden Fall steht die Rente nur dem Ehemann A zu; seine Ehefrau B erhält nur für den Fall eine Rente, dass sie A überlebt. Es liegen zwei Renten vor, von denen Letztere aufschiebend bedingt ist. Der Ertragsanteil für diese Rente ist erst von dem Zeitpunkt an zu versteuern, in dem die Bedingung (d. h. der Tod des A) eintritt.

Der Ertragsanteil der A zustehenden Rente beträgt (22 % von 30.000 € =) 6.600 € (§ 22 Nr. 1 Satz 3 Buchst. a Doppelbuchst. bb EStG).

FALL 276

Ertragsanteil einer abgekürzten Leibrente

Sachverhalt:

A erhält im Zusammenhang mit einem Grundstücksverkauf eine Rente i. H. v. 30.000 € jährlich bis zu seinem Lebensende, längstens jedoch für einen Zeitraum von 15 Jahren.

a) A ist bei Beginn der Rente 62 Jahre alt.

b) A ist bei Beginn der Rente 75 Jahre alt.

AUFGABE

Wie hoch ist der Ertragsanteil der Rente?

LÖSUNG

Es handelt sich um eine abgekürzte Leibrente (Höchstzeitrente):

Stirbt A innerhalb des Zeitraums von 15 Jahren, so erlischt die Rente mit seinem Tod; überlebt A diesen Zeitraum, so endet die Rente mit Ablauf von 15 Jahren.

Der Ertragsanteil einer abgekürzten Leibrente ist nach der Lebenserwartung unter Berücksichtigung der zeitlichen Begrenzung zu ermitteln (§ 55 Abs. 2 EStDV). Das geschieht in der Weise, dass der Ertragsanteil nach § 22 Nr. 1 Satz 3 Buchst. a Doppelbuchst. bb EStG (das ist der Ertragsanteil nach der Lebenserwartung) mit dem Ertragsanteil der Tabelle nach § 55 Abs. 2 EStDV (das ist der Ertragsanteil unter Berücksichtigung der zeitlichen Begrenzung) verglichen wird; der jeweils niedrigere Ertragsanteil ist maßgebend:

	Fall a)	Fall b)
Ertragsanteil nach § 22 Nr. 1 Satz 3 Buchst. a Doppelbuchst. bb EStG	21 %	11 %
Ertragsanteil nach § 55 Abs. 2 EStDV	16 %	16 %
Maßgebender Ertragsanteil	16 %	11 %

FALL 277

Ertragsanteil einer verlängerten Leibrente

Sachverhalt:

A erhält von B aufgrund des Verkaufs eines zur Vermietung bestimmten Grundstücks eine Rente i. H. v. 30.000 € jährlich. Die Vertragsparteien haben vereinbart, dass die Rente bis zum Lebensende des A, mindestens aber für die Dauer von 15 Jahren gezahlt werden soll.

a) A ist bei Beginn der Rente 50 Jahre alt.

b) A ist bei Beginn der Rente 70 Jahre alt.

c) A ist bei Beginn der Rente 80 Jahre alt.

AUFGABEN

1. Wie hoch ist der Ertragsanteil der Rente im Fall a) und b)?

2. Wie sind die „Rentenzahlungen" im Fall c) steuerlich zu behandeln?

LÖSUNG

Es handelt sich um eine verlängerte Leibrente (Mindestzeitrente):

Überlebt A die Mindestlaufzeit von 15 Jahren, so erlischt die Rente mit seinem Tod; stirbt A innerhalb der Mindestlaufzeit, steht die Rente bis zum Ablauf von 15 Jahren seinen Erben zu.

Da die Ermittlung des Ertragsanteils einer verlängerten Leibrente gesetzlich nicht geregelt ist, sind die Grundsätze zur Ermittlung des Ertragsanteils einer abgekürzten Leibrente sinngemäß anzuwenden. Das bedeutet, dass vorliegend die Ertragsanteile nach § 22 Nr. 1 Satz 3 Buchst. a

Doppelbuchst. bb EStG mit ebensolchen nach der Tabelle des § 55 Abs. 2 EStDV verglichen werden müssen; der höhere Ertragsanteil ist maßgebend:

	Fall a)	Fall b)
Ertragsanteil nach § 22 Nr. 1 Satz 3 Buchst. a Doppelbuchst. bb EStG	30 %	15 %
Ertragsanteil nach § 55 Abs. 2 EStDV	16 %	16 %
Maßgebender Ertragsanteil	30 %	16 %

Im **Fall a)** ist davon auszugehen, dass die Lebenserwartung länger ist als die vereinbarte Mindestlaufzeit; deswegen ist der Ertragsanteil nach § 22 Nr. 1 Satz 3 Buchst. a Doppelbuchst. bb EStG zugrunde zu legen. Diese Betrachtung entspricht einer neuen Entscheidung des BFH in der ausgeführt wird: Muss der Stpfl. als Kaufpreis für ein vermietetes Grundstück eine Rente auf Lebenszeit des Verkäufers leisten, so kann er nach § 9 Abs. 1 Satz 3 Nr. 1 Satz 2 i. V. m. § 22 Nr. 1 Satz 3 Buchst. a Doppelbuchst. bb EStG auch dann nur den Ertragsanteil als Werbungskosten absetzen, wenn die Vertragsparteien eine Mindestlaufzeit der Rente vereinbart haben, diese aber kürzer ist als die durchschnittliche Lebensdauer des Bezugsberechtigten (BFH IX R 56/07, BStBl 2010 II 24).

Im **Fall b)** ist die Mindestlaufzeit von 15 Jahren länger als die durchschnittliche Lebenserwartung des A; deswegen ist der Ertragsanteil der Tabelle des § 55 Abs. 2 EStDV zu entnehmen. Der Ertragsanteil nach dieser Tabelle beträgt 16 %.

Im **Fall c)** kommt eine sinngemäße Anwendung der Grundsätze zur Ermittlung des Ertragsanteils einer abgekürzten Leibrente nicht in Betracht. Denn die Mindestlaufzeit von 15 Jahren ist wesentlich länger als die voraussichtliche Lebenserwartung des A; in einem solchen Fall ist die verlängerte Leibrente wie Kaufpreisraten zu behandeln (BFH VIII R 131/70, BStBl 1975 II 173; III R 191/84, BStBl 1989 II 9; IX R 56/07, BStBl 2010 II 24; vgl. hierzu auch die Urteilsanmerkung von Schellenberger, DStZ 1975, 152). Dies beruht darauf, dass die Rente nicht mehr von der Lebenserwartung bestimmt wird, sondern von der Wahrscheinlichkeit, dass sie über den Tod des Verkäufers hinaus bis zur vereinbarten Mindestlaufzeit gezahlt werden muss. Damit erfüllt sie nicht mehr die Merkmale einer Leibrente. Sind die Rentenzahlungen als Kaufpreisraten zu behandeln, müssen sie in einen Zins- und Tilgungsanteil zerlegt werden.

B hat Anschaffungskosten in Höhe des Barwerts der verlängerten Leibrente i. H. v. 30.000 € × 10,314 = 309.420 € (vgl. die Tabelle 7 zu § 13 Abs. 1 BewG in BStBl 2001 I 1041, 1057), die auf den Grund und Boden einerseits und das Gebäude andererseits aufzuteilen sind. Die auf das Gebäude entfallenden Anschaffungskosten bilden die Bemessungsgrundlage für die AfA in Bezug auf den entgeltlich erworbenen Teil. Der Zinsanteil, der sich aus der Differenz zwischen den jährlichen Barwertminderungen und der Summe der jährlichen Zahlungen ergibt, ist als Werbungskosten bei den Einkünften aus Vermietung und Verpachtung abziehbar. Bei A gehört der Zinsanteil zu den Einnahmen aus Kapitalvermögen. Aus Vereinfachungsgründen kann der Zinsanteil auch nach der Ertragsanteilstabelle des § 55 Abs. 2 EStDV bestimmt werden (BMF, BStBl 2004 I 922 Rn. 61).

Besteuerung einer Mehrbedarfsrente

Sachverhalt:

A ist infolge eines ärztlichen Kunstfehlers im Jahr 01 arbeitsunfähig geworden. Ein Gericht verpflichtet den behandelnden Arzt im Jahr 05, dem A neben einem Schmerzensgeld (§ 847 BGB) eine Mehrbedarfsrente (§ 843 Abs. 1 Alt. 2 BGB) rückwirkend ab dem 1.1.02 i. H. v. monatlich 1.000 € bis an sein Lebensende zu zahlen.

Die Haftpflichtversicherung des Arztes leistet im Jahr 05 folgende Zahlungen: Das Schmerzensgeld, die rückständige Mehrbedarfsrente für die Jahre 02–04 von 3 × 12.000 € = 36.000 € sowie die laufende Mehrbedarfsrente für 05 i. H. v. 12.000 €. Das Gericht berechnete die Mehrbedarfsrente wie folgt:

600 € für Hilfs- und Begleitpersonen,

300 € für das Halten eines Pkw,

100 € für sonstige Bedürfnisse wie erhöhte Körperpflege, Diät und Elektro-Rollstuhl.

Unterliegt die in 05 zugeflossene Mehrbedarfsrente von 48.000 € als wiederkehrende Bezüge (§ 22 Nr. 1 Satz 1 EStG) der Einkommensteuer?

Einem Verletzten ist, wenn u. a. infolge einer Verletzung des Körpers oder der Gesundheit eine Vermehrung seiner Bedürfnisse eintritt, Schadensersatz durch Entrichtung einer Geldrente (sog. Mehrbedarfsrente) zu leisten (§ 843 Abs. 1 BGB). Ein Mehrbedarf kann dem Verletzten bspw. durch laufend benötigte Medikamente, Kosten für die Wartung und Instandhaltung medizinischer und orthopädischer Hilfsmittel (künstliche Gliedmaßen, Brillen, Hörgeräte, Stützkorsett) oder – wie hier – für Hilfs- und Begleitpersonen, für das Halten eines Pkw sowie für sonstige Bedürfnisse wie erhöhte Körperpflege, Diät und einen Elektro-Rollstuhl entstehen.

Früher wurden Mehrbedarfsrenten von der Finanzverwaltung einkommensteuerrechtlich wie Unterhaltsrenten (§ 844 Abs. 2 BGB) als in voller Höhe wiederkehrende Bezüge (§ 22 Nr. 1 Satz 1 EStG) erfasst. Für Unterhaltsrenten hat der BFH entschieden, dass diese in voller Höhe steuerbare sonstige Bezüge darstellen (BFH VIII R 9/77, BStBl 1979 II 133).

In späteren Entscheidungen (BFH VIII R 79/91, BStBl 1995 II 121; X R 106/92, BFH/NV 1995, 1050; vgl. auch die Urteilsanmerkung in HFR 1995, 196) schränkt der BFH seine zur Steuerbarkeit von Schadensersatzrenten vertretene Rechtsprechung auf die Fälle ein, in denen Ersatz für andere bereits steuerbare Einkünfte geleistet wird, z. B. Geldrenten wegen Minderung der Erwerbsfähigkeit (§ 843 Abs. 1 Alt. 1 BGB, § 24 Nr. 1a EStG). Ersatzleistungen in Form von Schadensersatz-Mehrbedarfsrenten i. S. d. § 843 Abs. 1 Alt. 2 BGB sind nach der gewandelten Rechtsauffassung des BFH nicht einkommensteuerbar (BFH X B 132/10, BFH/NV 2011, 1136). Daraus folgt, dass A die in 05 zugeflossenen Rentenzahlungen i. H. v. 48.000 € als echten Schadensersatz – ebenso wie das Schmerzensgeld – nicht zu versteuern braucht, obwohl die Rentenzahlungen ihrer äußeren Form nach wiederkehrende Leistungen sind (ebenso BMF v. 15.7.2009, BStBl 2009 I 836).

FALL 279

Besteuerung von Schadensersatzrenten

Sachverhalte:

1. Der 50 Jahre alte Rechtsanwalt A erhält ab 1.1.01 aufgrund eines auf einer privaten Fahrt von einem Dritten verschuldeten Verkehrsunfalles von dessen Versicherung eine monatliche Geldrente von 1.500 €, die den Verdienstausfall des A wegen seiner verminderten Erwerbsfähigkeit ersetzen soll (§ 843 Abs. 1 Alt. 1 BGB). Außerdem erhielt er im Jahr 01 ein Schmerzensgeld von 100.000 €.

2. Der Ehemann von Frau C ist aufgrund eines Fehlers des ihn behandelnden Arztes des Kreiskrankenhauses G verstorben. C hat gegenüber dem Kreiskrankenhaus G mit Erfolg Schadensersatz geltend gemacht. Die V-Versicherungs-AG zahlte C 01 eine Schadensersatzrente nach § 844 Abs. 2 BGB i. H. v. 1.022 € monatlich. Die monatliche Zahlung entfällt i. H. v. 664 € auf den materiellen Unterhaltsschaden und i. H. v. 358 € auf den Haushaltsführungsschaden.

AUFGABE

Sind die Versicherungsleistungen einkommensteuerbar?

LÖSUNG

Zu 1.:

Kommt ein Mensch durch einen Unfall oder eine ärztliche Fehlbehandlung zu Schaden oder wird er getötet, werden oft Schadensersatzrenten nach den §§ 842 ff. BGB gewährt. Wird infolge einer Verletzung des Körpers oder der Gesundheit die Erwerbsfähigkeit des Verletzten aufgehoben oder gemindert, so ist dem Verletzten durch Entrichtung einer Geldrente Schadensersatz zu leisten (§ 843 Abs. 1 Alt. 1 BGB).

Die steuerliche Behandlung hängt davon ab, wofür eine solche Rente gezahlt wird. Bei Entschädigungen wegen Körperverletzung wird unterschieden zwischen Beträgen, die

▶ den Verdienstausfall ersetzen und solchen, die

▶ als Ersatz für Arzt- und Heilungskosten und die Mehraufwendungen während der Krankheit,

▶ sowie als Ausgleich für immaterielle Einbußen in Form eines Schmerzensgeldes gewährt werden (BFH XI R 40/02, BStBl 2004 II 726).

Die laufenden Rentenzahlungen, die den Verdienstausfall ganz oder teilweise ersetzen, sind nach § 24 Nr. 1 Buchst. a EStG steuerpflichtig. Nach dieser Vorschrift gehören zu den Einkünften i. S. d. § 2 Abs. 1 EStG auch Entschädigungen, die als Ersatz für entgangene oder entgehende Einnahmen gewährt werden. Die Beträge, die den Verdienstausfall ersetzen, sind als Einkünfte der Einkunftsart anzusehen, für die sie einen Ersatz bilden. Es kann sich dabei um Einkünfte aus Land- und Forstwirtschaft, aus Gewerbebetrieb, aus freiberuflicher Tätigkeit oder um Einkünfte aus nichtselbständiger Arbeit handeln.

Vorliegend wird die Rente von monatlich 1.500 € für den unfallbedingten Gewinnentgang gezahlt. Es handelt sich um den Ersatz des infolge des Unfalls entgangenen freiberuflichen Gewinnes. Die Rentenzahlungen gehören daher zu den Betriebseinnahmen des A und erhöhen auf diese Weise seine Einkünfte aus selbständiger Arbeit i. S. d. § 18 Abs. 1 Nr. 1 EStG (BFH IV 630/55 U, BStBl 1957 III 164; IV 143/58 U, BStBl 1961 III 101).

Beträge, die als Ersatz für Arzt- und Heilungskosten und die Mehraufwendungen während der Krankheit sowie als Ausgleich für immaterielle Einbußen in Form eines Schmerzensgeldes gewährt werden, sind nicht einkommensteuerbar (BFH XI R 40/02, BStBl 2004 II 726).

Zu 2.:

Der BFH hat sich in einer älteren Entscheidung auf den Standpunkt gestellt, dass Schadensersatzrenten, die aufgrund von § 844 Abs. 2 BGB für den Verlust von Unterhaltsansprüchen gewährt werden, wiederkehrende Bezüge i. S. v. § 22 Nr. 1 Satz 1 EStG und als solche in vollem Umfang steuerpflichtig sind (BFH VIII R 9/77, BStBl 1979 II 133). Die Finanzverwaltung hatte sich dieser – in der Literatur umstrittenen – Rechtsprechung angeschlossen und angeordnet, dass Schadensersatzrenten, die auf der Rechtsgrundlage der § 844 Abs. 2, § 845 BGB für den Verlust von Unterhaltsansprüchen oder von gesetzlich geschuldeten Diensten gezahlt werden, mit ihrem vollen Betrag nach § 22 Nr. 1 Satz 1 EStG zu besteuern sind (BMF, BStBl 1995 I 705).

Der BFH hat dagegen entschieden, dass eine Schadensersatzrente gem. § 844 Abs. 2 BGB, die zum Ausgleich des durch den Tod des Unterhaltsverpflichteten eingetretenen materiellen Unterhaltsschadens und des Haushaltsführungsschadens gezahlt wird, weder als Leibrente noch als sonstiger wiederkehrender Bezug einkommensteuerbar ist (BFH X R 31/07, BStBl 2009 II 651; VI R 14/13, BFH/NV 2016, 1142, Rn. 20). Die Finanzverwaltung akzeptiert diese Rechtsprechung (BMF v. 15.7.2009, BStBl 2009 I 836).

HINWEIS

Der BFH will nach seiner jüngeren Rechtsprechung die Besteuerung von Schadensersatzrenten wohl auf die Fälle beschränkt wissen, in denen Schadensersatz für entgangene Einnahmen geleistet wird.

FALL 280

Besteuerung einer Altersrente aus der gesetzlichen Rentenversicherung mit Rentenbeginn vor 2005

Sachverhalt:

A bezieht ab dem 1.7.2004 eine Regelaltersrente i. H. v. 1.000 € monatlich aus der gesetzlichen Rentenversicherung, weil er im Juni 2004 das 65. Lebensjahr vollendet hat. Die im Jahr 2020 zugeflossenen Rentenzahlungen betragen 12 × 1.200 € = 14.400 €.

AUFGABE

Wie hoch sind die sonstigen Einkünfte des A im Jahr 2020?

LÖSUNG

Die Besteuerung der Renten aus der gesetzlichen Rentenversicherung wurde durch das Alterseinkünftegesetz v. 5.7.2004 (BGBl 2004 I 1427) ab 2005 neu geregelt. Von der Neuregelung betroffen sind alle Rentenbezieher, gleichgültig, ob sie bereits jetzt eine Rente beziehen oder z. B. erst in 20 oder 30 Jahren. Grund für die Neuregelung war eine Entscheidung des BVerfG (v. 6.3.2002, 2 BvL 17/99, BStBl 2002 II 618), wonach die unterschiedliche Besteuerung von Beamtenpensionen und Renten aus der gesetzlichen Rentenversicherung mit dem Gleichheitssatz des Grundgesetzes unvereinbar ist.

Renten aus der gesetzlichen Rentenversicherung unterliegen als „sonstige Einkünfte" gem. § 22 EStG der Einkommensbesteuerung. Aber im Gegensatz zu den anderen Einkunftsarten gibt es bei den Renten einen großen Vorteil: Renten aus den gesetzlichen Rentenversicherungen wurden bis 2004 nur mit dem günstigen Ertragsanteil (einem pauschalierten Zinsanteil), danach im Rahmen einer Übergangsregelung bis zum Jahr 2040 schrittweise nachgelagert besteuert. Die Besteuerung mit dem Ertragsanteil bzw. der schrittweise Übergang zur nachgelagerten Besteuerung in der Übergangszeit hat den Vorteil, dass nicht die volle Rente, sondern nur ein Teil davon der Einkommensteuer unterliegt. Erst Renten aus den gesetzlichen Rentenversicherungen, die ab dem Jahr 2040 beginnen, müssen voll versteuert werden. Vom steuerpflichtigen Teil der Rente wird mindestens der Werbungskosten-Pauschbetrag von 102 € abgezogen. Nach Meinung des BFH ist die Umstellung der Besteuerung der Alterseinkünfte auf die nachgelagerte Besteuerung verfassungsmäßig (BFH X R 15/07, BStBl 2009 II 710).

Betroffen vom schrittweisen Übergang zur nachgelagerten Besteuerung sind alle Rentenzahlungen aus der gesetzlichen Rentenversicherung ab 2005, also auch Renten, die vor dem 1.1.2005 begonnen haben (sog. Bestandsrenten). Ab 2005 unterliegen alle Bestandsrenten sowie die in 2005 erstmals gezahlten Renten zu 50 % der Besteuerung. Alle Rentenarten aus der gesetzlichen Rentenversicherung werden ab 2005 gleichbehandelt. Es wird nicht mehr unterschieden, ob es sich um eine lebenslange Leibrente, z. B. Altersrente, oder um eine abgekürzte Leibrente, z. B. Erwerbsminderungsrente, handelt.

Für Renten, die ab 2006 beginnen, steigt der Besteuerungsanteil der Rente – je nach Jahr des Rentenbeginns (Rentnerjahrgang) – bis zum Jahr 2020 schrittweise um zwei Prozentpunkte jährlich auf 80 % und danach um einen Prozentpunkt jährlich auf 100 % ab dem Jahr 2040. Der Besteuerungsanteil gilt einheitlich und damit auch für die Renten der selbständig tätigen und nicht pflichtversicherten Personen. Der Besteuerungsanteil ist nach dem Jahr des Rentenbeginns und dem in diesem Jahr maßgebenden Prozentsatz aus der Tabelle des § 22 Nr. 1 Satz 3 Buchst. a Doppelbuchst. aa EStG zu entnehmen.

Ab 2005 unterliegen – wie erwähnt – alle Bestandsrenten zu 50 % der Besteuerung. Dieser prozentuale Besteuerungsanteil teilt die Rente in zwei Teile auf: Den Besteuerungsanteil der Rente und den Teil der Jahresrente, der steuerfrei bleibt. Der steuerfreie Betrag wird vom FA als Rentenfreibetrag festgeschrieben und gilt in dieser Höhe für die gesamte Laufzeit der Rente (§ 22 Nr. 1 Satz 3 Buchst. a Doppelbuchst. aa Satz 5 EStG).

A muss versteuern:

Jahresrente 2020	
12 × 1.200 €	14.400 €
./. Rentenfreibetrag wie 2005: 50 % von 12.000 €	./. 6.000 €
./. Werbungskosten-Pauschbetrag (§ 9a Nr. 3 EStG)	./. 102 €
Sonstige Einkünfte	8.298 €

FALL 281

Besteuerung einer Altersrente aus der gesetzlichen Rentenversicherung mit Rentenbeginn ab 2005

Sachverhalt:

Arbeitnehmer A bezieht ab 1.7.2005 eine Regelaltersrente von monatlich 1.000 €, weil er im Juni 2005 das 65. Lebensjahr vollendet hatte. Die im Jahr 2006 zugeflossenen Rentenzahlungen betrugen 12.000 €, die im Jahr 2020 zugeflossenen Rentenzahlungen belaufen sich auf 15.000 €.

AUFGABE

Wie hoch sind die sonstigen Einkünfte des A im Jahr 2020?

LÖSUNG

Bei Rentenbeginn ab 2005 beträgt der prozentuale Besteuerungsanteil – wie für (vor 2005 begonnene) Bestandsrenten – 50 %. Der Rentenfreibetrag wird bei ab 2005 beginnenden Renten aber erst ab dem Jahr ermittelt, das auf das Jahr des ersten Rentenbezugs folgt (hier: 2006). Da die meisten Rentner im ersten Jahr ihres Rentenbezugs ihre Rente nur für einen Teil des Jahres beziehen, wird der endgültige Rentenfreibetrag erst aus der vollen Jahresbruttorente des zweiten Rentenbezugsjahrs ermittelt. Der Rentenfreibetrag beträgt daher 50 % von 12.000 € = 6.000 €.

A muss 2020 versteuern:

Jahresrente	15.000 €
./. Rentenfreibetrag wie 2006:	./. 6.000 €
./. Werbungskosten-Pauschbetrag (§ 9a Nr. 3 EStG)	./. 102 €
Sonstige Einkünfte	8.898 €

FALL 282

Besteuerung einer Witwenrente aus der gesetzlichen Rentenversicherung mit Rentenbeginn ab 2005

Sachverhalt:

Die 50 Jahre alte Frau B erhält nach dem Tod ihres Ehemannes ab 1.7.2005 eine große Witwenrente von monatlich 750 €. Die im Jahr 2006 zugeflossenen Rentenzahlungen betrugen 9.000 €, die im Jahr 2020 zugeflossenen Renteneinnahmen belaufen sich auf 10.800 €.

AUFGABE

Wie hoch sind die sonstigen Einkünfte der Frau B im Jahr 2020?

LÖSUNG

Auch für Witwenrenten hat sich die Besteuerung geändert, und zwar sowohl für am 1.1.2005 bereits bestehende als auch neu beginnende Renten. Steuerpflichtig ist auch hier der Teil der Rente, der über dem Rentenfreibetrag liegt. Der Rentenfreibetrag beträgt vorliegend ausgehend von der 2006 zugeflossenen Rente 50 % von 9.000 € = 4.500 €, so dass wie folgt zu rechnen ist:

Jahresrente 2020	10.800 €
./. Rentenfreibetrag wie 2006: 50 % von 9.000 €	./. 4.500 €
./. Werbungskosten-Pauschbetrag (§ 9a Nr. 3 EStG)	./. 102 €
Sonstige Einkünfte	6.198 €

Besteuerung einer Witwenrente nach vorhergehender Versichertenrente

Sachverhalt:

A ging am 1.7.2004 in Rente. Seine Altersrente betrug im Jahr 2005 12.000 €. Er starb Anfang 2006. Seine Ehefrau B erhält ab 1.2.2006 eine große Witwenrente von monatlich 600 €. Die Rente betrug im Jahr 2007 7.200 € und im Jahr 2020 9.000 €.

Wie hoch sind die sonstigen Einkünfte der Frau B im Jahr 2020?

Für Folgerenten wird der niedrigere Besteuerungsanteil vorausgegangener Renten berücksichtigt, wenn ein ununterbrochener Rentenbezug vorliegt (§ 22 Nr. 1 Satz 3 Buchst. a Doppelbuchst. aa Satz 8 EStG). Hinterbliebenenrenten, die einer Versichertenrente folgen, werden also nach dem Rentenbeginn des Versicherten versteuert.

Obwohl die Witwenrente von Frau B 2006 begann, beträgt der Besteuerungsanteil für diese Rente nicht 52 %, sondern 50 %, da die gesetzliche Rente von A vor 2005 begann.

Frau B muss im Jahr 2020 versteuern:

Jahresbetrag Witwenrente 2020:	9.000 €
./. Rentenfreibetrag wie 2007: 50 % von 7.200 €	./. 3.600 €
./. Werbungskosten-Pauschbetrag (§ 9a Nr. 3 EStG)	./. 102 €
Sonstige Einkünfte	5.298 €

Der Rentenfreibetrag für die gesamte restliche Laufzeit der Witwenrente von Frau B beträgt 3.600 €.

Rente aus einer berufsständischen Versorgungseinrichtung

Sachverhalt:

Frau Dr. Z war früher als selbständige Zahnärztin in eigener Praxis tätig. Sie ist am 20.5.1939 geboren. Seit dem 1.6.2004 ist sie im Ruhestand. Sie erhält von der Versorgungsanstalt der Landeszahnärztekammer Versorgungsbezüge (Altersruhegeld). Im Jahr 2020 hat sie Versorgungsbezüge von 29.000 € erhalten. Das Altersruhegeld 2005 betrug 24.000 €.

Die Landeszahnärztekammer hat Frau Dr. Z eine Bescheinigung nach § 22 Nr. 1 Satz 3 Buchst. a Doppelbuchst. bb Satz 2 EStG ausgestellt. Daraus ergibt sich, dass 20 % der Versorgungsbezüge auf Beiträgen beruhen, die oberhalb des Höchstbeitrags zur gesetzlichen Rentenversicherung entrichtet wurden. In 15 Jahren wurden Beiträge oberhalb des Höchstbeitrags zur gesetzlichen Rentenversicherung gezahlt.

AUFGABEN

1. Wie hoch sind die sonstigen Einkünfte von Frau Dr. Z im Jahr 2020?

2. Wie hoch sind die sonstigen Einkünfte von Frau Dr. Z im Jahr 2020, wenn sie die Anwendung der Öffnungsklausel beantragt?

LÖSUNG

Zu 1:

Auch Renten aus berufsständischen Versorgungseinrichtungen werden prinzipiell nachgelagert besteuert (§ 22 Nr. 1 Satz 3 Buchst. a Doppelbuchst. aa Satz 1 EStG). Nachgelagerte Besteuerung bedeutet im Endergebnis, dass die Rentenbeiträge zur gesetzlichen Rentenversicherung und ihr gleichgestellten Versicherungen bzw. berufsständischen Versorgungswerken zum Zeitpunkt der Zahlung von der Einkommensteuer freigestellt werden und erst die darauf beruhenden Renten besteuert werden.

Kern der nachgelagerten Rentenbesteuerung ist in der Übergangsphase der Rentenfreibetrag. Das ist der Teil der Rente, der nicht versteuert werden muss. Der Rentenfreibetrag ergibt sich aus der Differenz zwischen dem Jahresbetrag der Rente und dem der Besteuerung unterliegenden Anteil der Rente (§ 22 Nr. 1 Satz 3 Buchst. a Doppelbuchst. aa Satz 4 EStG). Vorliegend ist wie folgt zu rechnen:

Jahresbetrag der Rente 2020	29.000 €
./. Rentenfreibetrag 2020 (wie 2005): 50 % von 24.000 €	./. 12.000 €
./. Werbungskosten-Pauschbetrag	./. 102 €
Sonstige Einkünfte	16.898 €

Zu 2:

Die nachgelagerte Besteuerung kann bei Selbständigen, die in der Vergangenheit hohe Beiträge in ein berufsständisches Versorgungswerk eingezahlt haben, zu einer ungerechten Überbesteuerung führen. Deshalb kann **auf Antrag** ein Teil der Leibrente nur der Ertragsanteilsbesteuerung unterworfen werden (§ 22 Nr. 1 Satz 3 Buchst. a Doppelbuchst. bb Satz 2 EStG). Es handelt sich um den Rententeil, der auf Beiträgen oberhalb des Höchstbeitrags zur gesetzlichen Rentenversicherung beruht, die bis zum 31.12.2004 für mindestens zehn Jahre geleistet wurden. Die Jahre müssen nicht unmittelbar aufeinanderfolgen (BMF, BStBl 2013 I 1087, Rn. 240).

Bei Anwendung der Öffnungsklausel wird nur der Teil der Rente nachgelagert besteuert, der auf Beitragszahlungen bis zur Höhe des Höchstbetrags zur gesetzlichen Rentenversicherung beruht. Der andere Teil der Rente wird dagegen mit dem wesentlich günstigeren Ertragsanteil besteuert.

Der Antrag auf anteilige Ertragsanteilsbesteuerung ist beim zuständigen FA i. d. R. im Rahmen der Einkommensteuererklärung formlos zu stellen (BMF, BStBl 2013 I 1087, Rn. 239). Die Öffnungsklausel ist nicht von Amts wegen anzuwenden. Der Stpfl. muss einmalig nachweisen, dass er in mindestens zehn Jahren vor dem 1.1.2005 Beiträge oberhalb des Höchstbetrags gezahlt hat. Der Nachweis ist durch Bescheinigung der einzelnen Versorgungsträger zu erbringen, die Angaben über die in den einzelnen Jahren geleisteten Beiträge enthalten müssen (BMF, BStBl 2013 I 1087, Rn. 247).

20 % der Rente 2019 von 29.000 € = 5.800 € entfallen auf Beiträge oberhalb des Höchstbetrags. Für diese Einnahmen ergibt sich abhängig vom Geburtsdatum von Frau Dr. Z (20.5.1939) und vom Beginn der Rente (1.6.2004) ein Ertragsanteil nach § 22 Nr. 1 Satz 3 Buchst. a Doppelbuchst. bb Satz 4 EStG von 18 %.

Es ist wie folgt zu rechnen:

Jahresbetrag der Rente 2020		29.000 €
Einnahmen bei Anwendung der Öffnungsklausel:		
20 % von 27.500 €		./. 5.800 €
Nachgelagert zu versteuern		23.200 €
Rentenfreibetrag 2005 ff.:		
50 % von (24.000 € ./. 20 % =) 19.200 €		9.600 €
		13.600 €
Unter die Öffnungsklausel fallende Einnahmen:		
20 % von 29.000 €	5.800 €	
Davon steuerpflichtig mit Ertragsanteil von 18 %		1.044 €
		14.644 €
Werbungskosten-Pauschbetrag		./. 102 €
Sonstige Einkünfte		14.542 €

FALL 285

Veräußerung eines geschenkten Grundstücks innerhalb von 10 Jahren seit Anschaffung

Sachverhalt:

A und B sind Eheleute, die zusammen zur Einkommensteuer veranlagt werden. Die Ehefrau B erwarb am 20.3.2012 ein unbebautes Grundstück für 90.000 €. Dieses Grundstück schenkte sie mit Vertrag vom 10.1.2020 ihrem Ehemann A, der es am 15.9.2020 für 290.000 € verkaufte.

Liegen Einkünfte aus einem „privaten Veräußerungsgeschäft" i. S. v. § 22 Nr. 2, § 23 Abs. 1 Nr. 1 EStG vor?

LÖSUNG

Nach § 22 Nr. 2 i. V. m. § 23 Abs. 1 Nr. 1 EStG liegt bei Grundstücken prinzipiell ein privates Veräußerungsgeschäft (sog. Spekulationsgeschäft) vor, wenn der Zeitraum zwischen Anschaffung und Veräußerung nicht mehr als zehn Jahre beträgt. Das Vorliegen eines „privaten Veräußerungsgeschäfts" setzt also voraus, dass der Stpfl. das Grundstück anschafft und binnen zehn Jahren veräußert, wobei für die Berechnung des Zehn-Jahres-Zeitraums grds. auf den Abschluss des schuldrechtlichen (obligatorischen), nicht des dinglichen, Rechtsgeschäfts abzustellen ist (BFH VIII R 16/83, BStBl 1984 II 311; IX R 23/13, BStBl 2015 II 487).

Bei einer Schenkung unter Lebenden muss sich der Beschenkte (hier A), der das unentgeltlich erworbene Grundstück veräußert, die Besitzzeit des Schenkers (hier B) zurechnen lassen (§ 23 Abs. 1 Satz 3 EStG). Die Anschaffung durch den Schenker wird also dem Beschenkten zugerechnet mit der Folge, dass der Beschenkte den Tatbestand des § 22 Nr. 2 i. V. mit § 23 Abs. 1 Nr. 1 EStG verwirklicht, wenn zwischen Anschaffung durch den Schenker und Veräußerung durch den Beschenkten nicht mehr als zehn Jahre liegen. Der beschenkte A erzielt daher im Jahr 2020 folgende Einkünfte aus privaten Veräußerungsgeschäften:

Veräußerungspreis	290.000 €
./. Anschaffungskosten	./. 90.000 €
Einkünfte aus privatem Veräußerungsgeschäft i. S. v. § 23 EStG	200.000 €

FALL 286

Privates Veräußerungsgeschäft bei einem Grundstück, wenn dieses zwischenzeitlich im Betriebsvermögen gehalten wird

Sachverhalt:

Einzelgewerbetreibender A hat am 10.5.2012 ein unbebautes Grundstück für 100.000 € erworben. Am 1.4.2018 hat er das Grundstück mit seinem Teilwert von 130.000 € in das Betriebsvermögen seines Einzelunternehmens eingelegt. Am 31.10.2019 hat er es aus seinem Betriebsvermögen mit dem Teilwert von 140.000 € entnommen. Am 10.11.2020 hat A das Grundstück für 160.000 € veräußert.

Führt die Veräußerung des Grundstücks, das im Privatvermögen angeschafft, zwischenzeitlich in das Betriebsvermögen eingelegt und vor der Veräußerung wieder in das Privatvermögen überführt (entnommen) wurde, zu einem privaten Veräußerungsgeschäft i. S. v. § 22 Nr. 2 i. V. m. § 23 Abs. 1 Nr. 1 EStG?

LÖSUNG

Der Zweck des § 23 EStG besteht darin, innerhalb der Veräußerungsfrist realisierte Werterhöhungen eines bestimmten Wirtschaftsguts im Privatvermögen des Stpfl. der ESt zu unterwerfen. Vorliegend liegt das gem. § 23 Abs. 1 Satz 1 Nr. 1 EStG steuerpflichtige, private Veräußerungsgeschäft – nach der Anschaffung im Jahr 2012 – im Jahr 2020.

Die Einlage des Grundstücks am 1.4.2018 in das Betriebsvermögen ist mangels Rechtsträgerwechsels keine Veräußerung (BMF, BStBl 2000 I 1383). Auch die Entnahme aus dem Betriebsvermögen im Jahr 2019 ist mangels Rechtsträgerwechsels keine Veräußerung (BMF, BStBl 2000 I 1383, Rn. 5). Zwar gilt nach § 23 Abs. 1 Satz 2 EStG als Anschaffung auch die Überführung eines Wirtschaftsguts in das Privatvermögen des Stpfl. durch Entnahme. Diese Fiktion einer Anschaffung entfaltet aber nach der vom BFH vertretenen Auffassung keine Wirkung (BFH IX R 66/10, BStBl 2013 II 1002). Denn die ursprüngliche tatsächliche Anschaffung im Jahr 2012 wirkt fort, da die Voraussetzungen der Veräußerungsfiktion des § 23 Abs. 1 Satz 5 Nr. 1 EStG nicht erfüllt sind. Deshalb sind für die Ermittlung des sog. Spekulationsgewinns die ursprünglichen Anschaffungskosten zugrunde zu legen, und der Gewinn aus dem privaten Veräußerungsgeschäft ist um den im Betriebsvermögen zu erfassenden Gewinn zu korrigieren. Der durch die Grundstücksveräußerung im Jahr 2020 erzielte Gewinn aus einem privaten Veräußerungsgeschäft ist nach Auffassung des BFH wie folgt zu berechnen:

Veräußerungserlös	160.000 €
./. Anschaffungskosten 2012	./. 100.000 €
+ Teilwert bei Einlage im Jahr 2018	+ 130.000 €
./. Teilwert bei Entnahme im Jahr 2019	./. 140.000 €
Einkünfte aus privatem Veräußerungsgeschäft im Jahr 2020	50.000 €

FALL 287

Einkünfte aus privaten Veräußerungsgeschäften bei Herstellung eines Gebäudes

Sachverhalt:

A hat am 15.1.01 ein unbebautes Grundstück für 80.000 € erworben und in den Jahren 02 und 03 mit einem zur Vermietung bestimmten Fertighaus bebaut. Das Gebäude, dessen Herstellungskosten 340.000 € betragen haben, wurde am 10.1.03 fertiggestellt und ab diesem Zeitpunkt vermietet. Am 20.12.04 hat A das bebaute Grundstück dem Mieter für 520.000 € veräußert. Vom Kaufpreis entfallen 120.000 € auf den Grund und Boden und 400.000 € auf das Gebäude.

A hat das Gebäude in den Jahren 03 und 04 wie folgt abgeschrieben:

03:	Lineare AfA (§ 7 Abs. 4 Satz 1 Nr. 2a EStG): 2 % von 340.000 € =	6.800 €
04:	Lineare AfA (§ 7 Abs. 4 Satz 1 Nr. 2a EStG): 2 % von 340.000 € =	6.800 €

AUFGABE

Hat A – ggf. in welcher Höhe – Einkünfte aus privaten Veräußerungsgeschäften i. S. v. § 22 Nr. 2 i. V. m. § 23 EStG erzielt?

LÖSUNG

Nach dem Wortlaut sowie dem Sinn und Zweck des § 23 EStG sollen innerhalb der Veräußerungsfrist realisierte Wertänderungen eines bestimmten Wirtschaftsguts im Privatvermögen des Stpfl. der Einkommensteuer unterworfen werden. Daraus ergibt sich das Erfordernis der Nämlichkeit von angeschafftem und innerhalb der Haltefristen veräußertem Wirtschaftsgut, wobei Nämlichkeit Identität im wirtschaftlichen Sinn bedeutet (BFH IX R 25/15, BStBl 2018 II 518). Das innerhalb der Veräußerungsfrist veräußerte Wirtschaftsgut muss mit dem angeschafften Wirtschaftsgut identisch sein.

Grund und Boden sowie Gebäude sind auch hier grds. selbständige Wirtschaftsgüter. Allerdings ist bei einem innerhalb der Veräußerungsfrist von zehn Jahren „fertiggestellten Gebäude" nicht nur die Wertsteigerung des Grund und Bodens, sondern auch die des Gebäudes einzubeziehen (§ 23 Abs. 1 Satz 1 Nr. 1 Satz 2 EStG). Vom Veräußerer bei den Einkünften aus Vermietung und Verpachtung in Anspruch genommene Abschreibungen sind von den ursprünglichen Herstellungskosten des Gebäudes abzuziehen (§ 23 Abs. 3 Satz 4 EStG), wenn Anschaffung und Veräußerung nach dem 31.7.1995 erfolgten. Es ist wie folgt zu rechnen:

a) Grund und Boden

Veräußerungspreis Grund und Boden		120.000 €
./. Anschaffungskosten Grund und Boden		./. 80.000 €
Einkünfte i. S. v. § 23 EStG		40.000 €

b) Gebäude

Veräußerungspreis Gebäude		400.000 €
./. Herstellungskosten	./. 340.000 €	
AfA 03 und 04: 2 × 6.800 €	13.600 €	./. 326.400 €
Einkünfte i. S. v. § 23 EStG		73.600 €

FALL 287A

Zeitpunkt der Berücksichtigung von Veräußerungskosten bei einem privaten Veräußerungsgeschäft

Sachverhalt:

A veräußerte am 1.12.2020 für 300.000 € einen 2018 für 240.000 € erworbenen Bauplatz, den er bis zum Verkauf an einen Gewerbetreibenden (fremden Dritten) als Parkplatz vermietet hat. Der Kaufpreis floss A im Januar 2021 zu. Da A sich vertraglich zur lastenfreien Übertragung des Grundstücks verpflichtet hat, löste er ein noch i.H.v. 180.000 € bei seiner Bank bestehendes Restdarlehen ab, das er zur Finanzierung der Anschaffungskosten der Immobilie aufgenommen hatte. Hierfür berechnete ihm die kreditgebende Bank eine Vorfälligkeitsentschädigung von 10.000 €, die von A noch im Jahr 2020 entrichtet wurde.

AUFGABE

Hat A – ggf. in welchem Jahr und in welcher Höhe – Einkünfte aus einem privaten Veräußerungsgeschäft i.S.v. § 22 Nr. 2 i.V. m. § 23 EStG erzielt?

LÖSUNG

Gewinn oder Verlust aus privaten Veräußerungsgeschäften ist der Unterschied zwischen dem Veräußerungspreis einerseits und den Anschaffungs- oder Herstellungskosten bzw. dem an deren Stelle tretenden Ersatzwert und den Werbungskosten andererseits (§ 23 Abs. 3 Satz 1 bis 3 EStG). Zu den Werbungskosten, die neben den Anschaffungs- oder Herstellungskosten vom Veräußerungspreis abzuziehen sind, gehören die Aufwendungen, die der Veräußerer macht, um die Veräußerung herbeizuführen. Als Werbungskosten abziehbar sind alle Aufwendungen, die mit der Veräußerung wirtschaftlich zusammenhängen.

Ein Gewinn aus einem privaten Veräußerungsgeschäft ist nach § 11 Abs. 1 EStG im Jahr des Zuflusses des Veräußerungserlöses zu versteuern (BFH IX R 18/16, BStBl 2017 II 676, Rn. 18). Die durch das private Veräußerungsgeschäft veranlassten Werbungskosten sind – abweichend vom Abflussprinzip (§ 11 Abs. 2 EStG) – in dem Jahr abzuziehen, in dem der Veräußerungserlös zufließt (BFH X R 6/91, BStBl 1991 II 916).

Zu den Werbungskosten gehört die Vorfälligkeitsentschädigung von 10.000 €. Bei der Leistung einer Vorfälligkeitsentschädigung im Zuge der Veräußerung von Immobilien wird der ggf. bestehende – durch die Aufnahme eines Darlehens zur Finanzierung der Anschaffungskosten einer der Vermietung dienenden Immobilie begründete – wirtschaftliche Zusammenhang mit der bisherigen Vermietungstätigkeit überlagert bzw. ersetzt von einem neuen, durch die Veräußerung ausgelösten Veranlassungszusammenhang. Ist dieser Veräußerungsvorgang – wie vorliegend nach § 23 Abs. 1 Satz 1 Nr. 1 EStG – steuerbar, ist die Vorfälligkeitsentschädigung als Veräußerungskosten in die Ermittlung des Veräußerungsgewinns oder -verlusts einzustellen (BFH IX R 42/13, BStBl 2015 II 633, Rn. 12).

A muss daher 2021 Einkünfte aus einem privaten Veräußerungsgeschäft von 50.000 € versteuern (Erlös 300.000 € ./. Anschaffungskosten 240.000 € ./. Werbungskosten 10.000 €).

FALL 288

Anschaffungsfiktion bei Überführung eines Wirtschaftsguts aus dem Betriebsvermögen in das Privatvermögen

Sachverhalt:

Einzelgewerbetreibender A hat im Jahr 2012 anlässlich der Betriebsaufgabe ein unbebautes Grundstück, das 20 Jahre zu seinem Betriebsvermögen gehörte, mit einem Wert von 50.000 € aus dem Betriebsvermögen in das Privatvermögen überführt. Der gemeine Wert des Grundstücks betrug zum Zeitpunkt der Betriebsaufgabe tatsächlich 60.000 €. Im Jahr 2020 veräußerte A das Grundstück für 70.000 €.

AUFGABE

Hat A – ggf. in welcher Höhe – Einkünfte aus einem privaten Veräußerungsgeschäft i.S.v. § 22 Nr. 2 i.V.m. § 23 EStG erzielt?

LÖSUNG

Ein privates Veräußerungsgeschäft liegt bei Grundstücken vor, wenn der Zeitraum zwischen Anschaffung und Veräußerung nicht mehr als zehn Jahre beträgt (§ 23 Abs. 1 Satz 1 Nr. 1 EStG). Als Anschaffung gilt auch die Überführung eines Wirtschaftsguts in das Privatvermögen des Stpfl. durch Entnahme oder Betriebsaufgabe (§ 23 Abs. 1 Satz 2 EStG). Ein privates Veräußerungsgeschäft wird in einem solchen Fall angenommen, wenn zwischen dem Tag der Entnahme und dem Tag der Veräußerung die Veräußerungsfrist nicht verstrichen ist. Der Gewinn errechnet sich vorliegend aus der Differenz zwischen dem Veräußerungspreis von 70.000 € und dem bei der Entnahme angesetzten Wert von 50.000 €. Dem Veräußerungspreis muss der tatsächlich angesetzte Teilwert/gemeine Wert auch dann gegenübergestellt werden, wenn der Entnahmewert – wie hier – fehlerhaft zu niedrig angesetzt worden ist. § 23 Abs. 3 Satz 3 EStG ordnet nämlich an, dass an die Stelle der Anschaffungskosten der „angesetzte" Wert tritt.

Nach alledem hat A im Jahr 2020 einen Gewinn aus einem privaten Veräußerungsgeschäft von 70.000 € ./. 50.0000 € = 20.000 € erzielt.

Gewinn aus der Veräußerung einer zu eigenen Wohnzwecken genutzten Zweitimmobilie

Sachverhalt:

A wohnt in Koblenz und hat dort auch seinen Erstwohnsitz. Er erzielt Einkünfte aus freiberuflicher Tätigkeit als Arzt. 2015 erwarb er im Schwarzwald in einer Ferienregion eine Eigentumswohnung für 350.000 €, die er als Ferienwohnung mehrfach im Jahr während seines Urlaubs selbst nutzte. In der übrigen Zeit stand die Wohnung leer. Die Gemeinde, in der die Ferienwohnung gelegen ist, ist als Zweitwohnsitz des A angemeldet. Im Jahr 2020 hat A die Eigentumswohnung für 500.000 € verkauft. Das Finanzamt will die Differenz von 150.000 € als Einkünfte aus einem privaten Veräußerungsgeschäft i. S. d. § 22 Nr. 2, 23 Abs. 1 EStG versteuern.

AUFGABE

Unterliegt der Gewinn aus der Veräußerung der selbstgenutzten Ferienwohnung als Einkünfte aus einem privaten Veräußerungsgeschäft der Einkommensteuer?

LÖSUNG

Private Veräußerungsgeschäfte (§ 22 Nr. 2 EStG) i. S. d. § 23 Abs. 1 Satz 1 Nr. 1 EStG sind Veräußerungsgeschäfte, bei denen der Zeitraum zwischen Anschaffung und Veräußerung von Grundstücken oder ihnen gleichgestellten Rechten nicht mehr als zehn Jahre beträgt. Ausgenommen von der Besteuerung sind nach § 23 Abs. 1 Satz 1 Nr. 1 Satz 3 EStG

► Wirtschaftsgüter, die im Zeitraum zwischen Anschaffung oder Fertigstellung und Veräußerung ausschließlich zu eigenen Wohnzwecken (1. Alternative) oder

► im Jahr der Veräußerung und in den beiden vorangegangenen Jahren zu eigenen Wohnzwecken genutzt wurden (2. Alternative).

Ein Gebäude dient Wohnzwecken, wenn es dazu bestimmt und geeignet ist, Menschen auf Dauer Aufenthalt und Unterkunft zu ermöglichen (R 7.2 Abs. 1 Satz 1 EStR 2012). Gebäude dienen nicht Wohnzwecken, soweit sie zur vorübergehenden Beherbergung von Personen bestimmt sind, wie z. B. fremdvermietete Ferienwohnungen (R 7.2 Abs. 1 Satz 3 EStR 2012). Der Stpfl. nutzt ein Gebäude zu eigenen Wohnzwecken, wenn er es allein, zusammen mit seinen Familienangehörigen oder gemeinsam mit einem Dritten (z. B. nichtehelicher Lebenspartner) bewohnt. Ein Wirtschaftsgut wird nach Verwaltungsauffassung auch dann zu eigenen Wohnzwecken genutzt, wenn es vom Stpfl. nur zeitweise bewohnt wird, in der übrigen Zeit ihm jedoch als Wohnung zur Verfügung steht, z. B. Wohnung im Rahmen einer doppelten Haushaltsführung, nicht zur Vermietung bestimmte Ferienwohnung; auf die Belegenheit der Wohnung in einem Sondergebiet für Ferien- oder Wochenendhäuser kommt es nicht an (BMF, BStBl 2000 I 1383, Rn. 22).

Die Finanzverwaltung will also auch die nicht zur Vermietung bestimmte Ferienwohnung begünstigen, und zwar unabhängig davon, ob sie in einem Sondergebiet für Ferien- und Wochenendhäuser gelegen ist oder nicht. Denn ein Wirtschaftsgut werde auch dann zu eigenen Wohnzwecken genutzt, wenn es vom Stpfl. nur zeitweise bewohnt wird, in der übrigen Zeit ihm jedoch als Wohnung zur Verfügung steht. Diese Sichtweise ist nach einer in der Literatur vertretenen Auffassung alles andere als zwingend (Seitz, DStR 2001, 277).

Der BFH hat jedoch klargestellt, dass ein Gebäude auch dann zu eigenen Wohnzwecken genutzt wird, wenn es der Stpfl. nur zeitweilig bewohnt, sofern es ihm in der übrigen Zeit als Wohnung zur Verfügung steht. Unter § 23 Abs. 1 Satz 1 Nr. 1 Satz 3 EStG können deshalb auch Zweitwohnungen, nicht zur Vermietung bestimmte Ferienwohnungen und Wohnungen, die im Rahmen einer doppelten Haushaltsführung genutzt werden, fallen (BFH, IX R 37/16, BStBl 2017 II 1192). Eine durchgehende eigene Nutzung i. S. d. Hauptwohnung ist nach Meinung des BFH nicht erforderlich. A hat mit der Veräußerung der Eigentumswohnung kein steuerbares privates Veräußerungsgeschäft i. S. d. § 23 Abs. 1 Satz 1 Nr. 1 Satz 1 EStG verwirklicht.

FALL 289A

Veräußerung eines Gebäudegrundstücks bei nur zeitweiser Nutzung zu eigenen Wohnzwecken im zweiten vorangegangenen Jahr

Sachverhalt:

A erwarb mit Kaufvertrag vom 5.3.2010 ein Einfamilienhaus in M für 400.000 €. Das Gebäudegrundstück wurde von A bis zum 30.6.2018 vermietet, danach zu eigenen Wohnzwecken genutzt. Mit notariellem Kaufvertrag vom 30.1.2020 veräußerte A das Einfamilienhaus zu einem Kaufpreis von 600.000 €.

AUFGABE

Handelt es sich bei dem Verkauf des Einfamilienhauses um ein steuerbares privates Veräußerungsgeschäft?

LÖSUNG

Nach § 22 Nr. 2 EStG sind sonstige Einkünfte auch Einkünfte aus privaten Veräußerungsgeschäften i. S. d. § 23 EStG. Dazu gehören nach § 23 Abs. 1 Satz 1 Nr. 1 EStG u. a. Veräußerungsgeschäfte bei Grundstücken, bei denen der Zeitraum zwischen Anschaffung und Veräußerung nicht mehr als zehn Jahre beträgt. Ausgenommen sind gem. § 23 Abs. 1 Satz 1 Nr. 1 Satz 3 EStG Wirtschaftsgüter, die im Zeitraum zwischen Anschaffung oder Fertigstellung und Veräußerung ausschließlich zu eigenen Wohnzwecken (1. Alternative) oder im Jahr der Veräußerung und in den beiden vorangegangenen Jahren zu eigenen Wohnzwecken (2. Alternative) genutzt wurden.

Für die Berechnung der zehnjährigen Haltefrist des § 23 Abs. 1 Satz 1 Nr. 1 Satz 1 EStG kommt es grundsätzlich auf die Zeitpunkte an, in denen die obligatorischen Verträge (hier aus der Sicht des A: Einkaufsvertrag vom 5.3.2010 und Verkaufsvertrag vom 30.1.2020) geschlossen wurden (BFH IX R 23/13, BStBl 2015 II 487; IX R 18/16, BStBl 2017 II 676, Rn, 23).

Der Ausnahmetatbestand des § 23 Abs. 1 Satz 1 Nr. 1 Satz 3 Alt. 1 EStG ist nicht erfüllt, da die Wohnung nach der Anschaffung und vor der Nutzung durch A an einen Dritten vermietet war. Daher kann von einer nicht steuerbaren privaten Veräußerungsgeschäft nur ausgegangen werden, wenn die 2. Alternative des Satzes 3 „im Jahr der Veräußerung und den beiden vorangegangenen Jahren zu eigenen Wohnzwecken genutzt wird" vorliegend in Betracht kommt.

Der BFH vertritt die Auffassung, dass eine Nutzung zu eigenen Wohnzwecken „im Jahr der Veräußerung und in den beiden vorangegangenen Jahren" (§ 23 Abs. 1 Satz 1 Nr. 1 Satz 3 2. Alternative EStG) auch dann vorliegt, wenn das Gebäude in einem zusammenhängenden Zeitraum genutzt wird, der sich über drei Kalenderjahre erstreckt, ohne sie – mit Ausnahme des mittleren Kalenderjahrs – voll auszufüllen (BFH IX R 37/16, BStBl 2017 II 1192; IX R 10/19, BStBl 2020 II 310). Das bedeutet: Ausreichend für die Anwendung der Ausnahmevorschrift ist eine zusammenhängende Nutzung von einem Jahr und zwei Tagen – wobei sich die Nutzung zu eigenen Wohnzwecken auf das gesamte mittlere Kalenderjahr erstrecken muss, während die eigene Wohnnutzung im zweiten Jahr vor der Veräußerung und im Veräußerungsjahr nur jeweils einen Tag zu umfassen braucht. Vorliegend handelt es sich nicht um ein privates Veräußerungsgeschäft.

FALL 289B

Verkauf einer Immobilie nach einer mehrjährigen Eigennutzung zu Wohnzwecken und kurzfristiger Fremdvermietung im Veräußerungsjahr

Sachverhalt:

A erwarb 2012 für 300.000 € eine Eigentumswohnung, die er bis einschließlich April 2020 ununterbrochen zu eigenen Wohnzwecken nutzte und mit notariell beurkundetem Kaufvertrag vom 17.12.2020 für 400.000 € wieder veräußerte. Im Zeitraum von Mai 2020 bis zur Veräußerung im Dezember 2020 hat A die Wohnung an fremde Dritte vermietet.

AUFGABE

Handelt es sich bei dem Verkauf des Einfamilienhauses um ein steuerbares privates Veräußerungsgeschäft?

LÖSUNG

Zu den sonstigen Einkünften gehören nach § 23 Abs. 1 Satz 1 Nr. 1 EStG u. a. Veräußerungsgeschäfte bei Grundstücken, bei denen der Zeitraum zwischen Anschaffung und Veräußerung nicht mehr als zehn Jahre beträgt. Ausgenommen sind hiervon nach § 23 Abs. 1 Satz 1 Nr. 1 Satz 3 EStG Wirtschaftsgüter, die im Zeitraum zwischen Anschaffung oder Fertigstellung und Veräußerung ausschließlich zu eigenen Wohnzwecken (1. Alternative) oder im Jahr der Veräußerung und in den beiden vorangegangenen Jahren zu eigenen Wohnzwecken (2. Alternative) genutzt wurden.

Der Ausdruck „Nutzung zu eigenen Wohnzwecken" in § 23 Abs. 1 Satz 1 Nr. 1 Satz 3 EStG setzt in beiden Alternativen lediglich voraus, dass eine Immobilie zum Bewohnen geeignet ist und vom Stpfl. auch bewohnt wird. Der Stpfl. muss das Gebäude zumindest auch selbst nutzen; unschädlich ist, wenn er es gemeinsam mit seinen Familienangehörigen oder einem Dritten bewohnt. Eine Nutzung zu „eigenen Wohnzwecken" liegt hingegen nicht vor, wenn der Stpfl. die Wohnung entgeltlich oder unentgeltlich an einen Dritten überlässt, ohne sie zugleich selbst zu bewohnen (BFH IX R 37/16, BStBl 2017 II 1192, Rn. 12).

Fraglich war, ob es bei der Auslegung von § 23 Abs. 1 Satz 1 Nr. 1 Satz 3 2. Alternative EStG schädlich ist, wenn ein Stpfl. – wie hier A – nach einer mehrjährigen Eigennutzung zu Wohnzwecken im Veräußerungsjahr auszieht, das Objekt aber noch für mehrere Monate bis zur Veräußerung kurzfristig fremdvermietet. Diese Frage hat der BFH jüngst beantwortet (BFH IX R 10/19, BStBl 2020 II 310). Die Ausnahmevorschrift des § 23 Abs. 1 Satz 1 Nr. 1 Satz 3 2. Alternative EStG setzt nach dieser Entscheidung nur voraus, dass die Wohnung im Jahr der Veräußerung und in den beiden vorangegangenen Jahren zu eigenen Wohnzwecken genutzt wird. Dabei muss die Nutzung zu eigenen Wohnzwecken im Jahr der Veräußerung und im zweiten Jahr vor der Veräußerung nicht während des gesamten Kalenderjahrs vorgelegen haben; vielmehr genügt ein zusammenhängender Zeitraum der Nutzung zu eigenen Wohnzwecken, der sich über drei Kalenderjahre erstreckt, ohne sie – mit Ausnahme des ersten Jahres vor der Veräußerung („mittleres Kalenderjahr") – voll auszufüllen.

Vorliegend hat A hat seine Eigentumswohnung zwar innerhalb der in § 23 Abs. 1 Satz 1 Nr. 1 EStG genannten Veräußerungsfrist angeschafft und wieder veräußert. Das Veräußerungsgeschäft ist jedoch nicht steuerbar, da die Ausnahmevorschrift des § 23 Abs. 1 Satz 1 Nr. 1 Satz 3 2. Alternative EStG greift. A hat seine im Dezember 2020 veräußerte Wohnung in den Jahren 2018 und 2019 sowie im Zeitraum von Januar bis einschließlich April 2020 durchgehend zu eigenen Wohnzwecken genutzt. Die Nutzung erstreckt sich, wie von der genannten Ausnahmevorschrift verlangt, demnach über drei Kalenderjahre. Die kurzzeitige „Zwischenvermietung" der Wohnung im Zeitraum von Mai 2020 bis Dezember 2020 ist für die Anwendung der Ausnahmevorschrift des § 23 Abs. 1 Satz 1 Nr. 1 Satz 3 2. Alternative EStG unschädlich.

FALL 289C

Enteigung als privates Veräußerungsgeschäft

Sachverhalt:

A hat 2014 das Alleineigentum an einem unbebauten Grundstück erworben, das er in seinem Privatvermögen hält. 2020 erfolgte eine Enteignung. Das Finanzamt ist der Ansicht, dass insoweit ein privates Veräußerungsgeschäft vorliegt und der hieraus entstandene Gewinn von 175.000 € (Entschädigung abzgl. Anschaffungskosten für das unbebaute Grundstück) zu versteuern ist. A vertritt dagegen die Auffassung, dass eine Enteignung kein privates Veräußerungsgeschäft i. S. d. § 23 EStG auslösen kann.

Führt die Enteignung zu einem privaten Veräußerungsgeschäft?

Nach § 2 Abs. 1 Satz 1 Nr. 7 i.V. m. § 22 Nr. 2, § 23 Abs. 1 Satz 1 Nr. 1 EStG unterliegen private Veräußerungsgeschäfte bei Grundstücken als sonstige Einkünfte der Einkommensteuer, wenn der Zeitraum zwischen Anschaffung und Veräußerung nicht mehr als 10 Jahre beträgt. Der 10-Jahres-Zeitraum beginnt mit der Anschaffung und endet mit der Veräußerung.

Anschaffung i. S. d. § 23 Abs. 1 Satz 1 Nr. 1 EStG ist der entgeltliche Erwerb eines bereits vorhandenen Wirtschaftsguts von einem Dritten, Veräußerung die entgeltliche Übertragung desselben Wirtschaftsguts auf einen Dritten (BFH, IX R 3/15, BStBl 2016 II 351, Rn. 19). Für die Besteuerung eines privaten Veräußerungsgeschäfts ist allein entscheidend, dass der objektive Tatbestand des § 23 EStG erfüllt ist. Auf die sog. Spekulationsabsicht oder den sonstigen Grund des Verkaufs, z. B. Krankheit, drohende Enteignung, sonstiger Zwang wie z. B. ein arbeitsplatzbedingter Ortswechsel, Vermeidung wirtschaftlicher Nachteile usw., kommt es grundsätzlich nicht an (BFH IX R 1/01, BFH/NV 2003, 1171, Rn. 11).

Ob die Veräußerung eines Grundstücks erfordert, dass der Eigentumsübergang auf dem Willen des Veräußernden beruht und daher bei einer Enteignung ausscheidet, da der Eigentumswechsel durch Hoheitsakt bewirkt wird, war bislang höchstrichterlich noch nicht entschieden worden und in der Literatur umstritten. Der BFH (IX R 28/18, BStBl 2019 II 701) verneint in einer neueren Entscheidung das Vorliegen eines privaten Veräußerungsgeschäfts. Der entgeltliche Erwerb – die Anschaffung – und die entgeltliche Übertragung des nämlichen Wirtschaftsguts auf eine andere Person – die Veräußerung – müssen wesentlich vom Willen des Stpfl. abhängen und mithin Ausdruck einer „wirtschaftlichen Betätigung" sein. Am willentlichen Erwerb bzw. an einer willentlichen Übertragung auf eine andere Person fehlt es, wenn – wie im Falle einer Enteignung oder Umlegung – die Begründung oder der Verlust des Eigentums am Grundstück „ohne maßgeblichen Einfluss des Steuerpflichtigen stattfindet". In gleicher Weise kann es am willentlichen Erwerb bei Rechtsgeschäften zur Vermeidung einer Enteignung oder Umlegung fehlen.

Dieses Ergebnis folgt nach Auffassung des BFH bereits aus dem Wortlaut der maßgeblichen Norm in § 23 Abs. 1 Satz 1 Nr. 1 EStG. Denn das Gesetz spricht von einem Veräußerungsgeschäft", d. h. von einem schuldrechtlichen, dem rechtsgeschäftlichen Willen des Stpfl. unterworfenen Vertrag. Ein solcher liegt im Falle einer Enteignung – d. h. der Entziehung von Eigentum an einem Wirtschaftsgut durch staatlichen Hoheitsakt – nicht vor; vielmehr führt die Enteignung zu einem Eigentumsübergang, der sich gegen oder ohne den Willen des Rechtsinhabers (Eigentümers) vollzieht. Eine zwangsweise vorgenommene „Anschaffung" und „Veräußerung" reicht nicht aus, um eine für die Tatbestandsverwirklichung des § 23 Abs. 1 Satz 1 Nr. 1 EStG zu fordernde wirtschaftliche Betätigung anzunehmen.

HINWEIS

Im Bereich der steuerlichen Erfassung betrieblicher Einkünfte kann die Übertragung oder Belastung des Eigentums von Wirtschaftsgütern des Betriebsvermögens aufgrund behördlichen oder gesetzlichen Zwangs – etwa durch Enteignung – zur Annahme einer Veräußerung und mithin zur steuerlichen Berücksichtigung einer Enteignungsentschädigung als Betriebseinnahme führen kann. Darauf weist der BFH ausdrücklich hin. in diesem Fall kann von § 6b EStG Gebrauch gemacht werden, wenn die Voraussetzungen der Vorschrift vorliegen.

FALL 290

Ermittlung und Besteuerungszeitpunkt eines Gewinns aus privaten Veräußerungsgeschäften

Sachverhalt:

A erwarb am 5.1.02 ein Mietwohngrundstück. Von den Anschaffungskosten i.H.v. 500.000 € entfallen 400.000 € auf das Gebäude und 100.000 € auf den Grund und Boden.

Im Jahr 02 fließen A Mieteinnahmen i.H.v. 30.000 € zu, die mit dem Grundstück zusammenhängenden Werbungskosten (einschließlich AfA i.H.v. 8.000 €) belaufen sich auf 25.000 €.

Mit Vertrag vom 28.12.02 verkauft A das Grundstück an B für 600.000 €. Im Zusammenhang mit der Veräußerung fallen Maklerkosten von 5.000 € an. Der Kaufpreis i.H.v. 600.000 € geht im Januar 03 auf einem Bankkonto des A ein.

AUFGABEN

1. Wie hoch ist der von A erzielte Gewinn aus privaten Veräußerungsgeschäften?

2. In welchem Kalenderjahr muss A den Gewinn aus privaten Veräußerungsgeschäften versteuern?

LÖSUNG

Zu 1.:

Gewinn oder Verlust aus privaten Veräußerungsgeschäften ist der Unterschiedsbetrag zwischen dem Veräußerungspreis einerseits und den Anschaffungs- oder Herstellungskosten und den Werbungskosten andererseits (§ 23 Abs. 3 Satz 1 EStG). Die Anschaffungs- oder Herstellungskosten mindern sich um Absetzungen für Abnutzung, erhöhte Absetzungen und Sonderabschreibungen, soweit sie bei der Ermittlung der Einkünfte i.S.d. § 2 Abs. 1 Satz 1 Nr. 4–6 EStG abgezogen worden sind (§ 23 Abs. 3 Satz 4 EStG). Zu den Werbungskosten i.S.d. § 23 Abs. 3 EStG, die neben den Anschaffungs- oder Herstellungskosten vom Veräußerungspreis abzuziehen sind, gehören alle Aufwendungen, die der Stpfl. macht, um die Veräußerung herbeizuführen (z.B. Makler-, Notar- und Grundbuchkosten). Aufwendungen, die mit der laufenden Nutzung im Zusammenhang stehen (z. B. Erhaltungsaufwand, Grundsteuer usw.), bleiben bei der Ermittlung des Spekulationsgewinns außer Ansatz.

Der von A erzielte Gewinn errechnet sich danach wie folgt:

Veräußerungspreis		600.000 €
./. Anschaffungskosten	./. 500.000 €	
./. AfA	8.000 €	./. 492.000 €
./. Maklerkosten		./. 5.000 €
Gewinn		103.000 €

Zu 2.:

§ 23 Abs. 3 EStG betrifft als Einkünfteermittlungsregel nur die Frage, wie der Gewinn oder Verlust aus dem privaten Veräußerungsgeschäft errechnet wird. Hierfür ist der tatsächliche Veräußerungspreis maßgebend, unabhängig davon, wann und auf welche Weise er zu entrichten ist. Für welches Kalenderjahr der Gewinn oder Verlust aus dem privaten Veräußerungsgeschäft erfasst wird, ist nach dem Zufluss (§ 11 Abs. 1 EStG) des Veräußerungserlöses zu beurteilen (BFH IX R 18/16, BStBl 2017 II 676, Rn. 18).

Gewinne aus privaten Veräußerungsgeschäften sind als Überschusseinkünfte im Zeitpunkt des Zuflusses zu versteuern (§ 11 Abs. 1 Satz 1 EStG). Eine Steuerpflicht entsteht demnach erst in dem Kalenderjahr, in dem der Veräußerer mehr erhält, als er an Anschaffungs- oder Herstellungskosten sowie Werbungskosten i. S. v. § 23 Abs. 3 EStG aufgewendet hat. Da der Veräußerungspreis dem A erst im Jahr 03 zugeflossen ist, ist Besteuerungszeitpunkt des privaten Veräußerungsgeschäfts das Jahr 03. Der Veräußerungsgewinn von 103.000 € ist im Jahr 03 steuerlich zu erfassen

Anzumerken ist, dass die durch ein private Veräußerungsgeschäft veranlassten Werbungskosten – abweichend vom Abflussprinzip (§ 11 Abs. 2 EStG) – in dem Jahr abzuziehen sind, in dem der Veräußerungserlös zufließt (BFH X R 6/91, BStBl 1991 II 916).

HINWEIS

Vereinbaren die Vertragsparteien eines Grundstückskaufvertrages, dass der Kaufpreis auf ein Notaranderkonto gezahlt wird und der Notar diesen Kaufpreis erst an den Verkäufer auszahlen darf, wenn bestimmte Voraussetzungen erfüllt sind, erfolgt der Zufluss des Kaufpreises beim Verkäufer erst im Zeitpunkt der Auszahlungsreife (FG Hamburg 2 K 231/08, EFG 2009, 1642).

Freigrenze bei Gewinnen aus privaten Veräußerungsgeschäften

Sachverhalt:

Die Eheleute A und B, die zusammen zur Einkommensteuer veranlagt werden, erzielten im Kalenderjahr 2020 folgende Einkünfte aus sog. Spekulationsgeschäften:

Ehemann A	
Spekulationsgewinn aus der Veräußerung eines Grundstücks	600 €
Ehefrau B	
Spekulationsgewinn aus der Veräußerung eines Grundstücks	400 €
Insgesamt	1.000 €

Ist der Gesamtgewinn aus den Spekulationsgeschäften i. H. v. 1.000 € einkommensteuerpflichtig?

Gewinne aus privaten Veräußerungsgeschäften bleiben steuerfrei, wenn der Gesamtgewinn im Kalenderjahr weniger als 600 € beträgt (§ 23 Abs. 3 Satz 5 EStG). Zur Ermittlung des Gesamtgewinns sind innerhalb eines Kalenderjahres erzielte Spekulationsgewinne und Spekulationsverluste des einzelnen Stpfl. miteinander zu verrechnen. Beträgt der Spekulationsgewinn 600 € oder mehr, ist er in voller Höhe steuerpflichtig.

Haben bei zusammenveranlagten Ehegatten beide Spekulationsgewinne erzielt, so steht jedem Ehegatten die Freigrenze von 599,99 €, höchstens jedoch bis zu seinem Gesamtgewinn zu. Es ist aber nicht zulässig, die nicht ausgeschöpfte Freigrenze des einen Ehegatten auf den anderen zu übertragen.

Das bedeutet, dass der Gesamtgewinn des A i. H. v. 600 € wegen Überschreitens der Freigrenze steuerpflichtig ist. Der Spekulationsgewinn seiner Ehefrau B i. H. v. 400 € bleibt dagegen steuerfrei, weil er die Freigrenze von 599,99 € nicht übersteigt.

Ausgleich von Verlusten aus privaten Veräußerungsgeschäften

Sachverhalt:

Die Eheleute A und B, die zusammen zur Einkommensteuer veranlagt werden, erzielten im Kalenderjahr 2020 folgende Einkünfte:

Ehemann A

Einkünfte aus freiberuflicher Tätigkeit   210.000 €

Veräußerungsverlust gem. § 23 EStG aus der Veräußerung eines Grundstücks   ./. 10.000 €

Ehefrau B

Veräußerungsgewinn gem. § 23 EStG aus der Veräußerung eines Grundstücks   5.000 €

AUFGABE

Inwieweit kann der Veräußerungsverlust des A i.H.v. 10.000 € mit den übrigen Einkünften ausgeglichen werden?

LÖSUNG

Der Veräußerungsverlust des A i.H.v. 10.000 € ist i.H.v. 5.000 € mit dem steuerpflichtigen Gewinn der Ehefrau aus privaten Veräußerungsgeschäften auszugleichen (so jedenfalls BMF, BStBl 2000 I 1383, Rn. 41). Der im Entstehungsjahr 2020 nicht ausgeglichene Veräußerungsverlust ist nach Maßgabe des § 10d EStG in das Jahr 2019 rück- bzw. in die Folgejahre vortragsfähig. Er mindert die Einkünfte, die der Stpfl. im unmittelbar vorangegangenen VZ 2019 bzw. in den folgenden VZ aus privaten Veräußerungsgeschäften bezogen hat (§ 23 Abs. 3 Satz 8 EStG). § 23 Abs. 3 Satz 8 erster Halbsatz EStG schließt damit einen vertikalen Verlustausgleich zwischen Veräußerungsverlusten und positiven Einkünften aus anderen Einkunftsarten und eine Auswirkung solcher Veräußerungsverluste auf die Höhe der festzusetzenden Steuer aus (BFH IX R 28/17, BFH/NV 2019, 110, Rn. 25).

Bei der Zusammenveranlagung von Ehegatten ist der Verlustabzug nach § 10d Abs. 1 und 2 EStG zunächst getrennt für jeden Ehegatten und anschließend zwischen den Ehegatten durchzuführen (BMF, BStBl 2000 I 1383, Rn. 42). Der verbleibende Verlustvortrag wird durch einen gesonderten Bescheid festgestellt (§ 23 Abs. 3 Satz 8, § 10d Abs. 4, § 52 Abs. 39 EStG). Die Beschränkung des Verlustausgleichs bei privaten Veräußerungsgeschäften durch § 23 Abs. 3 Sätze 8 und 9 EStG ist verfassungsgemäß (BFH IX R 28/05, BStBl 2007 II 259; IX R 11/14, BFH/NV 2016, 1691).

FALL 293

Berechnung der Spekulationsfrist

Sachverhalt:

A hat am 20.11.01 einen Oldtimer-Pkw als Anlageobjekt für 40.000 € gekauft. Er hat diesen Pkw

a) am 20.11.02 (dieser Tag fällt auf einen Sonntag),

b) am 21.11.02

für 50.000 € verkauft.

AUFGABE

Ist der Veräußerungsgewinn als Einkünfte aus einem privaten Veräußerungsgeschäft steuerbar?

LÖSUNG

Private Veräußerungsgeschäfte liegen vor bei der Veräußerung von „anderen Wirtschaftsgütern", bei denen der Zeitraum zwischen Anschaffung und Veräußerung nicht mehr als ein Jahr beträgt (§ 22 Abs. 1 Satz 1 Nr. 2 EStG). Für die Ein-Jahres-Frist wird gerechnet vom Datum des Kaufs bis zum Datum des Verkaufs. Beträgt der Zeitraum zwischen Kauf und Verkauf mehr als ein Jahr, sind Veräußerungsgewinne nicht steuerbar. Das bedeutet allerdings auch, dass das FA sich in diesem Fall nicht für Veräußerungsverluste interessiert.

Maßgebend für die Ein-Jahres-Frist ist zwar das Datum des Verkaufs, für die Frage, wann ein Gewinn oder Verlust zu versteuern ist, gilt jedoch das Zuflussprinzip (§ 11 Abs. 1 EStG). Die Ein-Jahres-Frist beginnt vorliegend am 21.11.01 und endet mit Ablauf des 20.11.02. Da A im **Fall a)** innerhalb der Jahresfrist verkauft hat, ist der Veräußerungsgewinn von 10.000 € steuerbar. Dass der 20.11.01 ein Sonntag ist, führt nicht zur Verlängerung der Ein-Jahresfrist, weil es sich bei den in § 23 Abs. 1 EStG normierten „Spekulationsfristen" um sog. uneigentliche Fristen handelt, auf die § 108 Abs. 3 AO und § 193 BGB keine Anwendung finden (FG Köln, 12 K 3682/96, EFG 1997, 1187).

Im **Fall b)** ist der Verkauf am 21.11.02, also außerhalb der Ein-Jahresfrist erfolgt. Der Veräußerungsgewinn ist im Fall b) nicht steuerbar.

HINWEIS

In Durchbrechung der Rechtsprechung (BFH IX R 29/06, BStBl 2009 II 296) hat der Gesetzgeber in § 23 Abs. 1 Satz 1 Nr. 2 Satz 2 EStG i. d. F. des JStG 2010 angeordnet, dass vom Tatbestand des privaten Veräußerungsgeschäfts die Veräußerungen von „Gegenständen des täglichen Gebrauchs" ausgenommen sind. Diese Vorschrift ist erstmals auf Veräußerungsgeschäfte anzuwenden, bei denen die Gegenstände des täglichen Gebrauchs aufgrund eines nach dem 13.12.2010 rechtskräftig abgeschlossenen Vertrags oder gleichstehenden Rechtsakts angeschafft wurden (§ 52a Abs. 11 Satz 3 EStG). Ein Oldtimer gehört nach Meinung der Finanzverwaltung nicht zu den „Gegenständen des täglichen Gebrauchs" (OFD Chemnitz v. 18.12.2001, StEK EStG § 23 Nr. 55).

Der Begriff „Gegenstände des täglichen Gebrauchs" ist gesetzlich nicht definiert. Im Schrifttum herrscht weitgehend Einigkeit, dass es sich bei den Gegenständen des täglichen Gebrauchs i. S. d. § 23 Abs. 1 Satz 1 Nr. 2 Satz 2 EStG bei objektiver Betrachtung um Gebrauchsgegenstände handeln muss, die dem Wertverzehr unterliegen und/oder kein Wertsteigerungspotential aufweisen. Nach einer neuen Entscheidung des BFH sind UEFA Champions League-Tickets keine Gegenstände des täglichen Gebrauchs, da sie ein Wertsteigerungspotential aufweisen und zudem nicht zum täglichen Gebrauch i. S. einer regelmäßigen oder zumindest mehrmaligen Nutzung geeignet sind (BFH IX R 10/18, BStBl 2020 II 258).

10.10 Entschädigungen, nachträgliche Einkünfte, Nutzungsvergütungen (§ 24 EStG)

FALL 294

Entschädigung für vorzeitige Auflösung eines Mietverhältnisses

Sachverhalt:

A hat auf einem zu seinem Privatvermögen gehörenden Grundstück ein zweigeschossiges Gebäude errichtet, dessen Erdgeschoss mit einer Fläche von ca. 600 qm als Ladenlokal ausgebaut wurde. Die Räume wurden an die B-GmbH zum Betrieb eines Supermarktes vermietet. Das Mietverhältnis begann am 1.1.01 und wurde auf die Dauer von zehn Jahren, also bis zum 31.12.10, fest abgeschlossen. Nach Ablauf der Mietdauer sollte das Mietverhältnis auf unbestimmte Zeit fortgesetzt werden, sofern es nicht gekündigt wurde.

Die B-GmbH eröffnete den Supermarkt jedoch nicht, sondern trat Ende 01 in Verhandlungen mit A ein mit dem Ziel einer vorzeitigen Vertragsauflösung. In deren Verlauf teilte die GmbH dem A mit, sie erwäge, die Mieträume zum 1.4.02 herauszugeben und ab diesem Zeitpunkt die Zahlungen einzustellen, wenn A nicht einer einvernehmlichen Lösung des Mietvertrags gegen Abfindung zustimme. Bei Nichtabschluss des Miet-Aufhebungsvertrags hätte A ein Einnahmeausfallrisiko gedroht, weil die GmbH sich in finanziellen Schwierigkeiten befindet. A und die B-GmbH erzielten schließlich eine Einigung, wonach das Mietverhältnis am 31.12.02 beendet wurde und die Mieterin sich verpflichtete, zur Abgeltung aller Ansprüche aus dem Mietverhältnis eine Abfindung i. H. v. 120.000 € zu zahlen. Die Abfindung wurde noch im Jahr 02 an A ausgezahlt.

AUFGABE

Kann die Abfindung i. H. v. 120.000 € als Entschädigung i. S. d. § 24 Nr. 1 Buchst. a EStG nach der sog. Fünftel-Regelung (§ 34 EStG) progressionsbegünstigt versteuert werden?

LÖSUNG

Entschädigungen, die gewährt worden sind als Ersatz für entgangene oder entgehende Einnahmen, gehören zu den Einkünften i. S. d. § 2 Abs. 1 EStG (§ 24 Nr. 1 Buchst. a EStG). Sie sind jedoch – ohne Antrag – als außerordentliche Einkünfte progressionsbegünstigt zu versteuern (§ 34 Abs. 2 Nr. 2 EStG). Entschädigungen i. S. d. § 24 Nr. 1 Buchst. a EStG sind Zuwendungen, die einen Schaden ausgleichen, den der Stpfl. durch Wegfall von Einnahmen erlitten hat. § 24 Nr. 1 Buchst. a EStG – als Voraussetzung der Steuerermäßigung nach § 34 EStG – ergänzt die gesetzlichen Einkünftetatbestände, schafft aber keinen neuen Besteuerungstatbestand. Der Begriff der Entschädigung setzt in diesem Zusammenhang voraus, dass die Leistung nicht in Erfüllung eines fortbestehenden Anspruchs erfolgt, sondern auf einer neuen Rechts- und Billigkeitsgrundlage beruht (BFH VI R 168/83, BFH/NV 1987, 574; IX R 58/10, BStBl 2012 II 286). Nicht begünstigt sind demnach Zahlungen, die in Erfüllung der ursprünglichen vertraglichen Ansprüche des Empfängers geleistet werden, auch wenn sich die Zahlungsmodalität geändert hat (BFH VIII R 64/78, BStBl 1981 II 6). Das Tatbestandsmerkmal des § 24 Nr. 1 Buchst. a EStG „als Ersatz für entgangene oder entgehende Einnahmen" setzt voraus, dass der Ersatz für Einnahmen geleistet wird, die ausgefallen sind, und dass diese Einnahmen unter eine der in § 2 Abs. 1 Nr. 1–7 EStG genannten Einkunftsarten gefallen wären. Nicht nur der Ersatz für „entgangene", sondern auch für (zukünftig) „entgehende" Einnahmen wird von § 24 Nr. 1 Buchst. a EStG erfasst (BFH IX R 25/17, BFH/NV 2018, 1331 Rn. 20).

Für die Annahme einer Entschädigung ist es unerheblich, ob das zur Entschädigung führende Ereignis ohne oder gegen den Willen des Stpfl. eingetreten ist (BFH III R 150/80, BStBl 1982 II 552). Die Mitwirkung des Stpfl. bei einer Vereinbarung zum Ausgleich des eingetretenen oder drohenden Schadens steht der Beurteilung einer Ersatzleistung als Entschädigung nicht entgegen, wenn der Stpfl. unter erheblichem rechtlichen, wirtschaftlichen oder tatsächlichen Druck handelte (BFH XI R 54/94, BFH/NV 1995, 961). Eine Entschädigung ist danach selbst dann zu bejahen, wenn der Stpfl. aus wirtschaftlichen Gründen einer gütlichen Einigung zur Vermeidung eines Rechtsstreits zustimmt (BFH VIII R 2/13, BStBl 2015 II 1015). Hinzukommen muss, dass das schadenstiftende Ereignis sich als ein nicht normaler und üblicher Geschäftsvorfall im Rahmen der jeweiligen Einkunftsart darstellt.

Bei Anwendung dieser Grundsätze ist die A zugeflossene Zahlung als steuerbegünstigte Entschädigung zu behandeln. A erhielt die Zahlung zum Ausgleich dafür, dass der Mietvertrag vorzeitig aufgelöst wurde. Durch die vorzeitige Auflösung ist A ein Schaden entstanden, da die künftigen Mieteinnahmen wegfallen. Die Zahlung beruht nicht auf dem Mietvertrag, sondern auf dem abgeschlossenen Vergleich. Die Vertragsaufhebung ist aufgrund des von der B-GmbH ausgeübten erheblichen Drucks zustande gekommen. Die vorzeitige Aufhebung des Mietverhältnisses ist auch kein normaler und üblicher Geschäftsvorfall im Rahmen der Einkünfte aus Vermietung und Verpachtung. Nach alledem ist die A zugeflossene Entschädigung i. H. v. 120.000 € als Einkünfte aus Vermietung und Verpachtung auf Antrag des A progressionsbegünstigt zu versteuern (BFH III R 22/14, BFH/NV 2016, 26).

FALL 295

Entschädigung für die Aufgabe einer Tätigkeit

Sachverhalt:

Sowohl A als auch B betreiben einen Zeitungs- und Zeitschriftengroßhandel. Am 6.9.01 vereinbaren sie aus wirtschaftlichen und organisatorischen Gründen eine Gebietsbereinigung. Zu diesem Zweck überträgt A einen Teil seines Absatzgebietes auf B, der ihm dafür eine Abfindung i. H. v. 100.000 € gewährt. Die Abfindung wird noch im Jahr 01 an A ausgezahlt.

AUFGABE

Wie ist die Abfindung bei A einkommensteuerlich zu behandeln?

LÖSUNG

Bei der A für die teilweise Aufgabe seines Absatzgebietes gewährten Abfindung handelt es sich um eine Entschädigung i. S. v. § 24 Nr. 1 Buchst. b EStG (Entschädigung für die Aufgabe oder Nichtausübung einer Tätigkeit). Die Annahme einer Entschädigung i. S. d. § 24 Nr. 1 Buchst. b EStG ist nicht schon deshalb ausgeschlossen, weil A die Vereinbarung vom 6.9.01 freiwillig abgeschlossen hat. Die Vorschrift des § 24 Nr. 1 Buchst. b EStG erfordert nämlich – anders als die des § 24 Nr. 1 Buchst. a EStG – nach ihrem Sinn und Zweck, dass die Tätigkeit gerade mit Wollen oder Zustimmung des Betroffenen aufgegeben wird (BFH VIII R 126/82, BStBl 1984 II 580, 583).

Die Entschädigung i. H. v. 100.000 € erhöht den laufenden Gewinn des A. Sie unterliegt daher auch der Gewerbesteuer. Für Zwecke der Einkommensteuer ist der gewerbliche Gewinn des A aufzuteilen in den Gewinn, der der normalen tariflichen Einkommensteuer unterliegt, und den Gewinn, der nach § 34 Abs. 1 und 2 i. V. m. § 24 Nr. 1b EStG nach der sog. Fünftel-Regelung progressionsbegünstigt zu besteuern ist. Im Ergebnis ist die Abfindung i. H. v. 100.000 € begünstigt zu versteuern, denn zur Ermittlung des steuerbegünstigten Entschädigungsbetrags ist die anteilige Gewerbesteuer nicht vom Entschädigungsbetrag abzuziehen (BFH III R 186/81, BFH/NV 1986, 400; IV R 5/03, BStBl 2005 II 215). Die Gewerbesteuer ist ab Erhebungszeitraum 2008 ohnehin nicht mehr als Betriebsausgabe abziehbar (§ 4 Abs. 5b EStG).

FALL 296

Ausgleichszahlung an einen Versicherungsvertreter nach § 89b HGB

Sachverhalt:

Der 65 Jahre alte A ist seit Jahren als selbständiger Versicherungsvermittler für die X-Versicherungs-AG tätig. Er ermittelt seinen Gewinn durch Betriebsvermögensvergleich (§ 5 EStG). Zum 31.12.01 gibt A seine berufliche Tätigkeit auf. Im Betriebsvermögen (Anlagevermögen) der Versicherungsagentur sind zu diesem Zeitpunkt stille Reserven i. H. v. 10.000 € enthalten.

Das Versicherungsunternehmen erkennt A einen Ausgleichsanspruch nach § 89b HGB i. H. v. 102.000 € zu. A sind im Zusammenhang mit dem Ausgleichsanspruch bereits im Jahr 00 Rechtsberatungskosten von 2.000 € entstanden, die im Jahr 00 als Betriebsausgaben abgezogen worden sind. Die Auszahlung der 102.000 € erfolgt im Jahr 02.

AUFGABE

Wie ist die A im Jahr 02 zugeflossene Ausgleichszahlung nach § 89b HGB einkommensteuerlich zu behandeln?

LÖSUNG

Versicherungsvertreter können vom Versicherungsunternehmen nach Beendigung des Vertragsverhältnisses einen angemessenen Ausgleich verlangen (§ 89b HGB). Derartige Ausgleichszahlungen sind einkommensteuerrechtlich als Entschädigung zu behandeln (§ 24 Nr. 1 Buchst. c EStG). Sie sind daher begünstigt zu versteuern (§ 34 Abs. 1 und Abs. 2 Nr. 2 EStG).

Der Ausgleichsanspruch entsteht mit der Beendigung des Vertragsverhältnisses, er ist somit als letzter laufender Geschäftsvorfall des Gewerbebetriebs des Versicherungsvertreters anzusehen (BFH VIII R 184/78, BStBl 1981 II 97). Diese Beurteilung hat zur Folge, dass der Ausgleichsanspruch von 102.000 € in der Schlussbilanz des A zum 31.12.01 zu aktivieren und der aufgrund der Aktivierung erhöhte Gewinn als Gewerbeertrag zu erfassen ist. Die Ausgleichszahlung gehört auch dann zum laufenden Gewinn und nicht zum Aufgabegewinn i. S. v. § 16 Abs. 3 EStG des Versicherungsvertreters, wenn dieser seinen Gewerbebetrieb aufgibt (BFH I R 60/79, BStBl 1983 II 243; IV R 72/83, BStBl 1987 II 570; XI B 73/95, BFH/NV 1996, 169; BFH X B 56/11, BFH/NV 2012, 1331).

Die Ausgleichszahlung i. H. v. 102.000 € unterliegt demnach bei A bereits im Kalenderjahr 01 der Einkommen- und Gewerbesteuer. In dem VZ, in dem die Entschädigung nach allgemeinen Grundsätzen als Betriebseinnahme zu erfassen ist (d. h. im Jahr 01), sind zur Ermittlung der außerordentlichen Einkünfte die im gleichen VZ verausgabten Betriebsausgaben (Rechtsberatungskosten) von der Entschädigung abzuziehen. In früheren oder nachfolgenden VZ anfallende Ausgaben sind im Jahr ihrer Entstehung abziehbar (BFH IV R 5/03, BStBl 2005 II 215). Die Rechtsberatungskosten von 2.000 € sind im Jahr 00 Betriebsausgaben bei der Ermittlung des laufenden Gewinns, der dem allgemeinen Steuersatz unterliegt.

Die steuerbegünstigten Einkünfte bestimmen sich jedoch nach dem Saldo zwischen der Entschädigungsleistung und den damit zusammenhängenden Ausgaben. In Höhe der Rechtsberatungskosten ist die Entschädigung von 102.000 € im Jahr 01 anteilig nicht tarifbegünstigt. Bei der Einkommensteuer 01 ist die Ausgleichszahlung i. H. v. 102.000 € abzüglich 2.000 € = 100.000 € nach der sog. Fünftel-Regelung begünstigt zu versteuern (§ 34 Abs. 1 und Abs. 2 Nr. 2 EStG). Zur Ermittlung der begünstigten Einkünfte ist die Ausgleichszahlung nicht um die anteilige, darauf entfallende Gewerbesteuer zu mindern (BFH IV R 236/80, BStBl 1984 II 347; VIII R 126/82, BFH/NV 1986, 400). Anzumerken ist, dass die Gewerbesteuer ab Erhebungszeitraum 2008 keine Betriebsausgabe mehr ist (§ 4 Abs. 5b EStG).

Der Betriebsaufgabegewinn des A i. H. v. 10.000 € bleibt auf Antrag steuerfrei (§ 16 Abs. 4 EStG).

FALL 297

Nachträgliche Einkünfte als Rechtsnachfolger

Sachverhalt:

Die 50 Jahre alte A ist die Witwe und Alleinerbin ihres am 30.12.01 im Alter von 56 Jahren verstorbenen Ehemannes. Dieser war als selbständiger Arzt tätig gewesen; er ermittelte seinen Gewinn durch Einnahmenüberschussrechnung (§ 4 Abs. 3 EStG).

A, die selbst nicht über die berufliche Qualifikation zur Fortführung der Arztpraxis verfügt, zieht in der Zeit von Januar bis Juni 02 die noch ausstehenden Honorare i. H. v. 80.000 € ein und veräußert schließlich am 30.6.02 Praxisinventar und Praxisgeräte. Dabei erzielt sie einen Veräußerungsgewinn i. H. v. 50.000 €.

Die nachträglichen – mit der früheren Praxis zusammenhängenden – Ausgaben, die A im Jahr 02 angefallen sind, belaufen sich einschließlich AfA auf 10.000 €.

AUFGABE

Welcher Einkunftsart sind die nachträglichen Einkünfte zuzuordnen und wem sind sie zuzurechnen?

LÖSUNG

Zu den Einkünften i. S. d. § 2 Abs. 1 EStG gehören auch Einkünfte aus einer ehemaligen Tätigkeit i. S. d. § 2 Abs. 1 Nr. 1–4 EStG, und zwar auch dann, wenn sie dem Stpfl. als Rechtsnachfolger zufließen (§ 24 Nr. 2 EStG). Dem Rechtsnachfolger zufließende nachträgliche Einkünfte sind ihm als eigene Einkünfte zuzurechnen. Die Verwirklichung des gesetzlichen Einkünfteerzielungstatbestands durch den Rechtsvorgänger wird dem Rechtsnachfolger zugerechnet (BFH IV R 45/87, BStBl 1989 II 509; VIII R 13/93, BStBl 1994 II 922).

Der Tod des Ehemannes der A führt nicht notwendigerweise zu einer Betriebsaufgabe (BFH IV R 16/92, BFH/NV 1992, 512; IV B 69/90, BStBl 1993 II 716). Das Praxisvermögen wird zu Betriebsvermögen der A.

Da der Ehemann von A seinen Gewinn nach § 4 Abs. 3 EStG ermittelt hat, darf A diese Gewinnermittlungsart beibehalten; denn nach den einkommensteuerlichen Vorschriften über die Gewinnermittlung darf ein Übergang zum Vermögensvergleich nicht schon bei der Betriebseinstellung, sondern erst bei der Veräußerung oder Aufgabe unterstellt werden (BFH VIII R 34/71, BStBl 1973 II 786). A muss daher im Jahr 02 folgenden Betrag als nachträgliche laufende Einkünfte aus der Arztpraxis zum vollen Tarif versteuern (§ 18 Abs. 1 Nr. 1, § 24 Nr. 2 EStG):

Nach dem Tod des Ehemannes eingegangene Honorare	80.000 €
./. nachträgliche Betriebsausgaben	./. 10.000 €
Gewinn aus selbständiger Arbeit	70.000 €

Der Veräußerungsgewinn i. H. v. 50.000 € ist als Einkünfte aus selbständiger Arbeit progressionsbegünstigt nach der Fünftel-Regelung zu versteuern (§ 18 Abs. 3, § 34 Abs. 1 und 2 EStG); ein Freibetrag (§ 16 Abs. 4 EStG) kann nicht gewährt werden, weil die Voraussetzungen dafür nicht vorliegen, z. B. die Altersvoraussetzung.

FALL 298

Gewinnermittlungsart bei nachträglichen Einkünften

Sachverhalt:

Der bilanzierende Gewerbetreibende A hat seinen Gewerbebetrieb zum 31.12.2019 aufgegeben und einen Aufgabegewinn von 400.000 € versteuert. Im Kalenderjahr 2020 fand bei A eine Steuerfahndungsprüfung statt. Dabei wurde festgestellt, dass A für die Jahre 2014 bis 2018 Umsatzsteuer i. H. v. insgesamt 100.000 € hinterzogen hat, weil er zu 19 % steuerpflichtige Umsätze absichtlich und unzutreffend als steuerfrei behandelt hat. Die geänderten Umsatzsteuerbescheide für die Jahre 2014 bis 2018 sind im Januar 2021 ergangen. Die Umsatzsteuernachforderungen sowie die Zinsen wurden von A im Kalenderjahr 2021 bezahlt.

AUFGABE

In welchem Kalenderjahr kann A die Umsatzsteuernachzahlungen und Nachzahlungszinsen als Betriebsausgaben abziehen?

LÖSUNG

Eine Rückstellung für hinterzogene Mehrsteuern kann erst zu dem Bilanzstichtag gebildet werden, zu dem der Stpfl. mit der Aufdeckung der Steuerhinterziehung rechnen musste (BFH X R 23/10, BStBl 2013 II 76; XI B 59/19, BFH/NV 2020, 909, Rn. 10). Es ist erforderlich, dass der Stpfl. am Bilanzstichtag aufgrund eines hinreichend konkreten Sachverhalts ernsthaft mit einer quantifizierbaren Steuernachforderung rechnen muss. Das ist frühestens mit der Beanstandung einer bestimmten Sachbehandlung durch den Prüfer anzunehmen. Eine Bilanzberichtigung für die Jahre 2014 bis 2018 kommt daher hier nicht in Betracht. Eine Rückstellung zu diesen Bilanzstichtagen wird auch nicht nach Aufdeckung der Tat möglich. Denn die nach dem Bilanzstichtag gewonnene Kenntnis des Finanzamts ist nicht als wertaufhellender Umstand zu werten, der auf den Bilanzstichtag zurückwirkt. Vielmehr sind die Kenntnis des Finanzamts und die hierdurch entstandene Gefahr einer Inanspruchnahme erst in der Bilanz desjenigen Jahres zu berücksichtigen, in dem die Tat entdeckt wird, also frühestens in der Bilanz zum 31.12.2020. Zu diesem Zeitpunkt hat A aber bereits seinen Betrieb aufgegeben.

Die Umsatzsteuernachzahlungen und die entsprechenden Nachzahlungszinsen müssen aber als Betriebsausgaben berücksichtigt werden. Es handelt sich um nachträgliche Betriebsausgaben i. S. d. § 24 Nr. 2 i. V. m. § 4 Abs. 4 EStG. Ob nachträgliche Einkünfte allgemein aufgrund einer Gewinnermittlung nach § 4 Abs. 1, § 5 EStG oder durch Anwendung des § 4 Abs. 3 EStG zu ermitteln sind, war früher nicht abschließend geklärt. Der BFH hat Klarheit geschaffen (BFH VIII R 42/96, BStBl 2008 II 177, Rn. 41; IV R 31/09, BFH/NV 2012, 1448; IV R 14/11, BStBl 2014 II 624, Rn. 30). Er stellt sich auf den Standpunkt, dass nachträgliche Einkünfte nach einer Betriebsaufgabe grundsätzlich nicht mehr durch Betriebsvermögensvergleich, sondern in sinngemäßer Anwendung des § 4 Abs. 3 EStG unter Berücksichtigung des Zu- und Abflussprinzips gem. § 11

EStG zu ermitteln sind. Konsequenz dieser Rechtsprechung ist hier, dass A die auf seiner ehemaligen gewerblichen Tätigkeit beruhenden Umsatzsteuernachforderungen und Nachzahlungszinsen erst im Jahr der Zahlung, d. h. im Jahr 2021 als nachträgliche Betriebsausgaben berücksichtigen darf.

HINWEIS

Hinterziehungszinsen betreffend betriebliche Steuern sind – ertragsteuerlich – nicht abzugsfähige Betriebsausgaben gem. § 4 Abs. 5 Nr. 8a EStG. Gehen die Hinterziehungszinsen indes in Steuerzinsen gem. § 233a AO auf, gilt dieses Abzugsverbot nicht.

FALL 299

Nachträgliche Schuldzinsen bei den Einkünften aus Vermietung und Verpachtung

Sachverhalt:

A erwarb 2015 ein Sechsfamilienhaus. Der Kaufpreis wurde zu einem großen Teil fremd finanziert. Da sich das Mietwohngrundstück als unrentabel erwies, hat A die Immobilie Ende 2020 mit hohem Verlust wieder veräußert. Der Verkaufserlös von 350.000 € reichte nicht aus, den noch vorhandenen Anschaffungskredit vollständig zu tilgen. Der restliche Anschaffungskredit beträgt am 31.12.2020 nach teilweiser Tilgung durch den Verkaufserlös noch 100.000 €. Für den Restkredit fallen im Jahr 2021 Schuldzinsen von 5.000 € an.

AUFGABE

Sind die 2021 angefallenen Schuldzinsen als nachträgliche Werbungskosten bei den Einkünften aus Vermietung und Verpachtung abziehbar?

LÖSUNG

Nach § 9 Abs. 1 Satz 3 Nr. 1 EStG sind Schuldzinsen als Werbungskosten abziehbar, soweit sie mit einer bestimmten Einkunftsart in wirtschaftlichem Zusammenhang stehen. Ein solcher wirtschaftlicher Zusammenhang ist gegeben, wenn die Schuldzinsen für eine Verbindlichkeit geleistet werden, die durch die Einkünfteerzielung veranlasst ist. Schuldzinsen, die auf die Zeit nach Aufgabe einer Vermietungstätigkeit entfallen, sind nach früherer Rechtsprechung keine nachträglichen Werbungskosten i. S. d. § 9 Abs. 1 Satz 1 und Satz 3 Nr. 1 EStG i. V. m. § 24 Nr. 2 EStG bei den Einkünften aus Vermietung und Verpachtung. Dementsprechend hat der BFH in seiner älteren Rechtsprechung einen wirtschaftlichen Zusammenhang mit der früheren Einkunftserzielung für Schuldzinsen im privaten Bereich verneint, die auf die Zeit nach der Veräußerung eines Gebäudes entfallen, auch wenn der Veräußerungserlös nicht zur Schuldendeckung ausgereicht hat (BFH IX R 15/90, BStBl 1991 II 289; IX R 114/92, BFH/NV 1995, 966).

Diese Rechtsprechung hat der BFH modifiziert (BFH IX R 67/10, BStBl 2013 II 275; IX R 4/17, BStBl 2018 II 268, Rn. 24, 26). Er ist jetzt der Ansicht, dass Zinsen für ein Darlehen, das ursprünglich zur Finanzierung von Anschaffungskosten einer zur Vermietung bestimmten Immobilie aufgenommen wurde, auch dann noch als nachträgliche Werbungskosten bei den Einkünften aus Vermietung und Verpachtung abgezogen werden können, wenn das Gebäude veräußert wird, der Veräußerungserlös aber nicht ausreicht, um die Darlehensverbindlichkeit zu tilgen. Das gilt zum einen für Fälle, in denen – wie hier – ein Grundstück steuerpflichtig nach § 23 EStG veräußert wird und nach Verwendung des Veräußerungserlöses noch ein Restdarlehen verbleibt. Aufgrund der ab 1999 geltenden Verlängerung der Spekulationsfrist von zwei auf zehn Jahre durch das Steuerentlastungsgesetz 1999/2000/2002 sei die Veräußerung von Vermietungsobjekten nicht mehr dem privaten, sondern dem steuerlich erheblichen Vermögensbereich zuzuordnen. A kann daher die Schuldzinsen von 5.000 € im Jahr 2021 als nachträgliche Werbungskosten bei seinen Einkünften aus Vermietung und Verpachtung abziehen.

HINWEIS

Ob ein Werbungskostenabzug der nachlaufenden Schuldzinsen auch bei einer Veräußerung nach Ablauf des zehnjährigen Spekulationszeitraums möglich ist, war sehr umstritten. Die Finanzverwaltung versagte früher in diesem Fall den Schuldzinsenabzug. Der BFH hat jedoch entschieden, dass der Abzug von Schuldzinsen als Werbungskosten bei den Einkünften aus Vermietung und Verpachtung nach der Veräußerung der bis dahin vermieteten Immobilie auch dann in Betracht kommt, wenn diese Veräußerung wegen Überschreitens der in § 23 Abs. 1 Satz 1 Nr. 1 EStG vorgesehenen Haltefrist nicht einkommensteuerbar war (BFH IX R 45/13, BStBl 2015 II 635). Voraussetzung ist, dass die Verbindlichkeit durch den Veräußerungserlös nicht getilgt werden kann. Die Finanzverwaltung hat ihre Verwaltungsanweisung entsprechend modifiziert und wendet diese Rechtsprechung an (BMF, BStBl 2015 I 581, Tz. 1.1). Fazit: Wird kein neues Objekt und auch keine anderweitige Einkunftsquelle angeschafft, kommt es darauf an, ob der Verkaufserlös ausreicht, um das Darlehen abzulösen (BFH IX R 4/17, BStBl 2018 II 268). Reicht der Verkaufserlös nicht aus, um ein hierfür aufgenommenes Darlehen abzulösen, bleibt der nicht ablösbare Teil des (fortgeführten) Anschaffungsdarlehens im Zusammenhang mit den Einkünften aus Vermietung und Verpachtung. Ein Abzug ist dagegen zu verneinen, wenn die Schuldzinsen auf Verbindlichkeiten entfallen, die durch den Veräußerungspreis des Immobilienobjektes hätten getilgt werden können (sog. Grundsatz des Vorrangs der Schuldentilgung).

10.11 Altersentlastungsbetrag (§ 24a EStG)

Altersentlastungsbetrag im Fall der Zusammenveranlagung von Ehegatten

Sachverhalt:

Die Eheleute A und B werden zusammen zur Einkommensteuer veranlagt. A ist am 1.1.1956, seine Ehefrau B am 2.1.1956 geboren. Im Kalenderjahr 2020 haben die Eheleute folgende Einkünfte erzielt:

	Ehemann A	Ehefrau B
Einkünfte aus nichtselbständiger Arbeit		
a) Bruttoarbeitslohn aus einem gegenwärtigen Arbeitsverhältnis	6.000 €	0 €
b) Beamtenpension	24.000 €	0 €
Einkünfte aus Kapitalvermögen – die Einnahmen unterlagen bisher nicht der Abgeltungsteuer – werden aber im Rahmen der Veranlagung der Abgeltungsteuer unterworfen.	3.000 €	2.000 €
Einkünfte aus Vermietung und Verpachtung	1.000 €	./. 6.000 €
Sonstige Einkünfte		
Rente aus der gesetzlichen Rentenversicherung	6.000 €	0 €

Steht den Eheleuten – ggf. in welcher Höhe – für 2020 ein Altersentlastungsbetrag zu?

Der Altersentlastungsbetrag ist nach § 24a Satz 1 und 5 EStG bis zu einem Höchstbetrag im Kalenderjahr ein nach einem Prozentsatz ermittelter Betrag des Arbeitslohns und der positiven Summe der Einkünfte, die nicht solche aus nichtselbständiger Arbeit sind. Nach § 24a Satz 2 EStG bleiben Versorgungsbezüge und Leibrenten bei der Bemessung des Altersentlastungsbetrages außer Betracht. Im Fall der Zusammenveranlagung von Ehegatten zur Einkommensteuer ist die Regelung für jeden Ehegatten gesondert anzuwenden (§ 24a Satz 4 EStG). Der Altersentlastungsbetrag dient der Entlastung von im Alter bezogenen Einkünften, die – anders als z. B. nur anteilig erfasste Renten – in voller Höhe der Einkommensteuer unterliegen (BFH VIII R 19/18, DStR 2021, 534, Rn. 50). Die durch den Altersentlastungsbetrag angestrebte Entlastung bestimmter Einkünfte wird technisch dadurch erreicht, dass der nach § 24a EStG ermittelte Abzugsbetrag von der Summe der Einkünfte, nicht aber bei der Ermittlung der Einkünfte abgezogen wird (§ 2 Abs. 3 EStG).

Voraussetzung für die Gewährung eines Altersentlastungsbetrags ist, dass der Stpfl. vor dem Beginn des VZ das 64. Lebensjahr vollendet hat (§ 24a Abs. 1 Satz 3 EStG). Für die Berechnung des zugrunde zu legenden Alters sind gem. AO die §§ 187, 188 BGB maßgeblich. Nach § 187 Abs. 2 Satz 2 BGB wird der Tag der Geburt bei der Berechnung des Lebensalters mitgerechnet. Das Ende richtet sich dann nach § 188 Abs. 2 BGB mit der Folge, dass das jeweilige Lebensjahr mit dem Ablauf desjenigen Tags endet, der seiner Benennung nach dem Tag der Geburt vorangeht (BFH V B 147/16, BFH/NV 2017, 1052, Rn. 6).

Da A am 1.1.1956 geboren ist, vollendete er mit Ablauf des 31.12.2019 sein 64. Lebensjahr (§ 108 AO i.V. m. § 187 Abs. 2, § 188 Abs. 2 BGB). A steht demnach für den VZ 2020 dem Grunde nach ein Altersentlastungsbetrag zu.

Der am 2.1.1956 geborenen B kann hingegen für 2020 kein Altersentlastungsbetrag gewährt werden, weil sie erst mit Ablauf des 1.1.2020 ihr 64. Lebensjahr vollendet hat.

Im Fall der Zusammenveranlagung von Ehegatten ist der Altersentlastungsbetrag nur demjenigen Ehegatten zu gewähren, der die Voraussetzungen hierfür erfüllt, und zwar nur für die von ihm bezogenen Einkünfte (§ 24a Satz 4 EStG). Die Berechnung muss bei Ehegatten immer für beide getrennt erfolgen.

Wer vor dem 1.1.2005 64 Jahre alt wurde, erhält den Altersentlastungsbetrag noch in voller Höhe. Für diesen Personenkreis gelten bis zum Lebensende ein absetzbarer Anteil von 40 % der begünstigten Alterseinkünfte und ein Höchstbetrag von 1.900 €. Wer nach dem 1.1.1941 geboren ist, erhält nur noch einen gekürzten Altersentlastungsbetrag. Ab dem Jahr 2006 wird für alle neu hinzukommenden Jahrgänge der Altersentlastungsbetrag Jahrgang für Jahrgang schrittweise gekürzt, d. h., der maßgebliche Prozentsatz und der Höchstbetrag werden reduziert. Für nach dem 1.1.1975 geborene Stpfl. gibt es keinen Altersentlastungsbetrag mehr.

A hat vor Beginn des VZ 2020 sein 64. Lebensjahr vollendet. Der Altersentlastungsbetrag beträgt für ihn 16,0 % der Alterseinkünfte außer Renten und Pensionen sowie der Abgeltungsteuer unterliegende Kapitaleinkünfte, höchstens aber 760 € (§ 24a Satz 5 EStG).

Die Bemessungsgrundlage für den Altersentlastungsbetrag besteht aus zwei Komponenten (BMF, BStBl 2007 I 486):

▶ Zum einen aus dem Arbeitslohn (mit Ausnahme von Versorgungsbezügen i. S. v. § 19 Abs. 2 EStG) und

▶ zum anderen aus der positiven Summe der übrigen Einkünfte (mit Ausnahme von Einkünften aus Leibrenten i. S. d. § 22 Nr. 1 Satz 3 Buchst. a EStG, von Einkünften i. S. d. § 22 Nr. 4 Satz 4 Buchst. b EStG, von Einkünften i. S. d. § 22 Nr. 5 Satz 1 EStG, soweit § 52 Abs. 34c EStG anzuwenden ist, sowie von Einkünften i. S. d. § 22 Nr. 5 Satz 2 Buchst. a EStG). Kapitaleinkünfte, die der Abgeltungsteuer unterliegen, werden ebenfalls nicht berücksichtigt (FG Düsseldorf, 15 K 2712/10 E, EFG 2011, 798; FG Münster, 11 K 3383/11 E, EFG 2012, 1464). Die Nichteinbeziehung von der Abgeltungsteuer unterliegenden Kapitalerträgen in die Bemessungsgrundlage des Altersentlastungsbetrages ist verfassungsgemäß (BFH III B 51/16, BFH/NV 2017, 1163).

Zur Ermittlung der zweiten Komponente, d. h. der positiven Summe der übrigen Einkünfte, werden die positiven mit den negativen Einkünften verrechnet. Eine positive Summe erhöht die erste Komponente, eine negative Summe bewirkt jedoch – wie sich aus der nachstehenden Übersicht ergibt – keine Minderung der Bemessungsgrundlage.

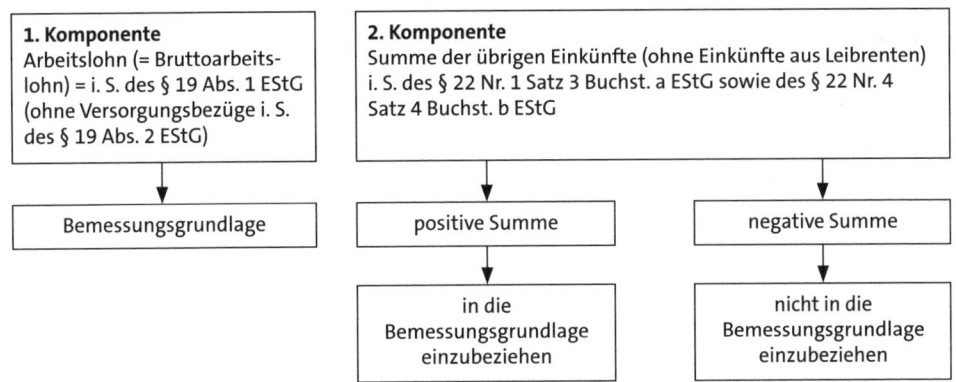

Wendet man die vorstehenden Grundsätze hier an, so errechnet sich der für A für 2020 zu gewährende Altersentlastungsbetrag wie folgt:

1. Komponente

a) Bruttoarbeitslohn aus einem gegenwärtigen Arbeitsverhältnis   6.000 €

b) Die Beamtenpension bleibt als Versorgungsbezüge unberücksichtigt.

2. Komponente

Einkünfte aus Kapitalvermögen von 3.000 € werden nicht berücksichtigt.

Einkünfte aus Vermietung und Verpachtung	1.000 €	
Positive Einkünfte	1.000 €	1.000 €
Sonstige Einkünfte: Die Rente aus der gesetzlichen Rentenversicherung wird nicht berücksichtigt.		
Bemessungsgrundlage		7.000 €

Altersentlastungsbetrag:

16,0 % von 7.000 € = 1.120 €, max.   760 €

Die durch den Altersentlastungsbetrag angestrebte Entlastung bestimmter Einkünfte wird technisch dadurch erreicht, dass der nach § 24a EStG ermittelte Abzugsbetrag von der Summe der Einkünfte, nicht aber bei der Ermittlung der Einkünfte abgezogen wird (§ 2 Abs. 3 EStG).

FALL 301

Altersentlastungsbetrag bei Einzelveranlagung

Sachverhalt:

Herr A ist am 1.4.1955 geboren. Er bezieht in den Jahren 2020 und 2021 eine Beamtenpension von 24.000 €. Im Jahr 2020 hat A Einkünfte aus Vermietung und Verpachtung von 3.000 €, im Jahr 2021 von 7.000 €.

AUFGABE

Wie hoch ist der A für 2020 und 2021 zustehende Altersentlastungsbetrag?

LÖSUNG

A vollendet sein 64. Lebensjahr mit Ablauf des 31.3.2019. Das auf die Vollendung des 64. Lebensjahres folgende Kalenderjahr ist das Jahr 2020. A erhält erstmals für das Jahr 2020 einen Altersentlastungsbetrag. Da 2020 das Jahr nach Vollendung des 64. Lebensjahres ist, gilt für A ein Prozentsatz von 16,0 % und ein Höchstbetrag von 760 €. Begünstigt sind nur die Einkünfte aus Vermietung und Verpachtung.

Der Altersentlastungsbetrag beträgt:

Für das Jahr 2020:	16,0 % von 3.000 € =	480 €
Für das Jahr 2021:	16,0 % von 7.000 € = 1.120 €, höchstens	760 €

Kapitel 11: Veranlagung von Ehegatten

Vorbemerkungen

Die Veranlagungsarten betreffen nur das Veranlagungsverfahren, nicht das Abzugsverfahren (z. B. Lohnsteuer).

Gesetzliche Grundlage jeder Veranlagung ist § 25 EStG. Als Grundsatz gilt die Einzelveranlagung als Ausfluss der Individualbesteuerung.

Nur für Ehegatten, die die Voraussetzungen des § 26 Abs. 1 Satz 1 Nr. 1 bis 3 EStG erfüllen, gibt es Ausnahmen von diesem Grundsatz. Nach der ab VZ 2013 gültigen Rechtslage haben die Ehegatten ein Wahlrecht zwischen der

▶ Einzelveranlagung nach § 26a EStG und der

▶ Zusammenveranlagung gem. § 26b EStG.

Liegen die Voraussetzungen des § 26 Abs. 1 Satz 1 Nr. 1 bis 3 EStG nicht vor, so werden die Ehegatten auch nach der ab VZ 2013 gültigen Rechtslage wie Unverheiratete nach § 25 EStG einzeln veranlagt. Somit kommt ab VZ 2013 eine Einzelveranlagung begrifflich sowohl für Ehegatten als auch für Unverheiratete und sonstige Personen in Frage, die die Voraussetzungen des § 26 Abs. 1 Satz 1 Nr. 1 bis 3 EStG nicht erfüllen.

Die Zusammenveranlagung für eingetragene Lebenspartner mit der damit verbundenen Möglichkeit des Splittingtarifs wurde vom BFH lange Zeit abgelehnt (vgl. Urteile v. 20.7.2006, III R 8/04, BStBl 2006 II 883, und 26.1.2006, III R 51/05, BStBl 2006 II 515), mit der Begründung, das Rechtsinstitut der gleichgeschlechtlichen eingetragenen Lebenspartnerschaft sei zwar der Ehe nachempfunden (Art. 6 GG, §§ 1303 ff. BGB), entspreche dieser aber nicht. Dementgegen hat das Bundesverfassungsgericht in seinem Beschluss v. 7.5.2013 die Ungleichbehandlung von eingetragenen Lebenspartnerschaften und Ehen beim Ehegattensplitting für verfassungswidrig erklärt. Die entsprechenden Vorschriften des Einkommensteuergesetzes verstoßen nach Ansicht des Gerichts gegen den allgemeinen Gleichheitssatz des Art. 3 Abs. 1 GG, da es an hinreichend gewichtigen Sachgründen für die Ungleichbehandlung fehle. Folgerichtig hat das Bundesverfassungsgericht den Gesetzgeber beauftragt, die Rechtslage rückwirkend ab der Einführung des Lebenspartnerschaftsgesetzes zum 1.8.2001 zu ändern. Diesem Auftrag ist der Gesetzgeber mit dem Gesetz zur Änderung des Einkommensteuergesetzes in Umsetzung der Entscheidung des Bundesverfassungsgerichts v. 7.5.2013 (EStGÄndG) umgehend nachgekommen. Nach § 2 Abs. 8 EStG gelten nunmehr alle Regelungen des EStG zu Ehen und Ehegatten entsprechend auch für eingetragene Lebenspartner und Lebenspartnerschaften. Somit kann für eingetragene Lebenspartner rückwirkend ab Veranlagungszeitraum 2001 grundsätzlich eine Zusammenveranlagung mit Splittingtarif durchgeführt werden. Dies gilt jedoch nur in den Fällen, in denen die Einkommensteuer noch nicht bestandskräftig i. S. d. AO festgesetzt ist.

Da ab 1.10.2017 die bisherige Ehe zwischen zwei Personen verschiedenen Geschlechts mit der Ehe von zwei Personen gleichen Geschlechts gleichbehandelt wird und gleichzeitig eine eingetragene Lebenspartnerschaft nicht mehr begründet werden kann, sind die Regelungen zur Ehegattengemeinschaft anzuwenden. Die Vorschrift des § 2 Abs. 8 EStG ist ab dem 1.10.2017 insofern obsolet, als ab diesem Zeitpunkt keine Lebenspartnerschaften mehr begründet werden dürfen. Für bestehende Lebenspartnerschaften (Altfälle) ist die Vorschrift weiterhin von Bedeutung.

Voraussetzungen der Veranlagung von Ehegatten bzw. Lebenspartnern:

► Die Ehe muss rechtswirksam bestehen,

► die Ehegatten müssen beide unbeschränkt steuerpflichtig sein (gem. § 1 Abs. 1 oder Abs. 2 EStG oder § 1a EStG; EU-/EWR-Staaten),

► die Ehegatten dürfen nicht dauernd getrennt leben.

Diese Voraussetzungen müssen gleichzeitig zu Beginn des VZ vorgelegen haben oder im Laufe des VZ eingetreten sein.

Die Ehegatten können gem. § 26 Abs. 2 Satz 1 EStG zwischen Einzelveranlagung (§ 26a EStG) und Zusammenveranlagung (§ 26b EStG) wählen. Es erfolgt eine Zusammenveranlagung, wenn beide Ehegatten diese Veranlagungsart wählen (§ 26 Abs. 2 Satz 2 EStG). Dagegen werden Ehegatten einzeln veranlagt, wenn nur einer von ihnen die Einzelveranlagung wählt (§ 26 Abs. 2 Satz 1 EStG). Die Wahl wird für den betreffenden Veranlagungszeitraum durch Angabe in der Steuererklärung getroffen.

Wird von dem Wahlrecht nach § 26 Abs. 2 EStG nicht oder nicht wirksam Gebrauch gemacht, so ist eine Zusammenveranlagung durchzuführen (§ 26 Abs. 3 EStG). Bei der Zusammenveranlagung (§ 26b EStG) haben die Ehegatten eine gemeinsame Steuererklärung abzugeben, die von beiden eigenhändig zu unterschreiben ist (§ 25 Abs. 3 Satz 2 EStG).

FALL 302

Voraussetzungen der Ehegattenveranlagung

Sachverhalt:

A und B heiraten am 15.10.01. Sie begründen ihren Wohnsitz in Neustadt. A lebte bis zur Heirat in Straßburg, während B bereits seit Jahren in Neustadt lebte. Seit Februar 03 leben die Ehegatten in Neustadt dauernd getrennt. Die Ehe wird am 12.1.04 rechtskräftig geschieden. A zieht nach Speyer und heiratet am 20.5.04 den unbeschränkt steuerpflichtigen X. B bleibt weiter in Neustadt, heiratet aber nicht wieder.

AUFGABE

Welche Veranlagungsarten kommen für die VZ 01, 02, 03 und 04 in Betracht?

LÖSUNG

Die Eheleute A und B erfüllen im VZ 01 die Voraussetzungen des § 26 Abs. 1 Satz 1 Nr. 1 bis 3 EStG. Sie haben im Laufe des VZ geheiratet und lebten nicht dauernd getrennt. B war bereits unbeschränkt steuerpflichtig, während A erst mit Begründung ihres Wohnsitzes in Neustadt unbeschränkt steuerpflichtig wurde. Sie haben demnach bis zum VZ 01 die Wahl zwischen der Zusammenveranlagung gem. § 26b EStG und der Einzelveranlagung nach § 26a EStG.

Für A hat die Steuerpflicht gewechselt, wenn sie Inlandseinkünfte i. S. des § 49 EStG bezogen hatte. Es gilt für den Wechsel der Steuerpflicht § 2 Abs. 7 Satz 3 EStG. Die während der beschränkten Steuerpflicht bezogenen inländischen Einkünfte sind in die Veranlagung zur unbeschränkten Einkommensteuerpflicht einzubeziehen. Es ist nur eine Veranlagung durchzuführen.

Im VZ 02 liegen weiterhin die Voraussetzungen für eine Ehegattenveranlagung vor. Die Eheleute können hier wählen zwischen der Zusammenveranlagung und der Einzelveranlagung für Ehegatten.

Obwohl die Ehegatten ab Februar 03 dauernd getrennt leben, erfüllen sie zu Beginn des VZ 03 noch die Voraussetzungen des § 26 Abs. 1 Satz 1 Nr. 1 bis 3 EStG und haben das Wahlrecht zwischen der Zusammenveranlagung und der Einzelveranlagung i. S. d. § 26a EStG.

Im VZ 04 liegen die Voraussetzungen gem. § 26 Abs. 1 Satz 1 Nr. 1 bis 3 EStG nicht mehr vor. Eine Ehegattenveranlagung kommt demnach zwischen A und B nicht mehr in Betracht. Da A den X geheiratet hat und mit dem neuen Ehegatten die Voraussetzungen des § 26 Abs. 1 EStG erfüllt, können diese wählen zwischen der Zusammenveranlagung und der Einzelveranlagung nach § 26a EStG. B ist dagegen einzeln zu veranlagen gem. § 25 EStG, für B kommt der Grundtarif zur Anwendung (kein Gnadensplitting, da § 32a Abs. 6 Nr. 2 EStG nicht erfüllt ist).

FALL 303

Veranlagungsarten bei Ehegatten

Sachverhalt:

A und B sind seit vielen Jahren verheiratet und leben in Landau. Am 14.3.01 stirbt A. B heiratet am 10.11.01 X (unbeschränkt steuerpflichtig). Die Wohnung in Landau behalten sie bei.

AUFGABE

Welche Veranlagungsarten kommen für 01 in Betracht?

LÖSUNG

Die Eheleute A und B erfüllen in 01 die Voraussetzungen des § 26 Abs. 1 Satz 1 Nr. 1 bis 3 EStG, d. h. sie haben das Wahlrecht für die Ehegattenveranlagung. Im selben VZ erfüllen aber auch B und X die Voraussetzungen für eine Ehegattenveranlagung. War der Steuerpflichtige im selben VZ mehr als einmal verheiratet und wurde die andere Ehe durch Tod, Scheidung oder Aufhebung aufgelöst, so gilt das Wahlrecht gem. § 26 Abs. 1 Satz 2 EStG nur für die letzte Ehe, wenn hierfür die Voraussetzungen des § 26 Abs. 1 EStG vorliegen. Ist das nicht der Fall, gilt das Wahlrecht für die aufgelöste vorangegangene Ehe. Es haben demnach B und X das Wahlrecht zwischen der Zusammenveranlagung und der Einzelveranlagung für Ehegatten. Für A ist für die Zeit vom 1. 1.–14.3.01 eine Einzelveranlagung nach § 25 EStG durchzuführen. In diesem Fall wird aber nicht der Grundtarif angewendet, sondern gem. § 32a Abs. 6 Nr. 2 EStG der Splittingtarif (sog. Gnadensplitting).

B und X haben das Wahlrecht zur Ehegattenveranlagung, i. d. R. die Zusammenveranlagung.

FALL 304

Zusammenveranlagung

Sachverhalt:

Agnes und Bernd heiraten am 12.5.04. Sie sind beide unbeschränkt steuerpflichtig und haben ihren Wohnsitz in der Bundesrepublik. A war bereits einmal verheiratet, ihr Ehemann verstarb 03.

A erzielt Einkünfte aus Land- und Forstwirtschaft nach § 13 Abs. 1 Nr. 1 EStG i. H. v. 5.000 €, Einkünfte aus Gewerbebetrieb 1 (§ 15 Abs. 1 Nr. 1 EStG) i. H. v. 80.000 € und einen Verlust aus Gewerbebetrieb 2 i. H. v. ./. 20.000 €, einen Verlust aus Vermietung und Verpachtung nach § 21 Abs. 1 Nr. 1 EStG i. H. v. ./. 5.000 €. A hatte im Kalenderjahr 04 (2014) ihr 64. Lebensjahr vollendet.

B erzielt aus Gewerbebetrieb einen Verlust i. H. v. ./. 40.000 €, aus selbständiger Tätigkeit einen Gewinn nach § 18 Abs. 1 Nr. 1 EStG i. H. v. 30.000 €, einen Überschuss aus der Vermietung des Hauses 1 (§ 21 Abs. 1 Nr. 1 EStG) i. H. v. 15.000 € und einen Verlust aus der Vermietung des Hauses 2 i. H. v. ./. 20.000 €. B hatte im Kalenderjahr 05 (2015) sein 64. Lebensjahr vollendet.

Die im Rahmen der Höchstbeträge des § 10 Abs. 3 und Abs. 4 EStG abzugsfähigen Sonderausgaben der Eheleute sollen 7.138 € betragen.

AUFGABE

Führen Sie die Veranlagung für den VZ 04 durch. Anzuwenden ist dabei die Gesetzlage des Kj. 2021.

LÖSUNG

Die Eheleute A und B erfüllen die Voraussetzungen des § 26 Abs. 1 Satz 1 Nr. 1 bis 3 EStG. Da sie keine Wahl bzgl. der Veranlagungsart getroffen haben, ist gem. § 26 Abs. 3 EStG die Zusammenveranlagung durchzuführen.

Die Einkünfte sind bei der Zusammenveranlagung wie bei der Einzelveranlagung zunächst für jeden Ehegatten bzw. Lebenspartner gesondert zu ermitteln (R 26b Abs. 1 EStR, H 26b „Gesonderte Ermittlung der Einkünfte" EStH) und dem Steuerpflichtigen zuzurechnen, der sie bezogen hat.

Können Verluste eines Ehegatten nicht mit positiven eigenen Einkünften ausgeglichen werden, so werden sie im Rahmen der Zusammenveranlagung mit positiven Einkünften des anderen Ehegatten verrechnet.

Die gesondert ermittelten Einkünfte beider Ehegatten sind nach Abzug des jeweils getrennt zu ermittelnden Altersentlastungsbetrags (§ 24a EStG), des Entlastungsbetrags für Alleinerziehende (§ 24b EStG) zu einem gemeinsamen Gesamtbetrag der Einkünfte zusammenzurechnen. Nach Abzug des Freibetrags nach § 13 Abs. 3 EStG ergibt sich ein gemeinsamer Gesamtbetrag der Einkünfte. Durch Abzug der für die Ehegatten gemeinsam festgestellten Sonderausgaben und außergewöhnlichen Belastungen ergibt sich für beide Steuerpflichtige ein einheitliches Einkommen und nach Abzug der Freibeträge für Kinder (§ 31, § 32 Abs. 6 EStG) und des Härteausgleichs (§ 46 Abs. 3 EStG, § 70 EStDV) ein einheitliches zu versteuerndes Einkommen.

Nach § 32a Abs. 5 EStG wird die tarifliche ESt im Fall der Zusammenveranlagung – vorbehaltlich der §§ 32b, 32d, 34, 34a, 34b und 34c EStG – nach dem Splittingtarif ermittelt.

Aufgrund der Zusammenveranlagung schulden die Ehegatten die gegen sie festgesetzte ESt gem. § 44 AO als Gesamtschuldner. Wenn einer von beiden geringere Einkünfte als der andere hat, kann er zur Einschränkung oder Abwendung der Zwangsvollstreckung eine entsprechende Aufteilung der Einkommensteuerschuld gem. § 268 AO beantragen.

Einkünfte VZ 2018 Beträge in €	Ehefrau A Beträge in €		Ehemann B Beträge in €
§ 13 Abs. 1 Nr. 1 EStG	5.000,00		–
§ 15 Abs. 1 Nr. 1 EStG			./. 40.000,00
Gewerbe 1: 80.000,00	60.000,00	horizontaler Verlustausgleich	–
Gewerbe 2: ./. 20.000,00			–
§ 18 Abs. 1 Nr. 1 EStG	–		30.000,00
§ 21 Abs. 1 Nr. 1 EStG	./. 5.000,00		
Haus 1: 15.000,00		horizontaler Verlustausgleich	./. 5.000,00
Haus 2: ./. 20.000,00			
Summe der Einkünfte (getrennt für jeden Ehegatten)	60.000,00	vertikaler Verlustausgleich	./. 15.000,00
abzüglich eventuell AEB gem. § 24a EStG lt. Tabelle (für 2015)	./. 1.140,00	Ehefrau: Kein AEB möglich, da kein Arbeitslohn und keine positive Summe der Einkünfte	–
Zwischensumme	58.860,00		./. 15.000,00
Zusammenrechnung nach § 26b EStG			**43.860,00**
hier: vertikaler Verlustausgleich zwischen den Ehegatten			
abzüglich Freibetrag gem. § 13 Abs. 3 EStG; Gemeinsame Summe der Einkünfte (vor Berücksichtigung des AEB) beträgt 45.000 € und ist nicht größer als 61.400 € (Zusammenveranlagung)			./. 1.800,00
Gesamtbetrag der Einkünfte § 2 Abs. 3 EStG (R 26b Abs. 1 EStR; H 26b „Gesonderte Ermittlung der Einkünfte" EStH)			**42.060,00**
abzüglich Sonderausgaben usw. (R 10.1 EStR) Sonderausgaben-Pauschbetrag nach § 10c EStG Sonderausgaben lt. Sachverhalt			./. 72,00 ./. 7.138,00
Einkommen = zu versteuerndes Einkommen			34.850,00
Splittingtarif gem. § 32a Abs. 5 EStG. Die tarifliche ESt 2021 beträgt			3.212,00

Einzelveranlagung nach § 26a EStG

Sachverhalt:

Wie voriger Fall, aber die Eheleute wählen die Einzelveranlagung gem. § 26a EStG. Abweichend zum vorigen Fall betragen die Einkünfte des B aus § 15 Abs. 1 Nr. 1 EStG statt ./. 40.000 € hier ./. 10.000 €. Die im Rahmen der Höchstbeträge abzugsfähigen Sonderausgaben der A sollen 3.569 € und die des B ebenfalls 3.569 € betragen.

Führen Sie die Veranlagung durch.

Die Eheleute erfüllen die Voraussetzungen des § 26 Abs. 1 Satz 1 EStG und können damit die Einzelveranlagung wählen. Die Besteuerungsgrundlagen sind für jeden Ehegatten selbständig zu ermitteln. Sie haben jeder eine Steuererklärung gem. § 25 Abs. 3 Satz 1 EStG abzugeben.

Einkünfte A:

Einkünfte gem. § 13 Abs. 1 Nr. 1 EStG =		5.000,00 €
Einkünfte aus Gewerbebetrieb gem. § 15 Abs. 1 Nr. 1 EStG		60.000,00 €
Verlust aus § 21 Abs. 1 Nr. 1 EStG		./. 5.000,00 €
Summe der Einkünfte		60.000,00 €
./.	Altersentlastungsbetrag § 24a EStG	./. 1.140,00 €
./.	Freibetrag für Land- und Forstwirte (§ 13 Abs. 3 EStG). Der Freibetrag wird nicht gewährt, da die Summe der Einkünfte 30.700 € übersteigt.	–
	Gesamtbetrag der Einkünfte	58.860,00 €
./.	Sonderausgaben-Pauschbetrag (§ 10c Satz 1 EStG)	./. 36,00 €
./.	Sonderausgaben i. R. d. Höchstbeträge abzugsfähig insgesamt	./. 3.569,00 €
Einkommen = zu versteuerndes Einkommen		55.255,00 €

Tarif: Der Splittingtarif des § 32a Abs. 6 Nr. 1 (Witwensplitting) kommt nicht zur Anwendung, da A nach § 26a EStG einzeln zur ESt veranlagt wird (§ 32a Abs. 6 Satz 2 EStG).

ESt nach dem Grundtarif (§ 32a Abs. 1 EStG) 2021	14.085,00 €

Einkünfte B:

Einkünfte gem. § 15 EStG		./. 10.000,00 €
Einkünfte gem. § 18 EStG		30.000,00 €
Einkünfte gem. § 21 EStG		./. 5.000,00 €
Summe der Einkünfte		15.000,00 €
./.	Altersentlastungsbetrag § 24a EStG lt. Tabelle (für 2016)	./. 1.064,00 €
	Gesamtbetrag der Einkünfte	13.936,00 €
./.	Sonderausgaben-Pauschbetrag (§ 10c Satz 1 EStG)	./. 36,00 €
./.	Sonderausgaben i. R. d. Höchstbeträge abzugsfähig insgesamt	./. 3.569,00 €
Einkommen = zu versteuerndes Einkommen		10.331,00 €
ESt nach dem Grundtarif (§ 32a Abs. 1 EStG) 2021		85,00 €

FALL 306

Einzelveranlagung für Ehegatten

Sachverhalt:

Die Eheleute A und B sind seit Jahren verheiratet und leben im gemeinsamen Haushalt in Neustadt. Sie beantragen für den Veranlagungszeitraum 05 die Einzelveranlagung für Ehegatten gem. § 26a EStG. Der Ehemann A ist als selbständiger Handelsvertreter tätig und erzielt für 05 einen Gewinn aus Gewerbebetrieb i. H. v. 48.300 €. Seine Ehefrau B ist als kaufmännische Angestellte beschäftigt und erhält in 05 einen Bruttoarbeitslohn i. H. v. 40.600 €. Die Einkünfte aus Vermietung und Verpachtung von B betragen 2.699 €. A macht außerdem folgende Aufwendungen geltend:

Kirchensteuer	470 €
Sozialversicherungsbeiträge, abzugsfähig	6.600 €
Krankheitskosten nach Erstattung	6.230 €
Körperbehinderung, Grad der Behinderung	70
B macht geltend:	
Sozialversicherungsbeiträge, abzugsfähig	5.500 €

Die Eheleute haben einen gemeinsamen 10-jährigen Sohn, der zu 60 % körperbehindert ist. Es fallen keine Betreuungskosten an.

Einen Antrag nach § 26a Abs. 2 Satz 2 EStG haben die Eheleute nicht gestellt.

AUFGABE

Ermitteln Sie das zu versteuernde Einkommen der Eheleute für den VZ 05.

LÖSUNG

Die Eheleute erfüllen die Voraussetzungen des § 26 Abs. 1 Nr. 1 bis 3 EStG und können deshalb die Wahl zur Einzelveranlagung gem. § 26a EStG ausüben. Wie in allen anderen Veranlagungsarten, sind die Einkünfte der Eheleute getrennt zu ermitteln und entsprechend zuzurechnen. Die Ehegatten haben gem. § 25 Abs. 3 Satz 1 EStG jeder eine Steuererklärung abzugeben. Auf das jeweilige zu versteuernde Einkommen ist die Grundtabelle anzuwenden.

Schema:

Einkünfte Ehemann	Einkünfte Ehefrau
↓	↓
= Summe der Einkünfte	= Summe der Einkünfte
= Gesamtbetrag der Einkünfte	= Gesamtbetrag der Einkünfte
− eigene Sonderausgaben	− eigene Sonderausgaben
− eigene außergewöhnliche Belastungen	− eigene außergewöhnliche Belastungen
− Steuerermäßigung gem. § 35a EStG	− Steuerermäßigung gem. § 35a EStG

grundsätzliche jeder seine eigenen Kosten oder gemeinsamer Antrag auf Verteilung zu je $^1/_2$

Einkommen	Einkommen
zu versteuerndes Einkommen	zu versteuerndes Einkommen
ESt lt. Grundtabelle	ESt lt. Grundtabelle

Ermittlung der Einkünfte des Ehemannes A:

Einkünfte nach § 15 Abs. 1 Nr. 1 EStG	48.300 €
= Gesamtbetrag der Einkünfte A	48.300 €

Ermittlung der Einkünfte der Ehefrau B:

Einkünfte nach § 19 Abs. 1 Nr. 1 EStG:

Einnahmen, brutto	40.600 €	
AN-Pauschbetrag (§ 9a Nr. 1 Buchst. a EStG)	./. 1.000 €	
Einkünfte	39.600 €	39.600 €
Einkünfte gem. § 21 EStG:		+ 2.699 €
Gesamtbetrag der Einkünfte B		42.299 €

Ermittlung der außergewöhnlichen Belastung (Berücksichtigung nur bei A, da kein Antrag nach § 26a Abs. 2 Satz 2 EStG gestellt.)

Krankheitskosten (§ 26a Abs. 2 EStG)		6.230 €
./. zumutbare Belastung, berechnet vom		
GdE des Ehemanns =		48.300 €
Stufe 1: 15.340 € × 2 %	306,80 €	
Stufe 2: 48.300 € ./. 15.340 € = 32.960 € × 3 %	988,80 €	
Zumutbare Belastung insgesamt	1.295,60 €	./. 1.295 €
verbleiben als berücksichtigungsfähig		4.935 €

Beim Abzug außergewöhnlicher Belastungen nach § 33 EStG wird die zumutbare Belastung nach dem Gesamtbetrag der Einkünfte eines jeden Ehegatten bzw. Lebenspartners bestimmt und nicht wie bei der bisherigen getrennten Veranlagung nach dem Gesamtbetrag der Einkünfte beider Ehegatten bzw. Lebenspartner. Dies entspricht dem Prinzip der Individualbesteuerung (vgl. Gesetzesbegründung in BT-Drucks. 17/5125 S. 40).

Ermittlung des zu versteuernden Einkommens des Ehemannes A:

Gesamtbetrag der Einkünfte =	48.300 €
Sonderausgaben:	
abzugsfähige Sonderausgaben lt. Aufgabe	./. 6.600 €
./. Kirchensteuer 470 € (§ 10 Abs. 1 Nr. 4 EStG)	./. 470 €
Der Pauschbetrag nach § 10c EStG wird überschritten.	
Außergewöhnliche Belastungen:	
Krankheitskosten A 6.230 € abzgl. zumutbare Belastung = 1.295 €, verbleiben	./. 4.935 €
Körperbehinderung des Ehemannes (§ 33b Abs. 3 EStG) bei 70 % = 1.780 € (§ 26a Abs. 2 Satz 1 EStG)	./. 1.780 €

Durch das Gesetz zur Erhöhung der Behinderten-Pauschbeträge und zur Anpassung weiterer steuerlicher Regelungen (Behinderten-Pauschbetragsgesetz) v. 9.12.2020 (BGBl 2020 I S. 2770) wurden die einkommensteuerlichen Ermäßigungen für behinderte Steuerpflichtige erheblich verbessert. Durch das Gesetz sind zum 1.1.2021 die Verdoppelung einschließlich einer tiefergehenden Staffelung der Behinderten-Pauschbeträge in Kraft getreten.

Bei einem Antrag nach § 26a Abs. 2 Satz 2 EStG ist der einem Ehegatten zustehende Behinderten-Pauschbetrag bei der Einzelveranlagung der Ehegatten jeweils zur Hälfte abzuziehen (BFH Urteil v. 20.12.2017, BFH/NV 2018, 573). Einen diesbezüglichen Antrag haben die Eheleute lt. Sachverhalt aber nicht gestellt.

Der Körperbehinderten-Pauschbetrag des Sohnes von 1.440 € (60 %) ist nach § 33b Abs. 5 Satz 2 EStG auf die Eltern je zur Hälfte zu übertragen. Auf gemeinsamen Antrag der Eltern ist eine andere Aufteilung möglich (§ 33b Abs. 5 Satz 3 EStG). Ein diesbezüglicher Antrag wurde lt. Sachverhalt aber nicht gestellt.	./. 720 €

Einkommen	33.795 €
./. Kinderfreibetrag (§ 32 Abs. 6 Satz 1 EStG) nur, falls günstiger als Kindergeld	
zu versteuerndes Einkommen =	33.795 €
Einkommen lt. Grundtabelle	

Ermittlung des zu versteuernden Einkommens der Ehefrau B:

Gesamtbetrag der Einkünfte	42.299 €
Sonderausgaben:	5.500 €
Sonderausgaben-Pauschbetrag § 10c EStG	./. 36 €
außergewöhnliche Belastungen: $\frac{1}{2}$ des Körperbehinderten-Pauschbetrags des Sohnes	./. 720 €
Einkommen	36.043 €
./. Kinderfreibetrag (§ 32 Abs. 6 Satz 1 EStG) nur, falls günstiger als Kindergeld	
zu versteuerndes Einkommen B =	36.043 €
Einkommen lt. Grundtabelle	

FALL 307

Zurechnung der Einkünfte von Ehegatten

Sachverhalt:

Die Eheleute Norbert und Anne N. werden zusammenveranlagt. Norbert hat eine Zahnarztpraxis und erzielt daraus für den VZ 04 einen Gewinn i. H. v. 97.200 €. In der Praxis arbeitet seine Ehefrau Anne als Sprechstundenhilfe. Norbert und Anne zahlen Altersvorsorgeaufwendungen i. S. d. § 10 Abs. 1 Nr. 2 Buchst. b EStG i. H. v. 4.000 € für Norbert und 2.250 € für Anne, Basisversicherungsaufwendungen i. H. v. 6.000 € (abzugsfähiger Betrag), weitere Versicherungsbeiträge (z. B. Unfallversicherung, Haftpflichtversicherung, Kfz-Versicherung) i. H. v. 1.500 € und Kirchensteuer von 1.646 €.

AUFGABEN

1. Wie hoch sind das zu versteuernde Einkommen und die Einkommensteuer für 04, wenn Anne keinen Arbeitslohn erhält?

   In diesem Fall ist Anne privat kranken- und pflegeversichert. Die Basisaufwendungen betragen ebenfalls 6.000 € pro Jahr.

2. Wie hoch sind das zu versteuernde Einkommen und die Einkommensteuer für 04, wenn Anne aufgrund eines schriftlichen Arbeitsvertrages ein angemessenes Gehalt i. H. v. 21.400 € brutto erhält? Der Arbeitgeberanteil zur Sozialversicherung beträgt 4.146,25 €, die Arbeitnehmeranteile betragen

- zur Basis-Krankenversicherung 1.754,80 € (Beitragssatz 14,6 % zzgl. Zusatzbeitrag für Arbeitnehmer 0,9 %);

- zur Basis-Pflegeversicherung als Kinderloser 379,85 €;

- zur Rentenversicherung 1.990,20 € und

- zur Arbeitslosenversicherung 267,50 €.

Steuerabzugsbeträge (Lohnsteuer, Kirchensteuer und Solidaritätszuschlag) fallen bei Lohnsteuerklasse III keine an.

Als Arbeitnehmerin ist Anne in der gesetzlichen Krankenversicherung pflichtversichert. Beiträge für eine private Kranken- und Pflegeversicherung wie im Fall 1 fallen keine an.

Nehmen Sie Stellung zum Arbeitsverhältnis.

LÖSUNG

Bei allen Veranlagungen von Ehegatten sind die Einkünfte für jeden gesondert zu ermitteln. Deshalb ist zu entscheiden, welcher Ehegatte die Einkünfte bezogen hat.

Zu 1.:

Die Einkünfte aus selbständiger Arbeit sind Norbert allein zuzurechnen. Dadurch, dass der andere Ehegatte an der Erzielung der Einkünfte mitgewirkt hat, sind diesem nicht anteilige Einkünfte zuzurechnen (§ 26a Abs. 1 Satz 2 EStG).

Einkünfte gem. § 18 Abs. 1 Nr. 1 EStG		97.200 €

Es liegen keine Betriebsausgaben für Anne vor, da tatsächlich nichts gezahlt wurde.
= Gesamtbetrag der Einkünfte

./. Sonderausgaben:

Kirchensteuer (§ 10 Abs. 1 Nr. 4 EStG)		./. 1.646 €
Altersvorsorgeaufwendungen i. S. d. § 10 Abs. 1 Nr. 2 Buchst. b EStG:	6.250 €	
Der Höchstbetrag von 48.610 € (§ 10 Abs. 3 EStG) ist nicht überschritten.		
Davon 92 % im Kalenderjahr 2021	5.750 €	./. 5.750 €
Vorsorgeaufwendungen nach § 10 Abs. 1 Nr. 3 u. Nr. 3a EStG		
Basisvorsorgeaufwendungen nach § 10 Abs. 1 Nr. 3 Buchst. a und b EStG:	12.000 €	
Gemeinsamer Höchstbetrag der Eheleute nach § 10 Abs. 4 Satz 1 und 3 EStG:		
Ehemann	2.800 €	
Ehefrau	2.800 €	
Gemeinsamer Höchstbetrag	5.600 €	

Die Basisvorsorgeaufwendungen sind zu berücksichtigen.

Die weiteren Versicherungsbeiträge bleiben unberücksichtigt.	./. 12.000 €
Einkommen = zu versteuerndes Einkommen =	77.804 €
Einkommensteuer lt. Splittingtabelle 2021 =	15.914 €

Zu 2.:

Bei Arbeitsverhältnissen zwischen Ehegatten und nahen Angehörigen ist zu prüfen, ob diese steuerlich anzuerkennen sind (R 4.8 Abs. 1 EStR; H 4.8 „Arbeitsverhältnisse zwischen Ehegatten" EStH).

Das Arbeitsverhältnis ist nur anzuerkennen, wenn es ernsthaft vereinbart und tatsächlich durchgeführt wurde. Grundsätzlich sollte hierfür ein schriftlicher Arbeitsvertrag vorliegen, die Ehefrau muss tatsächlich mitarbeiten und eine fremde Arbeitskraft ersetzen. Es muss nachgewiesen werden, dass regelmäßig Gehalt gezahlt wurde, welches in die Verfügungsmacht des Arbeitnehmer-Ehegatten gelangt ist. Außerdem müssen ein angemessenes Gehalt gezahlt und die entsprechenden Folgerungen aus dem Vertrag gezogen worden sein, d. h. Lohnsteuerabzug oder Pauschalierung der Lohnsteuer und Abführen der Sozialversicherungsbeiträge. Nach Prüfung dieser Voraussetzungen ist davon auszugehen, dass das Arbeitsverhältnis zwischen den Ehegatten steuerlich anzuerkennen ist.

Vorläufiger Gewinn		97.200 €	
Betriebsausgaben:			
./. Arbeitslohn Anne, brutto	./. 21.400 €		
./. Arbeitgeberanteil zur Sozialversicherung	./. 4.146 €		
Gewinn gem. § 18 Abs. 1 Nr. 1 EStG		71.654 €	71.654 €
Einnahmen gem. § 19 Abs. 1 Nr. 1 EStG			
(der Arbeitgeberanteil zur Sozialversicherung ist steuerfrei, § 3 Nr. 62 EStG)		21.400 €	
./. Arbeitnehmer-Pauschbetrag § 9a Nr. 1 Buchst. a EStG		./. 1.000 €	
Einkünfte aus nichtselbständiger Arbeit		20.400 €	20.400 €
Gesamtbetrag der Einkünfte			92.054 €
Sonderausgaben:			
Altersvorsorgeaufwendungen Anne Arbeitnehmeranteil	1.990 €		
zzgl. Arbeitgeberanteil (§ 10 Abs. 1 Nr. 2 Satz 6 EStG)	1.990 €		
Summe	3.980 €		
Altersvorsorgeaufwendungen i. S. d. § 10 Abs. 1 Nr. 2 Buchst. b EStG	6.250 €		
Insgesamt	10.230 €		
Der Höchstbetrag von 48.610 € (§ 10 Abs. 3 EStG) ist nicht überschritten.			
Davon 92 % im Kalenderjahr 2021	9.411 €		
abzüglich Arbeitgeberanteil	./. 1.990 €		
als Sonderausgaben zu berücksichtigen	7.421 €	7.421 €	

Basisvorsorgeaufwendungen Norbert nach § 10 Abs. 1 Nr. 3 Buchst. a u. b EStG:		6.000 €	
Krankenversicherung Anne	1.755 €		
Kürzung nach § 10 Abs. 1 Nr. 3 Buchst. a Satz 4 EStG um 4 %	./. 70 €		
Verbleiben	1.685 €	1.685 €	
Basispflegeversicherung Anne		380 €	
Summe Basisaufwendungen		8.065 €	
Gemeinsamer Höchstbetrag der Eheleute nach § 10 Abs. 4 Satz 1 u. 3 EStG:			
Ehemann		2.800 €	
Ehefrau		1.900 €	
Gemeinsamer Höchstbetrag		4.700 €	
Die Basisvorsorgeaufwendungen sind zu berücksichtigen. Die weiteren Versicherungsbeiträge bleiben unberücksichtigt.		8.065 €	
Summe Vorsorgeaufwendungen		15.486 €	./. 15.486 €
./. Kirchensteuer	1.646 €		./. 1.646 €
Einkommen = zu versteuerndes Einkommen =			74.922 €
Einkommensteuer lt. Splittingtabelle 2021 =			14.942 €
Einkommensteuer im Fall 1 zum Vergleich			15.914 €
Steuerersparnis			./. 972 €
Bedingt durch das Arbeitsverhältnis fallen zusätzlich folgende Versicherungsleistungen an			
Rentenversicherung (Arbeitnehmer- und Arbeitgeberanteil)		3.980 €	
Krankenversicherung		1.755 €	
Pflegeversicherung		380 €	
Summe		+ 6.115 €	
Ersparnis der privaten Krankenversicherungsbeiträge für Anne		./. 6.000 €	
Mehraufwand		+ 115 €	+ 115 €
Ersparnis			./. 857 €

FALL 308

Zurechnung der Einkünfte aus Land- und Forstwirtschaft bei Ehegatten

Sachverhalt:

Erna hat den land- und forstwirtschaftlichen Betrieb ihrer verstorbenen Eltern geerbt. Sie ist damit Eigentümerin sämtlicher Grundstücke und aufstehenden Gebäude geworden. Noch im selben Jahr heiratet sie den mittellosen Landwirt Anton. Dieser führt den Betrieb seiner Ehefrau und tätigt alle Geschäfte, mit Ausnahme der Grundstücksgeschäfte, im eigenen Namen.

Wem sind die Einkünfte aus Land- und Forstwirtschaft zuzurechnen?

Unternehmer eines land- und forstwirtschaftlichen Betriebes ist in der Regel der Hofeigentümer. Ist im vorliegenden Fall die Ehefrau Hofeigentümerin, sind ihr die Einkünfte allein zuzurechnen. Der Ehemann wird nicht dadurch Unternehmer, dass er den Hof bewirtschaftet. Etwas anderes würde nur gelten, wenn die Ehefrau durch betriebliche Vereinbarungen, Pachtvertrag oder sonstigen Überlassungsvertrag dem Ehemann das Recht einräumt, die Nutzungen aus dem land- und forstwirtschaftlichen Vermögen selbst zu ziehen.

Die Einkünfte aus dem land- und forstwirtschaftlichen Betrieb sind den Ehegatten gemeinsam zuzurechnen, wenn

► der land- und forstwirtschaftliche Grundbesitz den Ehegatten gemeinsam gehört

oder

► beide Ehegatten gemeinsam im Betrieb arbeiten.

Nur in diesen Fällen ist eine Mitunternehmerschaft der Ehegatten zu bejahen, ohne dass es eines Gesellschaftsvertrages bedarf (H 13.4 „Mitunternehmerschaft" EStH).

FALL 309

Zurechnung der Einkünfte aus Gewerbebetrieb

Sachverhalt:

Die Eheleute A und B leben in Gütergemeinschaft. A ist selbständiger Handelsvertreter, der Betrieb befindet sich im Gesamtgut der Gütergemeinschaft. B erledigt die Buchführungsarbeiten, dafür erhält sie ein angemessenes Gehalt.

Wem sind die Einkünfte aus Gewerbebetrieb zuzurechnen?

Zur Frage der einkommensteuerrechtlichen Wirkung des Güterstands der Gütergemeinschaft zwischen Ehegatten s. BFH-Gutachten v. 18.2.1959 (BStBl 1959 III 263) und H 26a „Gütergemeinschaft" EStH.

Der Gewinn aus Gewerbebetrieb „Handelsvertretung" ist A allein zuzurechnen. Das Gehalt, das er seiner Frau B zahlt, stellt für ihn eine abzugsfähige Betriebsausgabe dar, wenn die vertraglichen Gestaltungen zwischen den Ehegatten steuerlich anzuerkennen sind. B erzielt demnach Einkünfte aus nichtselbständiger Arbeit. Die Gütergemeinschaft führt hier nicht zu einer gemeinsamen Zurechnung der Einkünfte, da die persönliche Arbeitsleistung des A in den Vordergrund tritt und im Betrieb kein nennenswertes Kapital eingesetzt wird (H 26a „Gütergemeinschaft" EStH; BFH v. 20.3.1980, IV R 53/76, BStBl 1980 II 634).

Der BFH stellt fest, dass bei einem selbständigen Handelsvertreter regelmäßig – ähnlich wie bei einem Arbeitnehmer – die Quelle aus der die Einkünfte fließen, nicht das dem Gewerbebetrieb dienende Kapital, sondern „das höchstpersönliche Gut der menschlichen Arbeitskraft" ist. Kennzeichnend für den Handelsvertreter ist, dass er ständig damit betraut ist, für einen anderen Unternehmer Geschäfte zu vermitteln oder in dessen Namen abzuschließen (§ 84 Abs. 1 Satz 1 HGB). Der Gewinn, den ein selbständiger Handelsvertreter erzielt, wird im Regelfall von der persönlichen Leistung des Handelsvertreters bestimmt. Der sich aus der Gütergemeinschaft – ebenso wie z. B. aus einer Vorausabtretung künftiger Provisionsansprüche – notwendig ergebende dingliche Anteil der Ehefrau am Ertrag der gewerblichen Tätigkeit lässt die Ehefrau noch nicht zur Mitunternehmerin des Gewerbebetriebs werden.

FALL 310

Zurechnung bei Baubetrieb

Sachverhalt:

Wie voriger Fall, jedoch handelt es sich nicht um eine Handelsvertretung, sondern um einen Baubetrieb mit Grundstücken, Maschinen, Betriebsvorrichtungen und Kapital.

AUFGABE

Wem sind die Einkünfte zuzurechnen?

LÖSUNG

In diesem Fall sind die Einkünfte den Ehegatten gemeinsam zuzurechnen. Der Gewerbebetrieb gehört zum Gesamtgut der in Gütergemeinschaft lebenden Ehegatten. Es ist deshalb ein Gesellschaftsverhältnis, eine Mitunternehmerschaft i. S. d. § 15 Abs. 1 Nr. 2 EStG anzunehmen, obwohl zivilrechtlich zwischen den Ehegatten kein Gesellschaftsverhältnis vereinbart wurde. Die Ausnahmeregelung nach H 26a EStH kommt nicht in Betracht, da im Betrieb erhebliches Vermögen eingesetzt wird.

Bei den Einkünften aus Gewerbebetrieb wird gewöhnlich der Ertrag durch Einsatz von Betriebskapital und Unternehmertätigkeit erzielt. Da bei vereinbarter Gütergemeinschaft das Betriebskapital beiden Ehegatten je zur Hälfte gehört, steht zunächst jedem Ehegatten deswegen ein angemessener Gewinnanteil zu. Sind darüber hinaus beide Ehegatten im Betrieb tätig, wie es in Handwerks- und Einzelhandelsbetrieben die Regel ist, so ist eine gleichmäßige Gewinnteilung zwischen den Ehegatten angebracht.

Das Gehalt der Ehefrau ist, da sie Mitunternehmerin ist, keine Betriebsausgabe, sondern stellt eine Sondervergütung nach § 15 Abs. 1 Nr. 2 EStG dar.

FALL 311

Zurechnung der Einkünfte von Eltern und Kindern

Sachverhalt:

Die Eheleute haben auf den Namen ihres minderjährigen Sohnes ein Sparbuch mit einer Einlage i. H. v. 30.000 € angelegt, die vom Sparkonto der Eltern umgebucht wurden. Die Zinsen werden jährlich bei Vorlage des Sparbuches darauf gutgeschrieben.

AUFGABE

Wem sind die Zinsen zuzurechnen?

LÖSUNG

Richten Eltern durch Vertrag zugunsten ihrer Kinder ein Sparkonto ein, dann sind die darauf geleisteten Einlagen und die Erträge daraus den Kindern zuzurechnen, wenn die Eltern bei Abschluss des Vertrages über die Einrichtung des Sparkontos und bei der Einzahlung der Einlagen den Willen hatten, die Guthabenforderung den Kindern sofort zuzuwenden, und dieser Wille für die Bank erkennbar war (BFH v. 3.1.1976, VIII R 137/74, BStBl 1977 II 205). Die OFD Magdeburg äußert sich mit Vfg. v. 26.1.2007 (S 2252 – 90 – St 214, DStR 2007, 672) zur Vermögensübertragung von Eltern auf die minderjährigen Kinder.

Das bedeutet, dass bei Kontoeröffnung im Antrag anzugeben ist, wer Kontoinhaber, wer Gläubiger ist. Die Eltern treten lediglich als gesetzliche Vertreter auf. Die Eltern müssen das Vermögen entsprechend den bürgerlich-rechtlichen Vorschriften über die elterliche Vermögenssorge verwalten (§ 1626 BGB) und dürfen es nicht wie eigenes Vermögen behandeln.

Bei der Übertragung des Guthabens auf den Sohn handelt es sich um eine Schenkung gem. § 518 BGB. Hierfür ist zwar grundsätzlich die notarielle Beurkundung erforderlich, doch kann dieser Formmangel durch die Bewirkung der Leistung geheilt werden (§ 518 Abs. 2 BGB). Da die Übertragung des Sparguthabens ausschließlich rechtliche Vorteile bringt, greift das Selbstkontrahierungsverbot des § 181 BGB nicht. Die Bestellung eines Ergänzungspflegers ist nicht erforderlich. Die Übertragung ist also wirksam erfolgt. Der Vorgang unterliegt grundsätzlich der Erbschaftsteuer, die Freibeträge sind aber im vorliegenden Fall nicht überschritten. Da dem Sohn das Guthaben nach den o. g. Kriterien des BFH zuzurechnen ist, sind bei ihm auch die Zinsen zu berücksichtigen. Der Sohn erzielt Einkünfte aus Kapitalvermögen (s. a. BFH v. 24.4.1990, VIII R 170/83, BStBl 1990 II 539). Die Eltern müssen das Sparguthaben wie fremdes Vermögen verwalten; sie dürfen es nicht wie eigenes Vermögen behandeln.

Kapitel 12: Steuertarif

12.1 Außerordentliche Einkünfte (§ 34 EStG)

Vorbemerkungen

Bei bestimmten Einkünften ist gem. § 34 EStG ein geringerer Steuersatz als nach der ESt-Tabelle anzuwenden. Damit sollen Härten vermieden werden, die sich durch den progressiven Tarifverlauf bei einer Zusammenballung von Einkünften in einem Veranlagungszeitraum ergeben können, obwohl die Einkünfte ihren Grund in mehreren Veranlagungszeiträumen haben.

Veräußerungsgewinn

Sachverhalt:

Peter Adler (A), 50 Jahre alt, verheiratet, hat im Jahr 2018 laufende Einkünfte aus Gewerbebetrieb i. H. v. 90.000 €. Hinzu kommt aus der Veräußerung eines Teilbetriebs, der die Hälfte des gesamten Betriebsvermögens ausmacht, ein Veräußerungsgewinn i. S. v. § 16 Abs. 1 EStG i. H. v. 50.000 €. Außerdem hat er noch einen Verlust aus Vermietung und Verpachtung i. H. v. 20.000 € erklärt. Sonderausgaben werden i. H. v. 10.000 € geltend gemacht.

Wie hoch ist die Einkommensteuer 2020 bei Zusammenveranlagung?

Seit 1999 berechnet sich die Einkommensteuer für alle außerordentlichen Einkünfte i. S. d. § 34 Abs. 2 EStG nach der sog. „Fünftel-Methode".

Daneben gilt gem. § 34 Abs. 3 EStG (56 %ige Steuersatz) für Veräußerungsgewinne.

Berechnung nach der Fünftel-Methode:

Zum „normalen", d. h. ohne die außerordentlichen Einkünfte errechneten Einkommen wird ein Fünftel der begünstigten Einkünfte dazugezählt. Der sich dadurch ergebende höhere Steuerbetrag wird mit dem Steuerbetrag auf das „normale" Einkommen verglichen. Die Differenz wird verfünffacht und stellt die Steuer auf die außerordentlichen Einkünfte dar. Der Rest des zu versteuernden Einkommens unterliegt dem normalen Steuersatz lt. Tabelle. Die ESt-Schuld errechnet sich für den Veranlagungszeitraum 2020 wie folgt:

a)   Berechnung des zu versteuernden Einkommens

Einkünfte aus Gewerbebetrieb	90.000 €
laufender Gewinn	
Veräußerungsgewinn	50.000 €
Einkünfte aus Vermietung und Verpachtung	./. 20.000 €
Gesamtbetrag der Einkünfte	120.000 €
Sonderausgaben	./. 10.000 €

b)   Berechnung der ESt-Schuld

zu versteuerndes Einkommen ohne außerordentliche Einkünfte	60.000 €
ESt hierauf lt. Splittingtabelle 2020	10.374 €
zu versteuerndes Einkommen zzgl. 1/5 der außerordentlichen Einkünfte	70.000 €
ESt hierauf lt. Splittingtabelle 2020	13.534 €
Differenz	3.160 €
Fünffaches der Differenz	15.800 €
Die ESt-Schuld beträgt somit für das „normale" Einkommen	10.374 €
und für die außerordentlichen Einkünfte	15.800 €
gesamte Steuerschuld	26.174 €

Berechnung des ermäßigten Steuersatzes nach § 34 Abs. 3 EStG:

Für Veräußerungsgewinne i. S. d. § 34 Abs. 2 Nr. 1 EStG (nicht für die anderen außerordentlichen Einkünfte) kann bis zur Höhe von 5 Mio. € auf Antrag anstatt der Fünftel-Methode der ermäßigte Steuersatz auch auf andere Weise ermittelt werden, wenn der Steuerpflichtige das 55. Lebensjahr vollendet hat oder wenn er im sozialversicherungsrechtlichen Sinne dauernd berufsunfähig ist. Der Antrag kann nur einmal im Leben gestellt werden.

Nach dieser Berechnungsmethode wird als ermäßigter Steuersatz ein Satz von 56 % des durchschnittlichen Steuersatzes, mindestens ein Steuersatz von 14 % angesetzt.

c)   Berechnung der ESt-Schuld im Beispiel zu versteuerndes

Einkommen einschließlich des Veräußerungsgewinns:	110.000 €
ESt hierauf lt. Splittingtabelle:	28.290 €
Der durchschnittliche Steuersatz beträgt	25,7181 %
56 % des durchschnittlichen Steuersatzes betragen 25,7181 % × 56 % =	14,40 %
Der ermäßigte Steuersatz ist höher als der mindestens anzusetzende Steuersatz von 14 %.	
Der ermäßigte Steuersatz wird auf den Veräußerungsgewinn i. H.v. 50.000 € angewendet.	
Daraus ergibt sich eine ESt auf den Veräußerungsgewinn i. H.v.	7.200 €
Das restliche zu versteuernde Einkommen i. H.v. 60.000 € wird normal nach der ESt-Splittingtabelle versteuert; Steuer	10.374 €
Die gesamte ESt für 2020 beträgt somit:	17.574 €

Diese Methode ist somit wesentlich günstiger als die Fünftel-Methode; noch deutlicher wird der Unterschied, wenn der Grenzsteuersatz für die Veräußerungsgewinne sehr hoch liegt, da dann die Fünftel-Regelung kaum mehr greift und der ermäßigte Steuersatz nicht mehr durch den mindestens anzusetzenden Steuersatz überlagert wird.

FALL 313

Versteuerung einer Abfindung

Sachverhalt:

Leo Burger (B), ledig, 40 Jahre alt, hat im Jahre 2020 außer seinen laufenden Einkünften i. H. v. 40.000 € zum Ende des Jahres eine Entschädigung für die Vereinbarung eines Wettbewerbsverbots i. H. v. 15.000 € erhalten, die die Voraussetzungen des § 24 Nr. 1b EStG erfüllt. Seine Sonderausgaben und außergewöhnlichen Belastungen betragen 5.000 €.

AUFGABE

Wie hoch ist die ESt-Schuld?

LÖSUNG

Die ESt-Schuld bei Anwendung des § 34 EStG wird wie folgt errechnet.

Zum „normalen", d. h. ohne die begünstigten Einkünfte errechneten zu versteuernden Einkommen wird ein Fünftel der begünstigten Einkünfte dazugezählt. Die sich dadurch ergebende Mehrsteuer wird verfünffacht und stellt die Steuer auf die begünstigten Einkünfte dar.

Danach ergibt sich folgende Lösung:

a) Berechnung des zu versteuernden Einkommens Einkünfte aus nichtselbständiger Tätigkeit

laufende Einkünfte	40.000 €
Entschädigung	15.000 €
Gesamtbetrag der Einkünfte	55.000 €
Sonderausgaben	./. 5.000 €
Einkommen/zu versteuerndes Einkommen	50.000 €

b) Berechnung der ESt-Schuld

zu versteuerndes Einkommen ohne Entschädigung	35.000 €
ESt hierauf lt. ESt-Grundtabelle	6.767 €
„normales" zu versteuerndes Einkommen	
plus ein Fünftel der Entschädigung	38.000 €
ESt hierauf lt. ESt-Grundtabelle	7.765 €
Differenz	998 €

Die ESt-Schuld beträgt somit:

für das „normale" Einkommen	6.767 €
für die begünstigte Entschädigung das Fünffache	
der Differenz (998 € × 5)	4.990 €
insgesamt zu entrichten:	11.757 €

12.2 Steuerermäßigung bei ausländischen Einkünften

Vorbemerkungen

Da ein unbeschränkt Steuerpflichtiger grundsätzlich mit seinem gesamten „Welteinkommen" zur ESt herangezogen wird, hierbei aber die ausländischen Einkunftsteile meist schon im Quellenstaat der Besteuerung unterlagen, ergibt sich im Prinzip eine Doppelbesteuerung dieser Einkünfte. Zu deren Vermeidung wurde eine Vielzahl bilateraler Abkommen, sog. Doppelbesteuerungsabkommen, abgeschlossen. Sollte ein derartiges Abkommen im Einzelfall nicht vorhanden sein oder nicht zur Anwendung kommen, kommt als einseitige Maßnahme des deutschen Fiskus zur Entlastung eines Steuerpflichtigen eine Steuerermäßigung gem. § 34c EStG in Betracht.

FALL 314

Beschränkte Anrechenbarkeit ausländischer Steuern

Sachverhalt:

Fred Caspari (C) betreibt in Stuttgart einen Schuhgroßhandel. Daraus erzielt er im Veranlagungszeitraum 2020 einen Gewinn i.H.v. 50.000 €. Einen Teil der von ihm vertriebenen Schuhe bezieht er aus einer eigenen Fabrik im Sudan. Aus diesem Unternehmen erwirtschaftet er im Veranlagungszeitraum 2020 einen Gewinn i.H.v. 60.000 €. Hierauf hat er im Laufe des Jahres 2020 umgerechnet 12.000 € „business profits tax" bezahlt.

Im Januar 2021 werden von ihm für das Jahr 2020 noch 4.000 € „business profits tax" nachgefordert, die er im Februar 2021 entrichtet.

C ist 45 Jahre alt, verheiratet, und beantragt für 2020 die Zusammenveranlagung mit seiner Ehefrau (Voraussetzungen liegen vor). Er erklärt noch einen Verlust aus Vermietung und Verpachtung i.H.v. 10.000 €; an Sonderausgaben sind 10.000 € anzusetzen.

AUFGABE

Wie hoch ist die Einkommensteuerschuld 2020? Können die im Sudan bezahlten Steuern berücksichtigt werden?

Caspari und seine Ehefrau sind unbeschränkt steuerpflichtig. Ihre gesamten Einkünfte – auch die im Sudan erzielten und dort bereits einer Steuer unterworfenen – unterliegen somit der deutschen Einkommensteuer. Da zwischen dem Sudan und der Bundesrepublik Deutschland kein Doppelbesteuerungsabkommen besteht, kann § 34c EStG angewandt werden (vgl. § 34c Abs. 6 Satz 1 EStG). C bezieht Einkünfte aus Gewerbebetrieb aus dem Sudan. Diese wurden dort einer Steuer unterworfen, die gem. R 34c Abs. 1, 2 EStR i.V. m. Anlage 6 der EStR der deutschen Einkommensteuer entspricht. Der Nachweis über die Höhe der ausländischen Einkünfte und der bezahlten Steuer muss gem. § 68b EStDV durch Vorlage geeigneter Urkunden erbracht werden. Es kommt für die Anrechnung nicht auf den Zeitpunkt der Zahlung, sondern gem. § 34c Abs. 1 letzter Satz EStG darauf an, für welches Jahr die Steuern bezahlt worden sind. Danach sind also auch die im Jahr 2021 für 2020 bezahlten Steuern einzubeziehen.

Die ausländische Steuer ist aber nicht unbegrenzt abzugsfähig, sondern gem. § 68a Satz 1 EStDV nur bis zur Höhe der deutschen Steuer, die bei einer Veranlagung auf die Einkünfte aus dem Sudan entfällt. Nach § 34c Abs. 1 Satz 2 EStG ist für die Anrechnung der durchschnittliche Steuersatz zu ermitteln, der auf die gesamten inländischen und ausländischen Einkünfte entfällt; dieser Durchschnittssteuersatz ist auf die ausländischen Einkünfte anzuwenden und ergibt den maximal anrechenbaren Steuerbetrag.

Daraus ergibt sich folgender Lösungsweg:

a) Ermittlung der tariflichen Einkommensteuer

Einkünfte aus Gewerbebetrieb	
im Inland	50.000 €
im Sudan	60.000 €
Einkünfte aus Vermietung und Verpachtung	./. 10.000 €
Gesamtbetrag der Einkünfte	100.000 €
Sonderausgaben	./. 10.000 €
Einkommen/zu versteuerndes Einkommen	90.000 €
ESt lt. Splittingtabelle	20.488 €

dies entspricht einem Durchschnittssteuersatz von 22,76 %.

b) Berechnung der anrechenbaren ausländischen Steuer
Höchstbetrag gem. § 34c EStG i.V. m. § 68a EStDV

anrechenbare Steuer   =   ausländische Einkünfte × Durchschnittssteuersatz

anrechenbare Steuer   =   60.000 € × 22,76 %   = 13.656 €

c) Auf die deutsche Einkommensteuer i. H.v. 20.488 € können also von den im Sudan bezahlten insgesamt 16.000 € nur 13.656 € angerechnet werden. Die endgültige Steuerschuld beträgt somit 6.832 €.

Anrechenbarkeit bei ausländischen Einkünften aus mehreren Staaten

Sachverhalt:

Wie Fall 314 mit dem Zusatz, dass C auch in Chile einen gewerblichen Betrieb unterhält. Aus diesem erzielt er im Jahr 2020 einen Gewinn i. H. v. 40.000 €. Hierauf hat er im Jahr 2020 umgerechnet 15.000 € „impuesto a la renta" bezahlt.

Wie hoch ist die ESt-Schuld?

Auch mit Chile besteht kein DBA, so dass grundsätzlich genauso vorzugehen ist wie bei den Einkünften aus dem Sudan. Werden aus mehreren Staaten ausländische Einkünfte bezogen, so ist der Höchstbetrag der anrechenbaren ausländischen Steuern für jeden ausländischen Staat gesondert zu ermitteln (§ 68a Satz 2 EStDV; sog. „per country limitation").

a)   Ermittlung der tariflichen Einkommensteuer

     Einkünfte aus Gewerbebetrieb

im Inland	50.000 €
im Sudan	+ 60.000 €
in Chile	+ 40.000 €
Einkünfte aus Vermietung und Verpachtung	./. 10.000 €
Gesamtbetrag der Einkünfte	140.000 €
Sonderausgaben	./. 10.000 €
Einkommen/zu versteuerndes Einkommen	130.000 €
ESt nach dem Splittingtarif	36.672 €

     dies entspricht einem Durchschnittssteuersatz von 28,2092 %

b)   Berechnung des Höchstbetrags der anrechenbaren ausländischen Steuern gem. § 68a Satz 2 EStDV

     Sudan

     anrechenbare Steuer   60.000 € × 28,2092 %   = 16.925 €

     Chile

     anrechenbare Steuer   40.000 € × 28,2092 %   = 11.283 €

Auf die deutsche tarifliche ESt i. H. v. 36.672 € dürften also max. 16.925 € Steuern aus dem Sudan angerechnet werden, im Beispielsfall aber nur die tatsächlich gezahlten 16.000 €. Von den in Chile bezahlten 15.000 € können nur 11.283 € angerechnet werden. Es ist nicht möglich, den nicht ausgenutzten Betrag aus den Einkünften aus dem Sudan auf die

c) Einkünfte aus Chile zu übertragen.

Die endgültige ESt-Schuld beträgt somit 9.389 € (36.672 € ./. 16.000 € ./. 11.283 €).

FALL 316

Auslandstätigkeitserlass

Sachverhalt:

Der EDV-Fachmann Peter Meyer (M) ist bei der Firma IBM in Böblingen beschäftigt. Im Auftrag seiner Firma ging er im März 19 nach Bahrain (Arabien), um dort die Installation einer von seiner Firma gelieferten EDV-Anlage bis zur Übergabe an die Auftraggeber zu überwachen. Insgesamt war er sechs Monate in Bahrain. Während dieser Zeit erhielt er sein Gehalt von monatlich 6.000 € weiter von seinem Arbeitgeber, seine Familie lebte in Böblingen und reiste nur während seines Urlaubs zu ihm. Nach Abschluss der Arbeiten erhielt er von den arabischen Auftraggebern als Prämie eine Uhr im Wert von 20.000 €.

AUFGABE

Sind die Gehaltszahlungen während der Zeit des Auslandsaufenthalts und der Wert der Uhr zu versteuern?

LÖSUNG

Meyer ist weiterhin unbeschränkt steuerpflichtig, da er seinen Wohnsitz im Inland nicht aufgegeben hat. Für die Steuerpflicht ist der Ort der Tätigkeit unerheblich. Ein DBA greift nicht ein, da die Bundesrepublik mit Bahrain keines abgeschlossen hat. Die Einnahmen bleiben jedoch aufgrund des Auslandstätigkeitserlasses (BStBl 1983 I 470) i. V. m. § 34c Abs. 5 EStG steuerfrei. M übt eine begünstigte Tätigkeit i. S. d. Nr. 1 des Erlasses aus; die Dauer seiner Tätigkeit überschreitet die von Nr. 2 des Erlasses geforderte Mindestfrist von drei Monaten. Auch wenn er seinen Urlaub nicht in Bahrain verbracht hätte, sondern zu seiner Familie zurückgekehrt oder in ein Drittland gereist wäre, schadete die Urlaubsunterbrechung nicht. Die Urlaubszeit würde jedoch in diesem Falle bei der Berechnung der Dreimonatsfrist nicht mitgerechnet. Zu den steuerfrei zu belassenden Einnahmen gehört auch der Wert der Uhr, da Ziff. III Nr. 1 des Erlasses nur fordert, dass die Prämie im Zusammenhang mit der begünstigten Auslandstätigkeit gezahlt wird. Nicht erforderlich ist, dass der Zahlende der Arbeitgeber ist.

12.3 Steuerermäßigung bei Einkünften aus Gewerbebetrieb

Vorbemerkungen

Bei der Ermäßigung der Einkommensteuer um die Gewerbesteuer wird die Einkommensteuer des Unternehmers durch eine pauschalierte Anrechnung der Gewerbesteuer gemindert. Die Einkommensteuerermäßigung beträgt das 3,8-Fache des Gewerbesteuermessbetrags.

Die Gewerbesteuer ist seit 2008 nicht mehr als Betriebsausgabe abzugsfähig. Auswirkungen auf die Ermittlung der GewSt-Rückstellung ergeben sich durch die Steuerermäßigung nicht.

Auf die tatsächliche Höhe der GewSt kommt es bei der pauschalen Steuerermäßigung nicht an.

Die Höhe des Hebesatzes (mindestens 200 % nach § 16 Abs. 4 GewStG) ist nicht entscheidend, weil die Ermäßigung nur an den GewSt-Messbetrag und nicht an die festgesetzte Gewerbesteuer anknüpft.

FALL 317

Ermäßigung bei einem Einzelunternehmen

Sachverhalt:

Malermeister M hatte im Jahr 2020 einen Gewinn aus Gewerbebetrieb i. H. v. 140.000 €. Der Gewerbeertrag für 2020 beträgt wegen Hinzurechnungen nach § 8 GewStG 150.000 €. Die Summe der Einkünfte beträgt zusammen mit Vermietungseinkünften 210.000 €, das zu versteuernde Einkommen 200.000 €.

AUFGABE

Wie hoch ist die unter Berücksichtigung der Steuerermäßigung nach § 35 festzusetzende Einkommensteuer 2020?

LÖSUNG

Bei einem Einzelunternehmer ermäßigt sich die tarifliche ESt um das 3,8-Fache des für seinen Gewerbebetrieb festgesetzten GewSt-Messbetrags. Damit muss zunächst die GewSt-Veranlagung durchgeführt werden, um die Höhe der festzusetzenden ESt zu ermitteln. Dann kann auf den festgesetzten GewSt-Messbetrag zugegriffen werden, der Ausgangsgröße für die ESt-Ermäßigung ist. Daraus ergibt sich folgende Berechnung:

Zunächst ist die GewSt-Veranlagung durchzuführen:

Gewerbeertrag	150.000 €
./. Freibetrag	./. 24.500 €
Verbleiben	125.500 €
× Messzahl 3,5 % von 125.500 €	
= GewSt-Messbetrag	4.392 €

Anschließend kann die Einkommensteuerveranlagung durchgeführt werden:

gewerbliche Einkünfte	140.000 €
Summe der Einkünfte	210.000 €
zu versteuerndes Einkommen	200.000 €
tarifliche ESt lt. Grundtabelle	75.036 €

Die anteilige ESt auf die gewerblichen Einkünfte beträgt:

ESt × gewerbliche Einkünfte

Summe der Einkünfte

$$= \frac{75.036 \times 140.000}{210.000} = 50.024 \, €$$

./. Ermäßigung nach § 35 EStG (max. bis 0)	
GewSt-Messbetrag (4.392 € × 3,8)	
= 16.690 €	./. 16.690 €
festzusetzende Einkommensteuer	58.346 €

FALL 318

Ermäßigung bei negativen gewerblichen Einkünften

Sachverhalt:

Malermeister M erwirtschaftete mit seinem Einzelunternehmen im Jahr 18 einen Verlust i. H. v. 10.000 €. Aufgrund hoher Hinzurechnungen beträgt der Gewerbeertrag 200.000 €.

AUFGABE

Wie hoch ist die Steuerermäßigung nach § 35?

LÖSUNG

Die Steuerermäßigung setzt voraus, dass im zu versteuernden Einkommen positive gewerbliche Einkünfte enthalten sind. Denn nur die darauf entfallende anteilige Einkommensteuer kann ermäßigt werden (ggf. bis auf 0). Wird die Einkommensteuer auf 0 festgesetzt, z. B. aufgrund von Verlusten aus anderen Einkunftsarten, so geht die Steuerermäßigung vollständig ins Leere. Sie kann nicht zu einer negativen ESt führen; auch ein Rück- oder Vortrag einer nicht ausgenutzten Steuerermäßigung ist nicht vorgesehen. Die auf die gewerblichen Einkünfte entfallende ESt wird im Verhältnis der gewerblicher Einkünfte zur Summe der Einkünfte ermittelt (wie bei § 34c EStG). Sind die gewerblichen Einkünfte negativ, kann dennoch Gewerbesteuer anfallen (etwa wegen gewerbesteuerlicher Hinzurechnungen). In diesen Fällen kommt es trotz GewSt-Belastung nicht zur Steuerermäßigung bei der Einkommensteuer (sog. Anrechnungsüberhang).

Dies bedeutet im vorliegenden Fall:

M kann trotz der entstehenden GewSt-Belastung keine (anteilige) Steuerermäßigung erhalten, da er keine positiven gewerblichen Einkünfte erzielt. Das Ermäßigungsvolumen beträgt damit 0 €, weil auf dem gewerblichen Verlust keine Einkommensteuer lastet. Dies gilt unabhängig davon, ob er andere positive Einkünfte hat oder nicht.

FALL 319

Ermäßigung bei Personengesellschaften

Vorbemerkungen

Bei Personengesellschaften ist die Besonderheit zu beachten, dass die GewSt auf der Ebene der Gesellschaft, die ESt jedoch gegenüber den Gesellschaftern festgesetzt wird. Hier erfolgt die Steuerermäßigung auf der Grundlage des anteiligen GewSt-Messbetrages (§ 35 Abs. 1 Nr. 2, Abs. 2 Satz 2 EStG). Der jedem Mitunternehmer zuzurechnende Anteil bestimmt sich nach dem gesellschaftsvertraglich vereinbarten Gewinnverteilungsschlüssel. Vorabgewinne, Sondervergütungen sowie die Ergebnisse aus Sonder- und Ergänzungsbilanzen beeinflussen die Verteilung des Messbetrages nicht.

Ergibt sich bei einem Gesellschafter ein Gewinnanteil, bei einem anderen hingegen ein Verlustanteil, z. B. wegen hoher Verluste aus dem Sonderbetriebsvermögen oder aus einer Ergänzungsbilanz, ändert sich am Verteilungsschlüssel für den GewSt-Messbetrag nichts, d. h. auch dem Gesellschafter mit Verlustanteil wird ein Anteil am GewSt-Messbetrag nach dem allgemeinen Gewinnverteilungsschlüssel zugewiesen. Damit läuft bei diesem Gesellschafter die Steuermäßigung ins Leere, d. h. dadurch wird Steuerermäßigungsvolumen bei den anderen Gesellschaftern vernichtet, weil ihnen kein höherer Anteil am GewSt-Messbetrag zugewiesen werden kann.

Sachverhalt:

An der ABC-OHG sind A, B und C zu je $^1/_3$ beteiligt. Die OHG erzielt in ihrer Steuerbilanz einen Gesamtgewinn i. H. v. 600.000 €. Daneben erhält A eine (als Aufwand bei der OHG behandelte) Tätigkeitsvergütung i. H. v. 100.000 €. B hat der OHG ein Grundstück überlassen und erzielt dadurch einen Verlust i. H. v. 40.000 €. C hat seinen Anteil erst vor kurzem erworben und erzielt wegen höherer AfA einen Verlust in seiner Ergänzungsbilanz i. H. v. 60.000 €. Der GewSt-Messbetrag der OHG beträgt 27.000 €. Der GewSt-Messbetrag (27.000 €) und die Anteile der Gesellschafter (nach dem allgemeinen Gewinnverteilungsschlüssel jeweils $^1/_3$ = 9.000 €) sind gesondert und einheitlich festzustellen.

AUFGABE

Wie sieht die Gewinnverteilungstabelle der OHG aus und wie wird der Gewerbesteuer-Messbetrag aufgeteilt?

Die Gewinnverteilung bei der ABC-OHG mit Aufteilung des GewSt-Messbetrages sieht nach den obigen Grundsätzen folgendermaßen aus:

Beteiligter	Laufende Einkünfte	Hinzuzusetzen: Sonderver- gütung	Abzusetzen lt. Sonder- bzw. Ergänzungs- bilanz	Zuzurechnende Einkünfte gesamt	GewSt- Messbetrag
A	+ 200.000 €	+ 100.000 €	–	+ 300.000 €	33,33 %
					= 9.000 €
B	+ 200.000 €	–	./. 40.000 €	+ 160.000 €	33,33 %
					= 9.000 €
C	+ 200.000 €	–	./. 60.000 €	+ 140.000 €	33,33 %
					= 9.000 €
Summe	+ 600.000 €	+ 100.000 €	./. 100.000 €	+ 600.000 €	100 %
					= 27.000 €

Nach dieser in § 35 Abs. 2 Satz 2 geforderten Aufteilung können A, B und C jeweils das 3,8-Fache des anteiligen GewSt-Messbetrages i. H. v. 9.000 € = 34.200 € als Steuerermäßigung von ihrer Einkommensteuerschuld abziehen.

Dieses Ergebnis befremdet, denn A versteuert die Hälfte der gewerblichen Einkünfte, erhält aber nur ein Drittel der Entlastung durch die GewSt-Anrechnung nach § 35 EStG; B und C sind dagegen im Vorteil, d. h. sie erhalten überproportional hohe Anrechnungsmöglichkeiten. Das Ergebnis entspricht aber dem Gesetzeswortlaut und somit wohl dem Willen des Gesetzgebers.

Kapitel 13: Besteuerung beschränkt Steuerpflichtiger

Vorbemerkungen

Ein beschränkt Steuerpflichtiger (§ 1 Abs. 4 EStG) wird zur Einkommensteuer nur mit den inländischen Einkünften herangezogen, die in § 49 EStG abschließend aufgezählt sind. Hierzu gehören alle Einkunftsarten, die auch in § 2 EStG aufgezählt sind; es werden jedoch an das Vorliegen der Steuerpflicht noch weitere, besondere Voraussetzungen geknüpft. Für die einzelnen Einkunftsarten ist die Frage, ob es sich um inländische Einkünfte handelt, jeweils verschieden geregelt. Bei der Beurteilung der Voraussetzungen ist nur auf die im Inland vorliegenden Merkmale abzustellen; die Verhältnisse im Ausland sind gem. § 49 Abs. 2 EStG grundsätzlich außer Betracht zu lassen (sog. „isolierende" Betrachtungsweise).

FALL 320

Einkünfte aus inländischem Gewerbebetrieb und aus Vermietung und Verpachtung

Sachverhalt:

Der Sudanese Ali Demir (D) unterhält in Stuttgart ein Auslieferungslager für algerische Weine in einem Gebäude, das ihm selbst gehört. Das Lager verwaltet ein Angestellter. Die meisten Geschäftsabschlüsse werden vom Ausland aus getätigt, nach Stuttgart kommt D nur sehr selten. Die Auslieferung wird von dem Angestellten besorgt, der ab und zu auch kleinere Geschäfte selbst abschließt. Am 1.10.01 gibt D dieses Lager auf und verpachtet das Gebäude für monatlich 1.500 € an die Weingroßhandlung Eininger, die die bisher von D importierten Weine in ihr Sortiment aufnimmt. Außerdem pflegt der selbständige Handelsvertreter Flott die bisherigen Geschäftsverbindungen des D in Ergänzung seiner sonstigen Vertretertätigkeit. Er bereitet aber nur Geschäftsabschlüsse vor, eine Vertretungsbefugnis für D hat Flott nicht.

Für die Zeit vom 1.1. bis 30.9.01 erklärt D einen Gewinn i. H. v. 15.000 €, zum 1.10. erklärt D dem Finanzamt die Aufgabe des Lagers (ein Aufgabegewinn entsteht nicht). Vom 1.10. an hat D für das Gebäude noch monatliche Kosten i. H. v. 500 €.

AUFGABE

Wie hoch sind die steuerpflichtigen Einkünfte des D im Jahr 01?

LÖSUNG

D ist in der Bundesrepublik Deutschland nicht unbeschränkt steuerpflichtig, da er hier weder einen Wohnsitz noch seinen gewöhnlichen Aufenthalt hat. Er ist aber beschränkt steuerpflichtig, da er im Veranlagungszeitraum 01 inländische Einkünfte i. S. d. § 49 EStG hat. Ein DBA mit dem Sudan, das beachtet werden müsste, besteht nicht. In der Zeit vom 1.1. bis 30.9.01 erzielt D Einkünfte aus Gewerbebetrieb (§ 49 Abs. 1 Nr. 2a, § 15 EStG). Die Unterhaltung eines Auslieferungslagers, verbunden mit gelegentlichen Verkäufen durch den Angestellten, stellt eine gewerbliche Tätigkeit i. S. d. § 15 Abs. 2 EStG dar. Als zusätzliche Voraussetzung fordert § 49 Abs. 1 Nr. 2a EStG das Vorhandensein einer inländischen Betriebsstätte oder die Bestellung eines ständigen Vertreters. Nach § 12 Nr. 5 und 6 AO sind Warenlager und Ein- und Verkaufsstellen als Betriebsstätten anzusehen. Das Auslieferungslager, verbunden mit der Tätigkeit des weisungsgebundenen Angestellten, reicht für die Annahme einer Betriebsstätte aus. Die Betriebsstätte wird am 30.9.01 aufgegeben. Das Vermieten von vorher eigengewerblich genutzten Räumen stellt keine gewerbliche Tätigkeit mehr dar. Es wird durch die weitere Tätigkeit des Flott auch kein ständiger Vertreter bestellt. Ein Handelsvertreter könnte zwar diese Voraussetzung des § 49 Abs. 1 Nr. 2a EStG erfüllen, aber dazu müsste er eine allgemeine Vollmacht zu Vertragsabschlüssen haben oder über ein Warenlager verfügen können. Daran fehlt es lt. Sachverhalt. Eine Betriebsverpachtung im Ganzen liegt nicht vor, da nur das Gebäude verpachtet wird. Die Voraussetzungen für eine Betriebsaufgabe (§ 16 EStG) sind zwar erfüllt, sie bleibt jedoch lt. Sachverhalt ohne Gewinnauswirkung. Als Einkünfte aus Gewerbebetrieb sind daher 15.000 € Gewinn anzusetzen.

In der Zeit ab 1.10.01 erzielt D Einkünfte aus Vermietung und Verpachtung i. S. d. § 21 Abs. 1 Nr. 1 EStG. Das verpachtete Gebäude stellt im Inland belegenes unbewegliches Vermögen i. S. d. § 49 Abs. 1 Nr. 6 EStG dar. Der Überschuss der Einnahmen über Werbungskosten beträgt:

Pachteinnahmen	3 × 1.500 € =	4.500 €
./. Werbungskosten	3 × 500 € =	1.500 €
Einkünfte		3.000 €

Sollte das Gebäude weiterhin zu einem ausländischen Betriebsvermögen des D gehören, so ändert sich an diesem Ergebnis nichts. Bei Berücksichtigung der Betriebsvermögenszugehörigkeit lägen zwar weiterhin Einkünfte aus Gewerbebetrieb vor. Im Ausland vorliegende Besteuerungsmerkmale müssen jedoch nach der isolierenden Betrachtungsweise für die Beurteilung im Inland gem. § 49 Abs. 2 EStG außer Betracht bleiben.

Die gesamten Einkünfte des D im Rahmen der beschränkten Steuerpflicht betragen im Jahr 01 somit 18.000 €.

FALL 321

Erweiterte beschränkte Steuerpflicht (§§ 2, 6 AStG)

Sachverhalt:

Der Fabrikant Karl Schaub (S), 70 Jahre alt, deutscher Staatsangehöriger, wohnte seit seiner Geburt in Esslingen und hat dort eine Maschinenfabrik. Der durch Bestandsvergleich ermittelte Gewinn des Jahres 01 betrug 400.000 €. Er verteilte sich gleichmäßig auf das ganze Jahr. S hatte vor 40 Jahren Stammanteile an einer GmbH in Stuttgart im Nennwert von umgerechnet 500.000 € zu Anschaffungskosten i. H. v. insgesamt umgerechnet 600.000 € erworben. Seine Beteiligung, die er zulässigerweise im Privatvermögen hält, umfasst das halbe Stammkapital der GmbH. Der Wert dieser Beteiligung ist bis zur Mitte des Jahres 01 auf 1 Mio. € gestiegen. Eine Ausschüttung erfolgte im Jahr 01 nicht.

Im Jahr 01 flossen S im Dezember noch 10.000 € Zinsen aus einer privaten Darlehenshingabe zu. Das Darlehen hatte S einem befreundeten Esslinger Nachbarn privat gegeben. Abgesichert war es lediglich durch eine wertvolle Briefmarkensammlung, die S als Pfand erhalten hatte. Mit Ablauf des 30.6.01 gab S seinen Wohnsitz in Esslingen auf, um sich in der Schweiz, im Tessin, zur Ruhe zu setzen. Die Schweizer Staatsangehörigkeit erwarb S noch nicht. Seine Fabrik in Esslingen leitet ein Angestellter.

AUFGABE

Wie ist S im Jahr 01 zu veranlagen und welche Einkünfte sind anzusetzen?

LÖSUNG

Für das Jahr 01 sind zwei Veranlagungen durchzuführen. S wird für die Zeit vom 1.1. bis zum 30.6.01 mit den Einkünften, die ihm in dieser Zeit zuzurechnen sind, nach den Regeln der unbeschränkten Steuerpflicht und für das 2. Halbjahr 01 nach den Regeln der beschränkten Steuerpflicht als erweitert beschränkt Steuerpflichtiger zur Einkommensteuer veranlagt.

a) 1. Halbjahr

S ist in der Zeit bis zum 30.6. unbeschränkt steuerpflichtig, da er einen Wohnsitz im Inland hat. Bei S sind in dieser Zeit anteilige Einkünfte aus Gewerbebetrieb i. S. d. § 15 EStG i. H. v. 200.000 € zu erfassen.

Außerdem fallen unter §§ 15, 17 EStG die Wertsteigerungen der Anteile an der GmbH. Die nach § 6 AStG erforderlichen Voraussetzungen für eine Besteuerung des Vermögenszuwachses sind erfüllt. S war, bevor die unbeschränkte Steuerpflicht durch den Wohnsitzwechsel erlosch, mehr als 10 Jahre unbeschränkt steuerpflichtig. § 6 AStG verlangt nicht, dass der Stpfl. in ein niedrig besteuerndes Land zieht. Die Rechtsfolgen des § 17 EStG sind, da die übrigen Voraussetzungen des § 6 AStG vorliegen, auch ohne eine Veräußerung der Anteile anzuwenden. S ist i. S. d. § 17 EStG relevant beteiligt, und seine Beteiligung gehört nicht zu seinem Betriebsvermögen. Sein Veräußerungsgewinn in Form des Vermögenszuwachses beträgt bei Anschaffungskosten i. H. v. 600.000 € und einem gemeinen Wert zur Zeit des Wechsels von 1 Mio. € = 400.000 €. Dieser Gewinn fällt nach der gesetzlichen Fiktion des § 6 AStG noch in die Zeit der unbeschränkten Steuerpflicht. Ein Freibetrag nach § 17 Abs. 3 EStG entfällt wegen der Höhe des Veräußerungsgewinns; nach § 3 Nr. 40 Buchst. c EStG bleiben aber 40 % des Veräußerungsgewinns außer Ansatz. Es besteht allerdings die Möglichkeit der Stundung gem. § 6 Abs. 4 u 5 AStG.

b) 2. Halbjahr

Ab 1.7. ist S gem. § 2 AStG erweitert beschränkt steuerpflichtig. Die erweiterte beschränkte Steuerpflicht erfasst über § 49 EStG hinaus alle Einkünfte, die keine ausländischen Einkünfte i. S. d. § 34c EStG sind. S war vor seiner Auswanderung in den letzten 10 Jahren mindestens 5 Jahre unbeschränkt steuerpflichtig. Er ist in ein niedrig besteuerndes Land i. S. d. § 2 Abs. 2 AStG gezogen (siehe dazu BMF v. 14.5.2004, BStBl I Sondernr. 1 ersetzt BMF v. 11.7.1974, BStBl 1974 I 442, Anl. 1 – Belastungsvergleich Nr. 1 oder Vorzugsbesteuerung Nr. 2 prüfen). Wesentliche wirtschaftliche Interessen verbinden ihn weiterhin mit dem Inland, denn er unterhält in Esslingen einen Gewerbebetrieb (§ 2 Abs. 3 Nr. 1 AStG). Auch die Bagatellgrenze des § 2 Abs. 1 letzter Satz AStG ist überschritten.

Die erweiterte beschränkte Steuerpflicht bedeutet eine Einschränkung gegenüber den Regeln eines DBA. Sie ist daher nur anwendbar, soweit das DBA die Anwendung des AStG zulässt oder kein DBA besteht. Art. 4 Abs. 4 DBA-Schweiz schließt die erweiterte beschränkte Steuerpflicht für S nicht aus. Er hat die Schweizer Staatsangehörigkeit nicht angenommen. Er geht auch keiner nicht selbständigen Tätigkeit nach. Da für die Veranlagung der erweiterten beschränkten Steuerpflicht die Regeln der beschränkten Steuerpflicht gelten, findet § 50 EStG Anwendung. Als Einkünfte aus Gewerbebetrieb sind 200.000 € anzusetzen, die auf das 2. Halbjahr entfallen.

Die Zinseinkünfte sind nach § 20 Abs. 1 Nr. 7 EStG mit 10.000 € zu erfassen. Nach § 49 Abs. 1 Nr. 5 Buchst. c EStG wären diese Zinsen nicht anzusetzen, da sie nicht durch inländischen Grundbesitz unmittelbar oder mittelbar gesichert sind. Aber i. S. d. § 34c EStG, auf den das AStG abstellt, handelt es sich nicht um ausländische Einkünfte, da gem. § 34d Nr. 6 EStG solche nur vorliegen, wenn der Schuldner seinen Wohnsitz im Ausland hat oder das Kapitalvermögen durch ausländischen Grundbesitz gesichert ist. Beides ist hier nicht der Fall, so dass die Zinsen unter die erweiterte beschränkte Steuerpflicht i. S. d. § 2 Abs. 1 AStG fallen.

STICHWORTVERZEICHNIS

(Die Zahlen verweisen auf die Fälle.)

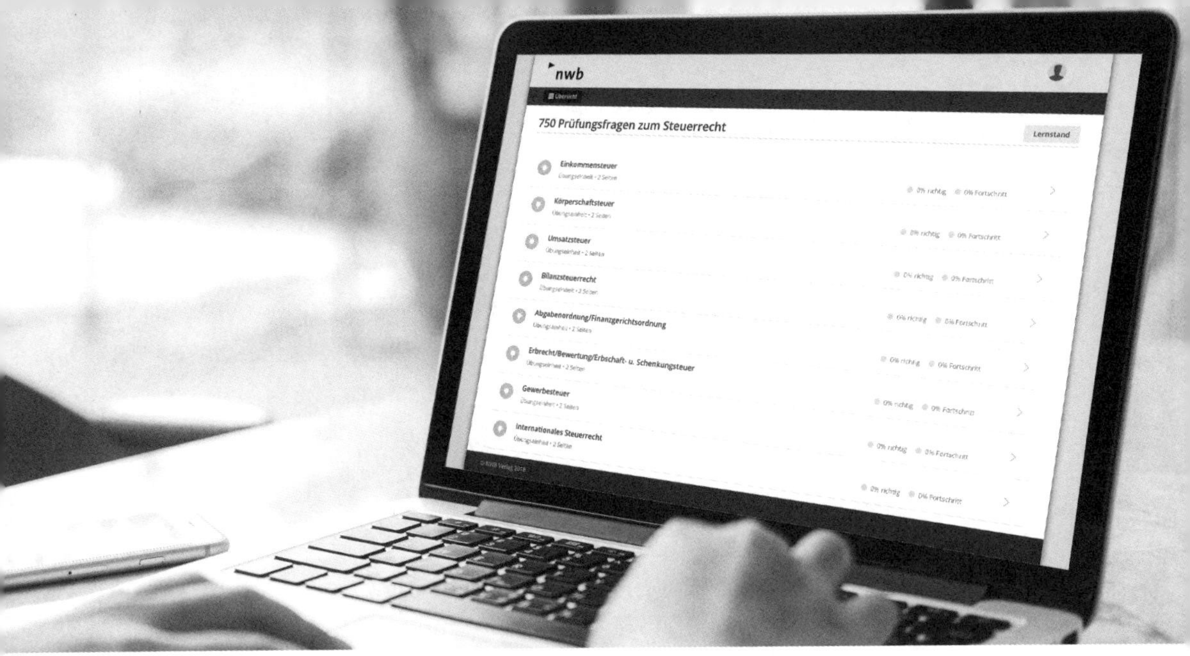